게임 디자인을 위한 기초 이론

게임 디자인을 위한 기초 이론

깊이 있는 게임 디자인을 위한 고민의 시작

남기덕

i!i
에이콘

게임 디자인은 인간에 대한 가장 이성적이면서도 감성적인 21세기 최고의 융복합 학문이다. 앞으로 모든 사람들은 비즈니스, 학문, 사회가치의 실현을 위해 게임을 연구해야 하며, 거시적인 통찰력과 미시적인 방법론 등을 채득하게 될 것이다.

하지만 게임 디자인 연구는 이제 시작 단계이고 심리학, 인류학, 미학, 인간 공학 등 많은 분야의 연구결과들이 게임 디자인을 통해 결합되고 있고, 대규모로 실험되고 있다. 머지않은 날 이런 통합된 이론을 바탕으로 게임을 디자인할 수 있을 것이다. 이를 기다릴 수 없고, 이를 간절히 원하는 분들은 이 책을 펼치고 지금까지 전개돼 왔던 여러 분야들의 결과들을 이해하고, 현업에서 얻은 경험과 연구의 결과로 획득한 업적을 접해 보기를 권한다. 플레이어의 심리, 재미의 근원, 몰입의 방법, UI 설계 방법 등 거대 담론에서 미시적인 방법까지 게임 디자인에 대한 거의 모든 내용을 담고 있기 때문에 게임 디자이너는 물론 기능성 콘텐츠, 게이미피케이션, 광고 및 이벤트 기획자, 상품 기획자들까지도 일독해 보기를 권한다.

한동숭 / 전주대학교 게임콘텐츠학과 교수, 전국게임관련학과 협의회 회장

20년을 넘어선 한국 게임산업, 그 긴 역사의 자부심속에서도 어딘가 허전한 아쉬움이 느껴지는 것은 아마도 다양하고 다채로운 새로움에 대한 시도와 활기찬 도전이 옛날만 못해서는 아닐까 싶다. 빠른 성공을 위해 시장에서 성공하는 게임을 만드는 개발사가 많아졌고, 결국 비슷비슷한 게임들이 넘쳐나고 있다. 하지만 창의성에 기반한 다양한 게임 장르가 나와 주길 기다리는 것은 모든 게임 플레이어들의 바람일

것이다.

저자의 게임 제작현장에서 얻은 다양한 경험과 게임선도국가 중 하나인 일본과의 교류 속에서 얻은 게임에 대한 깊은 이해는 오늘날의 게임 개발자들에게 이러한 문제의 해결방안을 제시해 준다. 게임의 재미에 덧붙여, 깊은 감동과 창조적인 영감을 불어넣어 줄 수 있는 게임 디자인의 필독서로서 이 책을 권한다.

서태건 / 가천대학교 게임대학원장, 부산인디커넥트페스티벌 조직위원장

이 책은 게이머로서 게임의 메커닉스와 특징을 오랫동안 신중하게 관찰하고, 개발자로서 게임의 테마와 재미를 게임 속에 녹여 내기 위해 고민해보고, 연구자로서 어떻게 하면 깊이 있는 게임 디자인을 할 수 있는가에 대한 고민을 하나로 엮어서 게임 디자인 단계별로 정리했다.

게이머의 감성에 호소하기 위해서는 보다 과학적인 접근이 필요하다는 인식에서 인문학과 사회과학 등 다양한 게임 디자인 이론을 망라하고 있다. 당신이 조금이라도 깊이 있는 게임 디자인을 해보길 원한다면 먼저 이 책을 먼저 살펴볼 필요가 있다!

윤형섭 / 전주대학교 게임콘텐츠학과 교수, 게임학 박사

이 책은 게임 디자인의 기초적인 접근을 위해 어떻게 이해하고 배워 나가야 하는지 방법을 제시한 원론서와 같은 책이다. 게임 디자인의 이해를 돕기 위해 게임의 정의, 의미, 재미이론, 콘셉트 디자인, 게임 플레이, 레벨디자인 그리고 밸런스까지 치밀하게 분석하고 정리했다. 게임 디자인 이론을 콘셉트 디자인(놀이, 재미이론)과 상세 디자인(테마, 캐릭터, 스토리)으로 나눠 누구나 이해하기 쉽고, 읽기 편안한 이론서로 게

임 디자인을 어떻게 봐야 하는가를 구체적으로 제시해주고 있다. 재미있는 읽을거리와 다양한 이론이 어울려 있어 처음 게임 디자인을 배우는 게임개발자들에게 적극 추천하고 싶은 책이다.

경병표 / 공주대학교 게임디자인학과 교수, 공주대학교 게임디자인센터(GRC)센터장, 한국게임학회 부회장, 중국 복주대학&상해공정기술대학 전가교수

게임이 큰 비즈니스로 성장했지만 아직 학술적인 뒷받침은 미미했다. 성공해도 왜 성공했는지, 실패를 해도 왜 실패를 했는지 객관적으로 파악하기 어려운 것이 사실이었다. 『게임 디자인을 위한 기초 이론』은 이런 현실에 단비 같은 책이다. 학술적 이론과 실무 사이를 오가며 친절하고 상세하게 설명해준다. 다양한 이론들과 사례 제시는 독자들에게 게임에 대한 탄탄한 이해와 날카로운 통찰력을 증가시켜 주리라 확신한다. 선택의 기로에서 망설이는 게임개발자, 게임을 조금 더 깊게 배우고 싶은 게임 전공학생, 누구에게도 뒤지고 싶지 않은 열성 게이머들에게 강력 추천한다.

이장주 / 이락디지털문화연구소 소장, 게임문화재단 이사

이 책은 게임 디자인을 배우고자 하는 이들을 위해 많은 것을 담고자 했던 저자의 노력이 돋보이는 구성을 가지고 있다. 단순히 지식을 전달하기보다 다양하고 폭넓게, 그리고 집요하게 게임 디자인에 대한 본인의 경험과 인사이트를 기반으로 이야기를 풀어내고 있다. 게임 디자이너를 꿈꾸고 있다면, 특히 아직 게임 산업에 입문하기 이전의 독자라면 백과사전처럼 옆에 두고 찬찬히 또는 필요할 때 마다 꺼내어 볼 수 있는 담백한 한 권의 게임 디자인 지침서가 될 것이다.

서원정 / 컴투스 개발 본부장

이 책에는 게임 개발 과정을 이해하고 싶은 독자를 위한 저자의 간절한 마음이 진심으로 느껴지고 있다. 게임 개발 노하우를 정성스럽게 정리하여 책으로 만드는 과정은 결코 쉽지 않다고 생각한다. 저자의 실무 경험을 바탕으로 이론이 더해진만큼 게임 디자인 이론이 보기 쉽게 정리돼 있다. 게임 개발 프로세스의 단계별 내용을 상세하게 설명하고 다양한 게임의 예를 들어 이해를 돕고 있다. 이 책을 읽고 나면 게임 디자인은 매우 친근한 분야가 돼 있을 것이다. 게임 디자인 입문과 현업에 있는 개발자에게 많은 도움이 될 것이다.

구장용 / 게임빌 제작관리실 실장

| 지은이 소개 |

남기덕(dkkamui@gmail.com)

흔치 않게 게이머, 게임 개발, 게임 학계 세 가지 분야의 경력을 모두 가진 '게임 덕후'다. 어려서부터 쉼없이 게임을 해왔고, 성인이 돼 프로그래머, 개발팀장, PM, PD로서 게임 개발에 참여했으며, 나이가 들어 게임학 박사를 취득하고 게임을 연구하고 가르치는 등 일생을 게임과 함께 살아가고 있다. 현재 동양대학교 게임학부 교수이자 게임학 박사로서 대학, 단체, 컨퍼런스 등에서 강의 및 강연을 하고 있다. 좀 더 게임에 대해서 진지하게 생각하는 사람들이 늘었으면 하는 바람으로 게임 비평가 및 게임 분석가로도 활동하고 있다.

50원짜리 깐도리 아이스크림을 먹으며 오락실에서 갤러그를 한 것으로 게임에 입문해 재믹스로 처음 비디오 게임을 접했고, 지금까지 휴식기 없이 게임을 즐기고 있다. 여러 게임을 즐기지만 비디오 게임을 가장 선호하며, 장르 중에는 특히 RPG를 과하게 좋아하는 아저씨 게이머다.

홍익대학교 컴퓨터공학을 전공한 후 클라이언트 프로그래머로 업계에 입문했으며 프로그래머, 개발팀장, PM, PD를 거쳤다. 어려서부터 즐겨왔던 비디오 게임에 지대한 영향을 받아 사람들에게 감동을 주는 게임을 만들고 싶어 게임 업계에 발을 디뎠다. 하지만 위로 올라갈수록 매출을 위해서라면 게임 디자인은 안중에도 없는 한국 게임 업계 윗선의 현실을 뼈저리게 경험하고 큰 괴리감을 느낀다. 게다가 PD로서 스스로 게임 디자인에 대한 깊이가 얇다는 고민에 빠져 방황의 나날을 보내다가 무작정 일본으로 날아갔다. 당시 기준으로 10년 이상 한국어를 가르치며 알게 된 지인들의 도움으로 한 달 반 정도 여러 일본 게임회사의 경력 많은 개발자들을 찾아다니며 조언을 구했고 결국 자신의 한계를 깨닫는다.

늦은 나이에도 불구하고 깊이 있는 게임 디자인이란 무엇인지를 찾기 위해 상명대학교 게임학 박사를 취득하고, 현재 동양대학교 게임학부에서 게임학, 게임프로그래밍, 게임디자인을 가르치고, 학부 내 게임 제작 팀프로젝트를 총괄하고 있다. 세계 게임 시장이 질적으로 한 단계 성장하는 데 공헌하고자 게임학, 게임디자인, 게임프로그래밍, 프로젝트 매니징 등에 대한 강의, 강연이 있는 곳이라면 시간과 체력이 닿는 한 달려가고 있다. 게임 디자인을 질적으로 발전시킬 수 있는 방안을 모색하고자 국내만이 아닌 일본과 중국에서도 다양한 활동을 전개해 나가고 있다.

중소&인디 게임 개발사, 개발자 지망생, 게임 관련 콘텐츠 제작자, 게임과 다른 분야의 융합을 시도해보려는 개인 및 단체 등에 도움이 되고자 상담, 조언, 자문 등의 활동을 하고 있다. 최근에는 게임에 대해 진지하게 고민하는 블로거, 유튜버, 스트리머 등 젊은 친구들과 교류하며 게임 방송에도 깊은 관심을 가지고 있다. 게임에 대한 다양한 이야기를 편하게 할 수 있는 게임 산업인들의 공간을 만들고 게임의 질적인 발전을 꿈꾸는 사람들과 함께 게임학을 연구하고 후학을 양성하기 위한 비영리단체인 '글로벌 게임 연구회'를 창립하고 초대회장으로 폭넓게 활동하고 있다.

오랫동안 꿈을 그리는 사람은 마침내 그 꿈을 닮아 간다.

-앙드레 말로-

깊이 있는 게임 디자인이란 과연 무엇을 뜻하는 것일까? 이 질문은 필자가 업계에 있었을 때나 연구자로 지내면서도 끊임없이 고민하고 있는 풀리지 않는 퍼즐 같은 것이다. 혹자는 게임은 재미만 있으면 된다고 한다. 하지만 과연 그럴까? 재미는 인간이 느끼는 감정 중 하나다.

과거 명작이라고 불리는 수많은 게임들을 즐기면서 우리는 정말 재미만을 느꼈을까? 재미있게 즐겼던 게임은 셀 수 없을 정도로 많다. 그러나 단순히 재미있었다고 해서 우리는 그 게임을 명작이라고 말하지 않으며, 깊이 있게 디자인된 게임이라고 평가하지 않는다. 단순히 재밌기만 했던 게임은 사람들의 마음 속에서 금세 잊혀지기 마련이다. 게다가 이러한 게임은 장기적으로 인기를 얻는 시리즈 형태로 발전되기도 힘들다.

게임뿐만 아니라 여러 미디어에서 명작이라고 평가받는 작품들은 하나같이 재미를 뛰어넘어 인간의 감정을 건드려 왔다. 그것이 긍정적인 감정이든 부정적인 감정이든 말이다. 그렇기 때문에 사람들의 마음 속 깊이 각인돼 오랜 기간 살아 숨쉴 수 있었다.

현재의 게임 디자인은 주로 재미에 초점을 맞추고 있다. 그러나 필자는 깊이 있는 게임 디자인을 위해서는 재미에서 범위를 넓혀, 인간이 느끼는 모든 감정을 고려해서 게임을 디자인해야 한다고 생각한다. 그러기 위해서는 먼저 스스로 인간에 대해서 알아야 할 필요가 있다. 인간을 알기 위해서는 많은 시간을 들여 폭넓은 사회경험을 하고 다양한 분야의 자료를 찾아 끊임없이 공부해야 한다. 그러므로 게임 디자인 능력은 기술적인 분야와 다르게 단기간에 습득할 수 있는 분야는 아니다. 그 사람이 어떤 인생을 살아왔는지와 직결되는 능력이므로 게임 디자이너를 양성한다는 것 자체가 어려울 수밖에 없다. 게임 디자이너는 결국 스스로 성장하는 것이다.

현실에 찌들어 살아가다 보면 나이 먹고 공부하는 것만큼 어려운 일이 없다. "아. 공부해야 하는데…누가 나 대신 공부 좀 해줬으면…그리고 깔끔하게 요약 정리해서 보여줬으면…" 야근에 시달리는 경력 있는 개발자들이라면 누구나 이런 생각을 할 것이다. 필자도 그랬었고, 같이 일했던 개발자들과 만나도 늘 이런 푸념은 빠지지 않는다.

많은 사람들이 한 목소리로 한국 게임에서 가장 부족한 것은 게임 디자인이라고 말한다. 예전에 같이 일했던 선후배나 동료를 가끔 만나면 대형 개발사건 소규모 개발사건 하나같이 어디 괜찮은 게임 디자이너 없냐며 하소연한다. 무엇이 문제일까? 분명 단순한 문제는 아니다. 복합적인 문제라 여러 원인이 있겠으나 스스로를 뒤돌아볼 필요가 있다.

업계에 몸담고 있었을 때 출퇴근하면서 매번 느꼈던 것이지만, 개발자들 책상 위에서 책을 찾아보기는 힘들었다. 물론 국가마다 개발사마다 상황이 다르겠지만 주변 게임 디자이너들의 책상에 책이 얼마나 있는지 살펴보자. 게임 디자인을 위한 공부를 짬짬이 하고 있다는 흔적을 보여주는 사람이 과연 얼마나 될까? 물론 월화수목금금금에 야근을 밥 먹듯이 하는 건 뼈에 사무치게 잘 알고 있다. 필자도 집에 못 들어간 날도 매우 많았으며, 새벽 3~4시에 잠시 쉬기 위해 동료들과 옥상에 올라가서 신세 한탄을 하기도 했었다.

그러나 예를 들어 〈대항해시대大航海時代〉, 〈문명Sid Meier's Civilization〉과 같은 게임을 디자인하려면 역사에 대해서 박사 수준으로 공부를 해야 하며, 〈역전재판逆転裁判〉을 디자인하려면 법과 법정에 대해서 심도 있게 공부를 해야만 한다. 이런 게임들을 인터넷에서 검색한 자료만으로 만들 수는 없다.

다양한 테마를 게임에 적용하고 있는 서양과 일본의 게임 디자이너들은 그만큼 다양한 분야에 관심을 가지고 깊이 있게 공부를 하고 있다는 의미가 된다. 반면, 한국 게임은 왜 대부분 비슷비슷한 중세 판타지에 한정돼 있을까? 왜 별 의미도 없는 뻔한 스토리를 가지고 있는가? 왜 색다른 게임 시스템을 만들어 내지 못하는가? 이유는 먼 곳에 있지 않을 것이다. 이제 스스로 자신의 책상에 어떤 책들이 놓여 있는지 뒤돌아볼 차례다.

UX 디자인의 거장인 도널드 노먼^{Donald A. Norman}은 『생각 있는 디자인』(학지사, 1998)에서 "나는 학계에서 이뤄지고 있는 연구들에 현실성이 결여돼 있다는 사실을 점점 더 고민하게 됐다. 대학을 중심으로 이뤄지는 연구들은 심도 있고 의미심장하며 현명한 것일 수 있지만, 과학적 지식이나 사회 전반에 미치는 영향력은 놀랄 만큼 적거나 없다고까지 말할 수 있다."라고 했다. 업계와 학계의 괴리는 너무나도 크며 이는 어제 오늘의 문제가 아니다.

어느 쪽이 잘못됐다고 말하긴 힘들다. 단지 지금까지의 경험, 가치관, 사고 방식 그리고 보는 관점이 서로 너무나도 다르다. 그렇기 때문에 양쪽을 모두 경험해본 사람이 나서서 통역하거나 그마저 힘든 상황이라면 자료를 서로에게 맞게 포팅할 필요가 있다. 업계의 게임 디자이너들에게 우선 필요한 것은 어려운 논문이나 책상에 탑같이 쌓여 있는 자료가 아닐 것이다. 그들은 개념 하나하나에 대해서 심도 있게 논쟁할 시간적인 여유가 없다. 단지 실무에 적용하기 쉽도록 도움이 될 만한 조그마한 힌트가 필요한 것이다.

강의 및 강연하면서 뼈아프게 느낀 것이 있다. 자신이 많이 알고 있다고 해서 어려운 내용까지 모두 포함해 100%를 주려고 하면 청중은 어떻게 해야 할지 몰라 강의에 흥미를 잃고 아무것도 가져가지 못한다. 하지만 청중이 흥미를 가지는 것이 단지 5%라고 한다면 그것에 집중해서 5%만이라도 알려주는 것이 실질적으로 보다 도움이 된다는 말이다. 스스로 많이 알고 있다고 해서 상대방도 그만큼 전문적이고 깊이 있는 지식을 원한다는 보장은 없다. 때로는 얕지만 포괄적인 지식이 도움이 되는 경우도 있다. 강의 경력이 많은 교수님들께서 항상 조언해 주신다. "학생이나 청중에게 너무 많은 것을 주려고 하지 마라. 과하면 0이 될 뿐이다." 물론 내공이 부족한 필자에게 있어 이는 아직 어려운 과제다.

필자는 게임 업계와 학계의 중간에 서있는 몇 안 되는 사람이다. 그리고 그 누구보다 양쪽 간의 괴리를 가장 크게 느끼는 위치에 서있다. 그렇기 때문에 수없이 많은 고민을 했고, 이 고민들을 통해 지금까지 공부해왔던 것들을 업계에서 활용할 수 있도록 포팅해 보려고 한다. 그 첫 번째로 이 책을 준비했다.

"이론만 깊이 공부했다고 해서 깊이 있는 게임 디자인을 할 수 있는 것은 아니다. 그렇다고 점차 방대해지고 있는 게임 디자인을 감에만 의존해서 할 수도 없다. 이론은 개념과 기초만 알아도 충분하다. 더 중요한 것은 그 이론들을 게임 디자인에 어떻게 적용할 것인지 깊게 고민하고 실제 적용해보려는 의지가 있는가 여부다."

업계에서 필요로 하는 게임 관련 지식은 대개 어려운 것이 아닐 것이다. 실무에서 활용할 만한 그리고 새로운 발상을 하게 해줄 힌트가 돼 준다면 충분히 가치가 있다고 본다. 이에 가장 적합한 작업은 우선 게임 디자인에 적용할 수 있는 여러 분야의 이론들을 간략하게나마 정리하는 것이라고 생각했다. 이러한 이론들은 수년에서 수십 년에 걸쳐 연구자들이 인간 자체 또는 인간이 만들어낸 산물에 대해서 정리한 결정체이기 때문이다. 즉 연구자들이 대신 공부해서 깔끔하게 정리해준 것들이다.

이 책의 목적은 게임 구성요소별로 각각 어떻게 디자인해야 하는지 실무적인 방법론을 구체적으로 설명하는 것이 아니다. 다양한 분야의 이론을 게임 디자인 프로세스별로 묶어 간략히 개념 정리하고 이 이론들을 실제 어떻게 게임 디자인에 적용하면 좋을지 고민한 흔적을 공유하는 데 목적이 있다. 이러한 구조에서 각 이론마다 전문적인 지식을 전달하기는 어렵다. 하지만 이렇게 한곳에 정리해두면 언제든 찾고자 하는 이론을 쉽게 찾아보고, 관련된 자료를 연결해서 볼 수 있을 것이다. 그러므로 게임 디자인 방법론을 서술하거나 게임 디자인 문서를 작성하는 방법을 설명한 책들과 번갈아 가며 같이 보는 것을 권한다.

깊이 있는 게임 디자인을 위해서 많은 지식도 습득해야 하며, 무수한 경험도 요구된다. 하지만 이러한 수준에 도달하기까지 너무나도 막대한 시간과 노력이 소요된다. 그렇기에 게임 디자인의 질을 전체적으로 한 단계 높이려면 이에 상응하는 질 높은 교육이 필요할 것이다. 직접 경험은 아니라 할지라도 여러 간접경험을 체험할 수 있도록 기회를 끊임없이 제공하고, 다양한 고민을 할 수 있는 환경을 제공함으로써 높은 수준까지 도달하는 데 걸리는 시간을 줄일 수 있다.

필자가 고민한 흔적이 깊이 있는 게임을 만드는 데 조금이나마 도움이 됐으면 한다. 이 책을 통해 단 1개의 이론이 단 1개의 게임에 적용돼, 보다 깊이 있는 게임이 만들어진다면 이 책의 목적은 충분히 달성된 것이다.

필자는 굳게 믿고 있다. 앞으로 성장할 전 세계의 젊은 게임 디자이너들에게 조금의 지식을 전해주고, 시기 적절한 조언을 해준다면 그들은 머지않아 훌륭한 게임들을 만들어 낼 것이라고 말이다. 그리고 앙드레 말로의 말과 같이 필자는 이러한 꿈을 오랜 시간 그려왔고 앞으로도 그려갈 것이기에 10년 뒤, 20년 뒤라면 그리고 있는 목표에 언젠가 근접하게 다가갈 것을 말이다.

들어가며

이 책의 구성

이 책은 총 4개의 '장'으로 구성돼 있다. 1장에서는 게임 디자인에 대한 전체적인 내용을 살펴보고, 2장부터 4장까지는 3단계로 나눠진 게임 디자인 프로세스에 따라서 도움이 되는 여러 분야의 이론을 정리했다.

게임 디자인에 도움이 되는 다양한 분야의 이론을 한 곳에 모아 간략히 정리하고자 했기에 경력이 많은 게임 디자이너나 실제 게임 디자인 방법론에 대한 지식을 바라는 독자에게 어울리는 책은 아니다. 게임 디자인의 전체적인 그림을 그릴 수 있도록 신입 게임 디자이너, 인디 개발자, 개발자 지망생, 게임 관련 학과 학생 그리고 게임에 대해서 조금 더 깊이 있게 알기를 원하는 게임 콘텐츠 제작자와 게이머에게 조금이나마 도움이 됐으면 한다.

1장, '게임 디자인'에서는 게임 개발에서 게임 디자인이 가진 중요성을 살펴보는 것으로 시작한다. 이후 게임과 게임 디자인이란 무엇이며, 게임 디자인을 배우는 것은 왜 어려운지, 게임 디자인 프로세스는 어떻게 구성돼 있는지 알아본다.

2장, '콘셉트 디자인을 위한 이론'에서는 콘셉트 디자인에서 필수적으로 고민해야 할 6가지를 살펴본다. 콘셉트 디자인은 어떤 '게임'을 만들 것인가와 어떤 '플레이어'를 주 대상으로 할 것인가 크게 두 가지를 결정하는 과정이다. 어떤 게임을 만들 것인지 결정하기 위해 게임의 테마, 놀이로서의 게임, 게임 구성요소, 재미와 관련된 이론을, 어떤 플레이어를 주 대상으로 할 것인가를 결정하기 위해 플레이어에 대한 이론을 살펴본다. 이를 바탕으로 타겟층과 장르를 선정하는 것으로 게임 디자인의 출발점에서게 된다.

3장, '상세 디자인을 위한 이론'에서는 콘셉트 디자인을 구체화하는 과정인 상세 디자인에 도움이 되는 이론을, 테마를 중심으로 한 2가지 축으로 나눠 살펴본다. 한 가지는 테마, 캐릭터, 스토리로 이어지는 축이며, 다른 한 가지는 테마, 게임 플레이, 레벨 디자인과 밸런스로 이어지는 축이다. 마지막으로 스토리와 게임 플레이를 담아내는 그릇인 그래픽과 사운드에 관련된 이론을 살펴봄으로써 3장을 마무리한다.

4장, 'QA를 위한 이론'에서는 게임 디자인 프로세스에서 자칫 소홀해지기 쉬운 QA 단계에 대해서 알아본다. 게임 개발에서 이뤄지는 QA 단계의 흐름을 살펴보고, QA 단계에서 게임 디자이너가 주의해야 할 사항을 짚어본다.

이 책의 특징

- 다양한 분야의 이론을 게임 디자인에 접목하려 시도
- 게임 디자인을 크게 3단계로 나눠, 각 단계별 활용할 수 있는 이론을 한 곳에 모아 보기 쉽게 정리
- 이론 정리와 함께 게임 디자인에 적용해 보기 위한 고민의 흔적을 공유
- 게임 업계와 학계의 교류를 위한 가교 역할
- 게임 관련 대학, 대학원 교재만이 아닌 게임을 좋아하는 게이머를 위한 참고 서적

이 책의 대상 독자

- 신입 게임 디자이너, 인디 개발자
- 개발자 지망생, 게임 관련 학과 학생
- 다양한 이론을 게임 디자인에 접목시켜보려는 개발자, 연구자
- 게임 블로거, 유튜버, 스트리머 등 게임 관련 콘텐츠 제작자
- 게임에 대해서 조금 더 알고 싶은 게이머라면 누구나

1장
게임 디자인

01 게임 디자인이 가진 힘

게임 디자인이 가져온 놀라운 성과

다음 게임들은 어떠한 공통점을 가지고 있을까?

그림 1-1 출처: 앵그리 버드(좌상) / 클래시 오브 클랜(우상) / 위쳐3 와일드 헌트(좌하) /
디비니티 오리지널 신2(우하)

〈앵그리 버드^{Angry Birds}〉를 만든 로비오 엔터테인먼트^{ROVIO Entertainment}, 〈클래시 오브
클랜^{Clash of Clans}〉을 만든 슈퍼셀^{SUPERCELL}은 핀란드의 게임 개발사다. 핀란드 경제는
1865년에 창립한 통신장비 제조 업체인 노키아^{NOKIA}에 의해 오랫동안 지탱됐다. 그
러나 스마트폰 시장에 빠르게 대응하지 못하고 급격히 무너졌다. 이는 핀란드 경제
전체가 휘청일 정도로 큰 사건이었다.

이런 국가적인 위기를 구한 것이 바로 게임이다. 로비오를 시작으로 슈퍼셀로 이
어지는 조그만 게임 개발사들은 노키아의 빈 자리를 메꾸는 것을 넘어 핀란드를 세

계적인 콘텐츠 강국으로 변모시켰다. 더 나아가 이것을 계기로 해 유럽을 중심으로 세계의 뛰어난 젊은이들이 핀란드로 모여들고 있다. 그들은 핀란드 정부와 여러 단체의 지원을 받으며 로비오와 슈퍼셀과 같은 벤처 창업을 목표로 핀란드의 미래 성장 동력이 되고 있다.

〈위쳐3 와일드 헌트^{The Witcher 3 Wild Hunt}〉를 만든 CD PROJECT RED는 폴란드의 게임 개발사다. 〈위쳐1^{The Witcher}〉에서는 크게 빛을 보지 못했지만 〈위쳐2^{The Witcher 2: Assassins of Kings}〉부터 인기를 얻기 시작해서 〈위쳐3 와일드 헌트〉로 2015년 최다 GOTY^{Game of the Year} 257표를 수상했다. 게임 시리즈 하나로 전 세계 게이머에게 폴란드의 이름을 깊이 각인시킨 것이다. 더 나가서 앞으로 게임의 역사나 RPG의 역사를 논하게 될 때 〈위쳐3 와일드 헌트〉와 폴란드는 빠지지 않고 등장하게 될 것이다. 〈위쳐3 와일드 헌트〉에 이어 〈사이버펑크 2077^{Cyberpunk 2077}〉을 발표하면서 전 세계에서 가장 주목받는 게임 개발사 중에 하나로 자리 잡았다.

폴란드에서 만들어진 게임은 〈위쳐〉 시리즈 이외에도 꽤 많다. 우리에게 익숙한 〈다잉라이트^{Dying Light: The Following}〉, 〈프로스트펑크^{Frostpunk}〉, 〈레이어스 오브 피어^{Layers of Fear}〉, 〈쉐도우 워리어^{Shadow Warrior}〉 시리즈 등이 폴란드에서 만들어진 게임이다. 폴란드는 점차 색다르고 다양한 고품질의 게임을 만들어내고 있다.

아직 〈위쳐〉 시리즈만큼의 인기를 얻지 못하고 있지만, RPG를 좋아하는 게이머라면 〈디비니티 오리지널 신^{Divinity: Original Sin}〉 시리즈를 주목하고 있을 것이다. 〈디비니티^{Divinity}〉 시리즈를 만들어온 라리안 스튜디오^{Larian Studios}는 벨기에의 작은 게임 개발사다. 신규 게임을 개발할 자금조차 충분히 마련하지 못하자 킥스타터^{Kickstarter}를 통해서 개발비를 모금할 정도였다. 그런데 결과는 기대 이상이었다. 〈디비니티 오리지널 신〉 시리즈는 2014년 GOTY 4표, 2017년 GOTY 6표를 받을 정도로 대표적으로 성공한 킥스타터의 사례로 꼽힌다. 그리고 높은 자유도를 추구하는 〈울티마 7^{Ultima7}〉의 대를 이어 RPG의 새로운 방향성을 제시해 줬다고 높게 평가받고 있다.

위 게임들의 공통점은 게임 시장의 전통적인 강자이자 게임 발전을 선도하고 있는 미국과 일본 게임이 아니라는 점에 있다. 미국과 일본 게임은 여전히 세계 게임 시장 점유율의 상당 부분을 차지하고 있으며, 글로벌 게임 시장의 흐름마저 좌지우지하고 있다.

반면 핀란드, 폴란드, 벨기에는 세계 게임 시장 점유율 기준에서 보면 극히 일부분에 지나지 않는다. 그러나 단 몇 개의 게임만으로 전 세계에 자신들의 게임을 알리고 국가 경제에 영향을 줄 정도로 엄청난 성과를 올렸다. 아이슬란드의 〈이브 온라인EVE ONLINE〉이나 벨라루스의 〈월드 오브 탱크World of Tanks〉도 비슷한 사례다. 그들에게 처음부터 미국이나 일본같은 기술력, 인력, 자본력이 있었을까? 기술력, 인력, 자본력이 다소 부족하다 할지라도 뛰어난 게임 디자인만 있다면 세계 게임 시장에서 충분히 통한다는 것을 몸소 증명해 줬다. 게임 디자인이 가진 힘을 여실히 보여주는 사례다.

게임 디자인 부재가 초래한 결과

한편 한국 게임 시장과 중국 게임 시장을 살펴보자. 시장 규모만으로 따지면 중국은 미국을 위협할 정도로 거대한 시장이다. 한국 게임 시장도 만만치 않게 크다. 하지만 아직까지 수치상 시장 규모가 크고 매출이 높을 뿐 규모만큼의 질적인 성장은 따라가고 있지 못하다는 평이 지배적이다. 세계 시장 특히 핵심 시장인 북미와 일본의 소비자에게 인정받지 못하고 있다는 점은 가볍게 웃어 넘길만한 상황이 아니다. 한국 게임은 점차 수출의 폭이 줄어들고 있으며, 중국과 동남아시아에 편중되면서 글로벌 시장에서 고립되는 양상을 보이고 있다(그림 1-2 참조).

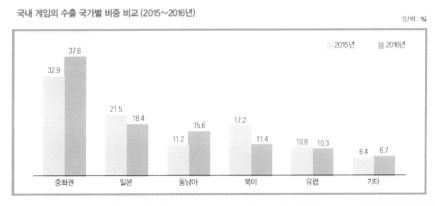

그림 1-2 점차 중화권, 동남아에 의존해가는 국내 게임의 수출 국가별 비중(출처: 2017 대한민국 게임 백서)

모바일 체제로 바뀐 뒤 한국 게임은 글로벌 시장에서 어느 때보다 고전하고 있으며 정치적인 이슈로 그동안 공들여온 중국 시장 진출이 막히면서 최근 몇 년간 내수에 크게 의존하게 됐다. 게다가 국내 사정도 호락호락하지 않다. 한국 모바일 게임 전반에 대한 부정적 인식이 게이머 사이에 넓게 확산되면서, 게임을 출시해도 온라인 게임 때처럼 많은 수의 게이머가 안정적으로 몰리지 않게 됐다. 이러한 변화는 점차 적은 수의 충성도 높은 소비자에게 보다 가혹한 과금을 유도하는 형태로 자리잡았다.

모바일 게임 매출 순위 10위 중 대부분이 가혹한 확률형 아이템을 포함하고 있는 자동 전투 액션 MMORPG에 치중돼 있으며, PC 온라인 게임이나 콘솔 게임은 거의 출시되지 않고 모바일 게임에 과도한 집중을 보이고 있는 것이 현재 한국 게임 시장의 현주소다. 다양하고 새로운 게임을 만들기보다 수익 창출을 극대화하기 위한 특정 플랫폼과 장르만 쫓아가는 상황이 지속되면서 게임의 질적인 성장은 멈춰있거나 오히려 퇴보했다고 우려하는 게이머가 대부분이다.

한국 게임은 현재 미국과 일본 게임을 비롯한 글로벌 게임 시장과 추구하는 방향이 다를 뿐이라는 주장도 있다. 가지고 있는 환경이 다른 만큼 차이를 인정해야 한다는 것이다. 모바일 플랫폼을 주력으로 삼고 있는 한국 게임 시장의 경우, 모바일 기기 특성에 맞게 캐주얼한 게임이 주를 이루고 있기 때문에 시장 자체를 다르게 봐야 한다는 입장이다.

해외의 모든 게임이 그런 것은 아니지만, 2018년 출시된 대표적인 게임인 〈갓 오브 워$^{God\ of\ War}$〉와 〈레드 데드 리뎀션2$^{Red\ Dead\ Redemption\ 2}$〉를 보면 글로벌 게임 시장은 콘솔 플랫폼을 중심으로 플레이어에게 보다 강렬한 몰입을 제공하고, 보다 현실적인 것을 추구하는 방향으로 흘러가고 있다고 볼 수 있다.

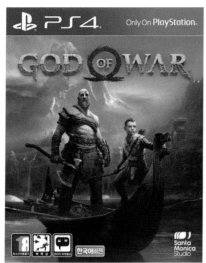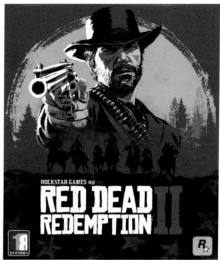

그림 1-3 출처: 갓 오브 워(좌) / 레드 데드 리뎀션(우)

한국 게임이 질적으로 부족하다는 입장이나 시장 자체가 다르다는 입장을 떠나, 한국 게임이 글로벌 시장의 방향성과 크게 다르다는 점은 변하지 않는다. 문제는 이러한 격심한 차이로 인해 한국 게임은 글로벌 시장에서 점차 고립되고 경쟁력을 잃어가고 있다는 점이 아닐까?

어떤 입장이 됐건 가장 중요한 것은 게임을 소비하는 게이머들의 인식이 어떤지 귀를 기울여야 한다는 점이다. 한국 게이머들은 한국 게임에 대해서 어떠한 인식을 가지고 있을까? 게이머들의 반응을 찾아보는 건 어렵지 않다.

대표적인 게임 커뮤니티나 웹진 그리고 포털의 댓글을 살펴보면 시장 자체가 다르다는 점보다는 한국 게임이 가진 질적인 문제를 지적하는 게이머가 다수를 차지하고 있다. 필자가 최근 5년간 다양한 활동을 하면서 만나본 수많은 국내외 학계 인사, 개발자, 게이머들도 하나같이 그들과 동일한 문제를 지적하고 있다. 부정적인 인식의 고착화는 현 세대에서 다음 세대로 이어지기 때문에 그 어떤 것보다 개선하기 어려운 문제다. 때문에 개발사는 게이머의 의견에 귀를 기울이기 위한 노력을 아끼지 말아야 하며 접근 방식에도 세심한 주의가 필요하다.

현재 한국 게임 시장은 유래를 찾아볼 수 없을 정도로 게이머와 개발사가 강렬하게 대립하고 있는 전장이 돼버렸다. 극히 일부의 돌출행동이라고 볼 수 있는 예외적인 사건이었으나, 개발자 또는 개발사 관계자가 특정 게이머도 아닌 불특정 다수 게이머에 대해 SNS나 커뮤니티 등에서 부정적인 발언 및 불만을 노골적으로 드러내는 경우가 적지 않게 발생하고 있다.

대표적인 예로 국내 대형 개발사인 N사의 S게임의 한 관계자로 알려진 인물은 오픈 전 자신의 SNS에 "니들이 허접한지, 우리가 허접한지 결과가 말해줄 것이다."라는 발언을 해 게임 시장 전체에 충격을 안겨줬다. 대상이 누구인지 명확히 알 수 없었으나 수많은 게이머들이 자신들에게 한 발언이라고 느꼈다는 점이 중요하다. 이에 대항해 수많은 게이머들은 불매운동을 했고 결국 3개월 남짓만에 서비스를 종료하게 됐다. 이러한 사건이 연달아 발생하자 그동안 한국의 대형 게임 개발사에 불만을 가지고 있던 수많은 한국 게이머들의 마음에 불을 지피는 계기가 됐다. 현재 한국의 많은 게이머들은 한국을 대표하는 대형 게임 개발사의 이니셜을 딴 용어를 만들어 강하게 비판하고 있으며, 심지어 일부는 한국 게임 전체에 대한 불매 운동까지 거론하는 움직임으로 이어지고 있다.

개발사는 한국 게임 시장이 가진 특성이 다르기 때문에 글로벌 시장과 동일하게 가서는 생존하기 어렵다고 한다. 그리고 한국 게이머들의 비판이 지나치게 과하다고 하소연한다. 반면 게이머는 한국 게임만 아니라 미국, 일본을 비롯한 전 세계 게임을 동시에 접하고 있으므로 비교 대상이 되는 것은 당연하며, 이러한 반발은 개발사들이 자초한 상황이라고 비판한다. 그리고 한국 게임도 이제 글로벌 시장의 흐름에 맞춰 바뀌길 요구하고 있다. 서로 양보없는 첨예한 대립이 격화되고 있다.

한국 게임 시장만이 가진 독특한 특성을 이해하지 못하는 바는 아니지만 어떤 산업에서든 결국 소비자와 맞서 싸워 이기는 공급자는 존재하지 않는다. 또한 비록 일부라고 할지라도 공급자가 소비자와 싸우려는 태도를 보이거나 무시하는 언행을 보이는 것부터 정상이라고 볼 수 없는 상황이다. 이러한 접근 방식은 상황을 더욱 악화시킬 뿐이다.

글로벌 시장에 동일하게 맞춰 갈 필요는 없지만 어떠한 형태든 소비자들이 원하는 게임의 질적인 성장에 대한 고민이 필요하다. 그리고 이제 잃어버린 신용을 되찾기 위해 적극적인 변화가 요구되는 시점이다.

세계 게임 시장 발전에 영향을 주는 비중을 수치화했다고 가정해보자. 국가별로 '세계 게임 시장 발전에 주는 영향'을 '시장 규모'로 나눠서 점수를 매긴다면 한국과 중국 게임은 좋지 못한 성적을 받을 것이다. 쏟아붓고 있는 자원에 비해 글로벌 시장에서 성과를 올리지 못하고 있다는 말이다. 그런데 현재 한국과 중국 게임의 기술력, 인력, 자본력은 결코 미국과 일본에 뒤처지지 않는다는 점에 주목할 필요가 있다. 문제는 게임 디자인 능력의 부재에서 오며, 그 차이가 심각한 결과를 초래하고 있다.

〈배틀 그라운드PLAYERUNKNOWN'S BATTLEGROUNDS〉는 블루홀의 자회사인 PUBG Corporation에서 만든 한국 게임이다. 하지만 많은 게이머들은 〈배틀 그라운드〉가 한국 게임의 발전 과정에서 탄생한 산물이라고 믿지 않는다. 프로젝트에 참여한 개발자들 모두 열심히 노력했고 그 덕분에 탄생한 것은 분명 맞다. 그러나 실질적으로 게임 디자이너인 브랜든 그린Brendan Green이 없었다면 〈배틀 그라운드〉가 탄생할 수 있었을까? 개발팀의 규모가 엄청나게 커진 현재, 한 명의 개발자가 가진 영향력이 줄어들었다고 해도, 게임 개발에 있어 게임 디자인이 전부는 아니라고 해도, 게임 디자인이 게임에 변함없이 절대적인 영향을 준다는 점은 바뀌지 않았다.

그림 1-4 출처: 배틀 그라운드

뛰어난 프로그래머와 그래픽 디자이너를 다수 확보한 대형 개발사일지라도 제대로 된 게임 디자이너가 없다면 그 게임이 가진 재미의 한계는 명확해진다. 프로그래머나 그래픽 디자이너 중에서라도 반드시 제대로 된 게임 디자인을 할 수 있는 사람이 필요하다. 반대로 경험이 부족한 프로그래머와 그래픽 디자이너를 가진 학생들로 구성된 아마추어 팀이라고 할지라도 뛰어난 게임 디자이너가 있다면 가능한 기술력과 그래픽을 살려 충분히 재미있는 게임을 만들어 낼 수 있다. 그래픽 디자이너는 게임 디자이너와 명확히 구분하기 위해 아티스트라고 부르기도 한다.

어떤 게임에서는 프로그래밍이, 어떤 게임에서는 그래픽이 중요한 경우도 있다. 사운드도 마찬가지다. 게임이나 장르에 따라 조금씩 중요한 분야가 달라진다. 하지만 보편적으로 게임 개발에서 게임 디자인이 가진 힘은 강력하다. 〈언더테일 Undertale〉, 〈다키스트 던전Darkest Dungeon〉, 〈할로우 나이트Hollow Knight〉 등 수많은 게임이 이를 증명해주고 있다.

그림 1-5 출처: 언더테일

그림 1-6 출처: 다키스트 던전

그림 1-7 출처: 할로우 나이트

　미국과 일본이 오랜 시간 게임 강국을 유지하고 있는 이유는 게임 디자인에 막대한 투자를 하고 있기 때문이다. 특히 미국은 영화, 애니메이션, 소설, 음악, 건축, 역사 등 다양한 분야에서 뛰어난 능력을 발휘하고 있는 인재들을 적극적으로 영입하고, 심지어 학자 및 연구자들과 연계해 게임 디자인의 깊이에 힘을 주고 있다. 거기에 기술력, 인력, 자본력까지 갖추고 있는 것이다. 그렇기 때문에 양적·질적으로 게임 시장이 튼튼하게 성장하고 있는 바탕이 됐다.

　단순히 성장률이 높다고 좋은 것이 아니다. 급작스러운 성장은 바로 뼈대의 부실함으로 이어지기 마련이다. 지금까지 명작이라고 불리는 게임의 몇 %가 미국과 일본 게임일까? 그리고 그들이 이런 수준에 도달하는 데 몇 년이 걸렸나? 미국과 일본 게임 시장도 과거 동일하게 급속한 성장 이후 뼈아픈 성장통을 겪었었다. 중요한 점은 이러한 실패를 교훈삼아 긍정적인 방향으로 변했다는 것이다. 그 결과 견고하게 다듬어진 게임 디자인의 힘을 바탕으로 수많은 명작 게임 시리즈를 보유하게 됐다.

　시장 규모와 매출에서 한국과 중국이 미국과 일본을 따라잡았다고 해도 아직까지 쫓아갈 수 없는 거대한 벽이 느껴지는 것은 바로 게임 디자인의 차이에서 비롯된다고 생각한다. 자본이나 기술적인 측면에서는 이미 많은 부분 따라잡았다는 주장이 힘을 얻고 있다. 즉 질적인 차이를 극복하지 못하고 있다. 어느 산업에서나 양적인 성장을 통해 점유율을 일시적으로 높일 수 있겠지만 질적인 성장없이 결코 세계 시장을 선도하는 위치에 도달할 수 없다.

　게임이 건물이라면 게임 디자인은 기둥이다. 먼저 기둥을 튼튼히 세워놓고 다른 구조물을 올려야 튼튼한 건물이 세워진다. 기둥이 부실한데 다른 구조물을 풍부하게 보유하고 있다고 해서 화려한 외관을 가진 건물을 지었다고 하자. 처음에는 멋있어 보이겠지만 이런 저런 구조물을 생각없이 붙여가다 보면 결국 건물이 무너질 뿐이다. 또한 건물을 짓고 있는 도중에 기둥을 흔들거나 위치를 크게 바꾸려고 한다면 건물이 버티지 못하고 쓰러지는 건 당연한 이치다. 건물의 화려한 외관이 돈이 되는 것은 맞다. 그러나 곧 붕괴할지 모르는 건물에서 살 사람은 없다.

게임 시장을 발전시키는 가장 확실한 방법은 게임 디자인이라는 기둥부터 정교하게 지을 수 있는 인재를 키우는 것이 아닐까 한다. 다만 시간이 많이 걸리고 많은 노력과 비용이 들어갈 것이다. 이제는 외관에만 신경 쓰기보다 우선 건물을 안전하고 튼튼하게 만드는 것에 몰두해야 한다. 기둥만 튼튼하게 지으면 그 뒤는 비교적 순조롭게 진행될 것이기 때문이다.

 # 02 게임 디자인이란?

게임 개발에서 기둥이 되는 게임 디자인은 도대체 무엇일까? 게임 디자인은 '게임' 과 '디자인'의 합성어로, 간단히 말하면 게임을 디자인한다는 뜻이다. 얼핏 보면 정말 간단해 보이는 이 말도 제대로 정의하기는 매우 어렵다. 게임 디자인은 무엇을 하는 것인가? 게임과 디자인을 나눠서 살펴보자. 그리고 게임 디자인의 범위를 어디까지로 봐야 하는지 이야기해보자.

게임이란

먼저 게임이란 무엇인지 알아보자. 거의 모든 학문에서 가장 기본이 되는 것은 정의와 분류다. 먼저 연구 범위를 한정하고 전체적인 그림을 그릴 수 있게 하기 위함이다. 하지만 게임학을 비롯한 게임 연구는 다른 분야와 비교해서 이제 막 시작한 단계에 불과하기 때문에 게임에 대한 일반적인 정의조차 명확히 정립돼 있지 못하다. 다만 연구자마다 자신이 게임을 바라보는 관점을 녹여내 게임에 대한 정의를 내리고 있는 상황이다. 게임에 대한 일반적 정의가 없는 이상 유명 게임 디자이너와 연구자들이 내린 게임의 정의를 살펴보는 것으로 간접적으로 게임이란 무엇인지 이해할 수 있을 것이다.

〈문명〉 시리즈로 유명한 게임 디자이너인 시드마이어^{Sidney K. Meier}는 한 인터뷰에서 게임을 이렇게 정의했다.

"게임은 의미 있는 선택의 연속이다(A game is a series of meaningful choices)."

−시드마이어−

그림 1-8 출처: 시드마이어의 문명5

그의 대표적인 작품인 〈문명〉 시리즈를 비롯해서 타이쿤 장르의 시초가 된 〈레일로드 타이쿤^{Sid Meier's Railroad Tycoon}〉 등은 그가 어떤 방향성을 가지고 게임을 만들어왔는지 여실히 보여준다. 대부분 그의 말에서 '선택'을 가장 중요한 키워드로 보고 있으나, 필자는 '의미 있는'에 더욱 무게를 두고 싶다. 다른 게임들도 플레이어에게 끊임없이 선택을 유도하는 것은 동일하기 때문이다. 그의 작품은 유독 선택에 따라 각기 다른 결과를 경험할 수 있도록 디자인해오고 있기에, 여러 번 플레이해도 매번 다른 경험을 할 수 있어 질리지 않는다. 그렇기 때문에 '의미 있는 선택'인 것이다. 이런 특성 때문에 '문명하셨습니다'라는 신조어가 만들어질 정도로 많은 게이머들이 게임에 몰입하게 됐다.

흔히 명작을 만들었던 많은 프로듀서(PD)나 게임 디자이너들은 자신이 만들고자 하는 게임이란 어떤 것인지 깊이 고민해왔다는 공통점을 가지고 있다. 그리고 인터뷰 등을 통해 이러한 고민을 털어놓곤 한다. 이러한 고민도 없고, 방향성도 없이 게임을 개발한다면 어떻게 될까? 눈앞에 보이는 성공을 위해서 성과와 밀접하게 관련된 돈을 쫓는 것은 어쩌면 당연한 결과가 아닐까?

연구자들은 게임을 어떻게 정의하고 있을까? 게임 디자이너 실무 경험이 있는 연구자들의 주장은 다음과 같다.

연구자별 게임의 정의

❶ **크리스 크로포드:** "게임은 플레이어들이 상대방의 목표를 꺾기 위해 노력하는 시합에 국한된 것이다."

❷ **앤드류 롤링스&어니스트 아담스:** "게임은 가상의 환경에서 제공되는 도전 과제들의 묶음이다."

❸ **케티 샐런&에릭 짐머만:** "게임은 플레이어들이 규칙에 의해 제한되는 인공적인 충돌에 참여해, 정량화 가능한 결과를 도출해내는 시스템이다."

❹ **라프 코스터:** "게임은 선생님이다. 재미는 학습의 또 다른 표현일 뿐이다."

각 연구자들마다 핵심적으로 보고 있는 게임의 요소가 다른 것을 알 수 있다. 크리스 크로포드[Chris Crawford]는 목표와 시합에, 앤드류 롤링스[Andrew Rollings]와 어니스트 아담스[Ernest Adams]는 도전 과제에, 라프 코스터[Raphael Koster]는 학습에 무게를 두고 있다.

필자도 한 칼럼에서 "게임이란 공평함이라는 테두리(선) 안에서 재미를 추구하는 것이다."라고 정의한 바가 있다. 공평함과 재미라는 게임 요소를 중요하게 보는 입장이다. 이와 같이 게임의 정의는 연구자나 게임 디자이너별로 어떤 게임 요소를 중요하게 보고 있는지에 따라 천차만별이다. 반대로 말해서 게임의 정의가 명확히 내려지지 않은 지금, 자신만의 게임에 대한 정의를 내리는 것이 게임 디자이너로서 자신만의 색깔을 가지는 데 큰 도움이 될 것이다.

게임을 정의하는 데 필요한 요소는 어떤 것들이 있을까? 『게임 디자인 원론1[Rules of Play]』(지코사이언스, 2010)에서 대표적인 연구자들이 주장한 게임 정의의 요소를 표로 보기 쉽게 정리했다(표 1-1 참조). 예를 들어 데이빗 팔레트[David Parlett]는 표 1-1에서 첫 번째부터 세 번째까지의 요소를 언급했고, 클라크 앱트[Clark C.Abt]는 첫 번째, 세 번째, 네 번째, 다섯 째까지 총 4개의 요소를 언급했다.

게임 정의를 언급한 연구자

❶ 데이빗 팔레트(David Parlett)

❷ 클라크 앱트(Clark C.Abt)

❸ 요한 하위징아(Johann Huizinga)

❹ 로제 카이와(Roger Caillois)

❺ 버나드 슈츠(Bernard Suits)

❻ 크리스 크로포드(Chris Crawford)

❼ 그렉 코스티키안(Greg Costikyan)

❽ 아비든(Elloit Aveden)과 서튼 스미스(Brian Sutton-Smith)

표 1-1 게임 정의의 요소

게임 정의의 요소	❶	❷	❸	❹	❺	❻	❼	❽
플레이어를 제약하는 규칙에 따라 진행	○	○	○	○	○	○		○
충돌 혹은 경쟁	○					○		○
목표 지향 / 결과 지향	○	○			○		○	○
활동, 과정 혹은 이벤트		○			○			○
의사 결정이 개입됨		○				○	○	
심각하지 않으며 몰입시킴			○					
물질적 이득과 무관함			○	○				
인공적 / 안전 / 일상 생활의 외부			○	○		○		
특별한 사회적 모임 생성			○					
자발성				○	○			○
불확실성				○				
상황을 가정함 / 표현				○		○		

비효율성						○		
부품의 시스템 / 자원과 신호							○	○
예술의 한 형태							○	

(출처: 『게임 디자인 원론1』, 지코사이언스)

위에서 소개한 게임 정의의 요소는 게임 디자이너 혹은 게임 디자이너를 꿈꾸는 사람들에게 자신만의 게임에 대한 정의를 가지게 도와주는 훌륭한 가이드라인이 될 것이다. 예를 들어 앞으로 만들고자 하는 게임은 심각하지 않고, 의사 결정이 개입되는 것을 중시하겠다고 한다면 다른 게임과 비교해서 세계관이나 시스템에서 확실한 차별성을 가지게 될 것이다. 표 1-1에서 언급되지 않은 요소들을 스스로 고민해서 추가해보는 것도 좋을 것이다.

만들고자 하는 게임에 어떤 부분을 강조하고 어떤 부분을 버릴지 고민하는 것부터 시작해보자. 그리고 주변에 자신이 생각하는 게임의 정의를 자랑스럽게 이야기하고 다니는 것도 좋다. 그래야 주변 시선을 의식해서라도 책임감을 가지게 되고 그만큼 오랜시간 동안 변하지 않고 꿋꿋이 지켜 나갈 수 있게 된다. 이것이 지속되면 결국 자신만의 색깔이자 강점이 될 것이다.

게임을 어떻게 정의 내릴지에 대한 정답은 없다. 단지 이러한 진지한 고민을 통해서 개발자들 스스로 게임을 돈만이 아닌, 다른 중요한 무엇인가를 위해서 만들고 있다는 사실을 인지할 기회를 가지게 된다. 이러한 사람들이 점차 많아진다면 게임이 앞으로 질적으로 크게 성장할 수 있는 토대가 마련될 것이다.

게임 디자인이란

게임의 정의는 위에서 살펴봤으니 이제 디자인의 정의에 대해서 알아볼 차례다. design에 대해서 Cambridge Dictionary에서는 다음과 같이 설명하고 있다.

design(noun)

❶ 설계: the way in which something is planned and made

❷ 무늬, 장식: a pattern or decoration

❸ 디자인, 기술: the art of making plans or drawings for something

위의 박스에서 ❷를 제외한 ❶과 ❸의 의미가 게임 디자인에서의 디자인에 해당될 것이다. 이 두 가지 의미에서 필자가 주목하는 공통된 키워드는 'plan' 그리고 'make'다. 즉 게임 디자인이란 '게임을 계획하고 만드는 행위'인 것이다. 단순히 계획만 하는 것이 아니라 만드는 행위까지 포함하고 있다. 이 부분이 굉장히 중요하다.

흔히 게임 디자인이라 하면 게임을 어떻게 만들지 구상하고 계획을 세우는 일이라고 생각한다. 상당수의 게임 디자이너들이 자신의 시간과 노력을 아이디어를 내고 문서를 작성하는 데 사용한다. 프로그래머와 그래픽 디자이너에게 문서를 전달하고 난 뒤에는 자신의 역할은 이제 끝났다고 생각하는 경우도 적지 않다.

앤드류 롤링스와 어니스트 아담스의 『게임 기획 개론』(제우미디어, 2004)에서도 게임 디자인은 다음의 4가지 과정에 따라 이뤄진다고 설명하고 있다.

게임 디자인의 과정

❶ 게임을 상상해본다.

❷ 게임의 동작 방식을 정의한다.

❸ 게임을 구성하는 요소들을 정의한다.

❹ 이런 정보를 실제 게임을 제작할 팀에게 전달한다.

물론 이 4가지 과정이 게임 디자인에 있어 중요한 과정이라는 점에 이견이 없다. 다만 design이 가지고 있는 사전적 의미를 기준으로 보면, plan에만 집중하고 있으며 그 뒤에 make에 해당하는 과정이 생략돼 있어 아쉽다. 제작할 팀에게 정보를 전달하면 게임 디자인이 정말 끝날까?

모든 게임 디자이너가 그런 것은 아니지만, 안타깝게도 적지 않은 게임 디자이너들이 아이디어를 구상하고 전체적인 그림을 그리는 것은 재미있고 가치가 높은 것으로 생각하지만, 문서를 전달한 뒤에 프로그래머, 그래픽 디자이너와 커뮤니케이션하거나 수정 및 테스트 등은 상대적으로 귀찮고 가치가 낮은 것으로 여기는 경향이 있다.

design의 사전적 의미를 바탕으로 게임 디자인의 과정을 나눠 보자. 아이디어 구상과 동작 방식, 구성 요소, 게임 내 콘텐츠를 정의하고 문서를 작성하는 것이 plan 과정이라면, 다른 팀과의 커뮤니케이션과 디자인 및 문서 수정, 밸런스 수정, 테스트 등은 make 과정에 해당될 것이다. 즉 상당수의 게임 디자이너들이 상대적으로 plan 과정에 집중하고 make 과정은 소홀히 하고 있다고 볼 수 있다. 프로그래머와 그래픽 디자이너와 소통하면서 게임을 같이 만드는(make) 과정 또한 게임 디자인에 포함되는 중요한 과정이며, 이 과정이 제대로 이뤄졌을 때야 비로소 진정한 의미의 게임 디자인^{Game Design}이 될 것이다.

게임 디자인의 정리

게임 디자인이란 게임을 계획하고 만드는 행위다(design = plan + make).
❶ plan: 아이디어 구상, 동작 방식&구성 요소&콘텐츠를 정의, 문서 작성 등
❷ make: 커뮤니케이션, 디자인 및 문서 수정, 밸런스 수정, 테스트 등

게임 디자인의 범위

마지막으로 게임의 범위를 살펴보자. 게임의 범위가 정해지면 게임 디자인의 범위는 자연스럽게 정해지기 때문이다.

우리가 흔히 말하는 '게임'이란 어디까지를 포함하는가? 인터넷이나 서적 및 논문 사이트에서 '게임'이라고 검색을 한 번 해보자. 단순히 '게임'이라고 검색하면 무수히 많은 정보들이 쏟아진다. 게임이라는 미디어가 그만큼 인기있고 대중적인 미디어가

됐다는 점은 기쁘지만 원하는 정보를 찾아야 하는 입장에서 이것만큼 화나는 일이 없다. 우리가 원하는 범위의 게임에 대한 전문적인 자료를 찾기 위해서는 어떻게 검색해야 할까?

'게임'이라는 용어는 매우 포괄적인 의미며 다양하게 사용되고 있다. 심지어 단순히 '게임'이라고 할 때 어떤 것을 의미하는 것인지 사람, 단체, 국가마다 다르다. 게다가 세부 분류가 많이 나뉘어지고 있는 상황에서 이들 모두를 포괄하기엔 단순히 '게임'이라는 용어는 너무 애매모호하다. 최근에는 스팀^{Steam} 게임이라는 용어도 생겨났으며, 일본에서는 비디오 게임^{ビデオゲーム}을 테레비 게임^{テレビゲーム}이나 컨슈머 게임^{コンシューマーゲーム}이라고도 부르는 등 국가별로 사용하는 용어도 다르다. OO 게임이라는 용어 또한 끊임없이 늘어나고 있는 추세다. 이러한 것이 분류되지 않고 혼재돼 사용되고 있기 때문에 필자는 다음과 같이 플랫폼, 장르, 소재별로 분류하고 있다. 예를 들어 모바일 헌팅 액션 게임이라고 한다면 단순히 하나의 장르라고 생각하기보다 플랫폼, 장르, 소재별로 구분해서 이해하는 것이 어떨까? 자세한 내용은 1장의 '05. 게임 플랫폼과 장르'에서 다룬다.

> **플랫폼, 장르, 소재별 게임 분류**
> ❶ **플랫폼별**: 콘솔 게임, PC 게임, 모바일 게임, 아케이드 게임 등
> ❷ **장르별**: 롤플레잉 게임, 액션 게임, 어드벤처 게임, 시뮬레이션 게임 등
> ❸ **소재별**: 호러 게임, 생존 게임, SF 게임, 헌팅 게임 등

문제는 위에서 언급된 것들을 통틀어 흔히 '게임'이라고 하고 있다는 것이다. 하지만 '게임'은 OO 게임이라는 용어 모두에 포함돼 있기 때문에 위에서 언급된 것들을 통틀어 설명할 수 있는 별도의 용어가 필요한 경우가 있다.

게다가 대중이 사용하는 '게임'이라는 용어가 가진 범위와 의미는 시간이 지나면서 변하고 있다. 필자의 경험을 토대로 다음과 같이 '게임'이 가진 의미가 변한 과정을 정리해봤다.

1) 50원짜리 깐도리 아이스크림을 팔던 시절, 동네에서 오징어나 사방치기 등을 했던 시절에는 게임이라기보다 놀이에 가까웠다(그림 1-9 참조). 이 당시 아이들은 "누구야~ 놀자~"고 했지 게임하러 가자고 하지는 않았다.

그림 1-9 출처: 깐도리 아이스크림(리그베다위키)

2) 종이, 플라스틱, 나무 등으로 된 당시 1,000~1,500원짜리 게임들이 문방구에 등장했다. 이 때 친구들한테 '우리 게임이나 할래?'라고 했을 때 게임이라는 용어는 지금 우리가 알고 있는 '게임'과 사뭇 달랐다. 지금 우리는 이것을 보드 게임이라고 별도로 구분하고 있다.

3) 비슷한 시기에 오락실이 등장하고 많은 사람들에게 인기를 얻으며 오락실 게임 이라는 용어도 사용됐지만 머지않아 오락실에서 하는 것을 흔히 '게임'이라고 부르게 된다(그림 1-10 참조). 지금은 이것을 아케이드 게임으로 부르고 있다.

그림 1-10 출처: 오락실 풍경(나무위키, 1983년 경향신문이 취재한 자료)

4) PC의 등장과 함께 컴퓨터로 게임을 하는 사람들이 많아지자 컴퓨터 게임이라는 용어가 등장한다. 이 당시에 '게임'은 바로 컴퓨터로 하는 게임을 의미했다. 그리고 이것이 인기가 많아지자 다시 컴퓨터 게임을 일반적으로 '게임'으로 부르게 된다.[1] 지금은 이것을 PC 게임으로 부르고 있다.

5) 컴퓨터 게임의 성공 이후 전문적으로 게임을 즐기기 위한 패밀리 컴퓨터(패미컴)와 같은 콘솔 게임기가 속속 등장하고, 게임의 분류가 점차 복잡해지면서 북미와 일본에서 게임에 대한 용어에 차이가 발생하기 시작한다. 이 때부터 게임이라는 용어는 매우 포괄적이고 애매하게 변하게 된다(그림 1-11 참조).

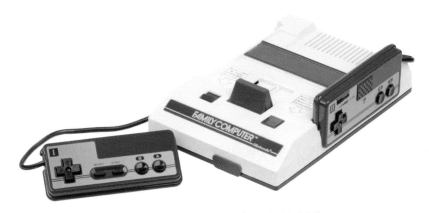

그림 1-11 출처: 패밀리 컴퓨터(일본어 위키피디아)

6) 콘솔 게임이나 PC 게임이 서로의 플랫폼으로도 출시되는 멀티플랫폼이 일반화되면서 콘솔 게임과 PC 게임의 경계가 무너지고 있다. 이러한 영향을 받아 서양을 중심으로 콘솔 게임과 PC 게임을 합쳐 비디오 게임이라고 부르고 있다.

7) 온라인 게임과 모바일 게임이 등장하면서 게임 플랫폼이 보다 다양화되고 있으며, 심지어 온라인 게임과 모바일 게임 각각의 버전을 연동해서 플레이 가능한 게임도 등장하고 있다.

---

1 이 당시에 작성된 게임 관련 논문이나 서적에는 '컴퓨터 게임'이라는 용어가 자주 등장한다. 다시 말해서, 이 용어를 본다면 그 자료가 꽤 오래됐다는 것이다.

그렇다면 현재 시점에서 위에서 언급했던 게임들을 모두 포괄하는 용어는 무엇일까? 바로 아날로그 게임과 대비되는 '디지털 게임'이다. 최근에 인기를 얻고 있는 게임들 대부분이 디지털화된 게임이다. 보드 게임같이 아날로그 기반의 게임은 별도로 구분해서 부르고 있기 때문에 디지털 게임은 우리가 흔히 '게임'이라고 칭하는 것을 모두 포괄한 개념이 된다. 물론 게임에 대한 용어는 계속 변하고 있기 때문에 언제 또 변하게 될지 모르지만, 현재를 기준으로 학술적이거나 전문적인 자료를 찾기 위해서는 '디지털 게임'이라고 검색하면 된다.

이 책에서 다루고자 하는 게임의 범위는 바로 '디지털 게임'이다. 따라서 자연스럽게 게임 디자인의 범위도 디지털 게임을 디자인하는 것이 기준이 된다. 단지 디지털 게임이라는 용어가 대중적으로 사용되고 있지 않기 때문에, 의미상 디지털 게임을 뜻하나 흔히 사용되는 '게임'이라는 용어를 그대로 사용할 것이다.

03 왜 게임 디자인은 어려울까?

게임 개발은 여러 분야가 통합돼 이뤄지며 각 분야마다 중요하지 않은 것이 없다. 그러나 일반적으로 게임 개발의 핵심을 크게 게임 디자인, 프로그래밍, 그래픽 디자인 3가지로 구분한다. 게임 개발이 어려운 점은 각 분야에 맞게 상당한 수준의 전문적인 기술이 요구되기 때문이다. 두 가지 역할을 동시에 수행할 수 있는 사람은 상당한 경력이 쌓인 능력자라 불리는 일부 중에서도 극히 드물 정도다. 하물며 신입이나 이제 막 개발자가 되고 싶어하는 학생들이 하나의 분야가 아닌 2가지 이상을 하겠다고 동시에 지원하는 건 업계에서 보기에는 한 가지도 제대로 못하는 사람이라고 인식되기 쉽다는 점을 알았으면 한다.

프로그래밍의 경우 각각 하나의 프로그래밍 언어, 개발 환경, 엔진에 익숙해져서 개발할 만큼 실력을 쌓는 데 최소한 수년이 걸린다. 문제는 기술이 발전하고 환경이 변함에 따라 언어, 개발 환경, 엔진이 끊임없이 바뀌기 때문에 실무에 투입되기 위해서는 상당한 시간이 필요하다. 대학에서 여러 과목을 배우면서 한 학기에 단지 몇 시간 정도만 프로그래밍을 했다면 결코 업계에서 요구할 만큼의 스킬을 쌓기 어렵다. 거의 하루 종일 프로그래밍을 생각하고 코딩하면서 몇 년을 지내야 한다. 프로그래밍 언어는 말그대로 외국어 하나를 새로 배우는 것과 같다. 일주일에 고작 몇 시간 투자했다고 해서 단기간에 외국어 하나를 능숙하게 다룰 수 있을 것이라고 믿는 사람은 없을 것이다. 언어를 빨리 배우기 위해서는 언어 사용이 생활화돼야 한다. 밥 먹을 때도, 걸으면서도, 화장실에서도, 잠을 잘 때도 말이다. 프로그래밍 언어도 동일하다.

그래픽 디자인의 경우 원화, 캐릭터, 배경, 애니메이션, UI 등으로 세분화되며 각각에 따라 별도의 능력이 요구된다. 때문에 일반적으로 취업을 위해 하나의 세부 분야에 집중해서 준비를 하게 된다. 어떤 세부 분야인가에 따라 익숙히 다뤄야 할 프로그램이나 툴에 차이가 생기기 때문에 전문성을 갖추기 위해서 여러 분야에 투자를 하긴 어렵다. 게다가 그래픽 디자인의 경우 후천적 능력으로 도저히 따라갈 수 없는 선천적 미적 감각이라는 벽이 어느 분야보다 강하게 작용된다.

프로그래밍과 그래픽 디자인은 전문적인 수준에 도달하기까지 많은 시간이 걸리며 그만큼 배우기 어렵다. 게임 산업에서 프로그래밍과 그래픽 디자인은 기술적인 능력이 기반이 된다. 아무리 천부적 소질이 있는 사람은 다르다고 할지라도 기술을 기반으로 하는 분야이기 때문에 일반인도 많은 노력과 경험을 쌓으면 어느 정도 역할을 수행할 수 있게 된다. 반면 게임 디자인은 순전히 인간의 사회적인 능력에 달려 있기 때문에 프로그래밍과 그래픽 디자인과는 근본적으로 전혀 다른 분야라고 할 수 있다. 게다가 기본적인 틀이라는 것이 존재하지 않는다. 게임 디자인을 못하는 사람은 한없이 못할 것이고, 잘하는 사람은 말도 안 될 정도로 잘 할 수 있는 분야가 된다.

게임 디자이너의 경우 기술적인 부분보다 인간의 사회적인 스킬이 다방면으로 요구되기 때문에, 그 사람이 인생을 살아오면서 경험하고 터득했던 지식, 감정 등 모든 것이 쌓여 게임 디자이너로서 적합한지 여부가 결정된다고 해도 과언이 아니다. 그만큼 최대한 어린 나이부터 명확한 목적성을 가지고 오랜 기간 준비해 온 사람에게 절대적으로 유리한 분야가 아닐까 생각될 정도다.

게임은 소설이나 영화와 달리 경험하는 데 막대한 시간이 소요되기 때문에, 몇 년 집중해서 게임을 플레이했다고 해서 수십 년 동안 다양한 게임을 즐겨온 사람을 따라가기 어렵다. 약 2시간 정도 분량의 영화는 1년이라는 짧은 기간에도 상당수 작품을 집중해서 볼 수 있다. 하지만 적어도 10시간, 많게는 수백 시간의 플레이 타임을 요구하는 게임은 1년에 많이 플레이해봐야 그 수에 한계가 있다. 일단 게임 디자이너가 된 이후에 다양한 게임을 해보겠다는 건 앞뒤가 맞지 않는 말이다.

게임 디자인이 배우기 어려운 이유를 몇 가지 추가적으로 설명하면 다음과 같다.

❶ 게임 개발에 관련된 모든 파트를 이해해야 한다.

만약 "게임 디자이너는 게임 디자인만 알면 되지 않나?"고 생각한다면 오산이다. 게임 디자인은 말 그대로 게임이 어떻게 만들어질지 계획하고 계획대로 만들어지는지 조정하는 과정이다.

프로그래밍과 그래픽 디자인을 직접 작업할 수 없다고 할지라도 해당 작업을 통해 어떤 결과가 나올지, 어떤 과정으로 이뤄지는지, 원하는 결과를 얻기 위해 어떤 자료나 정보를 제공해야 하는지 기초는 이해하고 있어야 한다. 그래야 해당 파트의 사람들과 논의해 게임 디자이너가 원하는 방향으로 이끌어가는 것이 가능하다. 의사소통을 원활히 하기 위해 게임 디자이너는 해당 파트에서 자주 사용하는 용어로 설명하고, 해당 파트에서 익숙한 형식으로 문서를 제공하는 능력을 보유하고 있어야 한다.

이는 프로그래밍과 그래픽 디자인에 국한되지 않는다. 사운드, QA 등 게임 개발에 포함되는 모든 파트에 대해 어느 정도 이상의 지식이 있는 편이 좋다. 현재 개발팀의 역량과 사용할 수 있는 기술을 알고 있어야 대체할 부분은 대체하고 포기할 것은 포기하고 도전할 것에는 도전할 수 있게 된다. 게임 디자인 이외의 다른 분야를 모른 채 자신의 입장에서 요구만 한다면 다른 팀원들과 빈번히 충돌하게 될 가능성이 높다. 해당 분야의 기초적인 지식이 있어야 문제가 생겼을 때 대안을 제시하거나 해결책을 찾을 수 있다.

❷ 게임 이외의 다른 분야에도 폭넓은 안목이 필요하다.

게임 디자인을 위해서는 게임만 아니라 다양한 분야에 정보와 지식을 가지고 있는 것이 압도적으로 유리하다. 독창적인 스토리나 게임 플레이는 갑자기 하늘에서 뚝 떨어지지 않는다. 분명 어딘가에서 영감이나 아이디어를 얻었을 것이다. 그리고 그 영감과 아이디어를 게임 세계 안에 구현하는 것이 게임 디자인이다. 실제 생활 속에서도 얻을 수 있지만 책, 영화, 애니메이션, 만화, 음악, 연극, 광고 등 다른 미디어를 통해서 얻는 경우가 태반이다. 게임에서 영화와 같은 연출을 하고 싶다면 영화 감독 정도는 아니더라도 웬만한 영화 덕후는 돼야 하지 않을까?

철학, 물리학, 화학, 생물학, 역사학, 법학, 심리학, 인지 과학 등 다른 분야와 접목함으로 인해 얼마든지 독특한 게임이 만들어질 수 있다. 예를 들어 추리 게임에 범죄학의 이론들을 가져와 적절히 시스템에 추가한다면 기존의 추리 게임과는 전혀 다른 재미를 제공할 수 있을 것이다. 다른 분야를 게임에 접목시킬 수 있는가 여부는 다른 게임과의 차별성을 부각시켜줄 수 있는 가장 좋은 방법 중 하나다.

흔한 중세 판타지 게임을 만든다고 할지라도 해당 분야를 얼마나 자세히 알고 있는가에 따라 전혀 다른 결과가 나올 것이다. 역사학과 판타지 세계관에 대해 충분히 공부한 게임 디자이너는 만들고자 하는 게임 세계를 자신만의 독특한 관점으로 그려낼 것이다. 만약 무기의 역사에 대한 지식이 풍부한 게임 디자이너라면 중세의 특정 무기에 대한 유례를 바탕으로 스토리를 각색해 풀어나갈 수도 있다. 결국 게임 디자이너가 얼마나 타분야에 지식을 가지고 있는가 여부는 해당 게임의 독창성과도 크게 연결된다.

❸ 리더로서의 기본적인 자질이 요구된다.

단순히 아이디어를 내고 문서를 작성하는 것으로 게임 디자이너의 역할은 끝나지 않는다. 게임 디자이너에게는 리더나 관리자로서의 능력이 기본적으로 요구된다. 다양한 파트의 사람들과 끊임없이 의사소통을 하며 문제를 해결해야 한다. 만들고자 하는 게임을 많은 사람들에게 이해시키고 설득하고 이끌어가야 한다. 게임 디자이너에게 있어 리더로서의 자질은 선택이 아닌 필수라 할 수 있다.

아무리 아이디어가 좋고 문서를 잘 정리한다고 해도 의사소통 능력이 부족하고 인력이나 일정을 관리할 수 있는 자질이 부족하다면 해당 게임 디자이너의 한계는 명확하게 드러난다. 자신의 생각은 자신만이 완벽히 이해하고 설명할 수 있다. 의사소통 능력이 부족하다고 해서 매번 다른 사람에게 대신해서 설명하거나 설득해 달라고 부탁할 수는 없는 노릇이다.

가장 중요한 것은 다른 개발자에게 믿음을 줄 수 있는 성격과 인성이 요구된다. 다른 개발자들이 해당 게임 디자이너의 말을 믿고 따르지 않는다면 게임 개발이 원활히 진행될 수가 없다. 게임은 순전히 인력으로 만들어지는 만큼 인간관계가 게임 개발에 지대한 영향을 미친다. 하물며 의사소통의 중심에 있는 게임 디자이너의 인성에 문제가 있다면 게임 개발 일정 내내 팀 내 불화가 끊이지 않게 될 것이다. 리더의 가장 기초적인 자질은 신뢰할 수 있는 인성에 있다고 해도 과언이 아니기 때문이다. 신뢰할 수 없는 사람을 진심으로 따르는 사람은 이 세상에 없다.

❹ 끊임없는 이론 공부와 실무 경험이 요구된다.

게임 디자인은 이론적인 학습만으로 능숙해지지 않는다. 반드시 게임 제작을 경험해보면서 능숙해지기 마련이다. 게임 디자인 문서의 작성, 프로토타입 제작, 게임 개발, 플레이 테스트가 하나로 연결되면서 게임 디자인이 완성되는 것이다. 게임을 개발하다 보면 수많은 예외 상황에 직면하게 된다. 그때마다 게임 디자인을 어떻게 변경해서 대처해야 할지 방법을 찾게 된다. 이는 이론만을 공부한다고 해서 얻을 수 있는 경험이 아니다. 실무를 경험해보지 않은 연구자들이 가지는 극복할 수 없는 한계이기도 하다.

그렇다고 해서 이론적인 학습을 소홀히 한다면 다른 게임과 차별성을 가진 깊이 있는 게임 디자인을 하기 어려워진다. 특히 게임 디자인은 기술적인 분야가 아니기 때문에 트렌드가 매우 빠르게 변한다. 새로운 정보와 지식을 얻는 데 잠시라도 소홀히 한다면 크게 뒤처진다. 따라서 실무가 아무리 바쁘다고 해도 끊임없이 새로운 지식과 정보를 얻으려 노력할 필요가 있다.

결국 이론과 실무 경험이 모두 필요하며 이러한 것이 동시에 이뤄져야 하는데, 현재의 대학이나 게임 아카데미에서 게임 디자이너를 양성하기 위한 적합한 환경을 조성하기란 쉽지 않다. 현재 한국의 대학에서는 이론과 더불어 실질적인 실무를 가르칠 수 있는 교수가 턱없이 부족한 상태다. 반면 게임 아카데미에서는 실무적인 내용을 가르치는 것은 가능하지만 이론을 깊이 있게 가르칠 수 있는 사람이 부족하다. 개발사에서는 실무와 이론을 겸비한 인재를 원하지만, 현재 교육 시스템에서는 2가지 모두를 가르칠 수 있는 환경이 아직 갖춰지지 못했다.

게임 디자인을 제대로 알기 위해서는 살아온 인생과 비교할 정도로 막대한 시간이 필요하다. 그렇기 때문에 누구에게 게임 디자인을 배워 게임 디자이너가 되는 것이 아니라, 게임 디자이너로서 스스로 성장한다고 보는 것이 맞을지도 모르겠다. 필자가 생각하는 게임 디자인을 가르친다는 표현은 지식이나 기술적인 것을 알려주기보다 그 사람이 게임 디자이너로서 성장할 수 있도록 옆에서 도와준다는 의미에 가깝다.

따라서 게임 디자이너를 양성하려면 가능한 한 어린 나이부터 시작해야 한다고 생각한다. 애초부터 게임 디자이너는 대학에 입학한 후 몇 년 공부했다고 해서 업계가 원하는 수준이 되기 힘든 직군이다. 게임 디자이너를 진심으로 양성하고자 한다면 보다 장기적인 관점을 가지고, 사회적으로 게임을 인정해주는 분위기부터 조성돼야 한다. 게임을 하는 것이 인생을 낭비한다는 부정적인 사회적 인식 안에서 어린 학생들이 게임을 플레이하고 배우기는 어렵기 때문이다. 앞으로 실무와 이론을 가르칠 수 있는 인력을 한곳에 모아 전문적으로 게임 디자인을 교육할 수 있는 장이 마련됐으면 한다.

게임 디자이너가 되기 위해 이론 공부나 개발 경험 이외에 어떤 것들이 도움이 될까?

첫째, 가능한 한 좋은 게임을 다양하게 플레이하고 타인이 플레이하는 것도 많이 보라고 권한다. 게임을 플레이하거나 보면서 단순히 즐기기보다 게임 디자인에 대해서 생각하면서 보고 느낀 점을 적어 두는 것이 크게 도움이 된다. 5년, 10년 정리해둔 자료는 반드시 큰 도움이 된다.

둘째, 게임만 할 것이 아니라 밖에 나가서 다양한 분야의 사람들과 어울려 여러 이야기를 해봤으면 한다. 사람을 모르면 플레이어도 알 수 없다.

셋째, 게임 이외의 미디어에 취미를 가지는 것이 좋다. 그래야 새로운 관점과 다양한 각도로 바라볼 수 있게 된다.

다만 게임을 많이 해야 한다라는 뜻을 그냥 많은 시간을 들여 게임을 한다고 생각해서는 절대 안 된다. 실제 면접이나 상담을 하다 보면 〈스타크래프트StarCraft〉, 〈월드 오브 워크래프트World of Warcraft〉, 〈리그 오브 레전드League of Legends〉 등 일부 인기 있는 게임만 몇 천 시간했고 단지 게임이 좋아서 게임 디자이너가 되고 싶다고 자랑스럽게 이야기하는 친구들이 의외로 많다. 과연 이것이 게임 디자이너가 되려는 입장에서 도움이 될까?

냉정하게 말해서 게임을 좋아하는 것과 게임을 만드는 것을 좋아하는 것은 전혀 다른 이야기다. 몇 개의 게임에 국한되서 많은 시간을 보냈다면 게임 디자이너가 아니라 해당 게임 개발사의 QA로 지원하는 것이 오히려 적성에 맞을 것이다. 그게 아니라면 프로게이머나 게임 스트리머에 도전해보는 것이 본인의 미래를 위해서 좋을지도 모르겠다.

그림 1-12 출처: 스타크래프트

책을 쓰기 위해서는 장르를 구분하지 말고 여러 장르의 책을 다양하게 읽어야 한다. 삼국지만 100번 읽었다고 작가가 될 수는 없다. 그냥 삼국지에 대해서 남들보다 조금 더 잘 알뿐이다. 영화 감독이 되기 위해서도 마찬가지다. 다양한 영화를 접해야 한다. 물론 자신이 좋아하는 장르나 작품이 있는 것은 상관없다. 게임 디자이너가 되기 위해서는 단순히 게임을 '많이' 하는 것이 아니라 다양한 게임을 많이 접해야 하며, 단순히 게임을 즐기는 소비자의 입장이 아니라 게임 디자이너의 관점이 돼서 세밀하게 플레이하고 분석하는 습관을 길러야 한다. 게임을 '많이'해야 한다는 의미를 오해해서는 안 된다.

그렇기 때문에 가능한 한 학생들이나 젊은 게임 디자이너들에게 다양한 장르의 게임을 직접 플레이해보라고 권한다. 하지만 그럴 시간이 없다면 게임을 진지하게 플레이하는 종합 게임 방송이나 유튜브라도 많이 보라고 한다. 게임을 초반만 플레이하거나, 특정 게임만 하거나, 리액션이 중심이 되는 방송은 게임 디자인 향상의 관점에서는 크게 도움이 되지 않는다.

또한 가능하다면 다양한 국가의 게임 방송을 보는 것이 좋다. 국가마다 선호하는 장르도 다르고 동일한 게임이라도 플레이하는 방식이 많이 다르기 때문이다. 평소 자신이 선호하지 않는 장르나 게임을 보는 것만으로도 시야를 넓힐 수 있다. 다만 단순히 웃고 즐기는 시청자 입장이 아니라 해당 게임이 어떻게 디자인돼 있는지, 어떤 장점이 있고 어떤 단점이 있는지, 나라면 단점을 어떻게 바꿀 것인지, 게임을 하는 사람과 보는 사람은 어떤 콘텐츠와 시스템에 반응을 보이는지 등을 주의 깊게 살피면서 게임 디자이너의 관점에서 보는 연습을 해보자.

게임을 처음부터 끝까지 어떻게 만들지 방향을 정할 수 있다는 것이 게임 디자이너가 가진 가장 큰 매력이다. 하지만 이러한 장점만 보고 너무나도 쉽게 게임 디자이너가 되려고 하는 젊은이들이 많다. 게임 디자이너는 "멋있으니까 한 번 해보고 싶다!"라고 해서 될 수 있을 만한 만만한 역할이 결코 아니다. 게임 디자이너로서 갖춰야 할 역량은 절대로 쉽게 얻어지는 것이 아니라는 점을 명심했으면 한다. 오랜 시간 끊임없이 그리고 철저하게 준비하겠다는 각오를 단단히 하고 게임 디자이너를 꿈꿨으면 한다.

04 게임 디자인 프로세스

앞서 게임 디자인이 무엇인지 알아봤고, 게임 디자인을 수행하는 게임 디자이너가 되기 위해서 어떤 것들이 필요한지 살펴봤다. 그렇다면 게임 디자이너는 게임 개발 과정에서 구체적으로 어떤 일을 해야 할까? 필자는 게임 개발 프로세스와 게임 디자인 프로세스를 그림 1-13과 같이 정리한다.

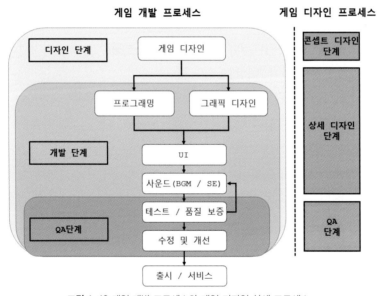

그림 1-13 게임 개발 프로세스와 게임 디자인 상세 프로세스

먼저 게임 개발 프로세스부터 알아보자. 게임 개발 프로세스는 크게 디자인 단계, 개발 단계, QA^Quality Assurance 단계의 3가지로 구분된다. 이 3가지 단계 구분은 거의 모든 국가의 게임 개발에서 사용되고 있을 정도로 매우 보편화돼 있다. 다른 대부분의 자료에서는 게임 디자인을 디자인 단계, 프로그래밍부터 사운드까지 개발 단계, 테스트 및 품질 보증부터 수정 및 개선까지 QA 단계라고 명확하게 별개로 구분해 설명하고 있다. 마치 한 단계가 끝나고 나서야 비로소 다음 단계가 진행되듯이 말이다.

하지만 필자는 단계의 범위를 나누는 기준에 대해서는 기존의 자료들과 다른 견해를 가지고 있다. 디자인 단계는 결코 처음 단계에서 마무리되지 않을 뿐 아니라 마무리돼서도 안 된다. 이러한 분류법 때문에 오히려 게임 디자인이 게임 개발 프로세스 중에서 초반에만 해당된다는 잘못된 인식이 생기지 않았을까 우려될 정도다. 그림 1-13과 같이 디자인 단계는 게임 디자인부터 시작해 수정 및 개선까지 이뤄진다. 즉 디자인 단계는 개발 단계와 QA 단계를 포함하고 있는 것이다. 그리고 개발 단계 또한 QA 단계를 포함하고 있다.

게임 개발 프로세스에 대한 범위를 어떻게 정의하는가는 중대한 인식 차이를 발생시킨다. 기존 자료처럼 디자인 단계, 개발 단계, QA 단계가 마치 순서대로 이뤄지는 과정이라고 인식한다면 프로젝트 매니저는 각 단계를 순차적으로 계단처럼 이뤄지게 일정을 분배할 것이다. 이렇게 된다면 개발 단계나 QA 단계에서 발생하는 게임 디자인 관련 이슈를 해결해야 할 때 게임 디자이너는 이미 다른 업무를 하고 있게 된다. 동일하게 QA 단계에서 발생하는 버그나 수정 사항을 프로그래머나 그래픽 디자이너에게 전달한다면, 정해져 있는 일정 이외의 추가적인 업무로써 수행해야 하는 상황이 발생한다.

따라서 실제 실무에서 진행되고 있는 게임 개발에 대한 이해를 바탕으로 게임 개발 프로세스를 정리할 필요가 있다. 게임 디자이너는 게임 디자인부터 시작해서 수정 및 개선이 끝날 때까지 자신의 역할을 다해야 하며, 프로젝트 매니저는 그 사실을 인지하고 일정과 업무를 배분해야 게임의 완성도를 높일 수 있을 것이다.

게임 디자이너는 게임 개발 프로세스 안에서 게임 디자인부터 시작해 수정 및 개선에 이르기까지 게임 개발의 전체 일정을 소화해야 한다. 그렇다면 게임 개발 프로세스와 비교해서 게임 디자인 상세 프로세스는 어떻게 구분될까? 필자는 게임 디자인 상세 프로세스를 그림 1-13과 같이 3가지로 구분한다. 디자인 단계에서 이뤄지는 '콘셉트 디자인', 디자인 단계가 이뤄지는 과정 중에 시작해 개발 단계에 이르는 '상세 디자인' 그리고 개발과 상세 디자인이 완료된 후 이뤄지는 'QA 단계'로 나눈다.

콘셉트 디자인 단계는 개발 시작 전에 게임을 어떻게 만들지 핵심적인 요소들을 정의하는 단계다. 브레인스토밍Brainstorming 등 아이디어 발상을 통해서 아이디어를 구체화하고 게임 디자이너 그룹 회의를 통해 하나의 안을 결정한다. 대다수의 참여자가 수긍할 정도로 괜찮은 안이 나올 때까지 아이디어 발상과 회의는 끊임없이 반복된다. 이후 게임의 전체적인 골격을 정리하고 문서를 만들어 경영진과 다른 개발자들을 설득하는 과정을 거친다. 콘셉트 디자인 문서는 프로젝트가 계속 진행될 것인지 여부가 결정되는 핵심 자료로 활용되므로 심혈을 기울여 작성해야 한다. 물론 일부 개발사에서는 경영진과 마케팅 그룹이 논의한 후, 위에서 아이디어가 내려오고 게임 디자이너는 단순히 게임 디자인 문서를 작성하는 역할에 그치기도 한다.

여기서 팁을 하나 주자면, 개발자와 경영진 또는 투자자에게 보여줄 콘셉트 디자인 문서는 내용은 같다고 할지라도 순서가 다른 별도의 버전으로 준비하는 것이 좋다. 개발자 기준으로 만들어진 문서는 체계적이고 구체적이어야 하지만 경영진의 관점에서 이러한 문서는 답답하게 느껴질 수 있다. 대부분의 경영진과 투자자는 프로젝트의 진행 여부를 결정하는 데 많은 시간을 할애하지 않는다. 그들이 빠르게 보고자 하는 것을 요약해서 앞부분에 배치하는 것으로 프로젝트 성사 여부가 조금이라도 높아진다면 이러한 수고를 마다할 이유가 없다. 다른 팀원들의 미래까지 짊어지고 있다는 사실을 잊어서는 안 된다.

콘셉트 디자인은 테마, 재미 등 추상적인 것을 글이나 말로 표현해야 하는 어려운 과정이다. 하지만 게임 디자인의 거의 전부라고 볼 수 있을 정도로 너무나도 중요한 과정이다. 게임 디자인이 나무라면 콘셉트 디자인은 뿌리에 해당되는 단계로 최대한 명확하게 디자인돼야 이후 쏟아지는 비바람도 견딜 수 있는 튼튼한 뿌리로 자라나게 된다. 게임의 핵심이 결정되는 과정이기에 이 과정에서 분명하게 결정해야 할 것들을 제대로 결정하지 않고 넘어간다면, 이후 상세 디자인 과정이나 개발 과정에서 상황이 바뀜에 따라 변하지 말아야 할 핵심조차 빈번하게 바뀌게 될 것이다. 게임성 자체가 자주 바뀌면 개발 일정이 늘어지고 팀원들이 지친다. 결국 무엇을 하기 위한 게임인지도 제대로 잡히지 않은 채 프로젝트가 실패로 끝날 확률이 높아진다. 일정이 자주 연기되고 게임이 매번 바뀌는 프로젝트는 콘셉트 디자인조차 제대로 잡혀 있지 않을 가능성이 높다.

상세 디자인 단계는 콘셉트 디자인에서 결정된 기준을 통해 실제 개발이 진행될 수 있도록 각 파트에 맞게 구체적인 문서를 제작하는 과정이다. 프로그래머에게 주는 문서라면 프로그래머가 보기 쉽게, 그래픽 디자이너에게 주는 문서라면 그래픽 디자이너가 보기 쉽게 작성돼야 한다.

QA 단계는 테스트와 품질 보증 그리고 테스트 결과에 따른 수정 및 개선이 이뤄지는 과정이다. QA 단계는 단순히 테스트하는 것이라고 인식하기 쉽지만 실제 그렇게 단순하지 않다. 하지만 일부 개발사에서는 아직도 QA 단계를 테스트와 동일하다고 인식하고 있다. QA에 충분한 투자가 되지 못한 것이 가장 큰 이유가 되겠지만, 개발팀에게 인정받지 못하고 있다는 한계는 여전히 남아있다. 품질 보증이나 품질 관리를 하기 위해서는 결국 개발팀에서 만든 게임을 QA 그룹이 평가하는 입장처럼 되는데 개발팀에서는 이를 반길 리가 없다. 그렇기에 아직까지 작은 개발사의 QA 그룹은 단순히 테스트를 하기 위해 만들어진 경우가 많다. QA 그룹이 실질적인 품질 보증을 진행하기 위해서 개발팀을 설득할 수 있을 정도의 게임 개발에 대한 지식과 개발 능력을 보유해야 하는데, 그전에 QA 그룹에 그만큼의 지원이 이뤄져야 한다.

QA 단계에서 발생하는 버그나 수정 사항은 게임 디자인, 프로그래밍, 그래픽 디자인, UI, 사운드 등 게임에 포함된 모든 과정에서 일어날 수 있다. 그러나 어떤 파트에 해당하는 버그나 수정 사항이 발생할지 예측할 수 없다. 따라서 일정 관리가 매우 어려운 단계다. 언제 나올지, 어느 파트에 해당하는 버그나 수정 사항이 나올지 모른 채 모든 파트가 테스트를 위해 멈춰 있을 수는 없다. 그렇다고 일정을 어느 정도 비워 두지 않는다면 문제가 발생했을 때 대응하지 못하게 된다.

이처럼 게임 디자인은 크게 콘셉트 디자인 단계, 상세 디자인 단계, QA 단계로 구분할 수 있다. 이 책에서는 이러한 단계 구분에 따라 챕터를 구분해서 해당 단계에 도움이 될 만한 이론과 개념을 정리하고자 한다.

05 게임 플랫폼과 장르

1장을 마무리하기 전에 게임을 세부적으로 어떻게 분류하는지에 대해 알아보고 넘어가자. 게임 디자이너가 게임을 만들려고 할 때 상세한 게임의 분류를 이해하는 것은 전체적인 방향을 잡는 데 강력한 지침이 돼준다. 게임의 분류는 보편적으로 플랫폼과 장르로 나뉜다.

현재 게임의 플랫폼과 장르는 정리하기 힘들 정도로 급격하게 늘어나고 있는 추세다. 조금 과장되게 말하면 가져다 붙이는 모든 것이 게임 플랫폼과 장르가 될 수 있는 상황이다. 국내외 유명한 게임 웹진이나 커뮤니티조차 각각 구분하는 플랫폼과 장르가 천차만별이다. 명확한 기준이 없으니 혼란스러울 수밖에 없다. 게임을 디지털로 쉽게 구매할 수 있는, 디지털 관리 멀티플레이어 플랫폼인 스팀에서는 장르 구분이 아니라 장르, 소재, 시점 등을 하나로 묶어 단순히 카테고리로 표현하기도 한다.

실제 무엇을 게임 플랫폼으로 볼 것인가, 무엇을 장르로 볼 것인가는 시간이 지남에 따라 계속 변하고 있다. 심지어 하드웨어의 발전이나 게임 제작 기술의 발전, 게이머의 니즈 등이 복합돼 인기 있는 장르가 만들어지기 때문에 게임 플랫폼과 장르를 명확하게 나누기는 어렵다.

이러한 상황을 고려해서 학계에서는 게임의 플랫폼이나 장르에 대한 연구가 더 이상 무의미한 것이 아닌가라는 분위기가 형성돼 있다. 과거 게임 장르 관련 논문을 찾아보면 주로 당시 유행하는 게임 장르를 쭉 나열해서 설명하는 경우가 많았다. 이러한 논문들은 대부분 캐주얼 게임이나 SNG와 같이 세간에 새롭게 등장한 용어에 주목하는 경향이 높았다. 하지만 정작 플랫폼이나 장르를 구분할 때 명확한 기준을 세우고 체계적으로 분류하려는 시도는 찾아보기 힘들었다.

게임은 소설, 연극과 같은 다른 미디어와 비교하면 아직 유아기에 해당될 정도의 얼마 안 된 신생 미디어다. 그렇기 때문에 아직 장르가 명확하게 확립되지 않았을 뿐만 아니라 새로운 장르가 쏟아져 나오고 있다. 필자는 이러한 상황이기 때문에 오히려 게임 플랫폼과 장르에 대한 연구가 보다 절실한 시기라고 생각된다. 더욱 세분화돼 손쓰기 힘들게 되기 전에 게임 플랫폼과 장르에 대한 체계화를 시도해볼 필요가 있다고 생각했다.

또한 게임 미디어, 웹진, 커뮤니티, 블로그나 유튜브 등에서 게임을 콘텐츠로 활용하는 많은 사람들은 실질적으로 게임을 분류해서 사용해야 하는 입장이다. 그들을 위해서라도 게임 플랫폼과 장르에 대해 공통적으로 사용할 수 있는 기준 마련이 시급히 필요하다. 지금과 같이 뚜렷한 기준 없이 천차만별로 다른 분류가 사용된다면 서로의 분류 기준을 이해하고 맞추는 데 상당한 비용이 소모될 것이다.

그러므로 이 책을 통해서 게임 플랫폼과 장르에 대한 체계화를 시도해보고자 한다. 분류에 정답은 존재하지 않지만 앞으로 게임 플랫폼과 장르가 분별없이 사용되지 않고 하나의 기준을 가지고 사용되는 데 조금이나마 도움이 됐으면 한다. 게임 플랫폼과 장르 분류에 대한 하나의 주장 정도에 불과하지만 이번 기회를 통해 다양한 기준을 세운 주장들이 나왔으면 한다.

1장의 '02. 게임 디자인이란?'에서 잠시 언급했듯이 필자는 기존의 분류법인 플랫폼과 장르에서 조금 다르게 게임의 분류를 플랫폼, 장르, 소재 3가지로 나눠서 정리한다.

플랫폼, 장르, 소재별 게임 분류

❶ **플랫폼별**: 콘솔 게임, PC 게임, 모바일 게임, 아케이드 게임 등

❷ **장르별**: 롤플레잉 게임, 액션 게임, 어드벤처 게임, 시뮬레이션 게임 등

❸ **소재별**: 호러 게임, 생존 게임, SF 게임, 헌팅 게임 등

플랫폼, 장르, 소재를 통해 게임을 분류할 때 '객체'와 '속성'의 개념에서 접근하고자 한다. 자동차A와 자동차B가 있다고 한다면 자동차A와 자동차B는 각각 다른 객체다. 그리고 자동차에는 구동방식, 엔진 종류, 마력 등 다양한 특징을 가지고 있다. 구동방식은 FF, FR, MR, RR로 구분되며, 자동차A는 FF이고 자동차B는 FR이라고 하자. 각 속성값은 다르다고 할지라도 어떤 자동차이건 구동방식이 존재하기 때문에 구동방식은 자동차의 속성이 된다. 자동차A, 자동차B, 자동차 C … 자동차Z 모두 구동방식이라는 속성을 가지고 있다. 이러한 것이 객체와 속성 간의 관계다. 객체마다 속성은 얼마든지 다양하게 있을 수 있다.

게임에서도 동일하게 적용된다. 액션과 롤플레잉 게임(RPG)이라는 게임 장르가 있다. 이 때 액션 게임과 롤플레잉 게임은 각각 객체가 된다. 이 두 게임은 모두 시점이라는 속성을 가지고 있다. 액션 게임에서 1인칭 시점을 가진 게임도 있을 것이고,

3인칭 시점을 가진 게임도 있을 것이다. 롤플레잉 게임도 동일하다. 모든 게임 장르는 시점이라는 속성을 가지게 된다. 게임에서 활용되는 공포와 생존과 같은 소재 또한 속성 중 하나로 볼 수 있다. 다만 게임에 활용되는 소재는 너무 다양하기 때문에 속성 중 하나임에도 별도로 구분하고자 한다.

플랫폼

플랫폼Platform의 사전적 정의는 승객이 열차를 타고 내리기 쉽게 만들어진 기차 승강장이다. IT 분야에서는 많은 사람들이 이용하기 쉽도록 만들어진 기술이나 프로세스로 보고 있다. 문제는 플랫폼이라는 용어는 코에 걸면 코걸이, 귀에 걸면 귀걸이라는 것이다. 플랫폼이라는 용어는 현재 하드웨어 플랫폼, 소프트웨어 플랫폼, 서비스 플랫폼, 소셜 플랫폼, 게임 플랫폼 등 다양하게 사용되고 있다. 그러나 상위 개념이 되는 건 다름 아닌 '하드웨어 플랫폼'이다. 하드웨어 플랫폼에 맞게 소프트웨어 플랫폼, 서비스 플랫폼 등이 구성되기 때문이다. 객체와 속성으로 본다면 하드웨어 플랫폼이라는 객체는 소프트웨어 플랫폼, 서비스 플랫폼 등의 속성을 가지고 있다고 볼 수 있다.

이는 게임 분야의 플랫폼에서 동일하게 적용될 수 있다. 게임 플랫폼에서도 하드웨어 플랫폼이 있고 서비스 플랫폼 등이 존재한다. 모든 것이 플랫폼이라고 불리고 있지만 세부적으로 살펴보면 동일선상에서 비교하기 힘들다는 점을 알 수 있다. PC 게임과 스팀 게임은 크게 보면 모두 게임 관련 플랫폼에 해당되지만 같은 수준에서 비교할 수는 없다. 스팀 게임은 현재를 기준으로 PC라는 하드웨어에 제한된 서비스 플랫폼이지만 언제 다른 하드웨어 플랫폼을 지원할지 모른다. 이렇게 보면 PC 게임이 하드웨어를 기준으로 한 객체이고 스팀은 서비스 플랫폼이라는 속성 중에 하나의 속성값이 된다.

이러한 기준으로 게임 플랫폼을 정리하면 그림 1-14와 같다.

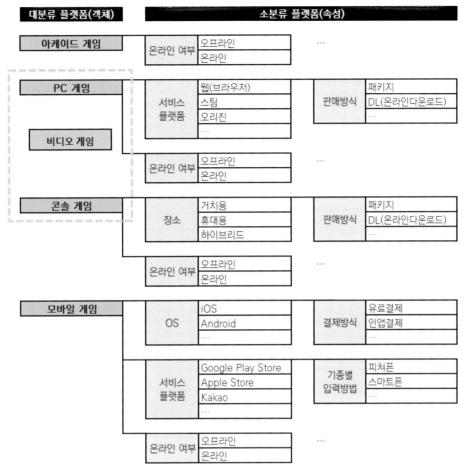

그림 1-14 게임 플랫폼 정리

　지금까지 설명한 기준에서 보면, 게임 플랫폼은 크게 아케이드 게임, PC 게임, 콘솔 게임, 모바일 게임 4가지로 구분할 수 있다. 아케이드, PC, 콘솔, 모바일 모두 하드웨어에 해당된다. 각각의 기기가 별도로 존재하기 때문에 게임 플랫폼을 분류하는 데 있어 대분류로 적합하다.

　반면 이 기준에서 온라인 게임은 대분류 플랫폼이라고 보기 힘들다. 첫째, 온라인 게임의 온라인은 하드웨어를 지칭하지 않는다. 둘째, 온라인은 아케이드 게임, PC 게임, 콘솔 게임, 모바일 게임 모두에서 존재할 수 있다. 즉 객체가 아닌 속성에 해당된다. 그러므로 필자는 이 분류법에서 온라인 게임이라는 용어를 게임 대분류 플랫폼에 포함할 수 없다고 생각한다. 아니 적어도 하드웨어 기준으로 나뉘어진 아케이드 게임, PC 게임, 콘솔 게임, 모바일 게임과 동등한 수준에서 비교할 수는 없다.

온라인 게임이라는 용어가 가진 애매함은 다른 점에서도 드러난다. 온라인 게임이라는 건 정확히 무엇을 말하나? 범위가 어떻게 되는가? 아케이드 게임, PC 게임, 콘솔 게임, 모바일 게임과 무관하게 온라인을 활용하면 모든 것을 포함해 온라인 게임이라고 할 수 있는가? 애초부터 온라인 게임이라는 용어는 PC 환경에서만 온라인으로 게임이 만들어질 것이라는 가정 하에 만들어진 표현이라고 볼 수 있다. 하지만 현재에 와서는 PC 온라인 게임, 콘솔 온라인 게임과 같이 별도로 분리해서 표현해야만 정확히 전달할 수 있다. 이런 표현에서 드러나듯 온라인은 PC나 콘솔 등 하드웨어 게임 플랫폼이라는 객체의 속성 중 하나가 된다.

이러한 기준에서 봤을 때 온라인 게임 종주국이라는 표현 또한 얼마나 애매모호한 것인지 알 수 있다. 과거 MMORPG를 잘 만든 적이 있긴 했지만 한국이 온라인으로 제공하는 게임 전체를 선도했다고 주장하기에는 무리가 따른다. MMORPG는 온라인으로 이뤄지는 게임 중 극히 일부분에 해당된다.

패키지 게임이라는 용어 또한 온라인 게임과 동일하게 객체가 아닌 속성 중 하나로 분류할 수 있다. 현재 패키지 게임이라는 용어가 주된 플랫폼 분류에서 사용되고 있지 않듯이 얼마든지 온라인 게임이라는 용어 또한 비슷한 결말을 맞이할 수 있다. 스팀 게임, 웹 게임, 휴대용 게임 등도 하나의 속성을 기준으로 만들어진 용어다. 이러한 용어를 사용하는 것 자체에 아무런 문제는 없지만, 게임 플랫폼 전체를 분류함에 있어 객체가 아닌 여러 속성 중 하나에 해당된다는 점에 주목했으면 한다. 한때 유행하거나 주목받는 속성은 시대에 따라 언제든 변할 수 있기 때문이다.

질문을 하나 던져본다. 일반적으로 아케이드 게임, PC 게임, 콘솔 게임, 온라인 게임, 모바일 게임이라고 분류하고 있는 현재, 게임 플랫폼 분류에서 '콘솔 온라인 게임'은 콘솔 게임에 속해야 하는가? 아니면 온라인 게임에 속해야 하는가? 각자 자의적으로 해석할 수 있는 여지가 있는 한 플랫폼별 시장 규모, 점유율 등 중요한 정보를 수집할 때도 빈번하게 문제가 발생한다. 각자 이익이 되는 방향으로 어디에서는 온라인 게임 시장으로 포함시키고, 어디에서는 콘솔 게임 시장으로 포함시킬 수 있기 때문이다. 한번 애매하게 만들어진 용어는 표준화나 연구에 있어 커다란 장애물이 된다. 예외가 발생하면 매번 또 다른 예외를 만들어서 막아야 하기 때문이다.

이미 많이 활용되고 있는 용어인 만큼 사용하지 말자고 주장하는 건 아니다. 다만 적어도 플랫폼을 분류함에 있어서 온라인 게임이라는 용어가 얼마나 애매한 것인지 알고 장기적으로 개선해 나갔으면 하는 바람이 있다. 게임 플랫폼은 앞으로도 다양한 것이 등장할 것이다. 시대의 흐름에 따라 어떠한 용어가 만들어질지 모른다. 하지만 앞으로 새롭게 만들어질 용어는 적어도 하나의 기준 아래에서 통일성 있게 만들어져야 불필요한 의사소통 비용이 들어가지 않게 된다.

따라서 온라인 여부를 포함해 게임 플랫폼을 체계적으로 분류하고자 한다면 다음의 8가지로 나눠 사용하는 편이 혼란을 막을 것이다. 아케이드 오프라인 게임, 아케이드 온라인 게임, PC 오프라인 게임, PC 온라인 게임, 콘솔 오프라인 게임, 콘솔 온라인 게임, 모바일 오프라인 게임, 모바일 온라인 게임이라고 말이다.

다음으로 비디오 게임이라는 용어를 살펴보자. 실제 미국과 일본에서는 게임 역사의 초창기부터 비디오 게임$^{Video Games}$이라는 표현을 보편적으로 사용하고 있다. 한동안 PC 게임과 콘솔 게임이 명확히 나눠져서 발전해왔기 때문에 비교적 사용 빈도가 줄어들었었다. 그런데 특히 PC 게임과 콘솔 게임이 동시에 발매되는 멀티 플랫폼이 유행하면서 비디오 게임이라는 용어는 더욱 힘을 얻고 있다. 비디오 게임의 비디오는 PC, 콘솔, 모바일처럼 게임을 구동하기 위한 하드웨어는 아니다. 비디오라는 용어는 하드웨어긴 하지만 영상표시 장치를 나타낸다. 그렇기 때문에 게임 플랫폼의 대분류로 포함하지 않았다.

그렇지만 비디오 게임이라는 용어는 온라인 게임과 상황이 조금 다르다. 비디오 게임은 PC 게임과 콘솔 게임이라는 동일한 층위의 객체끼리 묶여진 복합 플랫폼을 지칭하는 용어라 볼 수 있다. PC 게임도 비디오 게임에 포함되고, 콘솔 게임도 비디오 게임에 포함된다. PC 게임과 콘솔 게임의 경계가 빠르게 무너지고 있는 상황에서 비디오 게임이라는 용어는 멀티 플랫폼이라는 현실의 변화를 반영하고 있다. 비록 게임 하드웨어 플랫폼이 아니기에 게임 대분류 플랫폼으로 분류하지 않았으나 주목해야 할 용어임에는 틀림없다.

필자는 각 게임 플랫폼별 데이터를 구분해 수집해야 하거나 플랫폼별 카테고리를 명확히 나눠야 할 경우 '하드웨어 기준'으로 아케이드 게임, PC 게임, 콘솔 게임, 모바일 게임으로 분류해서 활용한다. 하지만 글을 쓰거나 강의나 강연을 할 때는 독자나 청중이 보다 이해하기 쉽게 아케이드 게임, 비디오 게임, 온라인 게임, 모바일 게임이라는 용어로 설명하기도 한다. 어떻게 분류하든 개개인의 자유겠지만 가능하다면 명확한 기준 아래에서 체계적으로 분류했으면 한다.

장르

플랫폼과 더불어 장르^{Genre}는 미디어를 분류하는 가장 대표적인 분류법이다. 각 미디어별로 장르를 나누는 기준은 다르다. 미디어별로 가지고 있는 특성에 차이가 존재하기 때문이다. 미디어의 핵심적인 특성을 기준으로 장르가 구분되는 것이 일반적이다.

게임은 영화와 같은 '보는' 미디어가 아니라 플레이어의 행동을 기반으로 한 '하는' 미디어다. 그렇기 때문에 게임은 '플레이어의 행동'이 가장 중요한 특성이 된다. 따라서 게임의 장르는 플레이어에게 어떤 행동을 주로 요구하는가, 어떤 행동을 발생시키는가에 의해 그림 1-15와 같이 분류할 수 있다. 플레이어의 행동과 관련된 것이 대분류 장르가 되며, 다른 경우 속성에 해당된다. 게임 장르의 분류 또한 객체와 속성의 개념을 통해서 보면 어렵지 않게 이해할 수 있을 것이다.

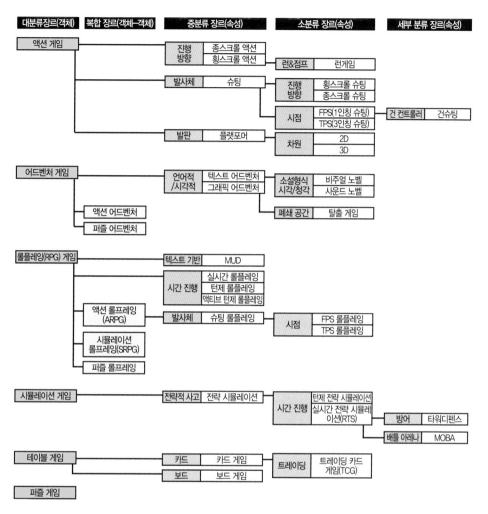

그림 1-15 게임 장르 정리

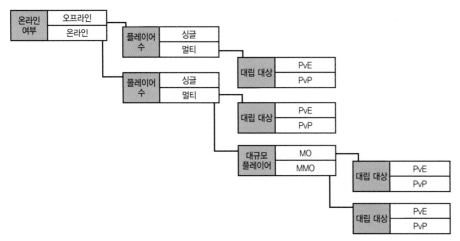

그림 1-16 각 게임 장르별 속성 중 하나인 온라인 여부 정리

플레이어의 행동을 기준으로 했을 때, 게임 장르는 크게 액션 게임, 어드벤처 게임, 롤플레잉 게임(RPG), 시뮬레이션 게임, 테이블 게임, 퍼즐 게임 6가지로 분류할 수 있다.

다음으로 '객체 – 객체'가 결합해 만들어진 복합 장르가 존재한다. 액션 어드벤처, 퍼즐 어드벤처, 액션 RPG, 시뮬레이션 RPG, 퍼즐 RPG가 대표적이다. 복합 장르의 핵심은 뒤의 장르에 있다. 예를 들어 액션 RPG는 기존 RPG와 차별화를 두기 위해서 액션을 수단으로 최종적으로 RPG를 디자인한 것이다. 액션 어드벤처도 액션을 수단으로 최종적으로 어드벤처를 디자인한 복합 장르다.

그런데 이렇게 체계적으로 정리하고 보니 "이제 게임에서도 나올 장르는 다 나왔다."라는 주장이 틀렸다는 것을 쉽게 알 수 있다. 현재는 익숙한 표현이 아니지만 가능성으로만 보면 어드벤처 액션, 시뮬레이션 퍼즐, 퍼즐 액션 등의 새로운 복합 장르도 앞으로 나올 수 있는 여지가 있다. 필자가 이렇게 게임 장르를 정리하는 데에는 아직 새롭게 만들어낼 수 있는 게임 장르가 무수히 많다는 것을 알리기 위해서기도 하다. 나올 건 다 나왔다는 건 핑계에 불과하다. 아직 시도해보지 않았거나 시도 횟수가 적어 명확한 방향성을 발견하지 못했을 뿐이지 객체와 객체의 결합인 복합 장르에서도 아직 나올 수 있는 경우의 수는 많다.

게다가 슈팅 RPG나 FPS RPG와 같이 '속성 – 객체'의 조합도 얼마든지 가능하다. 현재 하나의 게임 장르에 부각돼 나타난 속성이라고 할지라도 기술의 변화나 인기의 흐름에 따라 언제든지 다른 게임 장르에서 부각될 수 있다. 이렇게 되면 또 다시 새로운 장르가 만들어질지도 모른다. 게임의 발전은 아직 끝나지 않았다. 새로운 것에 도전하고 시도하는 개발자들이 있는 한 게임은 계속 발전할 수 있는 잠재력을 가지고 있다.

게임 장르 분류에서도 '객체 – 객체' 또는 '속성 – 객체' 간의 결합에서 가장 뒤에 붙는 것이 핵심이 된다. 즉 액션 어드벤처와 퍼즐 어드벤처는 어드벤처라는 대분류 장르의 하위에 포함된다. 동일하게 액션 RPG와 시뮬레이션 RPG도 RPG라는 대분류 장르의 하위에 포함된다.

게임의 장르는 매우 세분화돼 있기 때문에 공간의 제한으로 인해 그림 1-15에서 미처 표현하지 못한 세부 장르도 매우 많다. 하지만 객체와 속성의 개념으로 본다면 각각 어디에 위치해야 할지 어렵지 않게 찾을 수 있을 것이다.

앞의 게임 장르 구분에서 아직 설명하지 않은 것이 2가지 있다. 바로 싱글, 멀티, MO, MMO와 같은 '온라인 여부'와 SF, 공포 등과 같은 '소재'다. 이 2가지 모두 각 게임 장르라는 객체의 속성에 해당된다. 소재는 이후 별도로 설명하기로 하고 여기서는 온라인 여부에 대해서 이야기해보자.

그림 1-16에서 보면 온라인 여부는 게임 플랫폼의 속성이 되기도 하고 게임 장르의 속성이 되기도 한다. 그리고 온라인 여부는 오프라인과 온라인으로 구분하기 시작해 상당히 세부적으로 나눌 수 있다. MMORPG에서 MMO라는 용어는 상당히 세부적인 속성이라는 것을 알 수 있다. 즉 MMORPG는 RPG 하위의 장르일 뿐 액션 게임, 어드벤처 게임, 롤플레잉 게임, 시뮬레이션 게임, 테이블 게임, 퍼즐 게임과 동등한 수준에서 비교할 대상은 아니라는 말이 된다. 그런데 주의할 점이 있다. 하위 장르라고 해서 반드시 대분류 장르에 비해 질적으로 부족함이 있다고 받아들여서는 곤란하다. 여기서는 단지 분류체계에 대한 이야기를 하고 있을 뿐이다.

세부 장르 중에서는 특정 게임과 유사한 것들을 묶어서 표현하는 것도 존재한다. 〈메트로이드Metroid〉와 〈캐슬바니아Castlevania〉의 핵심 게임 시스템을 계승한 매트로바니아 장르, 〈로그Rogue〉를 계승한 로그라이크Rogue-like 장르, 로그라이크의 악랄한 시스템을 완화시킨 로그라이트Rogue-lite 장르, 〈데몬즈 소울Demon's Souls〉과 〈다크 소울Dark

^{Souls})을 계승한 소울라이크 장르 등이 있다. 북미에서 세부 장르로 구분하는 Beat 'em up의 경우도 〈파이널 파이트^{Final Fight}〉와 〈더블 드래곤^{Double Dragon}〉을 계승한 게임을 통칭하는 장르라고 볼 수 있다.

플레이어의 행동을 기준으로 했을 때, 게임 장르로 포함시키기 어려운 용어도 있다. 캐주얼 게임, 교육용 게임, 기능성 게임^{Serious Game}, 소셜 네트워크 게임^{SNG}, 인디 게임 등이 해당된다. 특정한 범주를 가진 게임 용어로는 볼 수 있으나 게임 내에서 요구되는 플레이어의 행동과는 무관하다. 액션 게임으로도 캐주얼 게임을 만들 수 있고, 어드벤처 게임으로도 캐주얼 게임을 만들 수 있다. 그 어떠한 세부 장르도 캐주얼 게임으로 분류될 수 있다.

캐주얼 게임 등을 장르로 분류하는 순간, 기존의 게임 장르 분류에 커다란 혼선이 발생한다. 게다가 캐주얼의 정의를 어떻게 내릴 수 있는가? 플레이어마다 쉽게 즐길 수 있는지 없는지에 따라 달라진다. 캐주얼이라는 용어 자체가 너무나도 주관적인 표현이기에 분류법에서 사용할 만한 용어는 아니다. 그리고 캐주얼 게임이 있다면 그와 반대되는 용어도 있어야 한다. 그렇다면 하드코어 게임이라고 해야 할까? 이 역시 너무 주관적이다. 게임에 따라 다양한 재미를 제공하기 위해서 쉬운 난이도부터 어려운 난이도까지 여러 난이도를 제공해 선택할 수 있게 하고 있기 때문이다. 기본 난이도는 쉽지만 어려운 난이도는 심각하게 어려운 게임도 존재한다. 그렇다면 기본 난이도를 기준으로는 캐주얼 게임이었는데 난이도를 바꿨다고 동일한 게임이 하드 코어 게임으로 바뀌는 이상한 현상이 발생하게 된다. 이러한 문제는 교육용 게임, 기능성 게임, 소셜 네트워크 게임 등도 모두 동일하게 가지고 있다. 따라서 이러한 경우 현실을 반영해 게임 용어로 사용하는 것에는 아무런 문제가 없지만, 이 분류법이 가진 기준 아래에서 게임 장르로 분류하기는 어렵다.

일반적으로 새로운 게임 플랫폼이 등장하면, 과거 게임 장르가 발전돼 왔던 궤적 그대로를 따라간다. 만들기 쉬운 장르부터 등장하기 시작해 점차 복잡한 장르로 발전하는 건 어느 플랫폼에서나 마찬가지다. 다만, 발전하는 속도에 차이가 있을 뿐이다.

아케이드 게임에서 PC나 콘솔 게임으로 넘어갈 때보다 PC와 콘솔 게임에서 모바일 게임으로 넘어갈 때, 장르가 발전하는 데 소요되는 기간이 말도 안되게 짧아졌다. 모바일로 넘어가서는 그 기간이 채 2~3년이 되지 않았다. 콘솔 게임과 PC 게임이 수십 년 걸린 것에 비하면 과도하게 짧다. 간단한 퍼즐이나 액션 장르부터 시작해 가장 복잡하고 하드코어한 액션 RPG나 MMORPG가 유행하기까지 순식간이었다. 현재 모바일 게임 시장을 과연 가볍게 즐길 수 있는 캐주얼 게임이 주도한다고 할 수 있을까? 그 사이에 모바일 플랫폼이 가진 특성을 파악해 해당 장르가 모바일 환경에 맞게 깊이 있게 발전할 수 있는 기회를 모두 놓쳐 버렸다.

PC 게임에서 보여주지 못한 새로운 퍼즐 게임이 모바일 게임에서 나올 수 있었고, 콘솔 게임에서 보여주지 못한 새로운 액션 게임이 모바일 게임에서 나올 수 있었다. 물론 모바일 게임 초창기에는 뛰어난 작품들도 나왔다. 하지만 대부분 플랫폼과 장르 자체를 이해하려 하지 않고 이용하기 바빴다. 즉 과금 시스템을 통해 돈을 벌기에 급급했다.

마치 모바일 게임 시장은 한국 게임 시장을 떠나 여러 국가에서 비슷비슷하게 누가 빨리 절벽으로 떨어질 것인지 내기라도 하듯이 장르를 빠르게 바꿔 왔다. 게임 시장에서 하나의 장르가 고작 1~2번 실패한 것으로 다들 다음 장르로 우르르 몰려갔다. 선점 효과를 누리기 위해서 눈에 불을 켜고 불나방처럼 달려들었다. 한 달만 지나도 모바일 게임 순위표에 유행하는 장르가 변해갔다. 그렇게 모바일 플랫폼에서 해당 장르를 어떻게 표현할지 충분히 고민하지 않고 2~3년만에 수십 년에 걸쳐 서서히 발전해온 비디오 게임의 장르 변화를 모두 따라잡았다. 지금까지의 전략을 유지한다면 이제 무슨 장르를 만들 것인가? 다음 스탭에 대한 고민없이 무작정 쫓아왔기 때문에 스스로 해답을 찾기란 어려울 것이다.

지금 시점에 가장 필요한 것은 게임 장르 하나하나가 왜 등장하게 됐는지, 장르별 특징은 무엇인지, 장르마다 하위 장르가 어떻게 발전해오고 있는지 상세하게 이해하는 것이 아닐까 싶다. 그리고 이러한 이해를 바탕으로 여러 장르에 도전하는 개발사가 늘었으면 한다. 다양성이 없는 시장은 현재 적지 않은 매출이 있다고 해도 서서히 죽어 가기 마련이다. 인기 장르를 만들지 않으면 시장에서 성공할 가능성이 적다고 해서 아무도 도전하지 않는다면, 결국 모바일 게임 시장 전체가 망가지는 것을 손잡고 같이 지켜보자는 이야기가 아닐까?

소재

마지막으로 게임 장르에서 언급하지 않은 소재에 대해 이야기해본다. 공포 게임, 생존 게임, 스포츠 게임 등과 같은 분류를 게임 장르로 분류하는 것이 일반적이다. 하지만 앞서 설명했듯이 소재는 속성에 해당되기 때문에 대분류 장르로 볼 수 없다.

액션 게임과 스포츠 게임을 동등한 층위에서 비교하기는 힘들다. 스포츠를 소재로 한 액션 게임도 있고, 스포츠를 소재로 한 시뮬레이션 게임도 있다. 앞으로 얼마든지 스포츠를 소재로한 RPG나 어드벤처도 개발될 수 있다는 말이다. 처음에는 해당 소재와 특정 장르가 어울리기 때문에 한 가지 장르에 국한돼 사용되지만 시간이 지남에 따라 매력적인 소재는 다른 장르에서도 활용된다. 결국 게임의 소재는 객체가 아닌 속성이며, 대분류 장르가 아닌 별도로 소재라고 분류하는 편이 게임 장르의 체계화를 위해 좋다고 생각한다.

게임에 활용될 수 있는 소재는 무궁무진하다. 스팀의 카테고리와 국내외 대표적인 커뮤니티를 통해 게임에서 자주 활용하는 소재를 정리하면 다음과 같다. 소재 또한 대분류와 소분류로 분류할 수 있다. 예를 들어 스포츠라는 대분류에 농구, 축구, 야구, 배구, 육상, 수영, 골프 등의 소분류로 나눌 수 있다.

보통 소재를 활용해 세부 장르를 나눌 경우, 특정 대분류 장르에 집중되는 경향이 있다. 공포의 경우 어드벤처 장르에서 대부분 활용되며, 리듬의 경우 액션 장르에서 대부분 활용된다. 하지만 체계적인 게임 분류법을 통해 조금 더 시야를 넓혀 보자. 공포 RPG나 공포 퍼즐 게임도 얼마든지 만들 수 있으며, 리듬 FPS나 리듬 전략 시뮬레이션 게임도 시도해 볼 수 있다. 소재를 장르에서 분리해 장르의 속성으로 봄으로써 장르에 대한 고정관념을 깨는 동시에 체계적으로 게임 장르의 분류를 정립할 수 있을 것이다.

게임의 소재 분류

SF, 건설, 격투, 경영, 고어, 공포(호러), 군사, 대전 격투, 드라이빙, 레이싱, 리듬, 무역, 미스터리, 밀리터리, 범죄, 비행, 사이버펑크, 생존(서바이벌), 스릴러, 스팀펑크, 스포츠, 신(God), 아이돌, 역사, 연애, 우주, 육성, 인생, 잠입(스텔스), 좀비, 진화, 취미, 코미디, 파쿠르, 헌팅 등등

06 게임 디자이너 vs 게임 기획자

지금까지 읽어오면서 게임 디자인이나 게임 디자이너^{Designer}와 같은 용어가 익숙하지 않은 독자도 있을 것이다. 마지막으로 조금 딱딱한 이야기가 되겠지만 한 가지 짚고 넘어갈 사항이 있다. 한국 게임 업계에서는 지금도 게임 기획이나 게임 기획자 ^{Planner}라는 용어를 보편적으로 사용하고 있다. 게임 디자인 문서의 경우에도 한국 게임 업계에서는 대부분 기획서라고 불리고 있다.

가장 큰 게임 시장인 미국과 일본에서는 어떤 용어로 사용되고 있을까? 게임 디자인을 미국에서는 'Game Design', 일본에서는 'ゲームデザイン'이라고 사용하고 있다. 게임 디자인을 수행하는 사람을 미국에서는 'Game Designer', 일본에서는 'ゲームデザイナー'라고 한다. 결과적으로 미국과 일본에서는 동일한 용어가 사용되고 있다. 그리고 이러한 용어는 전 세계적으로 통용돼 쓰이고 있다.

그런데 유독 한국에서는 아직까지도 게임 기획이나 게임 기획자라는 다른 용어가 주로 사용되고 있다. 물론 이미 이러한 용어의 차이를 알고 있는 개발자도 많지만 전체적으로 게임 기획이라는 용어가 사용되는 분위기는 여전하다. 이러한 용어를 그대로 사용해도 아무런 문제가 없는 것일까? 필자는 이러한 용어 사용에 중대한 단점이 있기 때문에 글로벌 스탠다드에 맞춰 게임 디자인과 게임 디자이너라는 용어로 바꿔야 한다고 생각한다.

첫째, 불필요한 의사소통 비용이 추가적으로 발생된다. 현재까지도 게임에 대해 도움이 될 만한 상당수의 자료는 미국과 일본에서 만들어진다. 서적이나 논문을 비롯해 인터넷에 정리된 자료들조차 게임 디자인과 게임 디자이너라는 용어를 사용하고 있다. 그런데 한국에서는 아직도 게임 디자인과 게임 디자이너라는 용어를 모르는 사람들이 의외로 꽤 많다.

강의나 강연을 할 때 게임 디자인이라는 용어를 사용하면 "게임 디자인이라는 건 그림을 그리는 그래픽을 말하는 건가요?"라고 질문하는 경우가 예상외로 너무나 많다. 아직도 '디자인'이라는 용어를 보면 단순히 '그림을 그리는 것'이라고 생각하는 사람이 많다는 의미다. 때문에 매번 시작부터 게임 기획과 게임 디자인에 대한 관계를 설명하느라 애를 먹는다. 글을 쓰거나 번역을 하는 입장에서도 이러한 용어 차이는 부담이 될 수밖에 없다. 항상 용어가 다르게 사용된다는 것을 머릿속에 염두해두고 각주나 참조와 같이 추가적인 설명을 해줘야 하기 때문이다.

별 것이 아니라고 치부하기에는 사회적으로 소모되는 비용이 너무나도 막대하다. 게임 시장은 점차 글로벌 시대에 맞춰 확대되고 있다. 여러 나라의 개발자가 모여서 하나의 프로젝트에 참여하는 경우도 많아졌고, 국제적인 게임잼^{Game Jam}이나 게임 행사도 점차 늘어나고 있는 추세다. 게다가 한국 게임 업계의 시장 상황이나 업무환경이 급격히 나빠지고 있기 때문에 미국, 일본, 중국 등 해외로 떠나는 개발자도 늘어나고 있다. 이에 따라 해외에서 한국 개발자를 구하러 오는 빈도도 크게 늘었다. 게임에 대한 자료 공유뿐만 아니라 인력 이동도 예전과 비교할 수 없을 만큼 활발해지고 있다. 이러한 상황에 처한 각각의 당사자가 용어의 차이에 따른 의사소통 비용을 매번 지불하고 있는 것이 현실이다.

둘째, 용어의 차이는 결국 현실에 반영된다. 세상을 살아가다 보면 이름이나 용어를 짓는다는 것이 얼마나 중요한지 느끼게 된다. 별 것 아닌 것처럼 보이나 이름이나 용어로 인해 전체적인 이미지가 결정되며 이를 기준으로 타인과의 관계가 형성되기 때문이다. 따라서 현재 사용하는 용어와 실질적인 의미가 일치하는가 여부를 따져보는 과정은 매우 중요하다.

게임 디자이너와 게임 기획자, 단순히 언어의 차이에서 오는 문제라면 별다른 영향이 없을 것이다. 하지만 이 2가지 용어는 의미 자체가 다르기 때문에 심각한 문제가 발생한다. 앞서 언급했지만 게임 디자인이란 '게임을 계획하고 만드는 행위'이므로 단순히 계획만 하는 것이 아니라 만드는 행위까지 포함하고 있다. 즉 'plan'과 'make'의 의미를 동시에 가지고 있는 것이 디자인이라는 용어다. 그런데 게임 기획자, 즉 게임 플래너라는 용어는 게임 디자인에서 이뤄지는 과정의 일부만을 내포하고 있다. 게다가 다른 분야에서 플래너라는 용어는 아이디어를 내어 새로운 것을 만드는 역할이 아니라 흔히 일정을 관리하는 자를 칭하는 경우가 많다. 결국 실제 수행해야 하는 역할과 용어의 의미에서 차이가 존재한다.

한국 게임 시장은 세계 게임 시장의 입장에서 보면 매우 특이한 시장이다. 한국식 MMORPG나 한국식 부분유료화는 과거 게임 역사상 그 어떤 나라에서도 없었다. 하나의 부분유료화 게임에 매달 수천만~수억 원을 지불하는 사람이 적지 않은 시장은 한국과 중국 정도다. 특히 한국은 게임 내 특정 아이템을 뽑기 위한 확률형 아이템의 확률이 0.0001%에 달하기도 한다. 게임 내 아이템이나 계정이 현실 가치로 수천만 원에서 수십 억 원에 달하며, 실제 그것이 인터넷 거래사이트를 통해서 현물처럼 빈번하게 거래하고 있는 시장은 한국이 유일무이하다고 볼 수 있다.

중국 게임 시장은 시장 내에 다양한 게임이 존재하며 아직 발전하는 단계이기에 변화의 가능성이 존재한다. 현재 중국에서는 모바일 게임이나 온라인 게임만 아니라 서양의 콘솔 게임과 비슷한 방향성을 가진 게임이나 수많은 실험적인 인디 게임도 끊임없이 만들어지고 있다. 그리고 세계 시장에 문을 두드려 나름대로 성과를 얻기 시작했다. 반면 한국 게임 시장은 이미 성장이 정체된 지 오래됐으며 단점들이 고착화됐다. 온라인 게임 랭킹에는 10년도 넘은 게임들이 즐비해 있고, 모바일 게임 랭킹에는 막대한 현질을 하는 소수를 위한, 자동 사냥 액션 RPG가 넘쳐나고 있다. 지나치게 편중돼 있고 지나치게 매출만을 바라보는 시장이다. 비록 지금은 돈이 될지라도 정체된 시장은 머지않아 성장 동력을 잃게 된다.

그러므로 필자는 중국과 한국 게임 시장의 성향이 비슷하다고 해서 동일하게 봐서는 안된다고 주장한다. 결과적으로 한국 게임 시장은 이례적이기보다 이질적이라고 보는 것이 맞을지 모르겠다. 특이한 것은 좋게 보면 세계를 선도할 가능성이 있다는 말이지만, 나쁘게 보면 세계적인 흐름을 따라가지 못한다고 볼 수 있다. 하지만 지금까지 결과를 보면 한국 게임 시장에서 내세운 특이함은 세계적인 흐름을 따라가지 못하고 뒤쳐지는 결과를 초래했다.

온라인 게임 종주국이라는 자만에 빠져 한때 어느 나라에나 한국식 MMORPG를 팔면 성공할 것이라고 여기는 개발사가 많았다. 그 결과 비슷비슷한 게임을 빠르게 대량으로 만들었을 뿐 실질적으로 게임 디자인 관점에서 품질을 발전시키려는 노력을 소홀히 했다. 해외 수출에 집중하느라 국내 소비자의 목소리에 귀를 기울이려는 노력도 소홀히 했다.

심각한 문제는 후발 주자였던 모바일 게임 시장에서도 글로벌 시장에서 실패했었던 동일한 전략을 그대로 유지했다는 점에 있다. 품질 낮은 대량 생산의 결과는 참담했다. 현재는 중국과 일부 동남아 시장을 제외하고 글로벌 시장 전체적으로 한국 게임이 가진 메리트가 거의 없어졌다고 보는 편이 맞을 것이다. 게다가 정치적인 이슈 이후 중국에서 더 이상 한국 게임에 대한 판호[2]가 나오지 않고 있어 그동안 오매불망 중국 시장만 바라보던 한국의 여러 개발사는 오도 가도 못하는 신세가 됐다. 그러는 동안 미국이나 일본 이외에도 핀란드, 폴란드, 영국, 프랑스 등 다양한 나라에서는 게임 디자인의 수준을 꾸준히 높여 내실을 다져왔다.

한국 게임 업계가 지금의 힘든 상황을 극복하기 위해서는 가장 먼저 글로벌 시장에서의 실패를 스스로 인정하는 것부터 시작해야 하지 않을까? 그리고 글로벌 시장을 적극적으로 이해하고, 소비자의 의견에 귀를 기울이고, 다양한 분야에서 다각적인 변화를 시도해볼 필요가 있다. 한국 게임 시장이 다시 도약하기 위해서는 그 누구도 아닌 가장 먼저 한국 게이머에게 인정받아야 하며, 그 다음으로 게임 시장의 중심인 미국과 일본에서 성공을 거둬야 하지 않을까?

그 시작으로 게임 디자인과 게임 디자이너라는 용어부터 글로벌 스탠다드로 맞추는 것이 어떨까 싶다. 용어가 가진 힘은 대단하다. 언제까지 뛰어난 실력을 발휘할 수 있는 사람들을 게임 기획자로 남아있게 할 것인가? 게임 디자이너라고 부르면 점차 게임 디자이너에 맞게 능력을 발휘할 것이다. 그러기 위해서는 게임 기획자들부터 스스로 게임 디자이너라고 자부할 수 있을 정도로 그 역할과 책임을 다하려는 노력이 필요하다. 새로운 것을 만들어 내기 위해서는 뼈를 깎는 노력과 끊임없는 공부가 필요하다. 그리고 게임 디자이너라는 용어를 정식으로 사용하도록 회사에 적극적으로 요구할 필요가 있다고 생각한다.

---

2 중국에서 자국과 외국 게임에 발급하는 일종의 서비스 허가권이다. 중국 미디어정책을 총괄하는 국가신문출판총서에서 판호를 발급하고 있었으나 2018년초 중국공산당 중앙선전부로 업무가 이관됐다.

참고문헌

- 라프 코스터 저, 안소현 역, 『라프 코스터의 재미이론』, 디지털미디어리서치, 2005.
- 앤드류 롤링스, 어니스트 아담스 저, 송기범 역, 『게임 기획 개론』, 제우미디어, 2009.
- 케티 샐런, 에릭 짐머만 저, 윤형섭, 권용만 역, 『게임 디자인 원론1』, 지코사이언스, 2010.
- 남기덕 칼럼, 「"응, 안 해", 가위바위보로 보는 '게임 디자인'」, 인벤, 2017.
  http://www.inven.co.kr/webzine/news/?news=182128

2장
콘셉트 디자인을 위한 이론

1장의 '04. 게임 디자인 프로세스'에서 언급했듯이 게임 디자인을 프로세스 별로 나눠서 각 프로세스에 도움이 되는 여러 이론을 살펴볼 것이다. 2장은 콘셉트 디자인을 위한 이론, 3장은 상세 디자인을 위한 이론, 4장은 QA를 위한 이론이다. 먼저 게임 디자인의 골격이 되는 콘셉트 디자인에 도움이 되는 이론들을 정리해봤다.

누구나 기존에 몰랐던 지식을 새롭게 배울 수 있다. 하지만 단순히 지식을 배웠다는 것에서 멈춘다면 그 지식의 가치는 금세 사라져 버린다. 지식을 습득하는 능력과 실제 활용할 수 있는 능력은 별개다. 지식을 실제로 적용할 수 있는 건 지식도 알아야 하고, 실무도 알아야 하며, 그것을 적용하려는 노력이 없으면 안되기에, 누구나 할 수 있는 일이 아니다. 이러한 일을 앞으로 성장할 젊은 개발자들이 해나갔으면 한다.

대부분 이론들은 실제 어떻게 적용할지에 대해 설명해주지 않는다. 학자나 연구자들 가운데 해당 분야의 실무를 깊이 있게 경험해본 사람은 희귀할 정도로 적기 때문이다. 결국 이론을 어떻게 활용할지 고민하고 상상력을 펼쳐야 하는 건 실무를 이해하고 있는 게임 디자이너들 자신이다. 이론에서 알려준 지식 그대로 실무에 적용하고 활용하기는 어렵다. 이론을 100% 적용하려고 해봐야 딱 들어맞는 적합한 사례를 찾기는 힘들다. 대부분의 연구는 당위성을 확보하기 위해서 의도적으로 연구 범위를 최소화하기 때문이다. 실무에서 다양하게 활용할 수 있는 범용성 높은 이론은 찾아보기 힘들다. 그러므로 이론에서 조금 벗어나더라도, 이론이 가지고 있는 핵심 가치를 유지하는 범위에서 실무에 도움이 되는 활용 방법을 찾는 것이 좋다.

앞으로 이론이나 개념을 간략하게 정리해서 설명한 뒤에 그 이론을 어떻게 실무에 활용할 수 있을지 아이디어를 제안할 것이다. 필자가 게임 디자인이나 게임 분석에 적용하기 위해 고민했던 활용 방법들이다. 그러나 이는 활용할 수 있는 것들 중 극히 일부에 불과하다. 이외의 활용 방법을 스스로 고민해 적용해보려는 시도가 그 무엇보다 중요하다. 여러 이론을 정리하고 요약한다는 이 책의 취지상 각 이론마다 실무적인 내용을 깊이 있게 다루기란 무리가 따른다. 이러한 한계를 이해하고 봐주었으면 한다.

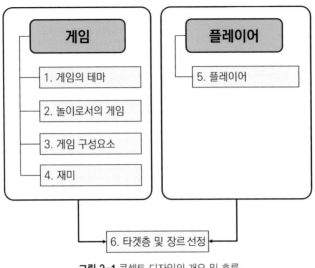

그림 2-1 콘셉트 디자인의 개요 및 흐름

콘셉트 디자인에 필수적인 항목을 그림 2-1과 같이 6가지로 나눴다. '게임의 테마', '놀이로서의 게임', '게임 구성요소', '재미', '플레이어', '타겟층 및 장르 선정'이다. 이 6가지를 정리한 후 3장에서 나오는 상세 디자인의 일부 항목을 요약해서 뒤에 추가하면 훌륭한 게임 콘셉트 디자인 문서가 된다.

콘셉트 디자인은 크게 보면 두 가지를 결정하는 과정이다. 어떤 게임을 만들 것인가와 어떤 플레이어를 주 대상으로 할 것인가다. 새롭게 창조하는 대상이 되는 게임과 그 게임을 즐기는 인간을 결정하면 게임의 윤곽을 그리게 된다. 이것이 콘셉트 디자인이다. 게임의 테마, 놀이로서의 게임, 게임 구성요소, 재미 4가지 항목이 게임을 어떻게 디자인할 것인가를 결정하는 것이라면, 플레이어 항목은 어떤 플레이어를 주 대상으로 할 것인가를 정하는 것이다. 이렇게 두 가지의 큰 축을 결정한 뒤에 이를 바탕으로 타겟층과 장르를 선정하면 본격적으로 게임 디자인의 출발점에 서게 된다. 2장이 끝나는 시점에서 '콘셉트 디자인 체크 리스트'를 정리해 뒀다. 게임 콘셉트 디자인 문서를 작성할 때 도움이 됐으면 한다.

1
게임의 테마

"지금까지 살아오면서 인생을 바꿀 정도로 감명받은 책이나 영화가 있나요?" 이런 질문을 받았을 때 만약 떠오르는 작품이 있다면, 사람들은 떳떳하고 자랑스럽게 이야기 할 것이다. 이 질문은 특히 학교에서 사용될 정도로 품위 있는 질문이라는 이미지가 있다. 면접에서도 사용될 정도로 사회적 거부감이 없다. 그 사람의 가치관과 취향을 동시에 알아볼 수 있는 센스 있는 질문 중 하나로 널리 활용되고 있다.

책이나 영화를 게임으로 바꿔 질문해보자. "지금까지 살아오면서 인생에 영향을 줄 정도로 감명받은 게임이 있나요?" 살면서 이런 질문을 진지하게 받아본 적 있는가? 필자가 이러한 질문을 하면 사람들은 "저 사람 뭐지?"라며 놀란 눈으로 쳐다본다. 업계에 있었을 때도 그랬지만 학계에 와서도 가능성이 보이는 학생, 면접자, 신입 개발자가 보이면 빠짐없이 물어보는 질문이다. 그런데 왜 아직 우리는 이 질문을 어색하게 느낄까? 애초에 이런 질문을 하는 다른 사람을 본적도 없다.

소설이건 영화건 애니메이션이건 음악이건 게임이건 그 사람의 인생에 영향을 줄 정도로 감명을 주는 어떤 것이 있다면, 그건 미디어에 의한 것이 아니라 그 작품 자체에서 주는 메시지에서 기인된다. 책이나 영화에서 주는 메시지는 고상하며 훌륭한 것이지만, 게임에서 주는 메시지는 천박하고 하찮은 것일까? 단연코 아니다. 우리는 미디어와 상관없이 그 속의 메시지에 반응한다.

원론적으로 미디어 자체에 수준 차이란 존재하지 않는다. 단지 내용물의 차이일 뿐이다. 해당 미디어에서 표현되는 메시지들이 인간 사회에 얼마나 폭넓은 영향을 미칠 정도로 깊이 있고 공감을 얻을 수 있는가의 차이다. 다시 말해서 책이나 영화보다 게임이 저평가 받고 있는 근본적인 원인에는 미디어로서 게임의 수준이 낮은 것이 아니라, 아직 게임에서 사용되는 메시지가 책이나 영화에 비해 깊이가 부족하다는 의미가 된다. 단순히 돈과 일순간의 흥미만을 위해 만들어진 작품은 인간에게 감동을 주지 못하며, 그렇기 때문에 좋은 작품으로 평가받지 못한다. 이런 작품이 주류를 이룰 때 그 미디어 자체에 대한 대중의 평가가 낮아진다.

어떤 미디어라도 좋다. 창작자가 작품을 통해서 '독자, 관객, 시청자에게 어떤 메시지를 전달하고자 하는가?' 그리고 '그 메시지를 통해 어떤 감정을 불러일으키게 하고 싶은가?', 이것이 바로 테마다. 결국 게임은 책이나 영화에 비해 역사가 짧은 만큼 아직 깊이 있는 테마를 선정하고 표현하는 방식이 부족할 뿐이다. 따라서 필자는 게임이라는 미디어가 사회문화적으로 인정받기 위해서 가장 우선시해야 할 것이 '테마에 대한 고민'이라고 본다.

모든 게임이 사회비판적이고 철학적인 메시지를 담은 테마를 가질 필요는 없다. 하지만 게임 전반적으로 인간에 대한 고민이 담긴 테마를 활용하려는 방향으로 발전해야만 앞으로의 게임도 책과 영화같은 인정받고 있는 미디어와 동등한 위치에 설 수 있다고 생각한다.

사람들에게 긍정적인 영향을 주는 작품들은 미디어 구분없이 어떤 공통점을 가지고 있을까? 작품을 경험하고 난 뒤 오랜 시간 여운을 느끼고, 자신만의 생각을 하게 해, 새로운 사고를 하도록 방아쇠를 당겨준다. 이 촉매역할을 하는 것이 바로 테마다. 만든 사람의 생각과 듣거나 보는 사람의 생각이 교차해 공명하게 될 때 감동이 생겨난다. 그 연결고리가 되는 것이 테마다. 만든 사람의 테마가 없다면 한 손으로 박수를 칠 수 없듯이 공명이 이뤄지지 않는다.

테마를 어떻게 정하는지에 따라 자연스럽게 해당 작품의 목적도 결정된다. 왜 만드는지 결정하면 그것을 가지고 무엇을 할지도 정해지기 때문이다. 게임을 만들고자 하는 목적은 테마에 따라오는 부차적 산물이다. 게임 디자인 문서에 게임의 테마를 정하고 나서 이 테마를 바탕으로 무엇을 하고자 하는지 목적도 따로 적어보자. 만약 게임을 만든 목적이 특별히 없고 단지 돈을 벌기 위한 것만 남아있다면 결론적으로 뚜렷한 테마가 없다는 뜻이다. 이런 게임은 단기적으로 상업적 성공을 이룰 수 있겠으나 테마가 없기에 사람들의 마음을 움직일 수 없다. 일시적으로 인기를 얻었다고 해도 사람들의 마음을 움직이지 못하면 오래 기억되지 못하고 금세 사람들의 기억에서 잊혀진다.

모든 미디어가 필연적으로 그렇듯이 게임 산업 또한 장기적인 관점으로 팬층을 다지고, 지금 세대가 아닌 다음 세대를 바라봐야 한다. 게임 하나의 테마를 가지고 시리즈로 발전시켜가고, 시리즈들이 모여 해당 개발사의 철학으로 자리잡는다. 그리고 다시 개발사의 철학이 이후에 만들어지는 각 게임에 녹아든다. 이것이 게임의 테마가 보여주는 순환 구조다.

게임 개발사는 다름이 아닌 게임으로 소비자들과 소통하고 공명해야 한다. 이것이 팬층을 다지는 가장 확실한 정도正道다. 아무리 사회적 공익을 위한 투자나 자선 행사를 많이 벌인다고 해봐야 게임이 바뀌지 않는 이상 한번 자리잡은 개발사의 부정적인 이미지는 개선되기 어렵다. 게임 개발사는 결국 게임으로 말할 수밖에 없다.

테마를 통해 개발사의 철학을 가장 잘 보여주고 있는 곳이 바로 닌텐도Nintendo다. 가족과 같이 즐길 수 있는 게임, 그렇기 때문에 전 연령이 모두 즐길 수 있고 가족이나 연인, 친구들이 모여서 파티 플레이를 즐길 수 있도록 개발돼야 한다. 또한 아이들의 두뇌성장에 도움을 줄 수 있도록 참신한 아이디어를 가진 게임이 라인업의 대부분을 이루게 됐다. 이런 게임들은 우연히 나오는 것이 아니다. 닌텐도와 닌텐도 게임하면 어떤 이미지가 떠오르는가? 그것이 닌텐도의 철학이다. 닌텐도에 입점되는 게임은 닌텐도의 철학에 부합하는지 철저하게 검수받아 출시된다. 이렇게 개발사의 이미지는 테마와 철학에 의해서 만들어져 가는 것이다.

반면 한국 개발사와 한국 게임하면 어떤 이미지가 떠오르는가? 한국 게이머만 아니라 한국 게임을 알고 있는 전 세계의 많은 게이머들의 머릿속에 떠오른 단어 그것은 바로 돈Money이 아닐까 싶다. 그렇다면 가장 먼저 떠오르는 이 이미지가 한국 개발사의 테마이자 철학인가? 매출은 개발사의 생존과 직결되므로 매우 중요한 것임에 틀림없지만 문제는 '돈' 이외에 떠오르는 별다른 긍정적인 이미지를 찾아보기 어렵다는 점에 있다. 특히 게임 디자인 발전과 관련된 사항은 찾아볼 수 없다. 한국 게임에서 역사적으로 세계 게임 시장에 영향을 준 것은 마케팅이나 과금 관련 이슈에 집중돼 있다. 즉 돈과 관련된 이슈다. 그저 돈을 많이 벌 수 있는 게임만 유행을 따라 만들어왔다는 세간의 비판에서 자유로울 수 있는 한국 게임 개발사는 많지 않을 것이다.

이러한 상황은 한국 개발사에만 국한되지 않는다. 해외 개발사 중에서도 게임성이나 완성도보다 과도한 비용을 유도할 경우 게이머들의 비판에서 벗어나지 못하고 있는 것이 현실이다. 매출을 올리는 것도 중요하지만 회사의 브랜드 가치에 손상을 입어가면서까지 단기적인 매출 상승을 꾀하는 것이 장기적인 관점에서 과연 이익이 되는 기업 전략Corporate Strategy인지 고민해볼 필요가 있다.

테마와 목적은 게임 디자인을 앞으로 어떻게 해 나가야 할지 방향성을 결정하는 핵심 중에 핵심이다. 세계 게임 시장에서 인기를 얻고 게임성을 인정받아 장기적으로 성공하는 게임을 만들고, 더 나아가 튼튼한 개발사를 경영해 나가려고 한다면 우선 지금 만들고 있는 게임의 테마부터 명확히 잡으려 많은 시간과 노력을 투자해야 한다. 게임 디자인에 있어 가장 먼저 결정해야 하는 것도 테마이며, 가장 중요시해야 하는 것도 테마라는 점을 결코 잊어서는 안 된다.

07 게임 디자인의 시작, 테마

"위대한 책을 쓰려면 위대한 테마를 잡아야 한다."

-허먼 멜빌-

필자가 게임에 대한 연구를 하기 시작하면서 가장 먼저 관심을 둔 것은 테마다. 아니 정확히 말하면 게임 업계에서 한발자국 물러나 게임 디자인을 객관적으로 공부하고자 한 계기가 된 것이 테마라고 하는 편이 맞을 것이다.

프로그래머로 업계에 발을 디딘 이후 "게임을 어떻게 만들어야 할까?"라는 질문을 항상 스스로에게 해왔다. 이는 필자만의 일이 아니다. 주변의 개발자들은 해외의 신규 게임 트레일러와 플레이 영상 등이 나오면 삼삼오오 모여서 이 시스템은 어떻게 개발했을까, 캐릭터 표정 변화는 어떤 기술로 개발했을까, 이 UI는 어떤 구조로 만들었을까, AI는 어떤 체계를 가지고 만들었을까 등등 끊임없이 이야기한다. 이러한 질문은 수단과 방법 그리고 스킬에 대한 관심에서 나온다. 즉 게임에 대한 겉모습과 관련된 것이다.

하지만 개발팀장, PM, PD를 거치면서 이러한 고민은 다른 형태로 바뀐다. 단순히 경험과 경력이 쌓이면 게임에 대해 보다 잘 알게 될 것이라는 기대는 말도 안 되는 오산이었다. "과연 나는 게임에 대해서 얼마나 깊게 알고 있는가?" 게임의 전체적인 방향을 결정해야 하는 입장이 됐음에도 지금까지 목표로 해왔던 명작 게임들처럼 깊이 있는 디자인을 할 수 있는 힘이 스스로에게 없음을 깨닫게 됐다. 스스로 나름 게임 전문가라고 생각하고 있던 사실이 너무 창피하게 다가왔다. 이후 게임 디자인에 대해서 너무 모르고 있는 것은 아닌가라는 의문이 들기 시작하면서 많은 고민과 방황을 하게 됐다.

주변의 개발자들과 많은 이야기를 했으나 안타깝게도 한국에서는 게임을 어떻게 만드는지에 대한 방법과 스킬에 대한 논의의 범주에서 벗어나지 못했다. 대부분 인기있는 게임을 개발해서 출세하고 돈을 많이 버는 것 이상의 목표를 명확히 제시하는 사람이 없었다. 진정으로 원하는 답에 힌트를 줄 사람을 찾지 못했다. 그래서 돌아오는 비행기도 예약하지 않고 가는 비행기와 숙소만을 예약한 채 무작정 일본으로 건너갔다. 당시 기준으로 10년 넘게 한국어를 가르치며 알게 된 일본인 지인들이 있었기에 도움을 받으면서, 한 달 반 정도 여러 일본 게임회사의 경력 많은 개발자들을 찾아다니고 여러 형태로 조언을 구했다. 영어를 잘했더라면 당시 심정으로는 1초의 망설임없이 미국으로도 갔을 것이다. 그만큼 간절했다.

한 달 반 정도 매일 각 지역에 퍼져 있는 1~3명의 사람들과 이야기하기 위해 이동하고 밤에 겨우 호텔로 돌아와 쓰러져 자는 것이 반복되는 힘든 일정이었지만, 한국 게임 업계와 확실한 차이점을 직접 체험할 수 있었다. "게임을 왜 만들고자 하는가"에 대해 거의 대부분 명확하게 소신을 가지고 답했다. 심지어 자신의 인생을 걸고 말하는 사람들도 적지 않았다. 사람마다 이야기하는 바는 각기 달랐지만 많은 개발자들이 게임을 왜 만들고, 게임을 통해서 사람들에게 무엇을 전달하고자 하는지 확신에 찬 목소리로 말했다.

머릿속에서 번개가 쳤다. 일본 게임만 아니라 미국 게임 중에서 명작이라고 불렸던 게임을 플레이하면서 느낄 수 있었던 감정이 어디에서 오는지 그 근원을 찾은 것

같았다. 그것은 바로 그들 마음 속 깊이 담고 있는 메시지, 즉 테마였다. 이것이야 말로 미국과 일본 게임이 오랜 시간 동안 세계 게임 시장을 이끌고 있는 원동력이라고 믿게 됐다.

게임 PD나 게임 디자이너가 스스로에게 했으면 하는 질문

❶ "게임이란 무엇일까?"

❷ "인간은 게임을 왜 하는가?"

❸ "나는 어떤 게임을 만들고 싶은가?"

한국으로 돌아오는 비행기 안에서 위의 3가지 질문이 머릿속에 맴돌았다. 결론적으로 위의 3가지 근본적인 질문에 스스로 답을 내리지 못한다면, 게임을 어떻게 만들어야 할지 해답을 내리지 못한 채 언제까지나 다른 사람들이 만들어 놓은 게임을 답습하게 될 것이라는 불안감에 사로잡혀 있었던 것이다. 생각해보면 매우 당연한 것임에도 눈치채지 못하고 있었을 뿐이다. 게임을 왜 만드는지 무엇을 위해서 만드는지 알맹이에 해당하는 테마가 없으면서 그저 괜찮아 보이는 게임들의 겉모습인 기술과 스킬만 따라한다면 독창성 없는 비슷비슷한 게임이 양산되는 건 당연한 결과이지 않는가? 그동안 이에 대한 거부감이 불안감으로 바뀌어 표현됐던 것이다.

흔히 게임 PD들은 영화감독과 같은 대우를 받고 싶어한다. 수많은 영화감독들의 인터뷰를 찾아보자. 어느 나라 영화 시장에서도 인터뷰의 핵심 질문은 "어떤 메시지를 담기 위해서 이 영화를 찍으셨나요?"다. 이 질문에 "그런 건 딱히 모르겠고 그냥 돈 많이 벌고 성공하고 싶어서 이번 영화를 찍었습니다."라고 답하는 영화감독을 본 적 있나? 아니 실제 있다고 해도 이렇게 만들어진 영화를 보는 관객이 얼마나 될까? 영화를 통해서 사회에 자신의 철학과 사고를 표현하는 것이 영화감독이 존재하는 이유다. 게임 PD도 영화감독과 같은 대우를 받기 원한다면 적어도 자신만의 테마를 자랑스럽게 설명할 수 있고 그 테마를 작품에 녹여낼 수 있어야 한다. 영화감독이라는 자가 무슨 메시지를 전달해야 할지조차 모른 채 영화를 만든다고 생각해봐라. 그 결과는 끔찍할 것이다.

필자는 이 3가지 질문을 통해 자신만의 테마를 가슴에 새기는 것이 게임 디자인의 시작이자 게임 PD나 게임 디자이너로서의 필수 자격이라고 본다. 꼭 철학적이고 심각한 테마를 정할 필요는 없다. 단지 인간에 대한 자그만 고민이 담기면 충분하다.

미국의 소설가 허먼 멜빌^{Herman Melville}은 그의 저서 『모비딕^{Moby Dick}』에서 "위대한 책을 쓰려면 위대한 테마를 잡아야 한다."고 했다. 미디어가 아니라 할지라도 인간의 거의 모든 활동에서 테마는 중대한 역할을 한다. 구멍가게나 작은 카페조차 자신만의 테마가 있느냐 없느냐에 따라 생존 여부에 크게 영향을 받는다. 테마가 없다면 수많은 것들 중 하나에 불과하게 돼 묻히게 될 뿐이다. 그러므로 '위대한 게임을 만들려면 위대한 테마부터 잡아야 한다'.

그렇다면 테마는 무엇일까? 테마를 어떻게 정의할 수 있는지 살펴보자.

08 테마의 정의

게임 디자인을 공부하면서 처음으로 찾아본 것은 당연히 테마 관련 자료였다. 그런데 게임 연구에서 아무리 찾아봐도 이상하리만큼 테마를 중심으로 한 연구는 찾을 수 없었다. 단지 한두 페이지 가볍게 언급 정도만 하고 넘어갈 뿐이었다. 그래서 다른 고전적인 미디어의 테마 관련 연구를 찾아봤다.

테마의 정의를 알아보기 전에 먼저 테마^{Theme}와 주제^{Subject}라는 용어를 정리하고 넘어가자. 일반적으로 테마와 주제라는 용어는 혼용돼 사용되고 있다. 두 용어에는 차이가 있을까? 주제라는 개념은 1926년 시작된 유럽 구조주의 학파인 프라그^{Prague} 학파에 의해 처음으로 문법 연구를 위한 목적으로 등장했다. 이 학파에서는 언어의 가장 기본적이자 중요한 기능을 의사소통으로 봤다. 그렇기 때문에 주제의 개념도 담화적인 언어 분석의 토대에서 만들어졌다. 이후 문학에서 처음으로 주제라는 용어가 사용되기 시작했고 영상 미디어인 영화에서는 테마라는 용어로 사용된 것이 게임도 영상 미디어에 속하므로 앞으로 테마로 통일해 사용할 것이다.

테마는 영어로 Theme, 독일어로는 Thema, 프랑스어로 Théme다. 보다시피 하나의 어원에서 파생된 것으로 어느 나라에서나 동일한 의미로 사용되고 있다. 테마의 사전적 정의는 다음과 같다. 한글학회에서 출간한 『우리말 큰 사전』에는 "사상이나 예술작품의 으뜸이 되는 제재나 중심사상"으로 표현하고 있다. 『넬슨 신 영상 백과사전』에는 "작품 중 내내 흘러가는 일반적인 테마로 작품에서 전달하고자 하는 주된 생각 또는 메시지"라고 설명하고 있다. 테마의 사전적 정의를 간단히 표현하면 '작품에서 전달하고자 하는 사상이나 메시지'라고 정리할 수 있다.

게임 이외의 미디어 관련 연구에서 테마는 어떻게 정의되고 있을까? 오래 발달돼 온 미디어이자 깊이가 남다른 문학과 소설에서, 특히 시나리오 작성과 관련해 테마에 대한 연구가 구체적으로 진행되고 있었다. 테마를 잘 표현한 연구 몇 가지를 소개하면 다음과 같다.

게임 이외의 연구에서 본 테마의 정의

❶ P. Lubbock은 "작품에 있어서 최초로 존재하는 것이 테마라고 볼 수 있다. 테마를 발견하는 능력은 작가의 기초적인 재능이다. 테마가 제출되기 전까지 작가는 아무것도 시작할 수 없다. 테마는 시초이자 전체이므로 테마에 의하지 않고 작품은 형태를 이룰 수 없다."며 테마의 중요성을 강조했다.

❷ 野田 高梧는 "테마는 작품을 통해서 작가가 무엇을 말하고 있는가 또는 무엇을 표현하려고 하는가이다. 그렇기 때문에 작가의 인생관과는 떨어질 수 없는 밀접한 관계다."라고 주장했다. 다시 말해서 작품의 테마를 통해 작가가 인생과 사회를 어떻게 바라보고 파악하고 있는지에 대해 엿볼 수 있다는 것이다.

❸ 정한숙은 "테마는 작품에 나타나 있는 의미이자 작가의 중심사상이다. 작가가 특정 문제를 다루려고 한다면 그 문제가 바로 테마가 된다. 테마는 작가의 인생관과 작품의 의도에 따라 성장하는 것이다. 테마는 작품의 가장 중요한 요건이지만 결코 직접적으로 내보여서는 안 된다."라고 지적했다. 테마는 사상에 대한 직접적인 설명이 아니라 작품 속에 녹아 있어야 한다는 것이다.

그럼 게임 연구에서 테마는 어떻게 정의하고 있을까? 역시 인상 깊은 연구 몇 가지를 소개한다.

게임 연구에서 본 테마의 정의

❶ 사사키 토모히로^{佐々木 智広}는 "테마는 게임에 일정한 이미지와 방향성을 이끌어 내는 열쇠가 되는 말과 문장이다. 테마를 표현하는 방법으로는 사랑, 용기같이 한마디로 정의되는 타입과 긴 문장으로 정의되는 타입 2가지가 있다. 긴 문장으로 정의되는 타입이란 〈바이오하자드^{Biohazard}〉의 테마인 '좀비는 객사에서 탈출할 수 있을까'처럼 캐치프레이즈 같은 표현 방법이다."라며 테마의 표현 방식을 분류했다.

❷ 웬디 디스페인은 "게임의 테마는 게임 디자인 중에 특히 중요한 프로세스다. 게임에서 재미뿐만 아니라 의미를 부여하고 인간의 가치를 이해하게 만드는 중추적인 아이디어면서 동시에 모든 작업을 이끌어 줄 유용한 도구다. 그러므로 강력한 테마는 좋은 게임 디자인의 중추다."라며 게임에 있어서도 테마의 중요성을 주장했다.

❸ 이재홍은 "테마란 작품에 그리고자 하는 중심사상이자 핵심이고 작품을 통해 표현하고자 하는 궁극적인 목표다. 여러 구성요소들을 통합시켜 한 방향으로 이끌어가는 구심점이다. 게임의 테마에는 설득력과 호소력이 끈끈하게 담겨있어 여러 감정이 분출돼야 한다."며 게임의 구성요소들을 통합하는 구심점으로 표현했다.

게임 이외의 연구와 게임 연구에서 테마의 정의를 비교해보면 큰 차이점이 없다는 것을 알 수 있다. 인간이 향유하는 미디어에서 테마가 가지는 의미와 특성은 동일하다. 게다가 많은 연구자들의 주장은 앞서 필자가 고민했던 것과 일치한다. 게임뿐만 아니라 모든 미디어에서 테마를 제외하고 작품을 논할 수 없다.

정리해보자. 테마는 작품이 시작되는 시초이자 이것이 없으면 작품이 시작되지 않는다. 또한 게임의 모든 구성요소를 통합시키는 구심점으로, 작품에서 표현하고자 하는 목표이자, 게임 디자인의 중추가 된다. 테마를 표현하는 방법은 키워드나 문장이 돼도 무관하다. 테마를 어떻게 표현할지에 대한 제약은 없다. 그리고 테마로 삼지 못할 키워드나 문장도 없다.

테마에는 작가의 철학적인 인생관이 담겨야 하며, 테마를 표현할 때는 직접적으로 드러내지 말고 스토리, 캐릭터, 배경, 게임 플레이 등을 통해 간접적으로 연출돼야 한다. 테마 그대로를 직접 말이나 텍스트로 표현하게 되면 더 이상 독자, 관객, 플레이어는 흥미를 느끼지 못하게 되기 때문이다. 우리들의 생활 속에서도 이런 상황은 쉽게 찾아볼 수 있다. 내일 볼 예정인 영화의 핵심 줄거리나 결과를 누군가 말해버린다면 김이 빠지고 순간 해당 영화에 대한 관심이 사라지기 마련이다. 스포일러가 얼마나 악영향을 주는지 누구나 공감할 것이다. 작품에서 테마를 직접적으로 표현하는 것은 작품 스스로 스포일러를 한다는 의미다. 이 얼마나 어리석은 행동인가?

게임의 테마라고 해서 어려운 것이 아니다. 단지 자신이 게임을 통해서 무엇을 표현하고, 무슨 메시지를 전달하고 싶은지 짧게 정리할 수 있다면 그것이 자신만의 훌륭한 테마가 된다.

 # 09 계승되는 테마

시리즈, 프랜차이즈, OSMU

모든 미디어는 시리즈^{Series}와 프랜차이즈^{Franchises}로 발전해가면서 테마를 계승하고 강화해 간다. 시리즈는 같은 종류의 연속된 기획물로 동일한 제목에 넘버링 또는 부제를 붙이는 작품들의 묶음이다. 미디어에서 프랜차이즈는 시리즈보다 넓은 의미로 사용된다. 한 미디어 내의 시리즈물을 포함해 하나의 줄기를 통해 다양한 미디어로 확장된 모든 작품을 통칭하는 의미로 사용되고 있다. 영미권의 〈스타워즈^{Star Wars}〉, 〈반지의 제왕^{The Lord of the Rings}〉, 〈해리포터^{Harry Potter}〉, 〈워킹 데드^{The Walking Dead}〉, 〈왕좌의 게임^{Game of Thrones}〉은 물론 일본의 〈드래곤볼^{DRAGON BALL}〉, 〈원피스^{One Piece}〉, 〈나루토^{NARUTO}〉, 〈슬램덩크^{SLAM DUNK}〉 등 세계적으로 인기를 얻고 있는 작품은 미디어와 상관없이 시리즈와 프랜차이즈라고 해도 과언이 아니다.

프랜차이즈는 새로운 작품을 개발하는 것에 비해 마케팅 비용과 실패에 대한 리스크를 줄이면서 안정적인 매출을 확보할 수 있다는 경제적인 장점도 있지만, 이러한 경제적 장점은 테마를 계승하고 강화해가면서 스토리, 세계관, 게임 플레이를 탄탄하게 만들어 가는 설계적인 장점에 비할 바가 아닐 것이다. 처음부터 뛰어난 작품은 만들어지지 않는다. 매번 새로운 작품을 여럿 만들어 보는 것도 디자인 능력 향상에 도움이 되지만, 모름지기 하나의 작품을 토대로 지속적으로 개선해가면서 발전시키는 것이 완성도를 높이는 가장 빠른 지름길이다.

게임 시장 역시 시리즈와 프랜차이즈 작품들이 이끌어 가고 있다. 게임 하나가 성공하면 시리즈로 발전하고, 시리즈가 인기를 얻으면 다양한 미디어나 장르로 진출해 프랜차이즈로서 성장해간다. 그리고 프랜차이즈가 된 작품은 더욱 더 큰 인기를 누린다. 이처럼 프랜차이즈가 가진 장점이 너무 크기에 처음부터 프랜차이즈로 다양한 작품을 기획하는 OSMU^One source multi-use 또는 미디어 믹스^Media Mix 라고 불리는 전략이 주목받고 있다.

게임을 원점으로 시작해 성공한 OSMU의 대표적 사례에는 〈포켓몬스터^ポケットモンスター〉가 있다. 게임, 애니메이션, TCG^Tradeing Card Game, 만화, 영화, 피규어 등을 비롯해 다양한 미디어나 사업으로 전개 중이며, 게임만 총 2억 7천 900만 장을 판매해 세계에서 역사상 2번째로 높은 판매량의 프랜차이즈 게임으로 선정됐다.

진정한 의미의 OSMU란 단순히 하나의 작품이 성공한 후에 보다 많은 수익을 얻기 위해 부랴부랴 시리즈나 프랜차이즈로 확장하려고 두리번거리는 것이 아니다. 애초부터 게임, 애니메이션, 만화, 인형, 토이, 소설, 팬시용품, 과자 등 다양한 분야의 전문적인 능력을 보유한 기업들이 공조해, 하나의 테마 아래 최초부터 모든 것을 기획하고, 철저한 일정 관리 아래 차례차례 수행되는 전략이다. 다양한 미디어 또는 산업 분야가 각자 독립적으로 충분히 성장해 있고, 타분야와 여러 번 공조를 해본 경험이 쌓이지 않은 환경에서는 시도조차 하기 어려운 전략이기도 하다.

OSMU가 좋으니 우리도 무작정 해보자는 식으로 아무나 따라할 수 있는 전략이 아니다. OSMU라는 뛰어난 전략을 사용하고 싶다면 선행적으로 다양한 미디어와 산업이 골고루 발전할 수 있는 사회적 토대부터 마련돼야 한다.

OSMU가 주목받는 이유는 기존의 사업 전략에서 도저히 얻을 수 없었던 장점을 여러 개 가지고 있기 때문이다. 게다가 시리즈와 프랜차이즈를 유지하고 발전시키기에 더할 나위 없이 적합한 전략이기도 하다. 필자가 생각하는 OSMU가 가진 장점은 다음과 같다.

❶ 연계를 통한 시너지

각 미디어 작품별로 연계를 이뤄 시너지를 발생시킨다. 예를 들어 1분기 게임을 시작으로 2분기 게임의 인기가 사그라들 때쯤 TV 애니메이션과 캐릭터 과자와 팬시 상품을 출시한다. 그리고 3분기에는 게임의 프리퀄^{Prequel} 내용인 소설을 출시하며 TV 애니메이션에 등장한 캐릭터 상품으로 토이와 인형을 출시한다. 4분기에 애니메이션 극장판 DVD 출시와 함께 다시 게임 시리즈를 이어간다.

각 미디어 작품별 시너지를 내기 위해서는 적절한 타이밍이 가장 중요하다. 인기가 식은 다음에는 이미 늦어 버리기 때문이다. 미리 조율되고 준비했기에 비로소 연계를 통한 시너지를 낼 수 있는 일정이 나온 것이다.

❷ 빠져나올 수 없는 굴레

하나의 작품은 보통 특정 나이와 성별 또는 관심사를 가진 사람들을 대상으로 만들어지기에 한계가 있다. 반면 OSMU로 기획된 프랜차이즈는 다양한 미디어와 장르로 확산해 유입되는 통로를 다양화할 수 있다. 예를 들어 20대 남성에게 게임을, 10대 여성에게 인형을, 10대 남성에게 애니메이션을, 30대에게 소설을 제공할 수 있다. 이렇게 유입된 다양한 계층은 다른 미디어와 장르에 관심을 가지면서 순환하게 되고 이러한 순환이 지속되는 동안 나이가 든다. 결국 프랜차이즈에 대한 긍정적인 인식이 부모에서 자식에게 계승되면서 끊임없이 유입과 순환을 반복하는 구조가 프랜차이즈가 가진 핵심 원동력이라고 본다. 한번 발을 딛으면 빠져나올 수 없는 매력적인 굴레를 가진 것이 OSMU의 강점이라고 할 수 있다.

OSMU가 가진 단기적인 마케팅 효율성은 이러한 굴레에서 얻을 수 있는 장기적인 이점에 비하면 새발의 피에 불과한 미미한 장점에 불과하다.

❸ 차별화된 국가별 전략 수립 가능

치밀하게 계획된 OSMU로는 글로벌 시장에서 장기적인 전략 수립이 가능하다. 〈포켓몬스터〉의 경우 일본 시장에서는 게임으로 시작했으나 미국 시장은 애니메이션을 시작으로 공략했다. 당시 미국 시장은 성인을 위한 게임이 주류였던 반면 디즈니의 존재로 청소년들을 위한 애니메이션에는 익숙했다. 청소년을 타겟으로 한다면 게임보다는 애니메이션이 적합했던 것이다. 애초부터 정해진 일정에 따라 연달아 게임과 애니메이션 작품이 출시돼 있었기 때문에 시장의 철저한 분석 이후 해당 시장에 적합한 전략을 선택할 수 있었다. 이는 게임 하나를 개발하고 충분히 성공할 때까지 기다린 후에, 그제서야 애니메이션을 개발하기 위해 애니메이션 업체를 찾아다녀서는 결단코 불가능한 전략이다.

❹ 집중되는 이목

OSMU는 다양한 기업과 미리 공조해 기획하고 철저히 준비한 만큼 동시다발적으로 광고가 가능해 폭발적인 이목을 끌 수 있다. 게임샵만이 아닌 서점, DVD 대여점, 편의점, 지하철, 공항, TV 광고, 신문광고, 잡지 등 하나의 프랜차이즈가 순차적으로 빠르게 전국에 퍼진다. 하나의 미디어였다면 효율적인 마케팅 전략을 위해서 핵심 소비자에게 광고를 집중한다. 그만큼 유입 창구가 제한적이다. 하지만 다양한 미디어에서 동시에 광고가 이뤄진다면 각 미디어마다 유입 창구가 전혀 다른 소비자 계층을 하나로 묶을 수 있다.

이러한 예는 일본에 가보면 쉽게 찾아볼 수 있다. 공항에 도착하면서부터 시작해 지하철, 버스, 편의점, 음식점, 거리, DVD 대여점, TV 광고 등 들어가는 곳마다 하나의 게임 또는 하나의 애니메이션 관련 상품이 도배돼 있는 것을 어렵지 않게 발견하게 된다.

시리즈와 프랜차이즈로 시장을 주도하는 미국과 일본 게임

디지털 게임이 등장한 이후부터 현재까지 미국과 일본 게임은 변함없이 세계 게임 시장을 이끌어 가고 있다. 단순히 시장 점유율만으로 보면 중국의 등장과 함께 변화가 생겼지만, 여전히 게임 개발 기술과 게임 디자인 발전을 선도하고 있으며 게임 생산과 소비에 절대적인 영향력을 보여주고 있다는 점은 단 한순간도 변하지 않았다. 변화가 있었다면 미국과 일본 게임의 영향력이 서로 순위가 뒤바뀐 적이 몇 번 있었다는 정도다.

미국과 일본 게임 시장은 여러 방면에서 상당한 차이를 보인다. 시장의 관점이 아닌 게임 자체를 비교해도 전혀 다른 재미와 매력을 가지고 있다. 하지만 오랜 기간 세계 게임 시장을 흔들림없이 선도할 수 있었던 힘을 살펴보면 놀라울 정도로 비슷한 공통점을 가지고 있다. 어떤 차이점과 공통점이 있는지 정리해보자.

❶ 차이점

미국과 일본 게임 시장에는 시작부터 큰 차이가 존재했다. 비디오 게임기와 게임 소프트웨어를 처음 개발한 국가는 미국이었으나, 아타리 쇼크^{North American Video game crash}와 함께 콘솔기기인 패미컴의 큰 성공으로 비디오게임을 대중화한 것은 오히려 일본이었다. 그 결과 미국 게임은 PC를 중심으로, 일본 게임은 콘솔기기를 중심으로 발전했다.

시각적인 면에서도 차이가 있다. 미국과 일본 애니메이션의 컬러별 차이는 게임에서도 동일하게 나타나고 있다. 미국 애니메이션과 게임의 색상은 풍부하고 주로 파스텔 컬러를 사용하는 데 반해서, 일본 애니메이션과 게임의 색상은 색상이 한정적이고 원색과 파스텔을 구분하지 않고 사용하고 있다.

문화에서 오는 차이도 무시할 수 없다. 미국은 자율성을 중시하는 개인주의 성향이 강하며, 일본은 집단주의 성향이 강하다. 미국은 불확실성 회피 성향이 낮아 모험과 도전을 즐기며, 일본은 애매한 상황을 기피해 명확하고 정확한 것을 선호한다. 미국도 남성주의가 강하게 나타났으나, 남성주의가 매우 강한 일본에 비해서는 낮게 나타났다. 이렇듯 미국과 일본은 게임에 영향을 주는 문화적인 측면에서도 국가 간의 차이를 보여주고 있다.

미국과 일본 게임의 차이점을 정리하면 표 2-1과 같다. 이외에도 수많은 차이점이 존재할 정도로 미국과 일본 게임이 가진 특징은 명백히 다르다. 서로 다른 매력이 있기에 공존할 수 있는 것이다. 자신들의 강점을 살리지 못하고 단순히 유행만 따라갔다면 미국과 일본은 라이벌로서 세계 게임 시장을 선도하고 있지 못할 것이다.

표 2-1 미국과 일본 게임의 차이점 비교

차이점	미국 게임	일본 게임
기반 미디어	영화	애니메이션
연출 방식	드라마, 영화에서 차용	애니메이션, 만화에서 차용
주 콘솔기기	XBOX 계열, PC(Steam)	플레이스테이션 계열, 닌텐도 계열

콘솔기기 성향	거치형이 압도적	휴대용의 우세, 휴대용 & 거치형의 공존
PC 게임 시장 유무	Steam으로 상승세	제한적 시장
시리즈 & 프랜차이즈	게임 시리즈 중심	OSMU를 통한 프랜차이즈 중심
편중된 장르	FPS, TPS, RTS, 경영 시뮬레이션	SRPG, 카드게임, 연애 시뮬레이션
플레이 성향	솔로 & 협력플레이 공존	솔로플레이 선호
커뮤니티 성향	학구적인 커뮤니티	지인 중심의 커뮤니티
스토리 구조	오픈월드 지향	깊은 선형적 스토리 지향
선호하는 퀘스트	당위성있고 자유롭게 선택가능한 퀘스트 선호	단순명료하게 정해진 퀘스트 선호
그래픽풍	실사풍, 3D 지향	만화풍, 2D와 3D의 공존
그래픽 스타일	선이 굵고 웅장하게	아기자기하고 귀엽게
주로 사용하는 색상	파스텔 색상 위주	원색과 파스텔 색상 구분 없이

(출처: 게임 테마의 특성 비교 분석 연구: 미국과 일본의 프랜차이즈 롤플레잉게임을 중심으로)

필자의 관점에서 미국과 일본 게임의 가장 핵심적인 차이는 '기반이 되는 미디어' 자체가 달랐다는 점에 있다. 미국 게임은 '영화'를 기반으로, 일본 게임은 '애니메이션'을 기반으로 발전했다. 그 결과 미국 게임은 '예술'을, 일본 게임은 '문화'를 지향하는 형태로 발전하고 있다. 기반 미디어가 게임의 나아갈 방향을 제시해 준 셈이다.

반면 한국과 중국 게임의 경우 안타깝게도 기반이 되는 미디어가 없었다. 그만큼 노하우, 인력, 기술이 이전 미디어와 연결되지 못했기에 근본적인 한계를 가지고 있다. 융복합 미디어로 불리는 게임은 다양한 분야의 전문가가 필요하다. 하지만 기반 미디어가 없는 데도 불구하고 다른 분야의 인력을 도외시하는 분위기까지 형성된 결과, 새로운 아이디어를 창출하지 못하고 우물 안에서 비슷비슷한 게임을 공장처럼 찍어내는 구조가 돼버렸다. 미디어로서 명확한 방향성을 제시해주는 기준이 없으니 예술이나 문화와 같이 성숙한 형태로 발전되지 못하고 눈 앞에 보이는 현실만 쫓게 됐다.

❷ 공통점

미국과 일본에서 비디오 게임(콘솔 게임+PC 게임)은 압도적으로 1위의 시장 점유율을 유지하고 있는 플랫폼이라는 공통점이 있다. 온라인 게임과 모바일 게임이 등장하면서 비디오 게임의 위세가 줄어들었다고는 하나 한국콘텐츠진흥원이 발표한 자료에 의하면 세계 게임 시장 플랫폼별 점유율에서 1위는 여전히 비디오 게임이다. 비디오 게임 점유율이 낮아진 것을 비디오 게임의 영향력이 줄어들었다고 분석하는 것보다, 과거에 비해 게임 플랫폼의 종류가 많아져서 비율을 나눠가져갔기 때문이라고 보는 편이 적절한 분석이다.

권역별 기준으로 아시아를 제외한 모든 권역에서 비디오게임 시장이 성장하고 있다는 점도 이를 뒷받침한다. 미국과 일본 게임 시장이 세계 게임 시장을 선도하고 있고 비디오 게임을 주력으로 삼고 있는 이상 세계 게임 시장은 비디오 게임을 중심으로 발전하고 움직일 것이다.

미국과 일본이 이끌고 있는 비디오 게임은 온라인 게임과 모바일 게임에 비해 시리즈와 프랜차이즈 작품의 비율이 압도적으로 높다는 공통점이 있다. 비디오 게임의 역사가 기니 당연한 것이 아닐까라는 질문을 할 수도 있을 것이다. 그러나 이미 온라인 게임과 모바일 게임도 성숙기 및 쇠퇴기에 접어들었기 때문에, 비디오 게임에 비해 역사가 짧아서 시리즈와 프랜차이즈를 만들기에 시간이 부족했다는 것은 핑계에 지나지 않는다. 플랫폼별 지금껏 출시된 게임 중 시리즈와 프랜차이즈로 성장한 게임의 비율을 비교해본다면 온라인 게임과 모바일 게임은 명백하게 시리즈와 프랜차이즈로 발전하는 데 실패했다고 봐야 한다. 어째서 이런 현상이 나타날까?

온라인 게임과 모바일 게임에는 비디오 게임에 비해 흔히 대작은 물론 수작 게임도 찾아보기 힘들다고 평가받는다. 해외 유명 게임 어워드를 살펴봐도 〈스타워즈: 구공화국Star Wars: The Old Republic〉, 〈월드 오브 워크래프트〉, 〈퍼즐 앤 드래곤Puzzle & Dragons〉 등 몇 개의 게임만 이름을 올리고 있을 뿐이다. 그 핵심 원인을 끝까지 쫓아가보면 대부분의 온라인 게임과 모바일 게임에는 상대적으로 뚜렷한 테마를 가진 게임을 찾아보기 힘들다는 점에 도달한다. 이러한 이유로 시리즈나 프랜차이즈로 발전하는 경우도 드물었다고 본다. 성숙한 미디어가 시리즈와 프랜차이즈를 위주로 발전해가고 있다는 관점에서 보면 비디오 게임이 세계 게임 시장을 장악하고 있는 것은 매우 당연한 것이다.

　미국과 일본 게임은 정말 시리즈나 프랜차이즈로 발전해오고 있었을까? 서양 3대 RPG와 일본 3대 RPG, 그리고 미국과 일본 대표 게임 어워드의 대상 작품을 살펴보자.

서양 3대 RPG와 일본 3대 RPG

❶ 서양 3대 RPG: 울티마, 위저드리, 마이트 앤 매직

❷ 일본 3대 RPG: 드래곤 퀘스트, 파이널 판타지 + 여신전생(후보군)

- 한때 여신전생 시리즈를 포함해 일본 3대 RPG라고 불렸으나 여신전생 시리즈의 쇠퇴와 함께 드래곤 퀘스트와 파이널 판타지 시리즈만을 일본 양대 RPG라고 부르고 있다.

- 일본 3대 RPG를 논할 때 현재까지 많은 게임 시리즈가 언급되고 있으나 인지도나 장르 구분에 문제가 있어 뚜렷한 후보가 낙점되지 못하고 있는 상황이다. 후보군으로 언급되는 게임들은 다음과 같다.

  테일즈 시리즈, 이스 시리즈, 영웅전설 시리즈, 다크 소울 시리즈, 젤다의 전설 시리즈, 포켓몬 시리즈 등 다수

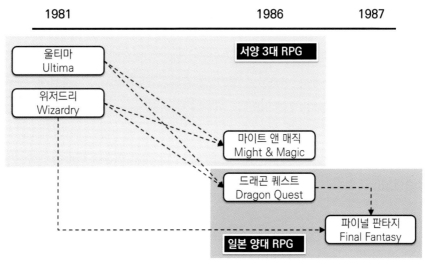

그림 2-2 서양 3대 RPG와 일본 양대 RPG에 영향을 준 흐름도
(출처: boon 19호, 일본문화콘텐츠연구소)

필자는 일본문화콘텐츠연구소인 RHK에서 발간하는 잡지인 「boon 19호」에 '일본 RPG의 뿌리를 찾아서'라는 글을 기고하면서 서양 3대 RPG와 일본 양대 RPG에 대한 흐름에 대해서 이야기한 적이 있다(그림 2-2 참조).

1981년 〈울티마Ultima〉와 〈위저드리Wizardry〉가 연이어 출시됐고 이 게임들이 RPG의 초석을 만들었다. 1986년 〈울티마〉와 〈위저드리〉의 영향을 받아 〈마이트 앤 매직Might & Magic〉과 〈드래곤 퀘스트Dragon Quest〉가 나온다. 〈마이트 앤 매직〉까지 합쳐 서양 3대 RPG가 됐고, 〈드래곤 퀘스트〉는 일본 최초의 RPG가 된다.

그림 2-3 출처: 울티마(좌) / 위저드리(중) / 마이트앤매직(우)

〈울티마〉는 서양 RPG에 많은 영향을 줘 자유도가 중시됐고, 〈위저드리〉는 일본 RPG의 뿌리가 돼 〈드래곤 퀘스트〉, 〈파이널 판타지Final Fantasy〉, 〈여신전생女神転生〉에 지대한 영향을 주게 된다. 일본 RPG를 이해하기 위해서는 〈드래곤 퀘스트〉 이전에 〈위저드리〉를 이해할 필요가 있을 정도다. 이 게임들은 빠짐없이 시리즈 또는 프랜차이즈로 성장했다. 이처럼 RPG 장르도 초창기부터 시리즈와 프랜차이즈로 발전됐음을 확인할 수 있다.

그림 2-4 출처: 드래곤 퀘스트(좌) / 파이널 판타지(우)

다음으로 미국의 대표 게임어워드 GOTY에서 최다 득표를 받은 게임과 일본의 대표 게임어워드 Japan Game Awards에서 대상을 받은 수상작을 정리해 동시에 볼 수 있도록 표 2-2와 같이 작성했다. Japan Game Awards에서는 대상을 두 개의 작품에게 주는 경우가 존재했다.

표 2-2 연도별 Game of the Year 최다 득표 작품과 Japan Game Awards 대상 비교

년도	게임명(GOTY)	게임명1(JGA)	게임명2(JGA)
2017	젤다의 전설: 브레스 오브 더 와일드	젤다의 전설: 브레스 오브 더 와일드	
2016	언차티드4	스플래툰	
2015	위쳐3 와일드 헌트	요괴워치2	
2014	드래곤 에이지 인퀴지션	몬스터헌터4	요괴워치
2013	더 라스트 오브 어스	튀어나와요 동물의 숲	
2012	더 워킹 데드	그라비티 데이즈	
2011	엘더스크롤5 스카이림	몬스터헌터3	
2010	레드 데드 리뎀션	뉴 슈퍼마리오브라더스Wii	
2009	언차티드2	마리오카트 Wii	메탈기어솔리드4
2008	폴아웃3	몬스터헌터 포터블 2nd G	Wii Fit

| 2007 | 바이오쇼크 | 몬스터헌터 포터블 2nd | Wii Sports |
| 2006 | 엘더스크롤4 오블리비언 | 파이널판타지12 | 말랑말랑 두뇌트레이닝 |

(출처: 게임 테마의 특성 비교 분석 연구: 미국과 일본의 프랜차이즈 롤플레잉게임을 중심으로)

서양 3대 RPG와 일본 양대 RPG가 과거 게임을 대표했다면, 표 2-2는 현재 미국과 일본 게임을 대표한다. 이들 작품을 살펴보면 단 하나의 작품도 예외없이 하나의 공통점을 가지고 있다. 바로 성공한 시리즈 및 프랜차이즈 작품이라는 점이다. 비록 당시에 시리즈가 아니었다 할지라도 이후에 결국 시리즈와 프랜차이즈로 발전했다. 결과적으로 미국과 일본 게임은 셀 수 없이 많은 차이점을 가지고 있음에도 불구하고 과거와 현재 구분없이 비디오 게임이라는 플랫폼을 중심으로, 시리즈와 프랜차이즈 작품을 만들어 나가고 있다는 공통점이 있다는 점에 주목하고자 한다.

다음은 시리즈와 프랜차이즈 작품이 테마와 어떻게 관련이 있는지 살펴볼 차례다.

시리즈로 시작해 계승되는 테마

앞서 예로 들었던 게임들 이외에도 시리즈와 프랜차이즈 작품은 셀 수 없을 정도로 많다. 그렇다면 단순히 시리즈와 프랜차이즈 작품은 단편 작품보다 성공할 가능성이 높은 걸까? 꼭 그런 것만은 아니다. 시리즈와 프랜차이즈 작품 중에도 실패하는 것이 있고 성공하는 것이 있다. 그 차이가 무엇일까?

게임 역시 성공한 작품은 우선 시리즈를 토대로 발전하므로 시리즈에 주목해보자. 성공한 시리즈라는 건 중간중간 실패작이 있었다 할지라도 평균적으로 오랜 기간 여러 작품을 통해 꾸준히 높은 평가를 받았다는 의미가 된다. 그리고 이러한 과정 중에 시리즈를 이끌어가는 PD 또는 게임 디자이너들이 주목받게 된다. 왜 소비자들은 작품으로써의 게임에서 벗어나 만든 사람에게 깊은 관심을 가지게 되는 걸까? 시리즈를 이끌어 가는 동안 작품들의 방향성이 게임 디자이너의 철학과 인생관 즉 테마에 따라 결정되기 때문이다. 시리즈가 진행되는 도중에 게임 디자이너가 바뀌면 작품의 방향성이나 분위기가 크게 바뀌는 것도 이 때문이다.

장기적으로 시리즈를 성공적으로 이끌어 가는 게임 디자이너들에게는 자신만의 테마가 있다는 공통점이 있다. 그리고 그들은 하나의 작품만 아니라 자신의 테마를 시리즈 전체를 통해 계승하고 발전시켜간다. 예를 들어, 세계적인 게임 디자이너 피터 몰리뉴Peter Molyneux는 선과 악을, 〈슈퍼마리오Super Mario〉와 〈젤다의 전설The Legend of Zelda〉의 아버지인 미야모토 시게루宮本 茂는 남자의 로망을 테마로 해, 그들이 만드는 게임에 평생에 걸쳐 일관되게 부여할 정도로 자신만의 테마를 고집했다. 이들만 아니라 세계에 이름을 알린 대다수의 게임 디자이너의 작품에는 뚜렷하고 일관적으로 테마가 드러난다.

미국과 일본의 대표적인 게임 디자이너의 시리즈 작품과 테마를 다음과 같이 정리해봤다(표 2-3, 표 2-4 참조).

표 2-3 대표적인 미국 게임 디자이너의 작품과 테마

게임 디자이너(미국)	게임&시리즈명	출시년도	테마
피터 몰리뉴	파퓰러스	1989~	선과 악
	던전키퍼	1997~	선과 악
	블랙 앤 화이트	2001~	선과 악
	페이블	2004~	선과 악
윌 라이트	심시티	1989~	세상과 소통
	심즈	1999~	인간과 소통
	스포어	2006~	생명과 소통
리차드 개리엇	울티마	1981~	미덕
	울티마 온라인	1997~	미덕과 자유

(출처: 게임 테마의 특성 비교 분석 연구: 미국과 일본의 프랜차이즈 롤플레잉 게임을 중심으로)

피터 몰리뉴는 게임을 통해 신이 되고자 했다. 신의 입장이 돼 게임을 디자인한 것이다. 신의 입장에서 중요한 것이 무엇일까? 그는 선과 악을 정의내리는 것이라고 봤다. 때문에 〈파퓰러스Populous〉를 시작으로 〈페이블Fable〉에 이르기까지 그의 작품에는 언제나 선과 악의 다른 입장을 그려냈다. 이러한 게임 형태는 시뮬레이션 장르에 막대한 영향을 미쳤고 갓게임이라는 세부 장르로 분리돼 나왔다. 게다가 이후 수많은 게임들이 그의 게임에 영향을 받아 선과 악에 따른 선택이나 분기를 디자인하게 됐다.

월 라이트[Will Wright]에게 게임은 세상을 만들어 나가는 장난감으로 보였다. 그리고 그 장난감을 통해 소통을 하려고 했다. 즉 그의 테마는 소통이다. 〈심시티[SimCity]〉를 통해서는 세상과 소통하려 했고, 〈심즈[The Sims]〉를 통해서는 인간과 소통하려 했으며, 〈스포어[Spore]〉를 통해서는 생명과 소통하려 했다. 그가 만드는 다음 작품은 과연 무엇과 소통하려 할까? 이러한 궁금증을 이끌어 낼 수 있는 힘은 그의 작품들이 일관되게 소통이라는 테마를 유지하고 있기 때문이다.

리차드 개리엇[Richard Allen Garriott]은 〈울티마〉를 통해 미덕이라는 테마를 게임 디자인에 녹여 냈다. 4번째 작품부터 구체화된 3개의 원칙(진실, 사랑, 용기)과 8대 미덕(동정, 정직, 명예, 겸손, 정의, 희생, 영성, 용맹)은 게임을 진행함에 있어 플레이어의 행동이 각각의 미덕에 따라 게임 세계와 NPC 등에게 영향을 미쳤다. 이후 플레이어의 행동에 따라 카르마[Karma 3]가 변하거나 현상금이 붙는 등의 형태로 수많은 게임 시스템에 차용돼 오고 있다.

표 2-4 대표적인 일본 게임 디자이너의 작품과 테마

게임 디자이너(일본)	게임&시리즈명	출시년도	테마
미야모토 시게루	동키콩	1981~	남자의 로망
	슈퍼 마리오	1985~	남자의 로망
	젤다의 전설	1986~	남자의 로망
사카구치 히로노부	파이널 판타지	1987~	삶과 죽음
	로스트 오딧세이	2007~	삶과 죽음
호리이 유지	드래곤 퀘스트	1986~	성장

(출처: 게임 테마의 특성 비교 분석 연구: 미국과 일본의 프랜차이즈 롤플레잉 게임을 중심으로)

---

3   산스크리트어인 카르마를 번역하면 업(業)이 된다. 카르마는 인과(因果)의 연쇄관계에 놓인 행위를 뜻한다. 현재의 행위는 과거 행위의 결과에 의해 발생되며, 미래의 행위에 대한 원인이 된다.

미야모토 시게루는 게임의 신 또는 젤다와 마리오의 아버지로 불리는 닌텐도를 대표하는 게임 디자이너다. 〈동키콩Donkey Kong〉을 비롯해 그는 남자의 로망을 게임 속에 그려냈다. 그가 생각하는 남자의 로망은 바로 지금까지 정말 많은 게임들이 테마로 사용하는 '공주 구하기'였다. 남자로 태어나서 힘든 역경을 뛰어넘고 공주를 구출해 행복하게 사는 동화 같은 테마는 그가 만든 게임들의 전체적인 분위기를 결정했다. 〈슈퍼마리오〉의 피치공주, 〈젤다의 전설〉의 젤다 공주를 구하기 위한 모험은 남녀노소 누구나 꿈꿀 수 있는 내용이며 가족, 연인, 친구와 함께 즐길 수 있는 작품으로 발현됐다.

사카구치 히로노부坂口 博信의 목표는 게임을 통해 소설과 영화와 같은, 아니 그 이상의 감동을 선사하는 데 있다고 한다. 그 감동의 기반이 되는 것이 테마인 삶과 죽음이다. 과거 그는 주변 사람들의 죽음을 여러 번 경험하면서 많은 고민을 했다고 전해진다. 〈파이널 판타지〉는 다른 게임과 다르게 유독 동료나 NPC의 죽음이 빈번하며 이를 매우 중요한 스토리 라인으로 삼고 있다. 이것이 단지 우연의 일치일까? 그가 인생을 살아오면서 느낀 감정과 쌓여온 인생관이 삶과 죽음이라는 테마로 발전해 그의 작품을 통해 다시 살아난 것이다. 캐릭터들의 죽음과 관련된 대사 하나하나에 그의 철학이 담겨 있기에 많은 게이머들이 공감하고 슬퍼하고 감동을 받는 것이다. 단순히 게임 내의 캐릭터를 죽인다고 해서 게이머들이 슬퍼한다고 생각하면 오산이다.

호리이 유지堀井 雄二는 문학을 전공하고 만화가를 꿈꾸며 스토리를 공부하는 학생이었다. 이후 게임을 접하면서 〈드래곤 퀘스트〉를 통해서 자신의 이름을 세상에 알리고 게임 디자이너로 전직한 케이스다. 텍스트 기반의 RPG에도 스토리와 연출의 중요성을 알리며 영웅의 성장이라는 테마를 토대로 일본 최초의 RPG를 만들어낸다. 〈드래곤 퀘스트〉에 영향을 준 〈울티마〉와 〈위저드리〉에도 영웅을 중심으로 스토리와 연출이 있었으나 초창기 작품들의 스토리는 너무나 간단한 내용에 불과했다. 하지만 〈드래곤 퀘스트〉는 단순히 영웅 이야기가 아닌 영웅의 '성장'이야기라는 보다 구체적인 테마를 잡고 스토리를 이끌어 나갔다. 그 결과 게임에서도 시나리오 라이터가 절실히 필요하다는 인식을 게임 역사에 심어줄 정도로 막대한 영향을 미쳤다.

각 게임 디자이너별로 어떤 테마를 선정하는지 테마를 어떻게 표현하는지 차이는 있으나 개인, 지역, 국가를 뛰어넘어 자신만의 테마를 시리즈로 꾸준히 계승한다는 점은 동일하다. 그랬기에 자신만의 독특한 게임 시스템을 발전시켜갈 수 있었고, 새로운 장르마저 창조해낼 수 있었다. 이러한 힘의 근원에는 명백히 게임 디자이너의 인생관과 철학이 담긴 테마가 자리잡고 있으며 이러한 테마를 끊임없이 갈고 닦으며 시리즈로 계승해갈 때야 비로소 자신만의 색깔을 가지게 된다는 것을 우리는 수많은 명작 게임들을 통해 배울 수 있다.

반면 한국 게임에서 PC 패키지 게임시대 이후 성공한 시리즈 작품은 찾아보기 힘든 실정이다. 시리즈 형태로 넘버링을 붙인 게임들은 다소 있지만 이전 작품의 이름을 이용하려고 했을 뿐이었다. 게임의 테마나 내용을 실질적으로 계승하지 못한 채 연관성을 찾아보기 힘든 전혀 다른 게임들이 시리즈라는 이름을 달고 나왔으니 세간에 비판을 받는 건 어찌보면 당연한 결과였다. 결국 수십 년이 지난 지금까지 3편까지 지속적으로 성공한 게임은 찾아보기 힘들다고 해도 과언이 아닐 정도다.

이렇게 돼버린 데에는 복합적인 이유가 있겠지만 필자가 핵심으로 꼽는 문제는 온라인 게임 이후 인간에 대한 고민이 담긴 테마를 가진 게임이 소멸해버렸기 때문이라고 본다. 무거운 테마가 아니더라도 인간의 감정과 행동에 대한 것이라면 가볍고 코믹한 것이더라도 훌륭한 테마가 될 수 있었음에도 불구하고 참 안타까운 현실이다.

한국 게임 광고에서 주로 내세우는 대규모 전쟁, 공중전, 무협, 길드전, 화끈한 액션, 화려한 스킬, 섹시 코드 등은 소재나 게임 시스템에 불과하지 결코 테마가 될 수 없다. 그러니 다른 게임과 별다른 차별성을 둘 수 없는 것이다. 광고, 트레일러, PV$^{Promotional Video}$를 통해 게임의 테마를 여실히 보여주는 미국과 일본 게임들과 다르게, 많은 한국 게임은 차별화해서 보여줄 것이 없기에 광고에 유명 연예인을 전면에 내세우고 화려한 전투신과 스킬만 잔뜩 넣을 수밖에 없지 않았을까? 앞의 예에서 봤듯이 독특한 게임 시스템도 해당 게임의 테마로 인해 만들어지기에, 뚜렷한 테마가 없으니 독특한 시스템도 나오지 못했다고 볼 수 있다.

결과적으로 온라인 게임이 등장한 이후 게임을 통해서 인간 사회에 어떤 메시지를 전달하고 싶었는지 느껴지는 한국 게임은 찾아보기 어렵게 됐다. 현재까지 대부분의 게임 디자인 발전은 시리즈를 통해 테마를 계승하고 발전시켜 나가는 것에서 비롯됨에도 불구하고, 테마조차 존재하지 않았기에 게임 디자인의 질적인 성장도 멈췄으며 작품들이 시리즈로도 발전하지 못한 결과를 초래했다고 할 수 있다.

10 게임 테마의 특성

게임 테마의 특성

지금까지 게임 디자인의 시작은 테마며, 시리즈와 프랜차이즈로 성장하는 바탕이 되는 것도 테마라는 점을 살펴봤다. 게임 디자인에 있어 테마의 선정은 그 무엇보다 중요하기 때문에 테마에 대해서 좀 더 자세히 이해할 필요가 있다.

똑같은 테마를 가진 게임이 모두 성공하는 것은 아니다. '전쟁'을 소재로 한다고 해도, 테마로써 전쟁의 참혹함을 그릴 것인지, 전쟁의 영웅을 그릴 것인지, 전쟁의 무의미함을 그릴 것인지, 전쟁 속에서도 꽃피는 우정이나 사랑을 그릴 것인지에 따라 주고자 하는 메시지가 전혀 달라진다.

또한 동일한 테마를 선정했다고 할지라도 그 테마를 어떻게 표현할지 모른다면 플레이어에게 제대로 테마가 전달되지 못한다. 무엇을 전달하려고 하는지, 테마에 대한 표현이나 방식이 애매모호하다면 플레이어는 몰입되기 힘들고 결국 작품은 좋은 평가를 받지 못한다.

게임에서 테마를 효과적으로 표현하기 위해서는 게임 테마의 특성을 이해하고 적절히 활용할 수 있어야 한다. 따라서 필자는 「게임 테마의 특성 비교 분석 연구: 미국과 일본의 프랜차이즈 롤플레잉 게임을 중심으로」라는 논문에서 테마에 대한 여러 미디어 관련 문헌에 나타난 키워드를 분석해 게임 테마의 11가지 특성을 다음과 같이 정리했다(표 2-5, 표 2-6 참조).

표 2-5 게임 테마의 11가지 특성

No.	게임 테마의 특성	테마 특성 관련 키워드	조작적 정의
1	감동(성) Emotionality	감동	크게 느껴 마음이 움직이는 것
2	공감(성) Sympathy	공명, 자연스럽게 느끼다, 감정으로 표출	남의 감정, 의견 따위에 대해 자기도 그렇다고 느낌 또는 기분
3	구체(성) Concreteness	구체적	실제적이고 세밀한 부분까지 담고 있는 것
4	단일(성) Unicity	단일한, 하나의, 통일성, 섞어서 사용하면 안 된다.	단일한 성질
5	독창(성) Originality	독창성, 개성	다른 것을 모방함이 없이 새로운 것을 처음으로 만들어 내거나 생각해 내는 것
6	명확(성) Clarity	명확한	명백하고 확실한 성질
7	방향(성) Directionality	방향성, 목표, 지침	방향이 나타내는 특성 또는 방향에 따라 제약되는 특성
8	일관(성) Consistency	일관성, 한결같이, 처음부터 끝까지	하나의 방법이나 태도로써 처음부터 끝까지 한결같은 성질
9	집약(성) Concentration	압축, 농축	하나로 모아서 뭉뚱그리는 것
10	철학(성) Philosophy	철학, 인간의 가치, 인생에 대한 해석&시각	철학에 기초를 두거나 철학에 관한 것
11	통합(성) Integrity	통합, 결부, 총화, 합치다, 배합하고 조화하다	둘 이상의 조직이나 기구 따위를 하나로 합치는 것

(출처: 게임 테마의 특성 비교 분석 연구: 미국과 일본의 프랜차이즈 롤플레잉 게임을 중심으로)

표 2-6 게임 테마의 특성에 대한 차이점 부연 설명

차이점 비교	부연 설명
구체(성)≠명확(성)	세밀하지 않아도 명확할 수 있다.
단일(성)≠방향(성)	여러 대상일지라도 하나의 방향성을 가질 수 있다.
방향(성)≠일관(성)	일관성은 '한결같은'이라는 기간을 의미하지만 방향성은 기간이 아닌 시점이다.
집약(성)≠통합(성)	집약은 요약이며 통합은 그대로를 둔 채 하나로 묶는 것이다.

(출처: 게임 테마의 특성 비교 분석 연구: 미국과 일본의 프랜차이즈 롤플레잉 게임을 중심으로)

지금까지 여러 미디어 연구에서 테마에 대한 언급은 빈번히 있었으나 많은 학자나 연구자마다 조금씩 주장하는 바가 달랐고, 게임의 테마가 어떤 특성을 가지고 있는지 한 눈에 볼 수 있도록 정리한 논문이나 자료는 찾지 못했다. 따라서 여러 선행 자료에서 테마를 논할 때 중요하다고 언급한 테마의 특성을 11가지로 정리했다.

잘 만들어진 테마란 무엇일까? 게임의 테마를 선정하고 게임 구성요소에 적용하려 할 때 어떤 점을 고려해야 하는가? 이러한 고민이 있다면 이 11가지 특성이 나침반이 돼줄 것이다. 특성 하나하나를 되짚어보면서 자신만의 테마를 단단하게 만들어가면 된다. 물론 11가지 특성을 모두 만족시키기는 힘들 것이다. 플랫폼별, 장르별, 소재별, 게임별 조건이나 상황에 따라 집중해야 하는 특성이 달라질 것이다.

게임 개발은 언제나 시간과의 싸움이다. 수많은 경쟁자가 즐비하고 기술은 발전한다. 개발 일정이 늘어나면 개발 도중 새로운 기술을 도입해야 하는 부담도 생기며, 관리 비용이나 개발비가 기하급수적으로 늘어난다. 한정된 기간 안에 효율적이고 효과적으로 게임을 개발해야 하는 현실에서 게임 디자인에 할당되는 시간도 제한될 수밖에 없다. 당연히 테마를 잡는 데도 많은 시간이 주어지지 않는다. 따라서 상황에 따라 테마에서도 중요도가 높은 핵심 특성에 집중할 필요성이 있다.

게임 테마의 11가지 특성 중 핵심 특성을 학계와 업계의 전문가 인터뷰를 통해서 압축했다. 학계, 업계 그리고 전문가 전체의 평균 3가지 분류에서 공통적으로 중요도가 높다고 인식된 특성은 그림 2-5와 같다.

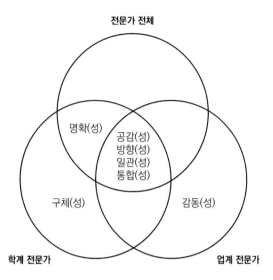

전문가 전체

명확(성)

공감(성)
방향(성)
일관(성)
통합(성)

구체(성)

감동(성)

학계 전문가　　　　　　　　　　업계 전문가

그림 2-5 게임 테마의 핵심 4가지 특성
(출처: 게임 테마의 특성 비교 분석 연구: 미국과 일본의 프랜차이즈 롤플레잉 게임을 중심으로)

　학계와 업계 전문가는 테마에 대한 이해방식, 습득방법, 활용방법이 달랐지만, 테마의 특성 중 공감(성), 방향(성), 일관(성), 통합(성)은 공통적으로 게임 테마의 핵심 특성으로써 인식하고 있었다. 이를 토대로 필자는 게임의 테마란 '게임 디자이너가 자신의 가치관을 플레이어들에게 게임 플레이 하는 내내 일관되게 공감될 수 있도록 게임의 모든 요소들을 통합해 하나의 방향성을 가지게 만드는 것이다.'라고 재정의 했다.

　감동적인 테마를 만드는 것도 좋지만 감동 이전에 많은 사람들에게 우선 공감을 받을 수 있어야 한다. 비록 구체적이거나 명확하지 않을지라도 하나의 방향성을 가지고 일관되게 테마를 표현한다면 플레이어에게 메시지가 충분히 전달될 것이다. 이렇게 되기 위해서는 게임의 모든 구성 요소에 테마가 빠짐없이 반영돼야 한다. 그냥 예쁘고 멋있는 캐릭터, 배경, UI를 만들려 하지 말고, 테마가 무엇인지에 따라 이들의 표현 방식도 변해야 한다. 작은 구성 요소 하나하나에 테마를 어떻게 녹여낼 수 있을지 고민할 때 플레이어들은 전달하고자 하는 메시지에 공감하게 되며 게임 플레이에 몰입하게 될 것이다. 이것이 게임의 완성도와 직결된다.

우리가 흔히 명작이라고 부르는 게임들을 떠올려보자. 그리고 그 작품에서 어떻게 테마를 표현하고 있는지 게임 테마의 특성을 기준으로 하나 하나씩 따져보자. 놀라울 정도로 테마를 정교하고 철저하게 표현하고 있다. 작은 것 하나마다 테마와 연결돼 있다. 만들다 보니 우연히 성공한 게임은 있을 수 있어도, 뛰어난 테마를 가진 게임은 우연히 만들어지지는 않는다.

미국과 일본 RPG에서 게임 테마의 특성 비교

게임 장르 중 게임의 구성요소가 가장 복잡하게 얽혀 있고, 볼륨이 방대한 RPG에서는 테마의 중요성이 더욱 부각된다. 그런데 미국 RPG와 일본 RPG는 매우 다른 특징을 가지고 있음에도 각자의 영역을 확실히 가지고 있다. 일본 RPG를 흔히 JRPG로 별도로 분리할 정도로 미국 RPG와는 많은 면에서 다르다. 그럼에도 미국 RPG와 일본 RPG는 전 세계의 게이머들에게 인기를 얻고 있다. 이 차이를 테마의 특성을 통해서 접근해보자.

게임 산업에서 테마는 게임 자체만 아니라 게임 영상광고에서도 여실히 드러난다. 오히려 짧은 시간에 집중해서 보여줘야 하는 게임 영상광고에 테마가 더 잘 드러난 경우도 있다. 따라서 대표적인 미국과 일본 RPG를 하나씩 선정해 게임 작품과 게임 영상광고에서 게임 테마의 특성이 어떻게 다른지 비교해봤다.

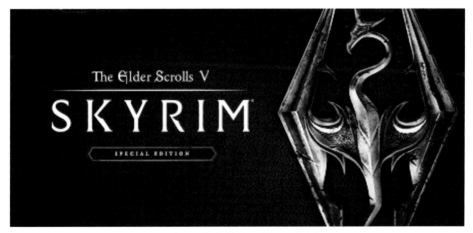

그림 2-6 출처: 엘더스크롤 5 스카이림

그림 2-7 출처: 파이널 판타지 10 / 10-2

미국 RPG 대표는 〈엘더스크롤5 스카이림The Elder Scrolls V Skyrim〉, 일본 RPG 대표는 〈파이널 판타지10Final Fantasy X〉을 선정했다. 프랜차이즈를 기준으로 GOTY와 Japan Game Awards에서 최근 10년간(2016년 기준) 대상 수상작이 가장 많은 것 중 리마스터를 포함해서 게이머들이 현세대 콘솔기기로 플레이 가능한 작품을 골랐다. 위 게임을 충분히 플레이한 게이머들을 대상으로 설문조사를 해 테마의 4가지 핵심 특성을 얼마나 잘 표현하고 있는지 점수(5점 척도)를 비교했다(그림 2-8, 그림 2-9 참조).

그리고 설문의 신뢰도를 높이기 위해서 의도적으로 한국 RPG 대표로 2015년 대한민국 게임대상을 받은 〈레이브Raven〉을 추가했다. 설문의 결과가 항상 높은 점수가 나오지 않는다는 점을 확인하고, 미국과 일본 RPG를 비교함에 있어 특정 의도가 들어가지 않게 하기 위해 장치를 둔 것이다. 게다가 한국 게임에서는 연구 선정 대상이 되기 위한 조건에 맞는 시리즈나 프랜차이즈 게임을 찾을 수 없었으며, 플랫폼이 모바일 게임이라는 차이가 있어 논문에서는 직접 비교 대상으로 선정하지 않았다.

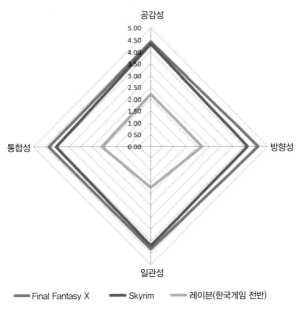

그림 2-8 게임 작품에서 게임 테마의 핵심 특성 표현 정도

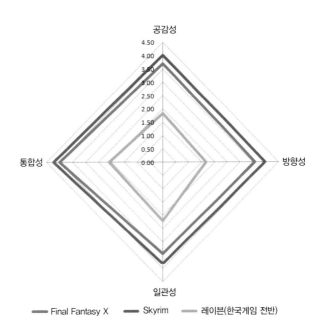

그림 2-9 게임 영상광고에서 게임 테마의 핵심 특성 표현 정도

(출처: 게임 테마의 특성 비교 분석 연구: 미국과 일본의 프랜차이즈 롤플레잉게임을 중심으로)

❶ 공통점

게임 작품을 플레이한 대상과 게임 영상광고를 시청한 대상 모두가 일본 게임인 〈파이널 판타지10〉과 미국 게임인 〈엘더스크롤5 스카이림〉에서 게임 테마의 핵심 특성에 대한 표현 정도가 공통적으로 높게 평가받았다. 대표적인 미국 RPG와 일본 RPG는 공통적으로 게임 테마의 4가지 핵심 특성인 공감(성), 방향(성), 일관(성), 통합(성)이 적절히 표현돼 있음을 확인할 수 있었다.

❷ 차이점

미국과 일본 RPG에서 게임 테마의 4가지 핵심 특성에 대한 표현 정도가 평가됐을 때 차이점은 전반적으로 다음과 같이 정리할 수 있다.

게임 영상광고에서는 영화같은 영상미로 이뤄진 〈엘더스크롤5 스카이림〉이 게임 테마의 핵심 특성을 더 적절히 표현했다고 평가받았다. 게임 작품에서는 상대적으로 그래픽적인 면에서 부족한 단점을 가지고 있음에도 불구하고 〈파이널 판타지10〉이 게임 테마의 핵심 특성을 보다 더 정교하게 표현했다고 평가받았다.

- 게임 작품을 플레이한 대상자: 파이널 판타지10(일본) 〉 엘더스크롤5 스카이림(미국)
- 게임 영상광고를 시청한 대상자: 엘더스크롤5 스카이림(미국) 〉 파이널 판타지10(일본)

❸ 비교분석

게임 작품에서 〈파이널 판타지10〉은 방향(성)에 대한 표현 정도가 특히 높게 평가받았고 〈엘더스크롤5 스카이림〉은 공감(성)에 대한 표현 정도가 높게 평가받았다. 이것은 흔히 선형적인 스토리를 주로 추구하는 일본 게임에서는 방향(성)이 중요한 것이며, 세계관을 만들고 오픈월드를 추구하는 미국 게임에서는 공감(성)이 중요하다는 세간의 평가와 일치하는 결과다. 물론 일본 게임임에도 공감(성)을 중시하는 게임이 있으며, 미국 게임에도 방향(성)을 중시하는 게임이 있다.

게임 영상광고에서 〈파이널 판타지10〉과 〈엘더스크롤5 스카이림〉은 공통적으로 통합(성)에 대한 표현 정도가 가장 높게 평가받았고 일관(성)이 가장 낮게 평가받았다. 미국과 일본의 게임 개발사들은 제한된 광고 시간이라는 조건 아래에서 일관(성) 및 방향(성)이 표현하기 어렵기 때문에 통합(성)을 중시하는 것이 게임의 테마를 표현하기에 효과적이라는 것을 이미 수많은 경험을 통해 체득했다는 것을 의미한다.

이처럼 선형적인 스토리를 중시하는지, 퀘스트 자유도가 높은 오픈월드를 중시하는지에 따라서도 중요시되는 게임 테마의 특성은 변한다. 이는 단지 스토리와 관련된 문제만이 아닐 것이다. 어떤 게임 요소를 중시하는가, 어떤 장르인가에 따라서 강조해야 할 게임 테마의 특성은 변한다. 또한 게임 작품과 게임 영상광고에서 테마를 표현하는 방식이 달라야 한다는 점을 알 수 있다.

게임 테마의 4가지 핵심 특성에 대한 표현 정도를 비교하면 한국 게임은 미국과 일본의 게임에 비해 평가 점수가 1/2 정도에 불과했다. 플랫폼이나 시리즈 여부 등의 차이가 있어 논문에서 직접 비교는 불가능했으나 게이머들의 평가는 현실적이고 냉정하다. 게임 작품과 게임 영상광고를 구분하지 않고 게임 테마의 특성에 대한 표현 정도가 낮게 평가됐다는 것은 한국 게임이 시급히 해결해야 할 심각한 문제다.

결과적으로 게임이라는 미디어에서 한국 게임들은 스토리나 게임 플레이를 떠나 테마를 효과적으로 표현하고 있지 못하다고 볼 수 있다. 게임의 테마가 효과적으로 표현되고 있지 않기 때문에 장기적인 전략이 필요한 시리즈나 프랜차이즈 게임으로 발전하기 힘들었다.

특히 게임 작품에서는 일관(성) 그리고 게임 영상광고에서는 방향(성)에 대한 표현 정도가 가장 낮게 평가됐다. 이는 한국 게임이 앞으로 개선해야 할 부분이라고 할 수 있다. 게임 작품에서는 무분별한 패치로 인해 일관(성)을 잃고 처음과 전혀 다른 게임이 돼가고 있는 한국 게임의 모습을 반영하며, 게임 영상광고에서는 게임의 테마나 목표를 제시하지 않고 게임과 연관성이 없는 인기 연예인을 광고모델로 내세우고 있는 현실과 일치한다.

11 자신만의 테마를 찾아보자

허먼 멜빌의 말을 빌려 게임을 대입하면 '위대한 게임을 만들려면 위대한 테마를 잡아야 한다'가 된다. 게임 디자이너 또는 PD는 게임을 통해서 소비자에게 어떤 메시지를 전달할 것인지 스스로 결정해야 한다. 위대한 테마는 타인이 알려주지 않는다. 다양한 것을 보고 체험하면서 스스로 끊임없이 고민한 결과 비로소 얻어지는 것이다.

게임을 통해 어떤 메시지를 전달할지 결정하려면 우선 게임 디자이너 스스로 인간 자체에 대한 것, 인간이 살아가는 세상에 대한 고민을 해야 한다. 테마는 인간과 인간이 살아가는 세상에 대한 작은 궁금증으로부터 시작하기 때문이다. 과거 중세를 배경으로 한 게임도, 먼 미래를 그린 SF 배경의 게임도, 현실이 아닌 판타지 배경의 게임도 결국 현재를 살아가고 있는 인간을 비춰 주는 거울이 됐을 때야 많은 사람들에게서 공감을 이끌어 낼 수 있다.

게임도 예술이 될 수 있다. 아니 이미 몇몇 게임은 예술의 경지에 근접했다고 평가하고 싶다. 현재 너무나도 상업적인 방향으로만 흘러가는 게임 시장에서 보다 많은 게임이 과거 예술가들이 해왔던 고민을 이어갔으면 한다. 그러나 모든 게임이 예술이 될 필요는 없다. 어떤 게임은 예술이 돼도 좋고, 어떤 게임은 단순히 놀이가 돼도 좋다. 다만 게임만 아니라 모든 미디어는 인간의, 인간에 의한, 인간을 위해 만들어진 산물이다. 그러기 위해서는 테마에, 인간에 대한 고민이 반드시 담겨 있어야 한다. 그것이 일상생활에서 흔히 접할 수 있는 단순하고 가벼운 것일지라도 말이다. 그래야 위대한 테마로 근접하게 되고 위대한 게임이 나올 가능성이 조금이라도 생기지 않을까?

이렇게 만들어진 자신만의 테마는 게임의 독창성과 직결된다. 하루에도 수많은 게임이 쏟아지는 상황에서 비슷비슷한 게임이 넘쳐난다. 이러한 게임 중에는 매우 드물지만 잘 만들어진 게임도 있고, 나름 재미 있는 게임도 있다. 하지만 그 게임을 기억하는 건 그 순간뿐이다. 어차피 머지않아 그 게임과 비슷하면서도 그래픽도 더 좋고 즐길 거리도 더 많은 게임이 나올 것이다. 이러한 게임 또한 돈을 많이 벌 수도 있기 때문에 한편으로 나쁘다고만 볼 수 없다.

그러나 인간은 자신의 인생 속에서 무엇인가를 남기려고 노력하는 존재다. 게임을 만드는 개발자 모두가 그렇지만 게임 디자이너의 경우 자신만의 게임을 창조하고 싶어서 게임 디자이너가 된 것이 아닌가? 자신만의 게임을 만들기 위해서는 먼저 인간과 인간 세상을 바라보는 자신만의 관점이 뚜렷하게 있어야 한다. 그리고 이것이 메시지가 되고 테마가 됐을 때 해당 게임의 독창성이 생긴다. 게임을 디자인하면서 인간에 대한 깊은 고민이 없다면 그냥 눈앞에 주어진 현실, 즉 돈이 가장 중요하게 되는 건 어쩔 수 없는 현상일지도 모른다.

전쟁이라는 소재를 가지고도 바라보는 관점에 따라 전혀 다른 테마가 만들어진다. 전쟁은 인류에게 있어 전혀 도움이 되지 않는다라는 메시지를 줄 수도 있고, 인간은 전쟁을 통해 자신의 과오를 배우게 된다는 메시지도, 전쟁 속의 사랑이야말로 진정한 사랑이다라는 메시지도, 심지어 인간은 개체가 무한히 증가하는 최악의 상황을 막기 위해 즉 생존을 위해 전쟁을 한다라는 메시지도 담을 수 있다.

좀비라는 소재를 가지고도 역시 여러 가지 테마를 만들 수 있다. 인간은 목숨에 위협을 받게 되면 무엇보다 이기적인 행동을 하게 되는데 이건 자연스러운 본능이다라는 메시지도, 좀비보다 더 무서운 것은 인간이다라는 메시지도, 아무리 최악의 상황에도 힘을 합치면 살아남을 수 있다는 메시지도 가능하다.

스스로 인간과 인간 세상을 어떤 관점으로 바라보고 있는지에 따라 테마가 결정된다. 테마가 반드시 고귀한 이상을 가지고 도덕적일 필요는 없다. 지금까지 많은 소설, 연극, 영화에서 그러했듯이 말이다. 이렇게 결정된 테마는 스토리, 게임 플레이, UI, 그래픽, 사운드 등 게임 구성요소에 그대로 반영돼야 한다. 다른 게임과의 차별성은 스토리나 게임 플레이에서 오는 것이 아니다. 궁극적으로 테마에서 비롯된다.

다만 테마를 너무 거창하게 봐서는 안 된다. 무거운 메시지 또는 사회적 비판을 다뤄야 테마가 되는 건 아니다. 테마라는 건 거창한 것이 아니라 우리 주변에 있다. 유치한 발상도, 유머러스한 발상도, 가벼운 발상도 얼마든지 테마가 될 수 있다. 인간과 인간 세상에 대한 고민이 조금이라도 담겨 있다면 말이다. 그러나 너무 독특하거나 소비자가 받아들이기 힘든 과한 테마를 선정하면 대중에게 외면 받게 된다. 아무리 철학적이고 깊은 메시지를 담은 게임이라 할지라도 대중에게 소비되지 않으면 무의미하다. 〈논어論語〉에서 말했듯이 "정도를 지나침은 미치지 못함과 같다."

자신만의 테마를 찾기 위해서는 정말 많은 노력을 해야 한다. 그리고 운 또한 따라야 한다. 운이 따르려면 다양한 것을 보고, 듣고, 느끼고, 경험해야 한다. 노출이 많아져야 기회도 생긴다. 평상시에 하던 대로 제한적인 활동 범위에서 똑같은 삶을 반복해서는 새로운 기회를 얻을 수 없다.

학술적인 연구나 공부가 도움이 되기도 하지만 반드시 그런 건 아니다. 따라서 게임만이 아니라 소설, 영화, 애니메이션, 여행, 요리, 음악, 미술, 서커스, 공룡, 곤충 등 무엇이든지 좋다. 자신이 흥미를 가질 수 있는 분야를 하나하나 둘러보는 것이 좋다. 그리고 자신의 테마를 찾을 수 있을 것 같다는 분야를 찾으면 그 분야를 깊이 있게 파고 들었으면 한다. 필자는 게임 개발자였을 때 찾지 못했던 자신만의 테마를 나이가 든 지금도 찾아 헤매고 있다. 그리고 아직 자신만의 테마를 찾지 못한 학생들과 젊은 개발자들이 조금 더 빠른 시기에 발견할 수 있도록 다양한 활동을 통해 도움을 주고 있다. 지금이라도 늦지 않았다. 지금부터 자신만의 테마는 무엇일지 고민을 시작해보자.

성격심리학을 테마에 활용한 사례

테마가 뚜렷한 게임을 플레이하면 플레이하는 내내 게임 디자이너의 많은 고민이 느껴진다. 사소한 것 하나하나 테마를 일관되게 유지하기 위해서 어떻게 표현할지, 어떻게 전달할지 생각하면서 만들어졌다는 간절함이 느껴진다. 게임을 통해서 어떤 메시지를 전달할지 스스로의 머릿속에 명확하게 서 있기 때문이다.

테마가 뚜렷하게 서있으면 게임 개발하는 도중에 흔들리지 않게 된다. 게임 시스템이든 콘텐츠든 테마와 부합된다면 넣으면 되고, 그렇지 않다면 테마에 맞게 변경하거나 제외하면 된다. 테마는 게임 디자인의 명확한 기준이 돼준다. 그리고 다른 개발자를 설득할 수 있는 힘이 돼준다.

앞서 자신만의 테마를 발견하기 위해서 연구나 공부 이외에 다양한 것을 경험해보라고 했다. 반면 연구나 공부를 통해서 얻을 수 있는 테마도 분명히 존재한다. 학술적으로 높게 평가받는 이론은 오랜 기간에 걸쳐 인간에 대해 깊이 있게 연구해서 만들어진 산물이기 때문이다. 상당수의 연구자들이 자신의 인생을 바쳐 핵심만 정리한 것이기에 테마가 되기에 충분한 가치를 가진 이론이 적지 않다. 일상 생활이나 다른 미디어에서 자신만의 테마를 찾기 힘들다면 학술적인 이론을 둘러보는 것도 나쁘지 않은 선택이다. 때로는 그 무엇보다 강력한 힌트가 돼줄 것이다.

필자는 학술적인 이론을 테마에 활용해 성공한 예를 들 때 가장 먼저 〈페르소나 Persona〉 시리즈를 언급하곤 한다. 일본문화콘텐츠연구소인 RHK에서 발간하는 잡지인 「boon 23호」에서 '일본 RPG의 새로운 별'이라는 글을 기고하면서 〈페르소나〉의 테마를 다음과 같이 소개한 적이 있다.

그림 2-10 출처: 여신이문록 페르소나(페르소나 시리즈의 첫작품)

(상략)

독창적이고 뚜렷한 테마를 가진 게임을 소개할 때 언제나 언급하게 되는 게임이 바로 〈페르소나〉 시리즈다. 페르소나[ペルソナ]는 페르조나Persona의 일본식

발음으로 페르조나란 그리스 고대극에서 배우들이 사용하는 가면에서 유래됐으며 성격심리학 용어로 타인에게 비치는 외적인 성격을 의미한다.

인간은 자신의 성격조차 스스로 알 수 없으며 타인에게 비친 행동으로 성격을 추측하게 되므로 이를 가면으로 표현하고 있는 것이다. 다시 말해서 인간은 타인을 대할 때마다 누구에게는 이 가면을, 누구에게는 저 가면을 바꿔가면서 쓰고 있고 이것을 그 사람이 가진 외적 성격이라고 부르고 있다는 말이다.

〈페르소나〉라는 게임 이름에서도 드러나지만 〈페르소나〉 시리즈가 가진 테마는 명확히 페르조나에서 온 것이다. 단지 이름만이 아니라 성격심리학에서 사용되는 용어 자체의 의미를 게임의 다양한 부분에서 깊숙이 녹여내고 있다.

동료 캐릭터들은 하나같이 성격 형성 과정에 문제를 겪고 있으며 하나의 페르소나 즉 단편적인 성격을 가진 것으로 표현되고 있다. 반면 주인공 캐릭터는 유일하게 여러 개의 페르소나(가면)를 바꿔 쓸 수 있는 능력을 가지고 있다. 상황에 따라 다양한 페르소나를 바꿔 쓸 수 있으며 다양한 방어 기제를 활용할 수 있다는 것은 심리학적으로 성숙된 인간임을 의미한다. 〈페르소나〉 시리즈에서 주인공만이 성숙된 인간 또는 구세주라는 것이며 주인공이 세상을 구할 뿐 아니라 동료들의 성장을 도와줘 그들이 각성할 수 있게끔 계기를 마련해주는 역할을 하고 있다.

스토리뿐 아니라 전투 시스템이나 성장 시스템 등에도 페르조나라는 테마는 깊숙이 자리잡고 있으며 게임의 모든 구성요소들이 이 테마를 일관성있게 바라보고 있다. 따라서 게이머들은 게임을 하는 내내 하나의 잘 만들어진 세계 안에서 이질감없이 몰입돼 오랜 시간 즐겁게 보낼 수 있다.

또 다른 특징은 〈페르소나3〉부터 게임을 대표하는 색을 지정해 차별성을 부여하고 있다는 점이다. 3편은 파란색, 4편은 노란색, 5편은 빨간색을 활용해 페르조나라는 테마를 부각시키고, 각 작품마다 다른 분위기를 연출하고 있다. 이러한 특징은 다른 게임에서 찾아보기 힘들 정도로 매우 독창적이며 시각적인 만족감을 줘 여성 게이머들에게도 높은 평가를 얻고 있다.

(중략)

〈페르소나3〉는 페르조나를 기반으로 '죽음'을 테마로 삼고 있다. 쉐도우라는 존재에 습격을 받은 사람들이 하나둘씩 무기력해지는 사회현상을 보이고, 쉐도우 타임 안에서 움직일 수 있는 주인공과 동료들이 S.E.E.S.^{the Specialized Extracurricular Execution Squad} 라는 일종의 서클을 만들어 낮에는 학교 생활을 밤에는 문제를 해결해나가는 구조를 가지고 있다. 개인적으로 깊이 있는 스토리와 여운이 남는 엔딩은 시리즈 최고라고 생각한다.

〈페르소나4〉는 3편보다 밝은 분위기를 연출했으며, '텔레비전'과 '키즈나(絆)'를 테마로 삼고 있다. 심야 텔레비전에 비친 괴기한 영상과 실제 일어나는 살인사건과의 관계를 추리해가는 스토리라인으로 어렸을 적 누구나 한 번씩 꿈꿨던 친한 친구들을 모아 미지의 사건을 풀어나가는 듯한 흥미로운 체험을 제공한다.

〈페르소나5〉는 8년만에 출시된 작품으로, '자유'와 '반역'을 테마로 삼고 있다. 주인공 일행은 부패한 어른들로부터 부패한 마음을 훔치는 괴도단이 돼 현재 사회의 부조리를 재치있게 비판한 작품이다. 기성세대가 만들어낸 틀이 아닌 변화해 가는 새로운 세상에서 자유롭게 살아가며 부패한 세상을 바꾸고 싶다는 젊은 층의 마음을 겨냥했다고 본다.

(하략)

그림 2-11 출처: 페르소나3(좌) / 페르소나4(중) / 페르소나5(우)

〈페르소나〉 시리즈는 페르조나라는 성격심리학 이론을 가져와 인간이란 다양한 가면을 바꿔 쓰고 있는 존재이며, 이러한 가면을 잘만 활용할 수 있다면 타인과 키즈나(인연)를 쌓기에 큰 도움이 된다는 메시지를 던진다. 게다가 전체적인 테마는 유지하면서도 각 시리즈 작품마다 차별화되는 부가적인 메시지를 내포하고 있다. 3편의 '죽음', 4편의 '텔레비전'이라는 미디어, '키즈나(인연)', 5편의 '자유'와 '반역'이라는 테마와 함께 게임을 대표하는 색을 매치함으로써 자신만의 독창성을 극대화했다.

이와 같이 학술적인 이론이나 개념도 잘만 사용한다면 다른 게임에서 보여줄 수 없는 매력을 만들어낼 수 있다. 다른 이론 또한 게임의 테마로써 활용될 여지가 충분히 존재한다는 의미다.

인용문에서 언급된 방어기제에 대해서 상세히 알고 싶다면 3장의 '38. 방어 기제'를 먼저 살펴보기 바란다.

추가 사례

이론적인 배경 이외에도 게임 디자이너가 일상을 살아오면서 테마를 가져온 게임이 훨씬 많다. 초창기 게임부터 명작이라고 평가받는 게임은 뚜렷한 테마를 가지고 있었다. 인간의 미덕이란 무엇인가를 고민했던 〈울티마〉, 삶과 죽음이란 무엇인가라는 고민에서 시작한 〈파이널 판타지〉 모두 초창기 RPG를 이끌었던 작품이다.

이후 아타리 쇼크 이후 상당 기간 고전을 면치 못했던 미국 RPG의 가능성을 다시금 보여준 〈폴아웃 Fallout〉도 자신만의 명확한 테마가 존재한다. '전쟁은 결코 변하지 않는다 War never changes'라는 문구가 바로 폴아웃이 게이머에게 던지고자 한 핵심적인 메시지, 즉 테마다. 핵전쟁이 일어나 모든 것이 폐허가 돼버린 비극적인 상황에서도 인류는 끊임없이 전쟁을 벌인다는 것이 〈폴아웃〉에서 인간 사회를 비판하고자 하는 내용이다.

그림 2-12 출처: 폴아웃: A Post Nuclear Role Playing Game

초창기 작품만 테마를 중시했던 것은 아니다. 2000년대 들어서 지금까지도 역시 명작으로서 높이 평가받는 거의 대부분의 게임은 모두 자신만의 테마를 가지고 있다. 높은 판매량과 비평적으로 긍정적인 평가를 받는 게임이 아닐지라도, 해당 장르에서 새로운 활로를 개척하는 작품을 살펴보면 하나같이 뚜렷한 테마를 가지고 있는 작품이 대부분이다.

〈단간론파ダンガンロンパ〉는 의문의 누군가에 의해 학교에 갇혀 살아남기 위해서 동료를 죽여야 한다는 섬뜩한 배경을 가지고 있기에 실제 플레이를 해보지 않는 입장에서는 반사회적인 게임으로 오해하기도 한다. 하지만 실제 플레이 해보면 '절망'과 '희망'이라는 큰 줄기 안에서, 결국 아무리 절망적인 상황에서도 힘을 합쳐 희망을 잃지 말아야 한다는 메시지를 담고 있다.

그림 2-13 출처: 단간론파 - 희망의 학원과 절망의 고교생

AI와 안드로이드에 대한 기술 발전에 대한 인간적인 고민을 담은 〈니어 오토마타 NieR: Automata〉나 〈디트로이트: 비컴 휴먼Detroit: Become Human〉도 결국 가상 세계가 아닌 현실에서 인간의 모습과 사고를 반영하고 있다. AI 기술이나 안드로이드에 대한 이 야기가 세간에 주목을 받고 있다는 것을 모르는 사람은 없다. 다만 이러한 사회적인 이슈를 귀 기울여 듣고 자신의 관점을 고민할 수 있어야 비로소 테마로 발전할 수 있 다. 게임 디자이너는 남들보다 부지런해야 하며, 남들보다 호기심이 많아야 하며, 남 들보다 깊이 있게 고민했으면 한다.

그림 2-14 출처: 니어 오토마타

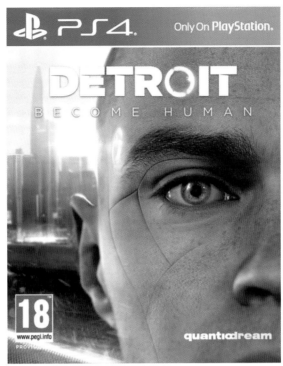

그림 2-15 출처: 디트로이트: 비컴 휴먼

    이러한 테마는 결국 해당 게임 디자이너의 경험과 사고에서 나온다. 게임을 통해서 대중에게 어떤 메시지를 전달하고 싶은가? 게임 디자이너 스스로 답을 찾을 수밖에 없다.

    뛰어난 테마를 가진 게임은 우리 주변에서 생각보다 어렵지 않게 찾을 수 있다. 다만 그것이 과거 비디오 게임에 편중돼 왔고, 지금도 비디오 게임에 집중되고 있고, 커다란 변화가 없다면 미래에도 그럴 가능성이 매우 높다는 점이 문제다. 온라인 게임과 모바일 게임이 등장한 초창기에는 비디오 게임과 달리 등장한지 얼마 안됐기 때문이라며 이렇다할 작품이 나오는 데 시간이 걸릴 것이라는 주장도 힘을 얻었었다. 하지만 이미 상당한 시간이 흘렀다. 온라인 게임과 모바일 게임에서도 뛰어난 테마를 가진 뛰어난 작품이 없는 것은 아니지만 비디오 게임에 비하면 그 비율이 한없이 0에 가깝다고 볼 수 있을 정도로 심각한 수준이다. 어떤 시장이든 과도한 편중은 좋은 결과를 맞이하지 못한다.

　지금까지 온라인 게임과 모바일 게임은 아직 비디오 게임과 비교해서 명확한 차별성을 두지 못했다는 것이 일반적인 견해다. 단지 비디오 게임의 뒤를 쫓고 있을 뿐이다. 하지만 더 큰 문제는 뛰어난 테마를 가진 작품이 거의 없다는 것이다. 앞으로 어떻게 될지는 누구도 예측하기 어렵다. 하지만 허먼 멜빌의 말을 반대로 바꿔 보자. 위대한 테마를 가진 게임이 없으니 위대한 게임이 나오지 않는 것은 아닐까?

　게이머 입장에서는 비디오 게임에서 경험할 수 없는 것을 온라인 게임과 모바일 게임이 제공해준다면 그것보다 좋은 일은 없다. 고품질의 즐길 거리가 많으면 행복한 고민을 하게 되니 기쁠뿐이다. 적당한 가격에 즐길 수 있는 좋은 게임이 있다면 비디오 게임이건, 온라인 게임이건, 모바일 게임이건 크게 상관없다고 생각하는 게이머가 다수일 것이다. 앞으로 게이머들을 만족시켜 줄 수 있는 온라인 게임과 모바일 게임이 많이 등장했으면 한다.

참고문헌

- 김민정, 「미국과 일본 애니메이션 컬러 변화 비교 연구: TV 애니메이션과 영화 애니메이션을 중심으로」, 한양대학교 응용미술학과 석사학위논문, 2003.

- 남기덕, 「게임 테마의 특성 비교 분석 연구: 미국과 일본의 프랜차이즈 롤플레잉게임을 중심으로」, 상명대학교 일반대학원 게임학과 석사학위논문, 2016.

- 넬슨 신, 『넬슨 신의 영상백과사전』, 한울, 2006.

- 웬디 디스페인 저, 김정태, 오석희, 윤형섭, 한동숭, 한호성 역, 『게임 디자인 원리: 반드시 알아야 하는 게임 디자인 비법 100가지』, 에이콘, 2014.

- 이민숙, 「현대 중국어의 주어와 주제에 관한 연구」, 이화여자대학교 중어중문학과 석사학위논문, 1999.

- 이재홍, 『게임 스토리텔링: 게임 기획과 게임 시나리오의 ABC』, 생각의 나무, 2011.

- 일본문화콘텐츠연구소, 「boon 19호: 남기덕, 일본 RPG의 뿌리를 찾아서 [위저드리 시리즈]」, 2017.

- 일본문화콘텐츠연구소, 「boon 23호: 남기덕, 일본 RPG의 새로운 별 [페르소나 시리즈]」, 2017.

- 장성갑, 이자영, 「게임등급심의제의 제도적 맥락 연구: 미국, 일본, 한국을 중심으로」, 한국컴퓨터게임학회 논문지, Vol.25 No.2, 2012.

- 정한숙, 『현대소설작법』, 장락, 1994.

- 주은숙, 「공익광고의 표현요소에 관한 비교문화연구: 한국, 미국, 일본 텔레비전 공익광고를 중심으로」, 한국외국어대학교 신문방송학과 석사학위논문, 2005.

- 한국콘텐츠진흥원, 「세계게임 시장 규모 및 전망 2009~2018」, 2014.

- 한글학회, 『우리말 큰 사전』, 어문각, 1992.

- 허먼 멜빌 저, 김석희 역, 『모비딕』, 작가정신, Chapter 104, 2010.

- P. Lubbock, 「The craft of fiction (No. 5)」, C. Scribner's Sons, 1921.

- 佐々木 智広 저, 방수진 역, 『기초부터 배우는 게임 시나리오』, 비즈앤비즈, 2007.

- 野田 高梧, シナリオ構造論 改版, 宝文館叢書, 1989.

2
놀이로서의 게임

테마를 결정하며 게임 디자인의 시작 단계에 들어섰다면, 이제 만들고자 하는 게임의 큰 그림을 그려야 한다. 그러기 위해서는 게임이란 무엇인지에 대해서 좀 더 자세히 이해할 필요가 있다. 그런데 게임이라는 미디어는 해를 거듭할수록 점차 복잡해지고 있다. 다양한 취향의 사람들을 동시에 만족시킬 수 있어야 극심한 경쟁에서 생존할 수 있기 때문에 여러 요소들이 결합되고 있다. 그만큼 게임 디자인의 복잡도와 난이도가 급격히 상승하고 있다. 요즘 출시되는 게임을 게임 디자인 관점에서 상세히 분석하기란 여간 쉽지 않은 작업이다.

그렇기에 필자는 게임 디자인을 공부하는 젊은이들에게 1980~1990년대에 출시된 해당 장르의 시초가 되는 간단하고 플레이 타임이 짧은 게임들부터 분석해보라고 권한다. 해당 장르가 어떻게 나왔고, 장르별로 게임 구성요소들을 어떻게 디자인했고, 어떤 문제점을 해결하기 위해 어떤 방향성을 가지고 변화해갔는지 쉽게 알 수 있기 때문이다. 이미 게임 디자인의 핵심은 그 시대에 대부분 자리잡았다. 복잡하고 어려운 것을 분석하기 위해서는 부수적인 부분을 떼어내고 간단하지만 강력한 영향을 가진 핵심부를 찾으면 된다.

게임은 놀이에서 발전된 형태이며, 놀이와 거의 동일한 특징을 가진다. 게임은 복잡하고 어려운 반면 게임의 원형이 된 놀이는 매우 단순해서 이해하기 쉽다. 다시 말해서 게임의 핵심부는 놀이가 되는 셈이다. 이것이 놀이를 통해서 게임을 이해해야하는 이유다.

놀이에 대한 유형은, 곧 게임의 유형으로도 볼 수 있다. 콘셉트 디자인 단계에서 이를 통해 어떤 게임의 유형을 중시할 것인지 구체적으로 결정할 수 있게 된다.

12 놀이하는 인간, 호모 루덴스

놀이는 인류의 탄생과 함께 시작된 인간이 가진 독특한 문화다. 놀이는 스트레스를 해소하며, 삶의 활력을 되찾게 하고, 공동체의 결속을 다지는 등 인류에게 없어서는 안되는 필수불가결한 것이 됐다. 그럼에도 불구하고 우리 사회가 가진 놀이에 대한 인식은 어떨까? '놀고 있다'라는 표현은 '놀고 있네', '맨날 놀고 있냐?'와 같이 착실하지 못하거나 제 역할을 못한다는 부정적인 이미지로 전락해버렸다.

현재 어느 나라에서나 노동은 놀이를 압도하고 있다. 노동을 해야 돈을 벌 수 있고, 돈이 있어야 먹고 살 수 있는 세상이니 당연한 것일지도 모른다. 상대적으로 노동은 가치 있는 것이고, 놀이는 가치 없는 것으로 낙인 찍혀버렸다. 앞서 게임은 놀이에서 발전된 형태라고 했다. 놀이에 부정적인 시선을 보이는 현대 사회에서 게임이라고 예외가 될 수는 없다. 놀이 대신 게임을 대입해서 보면 차이가 없다는 것을 알 수 있다. '맨날 게임하고 있냐?'라는 표현은 '맨날 놀고 있냐?'와 동일한 의미로 사용되고 있다.

게임에 대한 부정적인 시선은 놀이에 대한 부정적인 인식이 바뀌지 않는 한 크게 변하지 않을 것이다. 어느 시대에나 새로운 미디어가 등장하면 그 미디어를 경험해보지 않은 기성 세대들이 미디어를 노동이 아닌 생산성 없는 놀이라는 프레임을 씌워 탄압해왔다. 인류의 역사는 반복되고 있다. TV나 영화도 그랬으나 현재는 예술로 평가받는 클래식 음악과 미술조차 당시 기성 세대의 눈에는 일하지 않고 빈둥빈둥 노는 쾌락을 즐기는 사람들이나 하는 짓으로 매도당했었다.

과거 한국에서 만화가 주목을 받았을 때나 애니메이션이 주목을 받았을 때도 동일한 현상이 나타났다. 기성 세대는 노동이 아닌 놀이라는 프레임을 씌워 탄압했음에도, 이에 반대하는 주장을 펴는 사람들은 단순히 만화나 애니메이션이 나쁘지 않다고 맞서 싸웠다. 그리고 기성 세대들은 이 미디어의 좋은 점을 모르기 때문에 그런 것이라며 하소연했다. 그 결과는 어땠는가? 한국에서 만화와 애니메이션 산업은 거의 뿌리조차 없어질 정도로 흩어졌다. 심지어 1970년대에는 만화책을 사회악이라고 하며 광장에 만화책을 모아 태우는 운동을 국가에서 장려하기까지 했다. 지금의 게임도 마찬가지인 상황이다.

이러한 방식으로 과연 기성 세대를 설득할 수 있을까? 만화, 애니메이션, 게임 등 미디어 하나하나만을 가지고 볼 문제가 아니다. 만화, 애니메이션, 게임만 아니라 최근 게임 스트리밍이나 방송도 이러한 문제에서 벗어날 수 없다. 접근 방법이 심각하게 잘못됐다고 생각한다. 기성 세대가 이러한 것을 부정적으로 보는 근본적인 이유를 알고, 그 이유부터 해소할 수 있도록 접근해야 한다. 기성 세대가 놀이에 대한 부정적인 인식을 하고 있는 이상 아무리 만화, 애니메이션, 게임이 매력적인 미디어라고 하소연해봐야 계란으로 바위를 치는 행위에 지나지 않는다.

그렇다면 우리는 어떤 방식으로 접근을 해야 할까? 필자는 놀이라는 개념이 어떻게 나왔는지를 알면 그 답을 찾을 수 있다고 생각한다. 놀이와 게임은 정말 가치 없는 것일까? 이러한 고민의 시작은 요한 하위징아^{Johann Huizinga}의 「호모 루덴스」로부터 시작됐다. 그는 네덜란드 학자로 두 차례의 세계대전이라는 인간이 저지른 최악의 비극을 겪었다. 유대인 수용소의 표어인 "노동이 너희들을 자유롭게 만든다"라는 나치즘을 비판했고 결국 수용소에 수감된다. 그의 눈에 비친 노동은 과연 인류를 이롭게 만드는 것이었을까? 놀이를 잃어버린 현대인에게 비극이 다가오고 있다면서 그는 인류의 새로운 가능성을 '노동'이 아닌 '놀이'에서 찾으려 했다.

그는 호모 파베르가 지배하는 19세기 이후의 서양 근대 문명은 나치즘을 낳을 수밖에 없는 환경이었다고 지적했다. 경제적 팽창을 위한 노동 중심의 경쟁은 식민지 확보 열풍으로 번졌으며, 결국 두 차례의 세계대전으로 이어졌다는 것이다. 그리고 이 비극을 넘어 인간이 새로운 미래를 추구하기 위해서는 놀이하는 인간, 즉 호모 루덴스가 필요하다고 주장했다. 호모 사피엔스, 호모 파베르, 호모 루덴스의 특징을 요약하면 다음과 같다.

호모 사피엔스: 생각하는 인간

❶ 유럽 중세 시대는 신학이 지배했던 시대로 세속과 철학은 철저히 억압받았다.

❷ 근대 시대로 넘어가면서 인간은 생각하는 능력의 중요함에 눈을 뜬다. 철학은 생각을 전제로 하며 이 때부터 철학이 크게 발전한다.

❸ 철학자 르네 데카르트는 "나는 생각하기에 존재한다(Cogito ergo sum)"라는 명언을 남기며 생각의 중요성을 강조한다.

❹ 생각하는 인간인 호모 사피엔스는 르네상스와 계몽주의의 상징이 된다.

호모 파베르: 만드는 인간

❶ 인간의 본질은 생각이 아닌 무엇인가를 '만들어 내는 능력'에 있다.

❷ 기계에는 체험 기능이 없으니 공포나 희망의 감정이 없다. 그러므로 감정이 없는 로봇은 정확한 판단이 가능하며 인간보다 우월하다.

❸ 급격히 발전하는 산업 혁명 이후, 진보와 성장을 숭배하는 사회에서는 로봇처럼 근면과 성실이 최고의 덕목이 됐다.

❹ 생각하는 사람은 행동이 느리고 일을 방해하는 훼방꾼이 돼버렸다.

호모 루덴스: 놀이하는 인간

❶ 문화가 놀이를 낳은 것이 아니라 놀이에서 문화가 형성됐다. 인간이 만든 창조적인 것은 노동이 아닌 놀이를 통해 만들어졌다.

❷ 호모 사피엔스와 호모 파베르가 지배하던 시기에 인간이 잃어버린 능력은 놀이다.

❸ 놀이는 어린 아이에게만 허용된 활동이 아니다. 또한 놀이는 성인들의 스트레스 해소만을 위한 것도 아니다.

❹ 다만 인간은 호모 파베르인 동시에 호모 루덴스이기도 하다. 이제는 노동에 가려져 격하된 놀이를 재평가해야 한다.

현대는 호모 파베르가 지배하는 세상이다. 호모 파베르는 진정 인간에게 행복을 가져다줬을까? 이솝우화 「개미와 베짱이 The Ant and The Grasshopper」는 호모 파베르가 지배하는 시대상을 대표한다. 베짱이가 연주하는 음악은 인간에게 정말 가치 없는 것일까? 그리고 베짱이는 정말 인간 사회에 쓸모 없는 존재인 것일까? 호모 파베르가 보는 게임은 놀이와 같이 단지 노동을 방해하는 장애물에 불과할 것이다.

게이머들을 마치 「개미와 베짱이」에 나오는 베짱이처럼 부정적으로 바라보는 사회에서는 깊은 생각을 하기도 어렵고 새롭고 창조적인 문화가 만들어지기도 어렵다. 호모 파베르가 여전히 지배하고 있는 이 환경에서 창조적인 사고를 해야 한다고 주장하는 것은 커서 훼방꾼이나 방해꾼처럼 나쁜 사람이 되라고 하는 것과 다를 바 없다. 이 얼마나 모순된 이야기인가? 이러한 모순된 상황은 안타깝게도 계속되고 있다. 철저한 호모 파베르인 기성 세대들이 젊은이들에게 창조적인 사고를 해야 한다며 창조적인 사고를 하는 방법을 가르치고 있다. 그러면서 창조적인 사고를 가능하게 만드는 원천인 놀이는 철저히 부정적인 시선으로 바라보고 억압하고 있다. 참 우스운 상황이다. 자동차의 바퀴를 모두 빼놓고 편안한 뒷자리에서 왜 출발 안 하냐고 외치고 있는 것과 무엇이 다른가?

젊은이들이 창조적인 사고를 하기 바란다면 먼저 놀이와 게임의 순기능을 인정하고 호모 파베르와 호모 루덴스가 공존할 수 있는 환경부터 만들어줘야 한다. 그리고 놀이와 관련된 미디어에 대해 부정적으로 바라보는 시선에 대한 접근 방식도 바뀌어야 한다. 지금처럼 해봐야 각개격파 당할 뿐이다. 미디어 하나하나가 자신들의 미디어는 나쁜 것이 아니고 좋은 점도 있다고 접근할 문제가 아니라고 본다. 미디어 모두가 힘을 합쳐 근본적인 원인에 해당되는 놀이를 부정적으로 보는 사회 인식부터 바꿔야 할 때가 아닌가 싶다.

한편 이러한 문제는 아이러니하게도 기성 세대를 비판하는 입장인 게이머 사이에서도 나타난다. 온라인 게임이나 멀티 플레이를 지원하는 콘솔 게임에서도 어렵지 않게 찾아볼 수 있다. 전 세계의 게이머가 대부분 그렇다고 할 수 있으나 특히 한국 게이머는 효율을 매우 중시한다. 그리고 마치 게임을 일처럼 한다. 좋은 성장 방법이나 공략이 있다면 하나같이 모두 최선의 방법을 사용해 하나의 잣대를 만든다. 그리고 그 잣대에서 벗어난 게이머에게 비난의 화살을 날리기도 한다. 레벨업을 하지 않고 게임 내 친구들과 떠들고 놀거나 단순히 모험하는 것을 좋아하는 게이머에 대해서도 호의적이지만은 않다.

예를 들어 〈파이널 판타지14: 신생 에오르제아FINAL FANTASY XIV: A Realm Reborn〉가 한국에서 서비스를 시작했을 때 한국의 많은 게이머는 보다 빠른 레벨업을 위해 처음 던전에 입장했을 때 나오는 이벤트 영상을 스킵했다. 처음보는 영상이라고 할지라도 말이다. 레벨업을 위한 1분 1초가 아까운 것이다. 그리고 다른 플레이어에게도 스킵을 강요했다. 심지어 던전에서 동영상을 보고 있는 게이머를 아무런 언급도 없이 파티에서 제외하기까지 했다. 개발사가 음미하라고 만들어놓은 스토리가 담긴 영상까지 스킵하거나 스킵을 강요하는 형태는 호모 파베르가 호모 루덴스를 탄압하는 것과 매우 닮아있지 않은가?

그림 2-16 출처: 파이널 판타지14: 신생 에오르제아

이러한 문제는 온라인 게임만 아니라 멀티 플레이 게임에서도 나타난다. 〈몬스터 헌터: 월드MONSTER HUNTER: WORLD〉에서 특정 몬스터를 잡기 위해서 가장 효과적인 파티 구성과 장비가 정해지면 그것 이외의 장비를 착용하고 있는 플레이어는 파티 플레이에서 철저히 배제당한다. 보다 빠르게 원하는 장비를 맞추기 위해, 게임을 즐긴다기보다 정말 일처럼 동일한 행동을 효율적으로 반복한다. 그리고 효율적이지 않은 장비를 들고온 플레이어는 방해꾼이 돼 비난의 대상이 되곤 한다.

그림 2-17 출처: 몬스터헌터: 월드

이와 같이 젊은 세대는 기성 세대를 비판하지만 결국 필자를 포함해 현대를 살아가고 있는 우리 모두가 대부분 호모 파베르에 머물러 있다. 기성 세대를 비판하기에 앞서 먼저 자신을 되돌아볼 필요가 있다. 우리는 과연 게임을 즐기고 있는가? 아니면 게임을 일처럼 하고 있을 뿐인가? 다른 플레이어에게 게임을 일처럼 하도록 강요하지는 않았는가? 지금의 게이머가 스스로 변하려 하지 않는다면 앞으로 수십년 뒤에 지금의 기성 세대와 크게 다르지 않게 될 것이다. 지금의 젊은이들도 기성 세대가 됐을 때 새로운 미디어를 생산성 없는 쓸모 없는 것이라고 탄압하는 입장이 되지 않으라는 법은 없다. 스스로 놀이, 게임, 창조적인 사고에 대해서 한번쯤 깊게 생각하는 시간을 가져보는 것은 어떨까? 그리고 게이머 문화도 게임을 진정 자유롭게 즐길 수 있는 분위기로 조금씩 바꿔보자.

13 놀이의 특징

게임은 어디서부터 시작됐을까? 놀이로부터 시작됐다고 보는 견해가 일반적이다. 어렸을 때 동네에서 친구들과 뛰어놀았던 오징어 같은 놀이가 지금의 게임이라고 생각해보자. 동네마다 놀이의 규칙이 조금씩 달랐고, 놀이가 질리면 친구들과 모여서 새로운 규칙을 만들어냈다. 이는 게임에서 새로운 시스템을 업데이트하려는 것과 비슷하다.

"성공적인 게임 디자인의 궁극적인 목표는 의미 있는 놀이를 창조하는 것이다."

– 케티 샐런&에릭 짐머만–

친구들에게 놀이로서 인정받기 위해서 새로운 규칙은 어떤 기준을 지켰어야 했을까? 그리고 아이들에게 인정받은 놀이는 어떤 특징을 가지고 있었을까? 만약 키 큰 아이에게 절대적으로 유리한 규칙을 가진 놀이를 제안했다면 키 작은 아이들은 바로 "나 안 해"하고 놀이에 참여하기를 거부할 것이다. 그 결과 점차 참여하는 아이들이 줄어들고 놀이로 인정받지 못해 사라질 것이다. 결국 동네에서 살아남은 놀이에는 무엇인가 사람들의 마음을 움직이는 특징이 있었다.

물론 놀이와 게임에는 공통점만 있는 것이 아니다. 게임은 규칙과 목표가 명확하며 보상이 있다. 반면 놀이는 규칙이 동네나 마을마다 쉽게 변하며, 특별한 보상이 없이 그 자체를 즐기는 것이 목적이다. 많은 학자들은 놀이와 게임의 차이점을 주목하면서 게임에 대한 연구를 했다. 하지만 필자는 놀이와 게임에는 비슷한 점이 더 많다는 데 주목하고자 한다.

놀이에 대해 연구한 대표적인 학자는 요한 하위징아와 로제 카이와[Roger Caillois]다. 호모 루덴스를 주장했던 요한 하위징아가 놀이의 본질에 대해 연구했다면, 로제 카이와는 요한 하위징아의 주장을 논리적으로 반박하기 위해 놀이의 유형을 나눠 근거로 제시했다. 요한 하위징아는 놀이에서 문화가 탄생했다고 한 반면, 로제 카이와는 문화라는 큰 영역 안에서 놀이를 설명하려고 했다. 앞서 두 명의 학자가 제시한 주장이 고전적인 이론이라면 최근에도 놀이에 대한 연구는 지속되고 있다. 스튜어트 브라운[Stuart Brown, M.D.]와 크리스토퍼 본[Christpher Vaughan]은 「플레이, 즐거움의 발견」에서 놀이의 특징을 7가지로 정리했다.

이 주장들을 비교하면서 놀이의 특징을 살펴보자.

요한 하위징아가 주장한 놀이의 특징

❶ 일상적인 삶의 바깥에 존재한다.

❷ 심각하지 않다.

❸ 완전히 몰입시킨다.

❹ 물질적 이익이나 돈을 버는 것과 관련이 없다.

❺ 자신의 시간과 공간의 경계 안에서 벌어진다.

❻ 규칙에 따라 진행된다.

❼ 스스로를 바깥 세계와 분리시키는 사회적 모임을 만들어 낸다.

로제 카이와가 주장한 놀이의 특징

❶ 자유롭다: 놀이에는 강제성이 없다.

❷ 분리돼 있다: 미리 정해진 공간과 시간의 경계 내로 제한돼 있다.

❸ 불확실하다: 놀이의 진행 방향은 결정할 수 없으며, 결과를 미리 얻을 수도 없다.

❹ 비생산적이다: 재화나 부 혹은 어떠한 새로운 원소도 창조하지 않으며, 게임이 끝날 때의 환경
은 시작할 때와 동일하다.

❺ 규칙에 의해 지배된다: 그 순간에만 독자적으로 작용하는 새로운 규칙이 만들어진다.

❻ 상황을 가정한다: 실제 현실과 대비되는, 제2의 현실 혹은 비현실에 대한 특별한 인식이 수반
된다.

스튜어트 브라운&크리스토퍼 본이 주장한 놀이의 특징

❶ 목적이 없이 그 자체가 목적이다.

❷ 자발적이다.

❸ 고유의 매력이 있다.

❹ 시간 개념에서 자유로워진다.

❺ 자의식이 줄어든다.

❻ 즉흥적으로 바꿀 수 있다.

❼ 지속하고 싶은 욕구를 불러일으킨다.

3가지 주장을 비교해 봤을 때 놀이의 특징은 연구자마다 큰 차이가 없다는 것을 알 수 있다. 정리해보면 놀이란 특정한 목적이 없이, 정해진 규칙에 따라, 자발적으로, 현실과 분리돼, 불확실하고 즉흥적으로 이뤄지는 것이다. 이러한 특징을 가진 놀이만이 '의미 있는 놀이'가 돼 아이들에게 인정받아 오랜 기간 살아남아 왔다.

놀이 대신 게임을 대입해본다면, 우리가 알고 있는 게임의 특징과 다른 점이 있는가? 마치 게임의 특징을 정리했다고 봐도 무방하다. 따라서 필자는 이것을 게임의 특징으로 볼 수 있다고 생각한다. 게다가 복잡하지 않고 간단명료하다. 이렇게 놀이를 통해 게임을 바라보자 좀 더 쉽게, 하지만 근본적으로 이해할 수 있었다. 게임도 이러한 특징을 벗어나지 않은 채 디자인돼야 놀이로서 인정받아 많은 사람들이 오랜 시간 즐기게 된다.

한편 게임 안에서는 아니라고 할지라도, 국내 대형 개발사 N사의 L게임과 같이 게임 내 아이템을 거래할 수 있는 중계 사이트를 통해 현실의 돈으로 환전하는 것이 가능하며, 개발사에서 이를 오랜 시간 묵인하고 있는 게임의 경우 앞의 저명한 학자들이 주장한 놀이는 '비생산적'이라는 특징을 정면으로 위반하게 된다. 세계적으로 인정받고 있는 이 학자들의 주장에 따르면 이러한 게임의 경우 게임은 둘째 치고 적어도 놀이는 아니게 된다. 단순히 돈을 벌기 위한 작업이자 노동이 돼 버린 것이다. 게임을 놀이로 즐기지 못하고 돈을 버는 수단으로 바꿔 버린 이상 오토와 작업장이 늘어나는 현상은 지극히 당연할지도 모르겠다. 돈을 벌기 위한 목적을 달성하기 위해서는 오토와 작업장이 가장 효율적이고 적합한 수단이기 때문이다. 호모 파베르가 산업혁명을 거치며 자동화를 통해 효율적인 대량 생산을 했던 것처럼 말이다.

다음으로 게임에 현실의 돈을 많이 쓸 수 있는 사람이 절대적으로 유리하게 디자인된 한국식 부분 유료화 게임에서는, 게임을 놀이로 받아들이는 대다수의 사람들은 '나 안 해, 너랑 안 놀아"라고 하며 점차 떠날 수밖에 없다. 이건 게임이 놀이의 일부라는 대다수의 사람들 인식이 바뀌지 않는 이상 변하지 않을 것이다. 근본적으로 보다 많은 사람들이 즐겨야 게임 서버가 유지되는 MMORPG를 비롯한 멀티 플레이 게임에서 이는 치명적인 약점이 된다. 매출은 최대한 유지해야 하고 동시접속자수는 줄어드는 구조에서 점차 극소수 게이머를 쥐어짜는 현상은 필연적 결과일지도 모르겠다.

"성공적인 게임 디자인의 궁극적인 목표는 의미 있는 놀이를 창조하는 것"이라는 케티 샐런^{Kaite Salen}과 에릭 짐머만^{Eric Zimmerman}의 주장에서 볼 수 있듯이 근본적으로 놀이와 게임을 디자인하는 건 크게 다르지 않다고 생각한다. 얼마나 매력적이고 재미있는 놀이를 만드는가는 게임 디자인의 핵심을 디자인하는 것과 같다.

14 게임의 특징

게임이 놀이가 가진 대부분의 특징을 가지고 있다고 해도 오랜 시간 발전해오면서 놀이와는 다른 특징도 가지게 됐다. 놀이에서 비-디지털 게임으로, 비-디지털 게임에서 디지털 게임으로 변화하면서 각각의 차별성이 생기기 시작했다. 디지털 게임은 어떤 특징을 가지고 있을까? 「게임디자인원론1」에서는 비-디지털 게임도 동일하게 가지고 있는 특징이나 디지털 게임이 되면서 두드러지는 특징이 있다고 했다.

현재 대부분의 게임 디자이너들이 디지털 게임을 디자인하게 되는데 게임이 디지털화되면서 두드러진 특징을 정확히 이해하지 못하면 중대한 실수를 범할 수 있다. 실제 이런 특징들이 어떤 의미를 가지고 있는지 좀더 세부적으로 살펴볼 필요가 있다.

디지털 게임에서 두드러지는 4가지 특징

❶ 복잡한 시스템의 자동화

❷ 즉각적이지만 제한적인 상호 작용

❸ 정보의 조작

❹ 네트워크화된 커뮤니케이션

위 4가지 특징 중 '복잡한 시스템의 자동화'로 인해서 다른 3가지의 특징이 더욱

두드러진 것이라고 볼 수 있다. '디지털'이 되기 위한 가장 기초적이면서 기본적인 특징이 자동화이기 때문에 디지털 게임이 가진 특징도 자동화로부터 시작한다. 자동화를 중심으로 살펴보면 디지털 게임의 4가지 특징을 이해하는 데 도움이 된다.

❶ 복잡한 시스템의 자동화

핀볼 같은 비-디지털 게임도 내부 기기에 어느 정도 자동화가 돼있다. 하지만 현재 우리가 즐기고 있는 디지털 게임에 비할 바는 아니다. 디지털 게임은 플레이어가 선택하고 개입할 수 있게 하는 기능 이외에는 모든 것이 자동화돼 있다. 이러한 자동화 덕분에 디지털 게임이 많은 사람들에게 보급될 수 있었다.

아이러니하게도 제한된 컨트롤을 통해 더욱 많은 콘텐츠를 즐길 수 있게 된 것이다. 제한됐는데 더욱 많은 것을 즐길 수 있다는 말은 도대체 무슨 뜻일까? 보드 게임처럼 모든 것을 사람이 일일이 손으로 움직이면 상당한 시간이 소요돼 한 번 플레이하는 데 들어가는 노력에 비해 즐길 수 있는 시간과 콘텐츠의 양이 적어진다. 반면 정해진 기능만을 제외하고 자동화를 한 디지털 게임은 동일한 시간에 더 많은 플레이 횟수, 더 다양한 콘텐츠를 경험할 수 있다.

물론 자동화에 장점만 있는 것은 아니다. 자동화되면서 게임을 즐기는 사람의 입장에서 내부 움직임을 알 수 없게 됐다. 개발사가 의도적으로 속임수를 사용할 가능성이 생겼으며, 해킹과 같이 제3자가 중간에서 개입할 수 있는 여지가 발생했다. 즉 내부 시스템에 대한 신뢰가 깨질 가능성이 크게 증가했다. 이건 디지털 게임이 디지털인 이상 안고 가야 할 중대한 문제다.

이러한 특징 때문에 게임 디자인에 있어 플레이어에게 어디까지 컨트롤하게 할 것이며 어디까지 자동화를 해야 할지에 대한 문제는 핵심 과제가 됐다. 특정 기능을 자동화한 것과 플레이어에게 맡긴 것에 따라 전혀 다른 결과가 나오기 때문이다. 중요한 하나의 기능에 대한 자동화 여부에 따라 게임 전체의 방향성이 완전히 달라질 수도 있다. 심지어 장르가 변할 수도 있다. 게임에 들어가는 모든 부분을 고민할 수는 없겠지만 핵심이 되는 게임 구성요소에 대해서는 반드시 자동화할지 말지에 대한 여부를 꼼꼼히 고민해 결정하는 편이 좋다.

❷ 즉각적이지만 제한적인 상호 작용

자동화가 되면서 디지털 게임은 연산속도가 급속히 빨라져 '즉각적'인 피드백이 가능해지게 됐다. 이로써 놀이나 비-디지털 게임에서 플레이어가 장시간 기다려야 했던 것과 달리 플레이어와 게임의 상호 작용은 즉각적으로 변하게 됐다.

반면 상호 작용은 보다 '제한적'으로 바뀌었다. 비-디지털 게임인 보드 게임 〈젠가〉를 실제 플레이한다고 했을 때 손가락으로 하든지 발가락으로 하든지 아니면 막대기를 사용하던지 다양한 상호 작용을 할 수 있다. 그리고 나무조각을 어디에 어떻게 놔둘지 한계가 없다. 하지만 〈젠가〉를 디지털 게임으로 만들었다고 한다면, 우선 키보드나 마우스 같은 지정된 입력장치를 사용해야 된다. 입력장치가 가지고 있는 한계가 곧 게임 내 규칙의 한계로 치환됨을 뜻한다. 게다가 게임에서 구현된 규칙과 범위 내에서 플레이 가능하게 된다. 구현해두지 않은 장소에는 둘 수 없으며 지원하지 않는 각도, 위치에 두는 것이 불가능해진다.

이러한 특징때문에 인기 있는 보드 게임을 무작정 디지털 게임으로 바꾼다고 해서 성공하지 못한 사례가 많이 나왔다. 디지털화했을 때 없어지는 상호 작용을 간과했기 때문이다. 그렇기 때문에 디지털 게임의 특징인 상호 작용에 있어 필자는 '즉각적'이라는 것보다 '제한적'이라는 것에 더욱 주목하고 간과해서는 안 된다고 본다. 흔히 디지털 게임의 가장 큰 특징을 상호 작용이라고 하며 장점만을 생각하는데 비-디지털 게임이 가진 매력을 아직까지 완전히 가져오지 못했다는 점은 앞으로 디지털 게임이 해결해야 할 숙제다.

❸ 정보의 조작

비-디지털 게임이 디지털 게임으로 되면서 수많은 데이터를 이용하고 활용할 수 있게 됐다. 이는 데이터에서 가공된 정보를 세부적으로 조작하기 한층 수월해졌다는 것을 의미한다. 게다가 더욱 많은 정보를 동시에 조작할 수 있게 됐다.

보드 게임에서 술래에게만 특정 정보를 보여줘야 한다면 다른 사람이 보지 못하도록 신경을 많이 써야 한다. 만약 심판이 없는 상황이라면 정보의 조작에서 실수가 일어나 게임 자체를 망칠 수도 있다. 하지만 디지털 게임에서는 시스템 상에서 수많은 정보를 자동화해서 처리해주고 바로바로 조작해주기 때문에 버그나 핵을 제외하고 문제가 발생할 위험이 없다. 게임 디자인에서 정보의 조작은 매우 중요한 부분이므로 3장의 '54. 정보 조작'에서 별도로 자세히 다룰 것이다.

❹ 네트워크화된 커뮤니케이션

비-디지털 게임의 경우 소수의 사람들이 근거리에 모여 있어야 커뮤니케이션이 가능했다. 즉 커뮤니케이션이 매우 제한적이었다. 하지만 디지털 게임은 텍스트, 음성, 영상 채팅 등 다양한 방법을 통해서 물리적인 거리를 초월해 커뮤니케이션이 가능하다. 커뮤니케이션이 가능한 사람들의 수조차 거의 제한을 받지 않을 정도로 발전하고 있다. 게임 플레이를 사회적인 커뮤니케이션의 형태로 발전시킬 정도로, 기존의 놀이나 비-디지털 게임과는 차별화된 특징이다.

이제는 게임 내에서의 커뮤니케이션만이 아니라 게임 외부에서의 커뮤니티를 디자인하는 것도 개발사의 능력에 포함된다. SF FPS인 〈헤일로HALO〉를 개발한 번지Bungie 스튜디오에서는 커뮤니티를 매우 적극적으로 활용해 엄청난 성과를 이뤄냈다. 번지넷을 통해서 전 세계 〈헤일로〉 플레이어들의 데이터를 수집하고, 총 플레이어 수, 총 플레이 타임, 총 킬링 수 등 다양한 피드백을 인포그래픽으로 제공했다. 네트워크로 연결된 전 세계 〈헤일로〉 플레이어들을 한 곳으로 모았고 그들이 동일한 목표를 가지고 하나의 가상 공간에 있을 수 있도록 배려해준 개발사는 디지털 게임의 특징을 꿰뚫어보고 있던 것이다.

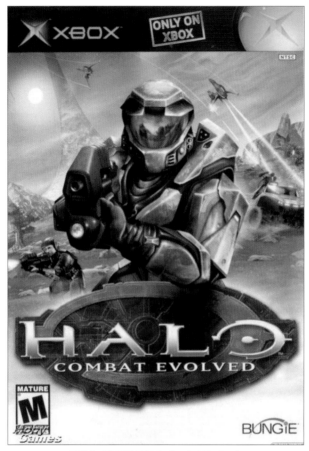

그림 2-18 출처: HALO: Combat Evolved

　아쉽게도 〈헤일로〉 이후에 게임 외 커뮤니티를 효과적으로 활용한 예는 찾아보기 힘들다. 네트워크화된 커뮤니케이션은 분명 디지털 게임이 가지고 있는 두드러지는 특징이며, 잘 활용한다면 전 세계의 플레이어들을 같은 가상 공간 안에서 동질감을 느낄 수 있도록 만드는 막강한 힘을 가지고 있다는 점을 잊지 말았으면 한다. 커뮤니티에서 게이머들끼리 알아서 하겠지라는 생각은 디지털 게임의 대표적인 특징을 하나 포기하고 가는 것이다. 이제는 개발사가 적극적으로 커뮤니티를 구성하고 게이머들과의 커뮤니케이션을 활발히 할 필요가 있다.

15 놀이의 유형

놀이와 게임의 특징을 알아봤으니 다음으로 놀이의 유형을 분류해볼 차례다. 놀이의 유형을 통해 게임의 유형을 어떻게 나눌 수 있는지 접근해보자. 놀이하면 어떤 것들이 떠오르는가? 놀이를 어떻게 분류할 수 있을까?

일반적으로 대상이 어떤 고유한 특징을 가지고 있는가에 따라 정의가 결정된다. 정의가 결정되면 대상을 쉽게 이해하기 위해서 다양한 관점으로 쪼개서 살펴볼 필요가 있다. 여러 기준을 가지고 유형을 분류하는 것을 반복하다 보면 의미가 있는 분류법이 나오기 마련이다. 대부분의 유형 분류는 이런 방식으로 이뤄진다.

다만 뭐든지 유형이나 종류를 분류해 놓으면 대부분의 사람들은 그 결과만 주목한다. 필자가 매우 안타깝게 여기는 부분이다. 실제 분류를 하는 사람의 입장에서 생각해보자. 뭐든지 그냥 연구자 마음대로 분류할 수는 없다. 분류를 하기 위한 기준(축)을 먼저 선정해야 한다. 그 기준(축)에 따라서 결과가 나오기 때문에 기준이 달랐다면 전혀 다른 결과가 나왔을 것이다. 의미 있는 결과를 도출한 기준을 발견해야 그것이 분류로서 인정을 받게 된다. 그러므로 결과보다 어떤 기준(축)으로 유형 및 종류를 분류했는지가 더욱 중요하다.

로제 카이와는 「놀이와 인간」에서 놀이의 특징을 설명하고, 그에 이어 '규칙'과 '의지'라는 2가지 기준을 통해서 놀이를 크게 다음과 같이 4가지 유형으로 분류했다 (그림 2-19 참조). 4가지 유형이 어떤 이름인지 중점을 두기 이전에 반드시 그 유형이 어떤 기준에 의해 나왔는지 먼저 살펴봐야 한다.

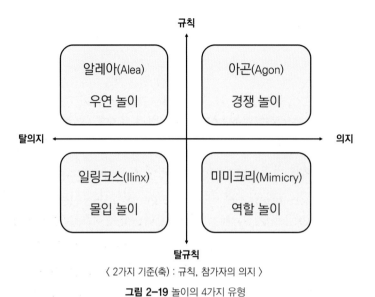

〈 2가지 기준(축) : 규칙, 참가자의 의지 〉

그림 2-19 놀이의 4가지 유형

놀이의 4가지 유형

❶ **아곤(Agon)**: 경쟁 놀이 – 규칙과 의지의 범주

❷ **알레아(Alea)**: 우연 놀이 – 규칙과 탈의지의 범주

❸ **미미크리(Mimicry)**: 역할 놀이 – 탈규칙과 의지의 범주

❹ **일링크스(Ilinx)**: 몰입 놀이 – 탈규칙과 탈의지의 범주

❶ **아곤: 경쟁 놀이**

- 이론異論의 여지가 없는 이상적인 조건 아래에서 놀이에 참가한 모든 이가 자신의 의지를 가지고, 기회가 평등한 상태로 경쟁하는 놀이다.

- 경쟁과 승부가 아곤의 핵심이며 이러한 것을 가능하게 하기 위해서 공평한 승패 조건 및 규칙이 필요하게 된다.

- 급이 다른 경기자 사이에는 유리한 측에 핸디캡을 줘서라도 기회의 평등을 맞추는 것을 추구한다.

- 예시: 스포츠, 가위바위보, 체스, 당구 등

그림 2-20 출처: 스트리트 파이터4, 아곤을 부각시킨 대전 액션 게임
(인벤: http://www.inven.co.kr/webzine/news/?news=19522&iskin=webzine&sclass=1&game=1056)

❷ 알레아: 우연 놀이

- 알레아는 라틴어로 주사위 놀이를 의미한다.

- 아곤과 정반대로 참석자의 의지나 노력보다 정해진 규칙 아래서 운을 시험해
  보는 놀이다. 즉, 상대방을 이기기보다 운명을 이기는 것이 목표다.

- 운이라는 것은 확률 및 통계에 해당하고 이것을 컨트롤하기 위해 규칙이 필
  요하게 된다.

- 예시: 주사위를 사용한 놀이나 게임, 슬롯 머신, 룰렛, 복권 등

그림 2-21 출처: 부루마블, 주사위를 활용해 알레아를 강조한 보드 게임(나무위키)

❸ 미미크리: 역할 놀이

- 일정한 규칙 없이 놀이에 참가한 이들이 자신이 가공한 인물이 돼 누군가를 따라하고 흉내내는 놀이다.
- 인간은 태어나면서부터 부모를 보고 따라하면서 성장한다. 생존에 필요한 것들을 빠르게 배우기 위해서다. 인간은 성인이 돼서도 자신이 처한 상황 이외의 것을 경험하기 위해 누군가를 따라하고 흉내내는 것을 즐긴다.
- 예시: 소꿉장난, 연극, 롤플레잉, 코스프레 등

그림 2-22 출처: 발더스게이트2: Enhanced Edition의 캐릭터 메이킹, 종족&직업&성향 등을 선택할 수 있게 해 미미크리를 강조한 RPG

❹ 일링크스: 몰입 놀이

- 정해진 규칙과 의지 없이 처해진 문제를 해결하기 위해 일시적으로 모든 신경을 집중해 몰입하는 놀이다.
- 일시적으로 지각의 안정을 파괴하고 자신이 가진 능력을 뛰어넘는 한계에 도전하고 극복하면서 기분 좋은 패닉 상태를 일으켜 쾌감을 즐기는 것이다.
- 예시: 회전목마, 그네, 롤러코스터, 번지 점프, 스카이 다이빙 등

그림 2-23 출처: 비트 세이버, 일링크스를 강조한 VR 리듬 액션 게임(스팀)

로제 카이와는 놀이를 단순화시켜서 4가지 유형으로 분류했다. 하지만 각각의 유형에 단독으로 적용되는 단순한 놀이도 있지만, 여러 유형에 동시에 포함되는 놀이도 존재한다. 게임은 놀이가 복잡하게 발전한 형태로, 대부분의 게임은 놀이의 여러 유형이 동시에 포함돼 있다.

예를 들면 포커의 경우 운을 기반으로 한 알레아의 특성을 가지고 있으면서 다른 사람과 경쟁을 하는 아곤의 특성도 가지고 있다. RPG의 경우 흉내를 기반으로 한 미미크리의 특성을 가지고 있으면서 알레아의 특성을 가지고 있다. 일부 RPG에서는 일링크스까지 포함하고 있는 경우도 있다.

그러므로 게임의 유형은 근본적으로 위의 4가지 놀이를 적당하게 조합해 놓은 것에 가깝다. 여기서 주목할 것은 게임 디자인을 함에 있어 어떤 놀이에 집중할지 그리고 어떤 비율로 조합할지에 따라 수많은 게임의 유형이 나올 수 있다는 점이다. 놀이에 비해 게임이 다양한 건 게임에는 다양한 놀이가 복합적으로 들어가 있기 때문이

다. 동일하게 아곤과 알레아의 특성을 가지고 게임을 만든다고 할지라도 아곤의 특성이 강한 게임과 알레아의 특성이 강한 게임은 플레이어들에게 전혀 다른 경험을 제공하게 된다.

 # 16 놀이의 단계

놀이나 게임을 할 때 사람들은 어떤 감정 변화를 가지게 될까? 처음부터 시작해서 끝까지 하나의 감정만을 가지지 않을 것이다. 놀이가 진행되면서 인간은 보편적으로 어떤 감정의 변화를 가지게 되는가를 알게 되면 놀이와 게임의 절차와 과정을 디자인하는 데 큰 도움이 된다.

스트롱 놀이 박물관의 스코트 에버리 Scott Eberle 는 대부분의 인간은 놀이를 할 때 6 단계를 거친다고 주장했다. 놀이의 6단계는 바퀴의 형태로 순환하며, 평형 상태에 도달한 뒤에는 다시 새로운 기대를 가지고 기대 상태로 돌아간다는 것이다. 놀이의 단계가 어떻게 진행되는지 살펴보자.

놀이의 6단계

❶ **기대**: 앞으로 무슨 일이 일어날지 예상하고 궁금해하는 호기심과 약간의 불안감이 혼재돼 있는 단계다.

❷ **놀라움**: 예기치 못한 발견, 새로운 감각 또는 아이디어, 발상의 전환이 있는 단계다.

❸ **즐거움**: 예상치 못한 즐거움을 통해 기분 좋음을 느끼는 단계다.

❹ **이해**: 새로운 지식의 습득, 다른 별도의 개념을 종합하기, 낯설었던 아이디어의 적용 등이 이뤄지는 단계다.

❺ **힘**: 경험과 이해를 통해 세상이 돌아가는 원리에 대해 알게 된 후 찾아오는 숙달된 단계다.

❻ **평형**: 우아함, 만족감, 평정심, 삶의 균형감각을 이루는 단계다.

놀이의 단계는 게임디자인에 있어 콘텐츠 배치에 적용할 수 있다. 게임의 도입부에는 호기심과 불안감이 혼재돼 있는 기대심리를 활용하는 연출이 적극적으로 필요하다. 초창기에는 다른 게임에서는 경험하지 못하는 예상치 못한 스토리, 시스템, 콘텐츠가 있으면 사람들에게 놀라움과 즐거움을 제공할 수 있을 것이다. 이 단계에서 별다른 차이점을 못 느끼면 사람들은 지루함을 느껴 게임을 그만두게 될 지도 모른다.

중반부에 돌입하면 플레이어가 차별화되는 시스템을 이해하면서 게임 플레이를 잘하는 것처럼 느끼게 만들어 주는 교묘한 밸런스가 필요하다. "아! 나 이제 이 게임 어떻게 하는지 알 것 같아!"라고 말이다. 후반부에는 해당 게임이 돌아가는 원리를 알 수 있도록 그동안 뿌려 뒀던 여러 복선을 정리해 스토리를 마무리하고, 게임 시스템 대부분을 통달해서 오는 익숙함으로 몰입을 유도해 힘과 평형 단계에 돌입할 수 있도록 디자인돼야 한다.

싱글 게임이라면 대부분 여기서 끝나면 되겠지만 멀티나 온라인 게임이라면 이야기가 다르다. 놀이와 같이 반복되는 형태가 되므로 다시 기대의 단계로 돌아가야만 한다. 〈월드 오브 워크래프트〉와 같은 대부분의 온라인 게임이 시즌 형태의 대규모 업데이트를 즐겨하는 것은 힘과 평형 단계에 있는 플레이어들을 일순간에 기대 단계로 돌려보내기에 매우 효과적인 방법이기 때문이다. 그리고 업데이트의 성패는 플레이어를 기대의 단계로 돌려보낼 만큼의 호기심을 불러일으킬 수 있는가 여부에 따라 결정된다. 〈월드 오브 워크래프트〉의 최신 확장팩인 격전의 아제로스^{Battle for Azeroth}는 최종적으로 스토리에 문제가 많아 비판을 받았지만, 초기에 얼라이언스와 호드의 격렬한 대립으로 테마를 원점으로 돌려 많은 게이머를 기대의 단계로 회귀시키는 데 적지 않은 성과를 거뒀다.

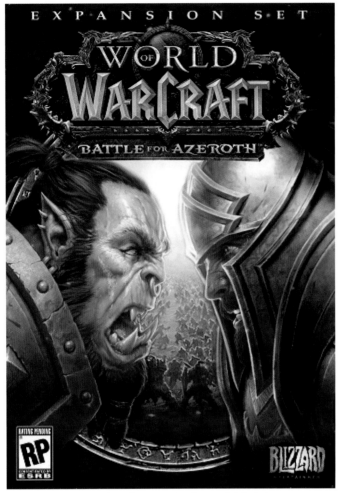

그림 2-24 출처: 월드 오브 워크래프트: 격전의 아제로스

참고문헌

- 노명우, 『호모 루덴스, 놀이하는 인간을 꿈꾸다』, 사계절, 2011.

- 로제 카이와 저, 이상률 역, 『놀이와 인간』, 문예출판사, 1994.

- 스튜어트 브라운, 크리스토퍼 본 저, 윤미나 역, 『플레이, 즐거움의 발견』, 흐름출판, 2010.

- 케티 샐런, 에릭 짐머만 저, 윤형섭, 권용만 역, 『게임 디자인 원론1』, 지코사이언스, 2010.

3
게임 구성요소

게임 디자인의 시작이자 중심이 되는 테마를 살펴본 후에 놀이를 통해서 게임에 대한 전반적인 내용을 살펴봤다. 게임이 어떤 특징을 가지고 있는지, 유형은 어떻게 구분하면 좋을지 대략 감이 잡혔을 것이다.

이제 게임은 어떤 구성요소들로 돼있는지 세부적으로 내부를 들여다볼 차례다. 게임 자체에 대해서 분석을 해보자. 분석^{Analysis}이란 복잡한 현상, 대상, 개념을 단순한 구성요소로 분해하는 일이다. 다시 말해서 전체를 구성요소로 나눠 좀 더 쉽게 이해하고자 하는 과정이다. 구성요소^{component}란 어떠한 사물을 이루고 있는 없어서는 안 되는 필수적인 성분을 뜻한다. 게임의 구성요소를 통해 게임의 내부가 어떻게 작동하는지 보다 상세히 접근할 수 있다. 결국 분석이라는 것은 하나의 큰 조각을 의미 있는 작은 조각으로 나누고, 그 조각 간의 관계가 어떻게 되는지 정리함으로써 전체를 이해하기 위한 과정이다.

게임을 분석한다는 것은 무엇을 하는 것일까? 흔히 인터넷에는 게임 분석이라는 용어를 아무렇지 않게 사용하고 있지만, 실제 대부분은 리뷰 또는 공략과 착각해서 사용되고 있다. 게임 분석은 리뷰와 같이 게임을 플레이한 후의 감상을 적는 것이 아니며, 게임을 어떻게 더 잘해야 할지 정리해 놓은 공략도 아니다. 분석이라는 용어를 사용하기 위해서는 먼저 분석의 의미를 알 필요가 있다. 하나의 덩어리를 단순한 구성요소로 분해해 전체를 이해하기 위한 과정이 분석이라고 했다. 다시 말해서 게임을 분석하려면 먼저 게임 구성요소가 어떻게 되는지 자신만의 기준을 세우고 분해하는 과정을 거쳐야 한다. 그리고 각 구성요소 별로 실제 어떻게 구성돼 있는지 사실에 기반해 논하는 것이다. 그러기 위해서 먼저 게임 구성요소들에 어떤 것들이 있는지 알 필요가 있다.

게임 구성요소에 대한 연구는 비교적 많이 이뤄지고 있지 못하다. 연구자들마다 관점도 다르며 주장에서도 상당한 차이를 보이고 있다. 하지만 공통적으로 언급되는 구성요소들이 존재한다. 게임학에서 주로 언급되는 게임 구성요소에 대한 3가지 연구를 살펴보고, 필자의 관점에서 이 3가지 연구를 통합해볼 것이다.

통합된 8가지 게임 구성요소 모델은 필자가 게임 디자인과 게임 분석에서 기준으로써 사용하기 위해 정리한 것이다. 여기서는 이 통합된 게임 구성요소 모델을 통해 게임 디자인에 어떻게 적용할 수 있을지 고민해보자.

 # 17 제시셀의 게임 구성요소

하나의 대상을 보고 어떻게 구성요소를 나눌지는 사람마다 다를 수밖에 없다. 연구자나 학자에 따라 바라보는 관점부터 다르기 때문이다. 게임의 구성요소를 나누는 방법에 정답은 없다. 수많은 게임 구성요소 중에 어떤 구성요소를 핵심으로 볼 것인지에도 연구자의 주관이 들어갈 수밖에 없다. 단지, 여러 관점을 살펴보고 그 중에 설득력이 있는 것들을 골라서 잘 활용하면 된다. 물론 가장 좋은 것은 스스로의 기준을 마련하는 것이다.

『The Art of Game Design: A Book of Lens』의 저자 제시셀[Jesse Schell]은 게임의 4가지 구성요소를 메커닉스[Mechanics], 스토리[Story], 미적 정서[Aesthetics], 기술[Technology]로 봤다(그림 2-25 참조).

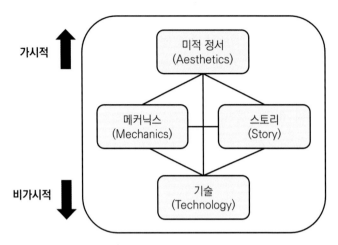

그림 2-25 제시셀의 게임 구성요소

(출처: 『The Art of Game Design 1 2nd Edition: A Book of Lens』를 재구성, 홍릉과학출판사)

제시셀의 4가지 게임 구성요소

❶ 미적 정서(Aesthetics): 플레이어에게 가장 가시적인 구성요소

❷ 메커닉스(Mechanics): 플레이어와 게임의 중간에 위치한 구성요소

❸ 스토리(Story): 플레이어와 게임의 중간에 위치한 구성요소

❹ 기술(Technology): 플레이어에게 가장 가시적이지 않은 구성요소

---

❶ **미적 정서**

- 게임의 외관, 소리, 냄새, 맛, 느낌이다.

- 플레이어의 경험에 가장 직접적인 관계가 있으므로 게임 디자인에서 무척 중요한 구성요소다.

❷ **메커닉스**

- 게임의 '절차와 규칙'이다(게임의 목표, 목표 달성을 위해 할 수 있는 행위&할 수

없는 행위, 행위를 시도했을 때 발생하는 현상).

- 선형적 미디어(영화, 드라마 등)는 스토리, 미적 정서, 기술은 있으나 메커닉스는 없다. 그렇기 때문에 메커닉스는 게임을 게임답게 하는 구성요소다.
- 메커닉스는 흥미를 끌 수 있도록 새로운 것이 있어야 하며, 재미있고 밸런싱이 잘 돼있어야 한다.

❸ 스토리

- 게임 내에서 펼쳐지는 '일련의 사건'이다.
- 스토리가 있으면 게임이 더 흥미로워지고 이해하기 쉬워진다.
- 스토리 전개의 방식은 다양하다(선형적/분기, 미리 준비/갑자기 발현).

❹ 기술

- 미적 정서가 나타나고, 메커닉스가 발생하고, 스토리가 전달되는 '매체' 그 자체다.
- 선택하는 기술에 따라 게임 내에 구현할 수 있는 것과 구현할 수 없는 것이 결정된다.
- 새로운 게임은 어떤 식으로든 혁신적인 기술이 포함돼야 한다.

제시 셸이 주장한 게임의 4가지 구성요소들은 다음과 같은 관계와 특징을 가지고 있다.

❶ 4가지 구성요소 모두 필수적이다.
❷ 어떤 구성요소도 나머지 구성요소들보다 더 중요하지 않다. 게임 디자이너는 메커닉스를, 아티스트는 미적 정서를, 엔지니어는 기술을, 작가는 스토리를 가장 중요하다고 생각하나 플레이어의 입장에서 보면 4가지 구성요소가 모두 중요한 것이다.
❸ 4가지 구성요소가 조화를 이루고, 서로를 보조하며, 상호 작용을 해, 공통의 테마로 합일돼야 한다.
❹ 게임 디자이너는 게임의 뼈대(게임의 4가지 구성요소)뿐만 아니라 게임의 살(플레이어의 경험)에도 관심을 가지고 디자인해야 한다.

필자가 제시셀의 게임 구성요소의 관계에 대한 설명에서 주목하는 점은 세 번째 항목이다. 4가지 구성요소를 각각 적절하게 디자인했다고 할지라도 각각 다른 방향을 바라보고 있다면 플레이어들은 혼란에 빠지고 몰입이 깨질 것이다. 그가 언급한 게임의 핵심적인 4가지 구성요소 이외에도 게임에는 수많은 구성요소들이 존재한다. 그 구성요소들 또한 테마라는 하나의 방향을 향해서 일관적이고 통합적으로 디자인돼야 한다.

4가지 구성요소를 각각 철저히 디자인하려고 노력하는 것도 좋지만 먼저 플레이어에게 게임 디자이너가 전달하고자 하는 경험이 올바로 전달되는 것이 중요하다. 아무리 정교하게 디자인된 구성요소들이라고 해도 플레이어에게 왜곡돼 전달된다면 의미가 변질되기 때문이다. 그러므로 뛰어난 테마가 필요한 것이다. 테마가 확립돼 있다면 게임의 살(플레이어의 경험)과 뼈대(게임의 4가지 구성요소)가 자연스럽게 연결되기 마련이다. 필자가 게임 디자인에 있어 테마가 가장 중요하다고 입이 닳도록 반복적으로 말하는 데는 다 이유가 있다.

18 MDA 프레임워크의 게임 구성요소

후니크 로빈Hunicke, Robin, 마크 르블랑Marc LeBlanc, 로버트 주벡Robert Zubek이 공동 연구한 「MDA: A Formal Approach to Game Design and Game Research」에서 게임은 다음 3가지 구성요소로 이뤄진다고 주장했다. 게임의 구성요소는 메커닉스Mechanics, 다이내믹스Dynamics, 미적 정서Aesthetics로 구분되며, 프레임을 체계화한 뒤 앞 글자를 따서 MDA 프레임워크라고 칭했다(그림 2-26 참조).

MDA 프레임워크는 게임을 가운데 두고 게임 디자이너와 플레이어가 각각 어떻게 바라보는지에 대한 관점의 차이에 주목한 연구다. 참고로 마크 르블랑은 〈울티마 언더월드^{Ultima Underworld}〉, 〈시스템 쇼크^{System Shock}〉, 〈씨프^{Thief}〉에 참여한 게임 디자이너이자 연구가다.

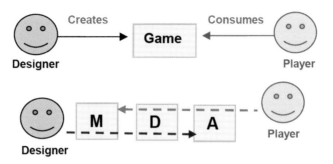

그림 2-26 MDA 프레임워크와 게임 구성요소
(출처: MDA: A formal approach to game design and game research)

MDA 프레임워크의 3가지 게임 구성요소

❶ 메커닉스(Mechanics): 게임 시스템의 규칙과 구조

❷ 다이내믹스(Dynamics): 게임 플레이 시, 게임 시스템 내부에서 일어나는 플레이어의 행동

❸ 미적 정서(Aesthetics): 플레이어가 느끼는 감정적 결과물

2개의 다른 관점: 게임 디자이너와 플레이어

❶ 게임 디자이너의 관점: A → D → M (빨간 점선 화살표가 가리키는 A부터 시작)

❷ 플레이어의 관점: M → D → A (녹색 점선 화살표가 가리키는 M부터 시작)

메커닉스(M), 다이내믹스(D), 미적 정서(A)의 관계는 다음과 같이 정리할 수 있다. 그림 2-26의 화살표가 애매하게 그려져 있어 오해하기 쉬우니 조심하도록 하자.

플레이어의 관점에서 보면 처음 메커닉스(M)와 상호 작용을 통해, 다이내믹스(D)를 경험하고, 다이내믹스를 통해 미적 정서(A)를 느낀다. 즉 게임의 여러 시스템과 규칙을 접하면서 플레이어의 행동이 변하게 되며, 이러한 행동이 쌓여 감정으로 변한다는 것이다. 반대로 게임 디자이너의 관점에서 보면 가장 먼저 게임을 통해 주고자 하는 미적 정서(A)를 정의하고, 그 미적 정서를 이끌어낼 수 있는 다이내믹스(D)를 결정하고, 그 다이내믹스를 만들 수 있는 메커닉스(M)를 결정해야 한다는 것이다.

필자가 MDA 프레임워크에서 주목하는 점은 크게 2가지다. 첫째, 제시셀은 게임 자체만을 보고 게임의 구성요소를 나누고 그것을 플레이어의 경험과 연관시켰는데 반해, MDA 프레임워크에서는 게임 디자이너와 플레이어 관계 사이에서 게임의 구성요소를 밝혀내려고 했다. 둘째, 이런 관계를 통해 '다이내믹스'라는 개념을 정의했다는 점이다.

제시셀과 마크 르블랑 등의 주장에서 메커닉스와 미적 정서는 동일하게 존재하는 게임 구성요소다. 스토리와 기술이 게임 디자이너와 게임 개발자들이 만드는 게임 구성요소라면, 다이내믹스는 플레이어와의 관계에서 만들어지는 새로운 영역이다. 다이내믹스는 간단히 말해서, 사람마다 똑같은 게임이라도 플레이할 때마다 다른 경험을 만들어낸다는 것이다. 현재 많은 게이머나 스트리머들이 게임을 할 때 사람들마다 그리고 플레이할 때마다 다른 결과가 만들어진다. 그리고 동일한 게임의 회차를 거듭해도 전혀 다른 경험을 하게 된다. 이것을 설명한 것이 바로 MDA 프레임워크의 다이내믹스라는 개념이다.

다이내믹스는 게임 디자이너가 컨트롤하기 가장 어렵고 까다로운 구성요소다. 한정된 메커닉스에서도 플레이어마다 어떤 행동을 할지, 모든 경우의 수를 예측하기 어렵기 때문이다. 일직선 형태로 디자인된 게임이라면 비교적 쉽게 컨트롤할 수 있지만, 점차 자유도가 중시되는 경향이 있고 오픈월드 형태의 게임이 유행하면서 현재의 게임 디자이너들에게 다이내믹스에 대한 이해가 더욱 필요해지고 있는 시점이다.

MDA 프레임워크에서 설명한 다이내믹스의 개념에도 한계는 있다. 메커닉스(M)로 인해 다이내믹스(D)가 만들어진다고는 하나, 모든 다이내믹스(D)가 게임의 메커닉스(M)에 의해서만 발생되는 것은 아니기 때문이다. 플레이어의 사회문화적 배경, 경험 등 여러 요인이 작용하는 부분 또한 간과할 수는 없다.

19 제인 맥고니걸의 게임 구성요소

제인 맥고니걸^{Jane McGonigal}은 앞의 연구자들과 다르게 게임 구성요소를 조금은 다른 관점에서 바라보고 있다. 앞의 연구자들은 실제 게임 디자이너로서의 경험을 바탕으로 게임을 어떻게 더 잘 디자인할 것인가 내부를 들여다보며 고민했다. 반면 그녀는 게임을 통해서 현실을 혁신시키고 게임이 세상을 좋은 방향으로 바꾸는 역할을 했으면 하는 목표를 가지고 있다. 즉, 게임을 디자인하는 것보다 게임을 현실에서 어떻게 활용할 것인가에 주안점을 두고 있다. 게임을 내부가 아닌 외부에서 바라보고 있는 셈이다.

그녀가 상용화 게임보다 기능성 게임^{Serious Game}이나 게이미피케이션^{Gamification}을 주요 연구 분야로 삼고 있다는 이력을 보면 그녀의 관점이 왜 나왔고 기존의 연구자들과 왜 다른지 이해할 수 있다.

이러한 관점의 차이를 알면 그녀가 「누구나 게임을 한다^{Reality is Broken}」에서 주장한 게임의 4가지 구성요소를 이해하는 데 큰 도움이 된다. 관점 자체가 달랐기 때문에 기존의 연구와 상당히 다른 결과를 도출해 낼 수 있었다.

제인 맥고니걸의 4가지 게임 구성요소

❶ 목표(Goal)　　　　　　　　　　❷ 규칙(Rule)

❸ 피드백 시스템(Feedback system)　　❹ 자발적 참여(Voluntary participation)

---

❶ 목표

- 플레이어가 성취해야 하는 구체적인 '결과'다.
- 플레이어가 주의를 집중해 게임을 헤쳐 나갈 수 있도록 방향을 제시하고 목적의식을 제공한다.

❷ 규칙

- 플레이어가 쉽게 목표를 이루지 못하도록 '제약'을 만드는 것이다.
- 확실한 목표 달성 방법을 없애거나 제한해 미지의 공간을 탐험하도록 유도하는 것이다.
- 이로써 창의력이 발휘되고 전략적 사고가 활발히 일어나게 한다.

❸ 피드백 시스템

- 플레이어가 목표에 얼마나 다가섰는지 알려주는 기능으로 점수, 레벨, 진행률 등의 형태로 나타난다.
- 실시간 피드백은 목표 달성이 분명히 가능하다는 '약속'으로 플레이어가 계속 게임을 하도록 의욕을 불어넣는다.

❹ 자발적 참여

- 게임을 하는 모든 사람이 목표, 규칙, 피드백 시스템을 선뜻 받아들이고 인정하게 만드는 역할로 여러 사람이 함께 게임을 할 '공동 기반'이 만들어진다.
- 마음대로 게임에 참여하고 끝낼 수 있는 자유가 있기에 플레이어는 어렵고 때로는 스트레스를 받으면서도 오히려 게임에서 안정감과 재미를 느낄 수 있다.

이 같은 정의가 예상 밖일 수도 있다. 게임이라고 하면 으레 떠올리는 상호 작용, 점수, 이야기, 보상, 경쟁, 가상 환경, 승리의 개념과 같은 특성이 빠져 있기 때문이다. 하지만 이러한 요소들이 많은 게임의 공통점이기는 해도 사실상 본질적인 특징은 아니다. 게임의 본질을 구성하는 것은 목표, 규칙, 피드백 시스템, 자발적 참여다. 나머지는 이 4대 요소를 보강하고 강화하는 보조재일 뿐이다.

―제인 맥고니걸―

제시셀과 마크 르블랑 등은 게임을 더욱 자세히 살펴보고 분석하기 위해서 1인칭으로 게임 구성요소를 연구했다면, 제인 맥고니걸은 게임과 거리를 두고 떨어져서 게임을 플레이하고 있는 사람들의 모습을 3인칭에서 바라본 것처럼 느껴졌다. 다시 말해서 그녀는 제3자의 관점에서 게임 내부보다 플레이어들의 행동과 모습을 보면서 게임 구성요소를 연구했다고 볼 수 있다. 그녀가 게임의 4가지 구성요소라고 주장한 목표, 규칙, 피드백 시스템, 자발적 참여 모두 '플레이어가 ~'라는 형태로 설명을 시작하고 있다는 점에서도 그 사실을 확인할 수 있다.

다른 많은 학자들은 놀이의 연장선에서 게임을 바라봤기 때문에 자발적 참여는 기본 전제로 생각하는 경향이 많았고, 피드백 시스템을 오히려 게임의 구성요소를 보조해주는 역할로 바라본 것과 비교하면 차이가 있다. 하지만, 이런 색다른 관점을 통해서 피드백 시스템과 자발적 참여가 게임 구성요소로서 얼마나 중요한 것인가 다시 한번 재확인할 수 있었다.

20 통합된 8가지 게임 구성요소 모델

앞서 세 가지 게임 구성요소에 대한 연구를 살펴봤다. 각각 게임 구성요소에 대한 뛰어난 통찰력을 보여줬고, 많은 사람들에게 게임을 이해하는 데 큰 도움을 주었다. 하지만 항상 아쉬웠다. 각각 보면 분명 뛰어난 연구이며 게임학에서 게임 구성요소를 언급할 때 빠지지 않고 등장함에도 불구하고 이를 연결시켜 통합하려는 시도가 없었다.

각기 관점이 달랐지만 세 가지 연구를 자세히 살펴보면, 큰 흐름에는 차이가 없다. 따라서 필자는 이 세 가지 연구를 통합하고 정리해 한 눈에 볼 수 있도록 그림 2-27과 같이 '8가지 게임 구성요소 모델'을 제시하고자 한다.

각각의 게임 구성요소들은 기존 연구의 합집합으로 돼있으나, 필자의 관점을 바탕으로 구성요소 간의 위치와 범위를 재배치했다. 그리고 'G-P Section[Game-Player Section]'이라는 새로운 개념을 하나 추가했다. 게임 디자인을 배우고자 하는 사람들이 게임의 구성요소를 잘 이해하는 데 도움이 됐으면 한다.

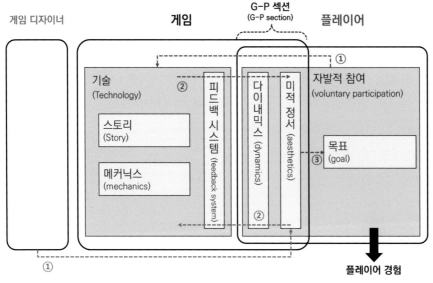

8가지 게임 구성요소

그림 2-27 8가지 게임 구성요소 모델

8가지 게임 구성요소 모델의 주요 특징

❶ '게임 디자이너 – 게임 – 플레이어'의 관계를 고려한 모델이다.

❷ 게임과 플레이어 사이에는 교차지점이 존재하며, 이 구간을 게임과 플레이어의 앞 글자를 따서 'G-P section'이라고 칭한다. 이 구간은 게임과 플레이어가 상호 작용을 통해 서로 영향을 받는 곳으로, 다이내믹스와 미적 정서가 존재한다.

❸ 플레이어의 관점과 게임 디자이너의 관점 두 가지가 존재한다. 단, 두 관점은 대칭되지 않으며 게임 디자이너는 플레이어의 자발적 참여나 목표에 직접적인 영향을 주지 못한다.

- 플레이어 관점: 자발적 참여 → 기술 → 스토리/메커닉스 → 피드백 시스템 → 다이내믹스 → 미적 정서 → 목표
- 게임 디자이너 관점: 미적 정서 → 다이내믹스 → 스토리/메커닉스/기술/피드백 시스템

    8가지 게임 구성요소 모델에 대한 이해를 돕기 위해, 플레이어 관점을 기준으로 각 게임 구성요소별로 순서에 따라 설명을 할 것이다. 기본적으로 기존 연구들의 개념을 계승했으나 범위나 속한 위치 등에서 차이가 존재한다.

❶ 자발적 참여

플레이어가 '이제 게임을 시작할까?'라고 마음을 먹으면, 게임이라는 가상 세계가 현실이 된 것처럼 변하며 플레이어 캐릭터가 마치 자신이 된 듯 몰입하게 된다. 플레이어가 게임과 현실을 구분하려고 생각하는 이상 더 이상 스스로 게임 세계에 들어가지 못한다. 플레이어 스스로 게임 세계에 들어가고자 하는 의지가 있을 때부터 게임이 시작되며, 게임 내 절차와 규칙들을 인정하고 따르게 된다. 이러한 플레이어의 의지를 자발적 참여라고 한다. 게임 디자인 이론에서는 이를 플레이어가 매직 서클 Magic Circle 안에 들어갔다고 표현한다. 매직 서클은 앞서 놀이에 대해 설명할 때 등장했던 「호모 루덴스」에 나오는 개념이다.

자발적 참여는 플레이어가 게임을 플레이함에 있어 가장 먼저 이뤄지는 과정으로 플레이어의 의지에 따라 얼마든지 자유롭게 참여/비참여 여부가 가능하다. 예를 들어 게임을 하는 도중 중요한 전화가 오면 플레이어는 자발적 참여를 잠시 끊고 현실로 돌아와서 전화를 받고, 전화가 끝나면 다시 자발적 참여를 통해 게임 세계로 들어간다. 자발적 참여는 순전히 플레이어의 의지에 따라 결정되며 게임 디자이너는 여기에 직접적인 영향을 줄 수 없다. 플레이어에게 일어나는 미적 정서, 다이내믹스, 목표는 자발적 참여가 이뤄진 안에서만 발생하게 된다.

❷ 기술

기술은 게임이 제작될 범위를 제한한다. 과거 카트리지 형태의 롬팩에 게임을 넣어야 했던 시절에는 용량이라는 제한 때문에 특정 색깔만을 사용할 수 있었으며, 문자도 많이 넣을 수 없었다. 당시 일본 게임에 한자가 없이 히라가나와 가타카나만을 사용했던 이유는 한자를 집어넣을 용량조차 부족했기 때문이다.

2D를 선택할 것인지 3D를 선택할 것인지, 유니티^{Unity} 엔진을 사용할 것인지 언리얼 ^{Unreal} 엔진을 사용할 것인지, 즉 어떤 기술을 사용할지 그리고 사용할 수 있는지에 따라서 게임에서 구현할 수 있는 범위가 달라진다.

따라서 기술은 스토리, 메커닉스, 피드백 시스템이 구현되는 바탕이 된다. 게임 디자이너는 현재 가용한 기술의 범위 안에서 스토리, 메커닉스, 피드백 시스템을 어떻게 디자인할지 고민할 수 있어야 한다. 현재 기술로 불가능한 것은 가능한 기술 범위에서 최대한 비슷한 효과를 낼 수 있도록 방안을 제시해야 하기에 현재 기술의 범위를 잘 파악하고 있는 것도 게임 디자이너의 능력 중 하나가 된다.

❸ 스토리

스토리는 게임 내에서 이뤄지는 모든 사건의 집합이자 흐름이다. 다만 모든 게임에서 스토리는 필수가 아니다. 과거 〈테트리스^{Tetris}〉부터 시작해서 〈캔디크러쉬사가 Candy Crush Saga〉와 같은 퍼즐 게임, 일부 시뮬레이션 게임이나 슈팅 게임, 〈둠^{Doom}〉이나 〈배틀 그라운드〉와 같은 FPS/TPS 게임 등 꽤 많은 게임 장르에서 스토리 없이도 충분히 재미있게 플레이할 수 있는 게임이 많았다.

하지만 게임에 스토리가 있음으로써 게임을 이해하는 데 도움을 주고 게임의 콘텐츠를 풍부하게 만들기 수월하다. 스토리를 통해 세계관을 만들기 좋기에 팬층을 다지기 유리하다. 시리즈나 프랜차이즈를 이어감에 있어 스토리는 빠질 수 없는 게임 구성요소다. 스토리를 중시하지 않던 FPS인 〈둠〉의 한계를 극복하고 FPS의 새로운 장을 연 〈하프라이프^{Half-Life}〉는 게임에서 스토리가 가진 힘을 보여줬다. 스토리를 중시하지 않았던 FPS 장르에서도 〈하프라이프〉 이후 오히려 스토리를 강조하는 경향이 짙어졌다.

그림 2-28 출처: 하프라이프

스토리에서 주는 몰입과 게임 플레이에서 주는 몰입에는 차이가 있다. 3장의 '58. 플로우 이론'에서 자세히 설명하겠지만, 게임 플레이만으로는 게임에 대해서 전혀 모르는 초반에 플레이어를 몰입시키기 어렵다. 그러므로 게임 초반부터 스토리가 플레이어의 몰입을 이끌어내며 플레이어가 게임에 익숙해지고 성장하는 데까지 시간을 벌어 게임 플레이에서 오는 몰입과 연결해주는 역할을 하는 것이 좋다.

❹ 메커닉스

메커닉스는 게임의 규칙과 절차 그리고 규칙 간의 관계를 의미한다. 스토리와 함께 게임의 콘텐츠를 만드는 두 개의 축이다. 메커닉스를 통해 게임 플레이가 규정된다. 게임 플레이를 보다 재미있게 즐길 수 있도록 세부적으로 조정하는 것이 레벨 디자인과 밸런스다.

메커닉스는 영화나 드라마와 같이 기존의 보는 미디어와 다르게 게임에 상호 작용성을 부여하는 게임 구성요소다. 그렇기 때문에 메커닉스는 게임의 중핵이며 게임의 전체적인 특징을 결정하는 요소가 된다.

흔히 명작이나 대작으로 불리는 게임의 대부분은 자신만의 독특한 메커닉스가 존재한다. 뛰어난 메커닉스는 새로운 장르를 창출하기도 하며, 이후 수많은 게임에 영향을 주게 된다. 일부 게임 장르를 제외하고 게임 디자이너가 가장 많은 노력과 시간을 투자해야 하는 게임 구성요소라 할 수 있다.

❺ 피드백 시스템

피드백 시스템은 기술 안에서 플레이어에게 스토리와 메커닉스를 전달하기 위한 연결고리 역할을 한다. 플레이어의 행동이 게임 세계에 제대로 반영이 되고 있는지 알려주는 역할로, 인간의 감각을 자극하는 '즉각적'인 피드백이 가장 중요하다. 피드백이 느리면 플레이어는 몰입이 깨지며 불편함을 느끼고 게임 세계에서 현실 세계로 돌아가버린다. 피드백 시스템이 있기에 플레이어는 다이내믹스와 미적 정서를 거쳐 게임의 목표까지 도달할 수 있다

피드백 시스템은 UI, 그래픽, 사운드 등의 요소로 구성된 집합이다. 플레이어, NPC, 적, 장비, 아이템, 맵 등 게임에서 필요한 모든 정보와 상태를 요약해서 상황에 맞게 알려주는 역할을 한다. UI뿐만 아니라 피격시 캐릭터의 모션, 발소리 효과음 등 다양한 요소들이 포괄적으로 해당될 수 있다는 점에 주의해야 한다.

❻ 다이내믹스

다이내믹스는 게임 내에서 이뤄지는 '플레이어의 매번 변하는 행동'이다. 플레이어는 스토리와 메커닉스를 피드백 시스템을 통해 전달받으며, 이를 통해 다이내믹스를 만들어낸다.

특정 선택지로만 된 일부 게임이 아닌 이상 대부분의 게임은 플레이할 때마다 과정 및 결과가 달라진다. 게임에 대한 이해도, 난이도와 같이 게임과 관련된 요소에 따라서 다이내믹스도 변하지만, 플레이어의 나이, 성별, 문화 등 게임 외적인 요소에 따라서도 다이내믹스가 변한다. 그러므로 게임 디자이너 입장에서 가장 예측하기 어렵고 디자인하기 까다로운 게임 구성요소이기도 하다. 플레이하는 사람 수가 많아질수록 게임 내에서 무슨 행동을 할지 모르기 때문에 일어날 가능성 있는 다이내믹스를 모두 고려하기란 어렵다.

여러 번 플레이해도 재미가 있거나 흔히 회차 플레이가 가능한 게임을 플레이함에 있어 다이내믹스는 특히 중요한 요소가 된다. 〈엘더스크롤5 스카이림〉을 비롯한 오픈월드 RPG나 〈마운트 & 블레이드: 워밴드Mount & Blade: Warband〉와 같은 샌드박스형 RPG, 〈문명〉과 같은 시뮬레이션, 〈배틀 그라운드〉와 같은 생존 또는 배틀로얄 등 수많은 게임들이 점차 다이내믹스를 중시하고 있는 추세다.

그림 2-29 출처: 마운트 & 블레이드: 워밴드

❼ 미적 정서

미적 정서는 플레이어가 게임에 대해 느끼는 감정의 결정체다. 스토리와 메커닉스를 피드백 시스템을 통해 전해 받고, 다이내믹스를 행하면서 생기는 게임에 대한 전반적인 느낌과 인식이다. 해당 게임이 전체적으로 좋다 또는 싫다는 물론 특정 요소인 전투 시스템, 그래픽, 사운드, UI 등에 대한 평가 또한 미적 정서에 포함된다. 미적 정서는 충분한 시간 동안 게임을 플레이하면서 느끼는 감정과 다양한 경험 등이 하나로 묶이는 종합적인 사고 과정에 의해 형성된다.

미적 정서는 게임 디자이너가 디자인할 수 있는 가장 플레이어에 가까운 게임 구성요소다. 따라서 게임 디자이너는 플레이어가 여러 과정을 거쳐 최종적으로 어떤 미적 정서를 느끼게 될지 충분히 고민해야 한다. 게임 디자인은 미적 정서에 대한 접근부터 시작돼야 한다.

❽ 목표

플레이어가 게임 세계에서 얻어야 할 구체적인 결과가 목표다. 게임 디자이너가 게임의 목표를 설정하고 제공할 수 있으나 플레이어는 스스로 목표를 선택한다. 게임 디자이너가 제공한 목표 그대로 플레이어의 목표가 되기도 하지만, 플레이어가 게임 내에서 스스로 선택할 수도 있다. 무기 개조 없이 플레이해 엔딩을 보거나 엔딩과 무관하게 단지 모든 아이템을 모으는 것을 목표로 할 수 있다. 게다가 플레이하는 것 자체를 목표로 삼을 수 있으며 얼마든지 게임 외적인 목표도 선정할 수 있다. 누군가와 경쟁해서 한 판이라도 이기는 것이 목표가 되거나 플레이하는 모습을 다른 누군가에게 보여주는 것도 게임의 목표가 될 수 있다. 그렇기 때문에 게임 디자이너는 플레이어에게 목표를 제안할 수는 있으나 직접 영향을 줄 수는 없다.

게임 구성요소인 목표는 플레이어가 자발적 참여를 한 상황 아래에서만 이뤄지며 목표를 이루는 과정에서 플레이어의 경험이 만들어진다.

플레이어와 게임 디자이너의 관점을 다시 정리해보자.

- **플레이어 관점**: 자발적 참여 → 기술 → 스토리/메커닉스 → 피드백 시스템 → 다이내믹스 → 미적 정서 → 목표

플레이어의 관점은 다음과 같다. 플레이어는 게임을 접함에 있어 먼저 자발적 참여를 하게 된다. 자발적 참여를 하겠다는 플레이어의 의지가 생기면서부터 게임 세계에 들어가게 된다. 기술을 기반에 둔 스토리와 메커닉스를 접하게 되면서 게임 콘텐츠를 받아들이고 피드백 시스템은 게임과의 상호 작용 창구가 된다. 게임과 상호 작용이 시작되면 플레이어는 게임 내의 행동인 다이내믹스와 감정인 미적 정서를 만들어낸다. 이러한 과정 속에서 플레이어는 스스로 목표를 정하게 된다. 플레이어가 게임을 플레이하는 이 모든 과정을 통해 플레이어의 경험이 창출된다.

- **게임 디자이너 관점**: 미적 정서 → 다이내믹스 → 스토리/메커닉스/기술/피드백 시스템

게임 디자이너의 관점은 다음과 같다. 게임 디자이너는 플레이어의 경험이나 목표에 직접적인 영향을 줄 수 없다. 단지 게임 디자이너가 바라는 이상향을 제공할 뿐이다. 그러므로 게임 디자이너는 플레이어에게 가장 가까운 게임 구성요소이자 상호 작용이 일어나는 G-P section에 포함되는 미적 정서부터 디자인해 나가야 한다. 플레이어에게 전하고자 하는 미적 정서가 결정되면 이를 바탕으로 세부적인 다이내믹스를 구상해 나간다. 플레이어가 어떤 상황에서 어떤 행동을 하기 원하는지 결정이 되면 이를 통해 상세적인 스토리, 메커닉스를 가능한 기술 안에서 디자인한다. 그리

고 이것들을 플레이어에게 어떻게 전달할지 피드백 시스템을 같이 만들어 나간다.

콘셉트 디자인 단계에서는 최소한 전달하고자 하는 미적 정서와 다이내믹스에 대한 구체적인 디자인이 이뤄져야 한다. 스토리, 메커닉스, 기술, 피드백 시스템에 대한 내용은 상세 디자인에서 이뤄지므로 콘셉트 디자인에서는 전체적인 방향을 설명하고 전달할 수 있는 정도로 충분하다.

참고문헌

- 제시셀 저, 한동숭, 윤형섭, 한호성, 김정태 역, 『The Art of Game Design 1 2nd Edition: A Book of Lens』, 홍릉과학출판사, 2016.
- 제인 맥고니걸 저, 김고명 역, 『누구나 게임을 한다』, 알에이치코리아, 2012.
- Hunicke, Robin, Marc LeBlanc, and Robert Zubek, 「MDA: A formal approach to game design and game research.」, 「Proceedings of the AAAI Workshop on Challenges in Game AI. Vol. 4.」 2004.

4
재미

게임의 테마와 게임에 대한 전반적인 방향을 결정한 다음에 할 일은 게임을 통해서 플레이어에게 어떤 재미를 선사할 것인가 고민하는 것이다. 재미가 게임의 전부는 아니라지만, 게임에 있어 가장 중요한 것 중 하나임은 틀림없는 사실이다. 아무리 기술적으로 우수하고 아름다운 그래픽으로 치장했다고 한들 재미가 없다면 그 게임의 가치는 사라진다. 재미는 게임이 놀이로부터 발전된 미디어라는 관점에서 보면, 게임의 존립을 결정하는 키가 된다. 재미없는 놀이는 시대가 흐르면서 도태되고 역사 속으로 사라져버리듯이 말이다.

세상에는 어떤 재미가 있을까? 동일한 상황일지라도 사람마다 느끼는 재미는 다르다. 게임도 다르지 않다. MMORPG 〈월드 오브 워크래프트〉에는 어떤 재미들이 포함돼 있을까? 스토리에 재미를 느끼는 사람이 있는 반면, 레벨업, 던전 공략, 투기장, 수집, 거래, 길드, 채팅, 탐험 등 물어보는 사람마다 각기 다른 콘텐츠가 재미있다고 대답할 것이다. 심지어 같은 콘텐츠를 선택한 사람들 중에서도 서로 다른 재미를 언급할 것이다.

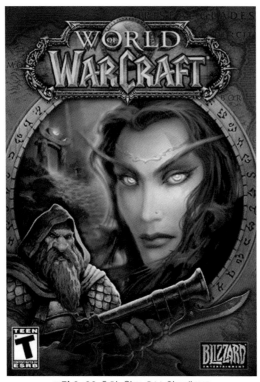

그림 2-30 출처: 월드 오브 워크래프트

재미는 매우 주관적이고 상대적인 개념이다. 개인적인 경험, 지식, 정서, 성격에도 영향을 받으며 주변환경, 사회, 문화에 대한 것에 이르기까지 너무나 폭넓은 요인에 따라 변한다. 게다가 경쟁을 통한 게임을 즐기는 경우 다른 요인이 동일하다고 가정해도 사람 간의 관계에 따라 상대적으로 변한다. 게임을 통해서 친한 친구와 경쟁을 할 때, 잘 모르는 사람과 경쟁을 할 때, 평소 좋지 않은 감정을 가졌던 사람과 경쟁을 할 때는 전혀 다른 상황이 연출되며 전혀 다른 재미를 느끼게 된다.

보편적으로 멀티 플레이를 할 때 게임에서 이긴 사람은 재미를 느끼지만 진 사람은 재미를 느끼지 못할 수도 있다. 하지만 항상 그런 것은 아니다. 반대되는 상황도 존재한다. 게임에 이겼지만 너무 시시해서 재미를 못 느끼거나 이기고도 기분이 나쁜 경우도 존재한다. 졌지만 매우 강한 상대를 대상으로 나름 선전했다는 재미를 느낄 수도 있는 것이다. 친한 친구들과 게임을 할 때 팀 전체가 졌음에도 재미를 느끼는 경우는 흔하게 일어난다. 재미는 게임에서만 오는 것이 아니라 주변 환경, 문화

그리고 다른 플레이어에게도 영향을 받는다.

게다가 재미는 복합적인 감정이 동반돼 발현되므로 어떤 이유로, 어떤 요인에 의해, 어떤 감정이 만들어져서 재미를 느꼈는지 명확히 설명하기 쉽지 않다. 우리가 재미라는 개념을 이해하기 어려운 이유다. 게임의 재미를 이해하기 위해서는 게임, 인간, 사회, 문화, 심리 등을 폭넓게 종합적으로 알아야 한다.

그럼에도 불구하고 게임 디자이너에게는 플레이어에게 어떤 재미를 줄지 사전에 반드시 결정할 수 있는 결단력이 요구된다. 뛰어난 게임 디자이너가 된다는 것이 괜히 어려운 것이 아니다. 그러기 위해서 먼저 세상에 어떤 재미가 있는지, 플레이어는 어떤 재미를 느끼는지 알아야 한다. 단지 추상적으로 재미있는 게임을 만들고 싶다는 것만으로는 아무 것도 시작할 수 없다. 게임 디자인 문서를 구체적으로 작성할 수도 없으며 다른 개발자를 설득시키는 것조차 불가능해진다.

21 재미의 유형

왜 사람들은 게임을 플레이할까? 부수적으로 여러 이유는 있을 수 있겠지만 핵심은 '재미있으니까!'다. 하지만 앞서 말했듯이 재미는 주관적이며 상대적이다. 게다가 콘텐츠의 배치를 어떻게 했는지, 난이도를 어떻게 설정했는지에 따라서 시시각각 변한다. 사람들마다 게임을 즐기는 이유는 다르다. 그러나 아무리 사람들마다 게임을 즐기는 이유가 다르다고 할지라도 패턴을 찾아 유형으로 나타낼 수 있다. 니콜 라자로 Nicole Lazzaro는 플레이어가 게임 속에서 주로 하는 활동에 초점을 맞춰 재미를 4가지 유형으로 분류했다(그림 2-31 참조). 게임이 플레이어에게 어떤 재미를 제공하는지 알아보자.

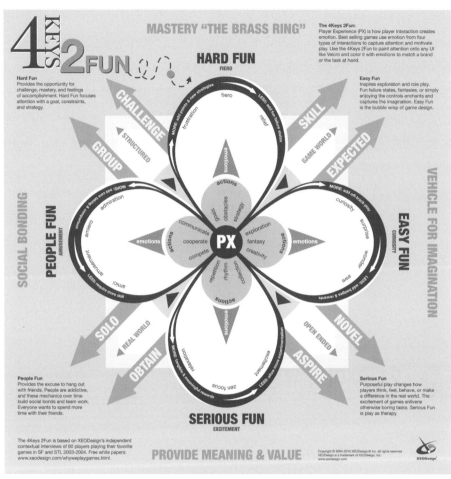

그림 2-31 4가지 재미 요소(4Keys to Fun)

(출처: http://www.nicolelazzaro.com/the4-keys-to-fun/)

4가지 재미 요소(4Keys to Fun)

❶ 쉬운 재미(Easy Fun): 호기심

❷ 어려운 재미(Hard Fun): 피에로

❸ 같이하는 재미(People Fun): 오락

❹ 진지한 재미(Serious Fun): 이완과 흥분

❶ 쉬운 재미

쉬운 재미$^{Easy\ Fun}$의 핵심은 호기심이다. 호기심이라는 감정은 그 자체로 재미를 느낄 수 있으며, 다른 조건이 필요하지 않기에 플레이어를 유혹하기 좋은 방법이다. 새로운 경험을 할 수 있다는 궁금증을 해결하는 욕구를 충족하면서 플레이어는 재미를 느끼게 된다. 〈진 삼국무쌍$^{真□三國無双}$〉과 같이 버튼 몇 개의 조합으로 쉽게 다량의 적을 학살하는 무쌍 시리즈가 주는 재미는 니콜 라자로가 주장한 쉬운 재미에 해당하지 않는다는 점에 주의해야 한다. 니콜 라자로가 주장하는 쉬운 재미는 게임 난이도가 쉬운 것에서 오는 재미와는 무관하다.

새로운 전투 시스템, 새로운 조작법, 새로운 퍼즐, 새로운 이야기 전개 방법 등은 플레이어를 일순간에 몰입시킨다. "우와! 이것도 돼? 이거 갓게임이네!", "이런 시스템 처음 봤어! 정말 색다른데."와 같은 호기심은 놀라움과 감탄으로 변한다.

이런 쉬운 재미를 가장 잘 활용하는 게임 개발사는 닌텐도일 것이다. 〈젤다의 전설: 브레스 오브 더 와일드$^{The\ Legend\ of\ Zelda:\ Breath\ of\ the\ Wild}$〉의 세계에 처음 발을 딛게 되면 나무에 사과가 달려있는 것을 보게 된다. 그리고 이 사과를 떨어트려서 주울 수 있음을 알게 되면서 놀라게 된다. 그리고 머지않아 사과를 불에 구울 수 있다는 점도 알게 된다. 기존 게임에서 흔히 볼 수 없었던 게임 초반의 다양한 새로운 경험은 이후에 등장하게 될 수많은 오브젝트들이 어떻게 반응하게 할지에 대한 호기심으로 변하면서 급격히 몰입하게 된다.

그림 2-32 출처: 젤다의 전설: 브레스 오브 더 와일드

❷ 어려운 재미

새로운 것을 통해 호기심을 주는 쉬운 재미는 분명 매력적이다. 하지만 오래 지속

시키기 힘들다. 끊임없이 새로운 발상을 제공해야 하기 때문이다. 어려운 재미^{Hard Fun}에서 핵심은 피에로^{Fiero}다. 피에로란 먼저 좌절을 겪은 후 도전적인 목표를 달성했을 때 얻는 성취감 및 긍지라 할 수 있다. 수많은 장애물과 좌절을 겪으면서 새로운 전략과 스킬 상승을 통해 성장해가는 어려운 재미야말로 가장 확실하게 보장된 재미라고 할 수 있다.

대부분의 게임에서는 쉬운 재미만 제공하지 않는다. 아니 쉬운 재미만을 가지고 게임을 만들기엔 아이디어가 부족하기에 현실적으로 불가능에 가깝다고 볼 수 있다. 일반적으로 게임은 뒤로 갈수록 어려워지며, 여러 난이도를 선택할 수 있게 해 다방면으로 어려운 재미를 제공하려 노력한다. 단, 어려운 재미를 디자인함에 있어 주의해야 할 점이 있다. 게임이 너무 쉬워지면 지루해지고 너무 어려워지면 좌절감에 빠져 흥미를 잃게 된다. 이런 현상을 플로우^{Flow}라고 하며 어려운 재미와 깊게 관련돼 있다. 플로우는 3장의 '58. 플로우 이론'에서 자세히 다룬다.

〈데몬즈 소울〉, 〈다크 소울〉, 〈블러드본^{BloodBorne}〉, 〈인왕^{Nioh}〉과 같이 게임 시작부터 어려운 재미에 집중한 게임도 있다. 시작하자마자 웬만한 플레이어들이라면 견디지 못할 정도의 강력한 보스를 등장시키며 플레이어에게 극심한 좌절을 선사한다. 게임을 진행하면서도 하나하나가 결코 쉽지 않다. 유다희[4]를 수없이 만나가며 플레이어는 좌절을 딛고 성장한다(그림 2-33, 그림 2-34 참조). 이 게임들은 피에로를 극대화함으로써 어려운 재미를 효과적으로 살린 게임이다.

일반적으로 게임이 점차 어려워져야 한다고 해서 무조건 게임 초반이 쉬울 필요는 없다. 이러한 연출 또한 플레이어에게 새로운 경험과 호기심을 제공하니 니콜 라자로가 주장한 쉬운 재미에 속한다고도 볼 수 있다. 어려운 재미를 끊임없이 추구하다 보니 덩달아 쉬운 재미까지 발생한 것이다.

---

4 게임 오버 화면에 나오는 You Died라는 문구를 여성의 이름으로 의인화해 표현한 것. 수없이 죽음을 겪어야 하는 게임이기에 죽을 것 같은 상황이 발생하면 '유다희를 만나러 갑니다'라는 식으로 표현하기도 한다.

그림 2-33 출처: 다크 소울 3

그림 2-34 출처: 다크 소울 3(게임 오버 화면 You Died – 유다희)

❸ 같이하는 재미

인간은 사회적 동물이다. 혼자가 좋을 때도 있으나 인간은 혼자서 살아갈 수 없기에 여럿이 있을 때 감정이 증폭된다. 집에서 혼자 TV를 보며 좋아하는 축구팀을 응

원하는 것에 비해 친구들과 술집에 모여서 응원하면 감정의 폭이 더욱 커진다. 더 나아가 축구장에 직접 가서 수많은 관중 속에서 응원을 하면 전율이 느껴질 정도로 감정은 증폭된다.

물론 긍정적인 감정만이 아니라 부정적인 감정도 증폭된다는 점에 주의해야 한다. 〈리그 오브 레전드〉, 〈오버워치^{Overwatch}〉와 같이 협동과 경쟁을 동시에 하는 팀경쟁 게임의 경우, 이겼을 때는 무엇보다 승리의 쾌감을 맛볼 수 있으나 졌을 경우에는 싱글 플레이 게임에 비해 부정적인 감정이 크게 증폭된다는 점을 간과해서는 안 된다. 이러한 부정적인 감정이 증폭돼 비하나 욕설 등으로 이어지기도 한다.

다른 사람과 공유하는 경험, 특히 친숙한 사람과 공유하는 경험은 사회적 유대를 만들며 이 과정에서 자연스럽게 재미를 느끼게 된다. 같이하는 재미의 핵심은 오락이며 이는 가장 강력한 재미다. 게임에서도 협력, 경쟁 등을 통해 멀티 플레이를 함으로써 같이하는 재미를 제공한다. 타인과의 소통과 교감을 통해서 같이 한다는 감정이 재미로 변한다.

그림 2-35 출처: 리그 오브 레전드

❹ 진지한 재미

대부분의 게임은 단순히 플레이할 때는 즐겁지만 끝난 후에 현실과 아무런 상관이 없는 경우가 많다. 하지만 어떤 게임은 플레이가 끝난 후에도 플레이어 자신과 세상을 변화시키는 경우도 존재한다. 게임 속 특정 캐릭터를 좋아하게 돼 취향이 변하거나, 게임 스토리에 감동을 받아 가치관에 변화가 오기도 한다. 그리고 사회적인 이슈를 불러일으켜 현실 사회에 영향을 주는 게임도 존재한다. 이러한 의미 있는 일에 대한 만족감에서 오는 재미가 진지한 재미^{Serious Fun}다.

몸치였던 사람이 〈저스트 댄스^{Just Dance}〉를 통해서 춤에 자신감을 가지게 되며, 다이어트 효과까지 얻게 된다. 또한 〈저스트 댄스〉 대회에 나가서 수상을 하고 유명인이 될 수도 있다. 이러한 과정 속에서 이완과 흥분이 반복돼 발생하며 플레이어는 스스로 가치와 의미를 만들어 가면서 재미를 느낀다.

그림 2-36 출처: 저스트 댄스 2018

니콜 라자로가 주장한 4가지 재미 요소는 크게 게임 내적&외적인 재미 요소로 구분할 수 있다. 쉬운 재미와 어려운 재미는 게임 내적인 재미 요소이며, 같이 하는 재미와 진지한 재미는 게임 외적인 재미 요소다. 게임 내적 재미 요소인 쉬운 재미와 어려운 재미는 게임의 콘텐츠와 그 배치에 관련된 재미다. 따라서 게임 디자이너들이 살펴보지 않을 수 없는 재미에 해당된다. 그리고 게임 외적 재미 요소인 같이 하는 재미는 다양한 멀티 플레이를 통해 제공할 수 있기에 멀티 게임, 온라인 게임, 모바일 게임에서 주로 고려하게 된다. 하지만 게임 외적 재미 요소인 진지한 재미는 게임 디자이너들이 간과하기 쉽다. 게임을 디자인할 때 플레이어나 현실 세계에 어떻게 긍정적인 영향을 줄 수 있는지 고려한다면, 다른 게임에서 제공하기 어려운 진지한 재미까지 제공할 수 있어 명확한 차별성을 가지게 된다. 그리고 이러한 게임은 더러 사회적으로 큰 반향을 일으키기도 한다.

실제 대작 및 수작이라고 불리는 게임 작품들을 살펴보면, 4가지 재미 요소 중 최소 3개 이상의 재미를 제공하고 있다는 점을 알 수 있다. 플레이어의 관점에서 가장 선호하는 재미는 있을 수 있어도 인간이기에 모든 유형의 재미를 즐기기 때문이다. 그러므로 게임 디자인에서 재미를 계획할 때 4가지 재미 요소 중 어떤 재미를 가장 중요하게 생각할 것이며, 각각의 재미를 어떤 콘텐츠에 배치할 것인가 꼼꼼하게 따져보는 것이 좋다.

22 플레이어가 느끼는 재미

게임이 플레이어에게 제공하는 재미의 유형을 알아봤으니, 다음은 반대로 플레이어가 게임을 통해서 어떤 재미를 느끼는지 살펴봐야 한다.

게임을 플레이하면서 어떤 재미를 느끼는가? 이러한 플레이어의 재미는 쾌락과 깊이 연결된다. 아름다운 것을 보고 듣는 것, 어려운 것에 도전하는 것, 친구를 사귀는 것, 새로운 발견을 하는 것 모두 인간이 느끼는 재미이자 쾌락이다. 사람마다 어떤 재미를 선호하는지 다르다. 그렉 코스티키안^{Greg Costikyan}은 「I Have No Word & I Must Design」에서 마크 르블랑의 게임 쾌락의 분류를 통해 플레이어들이 느끼는 재미를 설명했다.

8가지 게임 쾌락의 분류(Leblanc's taxonomy)

❶ **감각(Sensation):** 아름다운 그래픽&사운드, 촉각의 쾌락

❷ **상상(Fantasy):** 장소감, 몰입감, 불신의 중지

❸ **서사(Narrative):** 드라마같이 느껴지는 감각, 긴장감

❹ **도전(Challenge):** 강력한 투쟁

❺ **친교(Fellowship):** 강렬한 경험 공유, 커뮤니티

❻ **발견(Discovery):** 모험, 숨겨진 것을 밝힘, 다양성

❼ **표현(Expression):** 커스터마이징, 자기 표현

❽ **복종(Submission):** 게임 구조에 복종, 상호합의 하에 플레이

❶ **감각**

아름다운 영상과 소리를 싫어하는 사람이 있을까? 모든 사람은 아름다운 것에 매료되고 아름다운 것을 추구하는 경향이 있다. 아름다운 것에 대한 감각적(시각, 청각, 촉각적) 쾌락은 인간의 기본적인 본성이다.

게임에 있어서도 아름다운 그래픽과 사운드는 빠질 수 없는 요소다. 그래픽과 사운드가 부족하다고 해도 재미있는 게임을 디자인할 수는 있다. 하지만 아름다운 그래픽과 사운드가 곁들여진다면 재미가 배가된다는 사실은 부정할 수 없다.

시리즈 게임의 경우 후기 작품으로 갈수록 그래픽과 사운드가 발전한다. 그렇지 못한 경우 게이머들의 질타가 매섭게 쏟아진다. 이러한 게이머의 욕구가 있기에 과거 인기를 끌었던 게임들이 리마스터 버전으로도 발매되고 있다. 대부분의 리마스터 버전은 큰 인기를 얻지는 못하지만 개발비용에 비해 적지 않은 수익을 얻고 있기에 지속적으로 나오고 있다. 동일한 게임성을 가졌다는 가정 하에 보다 아름다운 그래픽, 보다 듣기 좋은 사운드가 플레이어에게 감각적 재미를 준다.

게임은 더 이상 시각과 청각에만 의존하지 않고 발전하고 있다. 다양한 컨트롤러가 등장하고 컨트롤러에 진동을 비롯해 다양한 촉각을 전달해주고자 발전하고 있다. 특히 최근 많은 VR기기에서는 다양한 모양의 컨트롤러를 통해 촉각을 전달해주는 기능을 강화하고 있다.

플레이스테이션3 패드에 진동이 제외됐을 때 게이머들의 반응이 어땠는지 떠올려보자. 제조사에게는 특허 관련 문제로 민감했던 부분이었고 기능적으로 보면 단지 모터 몇 개가 빠진 것에 불과해서 중대한 문제로 보지 않았다. 그러나 이는 감각적 재미를 이해하지 못한 잘못된 판단이었다. 플레이어들이 느끼는 감각적 재미에서 한 축인 촉각을 빼앗아버렸기에 전 세계 게이머들의 공분을 샀고 결국 경제적 손해를 감수하고서라도 진동 기능을 되돌렸다. 현재 패드에 활용되는 진동 기술이 아무리 별볼일 없다고 할지라도 촉각이 있는 것과 없는 것은 플레이어 경험에 큰 차이를 발생시킨다. 패드로 한 번 플레이한 사람은 가능한 한 패드로 플레이하려는 경향이 커지는 것도 이를 반영한다.

❷ 상상

여기서 상상^{Fantasy}은 용과 마법이 난무하는 판타지가 아니라, 불신의 정지^{suspension} $^{of\ disbelief5}$라는 개념과 유사하다는 점에 주의해야 한다. 게임 속 가상 현실을 만들 때 과거, 현재, 미래, 상상의 세계 중 무엇을 선택하던지 세계관과 배경을 해당 시대라고 믿을 수 있을 정도로 디자인돼 있다면 플레이어는 만들어진 가상 세계에 장소감을 느끼게 되며 이는 재미와 몰입감을 유지하게 도와준다.

〈어쌔신 크리드 2$^{Assassin's\ Creed\ 2}$〉는 과거 르네상스 시대 모습을 보여주고 있으며, 〈호라이즌 제로 던$^{Horizon\ Zero\ Dawn}$〉은 상상의 세계로 문명의 폐허를 대자연이 차지한 포스트 아포칼립스 세계관을 가진다. 이 두 게임에서 보여주는 시대적 배경은 다르지만, 마치 해당 시대에 들어간 것처럼 해당 세계관에 맞게 인물, 건물, 환경 등을 꾸몄으며 어울리는 그래픽 스타일로 현실감있게 표현했다는 공통점이 있다. 플레이어는 마치 그 시대, 그 장소에서 있는 것처럼 느끼며 그 세상의 일부로 몰입하게 되고 이런 과정 속에서 재미를 느끼게 된다. 사소한 오브젝트 하나하나가 판타지 재미를 강화하는 데 도움을 준다.

---

5 시인이자 미학자 사무엘 테일러 콜리지가 붙인 개념으로, 환상을 다룬 이야기라도 인간적 흥미와 진실의 모습이 있다면 사실이 아니라는 불신을 그만두고 작품에 몰입하게 된다는 의미다.

그림 2-37 출처: 어쌔신 크리드2(스팀)

그림 2-38 호라이즌 제로 던(출처: 플레이스테이션 공식 홈페이지)

❸ 서사

서사^{Narrative}가 주는 재미는 스토리 자체에서 주는 재미를 의미하는 것이 아니라

극적인 감정을 조절하는 과정에서 나온다. 발단-전개-위기-절정-결말이라는 극적 단계를 통해서 플레이어는 절정을 넘어 성취감을 얻게 된다. 이 과정을 거치면서 끊임없는 긴장 속에서 숨을 죽이고 사건의 전개를 경험하는 재미를 느낀다.

❹ 도전

앞서 소개한 감각, 판타지, 서사에 의한 재미는 게임 디자이너가 선택적으로 넣을 수 있지만 도전^{Challenge}에 의한 재미는 모든 게임에 있어 필수적인 재미가 된다. 게임 내에서 문제를 해결하고 장애물을 극복하면서 얻는 재미는 인간의 강력한 투쟁심에서 비롯된다. 플레이어가 어떤 콘텐츠에 도전 의식을 불태울 것인지, 왜 도전을 하는지 확인하고 그에 따른 게임 디자인을 해야 한다.

싱글 플레이 게임에서도 충분히 도전하는 재미를 줄 수 있지만, 보편적으로 네트워크를 활용한 멀티 플레이 게임에서 도전하는 재미를 강화하기 수월하다. 게임 디자이너가 제공한 제한적인 콘텐츠 내에서 도전할 만한 대상은 제한적일 수밖에 없다. 하지만 다양한 사람이 모이는 멀티 플레이에서는 도전할 대상은 게임만이 아니라 같이 플레이하는 플레이어가 되기도 한다. 지속적으로 변하는 대상을 통해서 새로운 도전이 끊임없이 제공되므로 멀티 플레이 게임에서 도전하는 재미는 보다 강렬해진다.

❺ 친교

친교에서 주는 재미는 간단히 말해서 게임 커뮤니티를 통해서 얻는 재미다. 〈월드 오브 워크래프트〉와 같은 MMORPG의 경우, 게임 내 같은 길드나 공대를 통해 강력한 경험을 공유한 사람들은 몇 년이 지난 후에도 알고 지내는 경우가 적지 않다. 게임 내 채팅과 같은 커뮤니티 기능은 물론 게임 외부의 커뮤니티 사이트 등을 통해서 오랜 기간 우정, 협력과 같은 친교를 쌓으면서 친밀감이 생기고 이런 과정에서 재미를 느끼게 된다.

❻ 발견

게임은 가상 세계 속으로 들어가는 것부터 시작된다. 게임에서 모험한다는 것은 가상 세계 안에서 새로운 장소를 발견한다는 의미가 된다. 새로운 지역, 새로운 던전에 처음 발을 디딜 때의 두근거림과 흥분은 플레이어에게 있어 강력한 경험이 된다. 수많은 MMORPG 대형 업데이트에서 새로운 지역과 던전을 추가하는 콘텐츠가 빠지지 않고 등장하는 이유는 발견에서 주는 재미는 인간의 새로운 것에 대한 발견이라는 정서적인 끌림을 주기 때문이다.

새로운 장소를 발견하는 모험만 아니라 숨겨져 있는 정보를 찾는 것 또한 발견 Discovery이 주는 재미의 일종이다. 숨겨진 아이템이나 요소를 게임 내에 배치하는 것이나 이스터 에그Easter egg를 숨겨놓는 디자인도 발견하는 재미를 주는 좋은 방법이다. 카드를 기반으로 한 게임에서 다른 플레이어의 카드가 무엇인지 알아내려고 하는 시도나 시뮬레이션 게임에서 자주 이용되는 전장의 안개Fog of War도 인간의 발견에 대한 욕구를 효과적으로 활용한 예다.

❼ 표현

인간은 누구나 자신을 타인에게 매력적으로 표현Expression하고자 하는 욕구가 있다. 이러한 욕구가 게임 내에서도 자기표현이라는 재미로 드러난다. 따라서 RPG를 비롯해 여러 게임 장르에서 플레이어 캐릭터를 커스터마이징하는 형태로 자기를 표현할 수단을 제공한다. 또한 플레이어나 동료 캐릭터에 헤어스타일, 장비, 옷, 액세서리, 아이템, 색상 변경 등으로 꾸미는 기능을 제공해 자신만의 특징을 게임 내에서 표출할 수 있도록 디자인한다. 실제 자기 표현에 민감한 사람일수록 게임 내에서 커스터마이징이나 꾸미기에 들이는 시간이 길어진다. 남성보다 여성이 평균적으로 커스터마이징과 꾸미기에 많은 시간을 투자하고 중요시하게 된다.

이러한 자기 표현에 대한 재미는 커스터마이징만이 아니라 다양한 분기를 선택할 수 있도록 함으로써 플레이어에게 제공할 수 있다. 〈히트맨Hitman〉이나 〈디스아너드Dishonored〉와 같은 액션 게임에서는 적에게 들키지 않고 조용히 임무를 수행할 수도 있지만 화끈하게 적을 모두 해치우면서 진행할 수 있는 등 플레이어에게 다양한 플레이 분기를 제공한다. 게임 플레이만이 아니라 〈더 워킹 데드The Walking Dead〉, 〈헤비레인Heavy Rain〉, 〈비욘드 투 소울즈Beyond: Two Souls〉같은 어드벤처 게임처럼 스토리에 다양한 분기를 둬 플레이어마다 자신의 생각과 가치관을 표현할 수 있도록 한다.

그림 2-39 출처: 히트맨 앱솔루션

그림 2-40 출처: 디스아너드

자신을 표현하는 재미는 인간에게 있어 상당히 높은 수준의 쾌감을 준다. 〈배틀그라운드〉의 랜덤박스에서 나오는 치마를 뽑기 위해 수십~수백만 원이라는 금액을 지불하는 것이나 〈아이돌 마스터^{the idolm@ster}〉에서 자신이 편애하는 캐릭터를 꾸미기 위해서라면 아무리 비싼 유료 DLC라도 망설이지 않는 것은 일반적인 소비 행태가 아니다. 그만큼 인간은 자기 표현에 대한 욕구가 강력하기에 때로는 이성을 뛰어넘기도 한다. 자기 표현에 대한 재미의 관점에서 보면 앞으로 게임은 커스터마이징과 분기 시스템을 점차 강화하는 방향으로 갈 것이다.

그림 2-41 출처: 아이돌 마스터 원 포 올

❽ 복종

마크 르블랑이 처음 이 재미를 언급했을 때 Masochism이라는 용어를 사용했다. 다만 이후에 성적인 뉘앙스가 오해를 불러일으킬 수 있다고 생각해 추후에 'Submission'으로 변경됐다.

앞서 플레이어는 게임에 대해 도전하는 재미가 있다고 했다. 아이러니하게도 마지막 재미는 플레이어가 게임의 구조에 복종^{Submission}함으로써 쾌락을 얻는다는 것이다. 게임을 함에 있어 게임 내 규칙을 따르지 않으면 게임이 더 이상 진행되지 않는다. 때문에 다른 플레이어가 정해진 규칙을 깨는 행위나 속임수를 쓰는 것에 대해서 심각하게 반발한다.

복종하는 재미에는 게임 내 시스템을 이해하고 최선의 결과를 내기 위한 공략 행위도 포함된다. 이러한 공략 행위는 게임에 절대적으로 복종하는 것으로부터 시작된다. 복종하는 재미의 관점에서 보면 게임 시스템을 완벽히 이해해서(복종해서) 게임 세계에서 누구보다 강해지고 싶은 욕구를 통해 목표에 도달하는 것이 게임의 목적이 된다고 할 수 있다.

23 재미 있는 게임을 위한 가이드라인

재미와 게임 디자인을 연결시키려 한 노력은 컴퓨터 게임이 등장하고 대중화되면서 게임이 급격히 발전하기 시작한 1980년대부터 지속돼왔다. 특히 토마스 말론[TW. Malone]이 주장한 재미있는 (컴퓨터) 게임을 위한 가이드라인은 1980~81년에 제시됐다. 그는 게임이 도전, 판타지, 호기심이라는 3가지 재미 요소를 갖춰야 한다고 주장했다.

초기 연구이기에 체계적인 방법을 사용하지 못했고, 체험적인 경험과 통찰에 의한 연구였으나 재미와 게임 디자인을 직접적으로 연결하려는 시도는 이후 게임의 재미에 대한 연구에 많은 영향을 줬다. 마크 르블랑이 주장했던 8가지 재미에서도 도전, 호기심, 판타지가 포함돼 있음을 알 수 있다. 초기 재미 연구가 어떻게 진행됐는지 참고하는 목적으로 살펴보자. 그는 「Toward a Theory of Intrinsically Motivating Instruction」에서 다음과 같이 가이드라인을 정리했다.

재미있는 게임을 위한 가이드라인
(Framework for a Theory of Intrinsically Motivating Instruction)

❶ Challenge

    A. Goal

        1. Personally meaningful goals

        2. Obvious or easily generated goals

        3. Performance feedback

    B. Uncertain outcome

        1. Variable difficulty level

            a. determined automatically

            b. chosen by learner

            c. determined by opponent's skill

        2. Multiple level goals

            a. score keeping

            b. speeded responses

        3. Hidden information

        4. Randomness

            a. Toys vs. tools

            b. Self-esteem

❷ Fantasy

    A. Intrinsic and extrinsic fantasies

    B. Cognitive aspects of fantasies

    C. Emotional aspects of fantasies

❸ Curiosity: Optimal level of informational complexity

    A. Sensory curiosity

        Audio and visual effects

    B. Cognitive curiosity

        1. "Good form" in knowledge structures

            a. complete

❶ 도전

도전^{Challenge}의 하위 요소에는 목표, 불확실한 결과가 있다.

- 게임의 목표는 명확해야 하며 스스로 다양한 목표를 선택할 수 있어야 한다. 그러기 위해 즉각적으로 피드백을 해줘야 개인적으로 의미 있는 목표가 될 수 있다.

- 결과는 불확실해야 한다. 어떤 결과가 나올지 눈에 뻔히 보인다면 게임으로서의 매력이 사라진다. 게임의 불확실성은 다양한 난이도, 다양한 레벨 디자인, 무작위성, 숨겨진 정보 등으로 제공할 수 있다.

- 장난감은 외부적인 목표가 없고, 툴은 외부적인 목표가 존재하는 차이가 있으나 이 두 가지 모두 긍정적인 도전을 느끼게 만든다.

- 힘든 환경에서 도전에 성공했을 때 인간은 자신이 보다 더 나은 존재임을 느낀다. 이렇게 도전에서 발현된 자아존중감은 발전된 스킬을 통해 보다 높은 목표에 도전하게 만들며 게임에 빠져들게 만든다.

❷ 상상

상상^{Fantasy}의 하위 요소에는 내적&외적 상상, 인지적 상상, 정서적 상상이 있다.

- 내적 상상에서 상상은 스킬에 의존할 뿐 아니라 스킬 또한 상상에 의존한다. 게임 세계 속 스킬에 따라 몰입이 된다. 반면 외적 상상에서 상상은 스킬을 사용하는 플레이어의 능력에 영향을 받는다. 운동신경이 필요한 게임의 경우, 플레이어의 운동 능력이 따라주지 못하면 게임 내의 스킬도 부족하게 된다.

- 새로운 것에 대해서 기존에 이미 알고 있는 지식이 몰입에 도움을 줄 수 있다는 것이 인지적 상상의 관점이다. 정서적 상상은 비-정서적인 상상에 비해 더욱 대중적이라는 관점이다. 전쟁, 파괴, 경쟁과 같은 정서적 소재와 관련된 상상은 사람들을 매료시키기 쉽다는 의미다.

❸ 호기심

호기심^{Curiosity}의 하위 요소에는 감각적 호기심과 인지적 호기심이 있다.

- 감각적 호기심은 빛, 소리와 같은 눈에 잘 띄는 변화와 크게 관련돼 있다. 그래픽, 애니메이션, 음악, 관심을 끄는 소리, 이펙트 등을 통한 변화는 플레이어에게 반사적으로 감각적 호기심을 불러일으킨다.
- 인지적 호기심은 인간의 인지 구조와 관련돼 있다. 스스로의 지식 체계를 보다 더 체계화하기 위한 욕망에서 인지적 호기심이 발생한다.

24 재미 평가 모델

윤형섭은 「MMORPG의 재미 평가 모델에 관한 연구」에서 기존 재미에 대한 연구를 정리하고 재미 요소를 추출해 MMORPG의 재미 평가 모델을 제안했다. 기존의 동기^{motivation} 이론, 몰입^{Flow} 이론, 선행 재미 연구와 함께 설문조사를 통해 종합적으로 그림 2-42와 같이 재미 요소를 체계화했다.

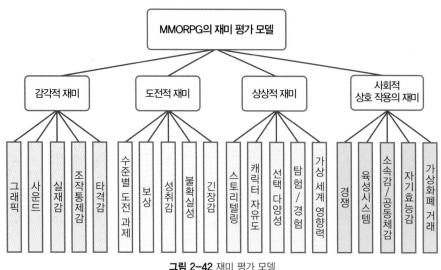

그림 2-42 재미 평가 모델
(출처: MMORPG의 재미 평가 모델에 관한 연구)

재미를 평가하는 데 있어 감각적 재미, 도전적 재미, 상상적 재미, 사회적 상호 작용의 재미로 크게 4가지를 기준으로 분류했다. 감각적 재미, 도전적 재미, 상상적 재미는 이미 마크 르블랑과 토마스 말론이 제시했었던 재미를 계승했고, 하위 요소로보다 구체화한 것이다. MMORPG로 한정해 연구가 이뤄졌기에 사회적 상호 작용의공동체감이나 가상화폐 / 거래같은 재미 요소도 있으나 몇 가지 재미 요소를 제외하면 싱글 플레이로 이뤄지는 대부분의 게임에도 적용해볼 수 있다. 각 재미 요소가 의미하는 바를 정리하면 표 2-7과 같다.

표 2-7 재미 요소별 의미 정리

핵심 재미 요소	하위 재미 요소	의미
감각적 재미	그래픽	그래픽(캐릭터, 배경, 아이템 등) 수준
	사운드	배경 음악(BGM)과 효과음(Sound Effect)의 수준
	실재감(presence)	플레이어가 마치 게임 속 세계에 있다는 느낌
	조작통제감	플레이어가 직접 게임을 통제한다는 느낌
	타격감	타격감(그래픽, 사운드, 애니메이션을 통한 손맛)

도전적 재미	수준별 도전 과제	플레이어 실력에 맞게 다양한 수준의 도전 과제 제공
	보상	도전 과제에 성공했을 때, 적당한 보상(피드백, 아이템, 레벨업, 스킬 향상 등)을 제공
	성취감	주어진 목표를 달성했을 때, 충분한 성취감을 제공
	불확실성	도전 과제를 수행하는 과정에서 결과를 알 수 없음
	긴장감	도전 과제에 임할 때 긴장감을 유발
상상적 재미	스토리텔링	스토리텔링으로 호기심과 상상력을 유발
	캐릭터 자유도	캐릭터를 플레이어 마음대로 꾸밀 수 있음
	선택의 다양성	캐릭터와 아이템의 선택의 폭이 넓음
	탐험 / 경험	다양한 탐험으로 새로운 경험을 제공
	가상 세계의 영향력	플레이어가 게임 속 가상 세계에 영향력을 미치고 있다는 느낌
사회적 상호 작용의 재미	경쟁	타인 또는 다른 집단과 경쟁심을 유발
	육성 시스템	캐릭터 육성 시스템을 통해 흥미 유발
	소속감 / 공동체감	소속감이 생기며 공동체에 속했다는 느낌
	자기 효능감	스스로 유능하고 우월한 사람이라는 느낌
	가상화폐 / 거래	가상화폐를 통한 부의 축적과 상거래에서 오는 흥미를 제공

(출처: MMORPG의 재미 평가 모델에 관한 연구)

❶ 감각적 재미

감각적 재미^{Sensory}는 인간의 지각 능력과 관련돼 얻게 되는 재미다. 인간의 오감은 시각, 청각, 촉각, 후각, 미각이 존재한다. 현재까지 대부분의 게임은 시각과 청각에 초점을 맞춰 개발돼 왔고, 비디오 게임은 패드 컨트롤러에 진동이라는 촉각을 추가한 정도로 활용되고 있다. 하지만 체감형 게임과 VR게임 등이 등장하기 시작하면서 다양한 촉각을 제공하려는 시도가 이어지고 있다. 걸으면서 플레이를 가능하게 한 Omni Virtual Reality Treadmill이나 전신에 열, 추위, 통각, 바람, 물을 느낄 수 있는 Teslasuit도 개발 중이다. 게다가 최근에는 게임에 후각이나 미각을 자극해보려는 연구&개발도 이뤄지고 있다.

인간이 느끼는 감각적 재미는 본능적인 것으로 직관적이고 강력한 효과를 보인다. 기존 게임에서 아직 제대로 제공하지 못했던 촉각, 후각, 미각을 아주 조금만 개선시켜 제공한다고 해도 플레이어가 느끼는 재미는 압도적으로 커질 수 있다.

그래픽, 사운드, 실재감, 타격감은 익히 알려져 있지만 필자는 조작통제감에 주목할 필요가 있다고 본다. 감각적 재미가 잘 만들어졌다고 해도 그것이 플레이어에게 제대로 전달되지 못한다면 아무런 소용이 없기 때문이다. 플레이어가 의도한 대로 조작이 이뤄지지 못하거나 의도와는 다른 결과가 나올 경우 몰입이 깨지며 답답함과 짜증을 유발하게 된다. 이는 급격히 게임에 대한 흥미를 떨어트릴 수 있다.

❷ 도전적 재미

게임은 기본적으로 도전을 제공해야 한다. 도전 과제를 달성하는 것이 게임 내의 명확한 목표가 되기 때문이다. 다양한 장애물을 헤쳐가며 목표에 도달하는 과정에서 도전적 재미^{Challenge-based}를 얻게 된다.

멀티 플레이 게임의 경우 모든 플레이어들이 정해진 공동 목표를 달성하고자 하기 때문에 여기서 갈등이 발생한다. 또한 협력 모드와 경쟁 모드 모두에서 갈등이 빈번히 발생하는 이유는 각자 목표로 삼고 있는 도전의 과정이나 내용에 차이가 존재하기 때문이다.

게임 내 도전은 불확실성을 통해 제공돼야 한다. 결과가 뻔한 도전은 재미없다. 불확실성 속에서 긴장감이 발생하고 불확실한 도전에 성공했을 때야 비로소 성취감이 느껴진다. 성취감을 증폭시키기 위해서 많은 게임에서는 강력한 보상을 랜덤하게 제공한다.

❸ 상상적 재미

게임 플레이를 함에 있어 호기심과 상상력을 불러일으키는 것이 상상적 재미^{Imaginative}다. 게임은 가상 세계에서 이뤄지는 만큼 얼마나 매력적이고 자유분방하게 상상을 할 수 있게 하는지가 성공의 요인이 된다. 스토리텔링, 캐릭터 커스터마이징, 캐릭터 종족&직업, 장비&아이템, 탐험할 수 있는 지역&던전, 퀘스트 등이 모두 상상력을 높이기 위한 수단으로, 점차 플레이어에게 다양한 선택지를 제공하려고 하는 추세다.

이것을 선택하면 어떻게 결과가 바뀔까, 저것을 선택하면 어떻게 될까 등 선택지가 다양하고 그에 따른 결과가 변할수록 플레이어는 게임 내에 모든 요소를 보면서 상상의 날개를 펼칠 수 있게 된다. 중요한 점은 단순히 선택지만 다양하게 제공해서는 안 된다. 실제 플레이어의 선택이 게임 세계에 어떻게 반영되는지가 중요하다. 이것이 가상 세계에 주는 영향력이다. 이에 대해서 3장의 '47. 기본심리욕구 이론' 중 자율성에서 좀 더 자세히 살펴본다.

❹ 사회적 상호 작용의 재미

멀티 플레이 기반의 게임에서 사회적 상호 작용Social Interactive은 기존의 게임과 차별화된 재미를 제공한다. 특히 MMORPG는 사회적 상호 작용을 핵심으로 만들어진 RPG의 하위 장르다. 1970년대의 MUD나 MMORPG의 기초를 만든 〈울티마 온라인Ultima online〉도 가상 세계에서 하나의 사회를 만들기 위한 욕구에서 탄생됐다. 따라서 MMORPG가 발전하는 방향은 사회적 상호 작용을 높이는 형태로 진행됐어야 했다.

하지만 최근 10년간 MMORPG는 사회적 상호 작용을 높이려는 시도를 피하고 단순히 콘텐츠를 확장하는 방향을 선택했다. 도전적, 상상적 재미가 나쁜 것은 아니지만 이렇게 되면, 역사가 길고 튼튼한 게임 디자인을 가진 비디오 게임과 차별성을 둘 수 없다. 현재 MMORPG가 하락세를 벗어나지 못하는 근본적인 원인은 MMORPG의 핵심인 사회적 상호 작용에 대한 고민과 개발을 멀리한 결과이지 않을까?

현실 사회는 점차 개인화되면서 사회적인 활동 범위가 좁아지고 있다. 하지만 인간은 사회적 동물이기에 사회적 상호 작용에 대한 욕구를 가지고 있다. 물리적인 거리와 장소를 떠나서 온라인에서 사람들과 소통하고, 같은 경험을 즐기고자 하는 소속감, 공동체감, 경쟁, 거래 등의 욕구를 꿰뚫어 본 것이 MMORPG였고 그랬기 때문에 MMORPG의 붐이 있었다고 볼 수 있다.

현재는 MMORPG의 침체기라고 불릴 정도로 성공적인 MMORPG 작품이 나오지 못하고 있다. 세계 시장을 기준으로 여전히 〈월드 오브 워크래프트〉, 〈파이널 판타지 14FINAL FANTASY XIV〉 등 몇몇 작품만 인기를 유지하고 있다. MMORPG가 새로운 도약을 하려고 한다면 기존 MMORPG에서 보여주지 못했던 사회적 상호 작용에 대한 재미를 줘야 할 것이다.

그림 2-43 출처: 울티마 온라인(좌) / 월드 오브 워크래프트(중) / 파이널 판타지 14(우)

해당 논문에서는 재미 평가 모델을 통해 〈월드 오브 워크래프트〉, 〈아이온AION〉, 〈리니지2Lineage2〉의 재미 요소를 평가했다(그림 2-44 참조). 결과적으로 전체 점수는 75.247점, 68.649점, 62.205점으로 〈월드 오브 워크래프트〉가 가장 높은 점수를 얻었고, 〈리니지2〉가 가장 낮은 점수를 얻었다. 그리고 3가지 게임 모두 감각적 재미, 상상적 재미에 대해서 낮은 평가를 받았다. 이는 플레이어나 전문가의 입장에서 MMORPG는 비디오 게임에 비해 감각적 재미나 상상적 재미 면에서 부족하다는 점을 인식하고 있다는 것이다. 반면 사회적 상호 작용의 재미는 상대적으로 매우 높게 나타났다. MMORPG에서 사회적 상호 작용의 재미가 얼마나 중요한지 수치적으로도 확인할 수 있었다.

그림 2-44 재미 요소 평가 비교, 월드 오브 워크래프트(좌), 아이온(중), 리니지2(우)
(출처: MMORPG의 재미 평가 모델에 관한 연구)

〈월드 오브 워크래프트〉는 비교적 골고루 높은 점수를 받았디. 방대한 세계관, 다양한 지역, 던전, 아이템, 장비 등으로 상상적 재미에서도 다른 MMORPG보다 나쁘지 않은 점수를 받았다. 게다가 소속감, 공동체감, 조작통제감, 자기 효능감이 상대적으로 높았다. 자기 효능감에 대한 구체적인 내용은 3장의 '55. 자기 효능감'을 참조하기 바란다.

〈아이온〉, 〈리니지2〉는 같은 회사의 게임인 만큼 비슷한 패턴을 보여주고 있다고 평가받았다. 단지 〈아이온〉이 늦게 출시된 만큼 전반적으로 높은 점수를 받았다. 두 게임 모두 경쟁, 소속감, 공동체감에 집중돼 있는 모습을 확인할 수 있다. '공성전'과 '쟁'이라고 불리는 혈맹끼리의 대규모 전투에 콘텐츠가 집중돼 있는 만큼 다른 재미에 대한 점수는 좋지 못했다. 단지, 〈아이온〉은 캐릭터 자유도에서 높은 점수를 받았고, 〈리니지2〉는 타격감에서 조금 높은 점수를 받은 정도의 차이가 있었다.

참고문헌

- 윤형섭, 「MMORPG의 재미 평가 모델에 관한 연구」, 상명대학교 게임학과 박사학위논문, 2009.

- Greg Costikyan, 「I Have No Word & I Must Design」, Interactive Fantasy #2, 1994.

- TW. Malone, 「What Makes Things Fun to Learn?: Heuristics for designing instructional computer games」, Xerox Palo Alto Research Center, ACM, 1980.

- TW. Malone, 「Toward a Theory of Intrinsically Motivating Instruction」, Cognitive Science 4, 1981.

- Nicole Lazzaro's Blog

  http://www.nicolelazzaro.com/the4-keys-to-fun/

5
플레이어

콘셉트 디자인에서 결정해야 할 사항은 크게 게임과 플레이어로 나눌 수 있다고 했었다. 게임 디자이너는 크게 게임과 플레이어에게 주는 영향 그리고 게임과 플레이어 간의 상호 작용 3가지를 디자인하는 역할이다. 앞서 게임에 대해서 살펴봤으니 이제 플레이어에 대해서 알아볼 차례다.

다만 그전에 하나 짚고 넘어갈 것이 있다. 일반적으로 게임 사용자에 대한 용어는 혼용돼 사용되고 있다. 그 중 가장 많이 사용되는 용어는 게이머와 플레이어다. 얼핏 보면 같은 의미로 보일지 모르지만, 세부적인 의미에 차이가 존재하므로 게임 디자이너라면 구분해서 사용할 수 있어야 한다.

서버와 클라이언트의 개념에서 나온 유저^{User}라는 용어는 온라인 게임이 성행했을 때 게임 소비자를 칭하고자 정착된 용어다. 유저라는 용어는 다양한 국가와 여러 플랫폼의 관점에서 봤을 때 대표성이 부족하므로 이 책에서는 게이머와 플레이어라는 용어를 사용한다.

게이머 vs. 플레이어

❶ 게이머: 전통적으로 롤플레잉 게임이나 전쟁 게임을 즐기는 일부 사람을 일컬었으나, 게임이 대중화된 이후에는 비디오, 모바일 게임 등을 포함해 디지털 게임으로 분류되는 것을 즐기거나 즐겼던 사람 모두를 포함하는 의미를 가지고 있다(넓은 의미).

❷ 플레이어: 과거에는 놀이를 하고 있는 사람을 가리키는 경우가 일반적이었다. 즉 현재진행의 의미가 있다. 놀이를 하는 사람에서 점차 경기에 출장하는 선수나 경기자로, 그리고 게임을 플레이하고 있는 사람이라는 의미까지 확장됐다(좁은 의미).

게임과의 상호 작용을 살펴보기 위해서는 그 순간에 게임을 직접 하고 있는 플레이어에 대해서 알아야 한다. 그렇기 때문에 게임 디자인에서는 게이머보다 우선 플레이어에 주목하게 된다. 게임과 플레이어에 대해 정리가 마무리되면 이후 2장의 '6. 타겟층 및 장르 선정'에서 어떤 게이머를 주된 소비자로 할지 결정하게 된다.

기존 미디어인 소설, 연극, TV, 영화, 애니메이션 등은 '보는' 미디어였고, 게임은 '하는' 미디어다. 우리는 해당 미디어의 사용자를 어떻게 칭하고 있는가? 여기부터 중대한 차이가 드러난다. 기존 미디어는 독자, 관객, 시청자가 될 것이며, 게임은 플레이어가 된다. 왜 게임만 전혀 다르게 부르고 있을까?

필자는 다양한 활동을 하는 과정에서 10대에서 70대까지 나이 상관없이 다양한 분야의 사람과 만난다. 그러다 보면 심지어 게임을 한 번도 해본 적 없는 사람에게 게임을 설명해줘야 하는 상황이 적지 않게 발생한다. 게임을 잘 모르는 사람들에게 플레이어라는 개념을 설명해줄 때 다음과 같이 설명하곤 한다.

전 세계적으로 대중적 미디어인 영화를 예를 들어보자. 지금까지 우리는 단지 관객이 돼 영화를 봤다. 그리고 영화에서 보여주는 캐릭터, 배경, 스토리를 경험했다. 수동적 경험이었지만 짜릿한 쾌감을 느끼기도 하며, 배가 아프게 웃기도 하고, 펑펑 울기도 한다. 보는 것만으로도 몰입이 되며 감정에 변화가 생긴다.

그럼 이제 관객이 아닌 영화배우가 됐다고 가정해보자. 영화배우가 돼서 영화 속 배경에서 연기를 하며 주변 배우들과 호흡을 맞춘다. 마치 그 세계, 그 시내, 그 상소에서 살아가는 새로운 자아가 있는 것처럼 몰입하게 된다. 즉 능동적 경험이다. 수동적 경험에 비해 압도적으로 큰 감정의 변화가 생기며 몰입의 강도 또한 비교할 수 없이 큰 것이 당연하다. 흔히 주어진 배역에 열중한 나머지, 영화가 끝난 다음에도 배역에서 헤어나오지 못하는 배우의 이야기는 어렵지 않게 들어 봤을 것이다. 배역이 끝나고 엄청난 공허감에 시달리는 건 그만큼 배역에 몰입했다는 의미다. 이건 배우로서 칭찬받아 마땅한 행동이다. 이를 배역 중독이라고 하며 법적으로 제제하려고 한다면 이후에 만들어지는 영화에는 연기력이 부족한 배우만 등장할 것이고, 더 이상 볼만한 수준이 되지 못할 정도로 끔찍해질 것이다.

게임은 지금까지 단지 관객이었던 사용자를 관객이자 '배우'로 만들어 주는 미디어다. 게임 속 배우가 돼서 다양한 배역을 맡아 스스로 원하는 작품을 선택해서 찍는다고 상상해보자. 이것이 '플레이어'다. 기존 미디어와는 비교되지 않을 정도로 강력하게 몰입되는 건 지극히 당연하다. 영화를 보는 관객과 영화 속에서 연기를 하는 배우의 몰입, 유형, 특징을 같은 선상에서 비교하는 것은 시작부터 잘못된 접근이라고 생각한다. 게임의 플레이어에 대한 접근은 기존 미디어에서 관객의 관점이 아니라 배우의 입장에서 접근했으면 한다.

특정 영화에서 한 영화배우가 악당 역할을 했다고 해서 그 배우를 현실에서도 악당으로 처벌할 수 있나? 그렇게 된다면 영화에 등장하는 모든 배역은 선한 사람이나 영웅만으로 채워질 것이다. 이보다 지루하고 끔찍한 영화는 없을 것이다. 선한 배역이 있으면 악한 배역도 있는 법이다. 여기서 관객과 배우의 관점 차이가 발생한다. 관객의 관점에서 권선징악, 해피 엔딩, 적어도 선이 지지 않는 결말을 원할 것이다. 관객들은 대부분 선을 선호한다. 하지만, 배우의 관점에서는 영웅이 됐건 악당이 됐건 해당 배역에 맞게 연기를 잘하면 되는 것이다. 선과 악에 큰 의미가 없어진다.

기존 미디어에서 주인공이 절대악인 경우는 거의 없었다. 있었다고 해도 관객들에게 외면 받았다. 보는 미디어에서는 관객의 관점에서만 봤기 때문이다. 하지만 게임에서 플레이어는 영웅이 될 수도 있고 절대적인 악이 될 수도 있다. 플레이어는 관객이자 동시에 게임 내에서 배우이기 때문이다. 그러기에 게임은 동일한 소재를 가지고도 더 다양한 시점에서 작품을 만들어 낼 수 있다. 작품 내에서 플레이어에게 주어질 배역은 얼마든지 있기 때문이다.

25 놀이 인격

플레이어는 근본적으로 놀이를 하는 사람이다. 플레이어에 대해 자세히 살펴보기 전에 먼저 놀이를 즐기는 인간에 어떤 유형이 있는지 알아보자. 인간은 나이가 들어가면서 즐기고 좋아하는 놀이가 바뀐다. 게임도 그러하다. 대부분은 나이가 들어가면서 반응 속도, 흔히 말하는 피지컬이 부족해지고 경험과 지식이 늘어나면서 전략적인 플레이를 선호하게 된다. 나이가 들면서 가지고 있는 장점과 단점이 바뀌면서 자연스럽게 좋아하는 놀이와 게임도 바뀌게 된다. 자신이 잘 하는 것에 보다 재미와 흥미를 느끼게 되는 것은 인간으로서 자연스러운 반응이기 때문이다.

필자가 좋아했던 게임 장르의 변화를 예로 들어보자. 어렸을 때는 액션이나 슈팅 같이 주로 자신의 컨트롤을 가지고 게임 플레이를 통해 경쟁하는 것을 선호했다. 청소년기가 되면서 현대 사회에서 경험할 수 없는 색다른 경험을 할 수 있는 깊은 스토리를 가진 RPG나 어드벤처 등에 빠지게 된다. 그리고 중년으로 접어들수록 여러 장르를 통틀어 실시간으로 컨트롤하는 것보다 여유롭고 깊이 사고할 수 있는 턴베이스 중심의 게임을 선호하면서 자신만의 전략을 짜는 것을 좋아하게 됐다. 현실 세계에서도 관리와 전략을 짜는 입장에 자주 노출되니 게임에서도 이런 부분에서 재미를 느끼게 된 것이다. 물론 지금도 다양한 장르를 즐기고 있는 건 변함이 없다.

반면 현실 사회의 치열한 경쟁이 지긋지긋하게 되다 보니 게임에서만이라도 이러한 스트레스에서 벗어나고 싶어 점차 플레이어 간 경쟁이 주된 콘텐츠인 게임은 피하게 됐다. 이게 과연 필자에게만 일어난 변화일까? 5~10년 전을 뒤돌아보면 자신이 좋아했던 게임의 장르가 바뀌고 있는 것을 느낄 것이다.

나이를 제외하고서도 인간마다 어떤 놀이를 선호하는지 매우 다르다. 스튜어트 브라운과 크리스토퍼 본은 사람들을 관찰하면서 개개인의 지배적인 놀이 유형을 8가지로 구분하고 이것을 놀이 인격Play personality이라고 주장했다. 다만 놀이의 유형과 같이 놀이를 즐기는 사람의 유형도 한 가지 유형에 정확하게 맞는 사람은 없으며 대부분 여러 유형을 혼합해서 가지고 있다고 했다.

8가지 놀이 인격

❶ 익살꾼(Joker) ❷ 활동가(Kinesthete)

❸ 경쟁자(Competitor) ❹ 탐험가(Explorer)

❺ 수집가(Collector) ❻ 스토리텔러(Storyteller)

❼ 예술가 혹은 창조자(Artist/Creator) ❽ 감독(Director)

❶ 익살꾼

- 놀이를 즐기는 인간 중 가장 1차원적인 바보 또는 개구쟁이 유형이다.
- 가장 기본적이고 극단적인 놀이로 농담이나 허튼 짓을 바탕으로 한다.
- 아이를 보고 웃기는 표정을 짓거나 이상한 소리를 내는 부모는 가장 대표적인 익살꾼이다.

❷ 활동가

- 생각하기 위해 몸을 움직이기 좋아하는 유형이다.
- 놀이에 참여해도 경쟁은 주된 관심사가 아니며 자신이 좋아하는 활동을 하기 위한 수단이다.
- 운동, 스포츠, 춤, 산책, 요가 등을 즐기는 유형이다.

❸ 경쟁자

- 구체적인 규칙이 있는 경쟁 게임을 즐기면서 놀이의 행복을 만끽하고 창의력을 얻는 유형이다.
- 항상 이기기 좋아하고 끝장을 봐야 하며 지배욕이 강하다.
- 속한 집단이나 사회에서 자신을 알리고 최고가 되는 데 재미를 느낀다.

❹ 탐험가

- 나이가 들어도 탐험에 대한 열정을 잃지 않고 놀이의 세계로 들어가기를 선호하는 유형이다.
- 이 유형에게 탐험은 창의력을 유지하고 상상력을 자극하는 수단이다.
  단 탐험은 물리적인 것만이 아니라 정서적인 것일 수도 있다.

❺ 수집가

- 흥미로운 물건이나 경험을 수집하면서 스릴을 느끼는 유형이다.
- 장난감, 자동차, 넥타이와 같은 물질적인 것부터 동영상, 음악 같은 미디어는 물론 세계의 모든 수도를 돌아다니며 사진을 찍어 모으는 형태도 이 유형에 해당된다.

❻ 스토리텔러

- 상상 속에 존재하는 세계에 상상력이라는 열쇠로 열고 들어가, 거의 모든 활동을 통해 흥미진진한 행위를 즐기는 유형이다.
- 이야기를 만드는 사람만이 아니라 이야기에 나오는 캐릭터의 생각과 감정을 몸소 체험하는 사람들도 포함된다.
- 소설가, 극작가, 만화가, 시나리오 작가는 물론 춤, 연기, 미술, 강연을 통해 세계를 만들고 즐기는 사람도 이 유형에 해당된다.

❼ 예술가 혹은 창조자

- 무엇인가를 만드는 것 자체에 행복을 느끼는 유형이다.
- 새로운 것을 만드는 것이 아니라고 해도 기존의 물건이나 상태를 개선하는 경우도 이에 속한다.
- 그림, 판화, 목공, 도예, 조각 같은 예술이나 바느질, 가구 만들기, 뜨개질, 정원 가꾸기 등 생활 속에 있는 것도 포함된다.

❽ 감독

- 계획을 즐기고 그럴듯한 장면을 연출하고 이벤트를 여는 것을 좋아하는 유형이다.
- 대부분 권력을 추구하며 좋은 쪽으로는 리더로 활동하지만 나쁜 쪽으로는 사람들을 조정하기도 한다.

스스로 어떤 놀이 인격에 속하는지 생각해보자. 사람마다 다를 것이다. 하지만 비슷한 놀이를 좋아하는 사람이라면 비슷한 놀이 인격을 가지고 있을 가능성이 높다.

그럼 8가지 놀이 인격을 게임 플레이어에 대입해보자. 8가지 놀이 인격 모두 플레이어에게도 자주 볼 수 있는 유형들이다. 예를 들어 필자는 보편적으로 감독, 예술가혹은 창조자, 스토리텔러 성향이 강하고, 활동가, 탐험가, 수집가 성향을 일부 가지고있다. 그렇다고 해서 익살꾼과 경쟁자 성향이 없는 것은 아니다. 다른 것에 비해 상대적으로 낮을 뿐이다. 물론 게임이나 장르에 따라서 전혀 다른 놀이 인격으로 변하기도 한다. 이런 성향은 놀이와 게임에서 비슷하게 나타난다. 따라서 게임에서도 특정 놀이 인격이 즐기고 만족할 수 있는 콘텐츠나 시스템을 제공할 수 있다는 의미가 된다.

개발하고자 하는 게임이나 개발 중인 게임이 있다면 콘텐츠와 시스템을 놀이 인격과 매칭시켜보자. 어떤 놀이 인격이 즐길 거리가 가장 많은가? 어떤 놀이 인격은 미처 고려를 못했는가? 새로운 콘텐츠를 추가한다면 어떤 놀이 인격에게 제공할 것인가? 각 놀이 인격 간의 밸런스는 잘 맞는가? 집중할 놀이 인격과 포기할 놀이 인격은 무엇인가? 수많은 질문을 한 후에 디자인을 수정하게 된다.

 # 26 플레이어의 유형

모든 플레이어가 동일한 게임에 흥미를 느낄까? 주변을 살펴보면 자신한테는 지독하게 재미없는 게임도 정말 재미있게 즐기는 사람을 쉽게 발견할 수 있다. 게이머들은 흔히 취향 차이라고 한다. 그렇다면 그 취향 차이라는 것을 구체적으로 어떻게 설명할 수 있을까?

이 질문에 대한 답을 찾으려고 노력한 연구자가 바로 리차드 바틀^{Richard A. Bartle}이다. 플레이어의 유형에 대한 연구는 몇몇 찾아볼 수 있으나 대부분 리차드 바틀이 제시한 플레이어 유형을 바탕으로 변형한 것에 지나지 않거나 이 유형만큼 설득력을 얻지 못했다. 다시 말해서 플레이어의 유형을 살펴보려면 리차드 바틀의 플레이어 유형은 반드시 알아야 한다. 모든 플레이어를 만족시키는 게임을 처음부터 만들기란 여간 어려운 일이 아니기에 집중할 플레이어 유형을 정하고 디자인해야 한다.

다음은 리차드 바틀이 플레이어 유형에 대한 연구를 통해 전하고 싶었던 것이다.

첫 번째 문장은 그가 플레이어의 4가지 유형을 처음 제안했을 때부터 유형 분류의 기준이 됐던 문구다. 두 개의 축을 통해 플레이어의 4가지 유형을 설명했다. 그리고 각 축을 강조하는 방법을 제시했다.

두 번째 문장은 그가 새롭게 플레이어의 8가지 유형을 제시했을 때 중점을 둔 사항을 간단히 설명해준다. 하나의 축을 더 추가해서 총 세 개의 축을 통해 기존의 유형을 세분화했다. 그리고 이번에는 유형 변화에 순서가 있다고 주장했다. 이 두 가지 연구를 나눠서 살펴볼 것이다.

마지막으로 플레이어에게 어필하는 5가지 방법에 대한 연구도 알아본다. 플레이어 유형을 가지고 많은 연구가 이뤄지고 있다고 했는데, 과연 어떤 연구가 이뤄지고 있는지에 대한 좋은 예가 될 것이다.

플레이어의 4가지 유형 & 축을 강조시키는 방법

리차드 바틀은 「HEARTS, CLUBS, DIAMONDS, SPADES: PLAYERS WHO SUIT MUDS」에서 MUD 게임을 기준으로, 'player/world'와 'active/interactive'라는 2가지 기준(축)을 통해, 플레이 스타일에 따라 플레이어를 그림 2-45와 같이 4가지 유형으로 분류했다. 실제로 플레이어는 여러 유형에 속할 수 있으며 유형도 변한다. 하지만 그의 초기 연구는 그럼에도 불구하고 플레이어는 '주로' 하나의 유형에 속한다는 관점에서 접근했음에 유의하자.

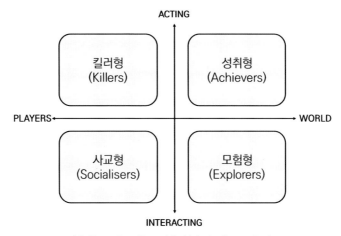

〈 2-Dimension : Player/World, Active/Interactive 〉
그림 2-45 플레이어의 4가지 유형
(출처: HEARTS, CLUBS, DIAMONDS, SPADES: PLAYERS WHO SUIT MUDS의 것을 재구성)

2가지 축과 4가지 유형에 대한 설명은 다음과 같다.

2가지 축이 가진 의미

- players/world: 플레이어는 플레이 스타일에서 타플레이어와의 관계를 지향하는가, 게임 세계
  와의 관계를 지향하는가로 나뉜다.
- active/interactive: 플레이어는 플레이 스타일에서 행동을 중시하는가, 상호 작용을 중시하는가
  로 나뉜다.

cf) world는 인간이 사는 현실 세계(월드)라는 의미가 아닌 게임 세계라는 의미다.

플레이어의 4가지 유형

❶ 성취형(The Achiever): ACTING과 WORLD의 범주

❷ 모험형(The Explorer): INTERACTING과 WORLD의 범주

❸ 킬러형(The Killer): ACTING과 PLAYERS의 범주

❹ 사교형(The Socialiser): INTERACTING과 PLAYERS의 범주

❶ 성취형

성취형은 포인트 획득과 레벨업이라는 게임 내 목표를 이루는 과정에 재미를 느낀다. 이 유형에게 있어 모험은 포인트와 레벨을 올리기 위한 수단이며, 사교는 기분 전환을 위한 휴식이며, PK^{Player Kill}는 포인트와 레벨업을 방해하는 대상을 제거하기 위한 것에 불과하다. 게임 월드에서 가능한 목표를 설정하고 목표를 수행하기 위해 모든 방법을 동원한다.

목표는 레벨업, 최고 점수, 최강 장비 맞추기 등이 되며 게임 내에서 어려운 부분을 공략하는 데 관심을 가진다. 따라서 게임 플레이 타임이 길고 노가다⁶에 강하다. 이러한 특징을 통해 스스로 목표를 설정하고 달성함으로써 성취감을 얻는다. 상당수의 플레이어가 이 유형에 해당된다.

〈디스가이아^{Disgaea}〉 시리즈와 같이 레벨, 아이템 노가다가 게임의 주된 콘텐츠인 경우, 플레이어 중에는 굳이 최고 레벨인 9999레벨까지 올릴 필요가 없음에도 많은 시간을 들여서 레벨업 자체를 즐기며 자신만의 목표를 성취하려는 사람이 있다. 이러한 유형이 대표적인 성취형이다(그림 2-46 참조).

그림 2-46 출처: 디스가이아 리파인, 레벨9999
(인벤: http://www.inven.co.kr/webzine/news/?news=207067)

---

6 일반적으로 건설 공사 현장에서 자재 등을 옮기는 단순한 육체노동을 뜻한다. 이 의미를 게임에서도 그대로 가져와 레벨업이나 몬스터 사냥 등 단조로운 반복 작업을 계속 행하는 것을 의미한다.

❷ 모험형

모험형은 게임 내 본질을 탐사하고 메커닉스나 새로운 요소를 밝혀내는 것에 재미를 느낀다. 이 유형에게 있어 레벨업이나 포인트 획득은 더 넓은 지역을 가기 위한 귀찮은 방해물이며, 사교는 새로운 정보를 얻기 위한 수단이며, PK는 이용 수단에 불과하나 복수는 앞으로의 모험에 방해되므로 꺼려한다. 직관적인 보상보다는 가상 세계의 환경을 통해 정보를 수집하고 모험을 통해 깊이 있는 지식을 얻는 것을 추구한다.

스토리를 음미하고 퀘스트를 하나 하나씩 곱씹으며 게임 내 멋진 풍경을 즐기는 특징이 있으며, 만들어진 게임 세계에 푹 빠져 있는 유형이다. 게임에서 제공하는 고정된 재미에 만족하지 못하고 숨겨진 재미를 스스로 발견하므로 직접 콘텐츠를 만들 수 있도록 모드와 같은 시스템을 지원해주면 좋다.

그림 2-47 출처: 엘더스크롤5 스카이림, 게임 속 풍경을 즐기는 모습

❸ 킬러형

킬러형은 유형의 이름 때문에 단순히 PK플레이어라고 인지하고 있는 사람이 많다. 하지만 이 의미는 반만 맞다. 킬러형은 자신의 행동이나 존재가 타플레이어에게

영향을 준다는 점에 재미를 느낀다. 게임 내에서 정치적인 활동을 하거나 다른 플레이어에게 아이템을 나눠 주거나 죽은 플레이어를 부활시켜주는 등 긍정적인 경우도 존재한다. 단지 자신을 부각시키기 가장 효과적이고 강력한 수단이 PK이기 때문에 킬러형이라고 붙여진 것이다.

이 유형에게 있어 레벨업이나 포인트는 더 많은 플레이어에게 영향을 주기 위한 과정에 불과하며, 모험은 새롭고 독창적인 살인 방법을 획득하기 위함이며, 희생자를 놀리기 위한 수단으로 사교를 활용하기도 한다. 자신의 욕구 분출을 위해 강제적으로 상대 플레이어에게 영향을 주거나 자신의 의도대로 만드는 것으로 쾌감을 얻는다.

경쟁 중에서도 특히 제한적인 상황에서 타플레이어에게 이기는 것을 즐기며 그 어떤 유형보다 우월의식에 가득 차 있다. MMORPG에서 킬러형은 일반적으로 3~5%에 불과하며, 10% 이상이 되면 게임 월드가 포화상태이니 확장해야 한다는 해외 연구도 있었으나 그렇게 된다면 실제 한국 대부분의 MMORPG는 시작부터 포화상태라는 의미가 된다.

한국은 유독 다른 국가에 비해 킬러형의 비율이 압도적으로 높은 독특한 특징이 있다. 한국 MMORPG나 〈리그 오브 레전드〉, 〈오버워치〉, 〈배틀 그라운드〉 등의 경쟁 중심의 멀티 플레이 게임을 해본 게이머라면 누구나 공감할 수 있을 것이다. 특히 팀대전 멀티 플레이 게임의 음성 채팅을 경험해본 사람이라면 다들 혀를 내두를 것이다.

해외 게이머 사이에서는 심지어 이런 말도 있다고 한다. "게임 내 모든 한국인이 나쁜 것은 아니다. 하지만 비매너 행동을 하는 게이머를 보면 상당수가 한국인이다" 라고 말이다. 이러한 감정은 비록 외국인만 느끼는 것은 아닐 것이다. 〈데드 바이 데이라이트^{Dead by Daylight}〉와 같은 게임에서 플레이어가 살인마를 플레이할 때 동시에 들어온 생존자 4명이 모두 한국인이라면 어떻게 할 것인가? 한국 게이머도 한국 게이머를 최대한 피하는 것이 현실이다. 참 씁쓸한 상황이 아닐 수 없다.

그림 2-48 출처: 리니지, 킬러형에게 어필할 수 있는 아이템 드롭 시스템
(인벤: http://www.inven.co.kr/webzine/news/?news=177406&site=lineagem)

❹ 사교형

사교형은 타플레이어와 교류하고 소통하는 것에 재미를 느낀다. 타플레이어와 상호 작용이 게임을 플레이하는 주된 목적이 된다. 이 유형에게 있어 레벨업이나 포인트는 더 높은 레벨의 플레이어와 교류하기 위한 과정이며, 모험은 다른 이와 이야기할 소재를 얻기 위함이며, PK는 무의미한 행동으로 여기나 친구나 동료를 괴롭힌 적대 플레이어에 대한 응징으로 제한적으로 사용된다. 이들에게 게임이란 단지 더 많은 사람들을 만나고 교류하기 위한 새로운 장소에 불과하기 때문에 유대관계를 지속적으로 유지하는 데에서 쾌감을 느낀다.

게임 플레이를 내팽개치고서라도 가능한 의사소통을 총동원해서 타플레이어와 공감대를 형성하는 것을 중시한다. 이들은 채팅, 길드, 커뮤니티 기능을 매우 중요시하며 하라는 레벨업은 안하고 게임 세계 어딘가에서 끼리끼리 모여서 잡담하고 점프하거나 춤추고 돌아다니는 유형이다. 이러한 유형들에게는 운영자가 직접 이벤트를 제공해 모일 수 있는 기회를 제공하는 것도 효과적이다.

그림 2-49 출처: 마비노기, 운영자 깜짝 연주 이벤트
(인벤: http://www.inven.co.kr/webzine/news/?news=27572)

리차드 바틀은 위의 4가지 플레이어 유형을 제시하면서 동시에 유형을 이동시켜 각 축을 강조할 수 있는 방법을 제시했다. 각 유형별로 밸런스를 잡는 것이 게임 세계를 유지하는 데 중요하다고 판단했기 때문이다. 다만 유형이 기준이 아닌, 축이 기준이 된다는 점에 주의해야 한다. 제시한 여러 방법 중 주의 깊게 볼만한 내용을 요약했다.

게임 디자이너에게 있어 각 유형별 특징을 이해하는 것도 중요하지만 게임 세계를 의도한 방향대로 이끌어갈 수 있는 능력을 가지는 것이 더욱 중요하다. 항상 유형별 비율을 모니터링하고 어떤 콘텐츠와 시스템을 추가해 게임 세계의 밸런스를 유지할 수 있는지 알아보자.

❶ WORLD축으로부터 PLAYERS축을 강조시키는 방법

성취형, 모험형이 게임 세계에 많으면 플레이어 간 소통이 줄어들고 콘텐츠의 소모가 심각해진다. 온라인 가상 세계의 활력이 없어지고 플레이어들을 붙잡아 둘 지속력이 떨어진다. 이들의 관심을 게임 세계에서 플레이어로 돌리는 대표적인 방법은 다음과 같다.

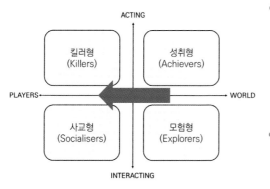

그림 2-50 플레이어 유형 강조 방법(WORLD축→PLAYERS축)

- 플레이어간 소통을 유도하기 위해 채팅 창을 쉽고 직관적으로 만들며, 명령어, 이모티콘, 표정, 모션 등과 같은 커뮤니케이션 기능을 많이 추가한다.
- 게임 세상의 크기를 줄이고 동시접속 가능한 플레이어 수를 최대한으로 한다.

- 게임 내 장소 간의 거리를 줄이고 이동 수단을 제한한다.

❷ PLAYERS축으로부터 WORLD축을 강조시키는 방법

킬러형, 사교형이 게임 세계에 많으면 게임 내에서 제공된 콘텐츠를 즐기는 플레이어들이 방해를 받게 되고 게임에서 떠나게 된다. 과도하게 많아진 킬러형은 성취형과 모험형이 게임을 즐기지 못하게 괴롭히고, 사교형은 끼리끼리 모여 모임을 하느라 클리어해야 다음 진행이 가능한 던전 등의 매칭이 잡히지 않게 된다. 이들의 관심을 플레이어에게서 게임 세계로 돌리는 대표적인 방법은 다음과 같다.

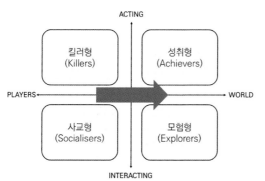

- 타플레이어에게 영향을 미칠 수 있는 수단을 줄이고 커뮤니티 기능을 간소화한다.
- 게임 세상을 크게 제작하고 계층을 만들어 복잡하게 디자인한다.
- 게임 내 장소 간의 연결을 늘리고 이동 수단을 많이 제공한다.

그림 2-51 플레이어 유형 강조 방법(PLAYERS축→WORLD축)

❸ ACTING축으로부터 INTERACTING축을 강조시키는 방법

성취형, 킬러형이 게임 세계에 많으면 게임 내 상호 작용이 줄어들기 때문에 게임 자체가 지루해질 수 있다. 플레이어간 상호 작용이 줄어들면 다양성이 줄어들고 단순화되기 때문이다. 이들의 관심을 개인적인 활동에서 상호 작용으로 돌리는 대표적인 방법은 다음과 같다.

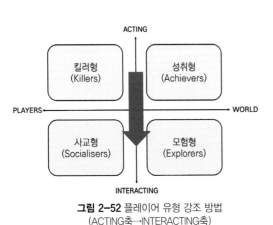

그림 2-52 플레이어 유형 강조 방법
(ACTING축→INTERACTING축)

- 게임 플레이 정보를 모호하게 주며 수수께끼를 자주 던져준다.
- 레벨업이나 클래스 시스템을 축소시킨다.
- 목표 달성에 대한 보상을 줄인다.
- 새로운 명령을 창조할 수 있는 기능을 제공한다.
- 쉬운 퍼즐을 배치한다.

❹ INTERACTING축으로부터 ACTING축을 강조시키는 방법

모험형, 사교형이 게임 세계에 많으면 게임 디자이너가 의도해서 만들어 놓은 콘텐츠를 즐기지 않아 게임이 단순한 가상공간으로 전락해버린다. 그래픽이 좋은 채팅 프로그램이 될 수도 있다는 의미다. 이들의 관심을 상호 작용에서 개인적인 활동으로 돌리는 대표적인 방법은 다음과 같다.

그림 2-53 플레이어 유형 강조 방법
(INTERACTING축→ACTING축)

- 자세한 게임 매뉴얼을 제공하고 정보를 명확하고 세부적으로 제공한다.
- 레벨업이나 클래스 시스템을 광범위하게 확대한다.
- 목표 달성에 대한 보상을 늘인다.
- 전투 시스템을 복잡하고 깊이 있게 디자인한다.
- 어려운 퍼즐을 배치한다.

플레이어의 8가지 유형 & 유형 변화 순서

리차드 바틀은 4가지 플레이어 유형을 제안한 후 추가 연구를 통해서 8가지 플레이어 유형을 선보였다(그림 2-54, 표 2-8 참조). 기존 두 개의 기준(축)에 'implicit/explicit'라는 하나의 기준(축)을 추가함으로써 4가지를 8가지로 늘린 것이다. 새로운 축의 의미는 다음과 같다.

새로운 축이 가진 의미

- implicit/explicit: 플레이어는 플레이 스타일에서 내적인 관계를 지향하는가, 외적인 관계를 지향하는가로 나뉜다.
- implicit: 사전에 고려없이 행동에 옮긴다.
- explicit: 사전에 충분히 숙고한 뒤 행동에 옮긴다.

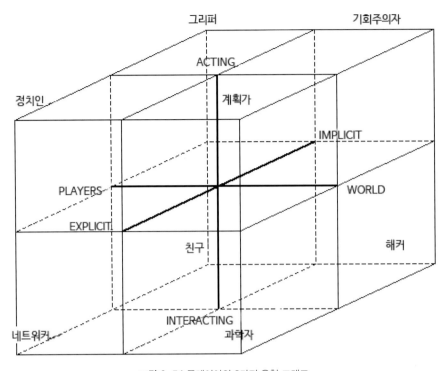

그림 2-54 플레이어의 8가지 유형 그래프
(출처: https://mud.co.uk/richard/selfware.htm)

표 2-8 플레이어의 8가지 유형 정리

	성취형	모험형	킬러형	사교형
implicit	기회주의자 (Opportunists)	해커 (Hackers)	그리퍼[7] (Griefers)	친구 (Friends)
explicit	계획가 (Planners)	과학자 (Scientists)	정치인 (Politicians)	네트워커 (Networkers)

리차드 바틀은 8가지 플레이어 유형을 새롭게 제시하면서, 이번에는 유형 변화의 순서에 주목했다. 일반적으로 많은 플레이어들은 크게 4가지의 순서로 유형이 변해 간다는 것이다. 다만, 예외적인 순서도 있을 수 있다고 가능성을 열어 뒀다.

---

7 게임 디자이너가 의도하지 않은 방식을 고의적으로 사용해 다양한 측면에서 게임 내 타플레이어를 괴롭히는 플레이어 유형이다.

이 연구는 최초의 연구에 비해 거의 알려져 있지 않다. 여러 원인이 있겠지만 기존 연구에 비해 설득력이 있지 못했다. 하나의 축을 추가해 8가지 플레이어 유형으로 나눈 부분은 게임 디자인에서 적극적으로 활용할 만하다. 하지만 연구자 본인도 유형 변화의 순서에 예외가 있을 것이라고 밝힌 만큼 순서는 가볍게 참고만 하자.

❶ The Main Sequence

가장 일반적인 유형 변화는 implicit/explicit축과 무관하게 다음과 같이 순서가 변한다.

- **8가지 유형을 기준**: 그리퍼(Griefer/Implicit) → 과학자(Scientist/Explicit) → 계획가(Planner/Explicit) → 친구(Friend/Implicit)
- **4가지 유형을 기준**: 킬러형Killer → 모험형Explorer → 성취형Achiever → 사교형Socializer

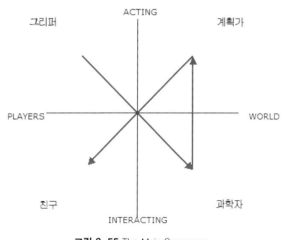

그림 2-55 The Main Sequence

❷ The Socialiser Sequence

player/world축을 기준으로 player쪽 반을 살펴보면 다음과 같이 순서가 변한다.

- **8가지 유형을 기준**: 그리퍼(Griefer/Implicit) → 네트워커(Networker/Explicit) → 정치인(Politician/Explicit) → 친구(Friend/Implicit)

- **4가지 유형을 기준**: 킬러형 → 사교형 → 킬러형 → 사교형

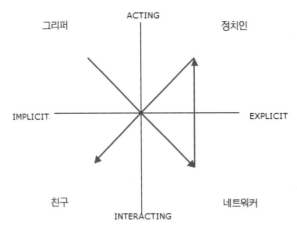

그림 2-56 The Socialiser Sequence

❸ The Explorer Sequence

player/world축을 기준으로 world쪽 반을 살펴보면 다음과 같이 순서가 변한다.

- **8가지 유형을 기준**: 기회주의자(Opportunist/Implicit) → 과학자(Scientist/Explicit) → 계획가(Planner/Explicit) → 해커(Hacker/Implicit)
- **4가지 유형을 기준**: 성취형 → 모험형 → 성취형 → 모험형

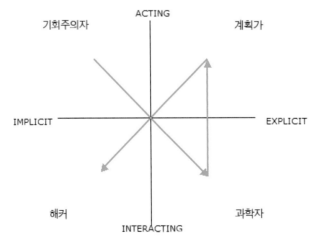

그림 2-57 The Explorer Sequence

❹ Minor Sequence

흔하지 않지만 다음과 같이 순서가 변하는 경우도 존재한다.

- **8가지 유형을 기준**: 기회주의자(Opportunist/Implicit) → 네트워커(Networker/Explicit) → 계획가(Planner/Explicit) → 친구(Friend/Implicit)
- **4가지 유형을 기준**: 성취형 → 사교형 → 성취형 → 사교형

다음의 그림은 4가지 유형 변화의 순서를 통합해서 보여준다(그림 2-58, 그림 2-59 참조). 파란선이 Main Sequence, 빨간선이 Socialiser Sequence, 녹색선이 Explorer Sequence, 핑크선이 Minor Sequence다. 4가지 유형의 변화 순서와 공통점을 정리하면 다음과 같다.

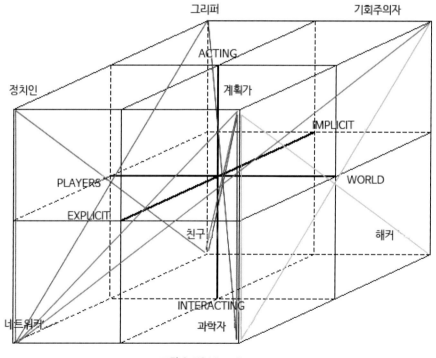

그림 2-58 Minor Sequence

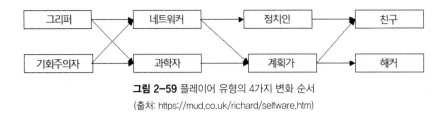

그림 2-59 플레이어 유형의 4가지 변화 순서
(출처: https://mud.co.uk/richard/selfware.htm)

4가지 순서 변화의 공통점 정리

❶ 모두 시작점과 경로가 다를 뿐 동일한 모양을 하고 있다.

❷ 모든 순서는 Implicit → Explicit → Explicit → Implicit로 변한다.

❸ 그리퍼(킬러형)와 기회주의자(성취형)에서 시작해서 친구(사교형)와 해커(모험형)로 끝난다.

플레이어에게 어필하는 5가지 방법

제이슨 토치[Jason Tocci]는 GAMASUTRA에서 「Five Ways Games Appeal to Players」를 통해 4가지 플레이어 유형의 한계를 지적했다. 플레이어의 유형은 30인 이상의 MUDS게임을 대상으로 했기에 작은 그룹 또는 한 명의 플레이어를 기준으로, 하나의 장르를 집중했을 때 문제가 발생한다고 주장했다. 플레이어는 같은 장르의 게임이라고 해서 동일한 유형을 유지하는 것이 아니라 상황의 맥락에 따라서 다양한 방식으로 플레이한다는 것이다. 그렇기 때문에 고정된 플레이어의 유형을 게임 디자인에 사용하면 유형에 포함되지 않은 다른 유형의 고객을 놓치게 되며 고정관념을 가지게 될 수 있다고 지적했다. 이 지적은 8가지 플레이어 유형과 함께 설명된 유형이 특정 순서에 따라 변화한다는 부분이 언급돼 있지 않고, 4가지 플레이어 유형에 대한 지적임을 알고 접근하자.

따라서 그는 게임을 디자인함에 있어 여러 성격의 사람을 섞는 것보다 여러 어필 방법을 섞는 것이 보다 수월하다고 했다. 5가지 어필 방법을 통해 게임을 즐기기 위한 다양한 방식을 만들고 어필의 개수를 조정해 각 어필 간의 충돌을 막을 수 있다는 것이다. 다음과 같은 5가지 어필 방법은 비디오 게임만이 아니라 다른 종류의 게임 디자인에도 적용될 수 있다고 했다.

> **플레이어에게 어필하는 5가지 방법**
>
> ❶ **성취(Accomplishment)**: 내적&외적 보상과 관련된 어필
>
> ❷ **상상력(Imagination)**: 가정(假定)이나 스토리텔링에 관련된 어필
>
> ❸ **사회화(Socialization)**: 우호적인 사회적 상호 작용과 관련된 어필
>
> ❹ **오락(Recreation)**: 신체적, 정신적, 감정적 상태를 조절하는 어필
>
> ❺ **파괴(Subversion)**: 사회적 혹은 기술적인 규칙을 깨는 것과 관련된 어필

❶ 성취

성취는 승리나 성공으로부터 오는 보상과 관련돼 있다. 다만 자신의 스킬이나 노력으로 이뤄지는 것뿐만 아니라 단순히 운으로 승리나 성공을 했을 경우도 포함된다. 스팀에서 게임의 모든 트로피를 획득하는 것은 완성이고, FPS에서 1위에 오르는 것은 지배. 〈마인크래프트^{Minecraft}〉에서 멋진 건물을 짓는 것은 건설이라는 성취가 된다.

① **완성**: 게임을 끝내고 얻는 트로피, 성과, 언락된 요소

② **완벽**: 게임 내의 스킬을 향상시키는 것

③ **지배**: 타플레이어에게 승리하는 것

④ **재산**: 기회를 통해 보상을 획득하는 것

⑤ **건설**: 아트나 물건을 만들기 위해 게임을 이용하는 것

그림 2-60 출처: 마인크래프트

❷ 상상력

상상력은 특정 스토리텔링과 시뮬레이션에 따르는 가상 현실과 관련돼 있다. 게임에 따라 강조하는 상상력에 대한 어필 범위에 차이가 발생한다. 순차적인 스토리텔링 방식도 있으나 오픈월드와 같은 스토리텔링 방식도 있다. 〈엘더스크롤5 스카이림〉은 디렉터십과 모험에 중심을 둔 반면, 〈매스이펙트 Mass Effect〉는 모험을 줄이고 롤플레잉과 풍부한 컷신을 통해 관객성을 중시한다.

① **관객성**: 스토리를 관람하는 것

② **디렉터십**: 스토리를 만드는 것

③ **롤플레잉**: 다른 종류의 정체성을 가장하는 것

④ **모험**: 가상 세계에 존재하는 것을 찾아다니는 것

그림 2-61 출처: 매스이펙트

❸ **사회화**

사회화는 플레이어가 대인 관계 수준에서 타인과 연결되기 위해 게임을 이용하는 다양한 방식과 관련돼 있다. 단순히 여러 사람이 동시에 플레이할 수 있기에 재미있는 것이 아니라 여러 사람이 모여 활발히 협력할 수 있기에 재미있다. 〈팜빌^{FarmVille}〉은 서로에게 공짜 선물을 보낼 수 있는 기능을 추가해 협동은 없지만 관용을 베풀 수 있게 했다.

① **대화**: 게임에서 채팅, 메시지 등을 통해 타플레이어와 이야기하는 것

② **협동**: 플레이하면서 서로 돕거나 지원하는 것

③ **관용**: 낮은 레벨의 플레이어가 빨리 성장할 수 있도록 대가없이 단방향으로 도움을 주는 것

그림 2-62 출처: 팜빌

❹ 오락

오락은 일반적으로 누군가의 정신 혹은 심리 상태를 개선하거나 취미와 관련돼 있다. 오락을 따로 분류한 것은 소셜 네트워크 게임^{SNG}이나 캐주얼 게임과 같이, 스킬이 필요 없는 게임이 많은 플레이어에게 어필된 이유를 오락의 관점에서 보기 위해서다.

① **기분 관리**: 편안함, 우쭐함, 즐거움과 같은 감정을 제공하는 것

② **기분전환**: 고통이나 어려운 문제에 대해 생각하는 것을 적극적으로 바꾸는 것

③ **사색**: 어떤 문제에 대해 심사숙고하는 것

④ **활동**: 체감형 게임과 같은 플레이를 통해 육체적으로 활력을 얻는 것

❺ 파괴

파괴는 게임 내 규칙과 같은 것에 위반하는 행동과 관련돼 있다. 게임 디자이너

입장에서 게임 세계가 무너질 수 있는 시스템을 넣어 어필하는 것은 힘들 것이다. 하지만 그런 게임이 있다면 매우 흥미로울 것이다. 어필의 종류 중 가장 논의되지 않은 분야다.

① **도발**: 부적절한 행동을 통해 다른 플레이어에게 적극적으로 적대감을 불러일으키는 것

② **붕괴**: 게임 규칙 파괴와 버그를 악용하는 것

③ **위반**: 게임 진행에 필요한 NPC를 죽이는 것과 같은 악랄한 플레이

5가지 어필 방법을 어떻게 혼합하는지도 중요하나 이들의 우선 순위를 매기고 우선되는 어필에 집중되는 콘텐츠나 시스템을 디자인하는 것이 좋다. 〈데몬즈 소울〉과 〈다크 소울〉은 사회화의 협동 또한 어필하고 있지만 상상력의 모험과 롤플레잉에 높은 우선순위를 두고 있다. 어떤 특정한 어필 방법을 부각시키기 위해 다른 어필 방법과 관련된 기능을 제거하는 것도 하나의 방안이 된다.

리차드 바틀의 플레이어 유형과 제이슨 토치의 플레이어에게 어필하는 방법 중 무엇을 활용해야 하는가? 정답은 없다. 게임 디자이너 스스로 판단해서 게임을 디자인할 때 도움이 된다고 생각하는 것을 취사선택하면 된다. 다만, 플레이어에게 어필하는 방법은 오락을 제외한 나머지가 플레이어 유형에서 크게 벗어나지 못했고 플레이어의 유형에 비해 크게 인정받지 못한 개인적인 주장이라는 점을 고려해야 한다.

플레이어 유형이나 어필하는 방법 모두 연구자가 제시한 것 이외에도 존재할 수 있기 때문에 자신만의 새로운 유형과 방법을 추가해서 사용하는 것도 좋다. 플레이어에 대해서 어떻게 접근해야 할지 막막하다면 앞서 소개한 연구들이 훌륭한 가이드라인이 돼 줄 것이다.

타겟층을 선정할 때 어떤 놀이 인격을 가진 사람, 어떤 플레이어 유형을 주된 소비자로 결정하는지에 따라 어떤 게임을 좋아하는지, 어떤 시스템과 콘텐츠를 좋아할지 큰 그림을 그릴 수 있게 된다. 이를 재미와 결합해서 본다면 상당히 범위를 좁혀서 디자인을 시작할 수 있다.

27 성격의 요인 모델

플레이어 유형은 게임학 관점에서 플레이어를 본 것이다. 하지만 게임학은 상대적으로 역사가 짧아 아직 체계화되지 못했다. 다양한 학문에서 게임에 대한 연구가 이뤄지고 있지만 게임이라는 미디어가 나온 초기부터 게임과 접목해 활발하게 연구가 진행되고 있는 학문이 바로 심리학이다. 역사도 깊고 학문적으로 체계화가 잘된 심리학의 여러 이론을 적용시킬 수만 있다면 게임 디자인에 상당한 도움이 될 것이다.

인간의 성격은 5가지의 상호독립적인 요인으로 설명할 수 있다는 성격 심리학 이론이 있다. 'Big5 personality traits' 또는 5가지 요인의 앞 글자를 따와서 'O.C.E.A.N Model'이라고 불린다(그림 2-63 참조). P.T.Costa와 R.R.McCrae에 의해 개발된 모델로 여러 차례를 거쳐 개선 및 발전됐다. 초창기에는 상호독립적인 5가지 요인factor을 통해 인간의 성격을 설명했으나 이후 연구를 통해 각 요인별 세부 항목인 측면facet을 6개씩 정리해 총 5개 요인과 30개 측면을 제시했다. 많은 연구를 거쳐 체계적이고 과학적인 연구 과정을 통해 만들어진 모델이기 때문에 심리학 전반에서 상당히 신용을 받고 있는 뼈대 있는 이론이다.

다만, Big5 personality traits를 이해할 때 주의할 점이 있다. 플레이어의 유형은 여러 성향을 가지고 있다고 해도 주된 유형이 나타난다는 것이다. 하지만 Big5 personality traits는 유형이 아닌 게임의 STATUS와 같은 오각형의 점수 형태라고 이해하면 쉽다. 점수가 높은 요인은 해당 성격이 강하게 나타날 뿐이며, 점수가 낮다고 해서 무조건 부정적인 것도 아니다. 성격이 다를 뿐이다.

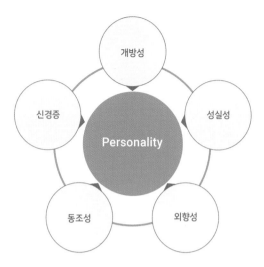

그림 2–63 Big Five Personality Traits
(출처: https://commons.wikimedia.org/wiki/File:Wiki–grafik_peats–de_big_five_ENG.png)

Big5 personality traits(O.C.E.A.N Model)

❶ 경험에 대한 개방성(Openness to experience)

❷ 성실성(Conscientiousness)

❸ 외향성(Extraversion)

❹ 동조성(Agreeableness)

❺ 신경증(Neuroticism)

    5가지 요인마다 각각 6가지 측면이 있다. 제시된 30개 측면을 설문으로 만든 것을 NEO-PI-R 검사로 불리며, 인간의 성격을 검사하는 용도로 보편적으로 사용되고 있다. 표 2-9와 같이 30가지의 측면을 설문을 통해 점수화시키면 개개인의 성격 및 선호도를 알 수 있다. 실제 설문을 통해 성격을 알아보고 싶다면 NEO-PI-R 또는 Big Five Personality Traits Test로 검색해 나오는 논문이나 자료에서 설문지를 쉽게 찾아볼 수 있다.

표 2-9 5가지 요인과 30가지 측면

요인	경험 개방성	성실성	외향성	동조성	신경증
측면	상상 (Fantasy)	능숙함 (Competence)	친근함 (Warmth)	신뢰성 (Trust)	불안감 (Anxiety)
	예술적 관심 (Aesthetics)	질서 (Order)	사교성 (Gregarious- ness)	도덕성 (Straightfor- wardness)	적대감 (Hostility)
	감상적 (Feelings)	책임감 (Dutifulness)	자신감 (Assertiveness)	이타주의 (Altruism)	의기소침 (Depression)
	모험심 (Actions)	성취추구 (Achievement Striving)	활동성 (Activity)	순응 (Compliance)	자의식 (Self-con- sciousness)
	아이디어 (Ideas)	자기통제 (Self-Disci- pline)	자극 추구 (Excitement Seeking)	겸손함 (Modesty)	충동성 (Impulsiveness)
	가치관 (Values)	신중함 (Deliberation)	긍정적 감성 (Positive Emo- tion)	동정심 (Tendermind- edness)	스트레스민감성 (Vulnerability to Stress)

❶ 경험에 대한 개방성

다양한 주제를 두고 새로운 것에 대해 얼마나 호기심이 많은지 나타내는 요인으로 창의적이고 상상력이 풍부한 사람에게 높게 나타난다.

새로운 게임이 출시되면 호기심을 가지고 여러 게임을 플레이하는 것을 즐기는 사람이 있는 반면 새로운 게임에 새롭게 적응하는 데 스트레스를 많이 받아 기존에 익숙한 게임을 반복해서 하는 사람도 있다. 이는 게임 내 시스템과도 관련된다. 시리즈가 지속될수록 새로운 시스템이 추가되기를 바라는 사람이 있는 반면, 기존 시스템의 완성도를 높여주는 것을 바라는 사람이 있다.

① **상상(O1):** 상상이 높게 나온 사람은 흥미로운 세상을 꿈꾸며 공상에 자주 빠진다.

② **예술적 관심(O2):** 예술적 관심이 높게 나온 사람은 예술 등 심미적인 아름다움에 쉽게 심취한다.

③ **감상적(O3):** 감상이 높게 나온 사람은 풍부한 감정을 가지고 있으며 감정 변화

에 민감하다.

④ **모험심(O4):** 모험심이 높게 나온 사람은 새로운 것에 도전하기를 즐기며 색다른 체험을 꿈꾼다.

⑤ **아이디어(O5):** 아이디어가 높게 나온 사람은 독특한 발상을 통해 새로운 아이디어를 만드는 것에 즐거움을 느낀다.

⑥ **가치관(O6):** 가치관이 높게 나온 사람은 전통적인 규칙, 절차, 권위에 지지 않고 도전하려고 한다.

❷ 성실성

목표를 성취하기 위해 충동을 조절하고 완화하며, 규칙과 규범을 지키기 위해 성실히 노력하는 요인이다. 지나치게 높으면 강박증, 독선 등의 문제가 발생하기도 한다.

〈씨프〉, 〈히트맨〉, 〈디스아너드〉와 같은 잠입 액션 게임에서 상황을 냉정하게 보고 신중하게 기다려 잠입에 어울리는 플레이 스타일을 하는 사람이 있는 반면, 참을성이 부족해 기다리는 대신 돌진해 호쾌하게 적을 무찌르는 플레이를 선호하는 사람이 있다. 〈다크 소울〉, 〈다키스트 던전〉, 〈XCOM〉과 같이 난이도가 어려운 게임을 접했을 때 스트레스를 받아가면서도 포기하지 않고 계속해 결국에 엔딩을 보는 사람이 있는 반면, 그 시간에 스트레스 받지 않는 다른 게임을 즐겁게 플레이하는 것이 더 좋다고 판단해서 게임을 그만두는 사람도 있다.

① **능숙함(C1):** 능숙함이 높게 나온 사람은 스스로 성공에 필요한 자기 통제력, 추진력, 지적 능력 등을 가지고 있다고 믿고 있다.

② **질서(C2):** 질서가 높게 나온 사람은 정해진 일정을 계획에 따라 체계적으로 생활하는 것을 즐긴다.

③ **책임감(C3):** 책임감이 높게 나온 사람은 자신에게 주어진 역할이나 도덕에 대한 의무감이 강하다.

④ **성취추구(C4):** 성취추구가 높게 나온 사람은 자신의 목표를 성취하기 위해 적극적으로 노력한다.

⑤ **자기통제(C5):** 자기통제가 높게 나온 사람은 아무리 힘든 고난이 닥쳐도 포기하

지 않고 목표를 달성하기 위해 지속적으로 노력한다.

⑥ **신중함(C6)**: 신중함이 높게 나온 사람은 모든 일에 충분한 시간을 들여 심사숙고해서 결정한다.

❸ 외향성

열정적으로 타인과의 사교, 자극, 영향을 상호 주고받고자 원하는 요인이다. 자기주장이 강하고 사교적이다. 점수가 낮으면 내향성인 것이 아닌 외향성^{Extraversion}이 낮은 것으로 봐야 한다.

MMORPG에서 스스로 길드에 들어가서 다른 사람들과 소통하는 사람이 있는 반면, 친한 사람이 길드에 같이 들어가자고 하지 않는 이상 혼자 또는 소수의 친구들과 플레이하는 것을 선호하는 사람도 있다. 멀티 플레이에서 같은 팀원들에게 적극적으로 자신의 의견을 내는 사람이 있는 반면, 자신의 의견을 잘 표현하지 못하는 사람도 있다.

① **친근함(E1)**: 친근함이 높게 나온 사람은 순수하게 사람을 좋아하기에 개방적이다. 많은 사람과 능숙하게 친밀한 관계를 형성한다.

② **사교성(E2)**: 사교성이 높게 나온 사람은 타인과 어울리는 것 자체에 즐거움과 만족을 느낀다.

③ **자신감(E3)**: 자신감이 높게 나온 사람은 자기 의견을 분명히 말한다. 더 나아가 대화에 주도권을 쥐고 그룹을 이끌기 위해 지시를 내린다.

④ **활동성(E4)**: 활동성이 높게 나온 사람은 삶을 활기차고 바쁘게 살아간다. 주어진 시간 내에서도 다양한 활동을 하면서 만족감을 느낀다.

⑤ **자극 추구(E5)**: 자극 추구가 높게 나온 사람은 모든 것에 자극적인 부분을 추구하며 이것이 만족되지 못하면 쉽게 지루함을 느낀다.

⑥ **긍정적 감성(E6)**: 긍정적 감성이 높게 나온 사람은 모든 일을 최대한 긍정적으로 인지하고 생각하려고 노력한다.

❹ 동조성

대인관계에서 협조적인 태도를 통해 사회적인 조화를 이루려는 요인이다. 되도록 타인에게 반항적이지 않으려 하기에 주관이 약하고 복종적인 문제도 있다.

MMORPG에서 초보 플레이어들에게 무기나 아이템을 무료로 제공하고 게임의 공략 등을 알려주는 사람이 있는 반면, 그 시간에 레벨업이나 아이템 셋팅을 더욱 중시하느라 곤란한 플레이어를 못 본채 하는 사람도 있다. 〈리그 오브 레전드〉, 〈오버워치〉와 같은 팀별 경쟁 게임에서 팀원들을 잘 믿는 사람이 있는 반면, 뭔가 꿍꿍이가 있을지도 모른다는 불신을 가지고 경계하는 사람도 있다.

① **신뢰성(A1)**: 신뢰성이 높게 나온 사람은 자신만 아니라 타인도 공정하고 정직하다고 믿는다.

② **도덕성(A2)**: 도덕성이 높게 나온 사람은 타인을 대할 때 속이거나 가식적이지 않고 솔직하게 대한다.

③ **이타주의(A3)**: 이타주의가 높게 나온 사람은 타인을 돕는 것에 즐거움과 만족을 느낀다. 심지어 이런 행동을 자기희생이 아닌 자기성취로 느낀다.

④ **순응(A4)**: 순응이 높게 나온 사람은 자발적으로 규칙, 규범, 법규 등을 준수한다.

⑤ **겸손함(A5)**: 겸손함이 높게 나온 사람은 비록 자신의 능력이 타인에 비해 뛰어나다고 할지라도 이것을 주장하거나 자랑하지 않는다.

⑥ **동정심(A6)**: 동정심이 높게 나온 사람은 마음이 여리고 인정이 많다. 타인의 고통을 자신의 일인 것처럼 여기며 연민의 감정을 쉽게 느낀다.

❺ 신경증

부정적인 감정(분노, 우울함, 슬픔 등)을 얼마나 쉽게, 자주 느끼는지에 대한 요인이다. 예를 들어 점수가 낮으면 스트레스 민감도가 낮은 것이다.

멀티 플레이로 FPS를 즐길 때 스폰 위치나 팀 구성원에 불만을 자주 표현하며 패배를 다른 팀원에게 전가하는 사람이 있는 반면, 게임의 랜덤성에 크게 반응하지 않는 사람도 있다. 난이도가 어려운 게임을 플레이하면서 스트레스와 압박에 짓눌려 자신의 플레이를 못하는 사람이 있는 반면, 그 와중에도 정신을 차리고 돌파구를 찾으려고 노력하는 사람도 있다.

① **불안감(N1)**: 불안감이 높게 나온 사람은 자신에게 항상 위험한 일이 닥칠지 모른다는 불안감에 걱정한다. 늘 긴장한 탓에 매사에 안절부절하며 신경과민 상태

가 지속되기도 한다.

② **적대감(N2)**: 적대감이 높게 나온 사람은 타인과 자신을 비교해서 공정한 대우를 받지 못했을 경우 민감하게 반응하며 적대감을 표출한다.

③ **의기소침(N3)**: 의기소침이 높게 나온 사람은 만사에 활기가 없고 실패를 두려워해서 새로운 무언가를 시작하기 꺼려한다. 결과가 실패로 나오면 쉽게 낙담하는 경향이 있다.

④ **자의식(N4)**: 자의식이 높게 나온 사람은 타인이 자신을 어떻게 생각하고 있는지에 대해 매우 민감하게 반응하기 때문에 상대의 반응에 대해 쉽게 당황하고 과도한 수치심을 느끼기도 한다.

⑤ **충동성(N5)**: 충동성이 높게 나온 사람은 순간적인 충동이나 욕구를 절제하지 못한다.

⑥ **스트레스 민감성(N6)**: 스트레스 민감성이 높게 나온 사람은 스트레스나 압박 상황에 대처하지 못해 혼란, 공황 상태에 빠지기 쉽다.

인간의 성격이란 보편적으로 그 사람이 어떻게 행동하는가를 나타내는 것으로 행동을 통해서 예측할 수 있다. 그러므로 인간의 성격은 실생활만이 아니라 게임 내 행동에도 영향을 준다. 장르, 게임, 제공되는 플레이어 캐릭터에 따라 조금씩 행동이 달라질 수 있으나 결국 현실에서의 행동과 플레이어로서의 행동이 비슷하게 된다는 것이다. 선호하는 게임 장르, 선호하는 플레이어 캐릭터 또한 인간의 성격에 영향을 받는다고 본다면 Big5 personality traits를 통해서 플레이어에 대해 많은 것을 알 수 있다.

게임 디자이너인 제이슨 반덴베르그^{Jason VandenBerghe}는 이러한 점에서 Big5 personality traits를 활용해 게임 디자인에 적용하고자 많은 노력을 기울였다. 예를 들어, 경험 개방성의 상상(O1)에 대한 점수가 높게 나온 플레이어는 판타지 배경과 세계관을 좋아하고, 낮게 나온 플레이어는 현실적인 배경과 세계관을 좋아한다고 볼 수 있다. 경험 개방성의 모험심(O4)에 대한 점수가 높게 나온 플레이어는 새로운 시스템과 추가된 지역에 대해 모험하는 것을 즐기며, 낮게 나온 플레이어는 자신만의 활동 범위를 한정적으로 좁히고 집&마을 꾸미기, 재배 등을 선호한다. 이처럼 30가지 측면은 인간의 성격만 아니라 플레이어의 성향을 알 수 있는 객관적인 툴이 된다.

각 개발사는 자신들이 개발한 게임마다 어떤 플레이어들이 게임을 즐기는지 알아보기 위해 Big Five Personality Traits를 활용할 수 있다. 게임 평가 정도, 게임을 즐기는 시간, 유료 아이템을 구입하는 정도에 따라 그룹을 나눠 설문하면 더욱 효과적인 결과를 얻을 수 있다. 게임을 좋게 평가하는 그룹과 나쁘게 평가하는 그룹을 나눠 설문을 한다면 게임의 장점과 단점을 명확히 알 수 있다. 이를 통해 싱글 플레이 게임은 다음 시리즈에 어떤 시스템과 콘텐츠를 추가 및 개선할지 방향을 정할 수 있으며, 멀티&온라인 게임은 다음 업데이트에 적용할 수 있다.

28 다중 지능 이론

성격 요인 모델이 인간을 이해하는 데 '성격'으로 접근했다면 다중 지능 이론은 '지능'으로 접근했다. 다중 지능 이론은 인간의 지능(지적 능력)이 다양한 요소로 구성돼 있다는 심리학 이론이다. 기존에 사람들은 지능이라고 할 때 언어나 수학적 지능만을 생각했으나 하워드 가드너^{Howard Gardner}는 인간의 지능은 보다 다양하다고 주장했다. 그의 주장이 힘을 얻으면서 인간의 지능이라는 것이 매우 다양할 수 있는 것이며 언어나 수학적인 것에 국한되지 않기에 다양한 측면에서 교육이 이뤄져야 한다는 흐름으로 연결된다.

그의 주장 중에 핵심적인 내용을 정리하면 다음과 같다.

첫째, 사람마다 차이는 있지만 모든 사람은 8가지 지능을 가지고 있다. 다만 각자 정도의 차이가 있을 뿐 특별한 경우를 제외하고 특정 지능이 없는 경우는 없다. 8가지 지능의 배분이 다르기 때문에 사람마다 다른 개성과 특징을 가지게 된다.

둘째, 사람마다 뛰어난 재능과 부족한 재능이 있다. 다만 재능이 부족한 지능도 흥미로운 자극과 반복적인 연습, 교육, 훈련, 환경 변화를 통해 어느 정도 수준까지 높아질 수 있다.

셋째, 8가지 지능은 단독으로만 사용되는 것이 아니라 서로 연관돼 시너지를 발생한다. 하나의 지능을 높이는 것으로 다른 지능도 영향을 받아 같이 올라가는 경우가 많다. 그러므로 최대한 다양한 지능을 골고루 계발하는 것이 좋다.

게임은 플레이어의 다양한 지능을 계발시켜주는 역할을 한다. 스토리를 중시하는 RPG, 어드벤처를 하면 언어적인 지능이 계발되고, 리듬 액션 게임을 하면 음악적 지능이 계발되는 등 인간이 가진 8가지의 지능을 복합적으로 가장 잘 전달하고 있는 미디어가 바로 게임이다. 이것은 단지 '보는' 미디어가 아니라 '하는' 미디어이기에 가능하다. 필자가 보기에 다양한 지능을 복합적으로 계발시켜주는 관점에서 아직까지 게임을 대체할 만한 '하는' 미디어는 등장하지 않았다.

현실에서 지도를 보고도 목적지를 잘 찾아가지 못하는 길치가 있다. 반면 실제 많은 게이머들은 미니맵을 보고 현재 위치를 머릿속에 매핑하는 능력이 월등히 뛰어나다. 대부분의 게임에서는 미니맵을 제공하고 퀘스트나 목적을 이루기 위해서 수없이 길을 찾는 연습을 하기 때문이다. 현실에서는 정말 불가능할 정도로 많은 횟수를 반복 학습한다. 그것도 누가 시키지 않았는데 즐기면서 말이다. 게임에서는 언어, 신체, 논리, 수학, 시각, 공간, 음악, 자기이해, 대인관계에 대한 지식과 정보를 재미있게 제공하기 때문에 교육 효과 또한 극대화할 수 있다. 현실에서 목적지를 찾아가는 연습을 몇 번이나 반복해서 할 수 있을까?

게임은 플레이어에게 다양한 지능을 계발할 수 있도록 다양한 시스템과 콘텐츠를 제공할 수 있다. 또한 플레이어의 입장에서도 자신이 잘하거나 관심이 있는 지능에 더욱 끌리는 것은 당연한 이치다. 다중 지능 이론을 통해서 인간은 어떤 지능을 가지고 있는지 살펴보고, 해당 지능을 계발하기 위해 제공해줄 수 있는 시스템과 콘텐츠에는 어떤 것이 있는지, 어떤 지능에 중점을 둬야 할지 고민한다면 풍성한 게임을 디자인할 수 있을 것이다.

8가지 다중 지능 이론

❶ 언어적 지능(Verbal-linguistic Intelligence)

❷ 신체-운동 지능(Bodily-kinesthetic Intelligence)

❸ 논리-수학적 지능(Logical-mathematical Intelligence)

❹ 시각-공간적 지능(Visual-spatial Intelligence)

❺ 음악적 지능(Musical-rhythmic Intelligence)

❻ 자연관찰 지능(Naturalistic Intelligence)

❼ 자기이해 지능(Intrapersonal Intelligence)

❽ 대인관계 지능(Interpersonal Intelligence)

❶ 언어적 지능

언어적 지능은 말과 글이라는 상징에 따라 단어를 떠올리고 언어로써 이해하고 활용할 수 있는 능력이다. 말하기, 듣기, 쓰기, 읽기가 모두 해당되므로 단어만 아니라 소리와 리듬에 대한 민감한 정도를 포함한다. 상황에 따라 민감한 차이를 가진 단어를 활용해 대화를 이끌어갈 수 있다. 자국어뿐만 아니라 여러 외국어를 배울 때 각 언어별 차이점과 패턴을 빠르게 습득한다.

스토리를 중시하는 많은 게임이 소설책 몇 권 이상 분량의 텍스트를 가지고 있는 경우가 점차 늘어나고 있다. 깊이 있는 스토리를 쫓아가다 보면 대사, 지문, 음성 등을 통해 해당 시대, 배경, 다양한 인물의 성격 등을 접하게 된다.

특히 〈발더스 게이트^{Baldur's Gate}〉, 〈드래곤 에이지^{Dragon Age}〉, 〈매스이펙트〉와 같은 RPG나 〈헤비레인〉, 〈비욘드 투 소울즈〉, 〈더 워킹 데드〉와 같은 어드벤처는 선택한 지문에 따라 게임 내의 많은 결과가 바뀌게 되므로 대사 하나하나에 집중해 미묘한 의미를 파악하게 되고 이 과정에서 언어적 지능이 계발될 수 있다.

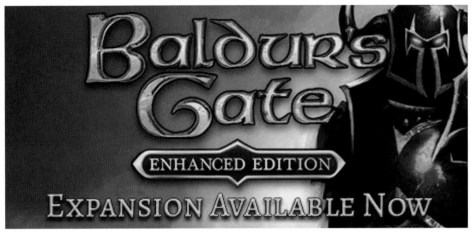

그림 2-64 출처: 발더스 게이트: Enhanced Edition

그림 2-65 출처: 더 워킹 데드

❷ 신체-운동 지능

신체-운동 지능은 신체적 문제 해결 및 표현을 위해 몸 일부 또는 전체를 활용하는 능력이다. 손재주, 신체 밸런스, 촉각적 능력을 통해 사물을 다루거나 자신의 신체를 적절하게 표현하고 조정할 수 있다.

기존의 보는 미디어인 영화, TV 등은 신체-운동 지능 계발에 직접적으로 도움을 주지 못했다. 하지만 게임은 다양한 기구를 결합한 체감형 게임도 존재한다. 체감형 게임이 접근하기 어렵다면 닌텐도의 콘솔 게임기를 통해서 쉽게 신체-운동 지능을 향상시킬 수 있다. 닌텐도 Wii의 〈Wii Fit〉, 〈Wii Sports〉를 시작으로 최근 닌텐도 Switch의 〈ARMS〉와 같이 꽤 많은 게임들이 실제 몸을 움직이는 것으로 게임 내 조작이 가능하게 제공하고 있다.

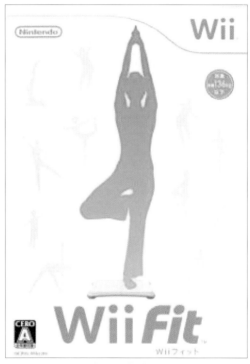

그림 2-66 출처: Wii Fit

❸ 논리-수학적 지능

논리-수학적 지능은 숫자나 명제에 해당하는 문제 해결을 논리적으로 사고하고 수행할 수 있는 능력이다. 구조와 흐름, 인과 관계 등을 이해해 패턴을 찾음으로써 수학적 연산, 논리적 추론, 비판적 접근이 가능하다.

크게 히트를 치지 못하는 장르지만 추리와 탐정 관련된 게임은 꾸준히 출시되고 있다. 〈셜록 홈즈sherlock holmes〉 게임 시리즈를 비롯해서 〈탐정 진구지 사부로探偵神宮寺

三郎〉, 〈신 하야리가미真·流行リ神〉, 〈단간론파〉와 같은 게임들은 증거를 수집하고 범인을 논리적으로 추리하는 능력을 키워준다. 〈문명〉과 같은 전략 시뮬레이션 게임에서는 자원, 병력 등에 대한 수치적인 계산을 끊임없이 해야 승리할 수 있다. 단지 자신의 수치만이 아닌 전체 국가의 수치를 확인하고 계산해야 하기 때문에 각 수치별 의미와 중요도에 대한 판단도 능숙하게 된다.

그림 2-67 출처: 신 하야리가미

❹ 시각-공간적 지능

시각-공간적 지능은 시각을 통해, 공간을 정확하게 인식하고 활용하는 능력이다. 공간을 시각화하고 공간 내 자신의 위치를 파악한다. 공간을 마치 사진 찍듯이 머릿속에 인식하고 3차원으로 지각해 재창조하는 능력과 관련돼 있다.

2D 게임에서도 맵을 보고 길찾기를 하지만 3D 게임에서 시각-공간적 지능에 대

한 자극은 특히 극대화된다. 플레이가 진행됨에 따라 카메라 각도가 바뀌고 시점이 변해도 플레이어는 빠르게 전체 맵 상에서 자신의 위치를 찾아내는 연습을 하고 있는 셈이다. 시각-공간적 지능 또한 보는 미디어에서는 제공하지 못했던 부분이다. 필자가 생각하기에 게임을 통해 계발되는 가장 효과적인 지능 중 하나가 아닌가 생각된다.

❺ 음악적 지능

음악적 지능은 소리, 음색, 음질, 리듬, 멜로디 등에 민감하게 반응해 음악을 직관적으로 분석하고 표현 및 창조할 수 있는 능력이다. 노래를 잘 부르는 것을 포함해 작곡과 편곡하는 능력 그리고 처음 들어본 음악도 연주할 수 있는 재능도 포함된다.

음악을 활용한 게임의 대표적인 장르는 리듬 액션 게임이 있다. 〈파라파 더 래퍼 Parappa the Rapper〉, 〈비트매니아 Beatmania〉, 〈댄스 댄스 레볼루션 DanceDanceRevolution〉과 같은 전통적인 리듬 액션 게임을 비롯해서 독특한 콘셉트의 〈응원단 応援団〉, 〈파타퐁 Patapon〉 그리고 최근에 아이돌 육성과 접목시킨 〈아이돌 마스터〉 등 특히 리듬을 통해 음악적 지능 계발에 도움이 되는 게임이 많다.

그림 2-68 출처: 파라파 더 래퍼(좌) / 파타퐁3(우)

❻ 자연관찰 지능

자연관찰 지능은 자연 현상의 섭리를 이해하고 유형을 분석해 자연과 상호 작용할 수 있는 능력이다. 다양한 환경에서 생존하고 적응하기 위해 무엇이 필요한지 빠르게 인지한다. 상황에 맞게 자연을 잘 활용하며 자연친화적으로 자연 보호에 대한 의지가 강한 것과 관련돼 있다.

다중 지능 이론 중 가장 게임과 관련이 없을 것 같아 보이는 지능이지만 예상 외로 관련이 많다. 현대인들에게 있어 광활한 자연을 체험하는 건 여간 어려운 일이 아니다. 〈더 롱 다크^{The Long Dark}〉, 〈림월드^{RIMWORLD}〉와 같이 생존을 소재로 한 게임이나 〈스타듀 밸리^{Stardew Valley}〉와 같은 자연을 느낄 수 있는 게임, 자연 재해를 테마로 한 〈절체절명도시^{絶体絶命都市}〉 등은 현대인이 경험하기 힘든 자연과의 교류와 자연의 섭리를 간접적으로 제공한다. 직접 자연을 느끼고 경험해 얻는 것이 가장 좋지만 톱니바퀴같이 돌아가는 현대인에게 있어 경험의 기회가 거의 없는 자연과의 교류를 간접적이지만 비교적 현실적으로 제공하는 게임은 자연관찰 지능에 적지 않은 도움을 준다.

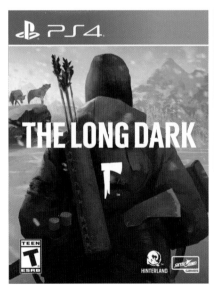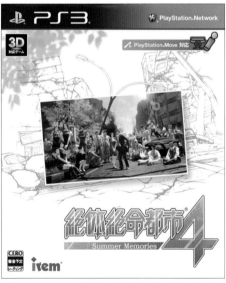

그림 2-69 출처: 더 롱 다크(좌) / 절체절명도시4(우)

❼ 자기이해 지능

자기이해 지능은 자기 자신을 이해하고 깊이 있게 자아성찰할 수 있는 능력이다. 자신의 감정이나 목표를 인식하고 통제할 수 있어 주변 환경과 비교해 독립된 존재로 자아정체성을 가지게 된다. 자신의 감정, 장단점, 특기를 세세하게 알고 활용할 수 있게 된다.

〈플레인스케이프 토먼트^{Planescape: Torment}〉에서 주인공은 이름없는 자^{Nameless One}로, 자신의 생전 기억을 되찾아 가기 위한 여정을 거치면서 인간의 존재에 대한 질문을 중심으로 스토리를 풀어나간다. '무엇이 인간의 본성을 바꿀 수 있는가?'라는 테마를 통해 게임을 플레이하면서 자신은 과연 누구인지 되돌아볼 수 있는 계기를 마련해 주는 작품이다. 이외에도 〈여신전생〉, 〈페르소나〉, 〈바이오쇼크^{BioShock}〉, 〈Deus EX〉 등은 인간과 자신에 대한 고민을 하게 만들어 자기이해 지능 계발에 도움을 준다.

그림 2-70 출처: 플레인스케이프: 토먼트 Enhanced Edition

❽ 대인관계 지능

대인관계 지능은 타인의 의도, 욕구, 동기를 분별하고 지각해 공감할 수 있는 능력이다. 상대방을 잘 이해하기에 배려할 수 있고 많은 사람들과 같이 효과적으로 일할 수 있다. 타인의 정서를 이해하고 인간 관계를 맺기에 대인관계가 원활히 유지될 수 있다.

기존 미디어와 다르게 게임은 다른 플레이어와 협력 또는 경쟁을 통해 상호 작용할 수 있다. 멀티 플레이 게임이나 MMORPG에서는 실제 현실에서도 경험하기 쉽지 않은 수많은 사람들과 동시에 교류할 수 있다. 또한 참여하는 그룹마다 매번 다양한 역할을 경험할 기회가 생기므로 대인관계 지능계발에 영향을 준다. 다만, 현실과 인터넷 환경에서의 대인관계에는 명확한 차이가 존재하므로 어릴 때부터 이러한 차이에 대해서 체계적으로 지도해줘야 한다.

하워드 가드너는 위의 8가지 다중 지능 이론을 발표한 후 추가적으로 실존적 지능Existential Intelligence을 제안했다. 영적 지능Spiritual Intelligence으로도 불리는 이 지능은 삶과 죽음, 인간의 존재와 본성, 희로애락과 같은 철학적인 사고를 할 수 있는 지능이다. 다만, 실증적인 증거가 부족하기 때문에 일반적으로 다중 지능 이론을 이야기할 때 포함하지 않고 있다.

게임에서 또한 실존적 지능에 대한 고민을 제공할 수 있다. 실제로 인간의 존재에 대한 철학적인 내용을 포함한 게임이 해외에서는 적지 않게 출시되고 있다. 〈스펙옵스 더 라인Spec Ops: The Line〉에서는 단 하나의 장면으로 인간의 잔혹함과 전쟁의 무서움을 여실히 보여주어 깊은 여운을 남겼다. 이외에도 수많은 게임들이 인간에 대한 철학적인 고민을 하게 만드는 콘텐츠를 제공하고 있고, 특히 미국과 일본 게임을 중심으로 이러한 흐름은 더욱 가속화되고 있다.

그림 2-71 출처: 스펙옵스 더 라인

242

참고문헌

- 샘 고슬링 저, 김선아 역,『상대를 꿰뚫어보는 힘 스눕(Snoop)』, 한국경제신문, 2010.

- 스튜어트 브라운, 크리스토퍼 본 저, 윤미나 역,『플레이, 즐거움의 발견』, 흐름출판, 2010.

- 웬디 디스페인 저, 김정태, 오석희, 윤형섭, 한동숭, 한호성 역,『게임 디자인 원리: 반드시 알아야 하는 게임 디자인 비법 100가지』, 에이콘, 2014.

- 하워드 가드너 저, 이경희 역,『마음의 틀(Frames of Mind: The Theory of Multiple Intelligences)』, 문음사, 1993.

- Jason Tocci, 「Five Ways Games Appeal to Players」, GAMASUTRA 2012.

- P.T. Costa & R.R. McCrae, 「Revised NEO Personality Inventory (NEO PI-R) and NEO Five-Factor Inventory (NEO-FFI) professional manual」, Odessa, FL: Psychological Assessment Resources, 1992.

- Richard A. Bartle, 「HEARTS, CLUBS, DIAMONDS, SPADES: PLAYERS WHO SUIT MUDS」

  https://mud.co.uk/richard/hcds.htm

- Richard A. Bartle, 「A Self of Sense」, 2003.

  https://mud.co.uk/richard/selfware.htm

6
타겟층 및 장르 선정

게임과 플레이어에 대한 것이 어느 정도 정해졌다고 해도 아직 콘셉트 디자인이 끝난 것은 아니다. 마지막으로 주된 소비자, 즉 어떤 성향의 게이머를 타겟으로 할 것인지 결정하는 과정이 남아있다. 타겟층과 장르를 어떻게 정하는지에 따라 소비자의 성격과 규모가 결정된다.

게임의 테마와 목적이 게임 디자이너의 철학과 생각을 정의하는 것이라면, 타겟층과 장르 선정은 소비자의 범위를 정의하는 것이다. 소비자와 관련된다는 말은, 다시 말해서 돈과 관련된다는 것이고 경영진이나 투자자가 가장 관심을 보이는 부분 중 하나가 된다.

대부분 개발사에 속한 프로젝트에서 콘셉트 디자인 문서는 경영진이나 투자자에게 프로젝트가 지속될 수 있는지 여부를 결정하는 데 있어 활용되는 핵심적인 근거 자료가 된다. 게임 개발 비용과 기간이 천문학적으로 급증하고 있는 현재 상황에서 개발사도 프로젝트 하나하나에 회사의 사활을 걸어야 한다. 때문에 보다 성공 가능성이 높은 프로젝트에 투자하기 위해 까다로워지는 것은 당연하다.

문제는 개발자가 보는 성공 가능성과 경영진이 보는 성공 가능성의 의미가 다르다는 것이다. 개발자는 자신들이 만든 게임이 보다 많은 게이머들에게 게임 디자인의 관점에서 명작 게임으로 남기를 바란다. 그들에게 성공은 가능한 많은 게이머에게서 좋은 평가를 받는 것이다. 그리고 이러한 과정을 통해서 자연스럽게 큰 수익이 발생한다고 믿는다. 그러나 경영진과 투자자가 바라보는 성공 가능성은 명백하게 이 게임으로 얼마나 많은 수익을 올릴 수 있는가에 달려있다. 게임에 대해서 어느 정도 비판적인 분위기가 형성된다고 해도 막대한 수익만 올릴 수 있다면 그들의 주된 목적은 벌써 달성된 것이다. 비판적인 분위기가 수익에 지장을 주지 않는 이상 그들은 직접적으로 개입하지는 않을 것이다. 애초부터 역할과 관점이 다르기 때문이다.

그렇기 때문에 경영진과 투자자에게 가장 먼저 보여줘야 하는 건 수익 창출과 관련된 자료다. 게임 디자인 문서를 만들고 개발자들을 설득하는 과정에서는 당연히 순서상 게임의 테마나 목적을 먼저 작성하고 제시한다. 게임 디자인은 게임을 어떻게 만들지 구체화하는 과정이기 때문에 문장 구성 방식으로 보면 미괄식에 해당된다. 하지만 경영진과 투자자에게 해야 하는 프레젠테이션은 두괄식이 돼야 한다. 그들이 원하는 정보를 빠른 시점에 명확하게 제공해야 한다.

개발자 관점에서는 게임의 방향성을 결정하는 콘셉트 디자인 과정을 통해 타겟층 및 장르가 점차 구체화된다. 처음부터 타겟층과 장르를 고정하고 게임 디자인을 하게 되면 대표적인 몇 개의 장르에 치우치게 되며 다른 게임과 차별성을 만들어 내기 어렵게 된다. 우선 만들고자 하는 게임 콘셉트 디자인을 명확하게 한 뒤 해당 게임 디자인에 맞는 타겟층과 장르를 결정하는 것이 바람직하다. 그러므로 개발 과정 중에 장르는 얼마든지 변할 수 있다. 원론적으로는 본인들의 게임을 가장 잘 표현할 수 있는 장르를 선택하면 된다. 하지만 이러한 세세한 것에 경영진과 투자자는 크게 관심이 없다. 그냥 결과적으로 수익을 극대화할 수 있는 매력적인 시장에서 통할 수 있는 게임인지 여부가 중요하다. 따라서 타겟층과 장르 선정이 중요해진다. 인기 없는, 즉 시장이 작을 것으로 예상되는 타겟층과 장르를 선정하면 그만큼 설득하기 어려워진다.

그들을 설득하기 위해서는 게임 디자이너가 재치 있게 행동해야 한다. 다른 개발자들이 원하는 훌륭한 게임이라는 이상을 만족시키면서도 경영진과 투자자의 관심을 끌 수 있도록 매력적으로 포장할 수 있는 능력이 있어야 한다. 일반적으로 그냥 개발자끼리 결정하면 되는 것이라고 여기는 타겟층과 장르 선정을 필자가 콘셉트 디자인 단계에 포함시킨 데에는 다 이유가 있다. 게임의 기초를 다지는 것 이외에도 경영진과 투자자를 설득해 정식으로 프로젝트 승인을 받아내는 것 또한 콘셉트 디자인의 또 다른 역할이기 때문이다.

타겟층은 나이와 성별을 결정함으로써 범위를 크게 좁힐 수 있다. 그리고 장르 또한 나이와 성별에 따라 선호도가 달라진다. 이러한 사실을 염두에 두고 타겟층과 장르를 최종적으로 결정해야 하며, 이를 선정한 공신력있는 근거 자료가 있어야 경영진과 투자자를 설득하기 쉬워진다. 대중적인 타겟층과 장르가 아닐수록 이러한 준비는 철두철미하게 이뤄져야 한다.

타겟층 설정의 핵심은 최대한 범위를 작게 하는 것에 있으며, 그럼에도 불구하고 해당 타겟층에게 매력적으로 다가가 상당한 수익 창출이 가능하다는 점을 설명할 수 있어야 한다고 생각한다. 실제 경험이 적은 게임 디자이너나 학생들의 프레젠테이션을 보면 많은 경우 타겟층을 10대~30대 남성이라고 적어 놓는다. 이러한 조건에 따르면 게이머 대부분이 해당될 것이다. 거의 모든 게이머에게 인기를 끌만큼 대작을 만들 것이라고 주장해봐야 경영진과 투자자에게 오히려 신뢰를 잃을 뿐이다.

따라서 필자는 핵심 타겟층과 확장 타겟층으로 나눠서 설계하는 것을 추천한다. 핵심 타겟층은 최대한 범위를 작게 설정하되 확장 타겟층으로 보조하는 형태로 말이다. 이렇게 분리해서 표현하면 결국 핵심 타겟층에 주목하게 되므로 타겟층 범위가 작아 보이면서도 유동성을 가질 수 있게 된다.

핵심 타겟층을 설정할 때는 나이와 성별 이외에도 취미, 직업, 생활 패턴 등을 포함해 상세히 정하는 것이 좋다. 다만 타겟층의 큰 부분은 나이와 성별에서 나오기 때문에 소비자의 나이와 성별에 대한 심리적인 이해가 반드시 선행돼야 한다. 장르 또한 소비자의 나이와 성별에 큰 영향을 받기 때문이다.

이제 타겟층을 설정하는 데 도움이 되는 이론과 개념을 몇 가지 살펴보자. 아무런 근거없이 타겟층을 간략히 적었을 때에 비해 이론적 근거가 있으면서 상세히 적었을 때 설득력은 비교할 수 없을 만큼 커진다. 프로젝트 승인에 필요한 설득력을 높이기 위해서라도 이 책에서 소개하지 않은 다양한 자료를 찾아보기를 권한다. 그것이 게임 디자이너 본인에게도 그리고 팀을 위한 길이기도 하다.

29 나이

심리사회적 발달이론

인간은 나이가 듦에 따라 성격이 변하기도 하며 관심사가 달라지기도 한다. 이러한 현상은 사회에서 맡은 역할이 달라지며 이에 따라 요구되는 능력이 변하기 때문이다. 현재를 살아가기 위해 필요한 것을 습득하고자 하는 건 의식적인 행동이 아닌 본능에 가깝다. 따라서 인간은 죽음에 이를 때까지 끊임없이 무엇인가를 배우는 동물이다. 단지 어린 나이에만 학습이 이뤄지는 것이 아니다. 나이가 들면서 배우는 대상과 분야가 바뀌었을 뿐이다. 스스로 더 이상 무엇인가를 배우고자 하지 않는다면 인간 본래의 모습에서 진화를 멈췄다고 볼 수 있다. 인간은 평생 학습을 하며 나이대에 따라 각각 다른 특성이 발달한다.

정신분석학자이자 발달심리학자인 에릭 홈부르거 에릭슨Erik Homburger Erikson은 자아정체성 발달에 대한 연구를 했다. 이전까지 발달심리학은 지그문트 프로이트Sigmund Freud가 주장한 성적 본능을 중심으로 한 5단계로 구분됐다. 구강기(0~2세), 항문기(2~4세), 남근기(4~6세), 잠재기(6~12세), 성기기(12세 이후)로 구분돼 매우 어린 나이에 관한 발달에 집중하고 있었다. 이에 에릭슨은 8단계로 세분화하고 인간은 늦은 나이에도 이성에 따라 자아정체성이 발달한다고 주장했다. 에릭슨의 8단계 중 1~5단계는 각각 프로이트의 5가지 발달 단계와 비슷한 나이대를 형성하고 있다(그림 2-72 참조).

그림 2-72 에릭슨의 심리사회적 8가지 발달 단계
(출처: http://yavo.ch/2018/02/05/stufenmodell-der-psychosozialen-entwicklung/)

심리사회적 발달 단계

❶ 신뢰감 vs. 불신감(Trust vs. Mistrust): 영아기 1세 이하(Infant)

❷ 자율성 vs. 수치심 & 의심(Autonomy vs. Shame & Doubt): 유아기 2~3세(Toddler)

❸ 주도성 vs. 죄책감(Initiative vs. Guilt): 유치기 3~6세(Pre-schooler)

❹ 근면성 vs. 열등감(Industry vs. Inferiority): 아동기 6~11세(Grade-schooler)

❺ 정체성 vs. 역할혼란(Identify vs. Role confusion): 청소년기 11~18세(Teenager)

❻ 친밀감 vs. 고립감(Intimacy vs. Isolation): 청년기 18~40세(Young Adult)

❼ 생산성 vs. 침체성(Generativity vs. Stagnation): 장년기 40~65세(Middle-age Adult)

❽ 통합성 vs. 절망감(Ego integrity vs. Despair): 노년기 65세 이상(Older Adult)

❶ 신뢰감 vs. 불신감: 영아기 1세 이하

영아기에는 신뢰감이 형성되는 시기다. 특히 어머니와의 사회적 관계가 충족되는 것으로 인해 신뢰감이 형성된다. 어머니와의 관계가 일관성이 없거나 주의를 기울이지 못할 경우 영아기의 아이는 불신감을 형성하게 된다. 그렇다고 해서 신뢰감만 경험하게 해주는 것이 좋은 건 아니다. 적당한 수준의 불신감도 필요하며, 최종적으로 신뢰감과 불신감이 균형을 이뤘을 때 긍정적인 세계관을 가지게 된다.

❷ 자율성 vs. 수치심 & 의심: 유아기 2~3세

유아기에는 스스로 자신의 행동을 통제하고 여러 개의 충동 사이에서 선택을 함으로써 자신의 의지라는 자율성이 형성된다. 자기 발로 서서 주변을 탐색하고, 스스로 음식을 먹고, 대소변을 가릴 수 있게 된다. 충분히 탐색할 기회와 독립성이 보장되면 유아기의 아이는 자율성이 형성된다. 과잉보호나 과도한 처벌 등으로 인해 자율성이 만족되지 못하면 좌절을 경험해 수치심을 느끼고 이후 수치심을 피하기 위해 자신의 능력을 의심하게 된다.

❸ 주도성 vs. 죄책감: 유치기 3~6세

유치기에는 놀이를 통해 주도적으로 자신과 자신 주변의 세계를 탐색하는 것으로 주도성이 형성된다. 부모와 주변에게 지지를 얻어 의존에서 벗어나 독립적인 목표를 가지게 되면 주도성이 형성된다. 반면 지나친 훈육이나 규제가 이뤄지면 스스로 목표를 성취하지 못하고 죄책감이 형성된다.

❹ 근면성 vs. 열등감: 아동기 6~11세

아동기에는 가족이라는 작은 구성체에서 벗어나 학교 교육을 통한 넓은 사회적 관계를 경험하면서 사회에서 필요로 하는 능력을 기르게 된다. 비슷한 나이의 친구들과 같이 놀고, 공부하고, 여러 경험을 함으로써 사회에서 요구하는 근면성이 형성된다. 이 시기에 사회적 관계 형성에 문제가 생기거나 목표를 달성하지 못하면 열등감이 형성돼 스스로 무능하다고 여기게 된다. 인간 사회에 적응하기 위한 준비 단계로 자아 성장이 결정되는 시기다.

❺ 정체성 vs. 역할혼란: 청소년기 11~18세

청소년기에는 자아정체성 확립이 이뤄지는 아주 중요한 시기다. 신체적으로 급속한 변화가 생기며 이러한 변화는 심리적인 변화도 동반된다. 스스로 사회에서 어떤 역할을 할 수 있는지, 얼마나 쓸모 있는 역할을 할 수 있는지 관심을 가지게 돼 스스로에 대해 통찰하고 고민하는 시기다. 자신에게 끊임없이 질문을 해 스스로 방향을 잡게 되면 정체성이 형성된다. 그렇지 못할 경우 역할혼란이 발생해 목표 상실, 가치관 혼란, 성 역할 혼란 등을 겪게 된다.

❻ 친밀감 vs. 고립감: 청년기 18~40세

청년기에는 사회 생활에 적응하기 위한 직업 선택과 안정적 가정을 이루기 위한 연애와 결혼으로 친밀감이 형성된다. 청소년기에 형성된 자아정체성을 자신과 비슷한 타인과 연결시킴으로써 안정감을 얻고 공동체 의식을 느끼려 한다.

자아정체성이 확립된 경우 자신감을 가지고 다양한 사람들과 서로 공감해 친밀감을 형성할 수 있게 된다. 자아정체성이 확립되지 못했거나 자아정체성이 확립됐다고 할지라도 딱딱하고 형식적인 인간관계에 노출되면 심리적 고립감을 느끼게 된다. 사회적 관계를 넓혀야 하는 시기에 대인관계에 문제가 생기면 사회 생활에 적응하지 못하고 고립된 삶을 살게 된다.

❼ 생산성 vs. 침체성: 장년기 40~65세

장년기에는 사회적 생산성에 큰 관심을 가지게 된다. 사회적 생산성이란 개인만이 아니라 현 세대에서 다음 세대로 계승되는 것들로 사회의 존속과 유지를 중요시하게 된다. 따라서 장년기에는 자녀를 기르고 후학을 양성하는 것에 몰두하게 되면서 생산성에 대한 만족감을 형성하게 된다. 그렇지 못할 경우 매사를 비관적으로 보고, 불평불만을 일삼는 등 침체성을 가지게 된다. 인간으로서 사회 구성원으로의 본래 역할을 하지 못했을 때 자신에 대한 불만이 다른 곳으로 전이돼 폭력 등으로 발현되기도 한다.

❽ 통합성 vs. 절망감: 노년기 65세 이상

노년기에는 인생을 되돌아보며 사회적 역할을 잃어가는 동시에 무력감이 형성되는 시기다. 이 때 비교적 자신의 인생과 삶에 만족감을 느끼게 되면 사회 구성원으로 통합성을 느끼게 된다. 그러나 청년기의 자아정체성 결여로 인해 대인 관계의 문제가 생겼거나 장년기의 생산성을 경험하지 못할 경우 스스로의 삶이 무의미하다고 느껴 절망감에 빠지게 된다. 최종적으로 노년기의 이러한 경험은 죽음을 맞이하는 자세로 이어진다.

에릭슨의 심리사회적 8가지 발달 단계는 인간이 나이에 따라서 어떠한 것에 관심을 가지고 어떠한 능력이 발달하는지 보여준다. 이러한 인간의 발달 단계를 이해하고 있는 자와 그렇지 못한 자는 타인을 이해하는 능력부터 차이가 난다. 인간을 잘 이해해야 비로소 소비자가 원하는 작품을 잘 구성할 수 있다.

　소셜 네트워크 게임^{SNG}의 경우, 게임 내에서 만들어진 사회적 공동체 안에서 빈번한 교류가 이어지는 것이 주된 콘텐츠다. 이 경우 18~40세의 청년기에서 발달하는 '친밀감 vs. 고립감'이 중요한 이슈가 된다. 플레이어와 플레이어를 연결시키는 게임 디자인을 할 때 고립감을 느끼는 플레이어가 있는지 게임 시스템을 꼼꼼히 살펴봐야 한다. 그리고 말 그대로 개방형 네트워크^{Open Network}를 가진 SNG는 청년기 중에서 특히 이제 곧 성인이 된 20대 초반에서 중반까지 타겟층으로 삼기에 유리하다. 30~40대로 넘어가면 확실히 신뢰할 수 있는 일부 구성원으로 이뤄진 닫힌 네트워크^{Closed Network}를 선호하지 20대처럼 자아정체성을 확립하고 보다 많은 타인과 친밀감을 느끼고자 하는 시기는 지나기 마련이다. 동일한 SNG라고 할지라도 20대를 대상으로 할 것인지, 30~40대를 대상으로 할 것인지에 따라 게임 시스템의 방향성을 다르게 고려해야 하는 이유다.

　이와 같이 나이에 따른 발달 단계는 어떤 타겟층을 정하는가에 따라 게임 시스템에 영향을 줄 수 있다. 6~11세 아동기를 위한 게임을 만들고자 한다면 또래 친구들과 같이 플레이하면서 근면성을 길러 줄 수 있는 콘텐츠를 제공하는 것이 유리하다. 11~18세 청소년기를 위한 게임을 만들고자 한다면 여러 가지 역할을 경험해볼 수 있고 그 역할을 통해 자신을 되돌아볼 수 있는 메시지가 담긴 게임이 유리하다. 40~65세 장년기를 위한 게임을 만들고자 한다면 10~30대에서 흔히 즐기는 게임이 아니라 스스로 사회에 기여하고 자신의 능력을 전해주는 것으로 인한 쾌감을 제공하는 콘텐츠를 제공하는 것이 좋을 것이다.

　나이에 따라 선호하는 장르를 선정하는 것도 하나의 방법이겠지만, 동일한 장르라고 해도 각 게임마다 게임 시스템에 차이가 있다는 점을 잊어서는 안 된다. 동일한 장르에서 다른 나이대의 타겟층을 선정한다고 할지라도 게임 시스템과 콘텐츠를 어떻게 제공하는지에 따라 그들의 발달 단계에 따른 심리사회적 만족감을 충분히 불러일으킬 수 있다.

　타겟층을 결정할 때 아무런 근거 자료나 지식없이 그냥 이렇게 해보자는 식으로는 소비자인 플레이어를 만족시키기는커녕 경영진이나 투자자조차 설득하기 힘들어진다. 심리사회적 발달 단계이외에도 인간의 나이 구분에 따른 이론은 다양하게 찾아볼 수 있다. 핵심 타겟층을 보다 세부적으로 선정하기 위해서, 자신의 주장에 대한 설득력을 높이기 위해서 여러 이론을 적극적으로 활용해보자.

30 성별

남녀의 진화심리학

인간은 나이뿐 아니라 성별에 따라서도 많은 차이가 생긴다. 인간을 이해하기 위해 사회심리학적 관점에서 나이를 살펴봤다면, 진화심리학 관점에서 성별에 대해 알아볼 차례다.

진화심리학 관점에서 바라보는 남녀의 차이는 선사시대부터 내려오는 역할의 차이에 따라 다르게 진화했다는 가정에서 시작된다. 진화심리학은 현대 사회의 성 역할 변화까지 모두 설명하지 못한다는 단점이 있으나 성별에 따른 기초적인 차이를 이해하게 해준다는 점에서 가치가 있다고 평가받는다.

이장주의 「게임 심리학」 강의 자료에 나온 진화심리학 부분을 기반으로 일부분을 필자가 재정리해 Inven Game Conference(IGC) 2017에서 발표한 내용은 그림 2-73과 같다.

그림 2-73 진화심리학 관점에서 남녀의 차이
(출처: 게임 디자인을 위한 심리학, IGC 2017, 남기덕 강연자료)

진화심리학의 키워드는 생존과 번식이라고 할 수 있다. 번식은 장기적인 개념의 생존이라고 볼 수 있기 때문에 결국 생존과 관련해서 모든 행동이 발생된다고 보고 있다. 생존을 위해 보다 효과적인 방법을 선택하고 그에 따라 진화한다는 것이다.

진화심리학의 관점에서는 역사를 기록하기 이전인 선사시대부터 남성과 여성의 역할에 차이가 있다는 점에 주목한다. 상대적으로 근육이 발달한 남성은 부족에서 사냥꾼 역할을 하고 여성은 파수꾼 역할을 했었다. 남성은 도구나 무기를 만들어 부족에서 멀리 나가 위험한 동물을 사냥했다. 반면 여성은 부족의 거주지에 남아서 거주지를 위협하는 동물이나 다른 부족의 침입을 지켜보고 남성들에게 알리는 역할을 했다. 주거지에 남아있으면서 효과적인 사회 생활을 위해 거주지 주변에서 생존에 필요한 것들을 채집했다.

이러한 역할 차이가 오랜 시간 지속되면서 남성과 여성은 다르게 진화했다. 사냥에 익숙한 남성은 낯선 땅에 가서 빠르게 지형을 파악해야 한다. 그리고 반드시 부족이 있는 거주지로 돌아올 수 있어야 한다. 따라서 남성은 공간 지각 능력과 길 찾기 능력이 발달하게 된다. 또한 빠르게 움직이는 동물을 사냥하기 위해 순간적인 것에 집중하는 능력이 발달했다. 하나에 집중하기 위해 시야를 좁혀 다른 것에 무의식적으로 신경 쓰지 않도록 진화했다. 그러므로 남성은 한 가지 일이 주어지면 고도로 집중해 빠르게 일 처리가 가능한 반면 여러 가지 일이 동시에 주어질 때 여성에 비해 집중하지 못하는 경향이 생겼다고 볼 수 있다.

부족의 거주지를 지켜야 하는 여성은 동시에 여러 가지 일을 해야 했다. 아이를 기르고, 채집을 하고, 외부의 적이 오는지 파악하는 등 여러 가지 일을 동시에 해내야 했다. 따라서 동시에 여러 가지 일을 할 수 있는 멀티태스킹 Multi-tasking 능력이 발달했다. 게다가 울타리의 작은 균열이나 아이의 심경 변화 등 미묘한 변화를 알아차리지 못하면 생존하지 못했다. 그래서 여성은 시야가 넓고 친숙한 것의 세밀한 변화를 민감하게 알아차릴 수 있는 대신 공간 지각 능력이나 길 찾기 능력이 발전할 기회가 상대적으로 주어지지 않았다. 여성은 빠르지는 않지만 안정적으로 여러 가지의 일을 동시에 해결할 수 있으며 큼직큼직한 전략을 세우는 데 익숙하지 않아도 세밀한 것까지 챙길 수 있는 경향이 생겼다고 볼 수 있다.

진화심리학에서는 이러한 역할이 오랜 기간 이뤄지면서 호르몬에도 영향을 줬다고 보고 있다. 남성의 행복함은 테스토스테론이, 여성의 행복함은 옥시토신이 관장한다. 테스토스테론은 성취, 공격, 성관계에 따라서 분비되는 호르몬이며, 옥시토신은 인간 관계에 따라서 분비되는 호르몬이다. 남녀는 각각 생존하기 위해 필요로 하는 활동을 제대로 수행했을 때 행복감을 느낄 수 있게 진화됐다.

이러한 진화 방향성의 차이는 남녀 관계와 공동체 생활에서도 큰 영향을 미쳤다. 부족 사회에서 권력은 대부분 남성에게 돌아갔다. 부족 전체의 생존이 걸린 사냥은 죽음을 감수해야 했으며 뛰어난 사냥꾼을 기르기 위해서 그들에게 많은 보상을 분배해야 했다. 권력과 부가 몇 명의 남성에게 집중되면서 남성은 중간만 가도 번식에 실패하는 경우가 빈번히 발생했다. 생존과 번식을 위해 여성은 권력과 부가 있는 남성을 선택했다. 따라서 남성은 죽음을 무릅쓰더라도 위험한 사냥에 성공해야 했다. 또한 번식을 위해 자신이 용감하다는 것을 여성에게 강하게 어필할 필요가 있었다. 이러한 이유 때문에 남성은 과시적이고 위험한 경쟁을 끊임없이 해야만 했다.

부족의 생존을 위해 필연적으로 부족의 구성원은 많아야 했다. 따라서 여성은 가능한 빠른 시기에 그리고 가능한 한 많은 아이를 낳아야 했다. 이러한 상황에서 여성은 임신 기간이 존재하기 때문에 중간만 가도 부족 사회에서 살아갈 수 있었다. 그렇기에 여성들끼리 과도한 경쟁은 오히려 독이 됐다. 여성그룹에서 눈 밖에 나면 배척의 대상이 되기 때문에 여성은 경쟁보다는 대인 관계와 공감 능력이 생존하기 위한 필수적인 것이 됐다.

간단히 정리하면 남성은 선택받지 못하는 것에 대한 두려움을 가지고 있기에 위험을 무릅쓰고 새로운 것에 도전한다. 반면 여성은 버림받는 것에 대한 두려움을 가지고 있기에 끊임없이 자신의 편을 만들려고 하며, 안정적인 것을 추구하려고 한다. 남성에게 경쟁은 생존을 위한 필수적인 것인 반면 여성에게 경쟁은 생존에 방해가 되는 존재일 뿐이다.

흔히 연인이나 부부 관계에서 자주 발생하는 남성의 새로운 도전에 대한 갈등을 진화심리학의 관점에서 본다면 이제 어느 정도 이해가 갈 것이다. 서로의 말 중에 무엇이 옳고 그르다의 문제가 아닌 진화론적으로 관점의 차이를 서로 이해해야 하는 문제다. 여성은 군이 왜 지금의 나름 안정적인 상황에서 위험을 무릅쓰고 새로운 도전을 해야 하는지 의심을 한다. 반면 남성은 이후의 장기적인 생존을 위해서라면 지금의 상황이 안정적이라고 느끼지 못하는 것이다. 도전하지 않는다는 것은 남성 사회에서 패배를 인정하는 것이기에 곧 경쟁에서 진 패배자가 된다. 경쟁에서 진 패배자 상태로 남은 인생을 살아가는 것은 남성에게 있어 죽음보다 인내하기 힘든 패배감을 죽을 때까지 매순간 버텨야 된다는 의미가 된다.

진화심리학에서 주장하는 남녀의 차이는 현대 사회의 모든 것을 설명해주지는 않는다. 그리고 사람마다 예외적인 경우도 꽤 있을 것이다. 하지만 보편적으로 남성과 여성이 가진 장점과 단점을 설명하는 데 있어 많은 공감을 얻고 있는 것 또한 사실이다.

게임의 타겟층을 결정할 때 남성 게이머를 주된 대상으로 할 것인지, 여성 게이머를 주된 대상으로 할지에 따라 게임 디자인에서 얼마나 큰 차이가 있어야 할지 진화심리학을 통해 어느 정도 이해됐을 것이라고 생각된다. 남성이 호쾌한 전투와 경쟁을 좋아하는 것과 여성이 귀여운 것을 수집하고 무엇인가를 기르는 것을 좋아하는 것은 진화심리학의 관점에서 보면 자연스러운 현상이다.

현재 어느 나라이건 정도의 차이가 있을 뿐이지 다수의 게이머는 남성으로 이뤄져 있다. 이 상황에서 거의 대부분의 게임이 남성을 위한 경쟁과 전투 중심으로 만들어지는 건 당연하다고 볼 수 있다. 대다수의 소비자가 그것을 원하고 있기 때문이다. 회사가 이윤을 추구하기 위해 만들어진 단체인 이상 대다수의 소비자가 원하는 것을 만드는 건 상업적 논리에서 지극히 당연한 것이다. 이는 게임 아니라 모든 상품 및 서비스에 동일하게 적용된다. 이러한 게임 시장 상황에서 전투와 경쟁이 들어가지 않은 게임을 만들라는 건 개발사에게 있어 망할 위험성이 높다는 것을 알면서도 많은 돈을 들여 개발하라는 것과 같다. 기능성 게임이 가진 한계도 비슷하다. 생존과 전혀 상관없는 특정 목적을 가진 게임에 재미를 느끼기에는 본질적으로 어려움이 따른다.

미국과 일본에서 다양한 게임이 만들어지고 있다. 특히 일본에서 여성향 게임 시장이 무시하지 못할 정도로 성장한 데에는 개발사가 여성향 게임을 만들어서 시장이 형성됐다고 보기보다 여성 게이머들이 게임 시장에서 무시하지 못할 정도의 구매력을 보여주고 있기 때문이다. 실제 일본의 여러 게임샵에서는 여성향 게임 코너를 별도로 구성하고 있지 않은 곳을 찾기 힘들 정도다. 여성향 게임만을 주력으로 개발하는 게임 개발사도 꽤 있을 정도다. 여성 게이머의 구매력이 결코 무시하지 못할 정도이니 대부분의 게임에서도 여성의 관심을 끌 만한 캐릭터와 콘텐츠를 다수 포함하기도 한다.

개발사는 돈을 버는 것을 목적으로 하기 때문에 기본적으로 소비자의 나이나 성별에 대한 선호 여부가 존재하지 않는다. 단지 어떤 소비자가 직접적인 구매 행동을 하는지 분석해서 해당 소비자들이 원하는 방향으로 자연스럽게 움직일 뿐이다. 개발사마다 단기적인 흐름만 보느냐 장기적인 흐름까지 볼 수 있느냐의 차이가 있을 뿐이다. 여성 소비자가 대다수를 차지하고 있는 드라마나 아이돌 시장에 여성들이 원하는 콘텐츠가 대부분을 차지하고 있는 것도 같은 이치다.

게임 개발사에서는 타겟층을 결정할 때, 보다 신중한 선택이 이뤄져야 한다. 많은 개발사에서 대부분 남녀노소 누구나 즐길 수 있는 게임을 만들려고 한다. 처음부터 이러한 것이 과연 실현 가능할까? 대부분의 게임은 특정 나이대와 성별에서 인기를 끌고 이러한 인기가 주변의 다른 사람들에게 옮겨지면서 점차적으로 확산된다. 기본적으로 좁은 범위의 타겟층에게 확실하게 주목을 받을 수 있게 디자인돼야 한다. 그 다음 다른 나이대나 성별에게 매력적으로 보일 수 있는 요소를 부가적으로 추가할 때 많은 사람들에게 게임이 알려지고 성공할 가능성이 높아진다.

남성과 여성이 좋아하는 5가지 게임 요소

게임에서도 남성과 여성은 좋아하는 요소가 다르다. 어느 쪽을 주된 타겟층으로 삼을 것인지에 따라 결국 게임 요소를 달리 제공해야 하고, 게임 디자인에 방향성을 달리해야 한다. 제시셀은 「The Art of Game Design: A Book of Lens」에서 남성과 여성이 좋아하는 게임 요소를 각각 5가지로 정리했다. 이러한 주장은 진화심리학의 관점에서 볼지라도 아무런 무리없이 이해할 수 있다. 핵심 타겟층을 남성으로 선택할 것인지 여성으로 선택할 것인지에 따라 다음의 게임 요소가 부각될 수 있도록 활용해보자.

남성이 좋아하는 게임 요소

❶ **숙달(Mastery)**: 남성은 의미가 있건 없건 도전적인 것에 숙달되기를 즐긴다. 반면 여성은 의미 있는 목적이 있을 때 관심을 가지는 경향이 있다.

❷ **경쟁**: 남성은 질 때 느끼는 부정적 감정보다 이길 때 느끼는 긍정적 감정이 크다. 여성은 반대로 질 때 느끼는 부정적 감정이 커서 경쟁을 선호하지 않는다.

❸ **파괴**: 남성은 파괴하는 행위에서 쾌감을 얻는다. 장난감 탑을 쌓을 때보다 무너트릴 때 더 큰 즐거움을 느낀다.

❹ **공간 퍼즐**: 남성은 공간 지각 능력이 뛰어나므로 스스로 잘하는 퍼즐을 즐긴다.

❺ **시행착오**: 남성은 직접 몸을 움직여 시행착오를 거칠 때 보다 빠르게 학습한다.

31 장르

마지막으로 나이와 성별을 통해 선정한 타겟층을 토대로 장르를 최종적으로 결정하는 일이 남았다. 앞서 이야기했듯이 가장 좋은 것은 스스로 어떤 게임을 만들고자 하는지 명확하게 알고, 장르 분류에 대한 이해를 한 후, 그에 따라 장르를 정하는 것이다. 그리고 선정된 장르와 함께 목표로 하는 타겟층에 따라서 게임 시스템과 콘텐츠를 조정하면 된다. 만약 선정한 장르와 타겟층이 전혀 맞지 않는다면 게임 시스템과 콘텐츠를 통해서 극복할 수 있는지 스스로의 역량을 냉정하게 뒤돌아봐야 할 것이다.

그러나 게임 개발을 하다 보면 항상 최선의 선택만 할 수 있는 건 아니다. 개발 내적인 원인이나 외적인 원인에 의해 의도치 않게 게임 시스템이나 콘텐츠를 변경해야 하는 경우가 빈번하게 생긴다. 이 때 주요 게임 시스템에 변화가 생길 경우 장르가 바뀌어야 하는 사태가 발생하기도 한다. 이러한 상황에서는 차선책으로 최대한 타겟층에 맞는 게임 장르를 선택하는 것이 유리하다.

국가별, 게임 플랫폼별, 나이별, 성별에 따라 선호하는 게임 장르는 다르다. 반대로 말하면 세부 장르를 선택했을 경우 국내 시장에서의 규모도 작아지지만 해외 수출 시에도 상당한 규약이 발생한다. 해외 시장에 진출하기 원한다면 어떤 플랫폼을 선택할 것인지, 어떤 장르를 선택할 것인지 콘셉트 디자인 단계에서 반드시 고려해서 결정하는 편이 좋다.

일단 게임을 개발해보고 나서 해외로 진출할 곳이 어디없을까 기웃거려봐야 이미 극심한 경쟁이 이뤄지고 있는 글로벌 게임 시장에서 좋은 조건의 기회가 주어질 가능성은 낮다. 물론 스스로 만들고자 하는 게임을 자신있게 만든다면 아무런 문제가 되지 않는다.

플랫폼의 경우 추가적으로 개발할 여력이 있다면 멀티플랫폼이 가능하므로 비교적 문제가 되지 않는다. 다만 장르의 경우 해당 시장에서 얼마나 선호하는지 거의 결정돼 있다고 봐도 무방하기 때문에 해외 진출을 계획하는 개발사라면 장르 선정에 심혈을 기울여야 한다.

예를 들어 한국 모바일 시장에서 나이와 성별에 따라 선호하는 장르에 얼마나 차이가 나는지 살펴보자. ACE Trader사는 openads.co.kr에 모바일 게임을 대상으로 플레이어 성향을 분석한 자료를 공개했다. 2016년 자료이기에 현재 데이터 수치에 조금 변화는 있겠지만 여기서 주목하려는 것은 나이와 성별에 따라 선호하는 장르가 다르다는 것이다. 이러한 자료는 국가별로 비교했을 때도 상당한 차이를 보이므로 이후에 일본의 데이터를 간략히 비교해보자.

나이별 선호하는 게임 장르

2016년도 한국 모바일 게임 시장에는 오락실에서 즐겼던 게임과 유사한 게임을 칭하는 아케이드와 퍼즐이 가장 높은 순위를 차지하고 있었다. 10대는 게임 내에서 더 활발한 행동을 할 수 있는 장르를 선호하는 것으로 나타났다. 그 중 아케이드와 액션의 순위가 가장 높았다. 20대부터는 다양한 역할을 경험해볼 수 있는 롤플레잉이 퍼즐 다음의 순위를 차지했다. 30대 이후부터 나이가 들수록 점차 퍼즐, 아케이드, 캐주얼 게임, 카드, 보드 등 비교적 단순한 게임 장르를 선호하는 것을 알 수 있다.

표 2-10 나이별 선호하는 게임 장르(2016년 한국 모바일 게임)

	10대	20대	30대	40대	50대	60대
1	아케이드	퍼즐	퍼즐	퍼즐	퍼즐	퍼즐
2	액션	롤플레잉	캐주얼 게임	아케이드	카드	롤플레잉
3	롤플레잉	액션	아케이드	액션	캐주얼 게임	캐주얼 게임
4	보드	아케이드	롤플레잉	캐주얼 게임	아케이드	아케이드
5	캐주얼 게임	보드	액션	카드	카드	카드
6	퍼즐	캐주얼 게임	보드	롤플레잉	롤플레잉	액션
7	전략	카드	카드	보드	액션	보드
8	시뮬레이션	전략	전략	전략	시뮬레이션	전략
9	어드벤처	어드벤처	어드벤처	어드벤처	전략	시뮬레이션
10	카드	시뮬레이션	시뮬레이션	시뮬레이션	어드벤처	어드벤처
11	자동차 경주	자동차 경주	자동차 경주	자동차 경주	자동차 경주	자동차 경주
12	퀴즈	퀴즈	카지노	카지노	카지노	카지노
13	카지노	카지노	퀴즈	퀴즈	퀴즈	퀴즈

(출처: NHN TX 내부 자료,, 2016년 6월 기준 어플리케이션 설치수(추정치) 분석)
(출처: http://www.openads.co.kr/nTrend/article/466)

남녀별 선호하는 게임 장르

나이별 선호하는 장르에도 의미 있는 차이가 존재하나 남녀별 선호하는 장르에는 상
당한 차이가 존재한다. 2016년도 한국 모바일 게임 시장에서 남성이 선호하는 장르
는 롤플레잉, 퍼즐, 아케이드, 액션 순이었다. 여성이 선호하는 장르는 퍼즐, 캐주얼
게임, 아케이드, 액션 순이었다. 퍼즐과 아케이드는 성별 구분없이 상위권을 차지했
지만 롤플레잉은 압도적으로 남성에게, 캐주얼 게임은 압도적으로 여성에게 인기 있
는 장르로 나타났다(그림 2-74 참조).

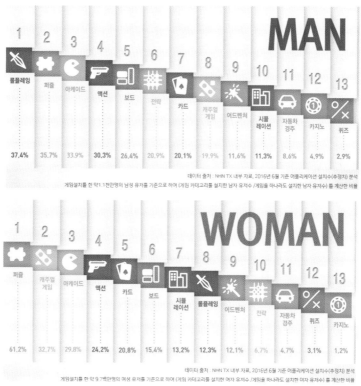

그림 2-74 남녀별 선호하는 게임 장르(2016년 한국 모바일 게임)

(출처: http://www.openads.co.kr/nTrend/article/466)

해마다 인기 게임 장르가 변함에 따라 조금씩 순위에 변화가 있지만 모바일 게임이라는 동일한 플랫폼 내에서는 큰 변화는 이뤄지고 있지 않다. 하지만 국가별로 게임 시장이나 문화적 차이가 존재하며 콘솔 게임, PC 게임, 모바일 게임의 비율이 다르고, 보급된 하드웨어의 상황도 다르기 때문에 선호하는 장르에도 적지 않은 영향을 끼친다.

일본 게임유저협회日本ゲームユーザー協会에서 조사한 2012년 자료에 따르면 일본 시장에서는 남녀 구분없이 RPG와 액션 게임이 크게 인기를 얻고 있었다. 이후 남성은 SRPG, 스포츠 게임, 액션 어드벤처 등을 선호하는 데 반해 여성은 어드벤처, 음악 게임, 레이스 게임 등을 선호하는 차이를 보여준다(그림 2-75 참조).

일본 시장은 1980년대 RPG가 등장했던 시기부터 RPG가 핵심적인 장르로 자리

잡아 온 만큼 RPG에 대한 남다른 애착을 가지고 있다. 이건 남녀노소 불문하고 예외가 아니다. 실제 필자의 많은 일본 친구나 지인 중 게임을 즐기는 경우 남녀노소를 불문하고 대부분 RPG에 대한 이야기를 꺼내면 거부감없이 상당히 오랜 시간 즐겁게 이야기할 수 있을 정도로 RPG를 좋아하는 게이머가 많은 시장이다. 이와 같이 국가마다 선호하는 장르가 명확히 다른 경우가 존재한다.

[전체] n=7910				[남성] n=3984				[여성] n=3926		
1위	RPG	626		1위	RPG	702		1위	RPG	549
2위	액션	429		2위	액션	447		2위	액션	412
3위	액션RPG	320		3위	시뮬레이션RPG	429		3위	어드벤처	350
4위	어드벤처	318		4위	액션RPG	383		4위	액션RPG	256
5위	시뮬레이션RPG	313		5위	스포츠 게임	367		5위	음악 게임	255
6위	레이싱 게임	292		6위	액션 어드벤처	346		6위	레이싱 게임	238
7위	액션 어드벤처	288		7위	레이싱 게임	344		7위	액션 어드벤처	229
8위	스포츠 게임	263		8위	어드벤처	286		8위	시뮬레이션RPG	195
9위	음악 게임	204		9위	슈팅 게임	251		9위	스포츠 게임	157
10위	슈팅 게임	169		10위	대전격투 게임	217		10위	MO, MMORPG	91
11위	대전격투 게임	149		11위	MO, MMORPG	189		11위	슈팅 게임	87
12위	MO, MMORPG	140		12위	음악 게임	154		12위	대전격투 게임	80
13위	FPS 게임	78		13위	FPS 게임	127		13위	FPS 게임	27

그림 2-75 남녀별 선호하는 게임 장르(2012년 일본 게임: 플랫폼 전체 리서치)
(출처: http://jgua.org/user-kimochi/275/)

지금까지 나이와 성별에 따라 선호하는 장르에 차이가 있음을 확인했다. 그리고 플랫폼이나 국가별로도 선호하는 장르에 차이가 발생한다는 점을 예를 통해 일부 확인했다. 실제 미국은 FPS를 선호하고 일본은 RPG를 선호하는 등 글로벌 시장에서 큰 영향을 발휘하고 있는 두 국가조차 인기 장르가 다르다.

국내 게임 시장에만 의존할 수 없는 글로벌 시대에서 콘셉트 디자인 단계부터 해외 진출에 대한 고려는 반드시 이뤄져야 한다. 자신들이 원하는 장르가 확실하다고 할지라도 게임 시스템과 콘텐츠의 구성을 어떻게 해야 할지 사전에 정한다면 그만큼 해외 진출에 유리한 고지를 차지하게 된다.

참고문헌

- 제시셀 저, 한동숭, 윤형섭, 한호성, 김정태 역, 『The Art of Game Design 1 2nd Edition: A Book of Lens』, 홍릉과학출판사, 2016.

- 「게임 디자인을 위한 심리학」, IGC 2017, 남기덕 강연자료.

  http://www.inven.co.kr/webzine/news/?news=184920&site=igc

  https://www.slideshare.net/ssuser052dd11/igc-2017-79438585

- 「게임별 유저 성향 분석 리포트」, OpenAds, 2016.

  http://www.openads.co.kr/nTrend/article/466

- 「Stufenmodell der psychosozialen Entwicklung」, YAVO, 2018.

  http://yavo.ch/2018/02/05/stufenmodell-der-psychosozialen-entwicklung/

- 「ゲームの目利きはゲーム機コアユーザー！？」, 日本ゲームユーザー協会

  http://jgua.org/user-kimochi/275/

콘셉트 디자인 체크 리스트

본 체크 리스트는 게임 콘셉트 디자인 과정을 진행함에 있어 가이드라인이 되기 위한 목적으로 작성됐습니다. 콘셉트 디자인은 어떤 '게임'을 만들 것인가와 어떤 '플레이어'를 대상으로 할 것인가를 결정하는 과정입니다. 모든 항목을 반드시 작성할 필요는 없으나 각 항목을 충분히 고민한 후 최대한 구체적으로 작성함으로써 게임의 전체적인 방향성을 그릴 수 있을 것입니다. 필요에 따라 스스로 체크 리스트에 적합한 새로운 항목을 추가하는 것도 좋습니다.

A. 테마

A1. 만들고자 하는 게임의 테마는 무엇인가요? 테마는 단순히 소재가 아닌, 작품을 통해서 소비자에게 전달하고자 하는 메시지입니다. 테마는 모든 게임 구성요소에 중심축이 됩니다. 모든 게임 구성요소에 하나의 방향성을 가지고 일관되게 테마를 적용시켜야 소비자에게 공감을 얻을 수 있습니다.

A2. 현재 만드는 작품이 단일 작품이 아닌 기존 시리즈와 프랜차이즈에 속한 작품이라면 시리즈와 프랜차이즈에서 테마를 계승하는 부분은 어떤 것이며, 차별성을 두는 부분은 어떤 것인가요?

A3. **A1**과 **A2**에서 선정한 테마에서 중요시하는 테마의 특성들은 무엇인가요? 왜 그렇게 생각하는지 특성별로 간략히 서술해주세요.

A4. 본 게임을 만드는 목적은 무엇인가요? 게임을 만드는 목적은 테마에서 자연스럽게 나오는 것입니다. 수익 창출 이외의 목적을 작성해주세요. 수익창출 이외의 목적이 떠오르지 않는다면 **A1**로 다시 돌아가서 더 깊게 생각해보세요.

B1. 만들고자 하는 게임에서 부각시키고자 하는 특징들은 무엇인가요? 게임의 특징이 아닌 놀이로서의 특징을 선택해도 무방합니다. 특징별로 어떤 게임 구성요소를 통해 어떤 방식으로 표현하고자 하는지 서술해주세요.

B2. 어떤 놀이의 유형을 게임에서 주로 활용하고자 하나요? 다양한 놀이의 유형을 동시에 활용하고자 한다면 어떤 비율로 조합할지, 어떤 시스템이나 콘텐츠에 적용할 것인지 서술해주세요.

266

C1. 8가지 중에 중점을 두고자 하는 게임 구성요소들은 무엇인가요? 어떻게 부각시킬지 구상하는 바를 자유롭게 서술해주세요(그림 2-27 참조).

D1. 게임을 통해 플레이어에게 제공할 4가지 재미 요소 중 어떤 재미에 가장 중점을 두고자 하나요? 그리고 재미 평가 모델에서 제시한 핵심 재미 요소 중 어떤 재미에 중점을 두고자 하나요? 소수의 재미 요소에 집중해야 하지만 얼마든지 같은 게임 내에서도 여러 재미 요소를 제공할 수 있습니다. 4가지 재미 요소에 해당되는 게임 시스템과 콘텐츠를 각각 배치해보고 실제 중점을 두고자 한 재미에 게임 시스템과 콘텐츠가 집중되고 있는지 확인하고 수정합시다.

D2. 플레이어가 게임을 통해서 어떤 재미나 쾌락을 느꼈으면 하나요? 8가지 게임 쾌락의 분류 중에 중점을 두고자 하는 쾌락을 서술해주세요. 또한 **C1**과 어떻게 연관되는지 서술해주세요. 연관되지 않았다면 다시 한번 고민해 보십시오. 핵심적으로 생각하고 있는 게임 구성요소와 재미는 밀접하게 얽혀 있어야 합니다.

E. 플레이어

E1. 어떤 '놀이 인격', '플레이어 유형', '성격의 요인', '다중 지능'을 가진 플레이어를 사로잡고 싶나요? 이런 플레이어를 만족시키기 위해 어떤 게임 시스템과 콘텐츠를 제공할 것인지 각각 서술해주세요. **D1**과 **D2**에서 생각한 재미가 **E1**에서 선정한 플레이어에게 진정 만족을 줄 수 있는지 다시 한번 체크해봅시다.

F1. 핵심 타겟층과 확장 타겟층의 나이대와 성별대는 어떻게 되나요? 핵심 타겟층은 가능한 최소한의 범위로 정하는 것이 좋습니다. 나이와 성별 이외에 타겟층의 범위를 좁힐 수 있는 관심 분야, 취미 등을 추가적으로 작성하는 것도 좋습니다.

F2. 장르는 구체적으로 어떻게 되나요? 대분류 장르부터 시작해 세부 장르 중 어디에 위치할 것인지 생각해봅시다. 반드시 과거에 유행했고 현재 유행하고 있는 장르를 선택할 필요는 없습니다. 게임 장르 정리를 보고 새로운 장르에 도전해보는 것도 좋습니다.

G1. 게임 내 등장할 주요 캐릭터에 대한 내용을 자유롭게 서술해주세요(캐릭터 이미지 첨부).

G2. 게임 스토리를 간략하게 서술해주세요.

G3. 다변수 서사를 계획 중이라면 핵심적인 분기를 간략하게 서술해주세요.

G4. 게임의 주요 절차를 서술해주세요(플로우 차트 첨부).

G5. 게임의 주요 규칙을 서술해주세요.

G6. 핵심적인 게임 플레이에 대해 서술해주세요. 눈으로 직접 확인할 수 있는 자료가 있다면 더 좋습니다(이미지, 애니메이션, 프로토타입 등).

G7. 게임 UI에 대한 방향성을 서술하고, 전체적인 UI 배치 이미지를 첨부해주세요.

G8. 게임 그래픽과 사운드에 대한 전체적인 분위기를 자유롭게 서술해주세요.

3장
상세 디자인을 위한 이론

콘셉트 디자인 프로세스가 끝나고 프로젝트가 승인되면 본격적으로 상세 디자인 프로세스 단계로 넘어갈 차례다. 게임 디자인에서 콘셉트 디자인이 설계도를 그리고 골격을 세우는 과정이라면 상세 디자인은 실제로 건물을 짓고 꾸미는 과정에 해당된다. 콘셉트 디자인과 상세 디자인은 독립된 별도의 프로세스가 아니다. 상세 디자인은 콘셉트 디자인의 연장선 상에 있는 프로세스이며, 콘셉트 디자인에서 간략하게 결정했던 각 게임 구성요소를 구체화하는 단계다.

일반적으로 콘셉트 디자인은 PD를 비롯해서 리드 게임 디자이너 등 개인 또는 소수 그룹에 의해서 이뤄진다. 방향성, 일관성, 통일성이 무엇보다 중요하기 때문이다. 하지만 실제 건물 설계도를 받아 골격을 중심으로 건물을 짓기 시작하려면 많은 사람들이 필요하게 된다. 체계적이고 효율적으로 작업하기 위해서 상세 디자인은 여러 그룹으로 역할을 나눠 진행하게 된다. 역할을 어떻게 나눌 수 있을까?

콘셉트 디자인과 다르게 상세 디자인에서는 매우 광범위한 범위를 상세히 다뤄야 한다. 게임은 수많은 구성요소로 이뤄져 있다. 게임의 구성요소가 무엇이 있는지 떠올려보자. 수많은 구성요소들이 머릿속에 떠오른다. 게임 구성요소에 대해 정리한 연구들이 몇몇 있지만 대부분 추상적이거나 개념적인 수준에 머물고 있으며 아직 실무에서 사용할 만큼 체계화 및 구체화되지 못했다. 이 이슈는 이 책의 범위를 벗어나므로 추후 게임 분석에서 다룰 것이다.

필자는 상세 디자인을 그림 3-1과 같이 크게 6가지로 나눠서 설명하고자 한다.

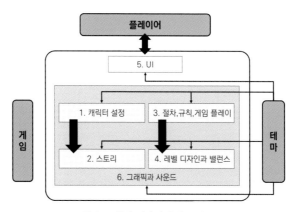

그림 3-1 상세 디자인의 개요 및 흐름

'그래픽과 사운드'는 게임 속 세계를 전반적으로 어떻게 구성하고 표현할 것인지 디자인하는 영역이다. 게임에 대한 시각적, 청각적인 느낌을 부여하는 부분이기 때문에 게임의 첫인상을 좌우하게 된다. 따라서 인간의 감각과 감정을 건드릴 수 있도록 디자인돼야 한다. 아무리 그래픽 기술 자랑을 해봐야 "와 그래픽 좋다!"라는 느낌은 생각 외로 오래가지 못하므로 게임과 잘 어울리는 분위기를 가지는 것이 무엇보다 중요하다.

'그래픽과 사운드'가 게임의 전반적인 느낌을 만들어낸다면 실제 게임 내부는 크게 2가지 축으로 구성돼 있다. '캐릭터 설정'에서 '스토리'로 연결되는 축과 '절차, 규칙, 게임 플레이'에서 '레벨 디자인과 밸런스'로 연결되는 축이다. 흔히 게임의 재미를 스토리와 게임 플레이로 나눠 평가하는 것처럼 게임 디자인도 이 두 축을 중심으로 이뤄진다.

마지막으로 'UI'는 다른 영역을 플레이어와 상호 작용할 수 있도록 연결시켜주는 역할을 한다. UI가 없다면 플레이어는 게임 안에서 일어나는 일에 대한 피드백을 주고받을 수 없다. 플레이어가 자신이 하는 행동이 게임 내에서 어떤 영향을 불러일으키는지 모르게 된다면, 무엇을 해야 하는지 알 수 없어 머지않아 게임 플레이를 포기하게 된다.

결국 상세 디자인은 테마를 중심으로 다음과 같이 크게 2개의 축으로 구성된다. 앞으로 이 2가지 축을 중심으로 살펴본다(그림 3-2 참조).

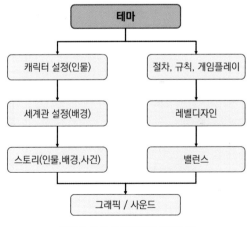

그림 3-2 상세 디자인의 2가지 축

상세 디자인 6가지 영역을 2장의 '20. 통합된 8가지 게임 구성요소 모델'과 비교해 보자(그림 2-27 참조). 수많은 구성요소 중 핵심적인 구성요소를 8가지로 정리했었다. 그래픽과 사운드는 기술에, 캐릭터 설정에서 스토리까지는 스토리에, 규칙과 게임 플레이에서 레벨 디자인과 밸런스까지는 메커닉스에, UI는 피드백 시스템에 해당된다. 이처럼 상세 디자인 6가지 영역은 게임 구성요소 중 대표적인 것을 뽑은 것이다.

인력, 경력, 개발 일정 등을 고려해 상세 디자인 6가지 영역을 그룹별로 분담한다. 각각의 그룹은 콘셉트 디자인이라는 설계도에 따라 건물을 지어간다. 만약 설계도 자체에 문제가 있거나 다른 그룹의 방침과 충돌된다고 판단되면 설계를 총괄한 책임자와 논의해야 한다. 설계 책임자인 PD나 리드 게임 디자이너는 상세 디자인 단계에 들어선 순간, 동시에 여러 그룹에서 수많은 요청사항과 질문을 받게 된다. 하루에도 여러 명이 찾아와 이런 저런 불평과 아이디어를 쏟아낸다. 이런 힘든 과정은 프로젝트가 종료될 때까지 끊임없이 반복된다. 거센 비바람에도 흔들리지 않고 자세를 유지하기 위해서는 기준을 가지고 명확히 지침을 내릴 수 있어야 한다. 그렇기 때문에 콘셉트 디자인은 충분한 시간을 가지고 튼튼하게 디자인돼야 한다. 튼튼한 콘셉트 디자인을 만들어 놓지 못했다면, 작은 바람에도 건물의 모양을 바꿔야 하며, 심지어 원래 있던 골격마저 부수고 새로 짓기를 반복하다가 세월만 보내고 너덜너덜한 결과물만 남게 되기 십상이다.

상세 디자인 6가지 영역은 하나하나 쉬운 것이 없다. 광범위한 내용을 디자인해야 할 뿐 아니라 서로 일관성을 가지도록 맞추는 과정도 여간 힘든 것이 아니다. 게다가 각 영역별로 이렇게 디자인하면 된다는 명확한 가이드라인을 제시하기 어렵다. 게임마다 천차만별이기 때문이다.

콘셉트 디자인에서는 반드시 필요한 항목을 빠짐없이 체크할 수 있도록 가이드라인을 제시했지만, 상세 디자인은 실질적으로 새로운 콘텐츠를 창조 또는 재창조하는 과정이기에 고정된 가이드라인은 오히려 발상에 제한을 줄 수 있다.

따라서 3장에서는 새로운 영감을 얻을 수 있거나 게임 디자인에 활용할 수 있도록, 도움될 만한 이론과 개념을 언제든지 찾아볼 수 있게 라이브러리와 같이 체계적으로 정리해 제공하는 것을 목표로 한다. 새로운 가상 세계를 구체적으로 디자인하는 건 결국 게임 디자이너의 몫이다.

1
캐릭터 설정

상세 디자인에서 무엇을 가장 먼저 시작하는 것이 좋을까? 스토리가 중요하다는 사람, 규칙과 게임 플레이가 포함되는 메커닉스가 중요하다는 사람, 전체적인 그래픽 콘셉트가 중요하다는 사람 등 가지각색일 것이다. 게임마다 장르마다 개발사마다 상황이 다르기 때문에 정답은 없다.

하지만 필자는 게임 디자인을 처음부터 배우는 이들에게 가장 먼저 캐릭터 설정부터 시작할 것을 권한다. 캐릭터는 게임 디자이너가 플레이어에게 전달하고자 하는 테마를 대신 표현해주는 창구이기 때문이다. 게다가 캐릭터 없이 스토리를 쓸 수는 없다. 캐릭터가 하나도 등장하지 않는 스토리를 본적 있는가? 스토리는 게임 내 캐릭터 간의 벌어지는 사건들의 집합이다. 크게 보면 '테마 → 캐릭터 → 스토리'의 흐름으로 게임 디자이너가 전달하고자 하는 메시지가 표현된다. 스토리를 작성하기 이전에 캐릭터 설정이 우선돼야 하며, 캐릭터 설정 이전에 테마가 명확히 잡혀 있어야 한다.

디지털 게임이 만들어진 이래 지금까지 스토리 없는 게임은 많이 있었다. 스토리가 가진 장점이 많지만, 스토리가 없다고 해서 게임 디자인이 성립되지 않는 것은 아니다. 메커닉스가 튼튼하게 디자인돼 있고 게임 플레이가 재미있다면 충분한 성공과 인기를 얻을 수 있다. 〈테트리스〉와 같은 퍼즐 게임을 시작으로 〈마인크래프트〉와 같은 샌드박스 게임, 〈리그 오브 레전드〉와 같은 멀티 플레이를 중시한 게임 등에서 쉽게 성공 사례를 찾아볼 수 있다. 이는 보는 미디어와 달리 하는 미디어인 게임이 가진 독특한 특징이기도 하다.

캐릭터라고 보기 힘든 오브젝트만 있는 게임도 더러 존재한다. 1인 개발자나 인디 개발사에서 만든 게임을 살펴보면 그 중에 캐릭터 없이 박스나 구체와 같이 도형 또는 단순 오브젝트로 돼 있는 게임도 있다.

그렇다면 스토리처럼 캐릭터가 없어도 게임 디자인에 아무런 문제가 없을까? 캐릭터 없이 오브젝트만을 사용해서 성공한 대부분의 게임은 퍼즐 게임에 집중돼 있다. 퍼즐 이외의 장르에서 캐릭터 없이 큰 성공을 거둔 작품은 찾아보기 힘들다. 1978년 출시돼 큰 성공을 거둔 〈스페이스 인베이더^{Space Invaders}〉에도 다양한 외계인 캐릭터가 존재했다는 점이 인기에 지대한 영향을 줬다. 〈앵그리 버드〉 또한 캐릭터가 있었기에 성공할 수 있었다고 볼 수 있다(그림 3-3 참조).

만약 〈앵그리 버드〉의 캐릭터를 그냥 구체 오브젝트로 대체했다고 한다면 어떻게 됐을까? 지금처럼 인기가 있었을까? 그리고 구체를 캐릭터 상품으로 만들어서 팔 수 있었을까? 단순한 오브젝트였다면 캐릭터들이 날아가거나 부딪칠 때의 표정 변화가 플레이어에게 전달되지 않을 뿐만 아니라 심지어 〈앵그리 버드〉라는 제목조차 만들어지지 못했을 것이다. 〈앵그리 버드〉 수익의 상당 부분이 캐릭터 관련 매출이라는 점을 잊어서는 안 된다. 플레이어에게 테마를 전달해주는 창구인 캐릭터가 없다면 플레이어는 그만큼 몰입하기 힘들고 긴 시간 관심을 가지기 어렵게 된다. 캐릭터가 없는 것보다 있는 편이 압도적으로 유리하다.

그림 3-3 출처: 스페이스 인베이더(좌) / 앵그리 버드(우)

게임 내 캐릭터가 존재한다면 캐릭터는 필연적으로 메커닉스에 영향을 준다. 단순한 구체 오브젝트일 때는 구체별로 다양한 특성을 가지기 어렵다. 하지만 〈앵그리버드〉처럼 캐릭터로 디자인되면 레드, 블루, 척, 밤 등과 같이 다양한 캐릭터가 만들어지고 해당 캐릭터의 특성이 세분화됨에 따라 다양한 규칙이 생기고 게임 플레이와 피드백 시스템이 변해야 한다.

예를 들어 RPG나 액션 게임에서 플레이어 캐릭터가 뱀파이어일 때와 현대 시대의 군인일 때는 각각 전혀 다른 메커닉스가 요구된다. 뱀파이어라면 게임 내 낮과 밤의 시간 변화가 중요해지며, 낮과 밤에 따른 다른 플레이 스타일을 제공하는 편이 몰입을 유도한다. 게다가 NPC를 흡혈하기 위한 기능과 상호 작용이 구현돼야 한다. 반면 군인이라면 어떤 병종인지에 따라 다른 플레이 스타일이 만들어지며 어떤 무기를 다룰 수 있는지 등을 고려해야 한다.

이와 같이 상세 디자인을 시작할 때 첫 단추는 캐릭터부터 접근하는 편이 유리하다. 스토리, 메커닉스, 기술 등 많은 게임 구성요소에 영향을 주기 때문이다.

게다가 스토리는 시나리오 라이터로서 재능이 있는 일부 게임 디자이너의 영역이지만, 캐릭터 설정은 깊이 고민하고 꼼꼼하게 한다면 누구나 충분히 잘 해낼 수 있는 영역이라는 점을 기억하자.

32 게임 캐릭터의 기초 개념

캐릭터 정의

캐릭터 설정을 시작하기 전에 먼저 캐릭터가 가진 의미부터 살펴보자. 캠브리지 사전 Cambridge Dictionary과 표준 국어 대사전에서 캐릭터를 다음과 같이 설명하고 있다.

미디어에서 언급되는 캐릭터는 각 사전의 두 번째 의미에 해당된다. 캐릭터의 사전적 의미를 정리하면 소설, 만화, 영화 등의 미디어에서 인물이나 의인화된 동물의 특징적인 모습을 강조해서 인위적으로 도입한 인격이라 볼 수 있다. 그리고 이렇게 만들어진 캐릭터는 각 사전의 첫 번째 의미에 걸맞게 뚜렷한 성격이나 개성을 보유해야 한다.

우리가 흔히 사용하는 캐릭터라는 용어는 언제부터 사용돼 왔을까? 캐릭터라는 용어는 1953년 월트 디즈니Walt Disney 가 애니메이션 캐릭터를 'Fanciful Character'로 명명한 것으로부터 유래됐다. 애니메이션에서 시작해 게임에 이르기까지 캐릭터라는 용어의 활용 범위가 늘어남에 따라 사전적, 문학적, 상업적, 디자인적, 법률적 등 각각의 분야마다 조금씩 다른 의미로 사용되고 있다. 하지만 일반적으로 게임에서 사용되는 캐릭터란 점, 선, 면의 디자인요소를 결합해 만들어진 이미지에 사람과 같이 개성과 성격을 가진 등장인물 또는 생명체라고 이해하면 된다.

몇 년 전까지만해도 게임 그래픽으로 사실적인 캐릭터를 묘사하는 데 한계가 있었다. 그렇기 때문에 내면이 담긴 심리 묘사를 표현하는 데 제약이 존재했다. 하지만 PlayStation4, Xbox one과 같은 8세대 게임기가 등장하면서 캐릭터의 세부적인 표정 변화는 물론 주름, 솜털, 수염, 피부의 질감까지 표현할 정도로 너무나도 사실적으로 게임 그래픽이 발전하고 있다.

예를 들어 1998년 출시된 〈메탈 기어 솔리드^{METAL GEAR SOLID}〉에서는 캐릭터의 눈을 의도적으로 뭉개서 표현했다. 인간의 감정을 대변하는 거울인 눈을 기술적인 한계로 제대로 표현하지 못할 바에 차라리 함축적인 묘사로 플레이어들이 상상할 수 있게끔 센스 있게 처리한 것이다. 반면 2015년 출시된 〈메탈 기어 솔리드 5 팬텀페인^{METAL GEAR SOLID V THE PHANTOM PAIN}〉에서는 눈은 물론 주름이나 상처까지도 세밀하게 묘사했다. 심지어 거짓말을 말하는 캐릭터의 의도를 표정 변화만으로 느낄 수 있을 만큼 발전했다(그림 3-4 참조).

게임 그래픽과 실제 사진을 비교해가며 어떤 것이 실제인지 맞추는 장난에서도 이제는 보다 현실적인 것을 선택하라고 하면 게임 그래픽을 고르는 시대가 됐다. 이제는 게임 그래픽이 언캐니 밸리를 뛰어넘었다고 평가해도 될 정도다. 언캐니 밸리는 3장의 '68. 그래픽: 언캐니 밸리'에서 자세히 설명하겠다. 언캐니 밸리를 뛰어넘은 현재, 캐릭터의 세밀한 심리묘사를 통해 플레이어에게 캐릭터의 오묘한 감정까지 전달할 수 있게 됐다. 그만큼 캐릭터가 게임에 주는 영향이 커졌고, 더욱 꼼꼼한 캐릭터 설정이 중요해졌다는 의미가 된다.

그림 3-4 출처: 메탈 기어 솔리드 1(좌) / 메탈 기어 솔리드 5 팬텀페인(우)

게임 캐릭터의 분류

게임 캐릭터는 다른 미디어의 캐릭터와 근본적인 차이가 존재한다. 반복적으로 나오는 이야기지만 게임이 하는 미디어이기 때문이다. 플레이어가 직접 조작해 움직이는 플레이어 캐릭터라는 개념은 현재 게임에만 존재한다. 따라서 게임에서는 다른 미디어와 다른 캐릭터 분류가 필요하다.

게임 캐릭터는 플레이 여부를 기준으로 크게 PC^{Player Character}와 NPC^{Non-Player} ^{Character}로 분류된다. PC의 경우 Personal Computer의 약자로도 많이 사용되고 있기 때문에, 용어 그대로 플레이어 캐릭터^{Player Character}로 사용되고 있으며, NPC는 약자로 활용되고 있다. NPC는 TRPG^{Tabletop Role Playing Game}에서 나온 용어로 플레이어 캐릭터를 제외한 모든 캐릭터를 의미한다.

흔히 플레이어 캐릭터와 주인공 캐릭터가 동일시돼 사용되고 있는데, 플레이어 캐릭터와 주인공 캐릭터는 엄밀하게 동일한 용어로 볼 수 없다. 기존 미디어에서 일반적으로 주인공 캐릭터라는 용어를 익숙하게 사용했기 때문에 게임에서 플레이어 캐릭터와 주인공 캐릭터를 동일시하는 경향이 있다. 게임을 기존의 보는 미디어의 관점으로만 접근해서는 안 된다.

주인공 캐릭터는 사건의 핵심에서 스토리를 이끌어 나가는 역할이다. 반면, 플레이어 캐릭터는 '플레이어가 직접 컨트롤할 수 있는 캐릭터들'이다. 스토리 관점에서의 분류와 플레이 관점에서의 분류가 섞여 있기에 혼란을 주고 있다. 하지만 플레이어 캐릭터 중에 한 명 이상은 반드시 게임의 주인공 캐릭터가 된다.

〈위저드리〉, 〈마이트 앤 매직〉과 같은 게임에서 플레이어 캐릭터이자 주인공 캐릭터는 그룹이 된다. 그렇다고 모든 플레이어 캐릭터가 주인공 캐릭터인 것은 아니다. 플레이 가능한 캐릭터 중에 주인공이 아닌 경우도 많기 때문이다.

사건과 스토리를 이끌고 있는 주인공 캐릭터 중에 플레이어 캐릭터가 아닌 경우도 있다. 흔히 게임의 여러 여주인공들이 이에 해당된다. 〈젤다의 전설〉 시리즈를 보면 남주인공인 링크와 여주인공인 공주 젤다가 스토리를 이끌어간다. 하지만 대부분의 작품에서 젤다를 직접 조정할 수 없다. 이럴 경우 젤다는 주인공 캐릭터임에도 불구하고 플레이어 캐릭터는 아니게 된다.

정리하면 플레이어 캐릭터는 반드시 주인공 캐릭터를 포함하지만 모두 주인공 캐릭터인 것은 아니다. 그리고 모든 주인공 캐릭터가 플레이어 캐릭터인 것은 아니다. 즉, 교집합이 반드시 존재할 뿐이지 일치하지 않는다. 게임 디자이너라면 이러한 용어 차이를 간과해서는 안 된다. 게임 디자인 문서는 많은 사람이 보게 된다. 이정도면 이해하겠지라는 사소한 방심이 오해를 불러 일으켜 개발 과정에서 큰 문제를 불러올 수 있다.

게임 캐릭터는 역할을 기준으로도 분류할 수 있다. 기존 미디어 중 특히 문학에서는 캐릭터의 역할에 대한 다양한 연구가 이뤄졌다. 예를 들면 린다 시거^{Linda Seger}는 소설에서 등장인물의 기능적 역할을 5가지로 설명하고 있다. 메인 캐릭터, 보조 캐릭터, 깊이를 더하는 캐릭터, 테마를 제시하는 캐릭터, 권력을 과시하는 캐릭터 5가지로 구별하고 있다. 반면 게임 연구에서는 게임에 맞는 캐릭터에 대한 연구는 많이 이뤄지고 있지 못하다. 기존 미디어에서 사용됐던 메인 캐릭터, 보조 캐릭터, 적대 캐릭터, 몬스터를 게임에서도 그대로 사용하고 있다.

여기서 필자는 게임 캐릭터 분류에 맞게 동료&연인 캐릭터를 추가하고 게임에 맞게 의미를 재정리했다. 보조 캐릭터에서 동료&연인 캐릭터를 따로 분리했다. 즉 메인 캐릭터^{Main Character}, 동료&연인 캐릭터^{Companion & Lover Character}, 보조 캐릭터^{Supporting Character}, 적대 캐릭터^{Enemy Character}, 몬스터^{Monster} 5가지로 분류하고자 한다. 게임에서 5가지 캐릭터는 게임마다 각각 있을 수 있고 없을 수도 있다.

기존 미디어에서는 주연인 주인공 캐릭터에게 모든 것이 집중되고 보조 캐릭터는 주인공을 도와주는 조연 역할에 불과하다. 하지만 게임에서는 플레이하는 내내 메인 캐릭터와 같이 다니는 동료&연인 캐릭터들이 존재한다. 게다가 동료 캐릭터를 직접 조정할 수 있는 플레이어 캐릭터로 활용하는 경우가 많기 때문에, 보조 캐릭터와 별도로 구분할 필요가 있다.

〈파이널 판타지 7^{Final Fantasy Ⅶ}〉의 메인 캐릭터이자 주인공은 클라우드 스트라이프다. 하지만 게임 내에서 클라우드만 조정하는 것이 아니다. 여주인공으로 분류되는 티파와 에어리스는 그렇다고 쳐도 바레트, 레드 XIII, 유피, 빈센트, 시드, 캐트시는 보조 캐릭터임에도 불구하고 플레이어가 직접 조정한다. 이를 일반적인 상점 캐릭터, 마을 캐릭터들과 동일하게 보기는 어렵다.

1) 메인 캐릭터

메인 캐릭터^{Main Character}는 게임 내에서 스토리와 행동의 중심이 되는 캐릭터로 플레이어 캐릭터이면서 주인공 캐릭터인 경우에 해당된다. 게임은 퍼즐 게임과 같이 메인 캐릭터가 없는 경우도 존재하며 레이싱 시뮬레이션과 같이 플레이어 자신이 메인 캐릭터가 되기도 한다.

〈파이널 판타지 7〉의 클라우드, 에어리스, 티파 그리고 〈위처3 와일드 헌트〉의 게롤트, 시릴라(시리)가 해당된다. 에어리스의 경우 초반에는 메인 캐릭터에 해당되나, 스토리가 진행됨에 따라 동료&연인 캐릭터로 분류할 수 있다.

2) 동료&연인 캐릭터

동료&연인 캐릭터^{Companion & Lover Character}는 메인 캐릭터와 같이 모험을 하며 직간접적으로 게임 플레이 및 전투에 참여하는 캐릭터다. 동료 캐릭터의 경우 플레이어가 직접 플레이할 수 있는 경우도 존재하며, AI를 통해 자동으로 움직이기도 한다. 연인 캐릭터의 경우 스토리의 중심이 되지만 플레이어가 직접 플레이할 수 없는 경우에 해당된다.

〈파이널 판타지 7〉의 바레트, 레드 XIII, 유피 등 그리고 〈위처3 와일드 헌트〉의 트리스 메리골드, 벤거버그의 예니퍼, 베스미어 등이 해당된다. 트리스 메리골드, 벤거버그의 예니퍼의 경우 스토리상 여주인공이나 플레이 가능한 캐릭터가 아니기에 동료&연인 캐릭터로 분류했다.

3) 보조 캐릭터

보조 캐릭터^{Supporting Character}는 전투에 참여하지 않지만 메인 캐릭터에게 조언을 하거나 도움을 주는 역할로 상당히 다양한 캐릭터가 포함된다. 스토리에 영향을 주는 캐릭터를 포함해서 이름과 역할이 존재하는 상점 NPC나 마을 NPC 등도 포함된다.

〈파이널 판타지 7〉의 아발란치 멤버들, 바레트의 딸 마린 등 그리고 〈위처3 와일드 헌트〉의 단델라이언, 피의 남작, 프리실라 등이 해당된다.

4) 적대 캐릭터

적대 캐릭터^{Enemy Character}는 극적인 대립과 갈등관계를 통해 스토리텔링의 흥미를 만들기 위해서 메인 캐릭터에 적대적인 입장을 가지도록 디자인된다. 메인 캐릭터의 매력은 적대 캐릭터와의 갈등에서 비롯된다고 해도 과언이 아니다.

과거 마왕이나 악마와 같이 단순한 권선징악 형태의 적대 캐릭터가 많았지만 시대가 흐를수록 매력적인 적대 캐릭터가 더욱 중요해지고 있다. 메인 캐릭터에 적대할 수밖에 없는 이유를 묘사해 절대적인 악이 아닌 왜 악이 됐는지 표현하거나 또는 악은 아니라 할지라도 입장의 차이로 인해 적대 관계가 됐다는 설정이 적대 캐릭터를 더욱 인간적이고 입체적이고 매력적으로 만들고 있다.

〈파이널 판타지 7〉의 세피로스 그리고 〈위쳐3 와일드 헌트〉의 와일드 헌트들이 해당된다. 〈파이널 판타지 7〉의 세피로스나 〈파크라이3 FAR CRY 3〉의 바스는 주인공의 인기를 뛰어넘을 정도로 존재감을 과시하는 적대 캐릭터다. 이런 매력적인 적대 캐릭터가 등장하는 게임은 대부분 스토리 측면에서 높은 평가를 받고 있다는 사실에 주목하자. 메인 캐릭터 못지않게 적대 캐릭터 설정에 신경을 써야 한다.

5) 몬스터

몬스터 Monster 는 메인 캐릭터가 게임을 진행하면서 넘어야 하는 시련이자 장애물로, 몬스터를 해치웠을 경우 보상으로써 경험치, 돈, 아이템 등을 받아 메인, 동료&연인 캐릭터가 성장할 수 있는 발판이 돼준다. 몬스터 또한 NPC에 해당되며 NPC 중에 가장 많은 비중을 차지하고 있다.

다른 미디어에서 몬스터는 종류가 그렇게까지 많이 필요하지 않았다. 반면 게임에서는 장기간 플레이를 진행하면서 메인, 동료 캐릭터들이 전투를 하고 성장을 해야 하므로 다양한 몬스터가 게임의 볼륨을 결정하는 하나의 축이 될 정도로 비중이 높아졌다. 그렇기 때문에 게임에서 몬스터는 점차 세분화되고 있다. 일반 몬스터, 중간 보스 몬스터, 보스 몬스터와 같이 신분으로 나누기도 하며, 선공 몬스터, 비선공 몬스터와 같이 적대적인 정도를 구분하기도 한다. 게임의 다양한 재미와 장기간 즐길 거리를 제공하는 몬스터는 앞으로 게임이 발전할수록 더욱 세분화되고 다양해질 것이다.

게임 캐릭터 설정 항목 분류

모든 미디어에서 멋진 스토리를 가진 작품을 만들고 싶다면, 가장 먼저 기억에 남을 만한 캐릭터를 구상해야 한다. 캐릭터 설정은 스토리 구상의 시작이며 매력적인 캐릭터 하나를 창조해내면 스토리텔링 전체에 추진력을 얻게 된다. 시나리오를 만드는 주체가 작가가 아닌 캐릭더이며, 단지 작가는 캐릭터가 하는 이야기를 기록하는 역할이라고 믿는 작가도 꽤 있을 정도다. 매력적인 캐릭터들끼리 상호 작용하고 충돌하면서 스토리와 대사가 자연스럽게 만들어지기 때문이다.

게임이라고 해서 다르지 않다. 미국과 일본의 많은 비디오 게임은 지금까지 셀 수 없을 정도로 많은 매력적인 캐릭터를 창조해냈다. 선천적인 특징부터 시작해서 후천적인 인격까지 다양한 점을 매우 구체적으로 설정한다. 이러한 상세한 설정을 기반으로 매력적인 캐릭터가 만들어지고 결국 튼튼한 스토리로 발전되는 것이다. 그리고 이를 바탕으로 시리즈 게임을 넘어서 지적재산권(IP)으로까지 발전할 수 있었다. 전 세계적으로 유명한 게임 캐릭터를 머릿속에 떠올려보자. 거의 대부분이 미국과 일본의 비디오 게임에서 등장하는 캐릭터일 것이다. 이는 단순한 우연이 아니다.

반면 한국 게임에서 매력적인 캐릭터를 떠올려보자. 〈창세기전〉 시리즈가 인기를 끌었던 PC 게임 시대의 몇몇 게임 캐릭터가 떠오른다. 하지만 온라인 게임과 모바일 게임 시대가 도래한 후에 하루에도 수십~수백 개의 게임이 쏟아져 나왔음에도 불구하고 매력적인 캐릭터가 딱히 생각나지 않는 건 필자뿐만이 아닐 것이다. 단지 〈테라 TERA〉의 엘린 종족과 같이 외형적인 측면에서 이슈를 끌었던 캐릭터들이 몇 개 존재할 뿐이다.

한국 게임 시장은 미국과 일본 게임 시장과 다르게 PC 게임 시장이 단기간에 붕괴된 이후 온라인 게임 시장이 초창기부터 장기간 지속되면서 자연스럽게 커스터마이즈형 캐릭터가 주를 이루게 됐다. 그 결과 캐릭터 설정이나 스토리를 구상하는 게임 디자이너들이 점차 설자리를 잃게 됐다. 또한 남아있는 게임 디자이너들도 상세한 캐릭터 설정을 할 수 있는 기회를 잃어버리게 됐다. 결국 플레이어 캐릭터의 세밀한 설정과 스토리는 배제된 채 외형적인 특성에만 집중하는 악순환이 지속됐다고 생각한다.

한국 게임 시장만의 문제는 아니다. 전 세계 온라인 게임이나 모바일 게임을 통틀어도 비디오 게임과 비교한다면 매력적인 캐릭터를 찾아보기 힘든 것이 현실이다. 그렇기 때문에 현재와 같은 방식의 온라인 게임과 모바일 게임은 프랜차이즈 게임이나 시리즈 게임으로 성장하는 데 한계를 가지고 있다.

온라인 게임이 등장했을 때 상당수 미디어에서 이제 비디오 게임의 시대는 끝나고 온라인 게임이 세계를 지배한다고 예측했었다. 그리고 모바일 게임이 등장했을 때도 동일한 반응을 보였다. "이제 비디오 게임의 시대는 끝났다"라고 말이다. 하지만 지금 온라인 게임과 모바일 게임의 현실은 어떤가? 모바일 게임의 점유율은 조금씩 올라가고 있으나 게이머들의 평가와 인식은 어떤가? 비디오 게임과의 별다른 차별화를 두지 못하고, 매력적인 캐릭터를 만들어내지 못하고 있는 이상 미래가 밝다고만 볼 수는 없다.

　모든 미디어에서 그래왔듯이 게임에서도 세계 시장을 지배하고 있는 힘의 근원에는 캐릭터가 있다. 그런 만큼 캐릭터 설정에 심혈을 기울여야 한다. 일본은 〈드래곤 퀘스트〉 이후에 게임 시나리오 라이터가 본격적으로 등장했으며, 스토리 작성의 사전 작업으로서 캐릭터 설정을 매우 중시했다. 이는 일본 게임이 배우가 없는 순수한 창작물인 애니메이션을 기반 미디어로 발전했기 때문이다. 일본 애니메이션 산업에서는 캐릭터 설정을 매우 상세하게 해왔다. 일본 애니메이션의 캐릭터 설정 항목을 보면 30~100개 정도는 아무렇지 않게 적어 놓는다.

　이러한 현상은 현실에도 그대로 반영된다. 일본 블로그에서 자기소개를 찾아보거나 연예인들 프로필에 등장하는 항목을 보자. 상상을 초월할 정도로 세밀하게 적혀 있다. 괜히 일본을 캐릭터 강국이라고 부르는 것이 아니다. 꼼꼼한 캐릭터 설정이 몸에 배어 있기 때문에 도짓코, 츤데레, 얀데레, 메가데레 등과 같이 일반적으로 상상하기 힘든 개성을 잡아 독특한 캐릭터를 만들어 낼 수 있었다. 캐릭터의 세분화는 결국 수많은 설정 항목을 꼼꼼하게 고민하고 비교함으로써 만들어진 결과다.

　세밀한 캐릭터 설정을 통해 일본 게임은 깊이 있는 선형적인 스토리를 만들어 낼 수 있었다. 캐릭터가 정교히 디자인되면 스토리는 캐릭터들에 의해 자연스럽게 만들어지며 캐릭터마다 대화, 말투조차 덩달아 나온다. 도짓코와 츤데레가 피자 한 조각이 남았을 때의 상황을 떠올려보자. 츤데레는 자신도 먹고 싶지만 거만한 표정과 말투로 도짓코에게 양보하고 도짓코는 순진한 표정을 지으며 기뻐한다. 하지만 피자 조각을 집어 들다가 떨어뜨려 울게 된다. 대사도 얼핏 떠오를 것이다. 이처럼 캐릭터의 성격을 간략하게 설정했음에도 캐릭터와 캐릭터가 충돌하는 순간 사건과 스토리가 연상될 정도다. 이것이 캐릭터 설정이 가진 힘이다.

　반면, 캐릭터 설정이 제대로 이뤄지지 않은 게임들의 대사를 살펴보자. 주인공의 대사나 문지기의 대사나 상점 NPC 대사나 별 차이가 없다. 그저 현재 상황을 서술적으로 설명해주고 있을 뿐이다. 캐릭터 설정을 단순히 몇 줄로 대충했으니 이러한 문제가 발생하는 것이다. 개성 없는 캐릭터는 캐릭터로서 존재 가치가 떨어진다. 문지기가 주인공의 팬이라던가 상점 NPC가 주인공과 사랑의 라이벌 관계라는 간단한 설정만 추가해도 스토리나 대사가 그렇게 단조롭게 될 수는 없다. 이렇게 별다른 노력 없이 만들어진 스토리를 시간을 들여 읽어줄 게이머는 많지 않을 것이다.

흔히 한국의 몇몇 개발사는 한국 게이머는 어차피 스토리를 읽지 않으니 스토리에 신경쓸 필요가 없다고 주장한다. 그러나 이는 핑계에 불과하다. 단순히 해당 개발사에서 읽은 만한 스토리를 제공하지 못했거나 스토리를 감상하기에 적합한 환경을 제공하지 못했기 때문에 게이머들이 그 스토리를 읽을 필요성을 느끼지 못한 것이다. 한국 게이머 중에서도 스토리가 중시된 비디오 게임을 즐기는 비중은 매우 높은 편이다. 한국에서 높은 판매량을 보이는 비디오 게임의 면면을 살펴보면 한국 게이머가 스토리에 관심이 없다는 주장이 핑계에 지나지 않는다는 것을 쉽게 알 수 있다.

게임 캐릭터에 대한 설정을 할 때 어떤 항목을 고려해야 할까? 필자는 여러 자료를 종합해서 다음과 같이 크게 생물학적, 개인적, 사회&문화적 항목이라는 3가지 분류로 정리했다(표 3-1 참조).

생물학적 항목은 인간의 선천적인 요인이며, 개인적 항목과 사회&문화적 항목은 후천적인 요인에 해당된다. 항목이 워낙 다양하기 때문에 캐릭터를 구성하는 항목을 이해하기 쉽게 크게 구분할 필요가 있었다. 이 분류를 기준으로 삼는다면 스스로 새롭게 캐릭터 설정 항목을 추가하려고 할 때 수월하게 추가할 수 있을 것이다. 표 3-1을 살펴볼 때 세 가지 기준에 주목하면서 보자.

1) 캐릭터 분류도 게임 내에서 변할 수 있다. 적대 캐릭터가 동료&연인 캐릭터가 되는 경우도 있으며 심지어 메인 캐릭터로 추가되는 게임도 존재한다. 캐릭터의 분류에서는 변화 과정과 변화되는 조건 및 시기까지 작성해두자.

2) * 표시가 돼 있는 항목은 일반적으로 알고 있는 상식으로 작성해도 되나 조금 더 세밀하고 전문적으로 접근하기 위해 이후 설명하는 이론을 통해 설정하는 편이 좋다.

3) 개인적 항목과 사회&문화적 항목 중의 상당수는 3장의 '38. 방어기제'와 함께 설정한다면 입체적인 캐릭터를 만들어 내는 데 큰 도움이 된다. 각 캐릭터 설정 항목

에서 '왜' 그렇게 됐는지 설명할 수 있기 때문이다. 설정 항목 하나하나 방어기제와 어떻게 연결시킬 수 있을지 고민해보자.

〈표 3-1〉 캐릭터 설정 항목 분류

캐릭터 분류		
〉플레이어 캐릭터(PC) or NPC 〉메인 캐릭터 or 동료&연인 캐릭터 or 보조 캐릭터 or 적대 캐릭터 or 몬스터		
1) 생물학적 항목	**2) 개인적 항목**	**3) 사회&문화적 항목**
〉나이(*), 생년월일, 별자리 〉성별(*) 〉신장 〉몸무게 〉혈액형 〉인종 〉종족 〉피부색 〉눈 색 〉머리 색 〉용모, 생김새 〉체형 〉목소리	〉역할(행동영역, 원형)(*) 〉성격(*) 〉가치관 〉습관 〉버릇 〉지적 능력 〉건강 정도 〉장점, 단점 〉강점, 약점 〉특기 〉취미 〉머리모양 〉자주 입는 복장, 스타일 〉좋아하는 것, 싫어하는 것(사람, 음식, 언어 표현, 음악, 색 등)	〉이름, 별명, 애칭 〉국적 〉출신지 〉거주지, 주소 〉사용 가능 언어 〉사회적 지위 〉직업 〉학력 〉주된 욕구(*) 〉갈등(*) 〉목표, 꿈 〉가족 관계(친밀도) 〉친구 관계(친밀도) 〉연인 관계(애정도) 〉협력, 동조 관계 〉적대 관계

단 위의 모든 항목을 반드시 설정할 필요는 없다. 게임마다, 캐릭터마다 필요하다고 판단되는 항목을 채우면 된다. 플레이어에게 상상력을 발휘할 수 있는 공간을 만들어 주기 위해서 의도적으로 설정을 비워 두는 것도 선택 중 하나가 된다.

통념적으로 캐릭터 설정에 필수라고 생각하는 이름조차 〈플레인스케이프 토먼트〉와 같이 공백으로 둘 수 있다. 잃어버린 기억과 이름을 찾기 위한 여정은 이름조차 없는 '이름없는 자[The Nameless One]'로 설정했기에 가능했다. 항목을 의도적으로 설정하지 않은 것으로도 그에 따른 스토리가 만들어질 수 있다. 그리고 특정 이벤트가 있기 전에는 없었다가 이후에 생기는 것도 가능하며, 항목 내용이 변하는 것도 얼마든지 가능하다.

캐릭터 설정은 최대한 자유롭게 그러나 상세히 작성하는 것이 좋다. 단지, 고려해야 할 항목이 많다 보니 빼먹지 않기 위해서 항목을 정리해 뒀을 뿐이다. 어떤 항목을 채워야 하는지 모르는 것과 알면서 필요에 의해 채우지 않는 것에는 커다란 차이가 생긴다. 각 항목별 설명은 캐릭터 설정에 도움이 되는 이론들을 살펴본 후에 3장의 '40. 게임 캐릭터 설정 체크 리스트'에서 좀 더 자세히 다룬다.

 # 33 플레이어 캐릭터의 나이와 성별 비교

캐릭터 설정에서 가장 기초가 되는 것은 사회&문화적 항목의 '이름'과 생물학적 항목의 '나이와 성별'이다. 캐릭터의 이름이 중요하다는 건 누구나 알고 있는 일인데 반해 나이와 성별에 대한 중요성을 쉽게 간과하게 된다. 플레이어가 관객이 아닌 배우가 돼, 직접 몰입해서 플레이하게 되는 플레이어 캐릭터의 나이와 성별은 실제 게이머의 나이와 성별과 연관될 수밖에 없다는 점을 말이다.

어떤 게임의 경우 플레이어 캐릭터의 성별과 나이가 현실에 영향을 주지 않기도 하지만, 플레이어 캐릭터의 나이와 성별이 플레이어의 몰입에 지대한 영향을 주는 게임도 있다. 역할놀이인 RPG 장르에서는 이러한 특징이 더욱 부각된다. 플레이어의 분신이 되는 플레이어 캐릭터에게서 현실 속 자신의 모습이 보이거나, 공감되는 부분이 있거나, 그동안 꿈꿔왔던 이상의 모습이 드러난다면 몰입에 도움이 되지만 평소 싫어하거나 꺼려지는 부분이 투영되면 몰입에 방해가 되곤 한다.

이런 문제는 플레이어 캐릭터의 나이와 성별에서도 나타난다. 어린 아이나 청소년은 상상력이 풍부하고 적응력이 높기에 쉽게 몰입할 수 있다. 그렇기 때문에 심하게 거부감이 느껴지는 플레이어 캐릭터가 아닌 이상 대부분 즐겁게 즐긴다. 플레이어 캐릭터가 어떤 나이던 성별이던 크게 중요하지 않다.

반면 30대 이상의 어른을 몰입시키기란 여간 까다로운 것이 아니다. 이미 수많은 게임을 하면서 비슷한 패턴을 분석해 빠르게 해결책을 찾게 돼 쉽게 지루해진다는 문제도 있으나, 더욱 강하게 작용하는 부분은 가치관이나 사고 방식이 굳어졌기 때문이다. 나이가 들수록 예전만큼 게임에 집중하지 못하는 건 지극히 자연스러운 현상일 것이다. 손발이 오그라드는 대사를 남발하고 철없게 설정된 10대 플레이어 캐릭터에 30대 이상의 어른이 몰입하기란 여간해서 쉽지 않다. 캐릭터의 행동, 대사, 사고방식에 공감하지 못할 수 있다. 어렸을 때 즐겼던 게임에 등장하는 익숙한 캐릭터였다면 추억 보정 때문에 이야기가 달라지지만 말이다.

애초부터 어린 아이와 청소년을 타겟으로 한 게임이 아닌 이상 실제 게이머의 나이와 성별은 플레이어 캐릭터의 나이와 성별을 설정하는 데 있어 반드시 고려해야 할 대상이 된다. 그렇다면 실제 게이머는 나이대가 어떻게 될까? 또한 국가마다 차이가 존재할까?

게이머의 평균 나이와 성별 비율 비교

글로벌 게임 시장을 이끌고 있는 미국과 일본 게이머의 평균 나이와 성별 비율을 비교해보자. 캐릭터를 설정하는 데 도움이 될 뿐 아니라 미국과 일본의 게이머 즉 소비자를 이해할 수 있다. 글로벌 시장을 목표로 하는 개발사에게 있어 해외 진출 전략을 세우는 데 도움이 될 것이다. 한국 게이머에 대한 조사는 플랫폼별 이용률, 행태, 인식 등 다양하게 이뤄지고 있으나 아쉽게도 정작 게이머의 평균 나이와 성별 비율에 대한 명확한 수치를 제시한 자료는 찾지 못했다.

1) 미국과 일본 게이머의 평균 나이

미국 엔터테인먼트 소프트웨어협회[ESA]가 발표한 자료에 따르면 미국 게이머 평균 나이는 2015년~2017년 약 35세로 큰 변동이 없었다. 2010년 자료에 37세로 나와 있어 평균 나이가 일시적으로 떨어진 것처럼 보이나 장기적인 관점으로 살펴보면 꾸준히 상승하다가 35세에서 유지되고 있는 모양세다(그림 3-5 참조).

미국 게임 시장의 가장 큰 특징은 가족끼리 모여서 게임을 구입하고 즐기는 문화가 발달돼 있다는 점이다. 광활한 영토를 가진 국가에서 친구들과 모여 게임 한번 하려면 차를 타고 상당한 시간을 가야 한다. 이런 환경에서 가족끼리 게임을 즐기는 건 자연스러운 현상이다. 이런 문화가 형성돼 있기에 게이머의 평균 나이가 높게 나타났다.

사회 활동이 가장 활발하고 중책을 맡는 시기인 36~49세의 비중이 가장 낮은 점과 50세 이상의 게이머 비중이 청소년 못지않게 높다는 점이 눈에 띈다. 비디오 게임 중심의 미국 시장은 부모가 자녀와 같이 게임을 하는 비중이 45%에 달했으며 부모가 아이를 데리고 직접 게임샵에 가서 자신의 아이에게 맞는 게임을 골라주는 것이 부모로서의 책임과 역할이라고 여기는 문화가 자리잡고 있다.

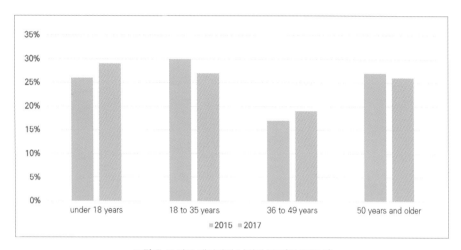

그림 3-5 미국 게이머의 나이별 분포(2015/2017)
(출처: https://www.statista.com/statistics/189582/age-of-us-video-game-players-since-2010/를 재구성)

일본의 가장 큰 게임전문사이트 중 하나인 4Gamer에서 독자층을 대상으로 일본 게이머의 평균 나이를 조사한 결과 2011년 27.4세, 2013년 28.7세, 2016년 30.6세로 나타났다(그림 3-6 참조). 일본 게이머의 평균 나이는 상승폭이 조금씩 줄어들고 있으나 아직까지 지속적으로 증가하고 있다. 몇 년의 시간이 더 흐르면 미국 게이머 평균 나이의 패턴 변화와 비슷하게 어느 정도 선에서 유지되지 않을까 추측된다.

일본 게임 시장의 특징은 미국과 같은 비디오 게임 중심이라고 해도 거치형 콘솔 기기와 휴대용 콘솔 기기가 모두 존재한다는 점에 있다. 가족, 친구뿐만 아니라 혼자서도 게임을 플레이하기 수월한 환경이다. 이는 개인적인 취미가 철저히 인정되는 문화적 배경과 일치한다. 청소년을 위한 게임도 많이 출시되는 만큼 어려서부터 너무나도 당연하게 게임을 접하게 되며 그에 따라 미국 게이머에 비해 게이머 평균 나이가 적게 나왔다고 분석할 수 있다.

미국 게이머 50대 이상이 게임을 많이 플레이하는 것에 비해 일본 게이머 50대 이상은 게임을 하는 비중이 급격하게 떨어진 것으로 나온다. 하지만 게임전문사이트의 독자층을 대상으로 했다는 점 때문에 인터넷에 익숙하지 않은 50대 이상의 비율이 적게 나온 것으로 봐야 하며, 미국과 큰 차이가 없을 것으로 예상된다.

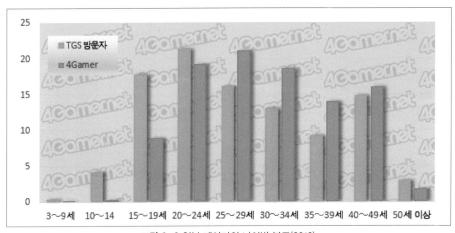

그림 3-6 일본 게이머의 나이별 분포(2016)
(출처: http://www.4gamer.net/games/999/G999905/20161214045/)

미국과 일본 게이머의 평균 나이를 비교해봤다. 게이머의 평균 나이는 전 세계적으로 대부분의 국가에서 점차 높아지고 있는 추세다. 그러나 평균 나이가 30대 중후반에 돌입하면 상승폭이 줄어들고 있는 모습도 확인됐다.

미국과 일본은 게임 역사가 시작된 곳인 만큼 지금의 장년층조차 청소년기부터 게임을 경험해왔다. 이러한 환경에서 게임을 즐기는 주된 소비자가 이미 청소년이 아닌 청년 또는 중년층으로 옮겨갔다는 사실은 이들 시장에 게임을 출시할 때 플레이어 캐릭터의 설정을 어떻게 해야 할지에 대한 중요한 시사점을 남긴다.

한국 게이머의 평균 나이는 「게임 산업 2016 게임이용자 실태조사 보고서」의 자료를 통해 추측해보자(그림 3-7 참조). 한국 게이머는 10~30대에 과도하게 집중돼 있으며 40대부터 이용률이 급격히 떨어진다. 한국에서는 어려서 비디오 게임을 즐긴 경험이 있는 나이대가 대부분 지금 30대 후반에서 40대 중반 정도에 해당되며, 이 숫자 또한 결코 많지 않다. 많은 게이머들이 〈스타크래프트〉와 PC방이 생기면서부터 비로소 게임을 즐겼다. 따라서 비디오 게임을 즐겼던 게이머의 비중도 매우 낮으며, 대부분 40대 이상은 어려서부터 게임을 즐기지 않은 층이다. 정확한 수치는 확인할 수 없지만 정황상 미국과 일본에 비해 게이머의 평균 나이가 낮을 것이라 어렵지 않게 추정할 수 있다.

구분		보기 항목					
응답자 특성	전체	10대	20대	30대	40대	50대	60~65세
전체	67.9	84.9	89.5	90.7	50.8	48.3	26.4
남자	73.8	92.5	96.2	96.8	55.3	51.4	30.3
여자	61.9	76.7	81.8	84.5	46.3	45.2	22.8

그림 3-7 한국 게이머의 전체 게임 이용률(2016)
(출처: 게임 산업 2016 게임이용자 실태조사 보고서)

본격적으로 게임 시장이 활성화된 시기를 고려했을 때 한국 게임은 미국과 일본에 비해 약 20년 정도 늦게 게임 시장이 열렸다. 단순히 산술적으로 보면 게이머들전반적으로 게이머 경력이 20년 정도 적다는 이야기가 된다. 이러한 점에서 무시하지 못할 절대적인 차이가 발생한다. 경험해본 게임의 수에서 차이가 나는 만큼 게임 디자인 깊이에 차이가 발생하는 건 당연할지도 모른다.

더욱 중요한 점은 이러한 차이가 개발자의 게이머 경력에서도 드러난다는 점이다. 팀장, 실장 등 최대로 잡아봐야 40대까지 게임을 많이 즐겼던 한국과 달리, 미국과 일본은 60~70대인 사회 지도자층, 최고 경영자층도 대부분 게임을 즐길 기회가 있었던 사람들이라고 볼 수 있다. 일본에 놀러갔을 때 게임샵에 자주 방문했는데 할아버지가 손자와 손잡고 들어와서 게임을 골라주는 것을 어렵지 않게 볼 수 있었다.

그런데 누가 게임의 방향성을 결정하는가? 게임을 예술이나 미디어로 발전시켜야 한다는 마음을 가질 수 있는 건 게임을 즐겁게 경험해본 게이머이기에 가능할 것이다. 게임을 게임으로 볼지, 단순히 돈벌이 수단으로 볼지는 게임 시장의 방향을 정할 수 있는 사람이 누구인지에 따라 결정된다. 게임 중독이나 게임에 대한 부정적인 인식도 그러하다. 누가 정책을 결정하는가? 필자는 해당 국가의 게임 시장을 이해하는 데 있어 게이머의 평균 나이, 평균 게이머 경력은 중요한 척도가 된다고 생각한다.

2) 미국과 일본 게이머의 성별 비율

미국 엔터테인먼트 소프트웨어협회ESA가 발표한 자료에 따르면 미국 게이머의 성별은 남성 59%, 여성 41%였다. 일본 CESAComputer Entertainment Supplier's Association의 2013년 「일반생활자 조사보고서」에 따르면 게임을 하고 있다는 응답자 중 남성이 54.0%, 여성이 43.9%, 기타가 2.1%였다.

미국과 일본 모두 여성이 40% 이상으로 여성 게이머의 비율이 상당히 높다는 점을 보여준다. 선호하는 플랫폼, 장르, 게임 작품은 성별에 따라 다를 수 있으나 남성과 여성 모두 자신들이 즐길 수 있는 게임을 플레이하고 있다는 조사 결과다. 이러한 분위기에서 게임에 대한 인식은 성별에 따라 큰 차이를 보이지 않는다. 게임을 얼마나 많이 하고 선호하는지에 차이는 있으나 게임을 하는 자체가 크게 문제되지 않는다. 일본은 미국보다 조금 더 여성 게이머의 비중이 높게 나타났다. 일본에서는 남녀노소 즐길 수 있는 게임이 다수 출시되고 있으며, 비주얼 노벨을 비롯해 점차 다양한 장르로 확장되고 있는 여성향 게임도 상당히 많다.

반면 한국은 게임에 대한 부정적인 인식이 매우 높은 편이다. 연령대로 보면 40대 이상 그리고 성별로 보면 특히 여성에게서 강하게 드러난다. 이들의 공통점은 간단하다. 게임을 접해보지 못한 사람들이다. 모르는 것에 대한 두려움과 다른 미디어보다 강력한 몰입감을 주는 게임에 가족이나 연인이 많은 시간을 할애하는 것이 불편한 것이다. 한국은 아이뿐 아니라 남편조차 게임하는 것을 좋게 보지 않고 적극적으로 반대하거나 실질적으로 제지하는 분위기가 보편적으로 형성돼 있다. 집에서 마음 편하게 취미생활인 게임을 즐길 수 있는 남편은 매우 드문 것이 현실이다. 출퇴근 때 하거나 화장실에 잠시 들어가서 모바일 게임을 하는 것에 만족해야 하는 안타까운 현실이다. 여러 정황상 한국 게이머의 성별 비율은 미국과 일본에 비해 남성 비율이 상당히 높을 것이라고 어렵지 않게 추측할 수 있다.

이러한 부정적인 인식을 개선하기 위해서 여러 가지 시도가 이뤄지고 있으나 근본적인 해결책이 되기 어렵다고 본다. 게임을 접해본 경험이 없는 사람들에게 그 어떤 설득을 해도 공감이 안될 수밖에 없다. 과거 미국과 일본에서도 이러한 인식 문제는 동일하게 일어났다. 다양한 노력을 통해 인식 개선을 조금 빨리 앞당길 수야 있겠지만 근본적인 인식 변화는 시간이 해결해줄 것이다.

플레이어 캐릭터의 나이와 성별 비교분석

미국과 일본 게이머의 실제 나이와 성별 비율을 알아봤다. 다음으로 미국과 일본 게임 내의 플레이어 캐릭터는 나이와 성별이 어떻게 설정돼 있는지 살펴볼 차례다. 한국 게임의 경우 캐릭터 설정 자체가 자세히 공개돼 있지 않았을 뿐만 아니라 미국과 일본 게임과 견줄 만한 게임 캐릭터를 선정할 수 없어 직접적인 비교가 불가능했다.

필자는 「미국과 일본 게임의 플레이어 캐릭터 나이와 성별 비교 분석」이라는 논문을 통해 미국과 일본에서 인기 있으며 대표적으로 성공한 게임들의 플레이어 캐릭터 나이와 성별을 비교 분석하기 위해 스토리와 캐릭터 설정을 중시하는 RPG와 어드벤처 장르로 한정해서 GOTY 상위 5위와 Japan Game Awards 우수상까지 15년간(2002~2016)의 작품을 비교했다.

플레이어 캐릭터의 나이와 성별을 비교하기 전에 먼저 기준이 필요했다. 플레이어 캐릭터의 나이는 크게 3가지로 구분할 수 있다. 개발사에 의해 미리 설정된 캐릭터(나이 명시), 미리 설정된 캐릭터(나이 불명), 플레이어가 마음대로 꾸밀 수 있는 커스터마이즈형 캐릭터다. 나이의 경우 명확하게 몇 세라고 설정하거나 학교 및 학년 구분을 통해 알 수 있는 게임도 있지만, 스토리나 주변 캐릭터를 통해서 대강 어느 정도인지만 알려주는 경우도 있어 이를 구분했다. 플레이어 캐릭터의 성별은 크게 2가지로 구분할 수 있다. 미리 설정된 캐릭터, 커스터마이즈형 캐릭터다. 이러한 기준을 토대로 플레이어 캐릭터의 나이와 성별을 다음과 같이 정리했다(그림 3-8, 그림 3-9 참조).

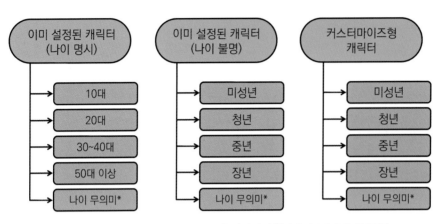

*인간이 아닌 종족이나 엘프와 같이 긴 수명을 가진 인간 형태의 다른 종족이 해당된다.

그림 3-8 플레이어 캐릭터의 나이 분류

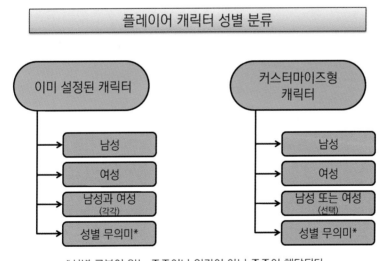

*성별 구분이 없는 종족이나 인간이 아닌 종족이 해당된다.

그림 3-9 플레이어 캐릭터의 성별 분류

(출처: 미국과 일본 게임의 플레이어 캐릭터 나이와 성별 비교 분석)

이와 같은 분류를 기준으로, 선정된 대표적인 미국과 일본 게임에서 플레이어 캐릭터의 나이와 성별을 비교하니 중대한 차이점을 확인할 수 있다. 나이 분류에서 미국 게임의 플레이어 캐릭터는 미리 설정된 캐릭터(나이 불명) 54%, 커스터마이즈형 캐릭터 25%, 미리 설정된 캐릭터(나이 명시) 21% 순으로 나타났다. 일본 게임의 플레이어 캐릭터는 미리 설정된 캐릭터(나이 명시) 51.4%, 미리 설정된 캐릭터(나이 불명) 42.9%, 커스터마이즈형 캐릭터 5.7% 순으로 나타났다(그림 3-10 참조).

미리 설정된 캐릭터를 합친 비율을 비교해보면 미국 75%, 일본 94.3%로 큰 차이를 보인다. 일본 게임에서는 미리 설정된 캐릭터를 선호하고 있다는 점이 부각된다. 조사 대상 중 2009년 〈드래곤 퀘스트9 Dragon Quest IX〉 이전 수상작에서는 커스터마이즈형 캐릭터가 하나도 없을 정도였다. 애니메이션으로부터 게임까지 세밀한 캐릭터 설정에 공을 들이는 성향이 잘 드러난다.

반대로 커스터마이즈형 캐릭터를 비교해보면 미국 25%, 일본 5.7%로 미국이 압도적으로 높았다. 게다가 미리 설정된 캐릭터에서도 미국 게임은 주로 나이를 명확하게 명시하지 않았다. 미국의 주된 캐릭터 설정 방법은 전체적인 윤곽은 개발사에서 미리 설정하되 플레이어가 상상할 수 있는 공간을 만들어 놓는다는 특징을 확인할 수 있다.

성별 분류에서 미국 게임의 플레이어 캐릭터는 미리 설정된 캐릭터 71.4%, 커스터마이즈형 28.6%로 나타났다. 일본 게임의 플레이어 캐릭터는 미리 설정된 캐릭터 88.6%, 커스터마이즈형 11.4%로 나타났다. 나이뿐만 아니라 성별 분류에서도 미국과 일본 게임의 캐릭터 설정에 대한 특징 차이가 명확하게 드러난다(그림 3-11 참조).

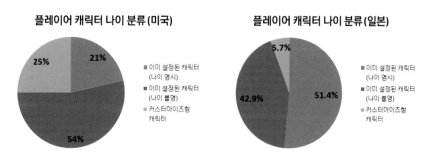

그림 3-10 플레이어 캐릭터의 나이 비교(미국/일본)

그림 3-11 플레이어 캐릭터의 성별 비교(미국/일본)

(출처: 미국과 일본 게임의 플레이어 캐릭터 나이와 성별 비교 분석)

정리하면 미국과 일본 게임은 나이와 성별 모두에서 동일하게 커스터마이즈형 캐릭터보다 개발사에서 미리 설정된 캐릭터를 주로 제공하고 있다. 단, 미국 게임은 캐릭터 설정에 여지를 남기는 편이며, 일본 게임은 꼼꼼한 캐릭터 설정을 해오고 있다. 캐릭터 설정에 있어 미국과 일본 게임은 큰 차이가 존재한다는 점을 이해해야 한다. 이 차이는 미국과 일본 게임의 전반적인 특징, 분위기에 영향을 줄 정도다. 이는 캐릭터 설정이 게임에 있어 얼마나 중요한 과정인지 여실히 드러나는 결과라 할 수 있다.

한 단계 더 깊숙이 들어가보자. 미국과 일본 게임에서 설정된 플레이어 캐릭터의 나이별, 성별 분포는 실제 게이머의 나이와 성별과 차이가 있을까? 커스터마이즈형 캐릭터는 플레이어가 마음대로 꾸밀 수 있기 때문에 제외했다.

설정된 플레이어 캐릭터의 나이별 분포에서, 미국 게임은 나이명시와 나이불명 모두 30~40대와 중년이 가장 높게 나와 실제 미국 게이머의 평균나이 35세와 일치했다. 게이머의 나이와 플레이어 캐릭터의 나이가 비슷하다는 건 그만큼 몰입에 유리하다는 것이며, 전 세계 게이머의 나이가 점차 높아지고 있는 현실을 잘 반영했다고 볼 수 있다.

반면 일본 게임은 나이명시와 나이불명 모두 10대와 미성년이 가장 높게 나와 실제 일본 게이머 평균 나이 30.6세와 상당한 괴리감을 보여준다(그림 3-12 참조). 선정된 게임 대부분이 청소년 대상이 아닌 성인을 위한 게임임에도 불구하고 게이머의 실제 나이와 플레이어 캐릭터의 나이의 극심한 차이는 몰입에 부정적인 영향을 줄 수 있다.

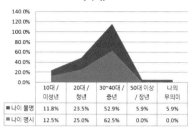

그림 3-12 설정된 플레이어 캐릭터의 나이별 분포(미국/일본)
(출처: 미국과 일본 게임의 플레이어 캐릭터 나이와 성별 비교 분석)

미국과 일본의 실제 게이머 평균 나이가 다섯 살 정도 차이가 난다고 할지라도 이미 30세를 넘어섰다. 게임은 이미 아이들의 전유물이 아니며 성인이 즐기기에도 손색없는 미디어로 발전했다. 이런 관점에서 플레이어 캐릭터의 나이별 분포를 보면 일부 일본 게임은 게이머의 나이가 점차 증가하고 있다는 현실을 제대로 반영하고 있지 못하다. 과거 청소년 위주의 게임을 만들던 관습대로 성인을 위한 게임조차 17~18세로 플레이어 캐릭터의 나이를 설정하는 건 시대의 흐름을 읽지 못한다고 볼 수 있다. 이러한 상태가 계속된다면 변화에 뒤처지는 결과를 초래할 것이다.

최근 일본 게임 중 일본 내수 시장용이 아닌 글로벌 시장에서 인기를 얻고 성공한 게임을 떠올려보자. 〈다크 소울〉, 〈블러드본〉, 〈몬스터헌터: 월드〉와 같이 성인을 모델로 한 커스터마이즈형 캐릭터를 제공한 게임이나 〈니어 오토마타〉, 〈젤다의 전설: 브레스 오브 더 와일드〉와 같이 미형의 어려 보이는 캐릭터라고 할지라도 유치하지 않은 성숙한 이미지와 철학적인 사고를 가진 캐릭터를 제공한 게임이 글로벌 시장에서 통했다. 미국 게임의 플레이어 캐릭터에서 자주 사용되는 설정과 매치되는 게임들이다. 이는 일본 개발사에게만 아니라 글로벌 게임 시장에 진출하려고 하는 여러 국가의 개발사에게 큰 시사점을 남긴다.

미국과 일본 게임의 플레이어 캐릭터 성별 분포는 실제 게이머의 성별 비율보다 남성 캐릭터에 치우친 모습을 보여준다. 이는 게임에 얼마나 돈을 지불하는가와 관련돼 있을 것이다. AAA급의 게임을 적극적으로 구입하고 게임 내 유료 아이템에 큰 돈을 소비하는 게이머 중 대부분이 남성이다. 남성에게 있어 게임은 취미 중 상당히 우선 순위가 높은 편에 속한다. 반면 여성 게이머는 상대적으로 가벼운 무료 게임을 즐기는 층이 많다. 쇼핑 등 다른 곳에 우선 순위가 높은 취미가 있기 때문에 보편적으로 남성에 비해 게임에 많은 돈을 지불하지 않는 것이 일반적이다. 이러한 상황에서 게임 개발사는 자연스럽게 남성 게이머가 원하는 게임을 많이 만들게 된다. 일본에서 여성향 게임 시장이 꽤 크게 형성돼 있는 건 여성 게이머의 수가 결코 적지 않고 여성도 적극적으로 풀-프라이스^{full-price} 게임에 적지 않은 돈을 지불하기 때문일 것이다. 소비자가 없는 곳에 시장이 자동으로 형성되지는 않는다.

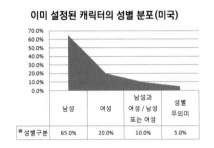
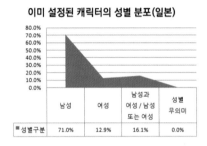

그림 3-13 설정된 플레이어 캐릭터의 성별 분포(미국/일본)
(출처: 미국과 일본 게임의 플레이어 캐릭터 나이와 성별 비교 분석)

마지막으로 남성으로 설정된 플레이어 캐릭터를 제외하고 비교하면, 미국과 일본 게임의 성별 분포에서도 의미 있는 차이를 확인할 수 있다. 미국 게임은 여성 게이머가 증가하는 추세를 반영해 여성으로 디자인된 플레이어 캐릭터 비율이 20.0%로 비교적 높았고, 일본 게임은 남, 여 플레이어 캐릭터를 같이 제공하는 방식이 16.1%로 비교적 높았다(그림 3-13 참조).

캐릭터 설정 항목 중 큰 고민없이 그냥 설정했던 나이와 성별이 얼마나 중요한 의미를 내포하고 있는지 살펴봤다. 플레이어 캐릭터의 나이와 성별을 어떻게 설정하는지에 따라 어떤 게임 시장에 적합한지 나뉘기도 하며, 어떤 소비자에게 어필할 수 있는지 좁혀지기도 한다. 게임의 테마와 타겟층을 고려해서 플레이어 캐릭터의 나이와 성별 설정을 신중하게 결정해야 한다.

34 캐릭터의 행동영역, 원형, 역할

다음으로 개인적 항목에서 캐릭터의 행동영역, 원형, 역할에 대해 알아보자. 미디어에서 캐릭터의 존재는 절대적이다. 그렇기 때문에 어떤 미디어든지 매력적인 캐릭터를 찾아내기 위한 노력이 지속적으로 이뤄졌다. 어떤 캐릭터가 관객, 시청자, 플레이어를 사로잡는지 전형적인 패턴을 찾아 활용하려는 것이다. 이렇게 만들어진 것이 캐릭터의 행동영역, 원형, 역할 등이라 할 수 있다.

스토리의 초기 형태인 민담에서 활용되는 캐릭터의 행동영역, 영화에서 전형적으로 사용되는 캐릭터의 분류인 원형, 게임 캐릭터에 부여되는 보편적인 역할 3가지를 소개한다. 기존에 많이 활용되는 이러한 캐릭터의 분류를 토대로, 조미료가 되는 새로운 개성을 조금 추가하는 것으로도 충분히 매력적인 캐릭터가 만들어질 수 있다. 수십~수백 년간 인간의 마음을 사로잡았던 캐릭터에게는 대체하기 어려운 매력이 있기 때문이다.

전혀 다른 역할을 가진 새로운 캐릭터를 창조해보려는 시도는 좋으나 수많은 실패를 극복할 각오가 필요할 것이다. 캐릭터의 이름, 나이, 성별이 정해졌다면 캐릭터의 행동영역, 원형, 역할을 통해 골격을 잡아보자. 캐릭터의 전반적인 골격을 잡는데 행동영역, 원형, 역할은 큰 도움이 될 것이다.

등장 인물의 7가지 행동영역

블라디미르 프롭^{Vladimir Propp}은 1928년 「민담의 형태론」에서, 전해져 내려오는 민담에는 반복적으로 나타나는 7가지 행동영역을 가진 등장 인물이 있으며, 민담의 분석 단위로써 31가지 기능이 있다고 주장했다. 기호학을 통해 등장 인물의 행동영역을 가지고 31가지 기능을 분석한 결과 민담은 몇 가지 패턴으로 비슷하게 진행되고 있음을 밝혀냈다.

31가지 기능은 스토리에서 살펴보도록 하고 여기서는 등장 인물의 7가지 행동영역에 주목하자. 예로부터 전해져 내려오는 민담 및 신화는 국가나 문화를 떠나 비슷한 스토리를 가진 경우가 많다. 그리고 현대에 생산되고 있는 대부분의 스토리를 가진 콘텐츠는 민담과 신화를 토대로 발전해왔다.

여기서 잊지 말아야 할 것은 민담과 신화에 비슷한 역할을 가진 캐릭터가 있기에 비슷한 스토리가 만들어진다는 점이다. 민담에서 전형적으로 사용되는 행동영역은 게임 캐릭터 설정에도 그대로 활용할 수 있을 정도로 탄탄한 설정을 가지고 있어 스토리의 기초를 잡는 데 적합하다.

등장 인물의 7가지 행동영역(Propp's Seven Spheres of Action)

❶ 영웅의 행동영역(The hero)

❷ 적대자의 행동영역(The villain)

❸ 공주의 행동영역(The princess)

❹ 증여자의 행동영역(The donor)

❺ 원조자의 행동영역(The helper)

❻ 파견자의 행동영역(The dispatcher)

❼ 가짜 영웅의 행동영역(The false hero)

---

❶ 영웅의 행동영역

스토리를 이끄는 중심 역할이다. 적대자의 방해로부터 임무를 달성하고 승리해 공주를 구해 결국 결혼에 도달한다. 스토리상에서 주어진 운명에 맞서 싸워 명성과 부를 얻는다. 적대자의 방해에 의해 영웅으로서 각성하며 적대자와 공주를 찾기 위한 여정을 떠난다. 증여자의 시험에 반응해 목적지에 이르게 된다.

❷ 적대자의 행동영역

주인공이 원하거나 필요로 하는 것을 방해하기 위한 역할로 스토리의 갈등을 만들어낸다. 적대자는 주인공과의 싸움, 투쟁의 대상 또는 주인공이 추적해서 도달하는 목표물이 되며 행동의 진행과정 중에 두 번 등장하는 특징이 있다.

첫 등장은 외부로부터 갑자기 등장했다가 갑자기 사라져버리지만, 다음 등장은 주인공에 의해 탐색되는 목표물이 돼 길 안내의 결과로 등장한다. 적대자의 첫 등장은 영웅을 각성시키고 영웅의 목표물이 되기 위한 장치이므로 현재의 영웅에게는 이길 수 없는 강력한 상대라는 점을 강조하고 퇴장한다.

❸ 공주의 행동영역

공주 또는 희생자 또는 주인공이 탐색하려고 하는 자가 포함되는 영역으로 주인공에게 있어 보상의 의미가 있다. 공주는 일반적으로 적대자에 의해 위협, 협박, 납치를 당하며 주인공에 의해 클라이맥스에서 구출된다.

일반적으로 공주의 아버지도 이 행동영역에 포함되며 파견자의 역할을 동시에 하기도 한다. 공주의 아버지는 스토리 마지막에 영웅에게 공주를 보내는 것을 허락하는 역할이다. 주인공에게 어려운 과제를 부여하거나 가짜 주인공의 처벌을 명하며, 주인공이 주어진 과제를 달성하면 공주와의 결혼을 허락하거나 보상을 제공한다.

❹ 증여자의 행동영역

주인공이 스토리상 임무를 해결할 수 있도록 특별한 오브젝트, 정보, 충고, 마법, 열쇠 등을 제공하는 역할이다. 증여자는 주인공과 아주 우연한 상황에서 만나게 된다. 특히 숲, 오두막, 들판, 길, 거리와 같이 우연한 만남이라는 것을 강조할 수 있는 장소에서 등장한다.

❺ 원조자의 행동영역

적대자에 의해 깨진 세계의 균형을 되찾기 위한 주인공에게 부여된 임무 중 주인공을 돕는 역할이다. 주인공에게 공간 이동, 어려운 과제의 해결, 변신의 기회를 제공하거나 불행이나 결여의 해소, 적대자의 추적으로부터의 구출 등으로 주인공을 돕는다.

❻ 파견자의 행동영역

주인공이 임무를 제대로 수행할 수 있도록 준비를 해주고, 임무를 달성할 수 있도록 적대자의 세계로 보내주는 역할이다. 주인공이 적대자의 첫 등장에 의해 위험에 처한 상황을 구하기도 하며, 주인공이 성장할 수 있는 장소나 세계로 이동시켜준다. 때로는 주인공이 큰 위험에 처했을 때 안전한 장소로 이동시키는 역할도 수행한다.

❼ 가짜 영웅의 행동영역

스토리 내내 선한 역할로 보이나, 스토리 후반부에 실제로 나쁜 존재였다는 것이 밝혀진다. 거짓된 주장을 통해 스토리를 혼동되게 만드는 역할을 한다. 흔히 도입부에 주인공, 가짜 주인공, 공주, 파견자가 등장하는데 어떤 언급도 없이 어느 순간 주인공의 부와 권리를 차지하고 있는 것으로 드러난다.

캐릭터의 원형

영화 연출을 전공한 크리스토퍼 보글러^{Christopher Vogler}는 「신화, 영웅 그리고 시나리오 쓰기」에서 고전 문학에서 영화에 이르기까지 인간이 만든 이야기에는 다양한 캐릭터의 원형이 자리를 잡았다고 했다. 민담과 신화에 기반을 두고 있지만 오랜 시간 문학이 발전해오면서 좀 더 다양한 캐릭터와 스토리가 만들어졌다. 그리고 신화의 틀을 깨는 작품도 많이 등장했다. 블라디미르 프롭이 주장한 7가지 행동영역과 겹치는 원형도 있다. 하지만 새롭게 등장한 캐릭터 원형도 눈에 띈다. 새로운 캐릭터의 등장은 스토리 전개 방식에 변화가 생겼음을 의미한다.

그는 영화에 있어 캐릭터의 원형은 8가지로 분류할 수 있다고 했다(그림 3-14 참조). 일반적으로 상위 자아는 영웅에 포함되기에 8가지 유형으로 분류되지 않는다. 하지만 여기서는 영웅과 상위 자아의 차이점을 살펴보기 위해서 별도로 설명한다. 동시에 여러 역할을 할 수도 있으며 스토리가 진행되면서 역할이 바뀌는 경우도 존재한다는 것이다. 예를 들어 조언자와 관문의 수호자의 역할을 동시에 수행하는 캐릭터가 있을 수 있으며, 처음에 조언자로 등장했지만 특정 사건을 계기로 어둠의 세력으로 바뀌는 캐릭터도 있을 수 있다.

국가나 문화를 떠나 대부분 비슷비슷한 스토리 라인을 가지고 있는 민담과 신화와 다르게 문학이 다양한 스토리를 가지게 된 중대한 이유 중 하나는 캐릭터가 가진 원형에 다양한 조합과 변화가 생겼기 때문이다. 이 점은 스토리를 풍부하고 매력적으로 만들기 위해서 우리는 어떻게 해야 하는가에 대한 중대한 힌트를 준다.

게임 캐릭터의 행동영역, 원형, 역할을 설정할 때도 마찬가지다. 하나의 원형을 단조롭게 부여하기보다 다채로운 원형을 조합해야 하며, 이러한 원형이 스토리상에서 어떤 계기로 어떤 시점에 변화할지 고려해서 설정해야 한다.

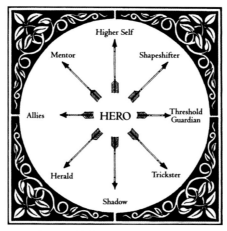

그림 3-14 영웅을 중심으로 한 캐릭터의 원형
(출처: https://jackjellison.wordpress.com/2017/01/31/the-writers-journey-mythic-structure-for-writers/)

캐릭터의 원형(Major Character Archetypes)

❶ 영웅(Hero)   ❷ 상위 자아(Higher Self)

❸ 조언자(Mentor)   ❹ 협력자(Ally)

❺ 사자(Herald)   ❻ 어둠의 세력(Shadow)

❼ 속임수꾼(Trickster)   ❽ 관문 수호자(Threshold Guardian)

❾ 형태 변이(Shapeshifter)

❶ 영웅

영웅은 스토리의 중심이자 갈등의 중심이다. 보편적으로 스토리는 갈등의 발생과 해결을 담고 있다. 그 중간에 위치한 것이 영웅이다. 영웅은 희생을 경험하는 과정에서 가장 많은 성장을 이뤄 결국 목표를 이룬다. 영웅을 중심으로 한 스토리에 관객이 몰입하게 만들기 위해 영웅은 반드시 복수, 분노 등 인간의 보편적인 감정을 대변할 수 있게 설정돼야 한다. 문학에서 영웅이 하나 이상의 약점을 가지고 있는 이유다. 약점을 가져야 더욱 성장할 수 있고 이를 극복했을 때 관객에게 강하게 어필할 수

있다.

영웅은 다채로운 측면을 가지고 있어야 한다. 관객마다 각자 다른 경험과 다른 생각을 가지고 있기 때문에 당연히 공감되는 캐릭터가 다르다. 그러므로 영웅은 그 어떤 캐릭터보다 다양한 관객에게 공감을 얻을 수 있도록 다면적으로 설정될 필요가 있다.

문학에서 영웅은 점차 다양성을 가지게 됐다. 크게 자발적 영웅과 비자발적 영웅으로 분류되며, 세부적으로는 전통적 영웅, 반영웅^{Antihero}, 고독한 영웅, 촉매 역할을 하는 영웅, 집단 영웅 등으로 다양하게 나눌 수 있다. 반영웅은 냉소적이거나 상처입은 캐릭터로 자주 등장하며, 부패한 현실을 파괴하는 유형으로 등장하기도 하며, 때로는 내부의 악을 극복하지 못하고 파멸하기도 한다. 악의 관점에서 바라본 스토리라면 선한 세력에 대항하는 영웅도 반영웅에 포함된다. 자신이 각성하기보다 주변을 변화시키는 영웅도 있으며, 집단에서의 격리를 극복하고 통합을 이루는 형태의 영웅도 존재하며, 아예 개인이 아닌 집단이 영웅으로 보여지는 경우도 있다.

❷ 상위 자아

상위 자아는 영웅이 되고자 하는 이상적인 형태로 영웅이 변한 원형이다. 때문에 일반적으로 영웅이라는 하나의 원형으로 통합해서 본다. 영웅이 장애물을 뛰어넘고 성장해가면서 마지막에 등장하는 적대자와 맞서 싸우기 위한 힘을 얻기 위해 변하는 것이 바로 상위 자아다.

상위 자아를 돋보이게 하기 위해, 처음 등장하는 영웅은 평범한 존재인 경우가 많고 약점을 부각하는 경향이 있다. 영웅은 상위 자아로 변한 뒤 적대자와 싸워 승리를 하게 되며 승리에 따른 보상을 받게 된다.

❸ 조언자

조언자는 영웅에게 제대로 된 길을 가기 위한 열쇠, 단서, 충고 등을 주는 안내자 역할을 한다. 조언자는 영웅이 헤매거나 목표를 잃으려고 할 때 사건을 설정해 새롭게 동기부여를 해준다. 하지만 대부분의 영웅은 이를 처음에 제대로 받아들이지 못하고 희생, 의무의 이행 등을 극복하면서 비로소 깨우치게 된다. 조언자가 영웅에게 제공하는 장치는 일반적으로 극의 초반에 슬쩍 등장하거나 몰래 숨겨져 있는 경우가 많다. 이 장치는 스토리의 시작과 끝을 연결하는 복선으로 활용되기도 한다.

조언자는 반드시 캐릭터 형태로만 존재하는 것이 아니라 초자연적인 현상, 목소리를 통한 안내를 비롯해 영웅 내부에서의 소리, 어렸을 때 기억, 책, 장식품과 같이 다양한 형태로 표현될 수 있다. 게다가 영웅 못지않게 다양한 유형이 존재한다.

크게 선한 조언자와 악한 조언자로 나눌 수 있다. 즉 조언자는 반드시 선한 원형이 아니며 영웅을 잘못된 길로 인도해 타락시키기 위한 역할을 수행하기도 한다. 조언자가 등장하는 형태도 가지각색이다. 7가지 행동영역의 증여자와 같이 고정된 장소에서 우연히 만나는 경우도 있고, 반복적으로 등장해 지속적으로 과제를 제공하는 조언자도 있으며, 여러 명이 등장해 영웅에게 필요한 각각의 능력에 도움을 주는 경우도 있다.

❹ 협력자

협력자는 일반적으로 영웅이 혼자의 힘으로 해결하지 못하거나 불가능한 임무를 도와주는 역할을 한다. 영웅에게는 여러 명의 협력자가 존재할 수 있으며, 사람이 아닌 수호신, 정령, 동물, 컴퓨터, AI, 로봇과 같은 형태의 협력자도 있을 수 있다.

다만, 독특한 역할을 수행하기도 한다. 협력자는 중요한 물건을 잃어버리거나 실수로 영웅의 약점을 발설하는 등 문제를 일으키는 역할을 한다. 흔히 영화를 보고 있으면 미워할 수 없지만 보고 있으면 답답하고 덜떨어진 구석이 있는 캐릭터가 해당된다. 올바른 길을 걷고 있는 영웅이 매번 사소한 문제를 일으킬 수는 없기에 동료인 협력자가 사건을 일으켜 극의 긴장감을 높이는 역할을 대신한다.

❺ 사자

사자는 보통 1막에 등장해 영웅에게 변화에 대한 소명을 알려주고 때로는 스토리의 전개를 바꾸기 위한 역할을 한다. 다시 말해서 영웅에게 스토리가 진행될 수 있도록 동기를 제공한다. 사자는 영웅에게 있어 긍정적, 부정적, 중도적인 입장일 수 있다. 게다가 사람이 아닌 초자연적인 힘, 전화, 내레이션 등의 형태로도 등장한다.

선한 세력의 인물이라면 보통 조언자가 사자의 역할을 동시에 맡는 경우가 있다. 중도적 세력의 인물이라면 속임수꾼이 맡기도 한다.

❻ 어둠의 세력

어둠의 세력은 영웅 다음으로 중요한 역할로, 어둠의 세력이 강할수록 스토리가 흥미진진해진다. 영웅이 뛰어넘어야 할 벽이 높을수록 영웅의 성장 과정이 험난하며 그 벽을 뛰어넘었을 때 영웅의 모습이 부각되기 때문이다. 어둠의 세력은 초반 모습을 완전히 드러내지 않고 신비로움을 가지고 있다. 그리고 스토리가 절정에 도달했을 때 정체를 화려하게 드러냄으로써 스토리의 극적 긴장감과 미스터리한 분위기를 강조할 수 있다.

매력적인 어둠의 세력을 설정하는 것은 영웅을 설정하는 것 못지않게 중대하다. 우아한 성품을 가졌거나 마음의 상처가 있는 등 인간미가 더해지면 매력적인 캐릭터로 변한다. 어둠의 세력은 자신을 악으로 생각하지 않고 자신의 신념, 의지, 욕망을 위해서 움직인다.

일반적으로 어둠의 세력은 궁극적인 악으로 나오지만 그 반대도 가능하다. 또한 조언자가 어둠의 세력으로 밝혀지는 경우도 있으며, 심지어 영웅 자신이 어둠의 세력이 되며 다음 작품으로 연결되는 작품도 존재한다.

❼ 속임수꾼

속임수꾼은 영웅에게 장난을 치는 역할로 스토리에 가벼운 웃음을 주고 잠시 숨을 돌리는 여유를 주는 촉매 캐릭터다. 보통 중립적 입장으로 등장하기에 영웅의 동료가 되기도 하고 어둠의 세력에 동조하기도 한다. 동료가 됐음에도 전혀 쓸모없이 웃음만 주는 역할로 남아있기도 하며 예상 외로 강력한 힘을 발휘하기도 한다.

❽ 관문 수호자

관문 수호자는 수단과 방법을 가리지 않고 영웅에게 자격이 있는지 시험하는 역할이다. 영웅이 얼마나 절실하게 시험에 임했는지 평가하며, 영웅은 관문 수호자에게 정면으로 맞서기보다 이용하는 법을 배워 재치있게 극복한다. 영웅은 관문 수호자를 도망치게 하든지, 대결하든지, 뇌물을 주든지, 협력자로 바꾸든지, 속이는 등으로 관문을 넘어선다.

관문 수호자는 사람만 아닌 동물, 자연, 건축물, 소도구로도 등장한다. 관문 수호자가 어둠의 세력의 순화된 형태로 나타나기도 하는데 이 경우 어둠의 세력의 부하인 중간 보스로 볼 수 있다.

❾ 형태 변이

형태 변이는 캐릭터의 원형에서 스토리 중 변화하는 모든 것을 포함하는 광범위한 개념이다. 등장 시에 정해진 원형으로 나오다가 시간이 지나고 특정 사건이 발생한 것을 계기로 숨겨진 정체가 밝혀진다. 선한 세력이 어둠의 세력이 되기도 하고 어둠의 세력이 선한 세력이 되는 것을 포함해 조언자가 협력자가 되거나 속임수꾼이 사자가 되는 등 원형이 변하는 것이 형태 변이에 해당된다.

캐릭터의 5가지 역할

사사키 토모히로 Tomohiro Sasaki는 「기초부터 배우는 게임 시나리오」에서 일본 게임에서 자주 활용되는 캐릭터의 역할을 분류하고 세분화했다. 일본 게임 시장에서는 다른 국가에 비해 게임 시나리오 라이터가 게임 디자인 과정에서 상당히 핵심적인 위치를 차지하고 있다. 게임 시나리오 라이터에는 만화가, 애니메이션 연출가 출신 또는 그 지망생으로 구성된 경우도 적지 않다. 그렇기 때문에 일본 게임에서 캐릭터의 역할은 문학보다 만화나 애니메이션의 영향을 많이 받았다. 크리스토퍼 보글러의 캐릭터 원형을 토대로 변형 및 세분화됐다고 보면 될 것이다.

일본은 애니메이션을 비롯해 게임에서도 캐릭터에 대한 설정이 철저하게 이뤄진다. 캐릭터의 역할을 구분짓는 것으로 스토리의 윤곽을 잡기 시작한다. 캐릭터가 가진 요소들을 스토리와 연결시킴으로써 스토리를 풍부하게 한다. 캐릭터에게 역할이 부여됨에 따라 캐릭터 간에 관계가 명확해지고 스토리에서 취해야 할 행동, 느끼는 감정, 대사나 표정까지도 확실해지기 때문이다. 각각의 캐릭터에게 복수의 역할을 분담하는 것으로 캐릭터 간의 관계가 다양해지고 그 관계에서 만들어지는 사건들이 스토리로 이어진다. 다만 캐릭터마다 어떤 역할을 맡고 있는지, 혹시 역할이 부족한 캐릭터는 없는지, 역할이 겹치는 캐릭터는 없는지 재조정하는 과정이 필요하다.

흔히 캐릭터가 겹친다는 말이 있다. 스토리 도중에 캐릭터가 겹치면 스토리에 혼선이 오게 되고 겹치는 캐릭터에 대한 주목도가 떨어진다. 이는 결국 스토리에 몰입하는 데 방해가 된다. 캐릭터가 겹치는 현상은 주로 캐릭터의 역할이 겹칠 때 자주 발생하게 된다. 캐릭터의 외형이 비슷할지라도 역할이 다르다면 전혀 다른 캐릭터로 인지한다. 쌍둥이 캐릭터가 등장하는 경우 얼굴은 거의 비슷하지만 주어진 역할이나 성격이 다르다면 캐릭터가 겹친다고 느끼지 못한다. 캐릭터가 겹친다는 말은 캐릭터의 역할에 대한 설정 및 재분배에 실수가 있었거나 실패했다고 볼 수 있다.

캐릭터의 5가지 역할(Major Character Archetypes)

❶ 게임 시스템에 직결되는 역할(주인공, 공략대상, 시스템 캐릭터)

❷ 주인공과 대립하는 역할(적 캐릭터, 관문 캐릭터, 라이벌 캐릭터)

❸ 주인공을 도와주는 역할(파트너 캐릭터, 동료 캐릭터, 가족 캐릭터)

❹ 스토리에 변화를 주는 역할(계기 캐릭터, 도우미 캐릭터, 배신자 캐릭터, 현자 캐릭터)

❺ 스토리를 보강하는 역할(한숨 돌림 캐릭터, 간섭 캐릭터, 동물 캐릭터, 기타 캐릭터)

---

❶ 게임 시스템에 직결되는 역할

게임은 하는 미디어인 만큼 다른 보는 미디어와 다르게 게임 시스템을 성립시키기 위한 캐릭터가 필요하다. 플레이어 캐릭터이자 스토리상 주인공인 캐릭터도 다른 미디어의 영웅과 같을 수만은 없다. 그리고 스토리와 무관하게 플레이어와 상호 작용하는 시스템 캐릭터의 존재도 필요하다.

① **주인공**: 게임의 주인공은 크게 착탈형 캐릭터와 코스프레형 캐릭터 2가지로 구분할 수 있다. 착탈형 캐릭터는 〈몬스터헌터: 월드〉와 같이 플레이어가 주인공이 돼 감정이입할 수 있게끔 무개성으로 표현하며 최대한 플레이어에게 선택의 폭을 넓혀줘야 한다. 주인공과 플레이어를 최대한 가깝게 이어주는 분신으로서의 주인공이다. 착탈형 캐릭터는 커스터마이즈형 캐릭터를 의미한다. 반면 코스프레형 캐릭터는 〈파이널 판타지10〉과 같이 영화나 드라마의 주인공과 동일하게 설정된다. 주인공 같지 않은 행동을 하거나 플레이어에게 받아들여지지 못할 감정이나 행동이 있을 경우 플레이어에게 외면 받을 수 있다는 단점이 존재한다. 게임에서 2가지 주인공 유형 중 어떤 캐릭터를 선택할 것인지에 따라 주인공 캐릭터의 설정에 대한 방향성이 크게 달라진다는 점에 주의하자.

② **공략대상**: 게임의 공략대상은 캐릭터 존재 자체가 게임의 목적이 된다. RPG나 액션 게임에서 마지막 보스가 되며, 탐정 게임에서 범인이 되며, 연애 시뮬레이션에서 연애 대상 캐릭터가 된다. 그렇기 때문에 게임에서 공략대상 캐릭터는 다른 미디어와 다르게 다수가 될 수 있다는 특징이 있다. 단지 복수의 공략대상을 동시에 등장시키면 플레이어가 혼란을 겪게 되므로 적당한 시기에 겹치지 않게 번갈아 가며 분배함으로써 긴장감과 재미를 극대화할 수 있다. 현재 집중해야 할 공략대상을 플레이어가 확실히 인지할 수 있도록 해줘야 한다.

③ **시스템 캐릭터**: 시스템 캐릭터는 플레이어와 게임 시스템의 중간자 역할로 게임을 원활하게 진행시키는 역할이다. 크게 편의를 위한 NPC와 튜터로 나뉜다. 〈드래곤 퀘스트〉의 교회 신부는 플레이어에게 세이브, 부활, 치료 등을 반복적으로 제공한다. 교회 신부만 아니라 상점 주인, 여관 주인 등이 해당된다. 튜터는 게임 시스템의 기초를 알려주거나 힌트를 주는 역할이다. 보편적으로 시스템 캐릭터에게는 중요한 역할을 주지 않고 단순한 기능만을 수행하도록 설정한다. 그래야 플레이어가 해당 시스템 캐릭터의 기능을 쉽게 이해하고 관심의 대상에서 벗어나 스토리상 중요한 캐릭터에 집중할 수 있게 된다. 하지만 스토리에 드라마틱한 변화를 주고 싶다면 시스템 캐릭터를 스토리 중간에 넣을 수도 있다는 점은 기억하자. 단순히 힌트를 주는 캐릭터라고 생각됐던 튜터가 알고 보니 배신자 캐릭터로 변하는 설정도 얼마든지 가능하다.

❷ **주인공과 대립하는 역할**

스토리는 캐릭터 간의 갈등을 통해 흥미 있게 만들어진다. 특히 주인공과 적 캐릭터의 대립은 스토리를 이끌어가기 수월하기에 스토리의 중심이 된다.

① **적 캐릭터**: 적 캐릭터는 주인공과 대적하고 방해하는 역할이다. 적 캐릭터가 중요한 이유는 주인공의 목적 달성 의지를 강하게 만들고 승리 뒤에 주인공을 부각시키기 위함이다. 적 캐릭터는 크게 악역 캐릭터, 적대 캐릭터 2가지로 구분된다. 악역 캐릭터는 절대적인 악으로 무자비한 모습을 보여준다. 단지 선악의 기준은 게임 월드마다 다르기 때문에 다른 캐릭터 설정과 세계관 설정에서 충분히 설명돼야 한다. 적대 캐릭터는 선천적인 악이 아닌 주인공과 적대하게 되

면서 악한 행동과 사고를 하게 되는 캐릭터다. 그러므로 반드시 '악'이라고 단정지을 수 없고 스토리상에서 다른 역할로 바꾸기 수월하다.

② **관문 캐릭터**: 관문 캐릭터는 주인공을 시험하기 위해 스토리의 진행을 막고 주인공에 의해 쓰러질 때까지 앞길을 방해한다. 캐릭터 원형에서 관문의 수호자와 다른 점은 게임에서 관문 캐릭터는 주인공과 대립하는 역할이 돼 쓰러트려야 하는 대상이 된다. 간단히 게임에 등장하는 중간 보스라고 보면 편하다. 관문 캐릭터가 자주 사용되는 이유는 평탄하게 흘러가는 스토리에 기복을 주고 주인공의 실력을 시험함으로써 새로운 힘과 아이템을 줘 스토리에 큰 변화를 주기 위함이다. 또한 관문 캐릭터는 주인공에게 지면 스토리상에서 사라지게 되는데 게임에서는 리소스 활용 측면에서 관문 캐릭터를 동료 캐릭터로 역할을 바꾸는 경우가 많다.

③ **라이벌 캐릭터**: 라이벌 캐릭터는 주인공과 동일한 목적을 가지고 경쟁함에 따라 플레이어에게 대립감을 느끼도록 하는 경쟁 상대다. 라이벌과 경쟁하는 과정을 통해 주인공의 성장을 부각시키기 위한 역할이다. 라이벌 캐릭터는 주인공의 능력과 비슷하지만 조금 더 뛰어나게 부여해 주인공이 질투할 수 있게끔 설정한다. 다만 성격이나 사고 방식에서 플레이어가 별로 내키지 않는 대상으로 느끼게 만드는 것이 좋다. 라이벌 캐릭터도 관문 캐릭터와 같이 주인공에 의해 패배를 하면 스토리상에서 소멸되기 때문에 동료 캐릭터나 적 캐릭터 등으로 역할을 바꾸는 경우가 있다.

❸ 주인공을 도와주는 역할

주인공 혼자 스토리를 이끌고 가면 너무 단조롭게 된다. 주인공을 도와주는 역할은 주인공의 목적을 달성하도록 도와주는 역할도 하지만 스토리가 부드럽게 진행되게 만든다. 다만 어떤 면에서는 주인공에게 도움이 되지만 반대로 짐이 되는 경우도 있다.

① **파트너 캐릭터**: 파트너 캐릭터는 보통 동료 캐릭터 중에 특별하게 연애 대상이 될 가능성이 있는 이성 캐릭터가 된다. 플레이어에게 목적 달성을 위한 동기 부여를 강하게 만드는 역할로, 주로 라이벌 캐릭터와의 삼각관계를 만들고 파트

너 캐릭터와 주인공 간의 장애를 추가해 갈등을 증폭시킨다. 파트너 캐릭터를 설정할 때는 고대의 자손이나 천애고아와 같은 특수한 설정을 바탕으로 주인공과의 특별한 비밀을 가지게 만들어 특별한 관계를 설정한다. 이러한 설정을 통해 플레이어가 파트너 캐릭터가 신경 쓰여 어쩔 수 없게 만든다. 다만 메인 스토리상 주인공은 공략대상과 이뤄지므로 파트너 캐릭터와의 연애 관계는 주로 서브 스토리나 분기로 만들어 스토리를 풍부하게 할 수 있다.

② **동료 캐릭터**: 동료 캐릭터는 크게 3가지 역할을 한다. 첫째, 주인공이 지니지 않은 능력을 가지고 주인공이 목적을 달성하는 데 도움을 준다. 둘째, 주인공이 감정을 잘 드러낼 수 있도록 대화 상태가 돼 플레이어의 이해를 돕는다. 셋째, 주인공과 정반대의 성격을 가지거나 매력적인 설정으로 주인공을 북돋아준다. 동료 캐릭터를 설정할 때는 처음에 매력적인 적 캐릭터로 등장시킨 뒤에 동료 캐릭터로 바꾸는 것이 유효하다. 다만 주인공과 사소한 의견 대립을 만들어 재미있는 스토리를 구성할 수 있기 때문에 주인공의 의견에 무조건 따르는 유형은 좋지 않다. 주인공만이 아니라 적 캐릭터에게도 동료 캐릭터를 줘 캐릭터 간의 관계를 다양화할 수 있다.

③ **가족 캐릭터**: 가족 캐릭터는 주인공과 혈연 또는 가족 관계를 가지고 사회통념적으로 가족이라는 것은 좋은 것이라는 것을 보여주기 위한 역할이다. 가족 캐릭터는 주인공에게 강력한 동기를 제공하기도 하지만 방치해두면 존재감이 사라지는 위험이 있어 장단점이 극명하게 나뉘는 캐릭터다.

❹ **스토리에 변화를 주는 역할**

아무리 좋은 스토리도 평면적으로 한 방향으로만 전개되면 지루하다. 스토리를 다변화하고 재미를 주기 위해 스토리에 변화를 주는 캐릭터를 사이사이에 적절하게 배치해야 한다.

① **계기 캐릭터**: 계기 캐릭터는 스토리를 빠르게 진행시키고 스토리의 흐름을 고조시키기 위해 주인공에게 큰 변화를 주는 계기를 제공하는 역할이다. 계기 캐릭터는 다른 큰 역할을 맡고 있는 캐릭터가 겸해도 되지만 스토리에 비중이 없는 인물이나 사물로 제공해도 무관하다.

② **도우미 캐릭터**: 도우미 캐릭터는 주인공의 목적 달성을 위한 과정이 지지부진하거나 위기 상황일 때 때마침 나타나 풀리지 않던 상황을 타개하도록 도와준다.

③ **배신자 캐릭터**: 배신자 캐릭터는 주인공을 배신해 스토리의 큰 반전을 일으키는 역할이다. 주인공과 특별한 비밀을 공유하고 신뢰를 쌓아 절대 배신하지 않을 것 같은 이미지를 주는 것이 무엇보다 중요하다. 그러므로 배신 캐릭터가 될 듯한 여러 눈속임 캐릭터를 만들고 이들을 배신자 캐릭터와 대립시키는 것으로 반전을 숨길 수 있다.

④ **현자 캐릭터**: 현자 캐릭터는 스토리에 무게와 설득력을 주기 위해 제공한다. 특히 스토리 내용상 설득력을 가지기 힘든 실험적인 세계관을 가진 경우 자주 활용한다. 주인공에게 시험, 시련을 통해 지식과 힘을 부여함으로써 스토리 전개를 촉진시킨다. 현자 캐릭터를 설정할 때는 더 이상 성장하지 않고 적극적으로 활동하지 않도록 설정해야 한다. 그렇지 않으면 캐릭터 간의 밸런스가 깨져 버린다.

❺ **스토리를 보강하는 역할**

게임에서 점차 스토리의 비중이 커지면서 스토리가 길어지고 복잡하게 되고 있다. 스토리를 보다 이해하기 쉽게, 그리고 보다 납득할 수 있도록 만드는 캐릭터가 필요하다.

① **한숨 돌림 캐릭터**: 한숨 돌림 캐릭터는 개그 캐릭터로 등장해 지나친 비극적 상황을 정리하거나 한쪽으로 치우기기 쉬운 스토리에 재미를 주고 밸런스를 잡아주는 역할이다.

② **간섭 캐릭터**: 간섭 캐릭터는 스토리 내의 사건이나 캐릭터 간의 대화에서 "그건 말도 안돼!"라고 간섭하는 역할이다. 플레이어가 할 수 없는 부분에 대한 변명을 대신해주는 캐릭터다. 대화 중간중간에 간섭이 이뤄지면서 보다 맛깔나게 표현할 수 있으나 과하면 안 된다.

③ **동물 캐릭터**: 동물 캐릭터는 귀여우면서 동시에 두려운 존재라는 개념에서 시작되며 야생과 애완의 경계를 넘나드는 역할이다. 일반적으로 주인공에게 다른 캐릭터의 선과 악을 감별해주는 역할을 수행한다. 일본 게임에서는 동물 캐릭

터의 하위 개념으로 여동생 캐릭터를 설정하고 있다. 여동생 캐릭터는 동물 캐릭터에서 야생을 제외하고 보호본능을 불러일으키는 것에 집중한 유형이다.

④ **기타 캐릭터**: 게임의 모든 캐릭터에 특정한 역할이 반드시 주어질 필요는 없다. 존재하는 것 자체로 게임을 풍성하게 보일 수 있는 엑스트라 캐릭터라고 볼 수 있다. 다만 기타 캐릭터로 별도로 구분한 이유는 스토리에 전혀 영향을 주지 않고 정보와 상황을 알려주는 존재에서 그쳐야 하며 역할이 있는 캐릭터에 비해 눈에 뜨여서는 안되기 때문이다. 따라서 기타 캐릭터의 일러스트는 의도적으로 무성의하게 그리는 경우가 많다.

게임 캐릭터의 역할 설정

지금까지 민담과 신화에서 사용되는 등장인물의 행동영역, 문학에서 쓰이는 캐릭터의 원형 그리고 게임 캐릭터의 역할에 대해 살펴봤다. 행동영역, 원형을 모두 포함해서 간단히 캐릭터의 역할로 표현할 수 있다. 게임에서는 신화와 같은 맥락의 스토리도 있으며, 소설을 기반으로 만들어진 게임도 있으며, 게임이라는 미디어에 맞게 변형된 스토리도 존재한다. 다시 말해서 앞서 소개한 행동영역, 원형, 역할 모두 게임 캐릭터의 역할에 대한 가이드라인으로 활용될 수 있다.

이렇게 다양한 캐릭터의 역할을 소개하는 이유는 아직 게임에서 제대로 활용하고 있지 못한 캐릭터의 유형이 매우 많기 때문이다. 앞서 한국 게임의 스토리가 약한 것은 캐릭터 설정에서부터 문제가 있기 때문이라고 했다. 캐릭터 설정 단계에서 역할에 대한 고려와 배분이 제대로 이뤄지고 있지 못하기 때문에 스토리가 단조롭고 재미없게 된다. 캐릭터마다 역할을 어떻게 배치할 것인지 충분히 고민해보자. 다양한 역할을 가진 캐릭터가 게임 속에 적절히 배치된다면 게임 스토리도 풍부해지고 게임 캐릭터 간의 다양한 상호 작용을 만들어낼 수 있다. 단, 캐릭터의 역할은 형식적인 가이드라인이지 공식으로 받아들여서는 안 된다. 얼마든지 변형 및 추가할 수 있다.

다음으로 게임에서는 해당 역할이 반드시 인간형 캐릭터일 필요는 없다. 내레이션이 돼도 좋고, 튜토리얼 형태로 돼도 괜찮다. 기존의 보는 미디어와 다른 게임에서 얼마든지 전혀 다른 유형의 캐릭터가 새롭게 만들어질 수도 있다. 스토리를 보다 풍부하게 이끌어 가기 위해 어떤 캐릭터 역할이 빠지지 않았는지, 어떤 역할을 더 넣으면 좋을지 고민하는 것부터 시작해보자. 게임 스토리가 더욱 발전하고 인정받기 위해서는 스토리 설정의 시작인 캐릭터 설정이 중요하며, 그 중에 특히 역할 배분부터 꼼꼼하게 디자인돼야 한다.

 # 35 성격의 유형

캐릭터의 역할 다음으로 개인적 항목의 성격을 살펴본다. 성격이란 인물이 일관적으로 보여주는 일정한 행동 및 사고 방식을 뜻한다. 대부분의 미디어에서 캐릭터는 인물만이 아니라 동물이나 사물이 의인화되는 경우도 상당히 많다. 의인화는 동물이나 사물에 사람의 성격과 감정을 대입시켜서 관객, 시청자, 플레이어와 동조를 이루게 만든다.

성격은 심리학에서 중요하게 다루는 분야 중 하나다. 성격심리학에서는 인간의 성격을 크게 내적, 외적 요소로 구분하고 있다. 그러므로 캐릭터 성격을 설정할 때 내적 요소에 해당되는지 외적 요소에 해당되는지 나눠서 작성하는 것이 도움이 된다. 성격심리학에서 다루는 요소는 다음과 같이 정리할 수 있다.

성격의 내적&외적 요소에 대한 용어 정리

❶ 내적 요소 – 기질(Temperament): 선천적, 생물학적 유전 요소

❷ 내적 요소 – 특성(Character): 선천적 심리 요소

❸ 외적 요소 – 성격(Personality): 후천적인 사회, 문화적인 심리 요소(Persona에서 유래)

이 책에서는 성격에 대한 3가지 이론을 소개한다. 그중 한 가지는 이미 2장의 '27. 성격의 요인 모델'에서 언급했다. 이 이론은 학술적인 면으로나 실용적인 면에서도 상당히 인정받고 있기 때문에 실제 인간인 플레이어의 성격만이 아니라 캐릭터의 성격을 설정할 때도 활용될 수 있다.

이외에 MBTI 성격 유형과 일본 애니메이션 캐릭터의 성격을 설정할 때 활용되는 성격의 유형학이라는 성격에 대한 2가지 이론을 추가적으로 알아본다. Big5 personality traits와 같이 철저한 과학적 접근 방식으로 만들어진 이론이 아니다 보니 한계점을 가지고 있다. 그러나 게임 캐릭터의 성격을 어떻게 채워야 할지에 대한 기준을 세우기엔 충분히 설득력이 있는 이론들이다.

일반적으로 캐릭터의 성격을 설정할 때 단순하게 다른 미디어 작품의 캐릭터와 비슷하게 하거나 긍정적, 순종적, 쾌활하다 등의 형용사만 잔뜩 늘어놓는 경향이 있다. 다른 작품의 캐릭터 성격을 가져와서 변형없이 그대로 사용한다면 해당 캐릭터를 접한 사람은 본래의 캐릭터가 먼저 떠오를 것이다. 캐릭터의 개성이 크게 축소될 뿐만 아니라 작품 자체에 대한 몰입이 깨지게 되므로 최대한 피해야 한다. 단순히 형용사로 표현할 경우 상호 배타적인 용어가 충돌되도록 설정할 위험도 있으며, 타인 입장에서 전체적으로 어떤 성격인지 머릿속에 그려지지 않게 된다.

따라서 캐릭터의 성격을 설정함에 있어 가이드라인이 되는 성격의 유형이 반드시 필요하다. 하나의 이론만 고집할 필요도 없고, 이론에서 나오지 않은 유형을 새롭게 만들어도 무방하다. 단지 여러 이론에서 제공하는 보편적인 성격을 큰 줄기로 선택하고 그 유형의 일반적인 특징과 다른 점을 추가적으로 작성한다면, 캐릭터의 성격 설정에 보다 깊이가 생기고 독특하고 개성 있는 캐릭터를 만들어내기 수월해질 것이다.

MBTI 성격 유형

마이어스-브릭스 유형지표라 하는 MBTI^{Myers-Briggs Type Indicator}는 인간의 성격 유형을 분류해서 효율적으로 배치하기 위해 제2차 세계 대전 시기에 만들어졌다. 카를 융의 성격 유형을 토대로 해 캐서린 쿡 브리그스^{Katharine C. Briggs}와 딸인 이자벨 브리그스 마이어스^{Isabel B. Myers}가 개발했다.

MBTI 성격 유형을 활용한 성격 검사는 현재 가장 대중적으로 알려져 있다. 자신의 성격을 알아보기 위해 흥미로 알아보거나 진로를 위한 인성 검사로도 활용되고 있다. 하지만 심리학자들 사이에서 MBTI는 Big5 personality traits에 비해 인정받고 있지 못하다. 실증적인 통계 절차를 거치지 않았을 뿐 아니라 선택지를 선택할 때 얼마든지 고의적으로 다른 답을 할 수 있기 때문이다. 반면 MBTI의 가장 큰 장점은 사람들이 쉽게 접할 수 있는 만큼 엄청난 표본수가 쌓였다는 점이다.

실제로 학문적인 분야에서 사용되기보다 실용적인 분야에서 사용하는 편이 좋다. 게임 또한 매우 실용적인 분야이기 때문에 서로 잘 어울릴 수 있다. MBTI 성격 유형은 2장의 콘셉트 디자인의 플레이어에서 언급하지 않고 3장의 상세 디자인의 캐릭터 설정에서 소개했지만 플레이어의 유형을 분류해서 타겟층을 잡는 데 활용하는 것도 나쁘지 않다.

MBTI 성격은 16가지 유형으로 나눠진다. 2^4이라는 건 기준이 4가지 있다는 의미다. MBTI의 4가지 기준을 한눈에 볼 수 있도록 정리하면 다음과 같다(그림 3-15 참조). 실제 어떤 유형인지 테스트를 해보고 싶다면 https://www.16personalities.com/ko에서 확인할 수 있다.

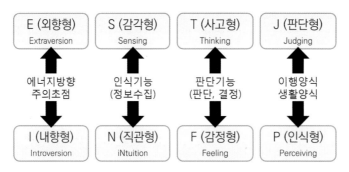

그림 3-15 MBTI 4가지 기준

1) 에너지의 방향, 주의초점: 어디에서 에너지를 주로 얻고 어디에 초점을 맞추는가?

- **외향형(E)**: 자신의 생각, 주장, 지식, 감정을 외부로 다양한 수단을 통해 표출함으로써 에너지를 얻는다. 활동적, 사교적, 정열적으로 폭넓은 대인관계에 초점을 맞춘다.
- **내향형(I)**: 생각, 감정을 외부로 표출하기보다 내부에 담아둠으로써 자각의 깊이를 늘리는 것으로 에너지를 얻는다. 조용하고 신중하며 좁지만 깊이 있는 대인관계에 초점을 맞춘다.

2) 인식기능(정보수집): 선호하는 인식은 주로 어떤가?

- **감각형(S)**: 오감과 경험을 중심으로 인식하며 숲보다 나무를 보는 현실적인 타입이다. 현실에 초점을 맞추는 만큼 실용적이고 충실하게 살아간다.
- **직관형(N)**: 육감과 영감을 중심으로 인식하며 나무보다 숲을 보는 미래지향적 타입이다. 미래에 초점을 맞추는 만큼 이상적이고 가능성을 중시한다.

3) 판단기능(판단, 결정): 일을 함에 있어 주로 어떤 판단을 선호하는가?

- **사고형(T)**: 사람과의 관계보다 진실과 사실에 따라 판단한다. 객관적, 논리적, 분석적이며 목표지향적이다.
- **감정형(F)**: 진실과 사실보다 사람과의 관계를 중시해서 판단한다. 주관적, 상황적이며 관계지향적이다.

4) 생활양식, 이행양식: 선호하는 삶의 패턴은 주로 어떤가?

- **판단형(J)**: 결과를 중시해 목적과 방향이 뚜렷하다. 계획적, 체계적이며 행동하기 전에 철저한 사전계획을 세운다.
- **인식형(P)**: 과정을 중시해 목적과 방향은 얼마든지 변할 수 있다. 자율적, 가변적으로 상황에 따라 융통성 있게 행동한다.

그림 3-16 MBTI 16가지 성격 유형

위의 4가지 기준을 통해 MBTI 16가지 성격 유형을 표현했다(그림 3-16 참조). 쉽게 이해할 수 있도록 설명하면 1행을 기준으로 2행은 4번째 문자가 J에서 P로 바뀌었다. 그리고 1행과 2행을 하나의 그룹으로 생각하고 중앙선을 기준으로 대칭시키자. 이후 중앙선 아래의 그룹 모두 1번째 문자를 I에서 E로 바꾸면 16가지 성격 유형의 배치가 완료된다.

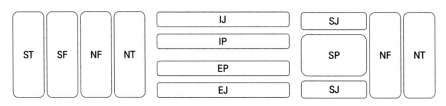

그림 3-17 MBTI 3가지 분류법 / 심리(좌), 태도와 행동(중), 기질(우)

MBTI 16가지 성격 유형을 설명할 때 크게 3가지의 분류법으로 나눠서 그룹별로 설명한다(그림 3-17 참조). 첫째, 열로 그룹을 지어 ST, SF, NF, NT로 나눠 인간의 심리를 기준으로 설명한다. 둘째, 행으로 그룹을 지어 IJ, IP, EP, EJ로 나눠 인간의 태도와 행동을 기준으로 설명한다. 셋째, 비슷한 기질을 가진 유형들을 묶어 SJ, SP, NF, NT로 설명한다. 세 번째 분류법이 대중적으로 가장 많이 활용되며 각각의 그룹을 SJ(관리자형), SP(탐험가형), NF(외교형), NT(분석형)로 부르기도 한다.

MBTI 성격 유형을 소개하고 있는 다양한 자료에 각 유형별로 특징을 수십 개씩 정리해서 소개하고 있다. 캐릭터 성격을 어떻게 설정하는 것이 좋을지 고민한다면 매우 큰 도움이 될 것이다. 좀 더 상세한 정보를 알고 싶다면 직접 찾아보자. 여기서는 핵심적인 부분만 요약한다. 기질을 기준으로 한 세 번째 분류법을 토대로 MBTI 16가지 성격 유형을 정리하면 다음과 같다.

1) 관리자형(SJ)

① 청렴결백한 논리주의자(ISTJ)

- **요약**: 사실에 근거해 사고하며 타인에게 행동이나 결정에 대한 의심을 받지 않는 현실주의자형
- **강점**: 책임감, 신중함, 위기에 침착, 세심함, 조직에 충성 등
- **약점**: 집착 및 고집, 타인감정 무시, 상황을 주관적으로 판단, 자신을 몰아세움 등
- **추천 직업**: 사무직, 보수적 관리자

② 용감한 수호자(ISFJ)

- **요약**: 타인을 지키고 보호하는 데 헌신을 다하는 성실한 방어자형
- **강점**: 헌신적, 침착, 끈기, 안정감, 타인에 대한 배려, 소신, 명확함, 세심한 관찰력 등
- **약점**: 주체성 부족, 지도력 부족, 자기 주장 부족, 미래에 비관적 등
- **추천 직업**: 중간 관리직, 교사, 의료업, 봉사 직종, 복지

③ 엄격한 관리자(ESTJ)

- **요약**: 사람 및 사물을 관리하는 데 타의 추종을 불허할 정도로 뛰어난 관리 능력을 갖춘 관리자형
- **강점**: 조직을 이끄는 탁월한 능력, 규칙 중시, 통찰력, 뛰어난 논리적 전개, 실용적, 현실적, 매끄러운 일 처리, 강한 책임감 등
- **약점**: 지나치게 업무 위주, 타인 의견을 무시하는 경향, 새로운 시도에 부정적 등
- **추천 직업**: 타고난 관리자, 고급 책임자, 행정관리

④ 사교적인 외교관(ESFJ)
- **요약**: 타인을 향한 세심한 관심과 사교적인 성향을 가졌기에 사람들 사이에 인기가 많다. 타인을 돕는 데 열정적인 세심형
- **강점**: 넘치는 동료애, 동정심, 양심적, 참을성, 성실, 질서정연, 조화 추구, 조직의 활력소, 표현을 자유자재로 함 등
- **약점**: 타인견해에 집착, 과도하게 일에 집착, 속단하는 경향, 지나치게 엄격한 마음의 규율, 무관심에 상처받음 등
- **추천 직업**: 사람을 다루는 대부분의 역할에 능숙, 간호, 인사 관리

2) 탐험가형(SP)

① 만능 재주꾼(ISTP)
- **요약**: 다양한 도구 사용에 능숙하고 대담하고 현실적인 성향을 가진 탐험형
- **강점**: 논리적, 분석적, 뛰어난 현실감각, 감수성 예민, 일에 열정적으로 임하나 미련없이 떠남 등
- **약점**: 자기 표현을 억제, 좁은 인간관계, 약한 인내심 등
- **추천 직업**: 장인, 엔지니어, 응용과학 계열, 법률

② 호기심 많은 예술가(ISFP)
- **요약**: 항상 새로운 무엇인가를 찾아 도전하는 매력 넘치는 예술가형
- **강점**: 뛰어난 미적 감각, 따뜻한 마음, 동정심, 겸손함, 뛰어난 적응력, 현재에 충실, 자연친화적, 개방적, 융통성, 일에 전력을 다함 등
- **약점**: 타인의 감정에 예민, 결단력 부족, 추진력 부족, 자신경시, 과소평가, 다치기 쉬운 마음, 자신에게 혹독함, 준비성 부족 등
- 추천 직업: 예술가, 체육인, 성직자

③ 모험을 즐기는 사업가(ESTP)
- **요약**: 아슬아슬한 스릴을 즐긴다. 명석한 두뇌와 뛰어난 직관력을 가지고 있는 사업가형
- **강점**: 선입견 없이 사고가 개방적, 뛰어난 문제해결 능력, 멋&감각&경험 중시, 강한 소유욕, 자타에 관용적 등

- **약점**: 노력하는 열의 부족, 지나치게 즉흥적, 물질에 집착, 책임감 부족, 이론에 무관심 등
- **추천 직업**: 중재자, 기업가, 요식업, 도박사

④ 자유로운 영혼의 연예인(ESFP)

- **요약**: 이 유형이 주위에 있는 것만으로 많은 사람들은 즐거움을 느낀다. 에너지가 넘치고 즉흥적이고 열정적인 연예인형
- **강점**: 대인관계 능숙, 밝은 분위기 주도, 친절, 관용, 인간 중심의 가치관, 재치, 꾀, 풍부한 상식, 화술, 행동파 등
- **약점**: 얇고 넓은 지식, 내용보다 형식에 집착, 지나치게 주관적, 마무리를 짓지 못함, 계획없이 뛰어듦 등
- **추천 직업**: 연예인, 서비스업, 유흥업, 디자인, 판매

3) 외교형(NF)

① 선의의 옹호자(INFJ)

- **요약**: 조용하지만 번뜩이는 영감을 가지고 끊임없이 상상하는 이상주의자형
- **강점**: 창의력, 통찰력, 탁월한 영감, 타인에게 큰 영향력, 독립심, 신념, 원리 원칙, 동료애, 공동의 이익 중시 등
- **약점**: 단순반복에 약함, 비능률적, 한곳에 과도한 집중으로 주변을 못 봄, 자기 갈등, 현실감각 부족, 쉽게 난관에 봉착 등
- **추천 직업**: 개척자, 고등교육, 심리치료, 상담, 문학, 연구 개발

② 열정적인 중재자(INFP)

- **요약**: 밝은 사회를 만들기 위해 상냥한 성격을 가지고 타인을 돕는 이타주의자형
- **강점**: 온화하고 조용, 책임감, 성실함, 이해심, 적응력, 관대함, 개방적, 호기심, 통찰력 등
- **약점**: 지나친 완벽 추구, 신념이 있는 곳에만 몰두, 일을 벌리고 수습 못함, 현실과 이상의 괴리에 쉽게 좌절, 행동보다 반성에 더 많은 시간 소모 등
- **추천 직업**: 교수, 사회교육, 소설, 언어, 학구적 직업

③ 재기발랄한 활동가(ENFP)

- **요약**: 창의적이며 활발한 성격이다. 주위에 웃음이 번지는 것을 좋아해 사람들과 자유롭게 어울리는 것을 좋아하는 활동가형
- **강점**: 열성적, 창의적, 영감, 통찰력, 가능성에 도전, 강렬한 호기심, 사람과의 만남을 즐김 등
- **약점**: 반복적 일상을 못 참음, 세부사항을 챙기지 못함, 한 가지 일을 마무리하기 전에 다른 일을 시작, 편견, 실수, 싫증, 조직 생활에 미숙 등
- **추천 직업**: 정치인, 저널리스트, 과학자, 광고, 경영

④ 정의로운 사회운동가(ENFJ)

- **요약**: 넘치는 카리스마와 압도적인 영향력으로 청중을 압도하는 리더형
- **강점**: 친절, 재치, 민첩, 인내심, 타인의견 존중, 글보다 말에 강함, 리더십, 좌절을 모름 등
- **약점**: 맹목적 추종, 성급한 결론, 세밀하지 못함, 지나친 이상화, 개인 감정이 일에 영향을 줌 등
- **추천 직업**: 커뮤니케이션이 필요한 역할, 언론인, MC, 영업직, 매스컴

4) 분석형(NT)

① 용의주도한 전략가(INTJ)

- **요약**: 상상력이 풍부하며 계획을 철저하게 세우는 전략가형
- **강점**: 내적인 신념과 비전이 강함, 주장을 관철, 목적 실현, 의지, 결단력, 추진력, 명철한 분석, 날카로운 통찰력, 미래지향적, 복잡한 문제를 푸는 것을 즐김 등
- **약점**: 과한 독립성, 독선적, 고집, 타인의 감정이나 가치관에 소홀, 지나친 일 중심, 지나치게 직선적인 표현 등
- **추천 직업**: 자연과학, 응용기술, 공학

② 논리적인 사색가(INTP)

- **요약**: 끊임없이 새로운 지식을 찾기 위해 노력하는 혁신가형
- **강점**: 아이디어가 넘침, 과묵하나 조리 있게 표현, 객관적 비평, 직관적, 높

은 지적 호기심, 이해력, 연구 능력, 언어적 정밀성 등
- **약점**: 지나치게 추상적, 비현실적, 실행력 없는 이론 중심, 인간미가 없어 보임, 타인의 관심사를 소홀, 정서적 공감에 약함 등
- **추천 직업**: 건축가, 순수과학, 철학, 결제

③ 뜨거운 논쟁을 즐기는 변론가(ENTP)
- **요약**: 호기심을 가지고 타인과의 대화를 통해 지적인 도전을 두려워하지 않는 변론가형
- **강점**: 독창적, 혁신가, 넓은 안목, 다재 다능, 솔선수범, 자신감, 박식함, 활기참 등
- **약점**: 태만, 작은 일을 경시, 도전적이지 않은 것에 무관심, 약한 현실적응력, 질서 무시, 약한 인내력 등
- **추천 직업**: 발명가, 마케팅, 프로젝트 리더

④ 대담한 통솔자(ENTJ)
- **요약**: 강한 의지의 소유자로 장애물이 생기면 다양한 방법을 모색해 대담하게 새로운 방안을 만들어내는 통솔자형
- **강점**: 뛰어난 통솔력, 장기 계획에 능함, 행정에 능숙, 계획적, 체계적, 추진력, 활동적, 솔직, 단호한 결정 등
- **약점**: 사람과 현실에 소홀, 성급한 일 처리, 속단 속결, 참을성 부족, 강압적, 독선적, 일 이외에 잘 모름 등
- **추천 직업**: 공무원, 지휘관, 정책가, 군인, 사업가

사람은 나이가 들면서 성격이 변한다. 또한 사회 경험을 해가면서 역할과 환경이 변함에 따라 성격이 변하기도 한다. 예를 들어 필자의 경우 게임 업계에 있었을 때는 엄격한 관리자로 결과가 나왔었다. 실제 관리자로 게임 개발에 대한 전체적인 관리를 주로 해왔다. 지금은 다양한 계층과 폭넓은 나이대의 사람들과 만나고 게임이나 게임 관련 지식을 나눠주는 여러 활동을 하면서 사교적인 외교관으로 테스트 결과가 바뀌었다.

기질을 중심으로 한 분류법에 따르면 사회생활을 한 이후 크게 관리자형이라는

틀은 변하지 않았지만 판단의 기준이 변하면서 성격 유형이 변했다. 사회 생활을 하기 이전에는 MBTI를 테스트해본 적이 없기 때문에 어떤 유형인지 정확히 알 길은 없지만 주변 사람들의 말을 들어보면 관리자형이 아닌 분석형 중 내향형에 가까웠을 것이다. 나이가 들면서 그리고 환경이 크게 변했을 때 스스로 성격이 어떻게 변했는지 생각해보자.

인간의 성격은 자신도 알아차리지 못한 사이에 변해간다. 이러한 변화야 말로 인간이 가진 특성이기도 하다. 환경에 적응하기 위함이다. 캐릭터를 설정할 때, 보다 인간미가 느껴지고 공감이 되도록 만들고 싶다면 성격의 변화를 게임 캐릭터 설정에 포함하는 것이 좋다. 나이에 따라서 다른 성격을 설정하는 것도 좋고, 특정 사건을 겪고 난 이후에 성격이 변했다는 설정도 좋다. 성격의 변화 과정과 이유를 도표나 그림으로 정리해두면 다른 개발자들이 캐릭터가 어떤 성격을 가지는지 구체적으로 상상할 수 있게 된다. 가장 중요한 건 이러한 과정을 통해서 보다 매력적인 캐릭터가 탄생하게 된다는 점이다.

성격의 유형학

토리우미 진조 $^{Jinzo\ Toriumi}$는 〈독수리 5형제〉, 〈개구리 왕눈이〉, 〈이상한 나라의 폴〉, 〈돌아온 아톰〉, 〈장갑기병대 보톰즈〉 등 수많은 애니메이션의 시나리오를 썼으며 후학을 양성하기 위해 시나리오 창작을 가르치기 위한 다양한 활동을 했다. 그는 「애니메이션 시나리오 작법」에서 캐릭터의 성격 설정을 위해 가장 먼저 필요한 것은 성격에 대한 기초 지식부터 정확히 이해해야 한다고 했다. 사람들 대부분은 자신의 성격에 대해 잘 알고 있는 것 같다고 여기지만 사실은 정확히 알고 있지 못하다는 것이다. 그는 캐릭터의 6가지 성격 유형을 「성격」 미야기 오토와 作 ^{岩波新書}과 「성격」 나리마 타케토시 作 $^{講談社\ 現代新書}$의 저작물에서 발췌해 정리했다.

다만 캐릭터 성격의 6가지 유형은 상당수 캐릭터 성격을 표현할 수 있지만 모든 캐릭터의 성격을 그려낼 수는 없다고 주의를 당부했다. 유형에 과도하게 집착하면 캐릭터가 너무 단순해지고 고착화되기 때문이다. 6가지 유형을 이해하고 새로운 타입의 유형을 스스로 창조해내려는 노력을 잊지 말아야 한다.

주의할 점은 이 이론은 다른 이론들과 다르게 실제 사람의 성격을 분류하기 위한 목적이 아닌 정형화된 캐릭터의 성격 유형이라는 점이다. 일본의 애니메이션에서 자주 활용되는 캐릭터의 성격을 정리한 것이다. 실제 사람의 성격 유형으로 활용하기에는 실증적 연구없이 경험에 의해 주관적으로 분류됐다는 한계가 있다. 실제 유형의 특징들을 하나하나 살펴보자. 실제 사람이라면 하나의 유형에 해당된다고 보기 어려울 정도로 여러 유형에서 자신의 성격이라고 생각되는 특징이 각각 보일 것이다.

애니메이션과 게임에서 등장하는 정형화된 캐릭터의 성격이라는 관점에서 유형을 본다면 인간의 성격 유형에 사용됐던 앞의 2가지 이론에 비해 의도적으로 한쪽으로 과도하게 치우쳐 있어 개성을 뚜렷하게 강조하고 있음을 알 수 있다. 이점이 중요하다. 앞선 이론들이 학술적으로 인정을 받고 실용적으로 사용되고 있다고 할지라도 게임 캐릭터의 성격을 표현하기에는 너무 무난할 수 있다. 이론을 토대로 게임 캐릭터의 성격을 설정하되 결론적으로 사람의 성격이 아닌 캐릭터의 성격을 설정하고 있다는 점을 잊어서는 안 된다. 각 캐릭터 별로 눈에 띄는 성격을 강조하다 보면 인간의 보편적인 성격보다 강렬한 인상을 남길 수 있도록 과하게 설정되기도 한다.

성격의 6가지 유형학
❶ Z형(조울형)   ❷ S형(분석형)
❸ E형(집착형)   ❹ H형(히스테리적 성격)
❺ N형(민감형)   ❻ F형(편집증적 성격)

❶ Z형(조울형)

Z형은 사교적이고 선량하며 친절하다. 일반적으로 명랑하고 활발하지만 때로는 침울해지는 등 기쁨과 슬픔이 극명한 특징이 있다. 대표적인 단점은 자기를 과대 평가하는 경우가 있다.

- 기분이 좋을 때와 침울할 때가 있다.
- 단순하고 비뚤어지지 않는 성격
- 기쁨과 슬픔의 표현을 솔직하게 말한다.

- 상식적이고 타협적이다.
- 현실을 직시하고 다방면으로 활동한다.
- 농담을 잘하고 마음이 들떠서 떠들어댄다.
- 누구하고도 쉽게 어울릴 수 있다.
- 모임의 궂은 일을 마다하지 않는다.
- 친절이 지나쳐서 폐를 끼치는 경우도 있다.
- 무리하게 일을 맡아 바빠지는 경우가 많다.

❷ S형(분석형)

S형은 Z형과 대조적인 유형으로 비사교적이고 성실하다. 내성적이고 신경질적이며 귀족적 성향을 가지고 있고 마른 체형의 소유자가 많다. 주인공으로는 드문 유형이다.

- 다른 사람과 있는 것보다 혼자 있는 것을 좋아한다.
- 자신의 사생활을 드러내고 싶어하지 않는다.
- 붙임성이 없고 융통성이 없다.
- 섬세하기도 하고 둔감하기도 하다.
- 우유부단하다.
- 친해지기 어려운 인상을 준다.
- 나쁜 뜻이 있는 건 아니지만 차갑게 말한다.
- 좋고 싫음이 분명하고 첫인상이 안 좋으면 사귀지 않는다.
- 통속적이고 서민적인 것을 멸시하고 귀족적인 것을 좋아한다.
- 타인의 불행을 동정하지만, 기분 좋게 표현하지 못한다.

❸ E형(집착형)

E형은 투사형으로 체격이 크고 목이 두껍다. 꼼꼼한 반면 융통성이 부족한 특징이 있다. 보통 조연으로 자주 등장한다.

- 완고하고 타인의 의견에 동조하기 어렵다.
- 정의감이 강해 불의를 참지 못한다.
- 끈기 있고 쉽게 열중한다.

- 예의가 바르고 항상 정신을 가다듬는다.
- 수수하고 의리 있는 인상을 준다.
- 평소에는 조용하지만 화가 나면 폭발적으로 흥분하게 된다.
- 일하는 스타일이 섬세하고 정중하다.
- 정리 정돈, 청소는 철저하게 한다.
- 자칫하면 세상 일을 어렵고 딱딱하게만 보기 쉽다.
- 이야기를 이해하는 것이 늦고 말을 장황하게 한다.

❹ H형(히스테리적 성격)

H형은 과시적인 성격으로 주목받고 싶어하고 화려한 것을 좋아한다. 그런 만큼 타인에게 의존성이 강하고 허풍이 심한 단점이 있다. 풍자적인 표현을 하기 좋기에 주로 개그 캐릭터로 활용된다.

- 과장해서 이야기하기 쉽다.
- 스스로를 실제 이상으로 보이고 싶어한다.
- 언제나 사람들 속에서 중심적 존재가 되고 싶어 한다.
- 자기 중심적이다.
- 타인의 의견에 좌우되지 않는다.
- 화려하고 사교적인 사람이라는 인상을 준다.
- 다른 사람의 성공을 시기하고 질투한다.
- 다른 사람에게 의지하려 한다.
- 지기 싫어하고 지면 분해서 견딜 수 없다.
- 사람의 싫고 좋음이 분명하다.

❺ N형(민감형)

N형은 감수성이 예민해 민감하고 내성적이다. 이런 성격 때문에 혈색이 좋지 않고 침울해지기 쉬운 표정을 자주 짓는다. 보통 지성형의 섬세한 역할을 가진 조연으로 자주 활용된다.

- 남에게 말한 것이나 들은 것에 신경이 예민하게 반응한다.
- 다른 사람이 자신을 어떻게 생각하는지를 신경 쓴다.

- 실패하면 뭐든 자신에게 원인이 있다고 생각하고 괴로워한다.
- 실패한 기억에서 헤어나오기 쉽지 않다.
- 심약하고 비관적으로 생각하기 쉽다.
- 의지가 약하고 금방 지쳐버린다.
- 결단력이 부족하다.
- 불쾌한 일을 당하면 몸이 피곤해진다.
- 먹을 것 등에 결벽증이 있다.

❻ F형(편집증적 성격)

F형은 기가 강하고 오만하며 자신이 넘치고 자기중심적이다. 따라서 사람들에게 따돌림을 받기 쉽다. 전형적인 악역으로 등장한다.

- 이기적이고 욕구가 강하다.
- 사람을 믿지 않고 의심한다.
- 자기 입장에 유리하게 생각하려 한다.
- 자신의 생각을 강요하려 한다.
- 자신을 가치 있는 사람이라고 생각하기 쉽다.
- 일 처리가 빠르고 혼자서 처리해 버린다.
- 거만하고 남의 잘못을 철저하게 추궁한다.
- 친구가 적고 따돌림 받기 쉽다.
- 활동적이고 적극적이다.

36 인간의 욕구

성격 다음은 사회&문화적 항목의 욕구에 대해 알아본다. 욕구의 사전적 정의는 '무엇을 얻거나 무슨 일을 하고자 바라는 일'이다. 간단히 말해서 '무엇을 가지고 싶은가'와 '무엇을 하고 싶은가'로 표현할 수 있다. 비슷한 성격의 소유자라 할지라도 '주어진 환경'에 따라 전혀 다른 행동을 한다. 왜 그럴까? 인간이 보여주는 행동의 근원 중 하나에 욕구가 있다. 그리고 그 다양한 욕구는 인간이 혼자가 아닌 사회에 속해 있기 때문에 만들어진다. 인간이 사회에 속하지 않고 혼자 살아간다면 생존에 대한 최소한의 본능만 있어도 충분하다.

인간은 사회 속에서 살아가면서 각기 다른 욕구를 추구한다. 어떤 사람에게는 먹는 것이 인생에 있어 가장 중요한 의미가 되지만, 어떤 사람에게는 인간관계를 위해서라면 자신이 좋아하는 음식일지라도 주저없이 포기하기도 한다.

또한 주어진 상황에 따라 욕구가 변한다. 평소 명예를 중시하는 사회 지도층이 있다고 하자. 명예를 위해서라면 위험을 감수하기도 하며 먹을 것에 크게 관심을 가지지 않았던 사람이다. 그런데 크루즈 여행중 사고로 무인도에 표류한다면 상황이 변한다. 며칠 굶은 사람에게는 명예보다 먹을 것이 비교할 수 없을 만큼 귀중하다. 얼마 전까지 타인을 위해 위험한 상황에서도 적극적으로 목숨을 걸었던 사람이 이제는 타인을 위협하며 먹을 것을 빼앗을 수도 있다. 명예는 일반적으로 생존과 안전이 담보된 상황에서 생기는 고차원적인 욕구다. 그렇기 때문에 생존과 안전이 보장되지 않은 상황에서 자신을 희생하거나 명예를 따르는 사람을 우리는 위인 또는 영웅이라고 불러왔다.

많은 게임에서는 주인공과 동료를 의도적으로 힘들고 괴로운 상황에 몰아넣는다. 그 이유는 평소와는 다른 욕구가 발현되기 쉬운 환경을 조성하기 위함이다. 성격이 장기적인 관점에서 보여주는 인간의 특징이라면, 욕구는 단기적인 관점에서 보여주는 특징이 된다. 다시 말해서 성격보다 욕구가 훨씬 더 자주 그리고 상황에 맞춰 큰 폭으로 변한다. 이는 캐릭터의 욕구를 정교하게 디자인하면 캐릭터를 보다 다이나믹하게 표현할 수 있다는 말이 된다. 캐릭터가 왜 그렇게 행동할 수밖에 없었는지 당위성을 제공해 플레이어의 몰입을 증폭시킨다. 인간의 욕구에 대해서 이해하고 캐릭터를 설정하면 캐릭터는 마치 살아 움직이는 생물과 같이 매력을 가지게 된다.

인간의 욕구에 대한 여러 연구 중 대표적인 2가지를 비교해본다. 에이브러햄 매슬로 Abraham Maslow의 5가지 욕구 단계 이론과 매슬로의 이론을 토대로 했으나 한계점을 지적한 클레이턴 폴 앨더퍼^{Clayton Paul Alderfer}의 ERG 이론이 있다.

5가지 욕구 단계 이론

매슬로는 인간의 동기를 연구하면서 욕구의 중요성을 강조했다. 그는 인간에게는 5가지 욕구가 있다고 주장했다. 5단계를 크게 2단계로 분류하기도 한다. 1~2단계인 생리적, 안전 욕구는 물질적 욕구, 3~5단계인 애정과 소속, 존중, 자아실현 욕구는 정신적 욕구에 해당된다(그림 3-18 참조). 그가 주장한 이론의 핵심은 3가지로 요약할 수 있다.

첫째, 인간에게는 결핍을 해소하기 위한 5가지 욕구가 존재하며 각각의 욕구는 단계별 계층 구조로 돼있다.

둘째, 낮은 단계일수록 욕구가 강력하고 높은 단계일수록 미약해진다. 즉 피라미드와 같은 구조를 가진다.

셋째, 하위 단계에 대한 욕구가 만족돼야 다음 상위 단계에 대한 욕구가 생긴다. 하위 단계의 욕구가 충족될 때까지 끊임없이 해당 욕구를 충족하기 위해 노력한다.

그림 3-18 매슬로의 5가지 욕구 단계 이론

1) 생리적 욕구^{Physiological Needs}

- 삶 그 자체를 유지하기 위한 가장 기본적인 욕구
- 의식주, 공기, 물, 식욕, 수면욕, 성욕 등

2) 안전 욕구^{Safety Needs}

- 부상, 죽음과 같은 신체의 위험과 생리적 욕구의 박탈에 대한 두려움으로부터 개인, 가족, 단체를 보호하려고 하는 욕구
- 신체, 직장, 자원, 도덕, 가족, 건강, 재산에 대해 보장받으려는 욕구

3) 애정과 소속 욕구^{Love/Belonging Needs}

- 가족, 친구, 커뮤니티, 사회에 귀속돼 친교를 맺고 싶어하는 욕구
- 우정, 친구, 가족, 그룹에 가입이나 성적 친밀감, 스승과 제자 관계 등

4) 존중 욕구^{Esteem Needs}

- 소속된 사회에서 인정받아 가치의 내재화를 하려는 욕구
- 자기 존중, 자신감, 존경, 신뢰, 명성 등

5) 자아실현 욕구^{Self-actualization Needs}

- 자신의 잠재력을 최대한 발휘해 스스로 발전하고자 하는 가장 높은 단계의 욕구
- 문제 해결, 도덕성, 창조력, 자발성, 편견 극복 등

ERG 이론

앨더퍼는 기본적으로 매슬로의 이론을 인정하면서도 "하위 단계에 대한 욕구가 만족돼야 다음 상위 단계에 대한 욕구가 생긴다."는 매슬로의 주장에 대해서는 정면으로 반박했다. 인간은 높은 단계에서 욕구를 충족하지 못할 경우 욕구 좌절이 발생하며 다시 낮은 단계로 내려와 보상받기 위해 몇 배를 노력한다고 주장했다. 즉 욕구의 단계가 퇴행할 수도 있다는 순환 구조를 제시했다.

매슬로는 인간이 하나의 욕구 단계에 머물러 있는 이상 상위 단계로 도달할 수 없

다고 주장했기에 결국 인간은 하나의 욕구만 가지게 된다고 봤다. 반면 앨더퍼는 각 단계별 만족과 퇴행을 순차적으로 반복하며 동시에 여러 욕구를 가질 수 있다고 봤다. 또한 하위 단계가 충족되지 않다고 할지라도 상위 단계의 욕구가 발생할 수 있다고 했다. 욕구의 개념은 매슬로가 잡았지만 현실적으로 활용될 수 있도록 실증적 연구를 통해 재정립한 것은 앨더퍼다.

그는 매슬로의 5가지 욕구 단계를 다음과 같이 존재 욕구^{Existence needs}, 관계 욕구^{Relatedness needs}, 성장 욕구^{Growth needs}인 3단계로 축소시켜 그룹화했다. 3단계 욕구 단계의 앞 글자를 따서 ERG 이론이라고 칭한다. 매슬로와 앨더퍼의 욕구 단계를 비교하면 다음과 같다(표 3-2 참조).

표 3-2 매슬로와 앨더퍼의 욕구 단계 비교

매슬로의 욕구 단계		앨더퍼의 욕구 단계
물리적 욕구	생리적 욕구	존재 욕구
	안전 욕구	
정신적 욕구	애정과 소속의 욕구	관계 욕구
	존중 욕구	
	자아실현 욕구	성장 욕구

1) 존재 욕구
- 인간이 쾌적하게 살아가기 위한 기본적인 생존에 대한 욕구
- 의식주, 갈증, 배고픔, 직업, 재산 등

2) 관계 욕구
- 인간 관계 형성에 의해 충족될 수 있는 사회적 욕구
- 가족관계, 친구관계, 대인관계 등

3) 성장 욕구
- 잠재력을 극대화해 인간으로서 보다 성장하고자 하는 개인적 욕구
- 창조적 성장, 잠재력 성상 능

게임 디자인에서 욕구에 대한 이론을 활용하려 한다면, 매슬로의 5가지 욕구 단계에 앨더퍼가 주장한 좌절-퇴행의 순환 구조를 가진다고 이해하는 것이 가장 좋지 않을까 생각된다. 앨더퍼의 ERG 이론은 과학적인 실증 연구를 통해 이뤄졌으며 융통성 있고 현실적인 장점이 있는 반면 욕구의 단계를 3가지로 축소시켰기에 단조로워졌다. ERG 이론에서 제시한 대로 한계점을 개선한다면 매슬로가 제시한 5가지 욕구 단계가 오히려 인간의 욕구를 세밀하게 잘 표현하고 있다고 볼 수 있다.

혹자는 게임을 개발할 때 매슬로의 5단계 욕구를 모두 제공해야 한다고 했다. 그러나 게임을 비롯한 많은 미디어는 정신적 욕구를 해소하기 위한 것이며 물질적 욕구와 직접적으로 관련돼 있지 않다. 게임에서 제공하는 욕구는 대부분 3~4단계인 애정과 소속, 존중 욕구에 해당된다. 물론 프로게이머 등 일부에게는 게임이 자아실현 욕구를 제공할 수도 있다.

하지만 게임 내에서 콘텐츠로서 인간의 욕구를 간접 경험할 수 있도록 한다면 5가지 욕구를 모두 제공할 수 있다. 이미 여러 생존 게임에서는 인간의 생리적 욕구를 게임 내 콘텐츠로 만들어 음식을 먹고 잠을 자지 않으면 플레이어 캐릭터가 죽을 수 있게 했다. 게임이 직접적으로 인간의 수면욕, 식욕을 해소시켜주지는 못하지만 콘텐츠로 생리적 욕구, 안전 욕구와 같은 물리적 욕구까지 얼마든지 다룰 수 있다. 장비와 아이템으로 스스로를 안전하게 보호하고, 채팅과 길드를 통해 게임 내에서 친구를 사귀며, 경쟁에 대한 승리를 리더보드에 표시해 사람들에게 부러움을 사게 할 수도 있으며, 게임 내 어려운 업적을 달성하게 해 자아실현을 체험하게 할 수 있다.

캐릭터 설정에 있어서 인간의 욕구는 성격과 조합된다면 캐릭터마다 차별화를 주기에 매우 적합한 항목이다. 게임 내 캐릭터의 수가 많아 비슷한 성격의 캐릭터가 겹칠 수밖에 없는 상황이라 할지라도 캐릭터마다 각각 우선시하는 욕구가 다르다면 전혀 별개의 행동을 취하게 된다. 성격이 동일하게 설정된 형제 캐릭터가 있다고 해도 형은 생리적 욕구를 가장 중시하고, 동생은 애정과 소속의 욕구를 중시한다면 전혀 다른 대사, 전혀 다른 행동, 전혀 다른 표정으로 표현 가능하다.

사건의 흐름에 따른 캐릭터마다의 욕구 변화를 스토리와 연결한다면 캐릭터마다 서브 스토리를 만들어 내기 수월하며, 그만큼 플레이어에게 다양한 캐릭터를 어필할 수 있는 기회가 만들어진다.

37 갈등의 유형

캐릭터 설정 항목 중 마지막으로 사회&문화적 항목의 갈등을 알아본다. 갈등의 사전적 정의는 '등장 인물 사이에 일어나는 대립과 충돌 또는 등장인물과 환경 사이의 모순과 대립을 이르는 말'이다. 대부분 스토리를 가진 미디어에서는 각 캐릭터의 역할, 성격, 욕구를 통해 갈등이 만들어지고 갈등을 중심으로 스토리가 펼쳐진다. 캐릭터 간의 갈등이 긴장감을 발생시켜 플레이어가 스토리에 몰입할 수 있게 만든다.

갈등은 크게 내적 갈등과 외적 갈등으로 분류할 수 있다. 내적 갈등은 한 인물의 내면에서 이뤄지는 심리적인 갈등이고, 외적 갈등은 인물과 인물, 인물과 환경, 인물과 사회와 같이 인물의 외적인 부분에서 발생하는 관계적 갈등이다.

외적 갈등을 묘사하는 것은 크게 어렵지 않다. 각각의 갈등 관계만 명확하게 지정해주면 가능하다. 하지만 내적 갈등을 묘사하기 위해서는 먼저 캐릭터가 아주 세밀하고 정교하게 디자인돼 있어야 한다. 선천적인 요인에 해당하는 생물학적 항목, 후천적인 항목에 해당하는 개인적 항목과 사회&문화적 항목 중 어느 것에 의해서도 내적 갈등이 일어날 수 있다. 내적 갈등은 묘사하기 어렵지만 캐릭터를 마치 현실에 있는 인물인 것과 같이 자연스럽게 만들어주고, 캐릭터와 플레이어를 하나의 끈으로 묶어주는 공감 통로가 되기에 외적 갈등에 대한 묘사보다 중요하다.

스토리가 엉성한 게임의 경우 대부분 캐릭터 간의 갈등이 공감되지 않는다. 도대체 왜 서로 다투고 싸우는지 가슴에 와닿지 않는다. 이는 갈등의 한 축이 되는 내적 갈등에 대한 묘사가 부족하기 때문이다. 캐릭터 설정 단계가 제대로 이뤄지지 못했기에 외적 갈등에만 집중할 수밖에 없었고 그만큼 스토리텔링의 깊이가 얕아진 결과를 초래한다.

갈등에 대한 묘사는 내적 갈등과 외적 갈등이 통합적이고 일관적으로 이뤄져야 한다. 내적 갈등과 외적 갈등에 대한 묘사가 다르다면 플레이어는 혼란에 빠지게 된다. 내적 갈등과 외적 갈등은 별개로 묘사해서는 안되며 자연스럽게 어우러져야 한다. 캐릭터이 대사, 독백, 동료와의 대화, 목소리, 표정, 옷차림, 제스처 등에서 일관성을 가지고 갈등이 묘사될 때야 비로소 스토리가 명확하게 전달된다.

캐릭터 간의 갈등에는 어떤 종류가 있을까? 린다 시거는 「시나리오 거듭나기」^{Making} ^{A Good Writer Great}에서 관계를 중심으로 캐릭터 갈등 유형을 5가지로 분류하고 있다.

> **캐릭터의 5가지 갈등 유형**
> ❶ 내면적 갈등(Inner Conflict): 내적 갈등
> ❷ 상대적 갈등(Relational Conflict): 개인과 개인의 외적 갈등
> ❸ 사회적 갈등(Social Conflict): 개인과 사회의 외적 갈등
> ❹ 상황적 갈등(Situational Conflict): 개인과 자연의 외적 갈등
> ❺ 절대적 갈등(Absolute Conflict): 개인과 운명의 외적 갈등

❶ 내면적 갈등

내면적 갈등은 캐릭터가 내부에 가진 내적 갈등으로, 스스로 무엇을 갈구하고 원하는지 확실히 모를 때 겪게 된다. 가장 고차원적이고 인간미를 보여줄 수 있는 갈등이기에 섬세하게 묘사돼야 한다. 게임의 그래픽 기술이 많이 발전됐다고는 하나 표정을 비롯한 외형으로 내면적 갈등을 충실히 묘사하기란 쉽지 않다. 표정만이 아니라 독백이나 내레이션을 통한 방식이 일반적이다. 동료와의 대화를 통해서 은근슬쩍 내면적 갈등을 드러내는 것도 좋은 방법이다.

❷ 상대적 갈등

상대적 갈등은 캐릭터 간 가치관, 목적, 성격, 욕구의 차이에서 발생하는 갈등이다. 게임에서 가장 보편적으로 사용되는 갈등으로 캐릭터 간 대립을 나타낸다. 주인공과 적 캐릭터 간의 갈등이 대표적인 상대적 갈등에 해당된다. 캐릭터 간 갈등이 심화되면 캐릭터의 행위가 부정적으로 변하게 되며 갈등이 약화되면 긍정적으로 바뀌게 된다. 평소에 올바르고 착한 캐릭터라 할지라도 갈등이 심화되면 신경질적이고 폭력적 등의 부정적인 행위를 하도록 묘사해야 갈등에서 만들어지는 극적인 긴장감을 극대화할 수 있다.

❸ 사회적 갈등

사회적 갈등은 캐릭터와 단체 또는 사회 전체 사이에서 발생하는 갈등이다. 거대한 조직 또는 국가에 맞서 싸우는 형태로 자주 등장한다. 압도적인 힘을 가진 그룹에 별볼일 없는 소수의 주인공과 동료가 맞서 싸우게 함으로써 다가올 거대한 장애물을 부각시키고 승리했을 때 얻어지는 쾌감을 증폭시킬 수 있다. 주인공과 적 캐릭터 간의 상대적 갈등에 사회적 갈등을 추가로 부여하는 경우도 많다. 적 캐릭터는 거대한 조직 또는 국가에서 오는 힘을 휘두르는 반면 주인공은 사회에서 배제되거나 고립돼 외로운 싸움을 하게 된다. 사회적 갈등은 갈등의 크기와 폭을 확장시키는 데 유효하다.

❹ 상황적 갈등

상황적 갈등은 극한 상황을 주고 등장 인물끼리 의견을 대립시켜 주인공에게 어려운 선택을 강요하게 만드는 갈등이다. 캐릭터 간에 발생하는 상대적인 갈등과 달리 동료와 같은 내부에서 발생하는 상황적 갈등은 더욱 극적인 효과를 발휘한다. 캐릭터 간 갈등을 주인공에게 일임해 무거운 짐을 지게 만드는 것이다. 상황적 갈등을 디자인할 때는 플레이어에게 어떤 선택지를 고르든지 뼈아픈 결과를 제공해야 한다. 한 쪽 선택이 명확하게 덜 치명적이거나 회피할 수 있는 선택지를 준다면 상황적 갈등은 희석돼버린다.

❺ 절대적 갈등

절대적 갈등은 신, 악마, 운명, 초자연적인 힘과 같이 인간으로서 대적하기 힘든 대상과의 갈등을 뜻한다. 신화나 종교가 소재로 등장하는 경우가 많다. 다른 갈등에 비해 갈등을 해결할 수 있는 가능성이 모호하거나 없으므로 플레이어가 느끼는 압박감이 커진다. 절대적 갈등이 엔딩에서 완전히 해소되는 경우도 있으나 우회적으로 갈등을 완화시키는 경우도 있다.

38 방어기제

지금까지 캐릭터 설정 중 상식적으로 작성할 수도 있지만 이론적인 지식을 바탕으로 접근했으면 하는 항목들에 대해 설명했다. 생물학적 항목의 나이와 성별, 개인적 항목의 역할과 성격, 사회&문화적 항목의 욕구와 갈등에서 '무엇을' 적어야 할지 조금은 감이 잡혔을 것이다.

하지만 여기가 끝이 아니다. 어떤 대상을 제대로 이해하고 싶다면 '왜' 그렇게 됐는지, '왜' 그렇게 될 수밖에 없었는지 질문하고 고민하는 과정이 반드시 필요하다. 캐릭터가 왜 그런 역할을 하게 됐는지? 왜 그런 성격을 가지게 됐는지? 왜 다른 캐릭터와 갈등이 생겼는지?와 같이 말이다.

필자는 캐릭터 설정 과정에서 방어기제를 가지고 각 항목을 설명한다면 캐릭터가 왜 그렇게 됐는지 매우 구체적으로 묘사할 수 있다고 생각한다. 캐릭터 설정 단계에서 빼먹어서는 안될 정도로 유효하게 활용될 수 있는 이론이다. 앞서 이론적으로 소개했던 항목 이외에도 개인적 항목과 사회&문화적 항목 중 상당수는 방어기제를 통해서 왜 그렇게 됐는지 설정할 수 있다.

방어기제^{Defense Mechanism}란 마음의 평정을 깨트리는 사건에 의해 자의적으로 갈등을 통제할 수 없을 때, 심리적인 상처를 막고 자아를 보호하고자 자신을 속이거나 회피하는 등 마음의 평정을 다시 회복하기 위한 사고 및 행위를 뜻한다.

방어기제는 오스트리아의 철학자이자 심리학자로 유명한 지크문트 프로이트^{Sigmund Freud}가 주장했고, 그의 딸인 안나 프로이트^{Anna Freud}가 정리하고 구체화시킨 이론이다. 방어기제는 원초아^{id}와 초자아^{Superego} 사이에서 일어나는 갈등 조절에 실패했을 때 자아^{Ego}가 원초아의 명령에 간섭하고 억제해 보다 안전한 방향으로 이끄는 인간의 방어본능이다.

프로이트는 인간의 마음 또는 성격이 원초아, 자아, 초자아라는 삼층 구조로 돼있다고 주장했다. 간단히 설명하자면 원초아는 생물학적이고 본능적인 요소를 지칭하는 본능에 충실한 자신이고, 자아는 초자아나 외부의 현실에 대한 제한을 상정해 원초아의 욕구를 실현하려는 현실적인 자신이며, 초자아는 양심과 자아이상이라는 과정에서 형성되는 사회규범 또는 기준이 내면화된 도덕적인 자신을 뜻한다. 이 3가지 요소는 항상 상호 갈등 관계, 긴장 관계를 가지며 역동적으로 변화한다. 즉 방어기제는 본능에 충실한 자신과 도덕적인 자신 사이에 일어나는 갈등에서 본능이 과도할 정도로 강력하게 표출될 때 현실적인 자아가 본능을 억제하는 것을 말한다.

안나 프로이트가 정리했던 방어기제보다 현재 다양한 방어기제를 찾아냈고 분류법에 대한 연구도 이뤄지고 있다. 방어기제에 대한 분류는 학자마다 다양하다. 여기서는 정신과 의사인 조지 베일런트^{George. E. Vaillant}의 방어기제 분류를 채택해서 설명하겠다. 베일런트는 방어기제를 성숙도에 따라 1단계 병리적 방어기제, 2단계 미성숙한 방어기제, 3단계 신경질적 방어기제, 4단계 성숙한 방어기제라는 4가지 단계로 구분했다(그림 3-19 참조). 단계나 낮을수록 성숙하지 못한 방어기제에 해당되고 단계가 높아질수록 보다 성숙한 방어기제라는 분류 체계를 정립했다.

- **1단계: 병리적 방어기제**   : 부정, 분리, 왜곡, 전환 등
- **2단계: 미성숙한 방어기제**   : 투사, 정신 분열적 환상, 행동화, 수동적인 공격성, 히포콘드리아시스, 신체화 등
- **3단계: 신경질적 방어기제**   : 합리화, 해리, 유리, 반동형성, 억압, 취소, 전위, 지성화, 퇴행 등
- **4단계: 성숙한 방어기제**   : 승화, 이타주의, 예측, 유머, 동일시, 억제, 수용, 용기, 존중 등

그림 3-19 성숙도에 따른 4가지 단계의 방어기제 분류

1) 1단계 병리적 방어기제

- **부정**^{Denial}: 외부에서 발생한 불쾌한 사건, 생각, 충동, 현실을 무의식적으로 부정함으로써 불안으로부터 강제로 해방되려는 회피형 방어기제^{Psychotic Defences}다. 가장 수준이 낮은 방어기제로 주로 어린 아이에게 나타나며 성인에게 나타날 경우 정신적인 병이 있는 경우가 많다.

- **분리**^{Splitting}: 흑백논리가 대표적인 예로, 전적으로 좋은 것과 전적으로 나쁜 것 2가지로 분리해 상황을 자신에게 유리하게 하려는 방어기제다. 유아기에 나타나며 성인에게 나타날 경우 신경증과 정신증의 경계에 해당하는 성격장애의 일종으로 볼 수 있다.
- **왜곡**^{Distortion}: 내부의 필요를 충족하기 위해서 외부의 현실을 왜곡해서 받아들이는 방어기제다.
- **전환**^{Conversion}: 내면에서 발생한 심리적 갈등이 마비, 경련, 청각 장애, 실명, 무감각과 같이 육체적인 증상으로 나타나는 방어기제다. 때때로 히스테리라고도 불린다.

2) 2단계 미성숙한 방어기제

- **투사**^{Projection}: 살인자 중 다른 누군가가 자신을 해치려고 해서 살인을 저지르게 됐다는 증언을 하는 것과 같이 자신이 저지른 용납할 수 없는 행동과 생각을 마치 다른 사람이 그러려고 했던 것처럼 전가하는 방어기제다. 자신의 내면에 있는 혐오, 질투, 편견, 분노, 신경과민 등을 환각, 망상, 착각을 통해 다른 사람에게 원인이 있다고 투사한다.
- **정신분열적 환상**^{Schizoid fantasy}: 내적 또는 외적 갈등을 해결하기 위해 환상 속으로 도망쳐 좌절된 욕망을 충족하려는 방어기제다.
- **행동화**^{Acting out}: 내면의 감정을 의식하지 않고 무의식적으로 직접적인 행동으로 표현하는 방어기제다. 주로 폭력적인 행동으로 발현된다.
- **수동적인 공격성**^{Passive aggression}: 눈에 띄지 않는 방법을 통해 간접적으로 상대에게 분노를 표출하는 방어기제다.
- **히포콘드리아시스**^{Hypochondriasis}: 자신이 심각한 질병에 걸렸다고 과도하게 걱정하는 방어기제다.
- **신체화**^{Somatization}: 학교 가기 싫어서 배가 아프다고 생각하면 실제 배가 아픈 것처럼 느끼는 것과 같이, 심리적 갈등이 신체의 감각기관에 실질적인 증상으로 나타나는 방어기제다.

3) 3단계 신경질적 방어기제

- **합리화**^{Rationalization}: 내면에 숨겨진 사회적으로 용납되기 힘든 욕구에 대해 합리적이고 이성적으로 보이도록 그럴듯하게 핑계를 대는 방어기제다. 합리화의 경우 의식적으로 이뤄지는 거짓말과 다르게 무의식적으로 이뤄져 실제 자신이 그렇게 믿는다는 특징이 있다.

- **해리 or 분열**^{Dissociation}: 정서적 고통을 피하기 위해서 개인의 정체성이나 성격을 일시적으로 또는 아예 분리해 회피하려 하는 방어기제다. 이중인격, 기억상실증, 몽유병 등이 해당된다.

- **유리 or 격리**^{Isolation}: 끔찍한 상황에 직면하거나 불안을 야기하는 기억에 대해, 잊어버리고 싶은 감정과 기억을 분리해 아픈 기억은 잊고 아무렇지 않은 주변적인 것만 의식화하는 방어기제다.

- **반동형성**^{Reaction formation}: 자신이 느끼는 감정이나 바라는 것과 정반대로 감정을 표출하고 행동하는 방어기제다.

- **억압**^{Repression}: 내면의 불안한 생각이나 충동에 대한 존재 자체를 무의식적으로 거부해 겉으로 드러내려 하지 않는 방어기제다.

- **취소 or 원상복귀**^{Undoing}: 내면의 욕망이나 충동으로 상대에게 피해를 준 것에 대해 죄책감을 잊고자 상대가 입은 피해를 합리적으로 설명해 마치 없었던 일처럼 되돌리려는 방어기제다.

- **전위 or 전치 or 치환**^{Displacement}: 위협적인 충동은 그대로 표출하지만 도덕적으로 문제가 되지 않을 만한 덜 위험한 대상 또는 행위로 바꿔 표출하는 방어기제다.

- **지성화**^{Intellectualization}: 충동에 대한 감정을 해소하지 못했을 때 이성적이고 지적으로 해석하고자 하는 방어기제다. 얼핏 보면 성숙된 방어기제처럼 보이나 문제가 되는 감정이 해소되지 않으므로 다른 방어기제로 변할 수 있다.

- **퇴행**^{Regression}: 강한 좌절, 불안, 스트레스가 발생했을 때 현재의 발달 단계보다 이전의 발달 단계로 후퇴해 마치 어린 아이처럼 행동하는 방어기제다.

4) 4단계 성숙한 방어기제

- **승화**^{Sublimation}: 사회적으로 용납되기 힘든 공격적이거나 성적인 충동을 사회적으로 받아들여질 수 있는 형태로 바꿔 활용하는 방어기제다. 가장 높은 수준의 방어기제기도 하며 인류 문명발달의 원동력이 될 정도로 가장 건전하고 적절한 것으로 평가받는다.

- **이타주의**^{Altruism}: 자신이 받고자 하는 욕구를 오히려 타인에게 베풀면서 대리만족을 느끼는 방어기제다.

- **예측**^{Anticipation}: 미래에 일어날 갈등을 예측해 현실적으로 계획을 수립해 대처하는 방어기제다.

- **유머**^{Humor}: 내면의 부정적이고 위협적인 충동을 농담으로 일부 해소하려 하는 방어기제다.

- **동일시**^{Identification}: 긍정적인 인물이건 부정적인 인물이건, 존경받거나 주목받는 인물의 행동, 사고, 주장, 태도를 닮아가는 방어기제다. 투사와 정반대의 방향을 가진다.

- **억제**^{Suppression}: 충동을 일시적으로 억제하고 이후 적합한 상황이 올 때까지 기다렸다가 해소하는 방어기제다. 억압과 다르게 의식적으로 이뤄진다.

- **수용**^{Acceptance}: 현재 이뤄진 상황을 인식하고 현실적으로 판단해 수긍하고 수용하는 방어기제다.

- **용기**^{Courage}: 갈등, 두려움, 고통, 위험, 불확실성, 절망, 장애물, 협박에 직면해서 이겨내려는 정신적 능력이나 의지로 발현되는 방어기제다. 도덕적 용기와 육체적 용기로 나뉜다.

- **존중**^{Respect}: 타인의 자질, 행동, 존재를 존중하고 배려해 충동을 해소하는 방어기제다.

5) 기타

- **자해**^{Turning against the self}: 공격적인 충동을 행하려는 대상이 자신에게 있어 소중한 경우 공격성을 대상이 아닌 자신에게 향해 스스로를 괴롭히고 화풀이하는

등 자해로 나타나는 방어기제다.

- **상환**^{Restitution}: 무의식적으로 죄책감을 지우기 위해 일부러 고생을 하거나 불쌍한 삶을 살아가려는 방어기제다.
- **보상**^{Compensation}: 자신이 가지고 있는 결함을 대신 다른 것으로 보상받기 위해 의도적으로 자신의 감정을 강조하는 방어기제다.

방어기제를 살펴볼 때 오해할 수 있거나 잘못 이해할 수 있는 특징이 몇 가지 존재한다.

첫째, 방어기제는 의지가 부족한 사람이나 쓰는 것이라고 오해하는 경우가 많다. 앞서 살펴봤듯이 방어기제는 낮은 성숙도에서 높은 성숙도로 나뉜다. 방어라는 용어에서 풍기는 수동적 이미지 때문에 자신은 마치 강한 사람이니 방어기제 따위를 쓸 필요가 없다고 생각한다면 큰 오산이다. 모든 인간은 방어기제를 사용해서 자아를 지킨다. 방어기제를 사용하지 못하면 자아가 없는 로봇과 별다른 차이가 없게 된다.

오히려 성숙한 인격일수록 상황에 맞게 다양한 방어기제를 활용해 문제를 부드럽게 해결한다. 2장의 '11. 자신만의 테마를 찾아보자'에서도 언급했지만 다양한 가면을 쓰고, 상황에 맞는 방어기제를 사용할 수 있는 사람일수록 성숙한 사람이다. 흔히 나이가 들면서 성격이 변했다고 하는데 이는 다른 방어기제까지 다양하게 활용하는 법을 익히고 동일한 방어기제라도 쓰는 강도를 조절할 수 있게 됐기에 다른 가면을 쓸 수 있게 된 것이다.

둘째, 성숙도가 낮은 방어기제는 제거해야 한다는 생각은 위험한 발상이다. 성숙도에 따라 방어기제가 나뉘어져 있고 장기적으로 보다 성숙한 방어기제를 사용하는 것이 좋은 것은 맞다. 하지만 자아가 붕괴될 정도로 충격적인 상황에 직면하게 됐을 때 빠르게 자아를 보호할 필요가 있다. 성숙한 방어기제가 작동하기 위해서는 많은 노력과 시간이 필요하므로 급박한 상황에 적합하지 않다. 빠르게 자아를 보호할 수 있는 성숙도 낮은 방어기제가 더 효율적일 수 있는 것이다.

소중한 사람을 잃게 됐을 때 인간에게 닥치게 되는 슬픔과 분노는 이루 말할 수 없을 만큼 크다. 이런 상황에서 처음부터 성숙한 방어기제를 기대하기란 여간해서 쉽지 않다. 예를 들어 우선 자아를 보호하기 위해 빠르게 부정을 선택한다. 이후 마음이 가라앉으면서 유리로 충동을 약화시키고 결국 수용하는 형태로 성숙한 방어기제로 바꿔 나간다. 정리하면 성숙도가 낮다고 해서 특정 방어기제를 제거하는 것이 목표가 아닌 더욱 성숙한 방어기제로 변할 수 있게 주변에서 도와줘야 한다.

셋째, 방어기제를 사용한다면 무조건 좋다는 점에도 주의가 필요하다. 인간은 모두 방어기제를 사용해서 자아를 보호한다. 그리고 방어기제를 잘 활용할수록 성숙한 인간이라고 했다. 하지만 방어기제에 지나치게 의존하면 병리적 증상으로 변한다는 점을 잊지 말아야 한다.

방어기제에 대해 이해가 됐다면 이제 캐릭터 설정에서 방어기제를 활용해보자. 단순히 '무엇을'이라는 것만 작성하면 구체적이지 않다. '왜' 그렇게 됐는지 방어기제를 통해서 설명해보자.

예를 들어 캐릭터를 하나 설정해보자. 역할은 동료 캐릭터 A, 성격은 용감한 수호자(ISFJ), 욕구는 애정과 소속의 욕구 중시라는 캐릭터에 활용할 방어기제는 전환, 유리, 반동형성, 승화라고 가정해보자. 동료 캐릭터 A는 어떤 상황에서 어떤 방어기제가 작동할까? 동료 캐릭터 A는 주변 사람이 위험한 일이 처한 상황을 보게 되면 몸이 굳으면서 패닉에 빠지는 전환 방어기제가 작동한다. 그리고 동료들과 즐겁게 이야기하는 집단을 보면 예전 일이 떠올라 무의식적으로 생각의 일부를 차단시키는 유리가 작동하고 집단 행동을 피하게 됐다. 최종적으로 성숙하지 못했던 방어기제를 극복하고 주인공과의 우정을 통해 승화에 도달한다.

이를 통해 캐릭터의 세부적 스토리라인을 작성해보자. 동료 캐릭터 A는 어려서 전쟁 중에 부모를 잃고 고아가 됐다. 고아원에서 생활하는 중 많은 친구를 사귀게 됐고 다시 활기를 되찾았으나 다시 고아원도 전쟁의 소용돌이에 휩싸이게 된다. 부모를 잃었을 때의 충격으로 병리적 방어기제인 전환으로 인해 몸이 말을 듣지 않아 친구들을 구하지 못하고 A를 제외한 고아원의 모든 사람은 살해당한다. 이에 자신의 무능함에 분노하게 된다. 이로 인해 신경질적 방어기제인 유리를 겪게 된다. 고아원에서 친구들과 즐겁게 지냈던 과거를 기억하는 것이 두려워, 이후 사람과 가까워지기를 꺼려했고 떠돌이 용병 생활을 하다가 주인공과 만나게 된다. 주인공과의 결투 이후 어쩔 수 없이 동료로 참여했지만 진심으로 주인공을 대하지 않았다. 하지만 주인공과 여행하는 도중 다른 동료 캐릭터 B의 죽음 앞에서 한동안 괜찮았었던 방어기제인 전환이 재발하면서 또 다시 아무것도 못하게 된다. 이를 계기로 방어기제인 유리에 의해 가둬 뒀던 고아원을 일까지 기억나면서 반동형성으로 동료들의 곁을 떠난다. 하지만 애정과 소속의 욕구가 강했던 동료 캐릭터 A는 고독을 버티지 못하고 돌아와 주인공의 도움으로 방어기제인 전환과 유리를 극복하고 승화로 거듭난다. 더욱더 애정과 소속의 욕구를 만족시키기 위해 그리고 동료를 지키기 위해 자신이 원하지 않는 일이나 위험한 일이라 할지라도 서슴없이 수행하게 된다. 그렇게 그는 용감한 수호자와 같은 성격을 지니게 됐다.

동료 캐릭터 A는 왜 용감한 수호자가 됐을까? 과거 충격으로 인해 생긴 방어기제인 전환과 유리를 극복하기 위해 오히려 헌신적인 역할을 자처하게 됐다고 설정할수 있다. 다양한 미디어에서 자주 등장할 정도로 매우 뻔해 보이는 이와 같은 동료 캐릭터 설정에도 방어기제를 통해서 캐릭터가 왜 그런 선택을 할 수밖에 없었는지, 왜 그렇게 됐는지 서술한다면 보다 설득력이 생긴다. 캐릭터마다 어떤 상황에 직면했을 때 어떤 방어기제를 사용하는가 세부적으로 설정한다면 각각의 캐릭터가 충돌할 때 어떤 대사를 할지, 어떤 행동을 하게 될지 자연스럽게 나온다. 캐릭터 설정에서 방어기제를 활용함으로써 보다 매력적인 캐릭터를 스스로 창조해보자.

39 인간의 보편적 감정

텍스트로 캐릭터를 설정하는 단계가 끝났다면 이제 캐릭터를 이미지화하는 작업이 필요하다. 게임 디자이너가 작성한 캐릭터 설정을 가지고 원화가와 함께 캐릭터의 기본 형태를 잡아간다. 기본적인 콘셉트 아트가 결정되면 캐릭터 설정에 맞는 다양한 표정, 자세, 의상, 액세서리 등을 이미지화한다.

게임 그래픽이 점차 발전하면서 2D이건 3D이건 캐릭터의 표정 변화는 캐릭터 이미지화에서 무엇보다 중요해지고 있다. 과거 캐릭터의 표정을 제대로 표현할 수 없었던 시절과 다르게 하루가 달리 캐릭터에 대한 묘사는 실사화돼가고 있다. 마치 현실과 가상 현실을 구분하기 힘든 시대가 머지않아 올 것처럼 말이다.

게임은 캐릭터의 표정 또는 썸네일^{Thumbnail} 등을 활용해서 플레이어와 교감 또는 상호 작용을 빈번하게 하는 형태로 발전하고 있다.

FPS인 〈둠〉에서 캐릭터의 간단한 표정을 UI에 추가시켜 보여준 것만으로도 플레이어는 캐릭터의 감정을 시각적으로 공감할 수 있게 된다. 스토리가 중시되는 어드벤처나 RPG에서 캐릭터의 세밀한 묘사는 플레이어의 몰입에 지대한 영향을 미치게 된다. 이 때 캐릭터의 표정은 게임 완성도나 평가에 직접적인 영향을 줄 정도다.

그림 3-20 출처: 둠

〈더 라스트 오브 어스 파트2^{The Last of Us PART II}〉 트레일러에 공개된 캐릭터 엘리의 표정은 마음 속에 얼마나 큰 분노를 품고 있는지 여실히 보여준다. 반면 〈매스이펙트 안드로메다^{Mass Effect: Andromeda}〉는 캐릭터의 표정이 어색해 게이머의 큰 지탄을 받고 판매량에 심각한 타격을 입는 사태까지 초래했다. 게임 자체가 실패한 원인은 여러 가지 있겠지만, 아버지의 희생으로 혼자 살아남은 주인공이 깨어날 때, 아버지의 죽음을 전해듣는 상황에서 주인공의 표정은 슬픔이 느껴지기는커녕 마치 웃는 듯한 모습으로 플레이어의 몰입을 송두리째 깨어버렸다. 얼굴 표정에 대한 기본적인 이해 없이 캐릭터가 이미지화된다면 어떤 결과를 초래하는지 잘 보여주는 사례다.

그림 3-21 출처: 더 라스트 오브 어스 파트2 트레일러

그림 3-22 출처: 매스이펙트 안드로메다(아버지의 죽음을 전해 들었을 때 주인공의 표정)

왜 캐릭터의 얼굴 표정이 중요해지고 있을까? 얼굴 표정은 인간의 감정을 표현하는 하나의 통로다. 인간은 태어나서 엄마의 표정을 보며 감정을 인지하고, 학습하는 과정을 통해 시각 체계를 구축한다. 따라서 얼굴에 드러난 표정은 의사소통에서 매우 중요한 역할을 한다. 인간의 감정 변화는 학습에 의한 것이 아닌 본능에 의한 것으로 무의식적으로 일어나기에 아주 짧은 시간에 변하게 된다. 반면 감정이 표정으

로 드러날 때는 더 오랜 시간 남아있기에 얼굴 표정을 통해서 감정을 추측할 수 있게 된다. 다만 감정과 다르게 표정은 숨기거나 거짓으로 만들어 낼 수도 있다는 점을 주의해야 한다.

인간의 얼굴은 43개의 근육으로 이뤄져 있으며 2개의 근육만으로 300가지, 5가지 근육으로 1만 가지 등 총 10만 가지 이상의 표정을 만들어낼 수 있다. 다만 진짜 미소를 지을 때와 만들어진 가짜 미소를 지을 때는 활성화되는 근육이 다르며, 진정한 미소를 지을 때만 눈과 입 주위 등의 불수의 근[Involuntary muscle 8]이 움직인다. 불수의 근의 움직임 여부에 따라 진실한 표정인지 아닌지를 알 수 있다(그림 3-23 참조).

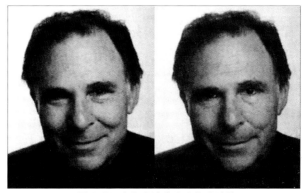

그림 3-23 진짜 미소(좌) / 가짜 미소(우)
(출처: 『얼굴의 심리학』(바다출판사, 2006))

정신 분석가이자 범죄 심리학 분야의 석학인 폴 에크만[Paul Ekman]은 문화권에 따라 감정을 표현하는 방식이 다르지만 전 세계 공통적으로 인간이 보편적으로 가지는 감정이 있다고 했다. 감정은 얼굴 표정을 통해 드러나며 기쁨, 슬픔, 놀라움, 두려움, 분노, 혐오, 경멸이라는 7가지로 나눌 수 있다고 했다.

얼굴 표정은 0.5~4초 사이에 변하는 Macro-Expression과 0.2~0.3초 사이에 변하는 Micro-Expression으로 나뉜다. 순간적으로 변하는 감각적 표정인 미세 표정[Micro Expressions]은 의도적으로 만들 수 없으며 이를 통해 인간이 느끼는 진짜 감정을 확인할 수 있다고 했다. 7가지 보편적인 감정을 통해 보여지는 미세표정을 정리하면 다음과 같다.

---

8   인간의 의지대로 의도적으로 움직일 수 없는 자율신경계에 속한 근육이다.

인간의 7가지 보편적 감정

❶ 기쁨(Happiness) ❷ 슬픔(Sadness)

❸ 놀라움(Surprise) ❹ 두려움(Fear)

❺ 분노(Anger) ❻ 혐오(Disgust)

❼ 경멸(Contempt)

❶ 기쁨

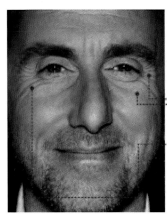

항상 진짜 웃음을 띠게 된다.
① 눈가의 잔주름이 생긴다.
② 뺨이 올라간다.
③ 눈을 중심으로 궤도를 돌듯이 근육의 움직임이 발생한다.

그림 3-24 인간의 7가지 보편적 감정: 기쁨(출처: 『얼굴의 심리학』(바다출판사, 2006))

- 눈을 얇게 뜨게 된다.
- 눈가와 눈 밑에 주름이 생긴다.
- 눈썹 바깥쪽 끝이 내려간다.
- 입 가장자리가 위로 올라간다.
- 입술이 살짝 벌어져 윗니가 보일 수도 있다.
- 두 뺨이 살짝 올라간다.

❷ 슬픔

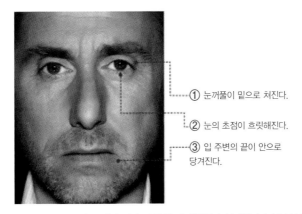

그림 3-25 인간의 7가지 보편적 감정: 슬픔(출처: 『얼굴의 심리학』(바다출판사, 2006))

주석:
① 눈꺼풀이 밑으로 쳐진다.
② 눈의 초점이 흐릿해진다.
③ 입 주변의 끝이 안으로 당겨진다.

- 눈의 초점이 흐릿해진다.
- 눈꺼풀이 밑으로 쳐진다.
- 입 주변의 끝이 살짝 안으로 당겨진다.
- 이마에 수평으로 주름이 생긴다.

❸ 놀라움

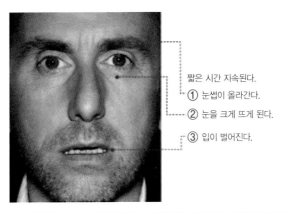

그림 3-26 인간의 7가지 보편적 감정: 놀라움(출처: 『얼굴의 심리학』(바다출판사, 2006))

주석:
짧은 시간 지속된다.
① 눈썹이 올라간다.
② 눈을 크게 뜨게 된다.
③ 입이 벌어진다.

- 눈을 크게 뜨게 되면서 흰자가 보이기도 한다.
- 양쪽 눈썹이 구부러지면서 올라간다.

- 눈꺼풀 위는 올라가고 눈꺼풀 아래는 동그란 상태 그대로 있다.
- 턱이 내려가면서 입이 벌어진다.

❹ 두려움

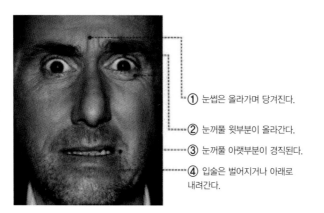

① 눈썹은 올라가며 당겨진다.

② 눈꺼풀 윗부분이 올라간다.

③ 눈꺼풀 아랫부분이 경직된다.

④ 입술은 벌어지거나 아래로 내려간다.

그림 3-27 인간의 7가지 보편적 감정: 두려움(출처: 『얼굴의 심리학』(바다출판사, 2006))

- 눈썹이 찡그려지며 올라간다.
- 눈꺼풀 위는 올라가고 눈꺼풀 아래는 뻣뻣한 긴장한 상태가 된다.
- 입술이 귀 쪽 방향으로 당겨진다.
- 입술은 벌어지거나 아래로 내려간다.
- 미간이 가운데로 당겨진다.

❺ 분노

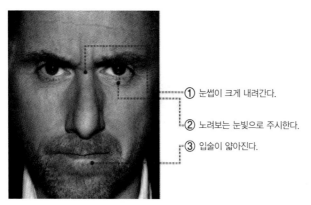

① 눈썹이 크게 내려간다.

② 노려보는 눈빛으로 주시한다.

③ 입술이 얇아진다.

그림 3-28 인간의 7가지 보편적 감정: 분노(출처: 『얼굴의 심리학』(바다출판사, 2006))

- 노려보는 눈빛으로 대상을 강력하게 주시한다.
- 눈썹이 크게 내려간다.
- 눈썹 사이에 주름이 생긴다.
- 입술이 얇아지며 경직된다.
- 입이 네모 모양으로 벌어진다.
- 콧구멍을 벌렁거리게 된다.

❻ 혐오

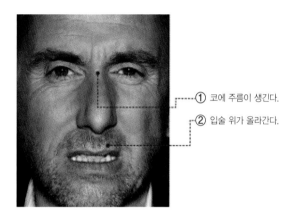

그림 3-29 인간의 7가지 보편적 감정: 혐오(출처: 『얼굴의 심리학』(바다출판사, 2006))

위 그림의 주석:
① 코에 주름이 생긴다.
② 입술 위가 올라간다.

- 눈썹이 내려간다.
- 눈꺼풀 아래가 경직된다.
- 입을 살짝 벌리고 입술 위가 올라간다.
- 입을 오므리게 된다.
- 코에 주름이 생기며 찡그린다.

❼ 경멸

① 한쪽 입술 끝이 당겨지며 위로 올라간다.

그림 3-30 인간의 7가지 보편적 감정: 경멸(출처: 『얼굴의 심리학』(바다출판사, 2006))

- 한쪽 입술 끝이 당겨지며 위로 올라간다.
- 입을 굳게 다문다.

캐릭터 설정은 캐릭터 원화가 완성돼야 비로소 끝난다. 캐릭터 원화가가 캐릭터를 이미지화하는데 지금까지의 세밀한 캐릭터 설정이 필요한 것이다. 만약 그렇지 못했다면 게임 디자이너와 원화가 사이의 커뮤니케이션 비용이 급격히 증가하고 만족할 만한 결과를 얻지 못하게 된다. 따라서 원화가가 캐릭터에 대한 구체적인 모습을 상상할 수 있도록 가능한 한 상세한 설정이 돼 있어야 게임 디자이너가 바라는 모습대로 캐릭터가 이미지화될 가능성이 높아진다.

캐릭터 이미지를 대표하는 콘셉트 아트가 결정되면 해당 캐릭터의 표정을 인간의 7가지 보편적 감정에 맞춰 준비하는 것이 좋다. 여유가 된다면 2D 원화에서부터 그리는 것도 좋고, 아니라면 3D 모델링을 완성한 이후에 모핑^{Morphing}으로 작업하는 것도 좋다. 중요한 점은 스토리가 진행되면서 연출을 통해 캐릭터의 표정이 묘사되거나 UI상에서 캐릭터의 표정을 통해 플레이어와 상호 작용할 경우 이 표정들이 매우 유용하게 사용될 수 있다는 것이다. 이 표정만으로 인간이 지을 수 있는 상당수 표정을 압축해서 표현할 수 있다.

각각의 보편적 감정에서 드러나는 표정이 어떤 특징을 가지고 있는지 알고 캐릭터의 표정을 그려낸다면 캐릭터가 보다 인간처럼 느껴질 것이고 캐릭터의 감정이 플

356

레이어에게 효과적으로 전달될 것이다. 이 시점에서 위에서 소개했던 〈더 라스트 오브 어스 파트2〉와 〈매스이펙트 안드로메다〉를 다시 한 번 살펴보자. 〈더 라스트 오브 어스 파트2〉의 엘리가 보여주는 분노의 감정은 인간의 보편적 감정인 분노가 표출될 때 나타나는 표정의 특징이 잘 표현돼 있다. 그렇기 때문에 플레이어는 엘리의 분노에 공감하게 되고, 엘리가 분노하는 대상에 대해 플레이어조차 분노의 감정을 표출할 마음의 준비를 하게 된다. 즉 플레이어는 이미 게임 속으로 빨려들어가듯이 몰입됐다는 의미가 된다.

반면 〈매스이펙트 안드로메다〉의 주인공 중 특히 여성 주인공 캐릭터인 새라 라이더를 선택했을 경우 상황과 전혀 맞지 않는 표정을 짓는다. 상황과 대사는 슬픈 내용임에도 캐릭터의 표정에서는 전혀 슬픔이 느껴지지 않고 놀라야 하는 장면에서 놀라움이 느껴지지 않는다. 플레이어는 이 캐릭터의 표정에서 일반적인 인간의 모습이 아닌 이질적인 모습을 보게 된다. 플레이어에게 캐릭터가 느끼는 감정이 제대로 전달되지 않을 경우 몰입이 깨지는 것은 물론 캐릭터가 인간이 아니라는 생각에 불쾌함이나 거부감마저 들게 된다. 캐릭터에 불쾌함을 느끼는 이유에 대해서는 3장의 '68. 그래픽: 언캐니 밸리'에서 자세히 다루겠다.

인간의 보편적 감정 이론을 게임에 직접 적용한 예로는 〈L.A. 느와르^{L.A. Noire}〉가 있다. 1947년 L.A.를 배경으로 한 수사물로 플레이어는 주인공인 형사가 돼 범행 장소를 탐문하고 목격자나 범인에게 진술을 얻어내야 한다. 이 게임에 등장하는 각 캐릭터의 얼굴 표정 묘사는 굉장히 뛰어나다고 평가받는다. Macro-Expression뿐만 아니라 Micro-Expression에 대한 묘사까지 세밀하게 돼 있으며 불수의 근에 대한 미묘한 표정 차이도 그려내고 있어 플레이어는 캐릭터가 진실을 말하는지 거짓말을 하는 것인지 무슨 감정을 느끼고 있는지 무의식적으로 느낄 수 있다.

이 게임이 뛰어난 얼굴 표정을 묘사할 수 있었던 이유는 오랜 시간 연구해 체계화돼 있는 이론을 기반으로 만들어졌기 때문이다. 아무리 경험이 많고 감이 좋은 게임 디자이너라고 할지라도 다양한 분야에 정통할 수는 없다. 전문적인 지식이 필요한 분야에서는 전문가의 힘을 빌려서라도 정교하게 게임 디자인을 하는 것이 게임 디자이너의 역할이자 책무가 아닐까?

그림 3-31 출처: L.A. 느와르(세밀한 얼굴 표정 묘사)

40 게임 캐릭터 설정 체크 리스트

지금까지 언급하고 공부해왔던 캐릭터 설정 항목 분류를 보기 편한 카테고리로 재배치하면 표 3-3과 같다. 총 7개의 대분류 카테고리로 묶었다.

첫째, 각 항목 중 이론이나 개념을 통해 설명한 경우 바로 참조할 수 있도록 정리했다. 다만, 반드시 소개한 이론이나 개념을 사용해야 한다는 의미는 아니다. 다른 이론을 활용하는 것도 좋고, 이론적인 배경에 구애되지 않고 자유롭게 작성해도 무관하다. 이렇게 정리한 건 캐릭터 설정을 어떻게 해야 하는지 감을 잡지 못하는 사람들에게 가이드라인을 주기 위함이다.

둘째, 반드시 모든 항목을 작성할 필요는 없다. 게임에 맞게 필요한 항목을 선택해서 작성하면 된다. 또한 캐릭터마다 작성하는 항목을 달리해도 무방하다. 스토리상 중요한 메인, 동료&연인, 적대 캐릭터는 많은 시간과 노력을 들여 세부적인 부분까지 설정할 필요가 있지만, 비중이 얼마 없는 캐릭터는 특징을 나타낼 수 있는 일부 항목만으로도 충분하다.

셋째, 항목마다 단답식으로 작성해도 좋고, 문장으로 작성해도 무방하다. 다른 개발자가 이해할 수 있도록 여러 단어를 활용하거나 예시를 들어도 된다. 다만 단순히 해당 항목의 결과만 작성하기보다, 가능한 한 그런 결과가 생긴 사유까지 작성하는 편이 좋다. 대부분의 현상은 원인과 결과 간의 관계가 이해돼야 설득력이 높아진다.

넷째, 캐릭터 설정 체크 리스트를 통해 캐릭터의 전반적인 특성이 잡히면 원화 그래픽 디자이너에게 자료를 제공해 캐릭터 콘셉트 아트를 그릴 수 있도록 요청하게 된다. 충분한 의사소통과 피드백을 통해 게임 디자이너가 바라던 콘셉트 아트가 완료되면 그림 파일을 첨부해 문서를 시각화한다.

표 3-3 게임 캐릭터 설정 체크 리스트

게임 캐릭터 분류		
플레이 가능 여부		1) 플레이어 캐릭터(PC) 2) NPC
기능적 역할		1) 메인 캐릭터 2) 동료&연인 캐릭터 3) 보조 캐릭터 4) 적대 캐릭터 5) 몬스터
기능적 역할의 변화		역할 변화의 과정&조건&시기 등
스토리상 역할	행동영역	1) 영웅 2) 적대자 3) 공주 4) 증여자 5) 원조자 6) 파견자 7) 가짜 영웅 (옵션: 이렇게 된 사유)

		1) 영웅 2) 상위 자아 3) 조언자 4) 협력자 5) 사자 6) 어둠의 세력 7) 속임수꾼 8) 관문 수호자 9) 형태 변이 <div align="right">(옵션: 이렇게 된 사유)</div>
스토리상 역할	원형	
	역할	1) 게임 시스템에 직결되는 역할(주인공, 공략대상, 시스템 캐릭터) 2) 주인공과 대립하는 역할(적 캐릭터, 관문 캐릭터, 라이벌 캐릭터) 3) 주인공을 도와주는 역할(파트너 캐릭터, 동료 캐릭터, 가족 캐릭터) 4) 스토리에 변화를 주는 역할(계기 캐릭터, 도우미 캐릭터, 배신자 캐릭터, 현자 캐릭터) 5) 스토리를 보강하는 역할(한숨 돌림 캐릭터, 간섭 캐릭터, 동물 캐릭터, 기타 캐릭터) <div align="right">(옵션: 이렇게 된 사유)</div>
캐릭터 기본 항목		
명칭	이름	
	별명	<div align="right">(옵션: 이렇게 된 사유)</div>
	애칭	<div align="right">(옵션: 이렇게 된 사유)</div>
나이		
생년월일		
별자리		
성별		
혈액형		
인종		
종족		
캐릭터 외형 항목		
신장		

몸무게	
피부색	
눈 색	
머리 색	
용모, 생김새	
체형	
목소리	
머리모양	(옵션: 이렇게 된 사유)
자주 입는 복장, 스타일	(옵션: 이렇게 된 사유)
콘셉트 아트	(캐릭터 외형을 대표할 수 있는 콘셉트 아트 파일 첨부)
캐릭터 방향성 항목	
주된 욕구	1) 생리적 욕구 2) 안전 욕구 3) 애정과 소속 욕구 4) 존중 욕구 5) 자아실현 욕구 　　　　　　　　　(옵션: 이렇게 된 사유)
갈등	1) 내면적 갈등: 내적 갈등 2) 상대적 갈등: 개인과 개인의 외적 갈등 3) 사회적 갈등: 개인과 사회의 외적 갈등 4) 상황적 갈등: 개인과 자연의 외적 갈등 5) 절대적 갈등: 개인과 운명의 외적 갈등 　　　　　　　　　(옵션: 이렇게 된 사유)
목표, 꿈	자유롭게 서술　　　　(옵션: 이렇게 된 사유)
캐릭터 사회&문화적 항목	
국적	
출신지	
거주지, 주소	(옵션: 이렇게 된 사유)
사용 가능 언어	(옵션: 이렇게 된 사유)
사회적 지위	(옵션: 이렇게 된 사유)

직업	(옵션: 이렇게 된 사유)
학력	(옵션: 이렇게 된 사유)
캐릭터 개인적 항목	
성격	1) 경험에 대한 개방성(Openness to experience) 2) 성실성(Conscientiousness) 3) 외향성(Extraversion) 4) 원만성(Agreeableness) 5) 신경증(Neuroticism)
	MBTI 16가지 성격 유형
	1) Z형(조울형) 2) S형(분석형) 3) E형(집착형) 4) H형(히스테리적 성격) 5) N형(민감형) 6) F형(편집증적 성격)
	기본 유형과 차별점이 있으면 자유롭게 서술(내적 요소, 외적 요소로 구분) (옵션: 이렇게 된 사유)
성격의 변화	성격 변화의 과정&조건&시기 등
가치관	(옵션: 이렇게 된 사유)
습관	(옵션: 이렇게 된 사유)
버릇	(옵션: 이렇게 된 사유)
지적 능력	(옵션: 이렇게 된 사유)
건강 정도	(옵션: 이렇게 된 사유)
장점	(옵션: 이렇게 된 사유)
단점	(옵션: 이렇게 된 사유)
강점	(옵션: 이렇게 된 사유)
약점	(옵션: 이렇게 된 사유)
특기	(옵션: 이렇게 된 사유)
취미	(옵션: 이렇게 된 사유)

좋아하는 것	(사람, 음식, 언어 표현, 음악, 색 등) (옵션: 이렇게 된 사유)
싫어하는 것	(사람, 음식, 언어 표현, 음악, 색 등) (옵션: 이렇게 된 사유)
캐릭터 관계 항목	
가족 관계(친밀도)	(옵션: 이렇게 된 사유)
친구 관계(친밀도)	(옵션: 이렇게 된 사유)
연인 관계(애정도)	(옵션: 이렇게 된 사유)
협력, 동조 관계	(옵션: 이렇게 된 사유)
적대 관계	(옵션: 이렇게 된 사유)
캐릭터 관계도	(본 캐릭터를 중심으로 한 핵심 관계도 파일 첨부)

　　다른 항목의 경우 캐릭터 하나만을 두고 깊이 생각하면 된다. 하지만 '캐릭터 관계 항목'은 게임에 등장하는 모든 캐릭터를 고려해 전체적인 그림을 그릴 수 있어야 한다. 처음부터 전체적인 캐릭터 관계도를 그릴 수는 없다. 중요한 역할을 맡은 캐릭터 간의 관계 항목을 설정해가면서 다음과 같은 캐릭터 관계도를 디자인해 문서에 첨부한다. 캐릭터 관계도를 그리는 방법에 정답은 없다. 캐릭터 간의 관계를 가장 잘 설명해줄 수 있는 형태면 충분하다. 다음의 예를 참고하자(그림 3-32, 그림 3-33 참조).

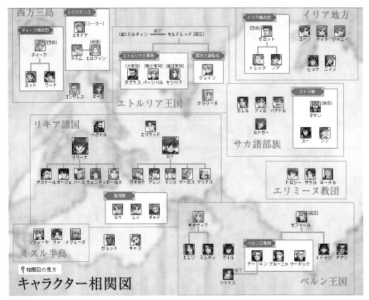

그림 3-32 파이어 엠블렘 봉인의 검 캐릭터 관계도

(출처: https://www.nintendo.co.jp/fe/fe_museum/huin/chart/chart.html)

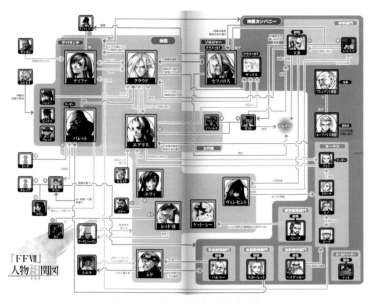

그림 3-33 파이널 판타지7 캐릭터 관계도

(출처: https://namu.wiki/w/%ED%8C%8C%EC%9D%B4%EB%84%90%20
%ED%8C%90%ED%83%80%EC%A7%80%207/%EB%93%B1%EC%9E%A5%EC%9D%B8%EB%AC%BC)

참고문헌

- 가와베 가즈토 저, 김태완 역, 『Welcome to 게임 시나리오』, 시나리오친구들, 1999.
- 「게임 산업 2016 게임이용자 실태조사 보고서」, 한국콘텐츠진흥원, 2016.
- 김경숙, 「블라디미르 프롭의 민담의 형태론을 통해 본 해리포터와 죽음의 성물의 구조 분석」, 단국대학교 교육대학원 석사학위 논문, 2011.
- 김정남, 김웅남, 김정현, 『게임의 운명을 결정하는 기획과 시나리오』, e비즈북스, 2013.
- 남기덕, 윤형섭, 「미국과 일본 게임의 플레이어 캐릭터 나이와 성별 비교 분석」, 한국게임학회 논문지, Vol.17 No.4, 2017.
- 「대한민국 게임 백서 2013」, 한국콘텐츠진흥원, 2013.
- 「대한민국 게임 백서 2016」, 한국콘텐츠진흥원, 2016.
- 「대한민국 게임 백서 2017」, 한국콘텐츠진흥원, 2017.
- 린다 시거 저, 윤태현 역, 「시나리오 거듭나기」, 시나리오친구들, 2001.
- 블라디미르 프롭 저, 안상훈 역, 『민담의 형태론』, 박문사, 2009.
- 사사키 토모히로 저, 방수진 역, 『기초부터 배우는 게임 시나리오』, 비즈앤비즈, 2007.
- 앤드류 롤링스, 어니스트 아담스 저, 송기범 역, 『게임 기획 개론』, 제우미디어, 2009.
- 웬디 디스페인 저, 김정태, 오석희, 윤형섭, 한동숭, 한호성 역, 『게임 디자인 원리: 반드시 알아야 하는 게임 디자인 비법 100가지』, 에이콘, 2014.
- 이재홍, 『게임 기획과 게임 시나리오의 ABC 게임 스토리텔링』, 생각의 나무, 2011.
- 정한숙, 『현대소설작법』, 장락, 1994.
- 제시셀 저, 한동숭, 윤형섭, 한호성, 김정태 역, 『The Art of Game Design 2 2nd Edition: A Book of Lens』, 홍릉과학출판사, 2016.
- 크리스토퍼 보글러 저, 함춘성 역, 『신화, 영웅 그리고 시나리오 쓰기』, 비즈앤비즈, 2013.
- 토리우미 진조 저, 조미라, 고재운 역, 『애니메이션 시나리오 작법』, 모색, 1999.
- 폴 에크만 저, 이민아 역, 『얼굴의 심리학』, 바다출판사, 2006.
- 폴 에크만 저, 함규정 역, 『얼굴 표정 읽는 기술』, 청림출판, 2014.
- 허먼 멜빌 저, 김석희 역, 『모비딕』, 작가정신, Chapter 104, 2010.
- Freud, A., 「The Ego and the mechanisms of defense」, London: Hogarth Press and Institute of Psycho-Analysis, 1937.
- Myers, I. B.&McCaulley, M. H., 「Manual: A guide to the development and use of the Myers-Briggs Type Indicator」, Palo Alto, CA: Consulting Psychologists Press, 1985.
- 16Personalities 검사
  https://www.16personalities.com/ko

- 「파이널 판타지 7/등장인물」, 나무위키

  https://namu.wiki/w/%ED%8C%8C%EC%9D%B4%EB%84%90%20
  %ED%8C%90%ED%83%80%EC%A7%80%207/%EB%93%B1%EC%9E%A5%EC%9D%
  B8%EB%AC%BC

- 「A Theory of Human Motivation」

  http://emotionalliteracyeducation.com/abraham-maslow-theory-human-
  motivation.shtml

- 「Age breakdown of video game players in the United States in 2018」, statista, 2018.

  https://www.statista.com/statistics/189582/age-of-us-video-game-players-
  since-2010/

- 「ゲーマーの平均年齢は２０代後半？調べてみた」, 平均王子.

  http://www.ara-hei.com/life/255.html

- 「大規模アンケート集計から見る日本のゲーマー像（その１）：4Gamerは西に弱い？」,
  4Gamer.

  http://www.4gamer.net/games/999/G999905/20161214045/

- 「ファイアーエムブレム 封印の剣 キャラクター相関図」

  https://www.nintendo.co.jp/fe/fe_museum/huin/chart/chart.htm

2
스토리

게임 디자이너가 말하고자 하는 메시지인 테마를 플레이어에게 전달하는 것이 캐릭터의 역할이라고 했다. 그리고 캐릭터 간 관계를 통해 스토리가 만들어진다. 스토리는 '인물(캐릭터)', '배경(세계관)', '사건'이라는 3가지 요소로 나눠 작성하기 시작한다. 즉 세밀한 캐릭터와 세계관 설정을 통해서 사건을 만들어 가는 것이 스토리가 된다.

전체적인 흐름을 간단히 정리하면 '테마 → 캐릭터(인물) → 세계관(배경) → 스토리(인물, 배경, 사건)'로 이어진다. 다만 주의할 점이 있다. 전체적인 흐름을 따라간다고 할지라도 하나의 단계를 완전히 끝내고 다음 단계로 넘어가는 것이 아니다. 처음부터 완벽한 캐릭터, 세계관, 스토리를 만들 수는 없다. 끊임없이 앞뒤로 단계를 오가면서 점진적으로 모든 단계의 완성도를 끌어올리는 과정이야 말로 게임 시나리오 제작 과정이라 할 수 있다. 세계관 설정은 게임마다 너무 다르기 때문에 이 책에서는 논외로 하고 스토리 쪽에 집중한다.

큰 규모의 프로젝트일수록 게임 디자인은 세분화돼 이뤄진다. 각 분야별로 요구되는 스킬에 차이가 있기에 게임 디자인 내에서도 경험해보지 않은 분야를 새롭게 맡는 건 쉬운 일이 아니다. 하지만 경험이 충분히 쌓인 게임 디자이너라면 노력을 통해 게임 디자인의 대부분 과정에 도전하고 성과를 낼 수 있다.

하지만 스토리만은 예외적이라고 볼 수 있다. 스토리를 쓸 수 있는 능력은 결코 단기간에 만들어지지 않는다. 일반적인 게임 디자이너에게 요구되는 능력과 전혀 다른 별도의 능력이 요구되기 때문이다. 아무리 경력이 많은 게임 디자이너라 할지라도 어렸을 때부터 기초적인 글쓰기부터 시작해 구체적인 스토리를 작성하는 훈련과 연습을 꾸준히 하지 않았다면 무리가 따른다.

그렇기 때문에 미국과 일본에서는 게임의 스토리를 매력적이고 수준 높게 만들기 위해 다른 미디어의 작가, 각본가, 감독 등을 영입하기도 한다. 또한 일반적인 게임 디자이너와 별도로 게임 스토리를 작성할 수 있는 인력을 전문적으로 육성하고 있다. 특히 일본에서는 〈드래곤 퀘스트〉로부터 시작해 상당히 이른 시기에 게임 시나리오 라이터의 필요성이 부각됐다. 덕분에 상대적으로 게임 시나리오 작성에 대한 많은 연구와 교육이 이뤄질 수 있었다. 게임 디자이너에게 글쓰기를 가르치는 것보다 스토리를 쓸 수 있는 사람에게 게임 디자인을 가르치는 것이 효과적인 면에서나 효율적인 면에서 압도적으로 유리하다는 것을 이미 경험을 통해 터득했다고 볼 수 있다.

반면 한국 게임 업계에서 회사에 정식으로 소속돼 있으면서 게임 시나리오를 쓰는 인력은 상대적으로 소수에 불과하다. 책으로 출판할 수 있을 정도로 제대로 된 방대한 스토리를 작성해본 경험이 있는 인력은 거의 없다고 봐도 무방할 정도로 극소수일 것이다. 그러다 보니 스토리가 중시되는 장르는 애초에 계획조차 하기 어려운 지경이 돼버렸다. 시나리오 작성 능력이 있는 사람이 게임을 배워 게임 디자이너가 된 것이 아니라, 게임 디자이너 중 스토리 작성에 흥미를 보이는 일부가 시나리오 라이터의 역할을 대체하고 있는 것이 현실이다.

한국 게임 시장에 출시되는 대부분 온라인, 모바일 게임이 특정 몇 개 장르에 편중되는 데에는 개발사의 스토리에 대한 투자 의지가 없는 것도 빠질 수 없는 원인 중 하나가 될 것이다. 다채로운 게임이 출시돼야 더 많은 게이머가 게임을 즐기게 되고 게임 시장이 활성화되기 마련이다. 해외 게임 시장에서는 스토리를 중시한 게임의 비중은 결코 무시하지 못할 정도로 크다. 게임에서 스토리가 가진 장점을 모두 버리고 스토리를 포기한 상태가 지속된다면 한국 게임 시장은 점차 제한된 몇 가지 장르에 편중되고 결국 글로벌 시장에서도 고립될 뿐이다.

현재 글로벌 게임 시장에서는 특히 비디오 게임을 중심으로 많은 게임이 스토리를 보다 중시하는 형태로 발전하고 있다. e스포츠에 적합한 멀티전용 게임은 한번 궤도에 오르면 크게 성공하긴 하나 경쟁이 심한 만큼 출시되고 성공하는 게임 수가 많지 않다. 사람이 많이 모일수록 이점이 많기 때문에 대부분의 게이머는 몇몇 인기 있는 게임에 과도하게 집중되는 현상을 보인다. 이러한 현상은 개발사에 멀티전용 게임 개발의 진입 장벽을 높였고, 성공하는 극소수 게임만 성공한다는 형태로 자리 잡았다.

영화와 같은 연출을 선사하는 게임, 소설을 원작으로 한 깊은 스토리가 매력적인 게임 등 게임도 다른 서사 중심의 미디어에 못지않게 스토리가 발전하고 있다. 앞으로는 게임 플레이 경험이 많으면서도 게임에 적합한 스토리를 작성할 수 있는 게임 시나리오 라이터의 육성 여부가 게임 시장의 성공 여부를 결정하게 될 시대가 찾아올지도 모른다.

게임 스토리가 영화의 스토리와 같다고 볼 수 있을까? '보는' 미디어인 소설, 영화, 드라마와 '하는' 미디어인 게임에서 스토리를 동일하게 취급하기엔 무리가 따른다. 작가에 의해 만들어져 일방적으로 제공되는 기존 서사 중심 미디어의 스토리와 다르게 게임에서는 플레이어가 게임과 상호 작용하며 스토리에 직간접적으로 관여하기 때문이다. 그렇기 때문에 게임이라는 미디어를 경험해본적 없는 사람은 게임의 스토리를 작성하는 데 명확한 한계가 따른다.

소설, 영화, 드라마에서 스토리는 작품의 핵심 줄기일 뿐 아니라 작품 전체라고 봐도 무방할 정도로 압도적인 비중을 차지한다. 스토리가 전혀 없는 소설, 영화, 드라마가 대중에게 사랑받을 수 있을까? 스토리는 선택이 아닌 필수다. 소설, 영화, 드라마는 애초부터 스토리를 전달하기 위한 목적을 가지고 태어난 미디어다. 이들 미디어의 주된 목적은 스토리 전달이고 부가적으로 재미가 있다면 더 좋은 것이라고 볼 수 있다.

반면 게임에서 스토리는 필수가 아니다. 게임은 놀이에서 발전된 형태이기에 재미를 전달하기 위한 목적을 가지고 태어난 미디어다. 재미라는 목적 달성을 위해서, 필요하다면 스토리를 포함할 수도 있고 아니라면 얼마든지 제외할 수도 있다. 게임의 주된 목적은 재미를 제공하는 것이고, 부가적으로 스토리가 있다면 게임에 대한 이해가 쉬워지고 콘텐츠가 풍부해지며 플레이어의 몰입에 도움이 된다. 다시 말해서 게임의 스토리는 게임을 구성하는 수많은 요소 중 하나에 해당된다.

〈테트리스〉처럼 스토리가 없는 게임도 있고, 〈슈퍼 마리오 브라더스^{Super Mario bros.}〉나 〈마계촌^{魔界村}〉처럼 스토리는 있으나 큰 비중을 차지하지 않는 게임도 있으며, 〈플레인스케이프 토먼트〉나 〈위처3 와일드 헌트〉처럼 스토리가 게임의 핵심이 되는 게임도 있으며, 마치 소설에 선택지를 고를 수 있는 기능이 추가된 형태인 텍스트 어드 벤처나 비주얼 노벨^{Visual Novel}이라는 장르마저 존재한다. 스토리가 있다면 여러 장점이 있다고 해서 〈캔디크러쉬사가〉와 같은 퍼즐게임이나 〈심시티〉와 같은 시뮬레이션 게임 등에 무리하게 스토리를 넣을 필요는 없다.

스토리 비중이 적은 게임에서 스토리의 중요도는 높지 않다. 스토리가 단순하고 조금 엉성하게 만들어진다고 해도 큰 문제가 되지 않는다. 하지만 스토리가 중시되는 장르에서 스토리는 핵심적인 구성요소가 되며 심지어 게임 디자인의 성패를 결정하는 중요한 열쇠가 되기도 한다.

게임 스토리는 시간적 흐름을 따라가는 고전적인 서사 구조와 다르게 '분절'돼 있는 경우가 많다. 넓게 보면 스토리가 지속적으로 진행 중이지만 보편적으로 게임 내에서 플레이어가 상호 작용하며 플레이하는 부분이 중간중간에 들어가게 되고, 특정 조건이 달성돼야 다시 스토리가 진행되는 형태를 가진다. 퀘스트나 이벤트 등의 형태로 스토리가 나눠져 있는 것이다. 게다가 오픈 월드처럼 플레이어마다 다른 순서로 스토리를 진행시킬 수도 있으며, MMORPG와 같이 플레이어가 스토리를 진행하다가 PvP와 같은 다른 콘텐츠에 재미를 느끼고 게임을 그만두는 것은 아니지만 스토리 진행을 멈추는 경우도 발생한다. 게임 디자이너도 게임에 스토리를 선택적으로 추가할 수 있지만 게임을 즐기는 플레이어조차 스토리를 선택해 경험할 수 있다.

따라서 게임에서 스토리는 선택적이며, 비중 조절이 가능하고, 분절적인 특징을 지닌다. 기존 서사 중심 미디어와 차별화되는 특징이다. 따라서 서사 중심 미디어의 관점과 분석 방법을 그대로 가져와서 게임 스토리에 적용하기엔 한계가 있을 수밖에 없다. 그렇다고 해서 현재를 기준으로 게임 스토리 작성에 적합한 방법이 명확하게 나와있는 것도 아니다.

서사 중심 미디어의 이론이나 방법론을 게임 스토리에서 활용하기 위해 가져오되 위의 차이점은 반드시 이해하고 있는 편이 좋다. 게임에 있어 스토리는 여러 구성요소 중에 하나에 불과하며, 기존 미디어의 이론을, 스토리가 중시되는 특정 게임 장르에 한정적으로 활용하고 적용할 필요가 있다. 그런데 현재 상황에서는 스토리가 중시되는 게임에서 스토리를 작성하거나 분석할 때 기존 서사 미디어에서 연구된 이론이 도움이 되는 것 또한 틀림없는 사실이다. 다만 스토리가 없거나 비중이 적은 게임 장르에 복잡한 이론을 무리하게 억지로 적용시키려 할 필요는 없다. 게임 스토리에 대한 연구가 활발히 진행되고 있는 만큼 앞으로 게임 스토리에 딱 맞는 이론이 나오길 기대해본다.

먼저 스토리와 관련된 용어를 정리해보자. 다음으로 영웅 이야기의 모험 단계, 민담이 가진 공통적인 구조, 사건의 서술에 인과관계를 강조한 플롯, 게임 스토리텔링의 에피소드 분류를 통해 스토리 작성이 전반적으로 어떻게 이뤄지는지 알아본다. 마지막으로 분기가 나뉘는 다변수 서사 유형에 대해 살펴본다.

 # 41 스토리 관련 용어 정리

스토리 관련 용어

일상생활 속에서 영화나 게임에 대한 스토리에 대해 이야기할 때 '스토리'라는 용어를 흔히 사용한다. 일반적으로 "이 게임은 스토리가 좋다", "다른 게임과 다르게 스토리에 깊이가 있다" 정도면 아무런 문제없이 통한다. 여기서 말하는 스토리는 상당히 넓은 의미로 사용되고 있다. 앞서 이야기해왔던 게임 스토리 또한 이러한 관점에서 설명했다.

하지만 직접 스토리를 쓰거나 쓰게 될 사람들이라면 자연스럽게 관련 자료를 찾아보게 되며, 자료에서 등장하는 여러 스토리 관련 용어를 접하게 된다. 해당 용어의 세부적인 차이를 알아야 좀 더 자료를 이해하는 데 도움이 된다. 게다가 이 용어들을 순차적으로 살펴봄으로써 우리는 인류가 이야기의 형태를 어떻게 발전시켜왔는지 흐름을 알 수 있게 된다.

스토리와 관련된 서적, 자료, 논문 등을 찾아보면 스토리, 내러티브, 서사, 스토리텔링 등 비슷한 것 같으면서도 의미가 다른 여러 용어가 등장한다. 이 용어들은 어떤 차이점이 있을까? 차이점을 중심으로 간단히 정리하면 다음과 같다. 단, 대중적으로 사용되는 넓은 의미의 '스토리'와 구분하기 위해 앞으로 스토리 관련 용어에 해당되는 좁은 의미의 스토리는 '스토리^{Story}'와 같이 영문을 동시 표기한다.

스토리 관련 용어

❶ 이야기

❷ 담화(Discourse)

❸ 스토리(Story)

❹ 서사(Narrative)

❺ 스토리텔링(Storytelling)

---

❶ 이야기

이야기는 일상생활에서 이뤄지는 단편적인 사건의 서술에 대한 언어 형식을 총칭하므로 상당히 넓은 의미를 가지고 있다. 인간 사이에 이뤄지는 원초적인 이야기는 특별한 목적성을 가지고 있지 않을 뿐만 아니라 시간적인 순서를 지키지 않는다.

주변 사람들과 잡담할 때를 떠올려보자. 대화의 주제도 자주 바뀔 뿐만 아니라 특별한 목적을 가지고 이야기하지 않는다. 그렇기에 굳이 논리적일 필요도 없고 시간 순서를 맞출 필요도 없다. 이야기는 단순히 타인과 친밀해지기 위한 사교적인 행동이거나 일상 생활을 보다 즐겁게 지내기 위한 유희적인 행동에 불과하다.

일반적으로 이야기를 사전에서 찾아보면 영어로 story, tale, folk에 해당되지만, 스토리와 관련된 자료에 등장하는 '이야기'라는 용어는 가공된 형태인 story가 아니라는 점에 주의해야 한다. 즉 이야기와 스토리^{Story}는 다른 개념으로 구분되고 있다.

❷ 담화

담화는 단편적 사건이 사람들의 입에서 입으로 전해지면서 '목적성'을 가지게 되는 언어 표현으로, 이야기에서 좀더 구체화되고 발전된 형태다. 발신자와 수신자가 명확하며 언어로 내용을 전달하고 표현하는 것이다. 담화는 발신자가 수신자에게 정보를 제공하거나, 자신의 감정을 호소하는 등 특별한 목적성을 띠게 된다.

❸ 스토리

스토리Story는 담화에서 발전된 형태로 목적을 보다 명확히 하고 설득력을 갖추기 위해 '허구'의 사건을 '시간적 순서'에 따라 배열한 것이다. 담화까지 언어로 전달됐다면 스토리Story부터 텍스트로 전달된다.

다양한 미디어에서 스토리Story는 연속적으로 일어난 사건의 집합으로 이뤄진다. 사건이 연속적으로 일어남으로써 시간성이 발생하고 사건이 일어나는 공간이 만들어진다. 시간적인 순서에 따라 텍스트로 작성된 줄거리가 대표적으로 스토리Story에 포함된다.

❹ 서사

서사는 어떤 사실을 있는 그대로 기록하는 글의 양식으로 인간의 입에서 나온 언어를 '텍스트'로 '재현'한 것이다. 때문에 실제 또는 허구적인 사건을 설명하거나 기술하는 행위 자체가 모두 포함된다. 사건을 시간적 순서에 따라 배열한 줄거리뿐만 아니라 등장인물 간의 대화나 인물 및 배경에 대한 묘사를 포함해 말 그대로 머릿속에 사진이나 영상처럼 이미지가 그려지듯이 글로 재현하는 것이다.

「스토리텔링의 개념」에서 나온 설명을 간단히 정리하면 '서사 = 스토리(내용) + 담화(표현)'와 같이 표현할 수 있다. 내용을 스토리로 정리하고 이것을 담화로 표현해 전달하는 것이 서사라는 것이다.

서사는 영어로 내러티브Narrative가 된다. 일반적으로 서사와 내러티브는 같은 의미로 사용되나 연구자에 따라 서사와 내러티브에 차이점을 설명하며 구분하기도 한다. 이 책에서는 서사와 내러티브를 같은 의미로 사용하는 연구를 따르며 표현을 서사로 통일한다.

❺ 스토리텔링

스토리텔링은 story와 telling이 합쳐져 만들어진 합성어다. 텍스트로 만들어져 있는 스토리Story를 다시 언어를 포함한 다양한 방법을 통해 표현하는 과정을 의미한다. 화자가 청자에게 전달하고자 하는 이야기를 특정한 목적을 가지고 생생하고 설득력 있게 전달하는 행위다. 그러기 위해서 텍스트, 이미지, 영상, 음악 등을 포함해 다양한 방법이 총동원된다.

서사는 창작자가 만든 완결성을 가진 수동적 스토리임에 반해 스토리텔링은 독자나 플레이어 등의 '참여'가 반영되는 '능동적'이고 '상호 작용적'인 스토리다.

스토리텔링은 목적성을 가지고 이뤄지나 시간성을 가질 수도, 가지지 않을 수도 있다. 또한 텍스트만이 아닌 텍스트, 이미지, 소리 등 다양한 형태로 표현할 수 있다는 차이점을 지니고 있다.

게임 디자인에서 주목해야 할 용어는 스토리Story, 서사Narrative, 스토리텔링Storytelling 이다. 그리고 일상생활에서 흔히 스토리라고 하는 것은 이 3가지를 모두 포괄한 의미다. 게임 디자이너는 가장 먼저 캐릭터와 세계관 설정을 가지고 스토리Story를 작성한다. 스토리Story는 '인물', '배경', '사건'이라는 3가지 요소로 나눠 정리한 뒤 본격적으로 작성하기 시작한다고 했다. 인물은 캐릭터 설정에서 이미 됐고, 배경은 세계관 설정에 해당된다고 했다. 사건은 해당 세계관 속에서 인물 간의 관계를 통해 발생하는 에피소드로 구성된다. 스토리Story라는 내용을 가지고 머릿속에 이미지될 수 있도록 다양한 표현을 통해 서사로 확장해간다. 마지막으로 게임 내에서 플레이어가 경험하게 될 스토리텔링을 디자인한다.

지금까지 여러 번 게임은 '하는' 미디어이기에 다른 '보는' 미디어와 다르게 상호 작용이 있다고 했다. 그리고 서사와 스토리텔링의 차이도 상호 작용성에 있다고 했다. 그렇기 때문에 게임과 스토리텔링은 떼려야 뗄 수 없는 밀접한 관계를 가진다. 따라서 게임 디자인에서 이뤄지는 게임 시나리오 작성은 '스토리Story'에 제한된 것이 아닌 '스토리텔링Storytelling'으로 확장된 개념으로 보는 것이 일반적인 견해다.

게임 시나리오 작성은 스토리텔링의 개념으로 봐야 하기에 단순히 대사와 묘사 부분만을 명확히 나누는 데 그쳐서는 안 된다. BGM, 연출씬, 게임 플레이 영역의 시작과 끝, UI의 변경, 플레이어와 상호 작용이 가능한 게임 요소에 대한 언급을 포함해, 심지어 스토리상 게임 플레이에 변화를 주는 부분에 이르기까지 매우 구체적으로 문서에 명시돼 있어야 게임 시나리오라고 할 수 있다.

게임에서 스토리텔링을 어떻게 전달하는지 생각해보자. 단순히 텍스트로 스토리를 설명해주는 부분도 있지만 화면에 이미지와 텍스트를 보여줌과 동시에 캐릭터 간 대사가 음성과 같이 전달된다. 캐릭터들의 표정 변화도 스토리텔링의 일부분으로 볼 수 있다. 게임 세계의 시대와 배경에 걸맞은 BGM이 흘러나옴으로 인해 플레이어는 현재 상황을 더욱 잘 이해할 수도 있다. 그렇다면 BGM이 어느 타이밍에 흘러나오고 중지될지 문서에 명시돼야 한다. 플레이어가 게임과 상호 작용하면서 만들어지는 과정까지 모두 게임 내의 스토리텔링이 된다. 게임 디자이너는 이러한 일련의 과정을 모두 철저히 살펴보고 디자인해야 한다.

스토리^{Story}와 서사^{Narrative}의 경우 게임 시나리오 라이터의 힘을 빌린다고 할지라도 결국 스토리텔링^{Storytelling} 과정에 이르러서 게임 시나리오 작성을 마무리해야 하는 건 게임 디자이너의 몫이 된다.

스토리 vs 플롯

앞서 살펴봤듯이 게임 디자인에서 게임 스토리를 디자인한다고 함은 스토리^{Story}로부터 시작해서 스토리텔링에 이르는 모든 과정을 의미한다. 이 과정의 시작점은 다른 미디어와 동일하게 스토리^{Story}가 된다. 아무리 다른 서사 중심 미디어와 게임의 스토리텔링에 차이점이 있다고 할지라도 스토리^{Story} 작성은 기초가 되는 과정이므로 절대 소홀히 해서는 안 된다.

스토리^{Story}를 보다 정교하게 작성하기 위해 오랜 기간 많은 연구가 이뤄졌다. 그중에 대표적인 것이 플롯^{Plot}이다. 시간 순서를 중심으로 사건을 서술하는 것이 스토리^{Story}라면 인물, 사건, 배경, 행동, 시점 등의 '인과관계'를 중심으로 서술을 구조화한 것이 플롯이다. 작품 속에서 시간 순서에 따라 나열한 사건을 작품의 주제에 맞게 재구성함으로써 각각으로 나눠져 있는 사건을 하나로 묶어주는 뼈대 역할을 한다.

스토리^{Story}와 플롯이 어떻게 다를까? 영국 소설가인 에드워드 포스터^{E. M. Forster}는 스토리와 플롯을 다음의 예로 간단하고 명확하게 설명하고 있다. '왕이 죽고 나서 왕비도 죽었다'는 문장은 두 가지 사건의 시간 순서에 따른 서술이므로 스토리^{Story}에 해당된다. 반면 '왕이 죽자 슬픔에 못 이겨 왕비도 죽었다'는 문장은 두 장면을 원인과 결과라는 인과관계로 묶음으로써 플롯이 됐다.

독자와 관객은 당연히 왕비가 왜 죽었는지 궁금해한다. 왕비가 왜 죽었는지 밝혀지기 전까지 등장 인물 간의 갈등 관계에 의해 긴장감을 고조되게 만들 수 있는 것이 플롯이 가진 힘이다. 이렇게 시간적 서술에 사건과 인물 간의 관계를 묶음으로써 패턴이 돼 전체적인 윤곽을 그릴 수 있게 된다. 즉 스토리^{Story}에 패턴이 만들어지면 플롯이 되는 것이다.

단순히 시간 순서대로 작성된 스토리^{Story}에 비해 인과관계를 통해 구조화된 플롯은 논리적이며 개연성을 가지게 된다. 결국 독자나 관객이 몰입할 수 있는 설득력을 갖추게 돼 작품에 리얼리티가 부여된다. 플롯은 스토리^{Story}에 개연성을 추가해 작품의 완성도를 높이기 위한 나침반이 된다.

동일한 이야기라고 할지라도 어떤 플롯을 적용하는지에 따라 작품의 색깔과 완성도가 달라진다. 작품에 어떤 플롯을 사용하는 것이 적합한지 선별할 수 있는 능력이 필요하다. 플롯에 대한 세부적인 내용은 영웅의 모험 단계와 등장인물의 기능과 같은 기초적인 이론을 살펴본 후 3장의 '44. 플롯'에서 자세히 설명한다.

42 영웅의 모험 단계

인류에게서 태어난 가장 기초적이고 원초적인 스토리 중 하나는 바로 단일 신화 또는 영웅 이야기다. 구술 문학부터 시작해 현대의 기록 문학에 이르기까지 인류가 끊임없이 반복하고 있는 전형적인 서사구조를 가진 스토리다. 소설, 연극, 영화, 드라마, 애니메이션, 게임 등에 이르는 거의 대부분의 미디어에서 신화와 영웅 이야기는 변함없이 단골 소재로 쓰이고 있다. 특히 게임에는 플레이어가 직접 조정하는 플레이어 캐릭터가 존재하기에 영웅 이야기는 그 어떤 다른 미디어보다 잘 어울리는 소재가 된다.

인간이 지어낸 스토리는 점차 복잡해지고 다양화되고 있다. 그렇기에 하나의 틀을 가지고 설명하기도, 분석하기도 어려워지고 있다. 하지만 인간이 즐기는 스토리의 본질은 크게 변하지 않는다. 신화와 영웅 이야기야말로 인간이 좋아하는 단순하면서도 효과적인 스토리 형태다. 게임에서도 영웅의 모험 이야기를 만들고 싶다면 우선 영웅의 모험 단계를 이해할 필요가 있다.

조셉 캠벨^{Joseph Campbell}은 1947년 「The Hero With A Thousand Faces」에서 시대, 문화, 지역을 막론하고 모든 신화의 근본 구조와 단계는 크게 출발^{Departure}, 전개^{Initiation}, 귀환^{Return}으로 나눌 수 있다고 했다.

영웅이 모험을 시작하기 전 단계인 출발^{Departure}, 영웅이 주어진 사명을 다하기 위해 미지의 세계로 모험을 떠나는 과정을 그린 전개^{Initiation}, 모험에서 획득한 힘 또는 지식을 가지고 다시 일상으로 돌아오는 귀환^{Return}으로 나뉜다. 그는 신화와 영웅 이야기에서 서사가 어떠한 절차와 순서로 진행되고 있는지 그림 3-34와 같이 17단계로 세분화했다. 크게 나뉘어진 3단계는 순서대로 표현되나 각 단계별 세분화된 과정은 단계 내에서 순서가 유동적이라는 특징이 있다고 했다. 그의 연구는 영화를 비롯해 많은 미디어에서 활용되고 있지만 실용적으로 접근하기 쉽지 않다는 평이 많다.

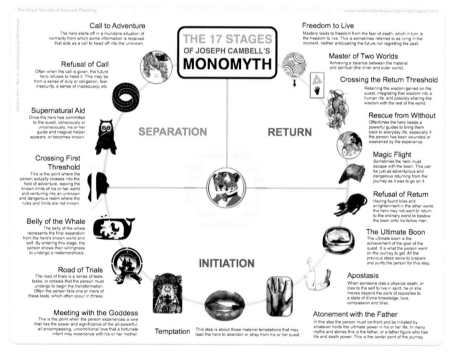

그림 3-34 조셉 캠벨이 주장한 영웅의 17가지 모험 단계
(출처: http://casinerina.blogspot.com/2015/07/starman-jones-chapters-1-3.html)

3장의 '34. 캐릭터의 행동영역, 원형, 역할'에서 '캐릭터의 원형'을 주장했던 크리스토퍼 보글러는 「신화, 영웅 그리고 시나리오 쓰기」에서 조셉 캠벨의 17단계를 실용적으로 정리해 영웅의 12가지 모험 단계로 재구성했다. 조셉 캠벨이 주장했던 단계 중에서 핵심이 되는 부분을 간략하고 보기 쉽게 순차적으로 정리했다. 조셉 캠벨의 주장보다 쉽고 순차적이기에 누구나 빠르게 적용해보기 쉽다는 장점이 있으나 세부적인 내용에 들어가면 한계도 있다는 점을 이해하고 활용하자.

크리스토퍼 보글러가 정리한 영웅의 12가지 모험 단계와 함께 〈드래곤 퀘스트 1Dragon Quest I〉의 스토리 구성을 비교해보자. 〈드래곤 퀘스트1〉은 일본 RPG의 시초가 되는 작품이자 일본 게임 전체에 지대한 영향을 준 게임이다.

1980년대초 RPG가 처음 만들어지면서 주목 받은 이야기는 바로 '영웅 이야기'다. 초창기 RPG인 〈울티마〉, 〈위저드리〉, 〈마이트 앤 매직〉, 〈드래곤 퀘스트〉, 〈파이널 판타지〉는 모두 영웅의 이야기를 그리고 있다. 가장 강력하고 익숙하면서도 전형적인 틀이 존재하기에 스토리를 구성하기 수월했기 때문이라고 볼 수 있다. 그 중 〈드래곤 퀘스트1〉은 전형적인 용자의 모험을 그린 작품인 만큼 신화와 영웅 이야기가 게임에서 어떻게 적용되는지 살펴보기에 매우 적합하다.

그림 3-35 출처: 드래곤 퀘스트1

영웅의 12가지 모험 단계

❶ 평범한 일상 세계(Ordinary World)

❷ 모험에의 부름(The Call to Adventure)

❸ 부름의 거절(Refuse of the Call)

❹ 조언자와 만남(Meeting with the Mentor)

❺ 첫 번째 관문의 통과(Crossing the First Threshold)

❻ 시험, 협력자, 적대자(Tests, Allies, Enemies)

❼ 가장 깊숙한 동굴로 접근(Approach to the Innermost Cave)

❽ 시련(The Ordeal)

❾ 보상(Reward)

❿ 일상으로 회귀(The Road Back)

⓫ 부활(Resurrection)

⓬ 불로불사의 영약을 가지고 귀환(Return with the Elixir)

❶ 평범한 일상 세계

영웅의 일상적이고도 평범한 세계를 보여주면서 스토리가 시작된다. 이는 앞으로 영웅이 모험을 떠나게 될 미지의 세계가 험난하다는 것을 부각시키기 위함이다. 이러한 영웅의 평화로운 생활은 아직 질서가 깨지기 전의 균형된 세계를 의미하며 사건이 발생하기 전까지 잠시 동안 외부의 압력이 없는 행복한 시간이 유지된다.

〈드래곤 퀘스트1〉에서 평범한 일상 세계는 그려지지 않는다. 당시 RPG는 스토리 라인이 매우 단순했기에 평범한 일상 세계가 생략되는 경우도 존재한다. 하지만 이후 발전된 형태의 RPG에서는 오프닝 영상이 됐건 실제 초반 플레이가 됐건 평범한 일상 세계를 보여주는 경향이 높다. 테일즈 시리즈의 첫 작품인 〈테일즈 오브 판타지아^{Tales of Phantasia}〉를 비롯해, 〈드래곤 에이지〉 등 수많은 RPG에서 사건이 발생하기 전의 평온한 모습을 그린다.

❷ 모험에의 부름

모험에의 부름은 평범한 일상 세계에서 균형이 깨지기 시작하는 사건이 처음 발생하는 단계다. 영웅은 모험에의 부름에 의해 일상 세계를 떠나 미지의 세계로 모험을 떠나게 된다. 왕 또는 왕의 사자가 영웅에게 충격적인 소식을 전하기도 한다.

〈드래곤 퀘스트1〉에서 플레이어 캐릭터 생성이 끝나자마자 바로 왕을 알현하고 있는 용자의 모습이 그려진다. 왕은 용자의 피를 이어받은 주인공에게 마왕을 쓰러트리고 마왕에게 빼앗긴 빛의 구슬을 찾아오라는 명을 내린다. 명을 받는 순간 용자의 모험이 시작된다.

❸ 부름의 거절

영웅은 모험에의 부름에 대한 두려움, 의심, 개인적인 문제로 이를 현실적으로 받아들이지 못하고 잠시 머뭇거리거나 거절한다. 자신이 누리던 것을 포기하고 미지의 세계에 간다는 것은 곧 죽음에 이를 수도 있는 문제이기 때문이다. 부름의 거절은 죽음이라는 생존과 관련된 두려움에서 발생된다.

〈드래곤 퀘스트1〉에서 이 단계는 생략된다. 뿐만 아니라 상당히 많은 게임에서 부름을 거절하는 단계는 그려지지 않는다. 직접 플레이하는 미디어인 게임에서 부름의 거절은 초반 흐름을 지루하게 만들 수 있기 때문이다. 플레이어는 빠른 시간 내에 스스로 플레이어 캐릭터를 조정하고 모험을 떠나고 싶어한다. 부름의 거절을 연출신이나 초반 짧은 퀘스트로 넣을 수는 있겠지만 게임과 어울리지 않는 단계라고 볼 수 있다.

일부 게임에서는 부름에 대한 승낙과 거절을 선택할 수 있는 선택지를 제공하기도 하지만 대부분 이미 답이 정해져 있는 의미 없는 선택지인 경우가 많다. 예외적으로 〈필라스 오브 이터니티2Pillars of Eternity2〉와 같이 부름에 응하지 않으면 영혼이 파괴되며 배드 엔딩으로 이어지며, 초반부부터 게임이 끝나는 경우도 더러 존재한다.

❹ 조언자와 만남

부름을 받고 일상 세계에서 떠나 미지의 세계에 발을 딛기 전, 영웅은 자신의 힘만으로는 벅찬 장애물에 직면하게 된다. 이 때 이런 영웅에게 조언이나 힘을 부여하는 등 영웅이 가야 할 방향을 알려주는 조언자가 등장한다. 영웅이 혼자 넘지 못하는 장애물은 조력자를 만났을 때야 비로소 극복된다.

〈드래곤 퀘스트1〉에서 왕의 부름을 받고 월드맵으로 나가면 바로 건너 편에 마왕의 성이 보인다. 하지만 독지대와 건널 수 없는 강으로 인해 접근할 수 없다. 게다가 아직 약한 용자를 위협하는 수많은 몬스터가 공격해온다. 이런 상황에서 용자에게 힌트와 조언을 주는 NPC들이 상당수 존재한다. 대표적으로 비의 사당을 지키는 현자는 용자에게 마왕의 성으로 갈 수 있는 방법을 알려준다. 현자를 만나지 않는 이상 더 이상 스토리를 진행할 수 없다. 〈드래곤 퀘스트〉를 비롯해 대부분 게임에는 기존의 보는 미디어와 다르게 수많은 조언자가 존재한다는 특징이 있다. 게임에서는 각 마을이나 지역별 주인공이 목표를 향해 진행할 수 있도록 힌트와 도움을 주는 형태로 조언자들이 배치된다.

❺ 첫 번째 관문의 통과

영웅이 부름을 받아들이면 모험을 떠나게 되는 계기가 마련된다. 또한 조언자와의 만남을 통해 목표에 도달하기 위한 방향을 알게 된다. 이후 일상 세계에서 미지의 세계로 첫 번째 관문을 통과하며 본격적으로 모험을 떠나게 된다.

〈드래곤 퀘스트1〉에서 왕의 부름을 받으면 용자는 순순히 받아들인다. 아니 거절할 수 있는 기회조차 주어지지 않는다. 왕의 부탁이 끝나면 바로 약간의 돈과 아이템을 받게 된다. 그리고 성에서 월드맵으로 나가는 순간 본격적인 모험이 시작된다. 즉 성 안에서 마왕을 쓰러트려야 한다는 모험의 계기가 마련되고 플레이어 캐릭터가 월드맵으로 나오는 순간 플레이어는 미지의 세계로 들어왔다는 것을 실감하게 된다.

❻ 시험, 협력자, 적대자

영웅이 미지의 세계에 도착하면 몇 가지 시험을 통과하는 과정을 겪으면서 협력자와 적대자와의 관계가 형성된다. 그 과정에서 영웅은 미지의 세계에서 어떻게 살아 남아야 하는지, 무엇을 해야 하는지 역할에 대해 습득하게 된다.

〈드래곤 퀘스트1〉은 매우 단순한 용자 이야기를 그리고 있기 때문에 1인 플레이가 기본으로 돼 있어 별다른 협력자가 없다. 그리고 적대자도 마왕과 몬스터 이외에 별다른 등장인물이 없다. 하지만 시리즈가 지속되면서 협력자와 적대자가 늘어간다. 〈드래곤 퀘스트2$^{Dragon\ Quest\ II}$〉부터 2명의 동료가 생겨 총 3명의 파티로 모험을 하게 되며, 비중이 높은 보스 몬스터가 적대자로 등장하기도 한다. 협력자의 독특한 역할이기도 한 덜떨어지고 답답한 행동으로 문제를 일으키는 캐릭터도 초기 작품에서는 등장하지 않고 시리즈가 진행된 이후에 등장하기 시작한다. 캐릭터가 세분화될수록 스토리에 깊이가 생기는 법이다.

〈드래곤 퀘스트〉 시리즈는 전통적으로 다리를 건너 다른 지역으로 넘어갈 때마다 몬스터가 급격히 강해진다. 중간 보스가 뚜렷이 없었던 초기 작품에서는 지역 이동이 일종의 시험이 될 수 있다. 반면 〈파이널 판타지〉 시리즈의 경우 등장인물에서도 여러 적대자가 등장하며 다양한 중간 보스가 있어 영웅을 적극적으로 시험한다. 수많은 게임에서 중간 보스를 두는 이유는 스토리 상에 시험 단계를 두기도 쉬울 뿐만 아니라 게임 플레이 상의 레벨디자인에도 훌륭한 기준점이 될 수 있기 때문이다.

❼ 가장 깊숙한 동굴로 접근

영웅은 몇 가지 시험을 성공적으로 통과하고 가장 깊숙한 동굴로 점차 접근해간다. 이 단계는 머지않아 영웅에게 닥칠 혹독한 시련을 대비하는 과정이다. 시련은 영웅 혼자의 힘만으로 극복할 수 있는 것이 아니기 때문에 조력자와 협력자의 도움을 받으며 헤쳐 나간다.

〈드래곤 퀘스트1〉에서 가장 깊숙한 동굴은 마왕의 성이다. 마왕의 성이 있는 곳으로 가기 위해서는 무지개 다리가 필요하며 이는 비구름의 지팡이와 태양의 돌이 있어야 한다. 그리고 용자는 마왕에게 대적할 수 있을 만큼 강해지기 위해 위대한 용자 로토의 3가지 유산인 '로토의 검', '로토의 갑옷', '로토의 문장'을 모아야 한다.

가장 깊숙한 동굴로 접근해가는 단계는 게임에서 거의 대부분의 콘텐츠를 점유하게 된다. 주로 레벨업과 장비 및 아이템 파밍이 이뤄진다. 메인 스토리의 진행은 더디어지며 게임 플레이 측면에 집중하게 된다.

❽ 시련

영웅은 그를 기다리고 있는 시련에 직면하게 된다. 이 시련The Ordeal은 목표에 도달하기 전 마지막 장애물이지만 혼자의 힘으로는 도저히 극복할 수 없다. 죽음에 직면한 상황에서 주인공의 의지나 협력자의 도움으로 위기를 극복하고 진정한 영웅으로 다시 태어난다.

〈드래곤 퀘스트1〉에서 가장 큰 시련은 마지막 던전과 마지막 보스 마왕과의 전투다. 조언자들의 도움으로 마왕의 성에 도착한 용자에게 강력한 몬스터들이 위협해온다. 마침내 강력한 마법 공격을 퍼붓는 마왕과의 전투에서 승리함으로써 용자는 시련을 극복한다.

대부분의 게임에서 시련은 마지막 보스가 된다. 영웅의 모험 단계로 보면 시련은 압도적인 장애물이 돼야 한다. 그래야 그만큼 보상이 달콤하기 때문이다. 하지만 일부 게임에서 마지막 보스임에도 불구하고 어처구니없을 정도로 약하거나 이벤트 형식의 보스를 제공하는 경우가 있다. 게이머들이 이런 게임에 불만을 터트리는 것은 영웅 이야기의 관점에서 봐도 지극히 당연한 결과다.

❾ 보상

시련을 완전히 극복한 영웅에게 승리에 대한 보상이 주어진다. 주로 영웅을 상징하는 검이나 불멸자가 될 수 있는 불로불사의 영약을 보상으로 받는다.

〈드래곤 퀘스트1〉에서 보상은 공주와의 결혼 그리고 왕위를 물려받는 것이다. 하지만 용자는 공주와 결혼한 뒤 왕위 계승을 포기하고 자신만의 나라를 건설하기 위해 떠난다. 게임에서 보상^{Reward}은 신화나 영웅 이야기와는 다르게 다양한 형태로 이뤄진다. 게다가 다양한 분기로 나뉘어지는 멀티 엔딩을 제공하는 게임에서는 보상이 반드시 긍정적인 것이 아닌 부정적인 경우도 있다.

❿ 일상으로 회귀

영웅은 시련을 극복하고 얻은 보상을 가지고 일상 세계로 되돌아오거나 잠시 휴식한 뒤 새로운 모험을 떠난다. 이 단계에서 영웅이 새로운 모험을 떠나면 적대자가 부활해 적을 재결합하고 영웅을 다시 위협하기 시작한다.

〈드래곤 퀘스트1〉에서 마왕을 쓰러트리면 용자는 처음 모험을 떠났던 성으로 돌아와 환대를 받으며 공주와 결혼하게 된다. 적대자에 의해 일상의 균형 상태가 깨진 이후 용자가 마왕을 쓰러트림으로 인해 다시금 세계는 균형 상태로 되돌아온다. 많은 게임에서 일상으로 회귀는 이벤트나 연출로 표현된다. 이후 자연스럽게 엔딩으로 연결되며 평화와 평온을 되찾은 원래 세계를 보여준다.

⓫ 부활

영웅이 집이나 고향으로 귀환하지만 영웅에게 마지막으로 시련 또는 전투가 기다리고 있다. 마지막 시련은 지하 감옥과 같은 형태이거나 부활^{Resurrection}한 적대자 또는 가짜 영웅과 대면하는 것이며 영웅은 이번에야말로 위협을 완벽히 제거해야 한다. 마지막 전투가 이뤄진다면 죽은 줄 알았던 적대자가 적을 재결합해 영웅과 최후의 전투를 치르게 된다. 모든 시련과 전투가 끝나야만 영웅 이야기는 최후의 단계로 들어서게 된다.

〈드래곤 퀘스트1〉에서 이 단계는 포함되지 않는다. 하지만 결과적으로 마왕은 부활해 〈드래곤 퀘스트2〉에서 NPC로 등장한다. 게임에서 적대자의 부활은 매우 다양한 형태로 나타난다. 가장 단순한 형태는 게임에서 마지막 보스가 죽을 때마다 페이즈가 바뀌면서 여러 번 변신을 하는 것도 부활의 일종으로 볼 수 있다. 다음으로 한 작품에서 적대자가 부활하는 경우 방대한 스토리를 가진 게임이거나 진정한 보스와 진엔딩이 존재하는 경우가 있다. 하지만 상당수의 게임은 시리즈를 염두에 두고 개발되기 때문에 적대자의 부활이라는 매력적인 단계를 아끼는 경향이 많다. 주로 엔딩에서 적대자의 부활에 대한 암시를 남기는 것으로 다음 시리즈를 이끌어가곤 한다.

⓬ 불로불사의 영약을 가지고 귀환

영웅은 적대자의 부활로 인한 마지막 시련과 전투를 이기고 불로불사의 영약 또는 영적인 지식을 얻어 집으로 귀환한다. 집으로 귀환해 보상을 다른 사람들과 나누기도 하지만 몇몇 사람은 미지의 세계에서 활약한 영웅의 이야기를 믿지 않기도 한다. 불로불사의 영약으로 인해 주인공이 신격화되면서 신화 또는 영웅 이야기가 마무리된다. 일부는 고향에 머물지 않고 조용히 어딘가로 떠나는 결말을 맞이하기도 한다.

게임에서 주인공이 불로불사의 영약을 가지고 신격화되는 경우는 많지 않다. 일부 신화를 배경으로 한 작품에서 주인공이 신이 되는 경우도 존재하지만, 다음 시리즈가 시작되는 시점에 주인공은 자연스럽게 다시 약한 존재가 돼야 하는데 이 때 큰 방해가 된다. 이를 무마시키기 위해 신격화된 주인공이 차기 작품에서 특별한 이벤트에 의해 힘을 잃게 되는 경우가 있다. 다만, 플레이어가 납득할 수 있을 만한 스토리와 장치를 마련해야 한다는 어려움이 따른다.

그렇기 때문에 〈다크 소울1〉과 〈다크 소울3〉과 같이 시리즈별 주인공을 별도로 두는 경우도 있다. 1편의 주인공이 신격화돼 3편의 적대자로 등장한다. 이는 게임이 가지고 있는 특징 때문이며 〈다크 소울〉 시리즈 이외에도 여러 게임에서 어렵지 않게 찾아볼 수 있다.

필자는 크리스토퍼 보글러가 정리한 영웅의 12가지 모험 단계를 〈드래곤 퀘스트1〉의 스토리와 함께 살펴봤다. 〈드래곤 퀘스트1〉의 전체적인 흐름은 영웅의 12가지 모험 단계를 비교적 잘 따르고 있다고 볼 수 있다. 그러나 용자의 모험을 간략하게 그린 RPG의 대표격인 〈드래곤 퀘스트1〉에서조차 영웅의 12가지 모험 단계를 완벽하게 적용하기에는 어려움이 따랐다. 생략되는 단계도 있으며, 순서가 뒤바뀐 단계도 있었다.

신화와 영웅 이야기를 모티브로 한 게임 스토리라면 영웅의 12가지 모험 단계는 보편적으로 적용할 수 있다. 즉 스토리텔링 과정 이전 단계인 스토리Story와 서사를 작성하는 단계에서라면 충분히 효과적으로 활용할 수 있다. 기존의 보는 미디어와 게임의 근본적인 차이를 무시할 수 없기에 완벽하게 적용하기는 어렵지만, 이러한 차이를 알고 있다면 게임에서 영웅 이야기를 만들 때 빠른 시간 내에 스토리의 기본 틀을 만들어 내는 데 상당한 도움이 될 것이다.

43 등장인물의 기능

설화는 각 민족에게 전승돼 오는 신화, 전설, 민담 따위를 통틀어 이른다. 신화는 신적이거나 그에 준하는 존재의 우주 창세, 건국에 대한 폭넓은 활동을 그린다. 전설은 신격 존재는 아니지만 해당 시대에 영웅적 업적을 이룬 인간의 활약상을 그린다. 민담은 예로부터 민간에 전해 내려오는 이야기다. 이들은 인류가 만들어 온 가장 오래되고 기초적인 문학 중 하나다. 사람들의 입에서 입으로 전승돼 온 구술 문학으로 특정 민족, 문화권의 생활, 풍습, 신념이 고스란히 담겨 있다. 그렇기 때문에 민족이나 문화권의 특색을 그대로 반영한다.

그럼에도 불구하고 신화, 전설, 민담은 문화권과 상관없이 비슷한 구조를 가지고 있다. 그리스 신화 중에서도 유명한 〈헤라클레스 영웅담〉, 프랑스의 동화 〈신데렐라〉, 전래동화인 〈콩쥐팥쥐〉, 현대의 가장 흥행한 프랜차이즈 중에 하나인 〈해리포터〉에 이르기까지 신기하게도 매우 비슷한 구조를 가지고 있다.

인간이 재미와 흥미를 느끼는 가장 기초적인 스토리는 민족이나 문화를 떠나 많은 공통점을 가지고 있다는 점에 주목할 필요가 있다. 고전부터 현대 문학, 소설, 영화, 애니메이션, 웹툰, 게임에 이르기까지 거의 모든 미디어에서 아직도 설화를 많이 활용하고 있다. 비슷비슷해 보이는 스토리라 할지라도 인류에게 가장 익숙하고 전 세계 어디에서나 통할 수 있다는 강점을 가지고 있다.

이들은 공통적으로 어떤 구조를 가지고 있을까? 이 구조를 알게 된다면 신화와 전설을 활용하려고 하는 게임에서 스토리를 어떻게 작성해야 할지 미리 큰 틀을 잡고 시작할 수 있게 된다. 그만큼 초기 게임 시나리오 작성에 소요되는 시간을 줄이고 완성도를 높이는 데 많은 시간을 할애할 수 있다.

3장의 '34. 캐릭터의 행동영역, 원형, 역할'에서 소개했듯이 블라디미르 프롭은 「민담의 형태론」에서 100개의 민담에서 일어나는 사건을 분석한 결과, 민담의 구조는 등장 인물의 7가지 행동영역에 초점을 맞춰, 분석 단위로써 공통적으로 31가지 기능^{Function}으로 나눌 수 있다고 주장했다. 그리고 큰 흐름으로 보면 세계는 '균형 상태 → 불균형 상태 → 재균형 상태'로 변하는데, 영웅의 역할이야 말로 불균형 상태로 변한 세계를 다시 균형 상태로 바꾸는 것이다.

31가지 기능을 살펴보면 금지-위반, 정찰-정보전달, 결투-승리, 추격-구조, 어려운 과제-과제의 해결, 인지-정체 폭로와 같이 상당수의 기능이 하나의 쌍으로 같이 나오는 특징을 발견할 수 있다. 이 특징은 민담의 구조를 이해하는 데 결정적인 힌트를 준다. 결국 이것들이 민담의 구조에 있어 핵심 기능을 수행하고 있다는 뜻이며, 완전한 쌍이 이뤄지도록 주의 깊게 작성돼야 한다. 31가지 기능을 정리하면 다음과 같다.

등장인물의 31가지 기능

❶ 부재(Absentation)

❷ 금지(Interdiction)

❸ 금지의 위반(Violation of interdiction)

❹ 적대자의 정찰(Reconnaissance)

❺ 정보 획득(Delivery)

❻ 책략(Trickery)

❼ 연루(Complicity)

❽ 악한 행위 또는 결핍(Villainy or lacking)

❾ 중개(Mediation)

❿ 결단(Beginning counteraction)

⓫ 출발(Departure)

⓬ 증여자의 첫 번째 기능(First function of the donor)

⓭ 영웅의 반응(Hero's reaction)

⓮ 마법적 수단의 공급(Receipt of a magical agent)

⓯ 장소의 이동(Guidance)

⓰ 결투(Struggle)

⓱ 표식(Branding)

⓲ 승리(Victory)

⓳ 불행 및 결핍의 해소(Liquidation)

⓴ 귀환(Return)

㉑ 추격(Pursuit)

㉒ 구조(Rescue)

㉓ 몰래 도착(Unrecognized arrival)

㉔ 부당한 주장(Unfounded claims)

㉕ 어려운 과제(Difficult task)

㉖ 과제의 해결(Solution)

㉗ 인지(Recognition)

㉘ 정체 폭로(Exposure)

㉙ 영웅의 변모(Transfiguration)

㉚ 처벌(Punishment)

㉛ 결혼(Wedding)

❶ 부재

가족 구성원 중 한 명이 집에 없는 것으로 시작된다. 일반적으로 일하러 나갔거나, 숲으로 갔거나, 전쟁에 참여했던 형태로 이뤄진다. 가장 강력한 부재로 가족 구성원의 죽음이 있다.

❷ 금지

부재로 이야기가 시작된다면 다음은 영웅에게 금지에 대한 언급이 이뤄진다. 시간 순서로 보면 금지 다음에 부재로 이어지나 흔히 부재 이후에 금지에 대한 언급이 회상 등의 형태로 나타난다. 일반적으로 늦지 말아라, 밖으로 나가지 말아라 등으로 요청이나 충고의 형태로 이뤄지나 강화된 경우 지하실, 창고 등에 감금하는 형태로도 진행된다.

❸ 금지의 위반

금지와 위반은 하나의 쌍이 된다. 금지에 대한 언급을 영웅이 위반하는 것으로 긴장감이 발생하고 사건이 진행되기 시작한다.

❹ 적대자의 정찰

적대자는 평화로운 세상을 교란시키고 불행, 손해, 해악을 야기하기 위해서 귀중한 인물이나 물건의 위치를 알아내려고 정찰을 한다. 적대자가 직접 정찰하는 경우도 있으나 적대자의 부하나 동료가 정찰을 하는 경우도 있다.

❺ 정보 획득

적대자는 위협에 의한 직접적인 수단이든 부주의한 누설에 의한 간접적인 행위에 의해 원하고자 하는 희생자에 대한 정보를 입수한다.

❻ 책략

적대자는 희생자의 목숨이나 그가 가진 귀중한 물건을 빼앗기 위해 책략을 사용해 속이려 한다. 일반적으로 변장, 속임수, 강압적 수단을 통해 이뤄지나 마법 등의 힘을 직접 사용하는 경우도 존재한다.

❼ 연루

적대자의 책략으로 인해 희생자는 무심결에 적대자를 돕게 된다. 의식적으로 연루되는 것이 아니라 본의 아니게 이뤄진다는 점에 유의해야 한다.

❽ 악한 행위 또는 결핍

이야기의 발단이 되는 중요한 기능으로 앞선 7가지 기능은 이 기능을 위한 사전 준비 작업에 해당된다. 적대자는 영웅의 가족 구성원 중 한 사람 이상에게 손해 또는 손실을 입힌다. 연루에 인해 희생자에게 죄책감을 들게 만든 뒤에 악한 행위 또는 결핍이 이뤄진다는 점에 주목한다.

❾ 중개

적대자에 의한 악한 행위 또는 결핍이 알려지고 영웅에게 복수 또는 구출 등에 대한 요청, 명령, 허가가 내려진다. 영웅과 희생자의 관계에 따라 집을 떠나는 형태가 변하게 된다.

⑩ 결심

요청, 명령, 허가에 대해서 영웅은 자발적으로 결심을 하며 길을 떠난다. 자발적인 결심이 이뤄지기 전 탐색 과정이 선행되는 경우도 있다.

⑪ 출발

탐색자^{Seeker}로서 영웅이 출발을 한다. 부재와는 다르게, 출발에서 영웅은 명확한 목표를 가지고 모험을 떠난다. 이 시점에서 영웅은 숲이나 길 등에서 우연히 증여자를 만나고 증여자는 영웅에게 마법적인 수단을 제공해 영웅의 불행을 해소시킨다. 단, 이러한 수단을 얻기 위해 영웅은 별도의 시험 및 시련을 겪는다.

⑫ 증여자의 첫 번째 기능

증여자의 첫 번째 기능으로 영웅에게 시험 또는 시련을 지정한다. 영웅은 증여자가 내린 시련에 의해 심문받거나 공격을 받고 이를 이겨낸다.

⑬ 영웅의 반응

영웅은 증여자의 행동에 긍정적 또는 부정적인 반응을 보인다.

⑭ 마법적 수단의 공급

증여자의 시련을 극복한 영웅은 마법적인 수단 또는 원조자를 얻게 된다. 마법적인 수단에는 영웅에게 직접 주어지는 힘과 능력, 마법적 특성을 가진 물건, 램프의 요정 지니와 같은 마법의 원조자가 나오는 물건 등이 해당된다.

⑮ 장소의 이동

마법적 수단을 얻은 영웅은 이제 탐색의 대상이 있는 장소로 안내받거나 옮겨진다. 장소의 이동은 고정된 이동수단을 사용해서 이뤄지며, 육로 및 수로만이 아니라 공중을 통해서도 이뤄진다.

⑯ 결투

영웅은 적대자가 있는 곳으로 이동한 뒤 적대자와 직접적인 결투 또는 싸움을 벌인다. 결투에 대한 승리의 대가로 탐색해온 대상을 되찾게 된다.

⓱ 표식

영웅은 결투가 이뤄지는 과정에서 표식을 받는다. 표식은 공주에게 받는 보호 주문과 같은 긍정적인 표식도 있으나 적대자와 싸우는 도중에 얻게 되는 상처 또한 표식에 포함된다.

⓲ 승리

적대자는 야외에서 벌어지는 결투에서 영웅에 의해 패배하게 된다. 단 승리는 반드시 긍정적인 형태만이 아닌 부정적인 형태로도 나타날 수 있다.

⓳ 불행 및 결핍의 해소

불행 및 결핍의 해소는 악한 행위 또는 결핍과 하나의 쌍을 이룬다. 최초에 영웅에게 주어졌던 불행이나 결핍이 완전히 해소된다. 이 기능으로 인해 스토리가 점차 고조된다.

⓴ 귀환

적대자와의 결투에서 승리하고 불행 및 결핍을 해소한 영웅은 출발과 같이 마법적인 수단에 의해 즉각적으로 귀환하게 된다.

㉑ 추격

추적자는 영웅을 뒤쫓아와 다시 죽이려 한다.

㉒ 구조

영웅은 추적으로부터 구조^{Rescue}된다. 꽤 많은 민담은 영웅이 추적으로부터 구조되면서 끝을 맺기도 하지만 언제나 여기서 끝나는 것은 아니다. 민담 중에는 영웅에게 새로운 불행을 부여해 악한 행위 또는 결핍부터 다시 반복되는 경우 또한 존재한다.

㉓ 몰래 도착

영웅은 구조돼 아무도 몰래 집이나 다른 국가에 도착하게 된다. 일행들이 찾아와 영웅을 따뜻하게 맞아 준다.

㉔ 부당한 주장

영웅이 돌아온 뒤 가짜 영웅은 영웅의 업적이 자신이 이룬 업적인 것처럼 부당한 주장을 제기한다. 장군이나 형 등 영웅의 주변에 있었던 가짜 영웅이 본색을 드러낸다.

㉕ 어려운 과제

영웅에게 어려운 과제가 주어진다. 과제는 부당한 주장과 관계 있는 경우도 있고 없는 경우도 있다. 영웅에게 주어지는 과제는 수수께끼, 선택, 불에 의한 시험 등 매우 다양하게 주어진다. 이 기능은 민담에서 매우 중요한 것 중에 하나가 된다.

㉖ 과제의 해결

과제의 해결은 어려운 과제와 하나의 쌍을 이루게 된다. 과제는 영웅에게 주어진 기간 이내에 반드시 해결된다.

㉗ 인지

영웅은 어려운 과제를 해결하거나 결투를 통해 얻었던 표식으로 인해 사람들에게 진정한 영웅으로서 인지된다.

㉘ 정체 폭로

정체 폭로는 인지와 하나의 쌍을 이루게 된다. 가짜 영웅이나 적대자의 정체가 사람들에게 폭로된다.

㉙ 영웅의 변모

영웅이 진정한 영웅으로 인지되고 가짜 영웅이나 적대자에 대한 정체가 폭로된 이후 영웅은 새로운 모습으로 변모하게 된다. 영웅의 새로운 모습은 원조자의 마법적인 행위로 인해 부여되기도 하지만 영웅이 자신만의 궁궐을 짓거나 나라를 건설하는 등의 환경적인 변화 형태로도 나타난다.

㉚ 처벌

적대자 또는 가짜 영웅은 처벌받는다. 일반적으로 처벌받거나 추방되거나 자살하는 형태로 나타난다. 하지만 때로는 영웅에 의해 용서받는 경우도 존재한다.

㉛ 결혼

영웅은 공주와 결혼을 해 왕국을 물려 받는다. 때로는 금전적인 보상과 같은 다른 형태의 보상을 받는 경우도 있다. 이 기능으로 인해 민담은 결말에 도달하게 된다.

등장인물의 31가지 기능을 이해할 때 가장 주의해야 할 점은 위의 기능이 반드시 순서대로 나타나지 않는다는 것이다. 시작이 ❶ 부재가 아닌 ⑰ 표식으로부터 진행될 수도 있다. 다만 대부분은 가장 핵심적인 '결투-승리'와 '어려운 과제-과제의 해결'이라는 쌍에 의한 유형으로 나누어진다. 각각 한쪽 쌍만 있는 경우, 둘 다 있는 경우, 둘 다 없는 경우 4가지의 유형으로 말이다. 그러나 어떤 유형이 됐건 등장인물을 중심으로 31가지 기능이 나타나고 있다는 점이 민담이 가진 특징이다.

31가지 기능은 영웅의 모험 단계에 비해 조금 더 구체적이고 세부적으로 단계가 나눠져 있다. 서로 조금 다른 단계도 존재하지만 전반적인 구조는 유사하다. 영웅 이야기를 소재로 게임 시나리오를 처음 작성하거나 스토리가 간단한 게임을 구상한다면 영웅의 모험 단계가 적합할 수 있다. 반면 조금 더 구조적이고 세부적인 부분까지 다루고 싶다면 31가지 기능을 통해 게임 시나리오를 작성하는 데 익숙해지는 것도 좋을 것이다. 인간이 만든 스토리가 어떤 식으로 구체화됐는지 이해할 수 있는 훌륭한 학습 자료가 된다.

비록 정해진 구조를 사용한다고 할지라도 얼마든지 창조적인 스토리를 만들어 낼 수 있다. 반드시 새로운 스토리 구조부터 만들어야 창조적인 스토리를 만들 수 있는 것은 아니다. 인류가 이야기를 만들어 소통하기 시작한 지 상당한 시간이 지났다. 그동안 확실하게 사람들의 마음을 움직일 수 있는 스토리 구조가 신화, 전설, 민담으로 만들어졌다면 단지 한 명의 스토리텔러가 이를 뛰어넘는 새로운 구조를 창조해내기란 결코 쉽지 않을 것이다. 지금까지 많은 작품을 통해서 활용됐던 기초적인 민담의 구조를 이해하고 조금씩 개선하고 변화를 주는 것만으로 충분히 매력적인 게임 스토리를 만들 수 있는 토대가 마련될 것이다.

44 플롯

게임 시나리오를 작성하려고 할 때 영웅 이야기가 아니라 조금 더 다채롭고 현대적인 분위기에 어울릴 만한 소설과 영화 같은 스토리를 쓰려고 한다면 기본 틀을 어디에서 가져와야 할까? 신화, 전설, 민담이라는 설화가 인류가 만들어 온 초창기 스토리의 형태라면 연극과 소설은 가장 대표적인 형태의 스토리라고 할 수 있다. 연극은 인류가 이야기를 소재로 만들어낸 가장 오랜 역사를 가진 문화 예술이며, 소설은 허구의 이야기를 가지고 설득력있게 스토리로 만들어낸 가장 대중적인 문학 장르 중 하나다.

오랜 기간 연극과 소설이 반복적으로 만들어지면서 체계적으로 스토리 작성이 이뤄졌다. 아리스토텔레스는 「시학」 제7장에서 시나리오는 시작, 중간, 끝이라는 3막 구조를 가지고 있다고 했다.

1막은 최초 동기로 인해 사건이 촉발되며, 첫 장면에서 호기심을 자극하는 것이 중요하다고 했다. 2막은 인과관계에 의해 극적인 전개가 일어나며, 등장인물의 의도가 분명해지는 단계로 돌입한다. 이 때 반전과 발견을 넣어 긴장감을 유지하는 것이 중요하다. 반전 reversal은 주인공이 목적을 완수하는 데 방해되는 문제에 봉착하는 '사건'이며, 발견 recognition은 반전의 결과로 인해 등장인물 간의 '정서적인 변화'가 일어나는 것이다. 3막은 2막에서 발생됐던 궁금증을 해소시키고 절정과 완벽한 결말을 맞이한다.

단지 작품이 하나하나로 구성된 단독 작품이라면 완벽한 결말을 맺는 것이 맞다고 볼 수 있으나 최근 소설, 영화, 게임 등에서는 시리즈를 이어가며 스토리가 연결되기 때문에 의도적으로 완벽한 결말을 내리지 않는 경우가 많다. 하지만 시리즈가 마무리되는 작품에서는 반드시 완벽한 결말을 내는 것이 아리스토텔레스의 의도에 부합된다.

많은 작품이 이러한 구조를 가지는 이유는 인간은 무질서보다는 질서를, 카오스보다는 코스모스를 원하며 결론적으로 목적의 일관성과 통일성을 추구하고 있기 때문이다. 이러한 관점의 연장선에서 수많은 소설들의 패턴이 정리된 뼈대가 플롯이라고 할 수 있다.

로널드 B. 토비아스[Ronald B. Tobias]는 「인간의 마음을 사로잡는 스무가지 플롯」에서 좋은 플롯의 8가지 원칙과 20가지 플롯을 정리했다. 플롯은 스토리를 보다 정교하게 작성하기 위해 만들어졌으며 시간 순서를 중심으로 사건을 서술하는 것이 아닌 인과관계를 중심으로 서술을 구조화한 것이라 했었다.

플롯은 독립적인 인물, 사건, 배경을 하나로 연결해 스토리 작성의 나침반이 돼 준다. 아무런 목적이나 방향없이 무작정 스토리를 작성하기는 힘들다. 스토리를 작성하기 시작할 때 작품이 어떤 플롯에 해당할지 결정하고 진행한다면 해당 플롯을 활용해서 큰 틀을 만들어갈 수 있다. 기존의 플롯에 변형을 가해 독특한 플롯을 만들어 보는 것도 좋다. 그리고 충분히 경험을 쌓으면 새로운 플롯을 만들어 낼 수도 있을 것이다.

피카소[Pable Picasso]가 말했듯이 "법칙을 깨는 방법을 알기 위해서는 법칙을 배우지 않으면 안 된다."는 말을 기억하자. 우선 기본적인 플롯에 맞춰 스토리를 다양하게 작성해보는 노력이 선행돼야 한다. 또한 스토리를 작성할 때 비슷한 장르를 찾아보는 것보다 비슷한 플롯을 가진 작품을 여럿 찾아보는 것이 큰 도움이 된다고 했다. 장르는 플롯과 같이 체계적으로 구조를 설명해주지 않기 때문이다.

좋은 플롯의 8가지 원칙

인류가 구조화해 온 플롯의 개수는 무수히 많다. 하지만 그 중 지금까지도 살아남아 자주 활용되고 있는 플롯들에게는 어떤 공통점이 있지 않을까? 토비아스는 다음의 원칙을 가지고 있는 플롯이 좋은 플롯이라고 했다. 다시 말해 공통적으로 이러한 원칙을 지니고 있는 플롯들이 지금까지 살아남아 사람들의 마음을 움직인다는 것이다. 다음에 소개할 20가지 플롯은 모두 이러한 원칙을 잘 지키고 있는 것을 정리한 것이다.

좋은 플롯의 8가지 원칙

❶ '긴장'이 없다면 플롯도 존재하지 않는다.

❷ '대립하는 세력'을 통해 긴장을 만들어라.

❸ 대립하는 세력을 확장시켜 긴장을 보다 고조시켜라.

❹ 등장 인물의 성격을 변화시켜라.

❺ 모든 사건은 중요한 사건이 되게 하라.

❻ 결정적인 것을 오히려 사소하게 보이게 하라.

❼ 너무 완벽하기보다 예외가 존재할 여지를 남겨 놔라.

❽ 클라이맥스에서는 주인공이 중심적 역할을 하게 만들어라.

❶ 긴장이 없다면 플롯도 존재하지 않는다.

이야기에 인과관계가 추가됨으로써 긴장과 갈등이 발생하고 스토리가 비로소 플롯이 된다. 긴장이 없다면 단순히 긴 서술만이 남아 지루한 이야기만 남는다. 긴장은 어디서 발생하는가? 주인공의 의도가 다른 등장인물, 사건, 배경에 의해 거절당하면서 긴장이 발생하게 된다.

❷ 대립하는 세력을 통해 긴장을 만들어라.

거의 대부분의 스토리에서 주인공과 적대자는 대립을 한다. 그리고 적대자는 주인공의 의도를 방해하기 위한 존재다. 즉 주인공의 의도가 깨지는 상황을 만들기에 적대자와의 대립구도가 최적인 것이다. 대립하는 세력을 만들게 되면 자연스럽게 긴장이 만들어진다.

❸ 대립하는 세력을 확장시켜 긴장을 보다 고조시켜라.

주인공의 의도가 거절당했다고 할지라도 발생되는 긴장은 일시적이다. 그러므로 이야기가 진행됨에 따라 긴장은 지속적으로 발생해야 하고, 클라이맥스로 갈수록 점차 고조돼야 극적인 구조를 가지게 된다. 즉 작품 전체에서 유지될 만한 거대한 갈등이 요구된다. 그러므로 대상 인물에서 가족, 동료, 집단, 국가로 세력을 확장시키는 것으로 지속적이고 거대한 긴장으로 발전된다.

❹ **등장 인물의 성격을 변화시켜라.**

관객과 독자는 극적 행동이 등장인물의 성격에 영향을 줘 성격이 변화하기를 원한다. 그래야 단편적이지 않은 매력적인 등장인물이 만들어지기 때문이다. 등장인물들의 성격변화는 갈등의 요인이 되기도 하며, 갈등을 해결하는 실마리로도 활용될 수 있다. 특히 주인공은 시작과 마지막의 성격이 달라져야 한다. 어떤 사건이 주인공의 성격과 행동을 변화시키는지에 대해서 작품은 방향성과 일관성을 가져야 한다.

이 원칙은 3장의 '35. 성격의 유형'에서 필자가 언급했던 주장과 일치한다. 캐릭터 설정에서 성격을 설정할 경우 단조롭게 고정적으로 설정하지 말고 성격 변화까지 고려하라고 했었다. 그리고 성격이 왜 변하게 됐는지 그 이유와 시점까지 작성하는 것이 좋다고 했었다.

❺ **모든 사건은 중요한 사건이 되게 하라.**

앙드레 지드^{Andre Gide}는 예술의 첫째 조건은 불필요한 부분이 없어야 한다고 주장했다. 관객과 독자는 한 가지 방향에 집중하기를 원하지 산만한 것을 바라지 않는다. 아무리 잘 쓰여진 내용이라고 할지라도 플롯의 의도에 맞지 않는다면 관객과 독자의 입장에서는 방해가 될 뿐이다. 물론 창작자에게 있어 자신이 작성한 내용을, 특히 잘 쓴 부분을 과감하게 삭제하는 건 자신의 살을 도려내는 것과 같은 아픔을 느낄 것이다. 그러나 완성도가 높을수록 핵심만 압축돼 있는 형태가 돼야 한다. 작품에 들어가는 모든 사건은 의미가 있는 중요한 사건만을 남기고 삭제할 수 있는 용기가 있어야 한다.

❻ **결정적인 것을 오히려 사소하게 보이게 하라.**

포드 매독스 포드^{Ford Madox Ford}는 스토리 전개상 결정적인 것은 오히려 중요하지 않게 보여야 한다고 주장했다. 중요할수록 사소하게 보이게 함으로써 관객과 독자가 편하게 몰입될 수 있게 만든다. 다만 표현에 주의해야 한다. 관객과 독자의 눈에 '유별나게' 띄지 말아야 한다는 의미다. 나중에 다시 급작스럽게 등장했을 때 그것을 어디선가 봤다는 사실을 관객과 독자가 어렴풋이 기억할 수 있게 사소해 보이는 곳에 절묘하게 배치해야 한다.

❼ 너무 완벽하기보다 예외가 존재할 여지를 남겨 놔라.

관습적으로 만들어져 온 작품에서는 예외적인 사항이 들어갈 여지가 없다. 창작자가 모든 규칙을 철저히 만들어 어느 대목이든 이유가 입증돼야 했다. 하지만 점차 관객과 독자는 정형화된 플롯만을 원하지 않고 변화를 원한다. 예외는 때론 일반적이지 않은 거대한 행운을 불러일으킨다. 따라서 창작자가 너무 완벽하게 만들기 보다 상상의 나래를 펼칠 수 있도록 약간의 여지를 남기는 것이 기존 플롯들과 다르게 독창성을 보이게 만드는 수단 중 하나가 된다.

❽ 클라이맥스에서는 주인공이 중심적 역할을 하게 만들어라.

플롯의 기본은 관객과 독자에게 궁금증을 가지게 만드는 것이다. 왜? 인과관계를 만드는 것이 플롯이라고 했다. 플롯은 질문을 던지고 클라이맥스에서 그 답을 찾을 수 있게 해야 한다. 클라이맥스에서 주인공은 스스로의 의지로 행동을 해야 하며, 주인공의 행동이 사건에 압도당하지 않고 사건에 강한 영향을 주도록 중심에 서게 만들어야 한다.

20가지 플롯

지금까지 좋은 플롯의 8가지 원칙을 살펴봤다. 이런 원칙을 지키고 있는 좋은 플롯들 중에서도 어떤 플롯을 선택하는지에 따라 풀어나갈 스토리의 방향성이 전혀 달라진다. 어떤 플롯이 내가 만들고자 하는 스토리에 적합할까?

플롯은 크게 몸의 플롯과 마음의 플롯으로 분류된다. 몸의 플롯은 '인물의 행동'을 중시해 액션이나 모험 등을 다루고, 마음의 플롯은 인물 간의 관계에서 나오는 '인간의 내면과 본질'을 다룬다.

몸의 플롯에서도 등장인물의 성격이 변화하기도 하지만 성격의 변화보다는 행동에 무게 중심을 둔다. 행동에 무게 중심을 두기 때문에 작품 상에서 지적인 질문이나 도덕에 대한 의문을 제기하지 않는다. 분명 몸의 플롯은 마음의 플롯에 비해 까다롭지 않기에 수월하게 활용할 수 있다. 대중이 좋아하는 화끈하고 시원시원한 모험 이야기를 만들고자 한다면 몸의 플롯이 적합하다. 게임에서 몸의 플롯은 스토리뿐만 아니라 게임 시스템에서도 일부 적용시킬 수 있다. 플레이어의 행동을 플롯과 연결시킨다면 스토리와 게임 시스템이 하나로 어우러져 통일성을 부여하게 된다.

마음의 플롯은 인간의 본질과 내면에 대한 고민을 작품을 통해서 전달하고 싶을 때 사용된다. 인물의 행동은 크게 부각되지 않는다. 흔히 대중적이지는 않지만 진지한 작품들이 이에 해당된다. 그만큼 성공하기는 힘들지만 예술적인 발전에도 기여할 수 있는 작품을 만들어 보겠다면 마음의 플롯을 선택하는 것도 좋다. 게임에서 마음의 플롯은 스토리에 적용할 수는 있지만, 게임 시스템에 적용하기란 매우 어렵다. 추상적인 개념이나 인간의 사고를 플레이어의 행동으로 표현해 내는 것은 여간 어려운 일이 아니기 때문이다.

토비아스가 정리한 20가지 플롯은 몸의 플롯이냐 마음의 플롯이냐 명확하게 양분하기보다 양쪽의 범주에 모두 속해 있다고 이해하는 것이 좋다. 각 플롯마다 몸의 플롯과 마음의 플롯의 비중에 차이가 있으며 유독 한쪽의 비중이 높은 경우도 있다. 모험, 추적, 구출, 탈출은 몸의 플롯이 강하게 드러나는 대표적인 플롯이며, 변모, 성숙, 발견, 상승, 몰락은 마음의 플롯이 강하게 드러나는 대표적인 플롯이다. 한 쪽에 치우치지 않은 플롯의 경우 스토리텔러가 어느 쪽에 비중을 두는지에 따라서 동일한 플롯을 선택해도 조금씩 다른 스토리를 만들어 낼 수 있다.

20가지 플롯의 특징을 간략히 요약하면 다음과 같다. 가능한 각 플롯을 아리스토텔레스의 3막 구조로 나눠 재정리했다. 지금까지 플레이해온 게임만 아니라 봐왔던 영화, 애니메이션, 만화, 소설 등이 어느 플롯에 해당되는지 스스로 생각하면서 보자. "아! 이래서 그랬던 것이구나!"라며 작은 깨달음을 얻을지도 모른다.

20가지 플롯

❶ **추구(Quest):** 돈키호테는 사랑을 얻을 것인가

❷ **모험(Adventure):** 초점을 여행에 맞춰라.

❸ **추적(Pursuit):** 도망자의 길은 좁을수록 좋다.

❹ **구출(Rescue):** 흑백논리도 설득력이 있다.

❺ **탈출(Escape):** 두 번 실패한 다음에 성공하라.

❻ **복수(Revenge):** 범죄를 목격하게 만들면 효과가 커진다.

❼ **수수께끼(The Riddle):** 가장 중요한 단서는 감추지 않는다.

❽ **라이벌(Rivalry):** 경쟁자는 상대방을 이용한다.

❾ **약자(Underdog):** 주인공의 정서적 수준을 낮춰라.

❿ **유혹(Temptation):** 복잡한 인물이 유혹에 빠진다.

⓫ **변신(Metamorphosis):** 변하는 인물에는 미스터리가 있다.

⓬ **변모(Transformation):** 변화의 책임을 누가 질 것인가

⓭ **성숙(Maturation):** 서리가 내려야 맛이 깊어진다.

⓮ **사랑(Love):** 시련이 클수록 꽃이 화려해진다.

⓯ **금지된 사랑(Forbidden Love):** 빗나간 열정은 죽음으로 빚을 갚는다.

⓰ **희생(Sacrifice):** 운명의 열쇠가 도덕적 난관을 만든다.

⓱ **발견(Discovery):** 사소한 일에도 인생의 의미가 담겨 있다.

⓲ **지독한 행위(Wretched Excess):** 사소한 성격 결함이 몰락을 부른다.

⓳ **상승(Ascension):** 늦게 시작하고 일찍 끝을 맺는다(20과 쌍).

⓴ **몰락(Descension):** 늦게 시작하고 일찍 끝을 맺는다(19과 쌍).

❶ 추구: 돈키호테는 사랑을 얻을 것인가

추구는 주인공이 자신의 인생을 걸고 어떤 인물, 사물, 장소 등을 찾아다니는 플롯이다. 다음에 설명할 모험 플롯과 유사한 점이 상당히 많다. 다만 모험 플롯과 다르게 여행을 떠나는 인물에 초점을 맞추고 있어 마음의 플롯이 강하게 드러난다. 지리적으로는 한 바퀴 돌아 탄생 공간으로 회귀하는 형태지만 등장인물의 심리상태는 스토리가 진행되면서 변한다. 결과적으로 주인공이 추구하는 바가 처음과 끝을 비교했

을 때 상당히 달라진다. 등장인물의 성숙, 지혜, 진리 탐구, 자기 발견 등과 같은 내적 동기에 주목한다.

1막에서는 주인공에게 동기를 부여하는 사건에 집중해야 한다. 특히 서두르지 말고 왜 어떠한 것을 추구하게 됐는지 설득력 있게 전달돼야 한다. 마음의 플롯이 강하므로 주인공의 내적 고민을 털어놓는 연출이 가능하도록 최소한 한 명 이상의 동반자가 필요하다. 주인공과 동반자의 상호 작용을 통해 협력과 갈등 관계를 부각시켜 주인공의 생각이 변하는 과정을 그려 나간다. 2막에서 주인공은 흥미진진한 장애물을 헤쳐가며 인과관계에 따라 추구하는 사람, 사물, 장소를 찾아다닌다. 3막에서 주인공이 추구하는 것을 찾거나 실패한 후 새로운 발견을 하게 된다. 단, 이 발견은 주인공이 처음 생각했던 것과는 다르게 뜻밖의 것인 경우가 많다. 추구를 해가는 과정에서 주인공이 추구했던 대상보다 오히려 주인공의 내적 성장이나 깨달음이 컸다는 것에 초점을 맞추는 플롯이다. 추구했던 것을 힘들게 찾았는데 정작 별 것이 아니었고, 지금의 주인공은 충분히 강해져 있기에 딱히 필요 없게 됐다는 설정이 해당된다.

❷ 모험: 초점을 여행에 맞춰라.

모험은 우리에게 아주 익숙한 플롯이다. 동화, 신화, 전설 등의 이야기에 주로 등장하는 플롯이다. 앞서 소개했던 3장의 '42. 영웅의 모험 단계'와 3장의 '43. 등장인물의 기능'이 대표적인 모험 플롯에 해당된다. 우리가 흔히 접하는 모험 이야기는 무엇에 주목하고 있나? 여행하는 인물보다 여행 자체, 즉 여행 중에 이뤄지는 행동에 초점을 맞추고 있다.

주인공은 누군가 또는 무엇인가에 의해 모험을 해야만 하는 동기를 부여받는다. 동기를 부여받고 일어나는 첫 번째 사건은 이후 각 막에서 일어나는 사건들과 인과적 연관성을 가져야 한다. 주인공은 넓은 세상 밖으로 나가 새로운 장소로 이동하게 되며 그곳에서 신기한 사건에 휘말리게 된다. 즉 모험은 몸의 플롯이 강하게 드러난다.

인물이 아닌 모험이라는 행동에 집중하므로 등장인물을 지속적으로 흥미로운 사건에 처하게 만들어야 한다. 이 때 중요한 점은 사건 간 인과관계의 설득력을 높이기 위해 사건이나 배경에 대한 세부묘사가 정밀하게 돼야 한다는 점이다. 인물이 덜 부각되는 만큼 사건과 배경에 대한 세부묘사가 중요해진다. 추구 플롯과 다르게 작품의 마지막에서 주인공은 의미 있는 변화를 반드시 가질 필요는 없다. 모험을 하는 주인공이 아닌 모험 자체가 중심이 되기 때문이다.

게임에서 추구와 모험 플롯 중 어느 것을 사용할 것인지에 따라 동일한 모험 이야기도 전혀 다른 스토리로 구성된다. 주인공의 내적 고민에 주목할 것인가, 모험 자체에 주목할 것인가에 따라 게임 디자인에서 집중해야 할 게임 요소마저 바뀌게 된다.

❸ 추적: 도망자의 길은 좁을수록 좋다.

인간은 누구나 숨겨진 것을 찾는 데 원초적인 흥미를 가지고 있다. 마치 술래잡기처럼 말이다. 추적 플롯은 술래잡기를 드라마처럼 만든 것이다. 누군가는 도망가고 누군가는 쫓는다. 즉 쫓는 자와 쫓기는 자 2명이 중심이 된다. 여기서 주인공은 쫓는 역할이 될 수도 있고 쫓기는 역할이 될 수도 있다. 쫓는 자는 심각한 위험에 빠지게 되지만, 반면 쫓기는 자를 일정 시간 잡을 수 있는 기회가 주어지기도 한다. 모험 플롯과 같이 인물보다 추적이라는 행동 자체에 초점을 맞추고 있다.

추적 플롯은 추적의 기본 규칙을 정하고, 위험을 설정하고, 동기를 부여하는 것으로 시작된다. 이후 추적 과정이 중심이 되며, 막다른 골목에서 2명이 가까워질 때 긴장이 고조된다. 긴장이 최고조에 이르는 시점은 쫓기는 자가 마치 포기한 것처럼 보일 때다. 2명이 아주 근접했을 때 쫓기는 자는 물리적 힘이 아닌 '꾀'를 내어 위기 상황을 벗어나고 다시 추적이 반복된다.

추적 플롯의 핵심은 추적을 예측하지 못하게 만드는 것이다. 따라서 등장인물과 상황이 진부해서는 안되며 자극적이고, 적극적이며, 독특해야만 한다. 그리고 최대한 추적이 발생하는 배경을 좁게 설정해야 긴장감이 극대화된다. 추적이 이뤄지는 배경이 대부분 섬이나 폐쇄된 공간이 되는 이유는 쫓기는 자와 쫓는 자의 거리를 가깝게 유지해 긴장감을 높이기 위함이다.

공포 게임에서 자유도를 주기 위해 스케일을 넓힌다고 공간을 넓게 설정해버리면 오히려 공포 게임에서 가장 중요한 긴장감이 떨어지게 된다. 〈아웃라스트Outlast〉의 배경은 폐쇄된 병원이다. 병원 내에서 같은 지역을 몇 번이고 돌아오게 되는 단점이 있으나 긴장감을 높이기 위해 좁은 공간은 오히려 축복받은 조건이 된다. 공포 게임 중

명작이라고 불리는 게임들의 배경을 살펴보자. 거의 모든 게임이 매우 비좁고 더 나아가 폐쇄된 지역임을 알 수 있다.

반면 〈아웃라스트2Outlast2〉는 1편에 비해 상당히 넓은 지역으로 바뀌었다. 이는 추적이 가져야 하는 가치와 매우 상반된 것으로 긴장감도 떨어지기 쉬우며 심지어 플레이어가 넓은 맵을 헤매는 사태까지 벌어진다. 추적의 관점에서 봤을 때 〈아웃라스트2〉는 골목길처럼 가능한 한 좁아야 하는 도망자의 길을 광활한 평야처럼 만들어 버리는 실수를 범했다. 이러한 실수는 〈디 이블 위딘2THE EVIL WITHIN2〉에서도 확인할 수 있다. 탁 트인 넓은 공간에서 긴장감을 지속적으로 제공하기란 여간 어려운 것이 아니다.

그림 3-36 출처: 아웃라스트2

그림 3-37 출처: 더 이블위딘2

❹ 구출: 흑백논리도 설득력이 있다.

구출은 주인공이 적대자인 악역으로부터 희생자를 구출하는 플롯이다. 주인공, 적대자, 희생자가 삼각관계로 등장하나 희생자는 부수적인 존재에 불과하다. 주인공이 선이며 적대자는 악이라는 흑백논리가 도덕적 논리로 작용된다. 주인공은 당연히 자신의 것이라고 생각한 것을 적대자에게 빼앗기면서 시작된다. 대표적인 사례는 주인공이 사랑하는 사람이다. 주인공은 빼앗긴 대상을 되찾기 위해 적대자가 설치한 함정을 알고서도 뛰어들어간다. 구출이라는 행동에 집중한 플롯이다.

1막에서는 적대자가 희생자를 납치하면서 주인공과 희생자의 이별로 시작된다. 2막에서는 추적 과정이 진행된다. 3막에서는 주인공이 적대자와의 대결에서 승리해 희생자를 되찾는 것으로 사랑을 되찾는다. 이로써 혼돈에서 질서의 세계로 돌아온다. 만약 3막에서 반전을 넣고 싶다면 주인공과 적대자를 변경하기보다 희생자의 태도나 역할을 독창적으로 설정하면 된다. 다만 독창적이라고 할지라도 논리적이고 설득력이 있어야 한다.

구출 플롯은 다른 플롯에 비해 정해진 공식이 있다고 할 정도로 매우 뻔한 전개가 된다. 그러나 보편적이고 익숙한 만큼 복수나 유혹과 같이 정서적으로 큰 만족감을 주며 호소력이 강력한 플롯 중 하나다.

❺ 탈출: 두 번 실패한 다음에 성공하라.

탈출은 주인공이 희생자가 돼 스스로를 구출하는 플롯이다. 그러므로 구출 플롯과 비슷한 점이 상당히 많다. 구출의 주인공, 적대자, 희생자에서 주인공이 희생자 역할을 하게 되며 동일하게 흑백논리가 도덕적 논리로 작용된다. 주인공은 악을 대표하는 적대자에 의해 부당하게 억류되며 선을 의미하게 된다. 탈출이라는 행동에 집중한 플롯이다.

1막은 주인공이 부당하게 갇히는 과정을 다룬다. 준비가 완전하지 않은 상태에서의 첫 번째 탈출 시도는 좌절돼야 한다. 2막에서 두 번째 탈출은 잘 짜인 계획 아래에서 이뤄지지만 적대자에 의해 좌절된다. 3막에서 세 번째 탈출을 시도하는데 예상하지 못한 상황이 벌어지고 이러한 상황을 주인공의 영리함이나 능력을 통해 극복해 결국 탈출에 성공하게 된다.

즉 탈출 플롯은 두 번 실패한 이후에 성공하게 만들어야 한다. 첫 번째 ~ 두 번째는 적대자에 의해 주인공의 행동 결과가 조절되지만, 세 번째는 주인공 스스로 조절 능력을 가지게 됨으로써 적대자를 극복하고 탈출에 성공한다.

❻ 복수: 범죄를 목격하게 만들면 효과가 커진다.

복수는 매우 원초적이고 강력한 플롯이다. 인물의 의미 있는 탐색보다 행동에 집중하는 플롯인 경우가 대부분이다. 주인공은 적대자에 의해 신체적, 정신적 피해를 입게 되고, 처음에 경찰에 호소하는 등 전통적인 방법으로 부당함을 해소하려 한다. 허나 문제 해결 기관의 부패나 무능으로 스스로 사건을 해결할 수밖에 없는 상황에 처하도록 만들어야 한다. 이로 인해 주인공은 법의 테두리를 넘어선 야생적인 정의에 의한 복수를 집행할 당위성을 얻게 된다.

또한 관객과 독자의 정서를 건드려 복수에 대한 공감을 얻게 된다. 단, 복수가 주인공이 당한 괴로움의 범위를 넘어서지 않아야 공감을 받을 수 있다는 점이 중요하다. 적대자에 대한 과한 처벌은 오히려 형평성을 잃고 주인공의 복수에 대한 정당성을 잃게 만든다.

1막에서는 주인공의 정상적인 삶을 먼저 보여준다. 이후 적대자의 범죄를 목격하게 되며 주인공의 행복한 삶이 파괴된다. 이 범죄가 끔찍하면 끔찍할수록 복수에 대한 정당성이 강해진다. 이 단계에서 자세한 묘사로 관객과 독자를 피곤하게 만들어서는 안되며 장면의 핵심을 그리고 빨리 전환시켜야 한다. 2막에서는 복수에 대한 계획과 추적이 진행되는 데 주인공이 세운 계획이 몇 차례 실패해 더 철저한 계획을 세우는 과정이 포함된다. 3막에서 주인공과 적대자의 극적인 대결 단계가 진행된다. 다만 결과는 복수를 성공할 수도 있고 실패할 수도 있고 주인공이 소중하게 여기는 것이나 주인공의 생명마저 대가로 지불해야 하는 경우도 존재한다.

❼ 수수께끼: 가장 중요한 단서는 감추지 않는다.

수수께끼는 생각하면 생각할수록 모호한 질문으로, 단어나 문장에 대한 미묘한 의미를 이해하고 재해석해야 하는 고차원적인 도전이다. 수수께끼라고 하면 가장 먼저 떠오르는 것이 스핑크스가 오이디푸스에게 시험으로 낸 "목소리는 하나지만 아침에는 발이 네 개이고 낮에는 두 개이고 저녁에는 세 개인 것은 무엇인가?"이다. 하루의 시간대를 인생으로 바꿔 재해석하면 정답은 인간이 된다. 수수께끼의 본질은 관객과 독자에게 문제를 풀게 하게끔 만드는 것이다.

수수께끼 플롯은 고차원적인 문제를 낼 수 있어야 한다. 그렇기 때문에 재치를 통해 영리하게 관객과 독자를 속일 수 있는 자신감이 있을 때 선택하는 것이 좋다. 수수께끼를 푸는 핵심 열쇠는 감추지 말고 평범한 곳에 놔두어야 한다. 그리고 작품의 주인공이 수수께끼를 풀기 전에 관객과 독자가 먼저 풀 수 있도록 유도해야 하는 점이 중요하다.

마지막으로 수수께끼의 답은 지극히 평범해야 한다. 정답을 맞추지 못한 사람도 정답을 듣는 순간 "아!"라고 바로 공감할 수 있어야 한다. "응?"이라고 의문을 가지는 사람이 많다면 그 수수께끼는 잘못 디자인된 것이다.

1막에서 수수께끼가 제시된다. 2막에서 인물, 사건, 배경의 인과관계를 밝혀가는 과정이 그려진다. 3막에서는 수수께끼를 어떻게 해결했는지 해결담, 주인공의 동기, 실제 수수께끼를 풀어주는 해설이 포함된다. 수수께끼의 답이 있는 폐쇄형 구조를 선택할 수도 있지만, 답이 없고 관객과 독자에게 맡기는 개방형 구조를 제공할 수도 있다.

❽ 라이벌: 경쟁자는 상대방을 이용한다.

라이벌은 주인공과 경쟁자 또는 그 사이 세력 간의 투쟁을 그린 강력한 플롯이다. 라이벌은 서로 같은 목적을 가지고 전체적으로 동일한 힘을 가지고 있어야 성립된다. 서로 힘이 대등할수록 경쟁이 치열해진다. 다만, 전체적인 힘은 같다고 할지라도 '힘'과 '속도'와 같이 다른 속성의 대결을 부여해야 더욱 흥미로워진다. 도덕적 논리는 흑백논리가 아닌 주인공과 경쟁자 각자 추구하는 정의가 있어 관객과 독자도 성향에 따라 공감하는 쪽이 달라 나눠진다.

1막에서는 맨 처음 갈등이 시작되기 전의 대등한 관계를 보여준다. 경쟁자가 주인공의 의지를 꺾는 것을 발단으로 해 갈등이 시작되며 경쟁자의 힘이 우월하게 된다. 2막에서 주인공의 힘은 내려가고 경쟁자의 힘은 올라가는 대칭 곡선이 그려진다. 그러다 주인공에게 반등할 기회가 주어지면서 힘의 균형을 되찾게 된다. 3막에서 주인공과 경쟁자의 피할 수 없는 대결이 펼쳐지며 승리한 주인공은 잃어버렸던 질서를 회복한다.

❾ 약자: 주인공의 정서적 수준을 낮춰라.

약자는 라이벌 플롯의 변형된 한 종류다. 극적 단계는 라이벌과 거의 유사하지만 큰 차이점이 존재한다. 주인공은 경쟁자와 대등한 상대가 아닌 약한 존재라는 것이다. 주인공을 의도적으로 약하게 만들어 관객과 독자에게 연민의 정을 느끼게 하는 것이 핵심인 플롯이다. 착하고 약한 주인공에 대한 보호 본능을 불러일으키며 관객과 독자에게 있어 같은 처지임을 느끼게 만든다.

1막에서 주인공은 세력을 상실하면서 경쟁자의 힘에 압도당한다. 2막에서 주인공은 철저히 바닥까지 떨어진다. 이후 강력한 힘을 보유한 경쟁자를 쫓아 현재 상황을 반전시키기 위해 노력하나 실패로 돌아간다. 3막에서 주인공은 실패를 딛고 경쟁자에게 대등하게 대적할 힘을 얻게 된다. 그리고 주인공과 경쟁자는 동일한 경쟁의 기회를 부여받아 대결하며 주인공의 승리로 끝난다.

❿ 유혹: 복잡한 인물이 유혹에 빠진다.

유혹은 인간의 약한 본성에 관한 플롯이다. 행동이 아닌 인물의 다양한 정서 상태의 변화에 초점을 맞춘다. 즉 인간의 동기, 성격, 충동을 시험하는 것으로 마음의 플롯이 강하게 드러난다. 도덕적 논리는 어떤 유혹에 빠졌는지에 따라 달라진다. 유혹 플롯의 핵심은 유혹에 빠진 대가에 대한 메시지를 담고 있다.

유혹에 빠지는 인물은 내적으로 복잡한 인물이며, 유혹에 따른 치명적 대가를 치르게 된다. 유혹에 빠지면 안되는 것을 알고 있음에도 유혹에 빠졌기에 내면의 갈등이 생기는 것이다. 그리고 관객과 독자는 이 인물을 동정하며 몰입한다.

1막에서 가장 먼저 주인공의 본성, 적대자의 소개, 유혹의 본질이 그려진다. 이후 주인공은 유혹에 빠지지 않기 위해 투쟁을 하나 결국 유혹에 굴복한다. 그리고 유혹에 빠져 짧은 기간 만족스러운 시기를 보내면서도 자신의 결정을 정당화하려 한다. 2막에서 주인공이 빠진 유혹의 영향이 점차 거대해지고 부정적인 측면이 부상된다. 이러한 점을 깨닫고 대가를 모면하기 위해 추가적인 행동을 하나 오히려 더 큰 잘못을 저지르게 된다. 이러한 잘못의 악순환이 극적 긴장 상태로 발전된다. 3막에서 참회, 화해, 용서 등으로 주인공의 내면적 갈등이 해소된다.

❶ 변신: 변하는 인물에는 미스터리가 있다.

변신은 주로 주인공이 신체적 변화 과정을 겪고 인간으로 되돌아오는 과정을 그린 교훈적인 요소가 풍부한 플롯이다. 변신의 원인은 대부분 저주이기 때문에 주인공은 천성적으로 슬픈 인물이며 관객과 독자에게 연민의 감정을 느끼게 만든다. 저주를 푸는 열쇠는 부모자식 간, 남녀 간, 인간과 신에 대한 사랑이다. 사랑은 저주를 치료하는 특효약이라는 보편적이고 강력한 교훈을 활용한다. 행동보다 변신에 대한 마음의 변화에 초점을 맞추는 플롯이다.

다른 플롯과 다르게 적대자의 역할이 파격적으로 다르며, 심지어 희생자가 되기도 한다. 적대자는 주인공의 저주를 풀어주는 촉매역할을 하며 주인공이 애타게 기다린 선택받은 자다. 하지만 그는 스스로 선택받은 자라는 것을 인지하지 못한다.

1막은 저주가 풀리는 사건이 발생하기 바로 직전부터 시작돼야 한다. 주인공은 저주의 이유를 알지 못한 채 관객과 독자는 주인공이 저주 상태에 빠져 있다는 것을 관망할 뿐이다. 2막에서 주인공과 적대자 간의 관계를 집중 조명한다. 3막에서 적대자는 주인공의 저주를 푸는 촉매역할을 함으로써 주인공에게 부여된 저주에 대한 해방 조건이 만족되고 자유를 얻는다. 주인공은 해방되면서 원래 모습으로 회복되는 경우도 있으나 평온한 모습으로 죽음을 맞이하는 경우도 존재한다.

❷ 변모: 변화의 책임을 누가 질 것인가

변모는 주인공의 신체적 변화가 아닌 내면의 의미 있는 변화를 그린 플롯이다. 인간의 가슴 속에는 자신조차 알지 못하는 면이 있다는 것을 강조하기 위함이다. 주인공은 인생의 여러 단계를 여행하면서 원래 성격에서 다른 성격으로 변하게 된다. 초점은 왜 변모하게 됐는지 주인공에게 어떤 영향을 미쳤는지에 맞춰진다. 실제 거대한 사건일 수도 있고 사소한 사건일 수도 있으나 주인공에게 있어서는 의미가 큰 사건이라는 것이 부각돼 묘사된다. 아주 사소한 일임에도 불구하고 인생이 통째로 바뀌는 것처럼 인간이 가진 마음은 갈대와 같다.

1막에서 주인공이 위기에 빠지게 되는 사건이 발생하면서 변모가 시작된다. 2막에서 변모에서 오는 영향을 묘사한다. 3막에서 주인공은 진정한 성장과 이해를 하면서 모든 것이 밝혀지고 변모가 완료된다.

⓭ 성숙: 서리가 내려야 맛이 깊어진다.

성숙은 변신과 변모 플롯과 긴밀하게 연결돼 있으나 어른이 되는 과정을 겪는 어린이에게 집중하는 플롯이다. 낙관적이며 교훈적 목적의 플롯이기에 별도로 분리한다. 성숙 플롯에서 주인공은 아직 인생의 목표가 명확히 세워져 있지 않은 성장기 중에 절정기를 맞이한 어린이다. 어린이가 가지는 미래에 대한 기대는 진실에 의해 그 환상이 깨진다. 그러면서 어른으로서 성숙해진다. 어린 시절 순진했던 삶의 방식과 성장한 뒤 보호받지 못하는 어른의 삶의 방식을 대비시킨다. 주인공의 행동보다 성숙 과정에서 발생하는 도덕적, 심리적 변화에 초점을 맞춘다.

1막에서는 신뢰할 수 있는 성격을 가진 성장기의 주인공을 보여준다. 그는 아직 어른의 가치와 인식을 가지지 않은 순수한 인물이다. 이러한 점을 부각시키기 위해 변화의 사건이 발생되기 전 인물과 인물의 생각에 대해 관객과 독자에게 먼저 알 수 있게 만든다. 세상에 대한 주인공의 믿음에 먹구름이 몰려오는 것 같은 강렬한 시험을 받게 되는 사건이 발생하고 믿음이 흔들리면서 이야기가 시작된다. 2막에서 주인공은 급진적이지 않고 점진적으로 성장하는 과정을 보여준다. 어른이 되려고 한번에 시도하지 않고 작은 교훈들에 동요하고 고민하면서 어른의 가치를 배운다. 3막에서 주인공은 성숙에 의한 변화를 받아들이거나 거절한다. 대부분 작품은 어른의 가치를 긍정적으로 묘사하고 있기에 변화를 받아들이면서 마무리를 한다.

단 어린이의 인식 수준에 맞춰 사소하게 보이는 일에도 나름대로 의미를 가지고 순간순간 조심스럽게 선택할 수 있도록 해야 한다. 또한 어린이의 관점에서 보기 때문에 선과 악을 담으려 해서는 안 된다.

⓮ 사랑: 시련이 클수록 꽃이 화려해진다.

사랑은 시련을 뛰어넘어 화려하게 꽃피는 인물에 대한 플롯이다. 시련이 클수록 꽃은 아름답게 피기 마련이다. 주인공은 매력적이고 설득력 있는 인물로 설정한다. 연인 간에 신분, 신체 등 서로 어울리지 않는 면이 있어 당장은 서로 함께 있을 수 없다. 남녀 둘 중 한 명은 적극적으로 다가가는 입장이고, 한 명은 장애 요소가 극복되기를 소극적으로 기다린다.

사랑 이야기는 크게 2가지로 분류된다. 사랑에 빠지는 이야기와 사랑이 멀어지는 이야기다. 사랑에 빠지는 이야기는 대중적이지만 차별성을 두기 힘들다. 반면 사랑이 멀어지는 이야기는 대중적이지 않지만 아주 극적인 작품이 만들어질 수 있다. 일반적으로 사랑 이야기는 사랑에 빠지는 이야기가 압도적으로 많고 내용이 불 보듯 뻔해서 경쟁력을 가지기 쉽지 않다. 내용이 이미 다 알려져 있기 때문에 내용보다는 이야기를 어떻게 독특하게 표현할지 그 묘사 방법이 더욱 중요해진다.

1막에서 두 주인공이 소개되고 사랑이 시작돼 이룩되는 과정을 그린다. 사랑이 결실을 맺는 상징적인 일이 발생하며 절정에 다다를 때 시련이 찾아오며 둘을 헤어지게 만든다. 적대자가 꾸민 일이 원인이 될 수도 있고 전쟁, 사고, 병과 같은 외부적인 요인 때문에 헤어지기도 한다. 이후 장애를 극복하려는 첫 번째 노력은 반드시 물거품이 된다. 2막에서 첫 번째 노력의 실패 이후 연인 사이는 더욱 끌리게 되고 헌신과 끈질김으로 사랑을 입증하게 된다. 연인 중 한 사람은 다른 연인을 되찾기 위해 노력을 하고 다른 한 쪽은 인내심을 가지고 충동을 억제하는 모습이 그려진다. 3막에서 적극적 입장을 취했던 연인은 간신히 모든 장애 요소를 극복하고 결국 둘은 재회한다.

❺ 금지된 사랑: 빗나간 열정은 죽음으로 빚을 갚는다.

금지된 사랑은 간통, 근친상간, 동성애를 비롯해 사회의 관습에서 어긋난 사랑의 일종이다. 금지된 사랑 플롯에서 연인은 사회적 관습을 무시하고 세속적, 본능적, 열정적으로 사랑에 빠진다. 세상에서 가장 강하고 진실된 것은 사랑이지만 간통의 대가는 죽음에 이를 정도로 혹독한 결과를 맞이한다는 교훈을 보여주기 위한 플롯이다. 사랑과 유사한 전개가 있지만 대부분 결과가 비극적으로 끝난다.

1막에서 두 사람 간의 관계, 위반된 금기의 정의, 주변 인물의 대처 반응이 규정된다. 사회는 금지된 사랑을 인지하자마자 불만을 토로하며 두 사람의 사이를 가로막는다. 그러기에 연인은 더욱 비밀스럽게 사랑을 나누지만 결국 걸리게 된다. 2막에서 처음 연인은 긍정적이고 이상적 관계에서 시작되지만 사회적 압박으로 인해 점차 관계에 금이 가기 시작한다. 이 시점에 두 사람 간의 관계를 몰락으로 몰고갈 사건이 발생된다. 3막에서 연인은 사회에 진 빚을 갚고 도덕적 문제를 해결하기 위해 압력, 추방, 죽음에 의해 헤어지면서 비극으로 끝난다.

⑯ 희생: 운명의 열쇠가 도덕적 난관을 만든다.

희생은 더 높은 이상을 원하는 대가로 도덕적 난관에 어떻게 대처하는지에 대한 플롯이다. 도덕적 난관은 주로 자신의 목숨을 바치거나 심각한 심리 변화가 일어나는 등 무엇인가 귀중한 것을 포기하는 것이다. 자기 보전은 모든 인간에게 있어 가장 중요한 사항임에도 희생은 이 본능에 저항하는 위대한 행위다.

희생 플롯의 바탕에는 인물이 있으며, 희생의 행위는 인물의 성격을 대변하게 된다. 그러기에 인형과 같은 인물을 내세워서는 안되며 인물의 변화과정을 관객과 독자가 이해할 수 있도록 설득력 있게 그려야 한다. 희생을 부각시키기 위해서는 희생과 가장 거리가 멀어 보이는 인물이 피할 수 없는 커다란 위험을 만나 희생하도록 만들어야 한다.

1막에서 인물의 동기를 명확히 해 이후에 왜 희생을 하게 됐는지 알 수 있게 한다. 일반적으로 희생을 하는 인물은 낮은 차원의 심리적 상태에서 변화하기 시작한다. 즉 대면하고 있는 문제의 본질을 이해하고 있지 못한 상태다. 이러한 상황이 인물에게 희생을 하지 않으면 안되는 상황으로 몰고간다. 2막에서 희생될 인물은 손쉽게 해결할 수 없는 사건에 의해 도덕적 난관에 봉착하게 된다. 처음에는 손쉬운 해결책을 찾으려 하지만 올바른 해결책이 뻔히 보이므로 내면적 고뇌를 하게 된다. 하지만 결국 결단을 내린다. 3막에서는 희생한 인물이 지불하게 될 희생의 비용에 초점을 맞춘다. 낮은 차원의 심리 상태에서 숭고한 상태로 변하는 정서의 발전에 주목해야 한다.

다만 지나친 것보다 모자란 것이 낫다. 희생에 대한 행동을 과장해서도 안되며, 희생한 인물을 성자로 만들어서도 안되며, 감상적이거나 멜로드라마로 끝내서도 안 된다. 희생의 가치는 관객과 독자가 판단할 수 있도록 열어 두어야 한다.

⑰ 발견: 사소한 일에도 인생의 의미가 담겨 있다.

발견은 수수께끼 플롯과 닮아 보이지만 사물, 장소, 비밀 등을 찾는 것이 아니라 인간의 본질과 삶에 대한 근본적 의미를 이해하는 것에 대한 플롯이다. 발견 플롯은 무수한 형식으로 이뤄지나 성숙 플롯처럼 주로 어린이가 주인공으로 등장하는 작품이 많다. 어른보다 어린이가 발견의 과정을 많이 겪기 때문이다.

성숙 플롯이 아무 것도 모르던 사람이 풍부한 경험을 가진 사람으로 변하게 되는 여행에 관한 것이라면, 발견 플롯은 과정을 다루기보다 인생을 해석하는 데 초점을 맞춘다. 주인공이 어린이가 되는 경우가 많은 만큼 등장하는 인물에게 작가가 설교해서는 안되며, 행동과 감정을 과장해서는 안되며, 멜로드라마적 정서는 피해야 한다.

1막에서는 주인공의 과거 인생보다 현재 시점으로 시작된다. 변화가 일어나는 사건이 발생하기 전 과거에 대해 너무 세밀한 세부묘사를 하는 것은 좋지 않으며 가능한한 빨리 위기에 처하도록 한다. 변화를 가져오는 사건이 주목받아야 하기 때문이다. 변화를 가져오는 사건이 중요한 만큼 사건은 의미심장하고 흥미로워야 한다. 2막에서 등장인물 간 싸움을 중요하게 부각시켜야 한다. 사소한 비극이라면 아무도 관심을 가지려 하지 않기 때문에 싸움이 가진 의미도 싸움을 그리는 전개도 사소해서는 안 된다. 3막에서 인물은 불확실성과 고통 때문에 변화에 저항한다. 삶의 균형을 되찾기 위해 노력하지만 오히려 기피하던 상황에 처하게 된다. 이러한 과정에서 인간의 본질을 발견하게 되고 쓰라린 교훈을 배우게 된다.

⑱ 지독한 행위: 사소한 성격 결함이 몰락을 부른다.

지독한 행위는 비정상적 상황에 처한 정상인 또는 정상적 상황에 처한 비정상인과 같이 문명의 외피를 잃어버린 사람들에 대한 이야기를 그린 플롯이다. 비참한 상황은 사람을 가리지 않고 누구나 자신도 모르는 사이에 찾아온다. 감당하기 힘든 비참한 상황에 처할 때 일부 사람들은 한 순간에 성격적 결함이 오면서 주변 사람에게 지독한 행위를 하게 된다. 주변에 악마의 마음을 가진 사람이 누구인지 어떻게 아는가? 관객과 독자에게도 지독한 행위가 일어날 수 있다는 긴장감이 지독한 행위에서 보여주고자 하는 핵심 내용이다. 지독한 행위는 복수가 아닌 질투 등에서 오는 정신착란에 초점을 맞춘다.

한편 지독한 행위를 하게 되는 주인공임에도 불구하고 관객과 독자에게 동정 받게 만들어야 한다. 관객과 독자도 주인공과 같은 상황에 처할 수 있다는 공감대를 형성해야 한다. 주인공은 별난 상황에 처한 보통사람에 불과하다. 때문에 주인공이 저지르는 지독한 행위에도 불구하고 동정을 받을 만한 가치가 있다는 묘사에 설득력이 있어야 한다. 관객과 독자에게 그가 희생자이든 악당이든 판단하지 않고 감정이입 될 수 있게 만들어야 한다. 그러므로 살인이나 강간과 같이 관객과 독자가 이해하기 힘든 상식을 벗어나는 행위를 선택해서는 안 된다.

1막에서 짧은 분량으로 사건이 변화를 가져오기 전의 모습을 보여준다. 이후 주인 공의 생활을 변하게 만드는 위기 및 사건이 발생한다. 2막에서 조절 능력의 상실 과 정을 다룬다. 사건의 영향으로 주인공과 주변 인물에 어떤 영향이 생겼는지 그려진 다. 3막은 주인공이 조절 능력을 완전히 상실하면서부터 시작된다. 최악의 상황으로 치닫으며 지독한 행위에 대한 결과가 내려진다. 주인공은 위기의 순간에 파괴적 결 말 또는 구원 중 하나를 명확하게 선택한다.

❶ ~ ❷ 상승과 몰락: 늦게 시작하고 일찍 끝을 맺는다.

상승과 몰락 플롯은 같은 궤적에서 다른 입장을 취한다. 하지만 동시에 다루는 이 유는 두 플롯의 구조가 같기 때문이다. 이야기의 핵심에 도덕적 난관이 있고 하나는 인물의 상승을 그리고 하나는 인물의 몰락을 그릴 뿐이다. 상승 플롯이 괴로운 상태 에 있는 인간 성격의 긍정적 가치를 다루는 데 반해 몰락 플롯은 부정적 가치를 다룬 다. 도덕적 난관에는 관객과 독자에게 전달하고자 하는 메시지가 담겨 있어야 한다.

그 어떤 플롯보다 인물을 중심으로 이야기의 초점이 맞춰진다. 등장인물은 강한 추진력을 가져야 하기에 강한 의지, 카리스마를 가지고 독특하게 그려진다. 주인공 이 추구하는 가치가 긍정적이든 부정적이든 관객과 독자가 끌릴 수 있도록 매력적이 면 된다. 일어나는 모든 사건이 주인공 때문에 일어날 정도다. 인물이 사건에 영향을 주며 사건의 결과로서 동기와 의도를 갖고 인물이 변해가는 과정을 그린다.

상승에 대한 플롯이라면 출세의 이유는 인물 또는 우호적인 환경이 될 수 있다. 하지만 몰락에 대한 플롯은 반드시 몰락의 이유를 환경이 아닌 인물에게서 가져와야 한다. 직선적인 상승과 몰락은 피하고 출세와 몰락하는 과정과 경로를 부드럽게 그 린다.

1막에서 주인공은 열정과 욕망으로 가득찬 젊은이로 등장한다. 인생의 굴곡과 반 전에 의해 인생에 대한 환상이 깨지고 원하는 변화를 가져올 수 없다는 힘의 부재를 느낀다. 평범하게 시작했으나 사건이 발생하면서 주인공은 더 이상 평범하지 않은 인물로 끌어올려진다. 등장인물들이 커다란 변화가 일어나기 전 어떤 인물인지 나중에 비교되기 위해 묘사된다. 2막에서 도덕적 난관에 관한 사건이 발생하며 인물의 심리 탐구와 세부묘사가 이어진다. 3막에서 등장인물과 사건의 누적 결과가 나타난다. 격렬한 사건을 겪은 후 결함을 극복하거나 파국에 치달을 수 있다. 작품에서 전달하고자 하는 메시지가 주인공의 상승과 몰락으로 표현되며 막을 내린다.

지금까지 살펴본 20가지 플롯은 우리가 수없이 많은 작품을 통해서 경험해본 적이 있을 정도로 하나하나 익숙한 내용일 것이다. 다만 해당 플롯을 처음, 중간, 끝이라는 3막 구조에서 어떻게 구성해야 하는지 그리고 주의할 점이 무엇인지 구체적으로 몰랐을 뿐이다. 좋은 플롯은 스토리를 작성할 때 분명 뛰어난 가이드라인이 돼 줄 것이다.

하지만 게임 스토리는 소설의 스토리와 많은 부분이 다르다. 그렇기 때문에 게임에서도 반드시 기존 플롯을 그대로 사용해야 한다는 고정관념을 가지는 것은 위험할 수 있다. 각 플롯이 가지고 있는 장점을 활용해서 게임에 적용할 수 있다면 적극적으로 활용하는 것도 좋지만 특히 마음의 플롯에 집중된 일부 플롯들은 게임에서 표현하기 어려울 수 있다. 게임 스토리에서 플롯을 어떻게 활용해야 하는지, 활용할 때 어떤 점에 유의해야 할지 좀 더 다양한 연구가 필요하다.

마음의 플롯에 집중된 플롯이기에 게임에서 표현하기 어려움에도 불구하고 잘 만들어진 예를 살펴보자. 〈더 워킹 데드1 The Walking Dead1〉이나 〈디트로이트: 비컴 휴먼〉과 같은 게임에는 뛰어난 플롯이 담겨 있다. 〈더 워킹 데드1〉에는 희생이라는 플롯이, 〈디트로이트: 비컴 휴먼〉에는 변모라는 플롯이 담겨 있다. 이 게임들의 스토리는 위에서 설명했던 좋은 플롯이 가진 원칙을 지키고 있으며, 해당 플롯의 특징과 구조에 맞게 잘 구성돼 있다는 것을 어렵지 않게 알 수 있다.

그림 3-38 출처: 더 워킹 데드1(리의 희생)

그림 3-39 출처: 디트로이트: 비컴 휴먼 트레일러(마커스의 변모)

45 게임의 에피소드 유형

앞서 게임 스토리는 소설이나 영화의 것과 달리 분절돼 있다고 했다. 스토리 진행과 게임 플레이 구간으로 나눠져 번갈아 진행하기 때문에 스토리는 마디마디로 쪼개져 진행된다. 대표적인 형태가 퀘스트라고 할 수 있다.

〈드래곤 퀘스트1〉처럼 퀘스트가 별도로 나눠져 있지 않지만 특정한 이벤트가 이뤄지기 전까지 다음 스토리가 진행되지 않는 게임도 있고, 〈위쳐3 와일드 헌트〉처럼 명확하게 퀘스트가 구분돼 있어서 스토리 진행을 플레이어가 조절할 수 있게끔 만든 게임도 있다. 어느 쪽이든 게임의 스토리가 분절돼 플레이어에게 제공된다는 점은 변하지 않는다.

스토리를 구성하는 기본 3요소는 인물, 배경, 사건이라고 했다. 게임 시나리오 작성 시 캐릭터와 세계관을 설정하면서 이것들을 활용해 사건에 해당하는 분절된 에피소드들을 작성하게 된다. 에피소드란 사건이 일어나는 줄거리 중간중간에 끼어들어가 있는 짤막한 토막 이야기다. 완벽히 일치하지 않지만 게임에서 에피소드는 하나하나의 세부 퀘스트라고 생각하면 쉽게 이해할 수 있을 것이다.

〈드래곤 퀘스트1〉의 전체적인 스토리는 용자가 마왕을 무찌르고 평화를 되찾는 것이다. 이 목적을 달성하기 위해서 이전에 어떤 사건들이 필요할까? 마왕의 성에 도달하기 위해 무지개 다리가 필요하다. 무지개 다리는 비구름의 지팡이와 태양의 돌이 있어야 한다. 비구름의 지팡이를 얻기 위해서는 비의 사당의 현자에게 전설의 하프를 가지고 가야 한다. 전설의 하프는 갈라이의 무덤에 숨겨져 있다…. 이와 같이 게임의 목적에 따라서 역순으로 중요 사건을 연결해 정리해봤다. 이를 시간 순서대로 마디마디 분리해서 정리하면 다음과 같은 에피소드들이 만들어진다.

(상략)

- 비의 사당에서 현자와의 만남
- 현자가 내린 시련(전설의 하프 찾기)

- 전설의 하프를 찾기 위해 갈라이의 무덤으로 이동
- 갈라이의 무덤 탐험
- 현자의 시련을 극복해 비구름의 지팡이 획득

(중략) 태양의 돌을 획득한 과정

- 무지개 다리의 완성
- 이윽고 마왕의 성에 도착
- 마왕을 쓰러트리는 용자
- 되돌아온 평화

(후략) 엔딩

일부 중요한 에피소드만 작성했음에도 게임의 흐름이 보인다. 그리고 이러한 에피소드를 퀘스트로 만들었을 때 어떤 보상을 줄 것이고 퀘스트 이후 스토리에 어떤 변화와 영향을 줄지 한눈에 볼 수 있게 된다. 〈드래곤 퀘스트1〉과 같이 스토리가 비교적 단순한 게임이라면 굵직굵직한 에피소드를 나열하는 것으로도 충분하지만 방대한 스토리를 가진 RPG를 만들려면 어떻게 해야 할까?

답은 간단하다. 위에 작성한 에피소드의 예시에서 중간중간에 설득력을 높이기 위한 에피소드, 인물 간의 관계를 알려주는 에피소드, 주인공이 강해지는 과정을 보여주는 에피소드 등 수많은 에피소드를 추가해서 전체적인 볼륨을 넓히면 된다. 에피소드를 추가하는 작업은 핵심 스토리를 작성하는 것에 비해 상대적으로 그렇게 어렵지 않다.

진정으로 중요한 과정은 급격히 늘어난 에피소드를 어떻게 배치할 것인가 여부다. 아리스토텔리스의 3막 구조와 같이 극적인 흐름을 유지하면서, 좋은 플롯과 같이 체계적이고 사람들의 마음을 사로잡을 수 있는 구조가 유지돼야 한다. 에피소드를 무작정 늘리는 데 급급하기보다 그 에피소드가 왜 들어가야 하는지 하나하나에 의미가 있어야 한다. 이러한 이유 때문에 아무런 의미 없이 반복 사냥을 요구하는 퀘스트는 플레이어에게 공감받지 못하는 것이다.

게임 시나리오 작성에서 캐릭터와 세계관 설정 이후 상당 부분이 에피소드를 만드는 과정일 것이다. 상당한 수의 에피소드를 만듦에 있어 기준점이 되는 것이 있다면 보다 체계적으로 작성할 수 있다.

사사키 토모히로는 「기초부터 배우는 게임 시나리오」에서 다음과 같이 게임의 에피소드에는 4가지 유형이 있다고 주장했다. 게임의 목적을 달성하기 위해 필요한 에피소드, 시나리오 진행을 위해 필요한 에피소드, 시나리오의 테마를 보다 심화시키기 위한 에피소드, 게임의 본래 목적으로부터 벗어난 경품 성격의 에피소드로 구분했다.

사사키 토모히로가 주장한 게임의 4가지 에피소드 유형을 하나씩 살펴보기 이전에 필자는 해당 에피소드들에 대한 이해를 돕기 위해 각 유형의 제목과 설명을 조금씩 변경했다.

이 4가지 유형은 다시 2가지로 크게 구분할 수 있다. ❶과 ❷의 경우 메인 스토리를 다루는 에피소드나 퀘스트에 해당되며 ❸과 ❹의 경우 서브 스토리를 다루는 에피소드나 퀘스트로 볼 수 있다. 스토리에 직접적인 영향을 주는 없어서는 안되는 에피소드와 스토리를 보다 풍부하게 만들어주거나 게임의 볼륨을 키우기 위해 덤으로 추가되는, 없어도 크게 상관없는 에피소드로 나눠 본다면 게임의 에피소드에는 어떤 유형이 있으며 어떻게 만들어야 할지 대략적인 윤곽이 잡힐 것이다.

게임의 4가지 에피소드 유형

❶ 스토리를 진행시키기 위해 필요한 에피소드
❷ 게임의 목적을 달성하기 위해 필요한 에피소드
❸ 스토리를 풍부하게 만들고 심화시키기 위한 에피소드
❹ 게임 목적에서 벗어난 덤 성격의 에피소드

❶ 스토리를 진행시키기 위해 필요한 에피소드

스토리가 앞으로 진행되기 위한 필수적인 에피소드로 스토리 상에서 벌어지는 중요한 사건이 해당된다. 〈드래곤 퀘스트1〉에서 용자가 왕에게 부름을 받고 모험을 떠나는 사건이나 공주를 구출하는 사건 등 스토리 상에서 핵심적인 사건을 에피소드로 구성한 것이다.

❷ 게임의 목적을 달성하기 위해 필요한 에피소드

게임의 목적을 이루기 위해서 게임 내에서 절대적으로 필요한 에피소드가 해당된다. 크게 3가지로 구분된다. 첫째, 목적 달성을 위해 특정 장소로 이동하는 에피소드로 위의 예시에서 설명한 '전설의 하프를 찾기 위해 갈라이의 무덤으로 이동'이나 '이윽고 마왕의 성에 도착'이 해당된다. 둘째, 목적이 달성될 수 있도록 도움을 제공하는 에피소드로 주로 주인공이 협력자나 조언자와 만나는 '비의 사당에서 현자와의 만남'과 같은 것이 해당된다. 셋째, 목적이 달성되는 것을 방해하는 에피소드로 '현자가 내린 시련(전설의 하프 찾기)'과 같이 무엇을 하기 위해서는 먼저 무엇을 해결하라는 에피소드다.

3가지 중에 가장 많이 활용되는 것이 세 번째의 목적이 달성되는 것을 방해하는 에피소드다. 목적에 도달하기 힘들면 힘들수록 재미가 크게 증가하기 때문에 이동하거나 동료와 만나는 에피소드 사이에 배치된다.

❸ 스토리를 풍부하게 만들고 심화시키기 위한 에피소드

부가적으로 스토리를 풍부하게 만들고 스토리의 깊이를 더하는 에피소드가 해당된다. 게임을 진행함에 있어 반드시 필요한 에피소드는 아니지만 중요한 사건이 발생하게 된 뒷이야기나 주인공과 동료 간의 과거 회상 등이 포함된다.

❹ 게임 목적에서 벗어난 덤 성격의 에피소드

게임의 목적을 클리어하는 데 반드시 필요한 것은 아니지만 게임의 다양한 재미 요소를 강하게 만들기 위해 덤과 같이 추가한 에피소드다. 게임의 볼륨을 키우기 위해서 주로 활용되며 다양한 게이머를 만족시키기 위해 여러 가지 재미 요소를 고려해서 추가된다.

퀘스트가 잘 디자인돼 있는 게임은 위의 4가지 에피소드가 적절한 비중으로 골고루 배분돼 있다는 것을 알 수 있다. 대표적으로 퀘스트 배분이 잘 돼 있는 게임이 〈위쳐3 와일드 헌트〉다(그림 3-40 참조).

그림 3-40 출처: 위처3 와일드 헌트(퀘스트 메뉴)

〈위처3 와일드헌트〉의 퀘스트는 다음과 같이 크게 4가지로 분류된다.

- 메인 스토리 퀘스트
- 서브 스토리 퀘스트
- 위처 의뢰 퀘스트
- 위처 교단 장비 퀘스트

메인 스토리 퀘스트에서는 '스토리를 진행시키기 위해 필요한 에피소드'와 '게임의 목적을 달성하기 위해 필요한 에피소드'가 포함돼 있다. 시리나 와일드 헌트와 관련된 퀘스트는 스토리를 진행시키기 위한 퀘스트이며, 누구를 만나러 가라는 장소이동 퀘스트나 동료 관련 퀘스트, 적대자들의 방해 퀘스트는 게임의 목적을 달성하기 위해 필요한 에피소드가 된다.

서브 스토리 퀘스트는 '스토리를 풍부하게 만들고 심화시키기 위한 에피소드'에 해당된다. 스토리 진행이나 목적 수행에 반드시 필요한 것은 아니지만 〈위처3 와일드 헌트〉의 세계관을 보다 깊게 이해하고 주인공 게롤트의 성격, 심경, 상황을 플레이어에게 자세히 전달하는 역할을 한다. 〈위처3 와일드 헌트〉가 스토리 면에서 높은 평가를 받는 데에는 메인 스토리뿐 아니라 서브 스토리 퀘스트 또한 하나하나 매력적으로 만들었기 때문일 것이다.

위쳐 의뢰 퀘스트와 위쳐 교단 장비 퀘스트는 전형적인 '게임 목적에서 벗어난 덤 성격의 에피소드'에 속한다. 다양한 몬스터와의 전투와 교단별로 차별화된 장비를 통해서 게임의 목적과는 직접적으로 상관없으나 여러 가지 재미를 제공한다. 부가적인 퀘스트이기에 플레이어는 자신이 원하는 것만 골라서 선택해도 아무런 문제가 없다.

〈위쳐3 와일드 헌트〉가 스토리면에서 상당히 높은 평가를 받고 있는 이유 중 하나는 퀘스트를 통해 에피소드를 정교하게 잘 디자인했기 때문이라고 볼 수 있다. 스토리의 3요소인 인물(캐릭터), 배경(세계관), 사건(에피소드)이 절묘하게 어우러져 있다. 매력적인 캐릭터, 잘 짜여진 세계관, 정교하게 디자인된 퀘스트를 통해 비로소 뛰어난 스토리가 탄생한 것이다.

단순히 어디 가서 몬스터 몇 마리 잡아오라는 무의미한 퀘스트를 반복시키는 것이 아니라 게임의 진행이나 목적을 위한 메인 퀘스트에, 캐릭터와 세계관을 이해하는 데 도움이 되는 하나하나마다 차별화된 서브 퀘스트 그리고 적절한 비중으로 배치된 위쳐 의뢰&위쳐 교단 장비 퀘스트를 플레이어에게 제공했다. 게임에서 에피소드를 어떻게 퀘스트로 만들며, 에피소드 종류별 어떤 비중으로 배치해야 하는지 상세히 알고 싶다면 〈위쳐3 와일드 헌트〉의 퀘스트를 분석해보는 것도 좋을 것이다.

 # 46 다변수 서사 유형

지금까지 게임 시나리오를 작성하는 데 도움이 되는 이론들을 살펴봤다. 가장 먼저 스토리 관련 용어를 정리하고 영웅의 모험 단계와 등장인물의 기능을 통해 신화나 영웅 이야기에서 스토리가 어떤 구조로 이뤄졌는지 알아봤다. 이후 소설과 영화에서 자주 활용되는 인과관계에 의한 서술로 설득력을 높이는 20가지 좋은 플롯을 정리했다. 그리고 게임의 에피소드 유형을 통해서 게임 스토리는 다른 미디어의 스토리와 다르게 분절돼 있다는 점과 분절된 스토리를 에피소드 형태로 구성한다는 것을 알 수 있었다.

이러한 이론들은 기본적으로 분기가 없는 일직선으로 진행되는 서사를 대상으로 이뤄졌다. 하지만 많은 미디어가 디지털화되면서 시나리오 작성에도 상호 작용이 중요해졌다. 전자 문학의 한 장르인 하이퍼텍스트 문학^{Hypertext literature}은 하이퍼링크를 통해서 작가와 독자가 상호 작용하며 단순히 시간 순서가 아닌 비선형적이고 수많은 분기를 만들어간다. 이렇듯 스토리의 진행을 여러 갈래로 분기시켜 다양한 상황을 경험하게 하는 서사적 장치를 멀티 플롯^{Multi-Plot} 또는 다변수 서사^{Multivariant Narrative}라고 한다.

다변수 서사는 주로 분기의 선택을 통해서 독자와 상호 작용을 한다. 소설이나 영화에서도 다변수 서사의 분기를 활용하려 했으나 주류가 되지는 못했다. 미디어의 특성상 소설과 영화는 상호 작용성이라는 특성과 잘 어울리지 않았다. 이러한 특성을 가장 잘 활용하고 있는 미디어가 바로 게임이다. 현재 출시되고 있는 스토리가 중시되는 많은 게임에서는 플레이어의 사소한 선택 하나하나에 따라서 얼마나 다양한 분기와 엔딩을 제공하는지가 재미의 핵심 중 하나가 되고 있다. 게임에서 다변수 서사를 제공해 플레이어와 더 많은 상호 작용을 하는 방식은 이제 주류가 됐다고 해도 과언이 아니다.

다양한 분기를 가진 다변수 서사에 대한 연구는 가상 세계에 대한 연구가 시작됐던 초창기부터 이뤄졌다. 마리 로르 라이언^{Marie-Laure Ryan}은 「Possible Worlds, Artificial Intelligence and Narrative Theory」에서 기본 플롯의 구조부터 시작해 복잡한 플롯에 대한 유형을 스토리와 담화 측면에서 연구했다. 스토리에 영향을 미치는 구조는 트리^{Tree} 구조, 플로우 차트^{Flow Chart} 구조, 미로^{Maze} 구조가 있으며 담화에 영향을 미치는 구조는 네트워크^{Network} 구조, 말미잘^{Sea-Anemone} 구조, 궤도 전환^{Track-Switching} 구조 등이 있다고 주장했다.

오니즈카 겐타로^{鬼塚健太郎} 또한 노벨게임 시나리오의 유형^{ノベルゲームのシナリオ型}을 통해 다변수 서사의 유형을 제시했다. 게임 장르 중 소설과 게임의 중간 단계라고 평가

받을 정도로 서사의 중요성이 높은 비주얼 노벨에서 다변수 서사가 주로 어떤 유형으로 이뤄지고 있는지 7가지로 정리했다. 그는 게임에서는 스토리의 진행을 제어할 수 있는 수단이 있다는 점에 주목했다. 제작자는 스토리 진행의 요소에 열쇠 걸기鍵かけ를 하고 플레이어는 게임을 진행하면서 열쇠 풀기鍵開け를 하는데 이러한 점에서 패턴을 찾아 시나리오의 유형을 분류했다.

이 유형 분류는 비록 비주얼 노벨이라는 장르에 한정돼 이뤄졌으나 소설이나 영화와 같이 전혀 다른 미디어에서 이뤄진 연구가 아니라 게임이라는 미디어 내에서 이뤄진 유형 분류이기에 그 의미가 크다. 실제 이 유형 분류는 비주얼 노벨뿐만 아니라 어드벤처, RPG 등 다른 게임 장르의 다변수 서사에서도 적용할 수 있음을 알 수 있다. 오니즈카 겐타로가 주장한 시나리오의 7가지 유형을 정리하면 다음과 같다.

노벨게임에서 다변수 시나리오의 유형
❶ 단일 시나리오(Single Scenario)
❷ 분기 시나리오(Branching Scenario)
❸ 부분 분기 시나리오(Locally Branching Scenario)
❹ 병행 연쇄 시나리오(Concurrent Chain Scenario)
❺ 병행 동기 시나리오(Concurrent Synchronous Scenario)
❻ 동기 연쇄 시나리오(Synchronous Chain Scenario)
❼ 랜덤 액세스 시나리오(Random Access Scenario)

❶ 단일 시나리오

플레이어의 열쇠 풀기는 있으나, 시나리오에 분기가 전혀 없이 단일 서사가 진행되는 시나리오 형태다. 비주얼 노벨에서는 자주 선택하지 않는 유형으로 JRPG로 대표되는 〈드래곤 퀘스트〉 시리즈나 〈파이널 판타지〉 시리즈가 대표적인 예로 꼽힌다. 플레이어 선택에 따른 서사의 분기점이 없는 선형적인 특징이 있다. 제작자가 깊이 있는 서사를 제공할 수 있다는 장점이 있으나 단조롭고 플레이어와의 상호 작용이 없다는 단점도 존재한다.

❷ 분기 시나리오

플레이어의 열쇠 풀기에 의해 중반 지점부터 잇달아 서사가 다른 방향으로 나눠진다. 일단 분기된 시나리오의 합류는 이뤄지지 않고 전혀 다른 결말에 도달한다.

〈랑그릿사2Langrisser2〉나 〈진 여신전생真·女神転生〉 시리즈와 같이 중간 지점에서 크게 분기가 나뉘어 전혀 다른 결말에 도달하는 게임들이 있다. 원작에서 〈데어 랑그릿사〉로 이식되면서 〈랑그릿사2〉는 크게 빛의 후예, 암흑의 전설, 제국의 영광, 패왕의 길이라는 4가지 분기에 따라, 〈진 여신전생〉 시리즈는 일반적으로 선 루트, 중립 루트, 악 루트라는 3가지 분기에 따라 각각 다른 서사를 제공한다.

❸ 부분 분기 시나리오

플레이어의 열쇠 풀기 방식에 따라 시나리오가 부분적으로 분기하나, 머지않아 시나리오의 본줄기로 합류된다. 부분적으로 나눠졌던 분기에서 어떤 선택을 했는지에 따라 서사의 결말이 바뀌는 경우도 존재한다. 상당히 많은 게임에서 활용하고 있는 다변수 시나리오 유형이다. 특히 비주얼 노벨이나 어드벤처에서 많이 사용되고 있다. 전체적인 서사 라인은 유지한 채 부분적인 분기를 둬 멀티엔딩에 이르는 게임들이 해당된다. 〈헤비레인〉, 〈비욘드 투 소울즈〉, 〈더 워킹 데드〉, 〈언틸던Until Dawn〉 등과 같은 게임이 있다.

❹ 병행 연쇄 시나리오

제작자가 미리 준비해둔 복수의 전혀 다른 시나리오가 존재하고, 플레이어의 탐색에 의해 하나하나의 시나리오가 조금씩 진행되는 형태다. 각각의 시나리오는 원칙적으로 단일 시나리오 형태를 유지한다. 플레이어가 어느 정도 시나리오를 진행했는가에 따라 결말이 바뀌도록 설정된 경우도 있으며 복수의 시나리오의 결말을 한 번의 플레이로 전부 볼 수 있는 경우도 있다. 대표적으로 연애 시뮬레이션 게임에서 자주 사용하는 형태로 각 연애 대상 캐릭터마다 고유한 서사가 마련돼 있고 플레이어의 행동 및 선택에 의해 이벤트가 연쇄돼 발생된다. 〈페르소나〉 시리즈와 같이 RPG임에도 연애 시뮬레이션 게임의 시스템을 차용한 경우, 일부 병행 연쇄 시나리오를 채택하기도 한다.

❺ 병행 동기 시나리오

서로 관련이 있는 복수의 시나리오가 동시에 병렬로 진행된다. 플레이어는 열쇠 풀기를 활용해 각각의 시나리오를 넘나들며 시나리오의 결말에 다가간다. 이 중에는 멀티 사이트 시나리오^{Multi-site scenario}라고 불리는 것이 있다. 같은 사건과 사건들의 연쇄를 시점을 바꿔가며 복수의 시점으로 복수의 시나리오를 그린다. 〈이브 버스트 에러^{Eve burst error}〉나 〈디자이어^{Desire}〉와 같이 동일한 사건을 복수의 주인공의 다른 시점으로 플레이하게 제공하는 것이 일반적이다. 〈바이오하자드2^{Biohazard2}〉는 같은 시간에 이뤄지고 있는 동일한 사건을 주인공인 레온 시점과 클레어 시점으로 구분해 그리고 있다. 엔딩을 한 번 보면 특정 캐릭터의 시점에 따라 새롭게 플레이할 수 있는 모드를 제공하는 게임도 있다.

❻ 동기 연쇄 시나리오

병행 연쇄 시나리오와 유사하나 연쇄가 동기화돼 있다는 차이가 있다. 또는 부분 분기 시나리오와 병행 연쇄 시나리오의 중간 또는 복합된 형태로 볼 수 있다. 시간이 동기화된 복수의 시나리오가 존재하며, 하나의 시나리오로부터 다음 시간이 진행되면 동기화된 시나리오에 연쇄적으로 변화가 일어난다. 병행 연쇄 시나리오의 대표적 예시인 연애 시뮬레이션에서 각 분기별 시간적 동기가 돼 있는 형태로 다음 이벤트 발생에 대한 시간이나 횟수에 따른 제한을 엄격하게 두는 특징이 있다. 선택에 따른 기회를 제한해 게임 플레이 시 일정표를 보면서 플레이해야 이벤트를 제대로 볼 수 있을 정도로 구성된다. 동시간대에 사건이 벌어지고 있다는 점을 표현하기 위한 일종의 장치다. 주로 연애 시뮬레이션의 후반부나 중요한 지점에서 활용된다.

❼ 랜덤 액세스 시나리오

서사를 구성하는 정보가 여러 형태로 분산돼 있어 플레이어는 자유로운 순서대로 접근할 수 있다. 이 정보로부터 플레이어는 서사 전체를 추측하고 구성해간다.

〈시리얼 익스페리먼츠 레인^{Serial Experiments Lain}〉에서 선보인 새로운 방식으로 복수의 인물이 기록해 놓은 기록이나 일지를 플레이어가 모아가면서 자유롭게 선택해 읽으며 전체적인 서사를 추측해간다.

참고문헌

- 김광욱, 「스토리텔링의 개념」, 겨레어문학회, 제41집, 2008.
- 김경숙, 「블라디미르 프롭의 민담의 형태론을 통해 본 해리포터와 죽음의 성물의 구조 분석」, 단국대학교 교육대학원 석사학위 논문, 2011.
- 로널드 B. 토비아스 저, 김석만 역, 『인간의 마음을 사로잡는 스무가지 플롯』, 풀빛, 1997.
- 블라디미르 프롭 저, 안상훈 역, 『민담의 형태론』, 박문사, 2009.
- 사사키 토모히로 저, 방수진 역, 『기초부터 배우는 게임 시나리오』, 비즈앤비즈, 2007.
- 이재홍, 『게임 기획과 게임 시나리오의 ABC 게임 스토리텔링』, 생각의 나무, 2011.
- 이화여자대학교 사회과학연구소, 『게임 콘텐츠 분석 연구』, 한국 게임산업진흥원, 2007.
- 크리스토퍼 보글러 저, 함춘성 역, 『신화, 영웅 그리고 시나리오 쓰기』, 비즈앤비즈, 2013.
- J. Campbell, 「The Hero with a Thousand Faces」, Bollingen, 1972.

  https://davidrjolly.wordpress.com/2013/05/23/joseph-campbells-17-stages-of-the-heros-journey/
- 「ノベルゲームのシナリオ型」

  http://plaza.harmonix.ne.jp/~onizuka/novelgame.html#editing

절차, 규칙, 게임 플레이

'테마 → 캐릭터(인물) → 세계관(배경) → 스토리(인물, 배경, 사건)'로 이뤄진 축을 살펴봤으니, 이제 '테마 → 절차, 규칙, 게임 플레이 → 레벨 디자인과 밸런스'로 이뤄진 다른 축을 알아볼 차례다. 앞서 필자는 2장의 '20. 통합된 8가지 게임 구성요소 모델'을 주장하면서 다음과 같이 메커닉스를 설명했었다.

메커닉스는 게임의 규칙과 절차 그리고 규칙 간의 관계를 의미한다. 스토리와 함께 게임의 콘텐츠를 만드는 두 개의 축이다. 메커닉스를 통해 게임 플레이가 규정되고 게임 플레이를 보다 재미있게 즐길 수 있도록 세부적으로 조정하는 것이 레벨 디자인과 밸런스다.

메커닉스를 통해서 게임 플레이가 규정되기 위해서는 먼저 메커닉스의 기본이 되는 게임의 절차와 규칙을 디자인해야 한다. 규칙 간의 관계 설정은 절차와 규칙을 결정한 다음에 이뤄진다.

게임의 절차

절차의 사전적 정의는 '일을 치르는 데 거쳐야 하는 순서나 방법'이다. 게임에서 절차란 플레이하는 방법에 대한 순서를 의미하며, 플레이어가 게임 내에서 주어진 목표를 달성하기 위해서 수행하는 모든 동작을 뜻한다. 게임 내에서 이뤄지는 절차는 플레이어의 조작에 의하거나 플레이어가 인지할 수 있도록 정보를 제공하면서 시스템에서 수행하기도 한다. 그렇기에 게임의 절차는 빠짐없이 플레이어에게 공개된다.

게임의 절차는 어떤 것을 의미할까? 크게 보면 메뉴의 순서와 이동 및 선택 방법 그리고 플레이의 순서와 조작 방법으로 구분할 수 있다. 예를 들어 게임을 구동하자마자 보여지는 타이틀 화면에 게임 시작, 다시 시작, 옵션, 게임 끝내기의 4가지 버튼이 있다고 하자. 게임 시작 버튼을 클릭하는 순간 새로운 게임이 시작되고, 다시 시작 버튼을 클릭하면 마지막으로 저장된 게임으로 돌아가며, 옵션 버튼을 클릭하면 옵션 메뉴가 뜨며, 게임 끝내기 버튼을 클릭하면 게임이 종료되며 윈도우로 돌아간다. 선택 방법은 각 버튼을 키보드의 엔터 키, 마우스의 왼쪽 클릭, 게임 패드의 A 버튼 등의 입력장치로 선택한다.

순서와 방법을 모두 포함해 머릿속에 한 장의 그림으로 그려보자.

크게 어렵지 않은 작업일 것이다. 하지만 이것은 타이틀 화면에서의 절차에 지나지 않는다. 게임 내에 들어갔을 때 어떤 순서와 조작 방법으로 플레이되는지, 옵션 메뉴에서는 어떤 순서와 이동 및 선택 방법으로 진행되는지 등등 세부적인 플로우 차트$^{Flow Chart}$를 그릴 수 있을 것이다.

게임 디자인에서 게임 플레이를 디자인할 때 가장 먼저 해야 할 것은 게임을 시작할 때부터 게임이 종료될 때까지 전체적인 절차에 대한 구체적인 플로우 차트를 그리는 것이다. 두려워할 필요는 없다. 우선 큼직큼직한 줄기부터 시작해 하나씩 그려나가면 된다. 큰 줄기가 완성되면 세부적인 순서를 추가하고 어떤 방법으로 다음 순서로 진행되는지를 포함해 전체 절차를 디자인한다.

전체적인 절차 따위 나중에 생각하고 일단 게임 플레이부터 재미있게 만들고 보자라고 덤비는 건 게임 디자인 과정을 이해하고 있지 못한 경우에 할 수 있는 실수다. 실제 여러 국가의 다양한 인디 게임 개발사의 작품을 심사하다 보면 어느 정도 개발중인 게임임에도 불구하고 기초적인 절차조차 구성돼 있지 않은 작품이 적지 않게 나온다. 게임을 종료하는 절차조차 만들어져 있지 않아 **ALT+F4** 키로 종료해야 하는 게임도 예상 외로 많다.

게임의 절차를 미리 고려하지 않고 게임을 디자인하면 어떤 문제들이 발생할까? 게임 디자인 과정에서 게임의 전체적인 절차를 디자인하지 않은 채 프로그래밍 단계로 넘어가서 전투 시스템부터 개발이 시작됐다고 가정해보자. 구조가 제대로 짜여지지 않아 오히려 개발이 어느 정도 진행된 이후 리팩토링^{Refactoring9} 작업에 끔찍할 정

---

9 소프트웨어 공학에서 사용하는 용어로 결과의 변경 없이 코드의 구조를 재조정하는 작업을 말한다. 새로운 기능이 추가되는 것이 아니라 주로 가독성을 높이고 유지보수를 지속적으로 편하게 하기 위한 작업이다.

도로 막대한 시간을 소모해야 한다. 더욱 심각한 문제는 이미 잘못된 구조로 개발된 게임의 한계 때문에 어쩔 수 없이 원래 구상했던 게임 디자인을 포기하고 현재 구조에 맞춰 디자인을 변경해야 하는 본말전도와 같은 사태까지 발생할 가능성도 있다.

3층에 중요한 시설이 들어서게 될 3층짜리 건물을 세운다고 생각해보자. 아무리 3층이 중요하다고 해도 1층부터 3층까지 건물이 서있을 수 있는 수준으로 1층과 2층의 골격을 세워야 한다. 그리고 1층에서 2층으로, 2층에서 3층으로 이동할 수 있는 수단도 만들어 놔야 한다. 그런 이후 3층을 꾸미는 데 집중해도 늦지 않다. 전투 시스템이 중요하다고 전투 시스템부터 개발하는 건 마치 3층을 일단 멋지게 꾸미고 3층을 통째로 들어올려서 그 밑에 2층을 넣고, 다시 2층과 3층을 통째로 들어서 그 밑에 1층을 넣는 작업과 같다고 볼 수 있다.

프로그래밍 수정은 게임 디자인 문서에서 텍스트 몇 줄을 바꾸는 것과 같다고 여겨서는 안 된다. 특히 전체적인 구조를 바꾸는 것은 작업량도 많을 뿐만 아니라 치명적인 버그도 다수 발생될 위험성이 있기 때문에 게임 디자이너가 전체적인 절차를 빠른 시기에 결정해서 프로그래머가 제대로 구조를 잡을 수 있게 해야 한다.

게임의 규칙

어느 정도 절차가 윤곽이 잡히면 이제 순서에 따라 각 단계별 규칙을 정한다. 규칙의 사전적 정의는 '여러 사람이 다 같이 지키기로 작정한 법칙 또는 제정된 질서'를 의미한다. 게임에서 규칙이란 메커닉스 중에 가장 기본적인 것으로 게임이 게임일 수 있도록 목표를 설정해주는 단계다. 즉 플레이어에게 허용되거나 제한되는 행동은 물론 게임 내 객체에 대한 모든 것을 정의하는 것이다. 게임 내 최종 목표를 설정하기 위해서 시간, 공간, 객체, 액션, 액션의 제약, 액션의 영향, 액션의 효과 등을 상세하게 규정하는 과정이다.

복잡한 규칙을 가진 디지털 게임을 살펴보기 전에, 먼저 체스와 같이 비교적 간단한 규칙을 가진 보드 게임의 규칙부터 정리해보는 연습을 하는 것이 좋다. 간단한 게임이라도 규칙을 처음부터 끝까지 스스로 작성해보는 것이 큰 도움이 된다. https://www.chess.com/ko/learn-how-to-play-chess에는 체스의 규칙이 아주 깔끔하게 정리돼 있다.

규칙은 크게 5단계로 '1단계. 체스판을 설치하는 방법', '2단계. 체스 기물이 이동하는 방법', '3단계. 체스의 특별한 규칙', '4단계. 체스에서 누가 첫 수를 두는지 알아보기', '5단계. 체스 게임에서 승리하는 방법'으로 구성돼 있다. 체스판이라는 공간에 대한 규칙부터 시작해, 객체인 체스말의 이동 방법, 플레이어에게 허용되거나 제한된 액션, 최종 목표 등에 대한 규칙까지 자세히 적혀 있다. 간단해 보이는 체스에서도 규칙을 세부적으로 정리하면 상당한 분량이 나오게 된다. 게임 디자인에서 필요한 규칙은 이러한 형태로 각 메뉴별, 각 플레이 상황에 따라 세분화돼 구체적으로 작성한다.

게임의 규칙을 디자인할 때 반드시 플레이어와의 관계를 고려해야 한다. 규칙이 너무 많다면 플레이어는 혼란스럽거나 부담을 느낄 수 있고, 규칙이 너무 적거나 쉽다면 금세 흥미를 잃어버릴 것이다. 그렇기 때문에 규칙은 플레이어에게 효과적으로 전달돼야 한다.

게임 내 모든 절차는 플레이어가 알 수 있거나 직접 조작하게 해야 하지만, 게임에서 규칙은 반드시 플레이어에게 공개할 필요는 없다. 플레이어에게 적당한 수준과 방법으로 규칙이 제공되는 것이 바람직하다. 규칙의 일부는 매뉴얼을 통해 제공하고, 다른 일부는 튜토리얼이나 플레이를 체험할 수 있도록 제공되고, 또 다른 일부는 공개하지 않은 채 암묵적이거나 간접적으로 제공할 수도 있다.

게임의 규칙은 다음과 같은 특징을 고려해서 디자인돼야 한다.

첫째, 규칙은 명확해야 한다. 디지털로 진행되는 게임에서 명확한 규칙을 제공하지 못하면 플레이어는 버그라고 여기거나 속았다고 여기게 된다.

둘째, 직관적이어야 한다. 게임 시스템에 다양한 콘텐츠가 포함되면 규칙이 복잡해질 수 있다. 하지만 그러한 상황에서도 각각의 규칙들은 판단 시간이 소요되게 하거나 추리를 하지 않도록 해야 하며, 직접적으로 바로 파악할 수 있도록 디자인돼야 한다.

셋째, 특정 상황에 대해 공정하게 이뤄져야 한다. 게임은 놀이에서 파생된 것인 만큼 공정함이 생명이다. 게임의 규칙이 공정하지 못하다면 플레이어는 머지않아 게임을 떠날 것이다.

넷째, 규칙에 대한 피드백을 즉각적으로 해줘야 한다. 규칙을 명확하게 파악하기 위해서 선행돼야 하는 점은 즉각적인 피드백이다. 하나의 규칙이 이뤄지고 피드백이 없는 상황에서 다음 규칙이 이뤄지고 그 때 피드백이 온다면 플레이어는 둘 중 어느 규칙에 따라 결과가 발생됐는지 알 수 없어 혼란스러워한다. 그 결과 플레이어는 규칙 자체를 신뢰하지 않게 된다.

게임의 절차와 규칙을 단기간에 작성해서 완성한다고 생각하면 안 된다. 게임의 절차와 규칙은 게임 디자인 과정이 이뤄지는 모든 단계에서 점진적이고 지속적으로 도출되기 때문에 끈기를 가지고 이를 빠짐없이 문서에 업데이트하게 된다. 처음에는 절차를 디자인하고 각 순서에 따른 규칙을 작성하게 되지만, 이후 끊임없이 절차와 규칙을 번갈아 가며 수정, 추가, 개선돼야 한다.

게임 디자이너가 게임 플레이를 규정하기 위해서는 최종적으로 게임의 시작부터 끝까지 모든 절차를 플로우 차트로 그릴 수 있어야 하며, 게임 내에서 이뤄지는 모든 상황에 적용되는 규칙을 만들어 낼 수 있어야 한다. 이는 게임 개발 과정 중에 그 어떤 과정보다 중요하며, 이를 디자인해내는 것이 게임 디자이너에게 주어진 막중한 임무가 된다. 그러므로 절차와 규칙을 디자인하는 연습을 절대 귀찮아 해서는 안 된다. 익숙해질 때까지 끊임없이 연습하는 것이 좋다.

개인적으로 학생들이나 젊은 개발자들에게 게임 플레이에 대해서 이야기할 때, 단순하지만 강력한 코어시스템을 가진 80~90년대 게임들을 장르별로 몇 개씩 선택해서 연습삼아 절차와 규칙을 작성해보는 것을 권하고 있다. 새로운 장르를 탄생시킨 초창기 게임은 그 장르의 핵심적인 구성요소를 거의 가지고 있기 때문이다.

절차, 규칙, 게임 플레이에서는 게임 플레이를 규정할 때 도움이 되는 이론을 살펴보도록 한다. 아직까지 구체적인 연구가 거의 이뤄지고 있지 않은 부분이기에 게임의 절차와 규칙을 세우는 과정에서 힌트를 줄 수 있는 단편적인 것을 정리했다.

47 기본심리욕구 이론

게임의 절차와 규칙을 정할 때 반드시 플레이어와의 관계를 중시해야 한다고 했었다. 게임의 절차와 규칙을 통해서 규정되는 게임 플레이는 결국 개발자를 위한 것이 아니라 게임을 플레이하게 되는 플레이어를 위한 것이다. 따라서 플레이어가 게임 내에서 무엇을 원하는가를 센스 있게 캐치해서 게임 플레이를 디자인해야 한다.

플레이어, 더 나아가서 인간은 어떤 욕구를 가지고 있을까? 일반적으로 인간의 가장 기초적인 욕구라고 하면 식욕, 수면욕, 성욕을 이야기한다. 그러나 인간은 식욕, 수면욕, 성욕 이외에도 수많은 욕구를 가지고 살아간다. 게임 플레이는 게임 내에서 이뤄지는 플레이어의 행동이다. 인간이 행동을 하기 위해서는 동기가 필요하다. 인간의 행동을 촉발시키는 동기와 관련된 욕구는 무엇이 있을까?

자기 결정 이론Self-determination Theory은 에드워드 데시Edward Deci와 리차드 라이언Richard Ryan이 수립한 이론으로, 인간의 기본 심리 욕구와 개인이 왜 그런 행동을 하는지, 왜 그 행동을 선택했는지를 내재적 동기 또는 외재적 동기를 통해서 설명하는 동기이론이다. 인간이 가지는 행동 동기에 근원이 무엇인가 탐구하고 동기의 유형을 정리한 이론이다. 이 이론은 6가지 하부 이론인 인지 평가 이론, 기본심리욕구 이론, 목표 설정 이론, 인과 지향성 이론, 유기적 통합 이론, 관계성 동기 이론이 합쳐진 메타 이론이다. 여기서는 하부 이론 중 인지 평가 이론과 기본심리욕구 이론에 대해서 알아본다.

인지 평가 이론은 자기 결정 이론의 핵심이 되는 하부 이론 중 하나로, 인간이 처해 있는 사회 문화적 '외부 환경'이 내재적 동기에 영향을 준다는 이론이다. 어떤 일을 할 때 이미 내재적 동기가 충족돼 있는 경우 보상과 같은 외재적 동기를 주게 되면 오히려 내재적 동기가 감소하지만 이후 외재적 동기를 제거했을 때 내재적 동기가 다시 되돌아오지 않는다는 것이다.

예를 들어 처음에는 단순히 게임을 만드는 것이 즐겁다는 내재적 동기로 게임 개발을 시작한다. 이 때만 해도 외부 환경에서 오는 요인이 없기 때문에 동기의 원인이 순전히 내재적인 동기에서 발생하며 외재적 동기는 발생하지 않는다. 즉 개발자 스스로 게임을 만드는 것이 재미있고 즐겁다는 내재적 동기가 충만한 상태다. 그러나 여기에 단 한번이라도 게임 개발에 대한 막대한 인센티브가 발생했다고 하자. 외재적 보상이 제공되는 환경에 노출되면 인간은 동기의 원인을 다른 외부 환경에 돌릴 수 있게 돼 게임을 개발하고 있는 동기를 스스로 재미있기 때문이라는 내재적 동기가 아니라 돈 때문이라는 외재적 동기로 바꿔서 인식하게 된다. 결국 대부분은 막대한 돈을 벌기 위해 게임을 개발한다고 인식하게 된다. 문제는 그 다음이다. 여기서 외재적 동기인 인센티브가 제거됐다고 해도 게임을 만드는 것 자체가 재미있다는 내재적 동기가 돌아오지 않는다. 이미 게임을 만드는 동기가 외재적 동기인 돈을 위한 것으로 변해 버렸기 때문이다.

인지 평가 이론에 따라 인간은 외부 조건에 의해 내재적 동기에 영향을 받는데, 이 때 자율성, 유능성, 관계성의 만족을 통해서 내재적 동기가 발생한다는 것이 기본심리욕구 이론이다. 꽤 멀리 돌아왔지만 필자가 주목하고자 하는 동기 이론은 바로 자기 결정 이론 중에 기본심리욕구 이론이다.

프로게이머가 아닌 이상 거의 모든 게이머는 외재적 동기가 아닌 내재적 동기를 가지고 게임을 플레이한다. 때문에 게임을 구입했다고 하더라도 내재적 동기가 충족되지 않는다면 게이머는 언제든 해당 게임을 그만둬버린다. 플레이어에게 해당 게임을 플레이하고자 하는 내재적 동기를 발생시키기 위해서는 결국 자율성, 유능성, 관계성을 만족시켜 줘야 할 필요가 있다. 그래야 게임을 플레이하고자 하는 동기가 생겨난다. 게임 플레이를 어떻게 디자인해야 할지에 대해 자율성, 유능성, 관계성은 아주 강력한 힌트를 제공하고 있다. 우리는 게임 플레이에서 자율성, 유능성, 관계성을 어떻게 제공해야 할까? 이것이야 말로 게임 플레이 디자인의 핵심이 될 것이다.

게임 플레이는 플레이어 행동 하나하나가 모여서 이뤄진다. 다시 말해 게임은 플레이어에게 행동을 하기 위한 동기를 지속적으로 제공하도록 만들어져야 한다. 지속적인 동기를 제공하기 위해서는 강력한 동기가 필요하다. 기본심리욕구 이론은 인간의 가장 기본적인 욕구를 다루고 있기 때문에 이를 고려해서 게임 플레이를 디자인한다면 기대 이상의 막대한 효과를 보게 될 것이다.

기본심리욕구 이론(자기 결정 이론의 하부 이론 중 하나)

❶ 자율성(autonomy)   ❷ 유능성(competence)

❸ 관계성(relatedness)

❶ 자율성

자율성은 스스로 가치 있는 것에 대한 목표를 세우고, 결정하고, 행동하고자 하는 욕구다. 인간은 누구나 아무리 위험한 길이라고 할지라도 자신의 삶의 방향에 대해 스스로 결정하고 책임지고 싶어한다. 그 결정에 대해 의미 있는 결과까지 만들어진 다면 인간은 욕구가 충족돼 재미를 느끼게 된다. 그렇기에 인간은 타인이나 외부의 압력으로부터 자유가 억제되는 것을 싫어하고, 저항하고, 거부하기 마련이다.

게임에서는 수많은 선택지가 주어진다. 다변수 서사에 따른 스토리 분기 선택지 부터 게임 플레이에서 발생하는 선택지까지 플레이어에게 끊임없이 선택을 요구한 다. 일반적으로 많은 게임에서는 플레이어에게 최대한 많은 선택지를 줘 자율성을 부여하려고 한다. 단지 선택을 늘리려고 한다면 자율성에 대해 절반만 이해하고 있 는 것이다. 필자가 생각하는 자율성의 핵심은 선택에 따른 '결과'에 있다. 선택에 따 른 유의미한 변화가 없다면 플레이어는 오히려 자율성이 침해됐다고 생각하고 앞으 로 나오는 모든 선택을 불신하게 될 것이다.

필자는 게임 플레이를 디자인함에 있어 무엇보다 자율성이 핵심이 된다고 본다. 인간은 자율성이 침해되면 그 이후에 벌어지는 모든 일에 부정적으로 대처하게 된 다. 아무리 게임이 재미있고 밸런스가 잘 잡혀 있다고 할지라도 내가 하는 것 같지 않다면 무의미해진다. 그러므로 게임 디자이너는 반드시 자율성이 가진 진정한 의미 를 이해하려고 노력해야 한다.

아무리 10~100가지의 선택지를 줬다고 해서 결과가 같거나 별 차이가 없다면 플 레이어는 자율성을 느끼지 못한다. 게임 시스템에 의해 결과가 제한됐기에 오히려 불쾌감을 느끼게 된다. 반대로 2가지의 선택지를 주는데 그쳤다고 해도 그 결과가 플레이어의 행동에 대한 책임감을 줄 정도로 큰 차이가 생긴다면 자율성을 강하게 느끼게 된다.

자율성이 중요한 만큼 반대로 자율성을 제한하는 것으로 플레이어의 욕구를 강하게 만들 수 있다. 다시 말해서 무엇인가를 '금지'시키는 것으로 자율성에 대한 더욱 더 강력한 욕구를 불러일으킨다. 예를 들어 〈리그 오브 레전드〉에서는 특정 캐릭터를 밴^{Ban10}시키는 시스템을 제공함으로써 플레이어들은 심리적으로 밴이 된 캐릭터를 더욱 더 선택하고 싶다는 욕구가 쌓인다. 이후 매번 금지돼 있었던 캐릭터를 선택할 수 있는 기회가 생겼을 때 그동안 금지됐던 것에 이끌리는 것이 사람의 심리다. 이는 자율성의 반대인 금지를 매우 잘 활용한 예다.

그러므로 필자는 스토리 분기나 게임 플레이의 선택 모두에서 결과를 다르게 제공할 수 없다면 아예 선택지 자체를 제공하지 않는 편이 좋은 디자인이라고 생각한다. 결과도 같으면서 어설프게 선택지를 주려고 한다면 플레이어에게 오히려 좋지 않은 감정만 남길 뿐이다.

예를 들어 엎어져 있는 3개의 상자에서 한 개를 선택하라고 해보자. 몇 번을 반복하든지, 어떤 것을 선택하든지 내용물이 같다면 사람들은 어떤 반응을 보이게 될까? "도대체 왜 이걸 굳이 선택하라고 한 거야!", "나하고 장난하자는 거야!"라고 화내는 건 결코 이상한 행동이 아니다. 이런 선택을 게임에 넣었다면 플레이어도 개발자에게 동일한 반응을 보일 것이다.

---

10 커뮤니티 사이트, 채팅, 게임 등 인터넷 상에서 특정 사용자의 출입을 차단시키는 것을 의미한다. 특히 게임에서 상대하기 싫은 캐릭터나 사기적인 능력을 가진 캐릭터를 선택하지 못하도록 제외하는 시스템을 제공하기도 한다.

그림 3-41 자율성을 가진 어드벤처 게임들(출처: 헤비레인, 디트로이트: 비컴 휴먼)

그림 3-42 자율성을 가진 롤플레잉 게임들(출처: 매스 이펙트2, 폴아웃 뉴베가스)

특히 스토리가 중시되는 어드벤처나 RPG 장르에서 중요한 선택지를 디자인할
때 별다른 변화없이 어떤 선택을 하든 비슷한 결과를 맞이하게 된다면 게임에 대한

평가는 부정적으로 변하기 마련이다. 선택지를 구성하는 데 개발 비용만 들어가고 굳이 받지 않아도 될 비난을 받을 바에는 차라리 선택지를 없애는 것이 현명하지 않을까?

어드벤처 게임인 〈디트로이트: 비컴 휴먼〉은 플레이어에게 다양한 선택을 제공하면서도 그에 따른 다양한 결과를 제공한다. 반면 〈언틸던〉은 진행 과정 중에 다양한 선택을 제공했으나 결과 중 가장 핵심이 되는 엔딩에서 차별을 두지 못했다. 이는 기본심리욕구 이론 중 자율성의 관점에서 봤을 때 자율성을 주려고 노력했으나 오히려 자율성을 침해한 결과를 초래했다. 이처럼 게임에 대한 전체적인 평가에 있어서도 자율성은 상당히 큰 영향을 준다. 아직까지는 선택에 따라 변하는 결과의 다양함에 한계가 있으나 점차 다양한 결과를 제공하려는 움직임을 보이고 있다(그림 3-41, 그림 3-42 참조).

자율성을 제대로 이해하지 못한 다른 예는 일부 JRPG에서도 자주 나타난다. 플레이어에게 마치 중요한 선택지를 제공하는 것처럼 보여도 'Yes'이거나 'No'이거나 단순히 텍스트가 조금 바뀌는 정도에 그친다면 아예 선택지가 없는 것만 못하다.

많은 게이머들이 유비소프트^{Ubisoft}에서 만든 게임들의 한계를 논할 때 빠지지 않고 '유비식 오픈월드'라는 용어가 등장한다. '유비식 오픈월드'라는 건 엄청난 수의 퀘스트를 배치해 마치 플레이어에게 방대한 자율성을 부여한 듯 보이나 게임 안으로 들어가보면 별차이 없는 비슷비슷한 퀘스트가 나열돼 있을 뿐이라는 점을 비판하는 용어다. 왜 이런 게임이 부정적으로 평가받는지, 자율성이 가진 진정한 의미를 다시 한 번 되새겨보고 게임 디자인을 할 때 같은 실수를 저지르지 말았으면 한다.

❷ 유능성

유능성은 개인이 속한 사회에서 자신의 능력을 발휘하거나 향상시키기 위해 행동하려는 욕구다. 그렇기 때문에 너무 어렵거나 너무 쉬운 과제가 아닌 자신의 현재 수준에 맞는 과제를 수행함으로써 스스로 유능하다고 지각하고 싶어하는 욕구다. 인간은 스스로 점차 느는 느낌이 들어야 욕구가 만족되며 재미를 느낀다. 유능성은 자율성이 내재화되면서 경험하게 되기에 자율성이 선행 조건이 된다.

유능성은 3장 '58. 플로우 이론'과 깊은 관계가 있다. 플레이어가 게임 플레이에 몰입하기 위해서는 플레이어가 가진 스킬과 게임에서 제공하는 과제의 도전 난이도가 비슷한 수준으로 디자인돼야 한다. 대부분의 플레이어는 게임을 플레이하는 시간이 증가할수록 게임에 익숙해진다. 그만큼 게임 플레이에 대한 스킬이 늘어난다. 게임 디자이너는 평균적인 플레이어의 스킬 성장 곡선을 예측해 게임 내 과제의 난이도를 맞춰줘야 비로소 플레이어는 스스로 유능성을 느낄 수 있게 된다.

싱글 플레이 게임에서 난이도는 적 캐릭터의 AI에도 많은 영향을 받는다. 게임에서는 어떤 AI를 디자인해야 플레이어에게 유능성을 느끼게 할 수 있을까? 프로그래밍 관점에서 잘 개발된 AI는 인간을 뛰어넘을 정도로 성능이 좋은 것이다. 하지만 게임 디자인 관점에서 잘 디자인된 AI의 개념은 전혀 달라진다. AI가 멍청하다고 느껴지면 플레이어는 AI를 농락하는 방법을 쉽게 찾아 내 머지않아 지루해지고 흥미를 잃게 된다. 그렇다고 AI가 플레이어를 압도할 정도로 뛰어나다면 금세 짜증을 내고 포기하게 된다.

그렇기 때문에 잘 디자인된 AI는 플레이어의 기준에서 인간과 상당히 비슷할 정도로 뛰어나지만 결국에는 플레이어보다 못한 존재여야 한다. 즉 거의 동등한 대결을 하지만 최종적으로는 플레이어가 AI보다 더 잘났다고 착각하게 느낄 정도로 절묘하게 디자인된 AI가 플레이어에게 사랑받는다고 본다.

이렇듯 AI조차 기본심리욕구 이론 중 유능성과 매우 밀접한 관계를 가지고 있다. 실제 반복적인 훈련을 통해 플레이어가 유능하게 될 때까지 지루하지 않게 기회를 제공하는 것도 중요하지만, 플레이어가 스스로 유능하다고 착각할 수 있도록 게임 플레이를 디자인하는 것이야 말로 게임 디자이너가 해야 할 역할이 아닐까?

❸ 관계성

관계성은 인간이 타인이나 집단과 의미 있는 관계를 맺어 안정감을 느끼고자 하는 욕구다. 인간은 혼자서 살 수 없는 동물이다. 물질적인 무엇을 바라는 것이 아니라 단순히 누군가와 긍정적 관계를 맺고자 하는 욕구는 인간에게 있어 사회적 환경이 얼마나 중요한지 보여준다. 인간은 타인과 의미 있는 관계를 형성함으로써 욕구가 만족되며 재미와 자신감을 느끼게 된다.

인간이 유능성을 느끼기 위해서는 기본적으로 사회에 속해 있어야 한다. 유능성에 대한 욕구는 결코 혼자 있을 때 만족되지 않는다. 자신이 유능하다는 인식은 타인 또는 집단 속에 있을 때 비로소 자각할 수 있기 때문이다. 관계성은 자율성이나 유능성에 비해 강하게 내재적 동기를 이끌어내지 못한다. 하지만 외재적 동기를 가져와 내재적 동기로 바꾸는 중대한 역할을 수행한다.

관계성은 멀티 플레이 게임과 깊은 관련이 있다. 가족이나 친구들과 게임하면 평소에 그다지 재미있지 않았던 게임도 재미있게 느껴질 때가 있다. 게임과의 단일한 상호 작용에서 벗어나 같이 플레이하는 사람들마다 상호 작용을 하는 경로가 늘어나면서 다양한 경험을 할 수 있게 된다. 그렇기 때문에 멀티 플레이 게임은 관계성의 관점에서 매우 유리한 이점을 가지고 있다.

싱글 플레이 게임의 경우, 아무리 잘 만들어진 게임이라고 할지라도 대부분 즐길 수 있는 콘텐츠에 한계가 존재한다. 반면 멀티 플레이 게임은 플레이할 때마다 협력하거나 경쟁하는 사람이 바뀌기 때문에 게임은 동일하다고 할지라도 플레이어 스스로 전혀 다른 경험과 재미를 찾을 수 있게 된다. 때문에 〈스타크래프트〉나 〈리그 오브 레전드〉와 같은 멀티 플레이 중심의 게임이 장기적으로 인기를 끌기 유리한 점이 있다. 콘텐츠가 인간 간의 관계성에서 끊임없이 만들어지기 때문에 제작자가 제공한 콘텐츠가 비교적 적어도 사람들끼리 콘텐츠를 만들어간다. 매번 바뀌는 플레이어 자체가 콘텐츠가 되는 셈이다.

게이머가 멀티 플레이 게임에서 가장 바라는 건 관계성에 대한 욕구다. 관계성의 특성상 사람이 많이 몰리는 몇 개의 특정 멀티 플레이 게임에 더욱 게이머가 몰리는 특징이 있다. 다양한 타인과 의미 있는 관계를 만들기 위해서는 당연히 사람이 많은 게임이 유리하기 때문이다. 그렇기 때문에 멀티 플레이 게임은 싱글 플레이 게임보다 집중 현상이 심할 수밖에 없다. 다시 말해서 게임 시장에서 성공할 수 있는 멀티 플레이 게임은 그 수가 한정돼 있다는 의미가 된다. 기존의 잘 나가던 멀티 플레이 게임이 밀려나거나 자멸해야 새로운 게임에게 기회가 돌아간다.

MMORPG의 몰락도 관계성과 크게 연관돼 있다고 볼 수 있다. MMORPG의 탄생은 무수히 많은 사람들과 장소에 구애받지 않고 만나서 게임을 즐길 수 있다는 점부터 시작됐다. 간단히 말해서 MMORPG는 관계성에 대한 욕구로부터 만들어진 RPG의 세부 하위 장르다.

그래서 초기 MMORPG는 어떻게 하면 플레이어 간의 관계성을 만족시킬 수 있을지 고민하고 콘텐츠를 제공했다. 그러나 많은 MMORPG는 관계성을 보다 발전시키는 콘텐츠를 만들기보다, 비디오 게임과 같은 몰입을 중시하는 콘텐츠를 만들려고 쫓아가기에 급급해 게이머가 MMORPG에서 가장 바라는 관계성에 대한 욕구를 만족시키지 못했다. 존재 가치를 스스로 포기한 셈이니 게이머들에게 외면 받는 것은 당연한 결과가 아닐까? 다시 MMORPG가 인기를 되찾기 위해서는 관계성에 관련된 시스템에 혁신적인 변화가 필요할 것이다.

관계성에 대한 욕구는 양날의 검이기도 하다. 타인과 의미 있는 관계를 맺어 안정감을 느끼려고 했는데 그렇지 못할 경우 오히려 배반감이 크기 때문이다. 현실에서 알고 있는 사람의 경우 관계성을 깨지 않기 위해 되도록 많은 노력을 한다. 반면 인터넷을 비롯해 특히 멀티 플레이 게임에서 만나는 다수의 익명성을 가진 플레이어와는 관계성이 단발적이고 일시적이기 때문에 깊이가 얕을 수밖에 없다. 그만큼 서로 쉽게 행동하고 비난하고 배반한다.

〈리그 오브 레전드〉의 채팅이나 〈오버워치〉의 음성채팅을 살펴보면 관계성에 대한 욕구가 깨졌을 때 어떠한 반응으로 나타나는지 적나라하게 알 수 있다. 관계성이 강력하게 인간의 욕구를 만족시켜줄 수 있기도 하지만 그만큼 리스크를 가지고 있다는 점을 고려해서 멀티 플레이 게임을 디자인하자.

48 제로섬 게임과 넌 제로섬 게임

플레이어에게 행동에 대한 동기를 주기 위한 기본심리욕구는 게임 플레이를 디자인하는 과정내내 고려해야 할 중대한 과제다. 하지만 게임 플레이 디자인의 전체적인 방향을 제시해주지는 않는다. 게임 플레이를 디자인하기 시작할 때 전체적인 방향성 결정에 도움이 되는 기준은 무엇이 있을까?

응용 수학의 한 분야로 게임 이론$^{Game Theory}$이라는 학문이 있다. 게임 이론에서의 게임은 참가자 모두가 자신의 이익을 최대로 하려는 전략을 선택해 최고의 보상을 얻기 위해 의사 결정을 하는 사회, 경제, 정치, 인류의 모든 것을 의미한다. 우리가 알고 있는 게임이 아니라 인류가 살아오면서 경쟁하는 것에 대한 상당히 넓은 범위를 다루는 분야다. 게임 이론의 전제는 간단하다. 모든 참가자는 합리적으로 결정하며, 다른 참가자도 합리적으로 결정할 것을 알고 있다는 점이다. 모든 참가자가 합리적인 판단을 할 수 있는 상태라면 경쟁, 전투, 전쟁 등에서 최고의 이익을 위해 최선의 전략을 선택한다는 이론이다.

게임 이론은 우리가 배우고자 하는 게임 개발 관련 이론과는 전혀 상관이 없는 별개의 분야다. 하지만 경쟁과 의사결정에 대한 기본적인 가이드라인이 돼주므로 디지털 게임의 게임 플레이에 일부 적용할 수 있다. 플레이어와 게임 시스템 간의 경쟁 또는 플레이어와 플레이어 간의 경쟁이 디지털 게임에서 이뤄지는 게임 플레이의 대부분이기 때문이다. 게임 이론에서는 제로섬 게임$^{Zero-sum game}$과 넌 제로섬 게임$^{Non zero-sum game}$이라는 용어가 있다. 경쟁이 중심이 되는 게임 플레이도 크게 보면 제로섬 게임과 넌 제로섬 게임으로 구분할 수 있다.

제로섬 게임이란 게임에 참가한 2명의 참가자의 점수를 합산하면 반드시 0이 유지되는 게임을 말한다. 전체적인 관점에서 봤을 때 이익과 손실이 완벽하게 균형을 이루고 있는 경우를 의미한다. 결과의 총합이 0이 되지 않을 가능성이 단 한 가지라도 있다면 제로섬 게임이 아니게 된다.

가장 대표적인 제로섬 게임은 가위바위보, 체스, 장기가 있다. 2명의 참가자가 가위바위보를 끝없이 한다고 해도 점수를 합산하면 0이 된다. 이러한 특징 때문에 제로섬 게임에서 누군가가 점수를 얻게 된다면 그만큼의 점수를 누군가는 반드시 잃게 된다. 즉 이익을 얻기 위해서는 다른 참가자에게 손실을 입혀야만 가능하다. 따라서 제로섬 게임은 경쟁이 극도로 치열한 상태를 유지한다. 그렇기 때문에 여러 장르 중에서도 〈철권^{TEKKEN}〉 시리즈와 같은 대전 액션 게임을 비롯한 경쟁 중심의 2인 멀티 플레이 게임에서 제로섬 게임 구도를 자주 활용한다. 비록 전체 콘텐츠가 제로섬 게임이 되지 않더라도 일정 시기가 되면 제로섬 게임으로 만들어 격렬한 경쟁을 강요하는 게임도 많이 있다.

그림 3-43 출처: 철권7

    넌 제로섬 게임이란 제로섬 게임과 달리 참가자의 점수를 합산하면 0이 되지 않는 게임을 말한다. 제로섬 게임에서 단 하나의 경우라도 틀어지면 넌 제로섬 게임이 되기 때문에 대부분의 게임은 넌 제로섬 게임에 해당된다. 아무리 제로섬 게임 같아 보이는 경쟁 중심의 경기나 게임이라고 할지라도 중간에 운영 비용이나 커미션 등으로 조금이라도 빠진다면 더 이상 제로섬 게임이 아니게 된다.

    넌 제로섬 게임에서는 모든 참가자가 이길 수도 있고, 반대로 모든 참가자가 질 수도 있다. 가장 대표적인 넌 제로섬 게임이 죄수의 딜레마^{Prison's Dilemma}[11]다. 따라서

---

11 2명의 공범인 죄수에게 자백을 권할 때 사용되는 넌 제로섬 게임으로. 서로 협력할 경우 최선의 이익이 발생함에도 불구하고, 서로를 불신하고 개인적인 욕심만 따라간다면 결국 모든 이에게 불리한 상황에 처한다는 게임 이론 사례 중 하나다.

넌 제로섬 게임에서는 서로 이익을 볼 수 있는 윈윈 전략^{Win-win game}이 가능하다. 반대로 핵전쟁과 같이 서로 손해만 보는 최악의 상황도 발생할 수 있다. 넌 제로섬 게임은 제로섬에 비해 의사결정이 복잡해지고 결과가 명확하지 않다는 단점을 가지고 있다. 하지만 그만큼 경쟁이 치열하지 않은 상태를 유지할 수 있다는 장점도 있다.

제로섬 게임과 넌 제로섬 게임 중 어느 것을 선택하는지에 따라 게임 플레이의 성격은 크게 변한다. 하지만 주의할 것이 있다. 첫째, 하나는 좋은 디자인이고 다른 하나는 나쁜 디자인이라고 봐서는 안 된다. 각각 가지고 있는 장점과 단점이 있고 게임 디자이너는 그 점을 잘 이해해서 선택하면 되는 문제다. 둘째, 하나의 게임에서 반드시 둘 중 하나만 선택해야 하는 것은 아니다. 제로섬 게임을 선택해도 되고, 넌 제로섬 게임을 선택해도 되지만, 시기나 조건을 달리해서 제로섬 게임과 넌 제로섬 게임을 같은 게임에 같이 활용할 수 있다.

예를 들어 〈문명〉 시리즈는 싱글 플레이나 멀티 플레이 모두 처음에 넌 제로섬 게임으로 시작된다. 초반에 각 플레이어는 서로의 영역을 침범할 필요없이 각자의 영역을 늘리고 도시를 발전시키면 된다. 굳이 다른 플레이어에게 부정적인 영향을 주지 않아도 중립 지역의 영토와 자원을 통해서 얼마든지 발전할 수 있다. 이를 팔레토 개선^{Pareto Improvement} 상태라고 하며 상대방에게 영향을 주지 않고도 이익을 얻을 수 있는 상태를 뜻한다. 대표적인 예가 RPG에서 플레이어 캐릭터가 레벨업을 하는 것이다. 이 단계에서는 서로 윈윈하는 전략도 가능하며 경쟁이 치열한 상태가 아니다.

하지만 중후반에 이르러 중립 지역이 모두 사라지고 자신이 성장하기 위해서는 다른 플레이어의 것을 빼앗아야만 하는 시기가 찾아온다. 이를 팔레토 최적^{Pareto Optimality} 상태라고 하며 이 순간부터 넌 제로섬 게임에서 제로섬 게임으로 변하게 된다. 게임 시스템상 팔레토 개선이 더 이상 일어날 수 없는 상태를 팔레토 최적이라고 한다. 팔레토 최적 상황에서는 플레이어에게 공정하고 공평한 분배가 이뤄지지 않는다는 특징이 있다. 팔레토 최적으로 인해 제로섬 게임이 되면 각 플레이어는 충돌을 피할 수 없는 긴장 상태에 돌입하게 된다. 뺏기지 않으려면 빼앗아야 하는 상황에서 인간은 대부분 강력한 동기를 가지고 움직이게 된다.

게임 디자이너는 만들고자 하는 게임에서 게임 플레이를 제로섬 게임으로 디자인할지, 넌 제로섬 게임으로 디자인해야 할지, 아니면 둘 다 활용해서 디자인할지 결정해야 한다. 이것에 따라 게임 플레이의 방향성이 크게 변한다. 다만 둘 다 활용한다면 어느 시점에 넌 제로섬 게임에서 제로섬 게임으로 전환할 것인지, 제로섬 게임에서 넌 제로섬 게임으로 전환할지 반드시 사전에 계획해 디자인해야 한다.

49 최대최소 & 최소최대 전략

게임 플레이의 방향성을 정할 때 제로섬 게임과 넌 제로섬 게임 중 어느 것을 선택하는지에 따라서 게임 규칙에 많은 변화가 생긴다. 제로섬 게임의 규칙은 비교적 단순하겠지만 넌 제로섬 게임의 규칙은 많은 예외 사항에 대해 일일이 명시화하고 규칙 간의 관계를 다양하게 고려해야 한다. 그렇기 때문에 넌 제로섬 게임에서 제로섬 게임으로 전환하는 것은 크게 어렵지 않다. 하지만 반대는 상당히 어렵다. 많은 게임이 넌 제로섬 게임에서 시작해 일정 기간 뒤에 제로섬 게임으로 전환하는 건 경쟁을 부각시킬 수 있다는 장점이외에도 디자인이 수월한 이유도 있을 것이다.

이러한 규칙의 변화는 플레이어 입장에서 사용하는 전략에 지대한 영향을 미치게 된다. 플레이어는 제로섬 게임과 넌 제로섬 게임에서 일반적으로 어떤 전략을 사용하게 될까? 대부분의 플레이어가 취하게 될 전략을 이해하고 예측할 수 있다면 게임 디자이너는 게임 플레이를 보다 정밀하게 만들 수 있게 된다.

수학자인 존 폰 노이만John von Neumann은 게임 이론Game Theory 개념을 공동개발하면서 다음의 정리를 게임 이론의 근간이라고 생각하고 개발했다. 미니맥스Minimax로 불리는 최대최소 전략은 앞으로 추정되는 '최대의 손실'을 '최소화'하려는 전략이다. 맥시민Maximin으로 불리는 최소최대 전략은 앞으로 발생할 '최소의 이득'을 '최대화'하려는 전략이다. 최대최소 전략은 '손실'에 주목한 전략이며, 최소최대 전략은 '이득'에 주목한 전략이라는 점을 기억하자.

최대최소 전략은 제로섬 게임에서 손실을 최소화함으로써 기회비용을 줄일 수 있

한 전략은 게임 이론의 근간이 되는 최대최소 전략과 최소최대 전략이 거의 예외없이 적용된다고 봐도 무방할 정도다. 합리적으로 판단하고 있다고 가정했을 때, 우리는 이기고 있을 때와 지고 있을 때 어떻게 하면 최종적으로 승리를 쟁취할 수 있는지 이미 본능적으로 알고 있는 것이다.

한편 대부분의 싱글 플레이 게임은 넌 제로섬 게임에 해당된다. 일부 플레이어와 게임 시스템의 대결을 통해 제로섬 게임을 만드는 장르가 있지만 대부분 플레이어가 이득을 얻는다고 해서 게임 시스템이 손실을 입지 않는다. 또한 플레이어가 손실을 입는다고 해서 게임 시스템이 이득을 얻지 않는다. 그렇다면 넌 제로섬 게임에 해당하는 대부분의 싱글 플레이 게임에서 플레이어는 어떤 전략을 사용하게 되는가?

싱글 플레이 게임에서 플레이어는 입게 될 손실보다 얻게 될 이득을 더욱 중시한다. 플레이어가 보게 될 손실은 게임 시스템의 이득이 아니기 때문에 다시 빼앗아 와야 하는 것이 아니라 플레이어 스스로 복구를 하는 개념이 된다. 따라서 손실에 의한 복구를 계산할지라도 평소에 가능한 적극적이고 낙관적으로 최대한의 이득을 고려해서 사고하고 행동하는 편이 유리하다.

넌 제로섬 게임에서 손실에 주목한 최대최소 전략은 결코 유효한 전략이 아니다. 그런데 이득에 주목한 최소최대 전략은 적용이 가능하다. 그렇다고 해도 반드시 좋은 전략이라고 볼 수는 없다. 넌 제로섬 게임에서는 일반적으로 단순히 다른 플레이어나 게임 시스템보다 더 많은 이득을 내기 위한 전략이 유효하다. 단지 상황에 따라 최소최대 전략도 사용할 수 있을 뿐이다.

제로섬 게임과 넌 제로섬 게임에 이어 최대최소 전략과 최소최대 전략을 언급한 이유는, 해당 전략을 사용하는 플레이어와 전략이 이뤄지는 상황이나 시점에 맞춰 게임 시스템이나 UI가 제공돼야 하기 때문이다. 제로섬 게임에서 이득을 보고 있는 플레이어와 손실을 보고 있는 플레이어는 사용하는 전략이 다르고, 사용하는 게임 내의 기능도 다를 수 있으며, 주목하고 있는 정보도 다르다. 최대의 손실을 최소화하려는 플레이어에게는 손실을 최소화할 수 있는 게임 시스템을 사용하기 편하게 제공해야 한다. 손실을 걱정하고 있는 플레이어에게 이득을 볼 때 사용할 게임 시스템을 제공해봐야 필요성을 느끼지 못하고 오히려 불편함을 느낄 뿐이다. 뿐만 아니라 손실에 대한 정보를 집중적으로 줘야 플레이어가 바라는 전략을 제대로 수행할 수 있다.

플레이어가 어떤 전략을 사용하려고 하는지에 따라서 플레이어의 행동이 결정된다. 플레이어의 행동에 맞춰 게임 디자인을 맞춤형으로 제공한다면 플레이어는 게임 시스템을 편하게 느끼게 되고 게임 세계에 더욱 몰입할 수 있게 될 것이다. 안타깝게도 아직까지 플레이어의 전략과 행동을 예측해 상황에 따라 게임 디자인을 바꿔서 제공하는 게임은 흔치 않다.

대부분의 게임에서는 상황과 대상을 구분하지 않고 동일하게 디자인된 시스템을 처음부터 끝까지 일관적으로 제공하고 있다. 플레이어가 무슨 생각을 하는지, 무엇을 하려고 하는지 고심하고 이를 적용해보려 한다면 단순히 메뉴의 순서나 구성을 바꿔 주는 것으로도 상당한 효과가 생긴다. 게임 디자인이 한 단계 더 발전하기 위해서 앞으로 개선돼야 할 부분 중 하나일 것이다.

50 핵심 게임 플레이를 위한 80:20 법칙

핵심 게임 플레이 루프

게임 플레이의 방향성과 플레이어의 전략과 행동에 대한 이해가 됐다면 이제 본격적으로 게임 플레이 디자인을 시작할 차례다. 게임 플레이 디자인의 시작이자 게임 플레이의 거의 모든 것이라도 할 수 있는 것이 핵심 게임 플레이 루프^{Core Gameplay Loop}를 디자인하는 것이다. 핵심 게임 플레이 루프란 플레이어에게 제공할 게임 플레이 경험의 기초를 반복적으로 구성한 메커닉스를 의미한다. 다시 말하면 플레이어에 의해 게임 안에서 핵심적으로 반복되는 액션의 집합이 핵심 게임 플레이 루프라고 할 수 있다.

머릿속에서 떠올려보자. 게임 시스템에 꽤 익숙해진 상태라면 해당 게임을 어떻게 플레이해야 하는지 자연스럽게 체득하게 된다. 그리고 몇 가지 액션을 거의 비슷하게 반복하는 자신을 깨달을 수 있을 것이다. 이렇게 최소의 액션을 통해 최대의 효과를 누리기 위한 플레이어의 조작은 핵심 게임 플레이 루프를 따라가게 된다.

예를 들어 〈슈퍼 마리오 브라더스〉의 핵심 게임 플레이 루프는 '점프 → 공중에서 액션 → 착지 시 액션'이 된다. 플레이어가 조정하는 마리오 캐릭터는 게임이 시작해서 끝날 때까지 점프, 공중에서 액션, 착지 시 액션을 끊임없이 반복한다. 점프를 하는 목적은 아이템을 먹기 위해 또는 적을 해치우기 위해 등 상황마다 다르고 그에 따라 다양한 결과가 이뤄지지만 점프를 함으로써 모든 액션들이 순서대로 이뤄진다. 마찬가지로 공중에서의 액션과 착지 시 액션은 상황마다 각각 다른 결과를 불러일으킬 수 있지만 반복적으로 이뤄진다.

그림 3-44 출처: 슈퍼 마리오 브라더스

핵심 게임 플레이 루프 예시

❶ 슈퍼 마리오 브라더스: 점프 → 공중에서 액션 → 착지 시 액션

❷ 일반 FPS: 무기 발사 → 수류탄 투척 → 달리기 → 근접전투 → 전투 종료 → 회복 or 아이템 회수

❸ 기어즈 오브 워: 달리기 → 엄폐 → 무기 발사 → 뛰어넘기 → 근접전투 → 전투 종료 → 회복 or 아이템 회수

❹ 스나이퍼 엘리트: 은신 → 접근 → 엄폐 → 소음 대기 → 줌 → 숨 참기 → 저격 → 전투 종료 → 회복 or 아이템 회수

위의 핵심 게임 플레이 루프 예시에서 보듯이 동일한 FPS 장르라고 할지라도 게임 디자이너가 어떤 액션에 중점을 두는지에 따라서 핵심 게임 플레이 루프는 달라진다. 일반적인 FPS는 '무기 발사 → 수류탄 투척 → 달리기 → 근접전투 → 전투 종료 → 회복 or 아이템 회수'의 루프를 가지고 있다. 하지만 〈기어즈 오브 워^{Gears of War}〉 시리즈에서는 엄폐를 강조함에 따라 핵심 게임 플레이 루프에 변화가 생겼다. 〈스나이퍼 엘리트^{Sniper Elite}〉 시리즈에서는 저격을 강조함에 따라 은신 플레이가 요구되며 저격에 필요한 액션이 게임 플레이의 핵심이 됐다. 이처럼 동일한 FPS 장르에서도 핵심 게임 플레이 루프가 변하면 플레이어는 전혀 다른 경험을 하게 된다. 반대로 아무리 그래픽이나 분위기가 달라도 핵심 게임 플레이 루프가 같다면 플레이어는 비슷한 경험을 하게 되므로 비슷한 게임을 하는 느낌을 받게 되기 쉽다.

그림 3-45 출처: 기어즈 오브 워(좌) / 스나이퍼 엘리트(우)

핵심 게임 플레이 루프는 어떻게 만들어야 할까? 가장 먼저 핵심 게임 플레이 루프는 액션의 집합이기 때문에 행동을 지칭하는 동사^{Verb}로 구성해야 한다. 발사하다, 달리다, 공격하다, 방어하다, 숨다, 사용하다 등의 동사를 활용해서 플레이어에게 제공하고자 하는 액션의 순서를 정하고 개수를 최소화한다. 이 때 액션 하나하나를 최대한 세부적으로 나눠 구체화하는 편이 좋다. 구체화한 이후 정말 핵심적으로 필요한 액션인지, 없어도 무관한 보조적인 액션인지 구분해 최소화할 수 있기 때문이다. 이렇게 만들어진 핵심 게임 플레이 루프는 게임 디자인 원리에서 정리한 것과 같이 다음과 같은 특징을 가지고 있어야 한다.

간단히 정리하면, 핵심 게임 플레이 루프는 매력적이고 재미있게 반복할 수 있도록 디자인돼야 한다. 반복 플레이의 기반이 되며 게임 플레이의 핵심이 되는 만큼 핵심 게임 플레이 루프가 플레이어를 사로잡지 못하거나 결점이 있다면 게임에 대한 평가에 있어 치명적인 손상을 입게 된다. 비록 게임 플레이 이외의 요소에서 좋은 평가를 받을 수 있다고 해도 게임 플레이를 포기해서는 결코 많은 게이머를 만족시키기 어렵다.

필자는 핵심 게임 플레이 루프가 반복됨에도 플레이어가 재미를 느끼게 하기 위해서는 각 액션이 물 흐르듯 이뤄지는 것이 가장 중요하다고 생각한다. 마치 리듬 액션 게임을 하듯이 자연스럽게 말이다. 비록 리듬 액션 게임이 아니라 할지라도 모든 게임에서 플레이어가 리듬을 타는 듯한 느낌으로 핵심 게임 플레이 루프를 반복할 수 있게 디자인해야 한다. 플레이어가 게임 플레이를 통해서 마치 음악을 연주하는 듯한 액션을 취할 수 있을 때 비로소 반복적으로 몰입에 빠지게 된다.

'3박자 리듬'이나 '강약약중강약약' 등과 같이 음악에서 자주 활용되는 박자와 규칙을 활용해 게임 플레이 루프에도 장단과 강약을 설정해야 한다. 중요한 액션이라고 할지라도 강한 액션만 연달아 준다면 플레이어는 쉽게 피로를 느끼게 된다. 액션과 액션 사이에 억지스럽거나 부자연스러운 액션은 배치를 다시 하거나 과감하게 축약 또는 삭제할 필요도 있다. 핵심 게임 플레이 루프를 디자인한다는 것은 단순히 핵심적인 액션을 순서대로 적는 것이 아니라 그 순서와 배치를 어떻게 할 것인지 고민하고 또 고민해서 결정해야 할 만큼 중대한 사항이다. 게임 플레이 면에서 과거 명작이라고 평가받는 게임들을 분석해보면 하나같이 물 흐르듯 자연스러운 핵심 게임 플레이 루프를 가지고 있다는 것을 어렵지 않게 찾아낼 수 있다.

80:20 법칙

핵심 게임 플레이 루프는 무엇이며, 어떤 특징을 가지고 있는지, 어떻게 디자인해야 하는지 살펴봤다. 이번에는 핵심 게임 플레이 루프가 전체 게임 플레이에서 어느 정도의 비율을 차지해야 하는지 80:20 법칙을 통해서 알아본다.

80:20 법칙은 핵심 기능과 주변 기능 간에 적절한 비율을 제시해 핵심 기능 개발에 역량을 집중하기 위해 만들어진 법칙이다. 파레토 개선, 파레토 최적을 주장했던 빌프레도 파레토^{Vilfredo Pareto}가 만든 법칙으로 파레토 법칙이라고도 불린다. 파레토 법칙은 제로섬 게임과 넌 제로섬 게임에서 언급했던 파레토 개선이나 파레토 최적과는 전혀 다른 별도의 이론이라는 점에 유의하자.

그는 이탈리아의 국토 가운데 20%의 인구에 의해 80%의 영토가 통제된다는 사실을 밝혀냈다. 부와 재산권과 같은 경제 분야는 물론 IT 개발 분야 등 인간사회의 많은 부분에서 그의 이론이 적용된다는 사실이 밝혀졌다.

80:20 법칙은 게임 플레이에서도 그대로 적용할 수 있다. 게임 플레이 전체 콘텐츠 중에 핵심 게임 플레이 루프는 어느 정도의 비율이 돼야 할까? 이 답을 80:20 법칙에서 제시해주고 있다. 20%의 핵심 기능이 전체 게임 플레이의 80%를 점유하면 된다. 즉 핵심 게임 플레이 루프는 20%의 비율로 디자인돼 다른 액션이나 루프에 의해 확장돼 80%의 콘텐츠를 만들어내는 것이 이상적이라는 것이다.

〈슈퍼 마리오 브라더스〉의 핵심 게임 플레이 루프는 '점프 → 공중에서 액션 → 착지 시 액션'이라고 했다. 이 액션들 자체만으로는 게임 플레이에서 20% 정도로 많은 부분을 차지하지 않는다. 하지만 이러한 액션에서 파생되는 다양한 액션과 경험들은 게임 플레이의 80%를 만들어낸다. 나머지 게임 플레이의 20%는 핵심 게임 플레이 루프에 해당되지 않는 보조적인 액션이 차지하게 된다.

만약 핵심 게임 플레이 루프의 비율을 20%보다 상당히 큰 40%로 잡았다고 가정해보자. 플레이어가 배워야 하는 기초적인 액션이 배로 늘어난다. 반면 힘들게 배웠던 각각의 액션은 활용되는 곳이 한정된다. 즉 상황에 따라서 어떤 액션을 취해야 하는지 자연스럽게 확장되는 것이 아니라 각 상황에 맞춰 정답이 되는 액션을 외워야 한다. 플레이어에게 다양한 경험을 제공하고자 여러 가지 기능을 핵심 게임 플레이 루프에 과도하게 넣는 것은 개발자의 욕심에 불과하다. 오히려 플레이어를 불편하게 만들 뿐이다. 이는 핵심 게임 플레이 루프가 가져야 할 특징 ❶과 ❷에서 언급했듯이 이해하기 쉽고, 수행하기 쉬워야 한다는 점에도 어긋난다.

이번에는 20%의 핵심 게임 플레이 루프가 게임 플레이의 100%를 만들어낸다고 가정해보자. 게임 플레이가 매우 단조롭게 될 수밖에 없다. 핵심 게임 플레이 루프에 해당되는 액션이외에 다른 액션이 없기 때문에 플레이어 행동에 예외적인 변화가 일어나지 않는다.

초대 〈젤다의 전설〉의 핵심 게임 플레이 루프는 이동과 공격밖에 없다. 이동과 공격으로 게임 플레이의 80%를 만들어낸다. 하지만 100%로 만들지 않았다. 핵심 게임 플레이 루프에 해당되지 않는 양초, 폭탄, 활 등을 20% 정도의 비율로 추가해 게임 플레이의 다양성을 부여했다. 단지 20%라고 할지라도 핵심 게임 플레이 루프와 결합하고 조합된다면 액션의 종류가 기하급수적으로 늘어난다. 만약에 〈젤다의 전설〉이 잘 만든 게임이라고 할지라도 이동과 공격 기능만 존재하고 다른 무기가 없었다면 어떻게 됐을까? 우리는 〈젤다의 전설〉이라는 게임의 이름을 기억하지 못할 것이다.

그림 3-46 출처: 젤다의 전설

80:20 법칙을 통해서 20% 비율의 핵심 게임 플레이 루프로 80% 비율의 게임 플레이를 디자인하는 것이 좋다는 것을 알 수 있었다. 그런데 이는 단지 핵심 게임 플레이 루프만에 해당되는 것이 아니다. 중요한 기능과 전체 콘텐츠의 비율을 가늠하려고 한다면 80:20 법칙이 훌륭한 기준이 돼준다.

온라인 게임에서 대규모 업데이트를 계획한다고 했을 때, 핵심이 되는 콘텐츠가 던전이라면 던전의 비율은 20%지만 던전이 영향을 주는 콘텐츠 비율을 80%로 계획하는 것이 도움이 된다. 던전에서 얻는 결과물로 자신만의 무기를 만들거나, 펫을 키우는 등 다른 곳에서 확장해서 활용할 수 있는 콘텐츠를 제공하면, 플레이어는 던전이라는 일부 콘텐츠에 집중하면서도 게임 내의 많은 콘텐츠를 즐기는 것처럼 느끼게 된다.

51 망각 곡선

핵심 게임 플레이 루프를 디자인하는 가장 큰 이유는 바로 반복을 통해 게임 플레이를 플레이어에게 학습시키기 위함이다. 그런데 아이러니하게도 인간은 망각의 동물이다. 시간이 지나면 다른 것을 배우고 받아들이기 위해서 기존의 것을 잊어버린다. 사소한 것 하나하나 모든 것을 기억하고 아무 것도 잊지 않는다면 인간은 기억용량을 초과해 살아갈 수 없을 것이다. 인간은 생존을 위해 망각을 한다.

그럼에도 인간은 왜 학습을 하는 걸까? 인간은 생존을 위해 망각을 하지만 일부 생존에 필요한 정보와 경험은 기억 속에 남겨두는 편이 오래 살아남기에 유리해진다. 세상을 살아가다 보면 필요한 정보보다 필요 없는 정보가 압도적으로 많기 때문에, 기본적으로 시간이 흐름에 따라 모든 정보를 망각하고 중요한 정보만 예외적으로 학습을 통해 기억하는 시스템을 채택하는 편이 효율적이었을 것이다.

망각의 동물인 인간이 기본적으로 망각하는 시스템을 거슬러 학습을 하기 위해서 필요한 것이 있다. 바로 반복이다. 반복을 통해서 학습을 하는 이유는 필요한 정보를 휘발성 메모리에 해당되는 작업 기억^{Working Memory}에 머물러 두는 것이 아니라 오랫동안 기억할 수 있는 비휘발성 메모리에 해당되는 장기 기억^{Long-term Memory}에 담아두기 위함이다. 작업 기억과 장기 기억에 대한 상세한 이야기는 3장의 '63. 기억, 청크, 상징'에서 다루도록 하겠다.

정리하면 학습의 핵심은 반복이고, 반복이 중요한 이유는 인간이 망각의 동물이기 때문이다. 독일의 심리학자 헤르만 에빙하우스^{Hermann Ebbinghaus}는 시간이 흐름에 따라 인간이 학습한 내용을 얼마나 잊어버리는지에 대한 연구를 했다. 그는 연구를 통해 시간과 기억^{Retention}을 축으로 다음의 그래프를 그렸고, 이를 기억 곡선^{Retention curve}이라고 했다(그림 3-47 참조). 이후 이 그래프는 보편적으로 망각 곡선^{Forgetting Curve}으로 불리고 있다.

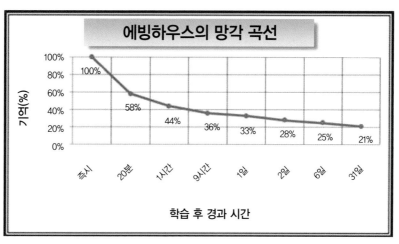

그림 3-47 망각 곡선

(출처: https://www.iridize.com/blog/facing-the-forgetting-curve/)

그의 연구에 따르면 인간은 20분이 지나면 58%만 기억하고, 1시간이 지나면 44%만 기억하며, 31일이 지나면 불과 21%만 기억하게 된다고 했다. 즉 인간은 10분이 지나면서부터 망각을 시작해 1시간 뒤에는 56%를 잊어버리고, 1일 뒤에는 67%를 망각하게 된다. 이처럼 1시간만 지나도 약 1/2을, 하루만 지나도 약 2/3를 망각하게 되는 것이 인간이다.

이렇게 빠르게 망각하는 인간의 본질적인 특징을 이겨내고 학습을 한다는 건 애초부터 어려움이 따를 수밖에 없다. 왜 일반적으로 공부는 힘들고 게임은 익숙해지기 쉬울까? 게임은 반복하는 것 자체가 즐겁기 때문에 스스로 생각하지도 못한 사이에 이미 학습이 돼버린다. 공부는 즉각적인 피드백이 없고 열심히 한다고 해서 그에 따른 결과가 반드시 따르는 것이 아니기 때문에 동일한 것을 반복하는 것 자체가 어렵고 과정이 괴로울 수밖에 없다. 반복하기 힘든 만큼 학습이 어렵고 그만큼 망각이 빠르게 이뤄진다.

에빙하우스의 망각 곡선이 주는 교훈의 핵심은 다음과 같다. 인간의 기억은 시간에 반비례해 빠르게 감소하기 때문에 이를 비휘발성 메모리인 장기 기억에 영구히 보전하기 위해서는 반드시 적절한 시점에 적절한 횟수의 반복(4회)을 해야 한다는 것이다. 아무리 한번에 집중해서 열정적으로 학습하는 것보다 핵심적인 것만 보더라도 일정 시간을 두고 분산해서 반복하는 것이 기억하는 데 더 효과적이라는 것이다. 완벽하지 않더라도 처음부터 끝까지 몇 번을 반복하는 것이 중요하다. 그래야 전체적인 그림이 그려진다. 공부도 마찬가지고 게임도 마찬가지다. 책을 읽을 때도 처음에는 정독을 하고 다음부터는 핵심적인 것을 중심으로 빠르게 2~3회 반복하는 것이 오랜 기간 잊지 않기 위한 효과적인 방법이다. 그림 3-48의 그래프와 같이 반복이 될수록 망각에 걸리는 시간이 늦춰진다.

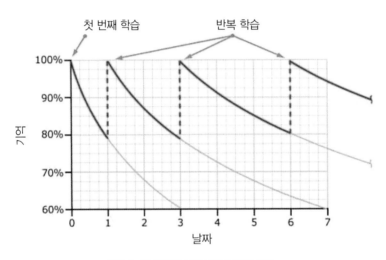

새로 습득한 정보에 대한 전형적인 망각 곡선

그림 3-48 반복을 통한 망각 곡선의 변화
(출처: https://www.marketing91.com/forgetting-curve/)

토니 부잔Tony Buzan은 에빙하우스의 망각 곡선을 통해 반복을 했을 때 가장 효율이 좋은 시점이 있다고 주장했다. 망각 곡선에서 설명했던 총 4회로 10분 후, 1일 후, 1주 후, 1달 후라는 것이다. 반복할 때마다 학습에 소요되는 시간은 줄어들지만, 기억이 유지되는 시간은 늘어난다. 4번 반복이 이뤄진 이후에는 주기적으로 관심을 가지는 것만으로도 장기 기억이 유지되며, 잠시 기억을 잊어버렸다고 할지라도 기억을 끄집어낼 수 있는 트리거가 당겨지는 것만으로 다시 기억이 되살아나게 된다(그림 3-48 참조).

많은 이야기를 했지만 이제 다시 게임 플레이로 돌아가보자. 핵심 게임 플레이가 아니라 굳이 '핵심 게임 플레이 루프'라고 하는 데에는 반복이라는 의미가 내포돼 있음을 알아차려야 한다. 게임을 플레이함에 있어 플레이어가 반드시 학습할 필요가 있는 액션들이 핵심 게임 플레이 루프에 포함돼야 한다. 반복할 필요가 없는 일시적으로 이뤄지는 게임 플레이는 핵심 게임 플레이 루프에서 과감하게 제외시키는 것이 좋다.

핵심 게임 플레이 루프는 망각 곡선을 고려해 플레이어에게 제공되게 디자인해야 한다. 플레이어가 기억해야 하는 액션은 적절한 주기를 가지고 적어도 4번은 반복돼야 한다. 그렇다고 해서 게임 초반에 4번의 반복을 한꺼번에 몰아서 하고 이후에 신경을 안 쓴다면 플레이어는 머지않아 해당 액션이 있다는 것을 잊어버리게 될 것이다. 이는 잘못된 게임 디자인이다. 또한 4번 반복시켰다고 플레이어가 완전히 습득했다고 생각하면 안 된다. 굳이 자세한 설명까지 반복할 필요는 없지만 플레이어가 해당 액션을 잊어버릴 타이밍에 최소한의 UI나 메시지를 활용해서라도 주기적으로 환기시켜주는 것이 효과적이다. 바로 망각 곡선 그래프처럼 말이다.

쉽게 이해되고, 쉽게 수행할 수 있는 핵심 게임 플레이 루프를 가진 게임은 플레이어의 실력이 빠르게 늘게 된다. 그만큼 만족감을 느끼게 되고 몰입할 수 있는 기회가 생긴다. 3장의 '47. 기본심리욕구 이론'의 유능성에서 자신이 잘한다고 느낄 때야 인간은 흥미를 느낀다고 했었다. 처음 몇 시간을 플레이해봤는데 어떻게 플레이해야 하는지 도통 모르겠다는 게임들은 핵심 게임 플레이 루프 자체나 이것을 제공하는 주기나 방법에 문제가 있는 것이다.

지금까지 살펴본 이론을 통해서 게임 디자인에서 게임 플레이를 디자인할 때 핵심 게임 플레이 루프를 어떻게 디자인해야 하며, 어떤 점에 유의해야 하는지 살펴봤다. 핵심 게임 플레이 루프는 게임마다 다르다. 어떤 점에 주의를 해야 하는지 알려줄 수는 있어도 그것이 '맞다', '틀리다'를 논할 수 있는 대상이 아니다. 핵심 게임 플레이 루프는 게임 디자이너가 자신만의 생각으로 완성시켜야 한다. 그래야 다른 게임을 따라한 게임이 아닌 독자적으로 만들어낸 게임이 된다.

52 프레이밍 효과

게임 플레이 디자인은 게임의 절차와 규칙을 만들어 가면서 자신만의 핵심 게임 플레이 루프를 찾아가는 과정이다. 핵심 게임 플레이 루프에 대해서 어느 정도 살펴봤으니 이제 게임 규칙에 대해 도움이 될 만한 이론을 살펴보자.

프레이밍 효과^{Framing Effect}는 동일한 정보를 두고 제시하는 표현 방식에 따라 전혀 상반된 의사결정이 이뤄질 수 있다는 사회학 이론이다. 흔히 틀 효과라고도 불린다. 동일한 사건이라 할지라도 긍정적 표현을 사용했을 때와 부정적 표현을 사용했을 때 사람들의 보편적 의사결정이 달라진다. 즉 인간은 합리적인 판단을 내리려 하지만 항상 합리적으로 판단하지는 않는다는 점을 확인시켜준 이론이다. 인간은 항상 합리적 판단을 한다는 것을 가정으로 한 여러 경제학 이론에 한계점을 꼬집은 이론이기에 이후 여러 분야에 많은 변화를 주기도 했다. 앞서 배웠던 제로섬 게임도 참가자 모두 항상 합리적 판단을 한다고 가정했었다.

프레이밍 효과의 대표적인 예는 물이 절반 정도 들어있는 컵에 대한 사람들의 반응이다. A는 '컵에 물이 절반이나 남았다.'고 긍정적 관점의 틀로 사물을 인지한 반면, B는 '컵에 물이 절반밖에 남지 않았다.'고 부정적 관점의 틀로 인지했다. 옳고 그름의 문제가 아니라 동일한 사물을 보더라도 두 사람이 가지고 있는 상황이나 보편적인 틀이 달랐기 때문에 표현도 달라진다. 이에 따라 이후 벌어지는 A와 B의 심리상태나 행동에도 영향이 생긴다.

모기가 퍼트리는 신종 전염병 문제를 해결하기 위한 과정에 대해 프레이밍 효과가 사람들의 선호도에 어떤 영향을 미치는지 다음과 같이 연구가 이뤄졌다.

문제 ❶은 '산다'라는 긍정적인 표현이 중심이 된 문제다. 이 문제에서 72%는 확실한 표현인 A를 선택했고, 28%는 불확실한 표현인 B를 선택했다. 다수의 사람들은 긍정적인 표현, 즉 이득에 대한 의사결정을 내릴 때 위험 회피^{Risk Aversion} 성향이 높게 나타났다. B는 불확실한 표현이기에 불안감을 느끼게 되고 확실한 이득을 보기 위해 A를 많이 선택한다.

반대로 **문제 ❷**는 '죽다'라는 부정적인 표현이 중심이 된 문제다. 이 문제에서 78%는 불확실한 표현인 B를 선택했고, 22%는 확실한 표현인 A를 선택했다. 다수의 사람들은 부정적인 표현, 즉 손실에 대한 의사결정을 내릴 때 위험 추구^{Risk Seeking} 성향이 높게 나타났다. A는 확실한 표현이기에 기대감을 위해서 불확실한 B를 많이 선택한다. 이는 앞서 배웠던 최대최소 전략과 최소최대 전략과 같은 맥락을 유지한다.

프레이밍 효과에서 보여주는 핵심적인 결론은 다음과 같다. 인간은 확실한 이득을 보는 것을 선호하기 때문에 보편적으로 손실 회피^{Loss Aversion} 성향이 강하다는 것이다. 따라서 동일한 정보를 주거나 제안을 할 때 부정적인 표현보다 긍정적인 표현을 사용하는 편이 선택받을 확률이 높아진다. 수술을 받으면 80% 확률로 살 수 있다는 의사의 말과 20% 확률로 죽을 수 있다는 의사의 말 중에 사람들은 어떤 말을 들었을 때 수술을 더 많이 수락하게 될까?

또 다른 예를 살펴보자. 처음부터 10,000원으로 판매하는 A상품과 처음에 20,000원으로 판매했던 것 같이 가격표를 붙여 놓고 50% 할인해 10,000원으로 판매하는 B상품 중 어느 제품이 더 잘 팔릴까? 정가가 10,000원이라고 인지한 A상품과 정가가 20,000원이라고 인지한 B상품이 동일한 가격이라면 대부분의 사람은 A와 B상품이 동일한 제품이었다고 할지라도 B상품을 구입하게 된다. 아무리 동일한 결과라고 해도 생겼다가 없어지는 것과 없었다가 생기는 것은 사람의 심리와 의사결정에 큰 영향을 미친다.

프레이밍 효과는 마케팅에서 자주 활용되지만 게임 규칙 디자인에서도 활용될 수 있다. 게임 규칙 중에 MMORPG의 '피로도 시스템'을 예로 들어보자. 피로도 시스템이란 주로 한국 MMORPG에서 도입된 일정 시간 이후 경험치에 불이익을 주는 시스템을 말한다. 피로도 시스템은 크게 2가지 상황 속에서 만들어졌다. 첫째, 플레이어가 지나치게 게임에 몰입하는 것을 방지하기 위한 사회적 공론이 개발사를 압박하는 용도로 활용됐다. 둘째, 개발사는 유독 콘텐츠 소모가 빠른 한국 게이머의 특성을 고려해서 콘텐츠 소모 속도를 제한시킬 수단이 필요했다. 양쪽의 요구가 서로 맞으면서 피로도 시스템은 한국 MMORPG에 있어 아주 기본적인 시스템으로 자리잡을 수 있었다.

그런데 '피로도 시스템'이라는 용어와 플레이어에게 제공하는 방법을 살펴보자. 피로도 시스템이라는 것은 용어부터 부정적인 의미를 내포하고 있다. 일정 시간이 지나면 플레이어에게 일반적으로 주어지는 경험치를 제대로 제공하지 않는 것으로 강제적으로 장기간 플레이를 '제한'하는 시스템이다. 게다가 피로도 시스템에 의해 경험치에 불이익을 받는 순간, 던전과 같은 다른 콘텐츠를 즐기는 데도 제한을 두고 있다.

피로도 시스템은 마치 '수술을 받으면 20% 확률로 죽을 수 있다는 의사의 부정적인 표현'과 동일하다. 플레이어에게 '하지마'라고 강요하는 게임 규칙이기 때문에 플레이어는 피로도 시스템에 부정적인 인식을 가지기 쉽다. 게임 시스템을 통해 플레이어의 감정을 고려하지 않고 무작정 강제했기 때문이다. 피로도 시스템에 의해 제한을 받았을 때의 기분을 떠올려보자. 어떤 기분이 들었는가? 그런 기분이 드는 것이 잘못된 것이 아니다. 프레이밍 효과를 고려하지 않고 게임 규칙을 현명하지 못하게 디자인한 결과가 플레이어의 감정에 반영된 것이다.

피로도 시스템을 긍정적인 표현으로 바꾼 것이 〈월드 오브 워크래프트〉의 '휴식 게이지 시스템'이다. 피로드 시스템이나 휴식 게이지 시스템이나 결론적으로 동일한 목적을 가지고 동일한 결과를 만들어내는 게임 규칙이다. 그러나 플레이어가 느끼는 감정은 전혀 달라진다. 어느 정도 게임을 플레이하지 않고 재접속하면 경험치에 '보너스'가 붙어 빠르게 레벨업을 할 수 있는 것처럼 구현돼 있다. 휴식 게이지 시스템은 마치 '수술을 받으면 80% 확률로 살 수 있다는 의사의 긍정적인 표현'과 동일하다. 플레이어에게 '휴식 보너스라는 것이 있는데 어떤가요?'라고 제안하는 게임 규칙이기 때문에 플레이어는 휴식 게이지 시스템에 적어도 부정적인 인식은 가지지 않게 된다. 선택을 플레이어에게 양도했기 때문이다. 평일에 플레이하지 못했다가 주말에 접속해보니 잔뜩 쌓여 있는 휴식 게이지 보너스가 있었을 때의 기분을 떠올려보자. 이러한 긍정적인 감정을 플레이어에게 제공할 수 있는 것도 게임 디자인의 깊이 차이가 아닐까?

게임 디자이너가 정하는 사소한 게임 규칙 하나하나에도 플레이어는 여러 틀을 통해 다르게 반응한다. 동일한 게임 규칙이라고 할지라도 어떻게 표현해야 할지, 표현을 반대로 해보면 어떻게 될지 꼼꼼히 살펴봐야 하는 이유다. 프레이밍 효과는 우리가 생각하는 이상으로 상당히 강력한 결과를 초래하는 이론이다. 심지어 게임 규칙 하나에도 게임에 대한 전반적인 인식이 긍정적으로 바뀌기도 하고, 부정적으로 바뀌기도 할 정도로 지대한 영향을 주기도 한다.

그런데 한국의 많은 게임 개발사들은 지금도 플레이어에게 무엇인가를 빼앗고, 무엇인가를 제한하고, 그것을 현질을 함으로써 채우는 방식을 보편적으로 택하고 있다. 아니 오히려 더 많은 것을 빼앗고 더 많은 것을 제한하는 추세가 강해지고 있다. 지금부터라도 프레이밍 효과를 활용해 현명하게 게임 규칙을 디자인해야 하지 않을까? 언제까지 플레이어에게 부정적인 인식을 갖게 만드는 게임 시스템을 제공할 것인가? 참으로 안타까운 일이 아닐 수 없다.

53 조작적 조건화

조작적 조건화

게임 규칙을 세부적으로 작성하는 과정에서 특히 플레이어에게 동기를 부여하는 규칙과 관련해서는 상당히 세심히 디자인할 필요가 있다. 어떤 동기를 제공하는가에 따라 플레이어의 반응과 행동이 변한다. 플레이어는 개발사에서 제공한 게임 내 콘텐츠를 단순히 소비하는 것이 아니라 게임 내의 여러 구성요소와 상호 작용하면서 게임을 즐긴다. 플레이어가 게임을 하는 내내 다양한 자극을 제공해야 지속적으로 반응이 발생한다. 그렇기 때문에 많은 게임에서는 플레이어 행동의 결과에 따라 적절한 보상이나 페널티를 피드백으로 제공해서 다시 동기를 불러일으킨다. 이를 통해 동기와 행동의 사슬연계를 이어 나간다. 지속적인 피드백을 제공하기 위해서는 보상과 페널티를 활용한 게임 규칙만큼 효과적인 것이 없다.

인간은 자극이 들어오면 그에 따라 반응하고 행동하게 된다. 플레이어에게 제공할 자극과 플레이어의 반응 및 행동에 대한 이해를 해야 정교한 게임 규칙을 디자인할 수 있게 된다. 인간의 자극, 반응, 행동에 대한 이론인 고전적 조건화^{Classical Conditioning}와 조작적 조건화^{Operant Conditioning}를 알아보자.

고전적 조건화는 이반 파블로프^{Ivan Petrovich Pavlov}의 '파블로프의 개'라는 유명한 실험을 통해서 증명됐다. 조건 자극이 형성되면 조건 반응이 일어난다는 '조건 반사'를 확인한 이론이다. 외부적 자극에 의해 '직접적'으로 유발되는 '반응'에 주목한 실험이다. 그렇기 때문에 반응 조건화^{Respondent Conditioning}라고도 불린다.

조작적 조건화는 버러스 프레더릭 스키너^{B.F. Skinner}의 '스키너의 상자'라는 실험을 통해서 증명됐다. 행동이 이뤄진 후 자극이 따르는데, 해당 자극이 긍정적인지 부정적인지에 따라 이후 행동의 빈도가 변하게 되며 이를 '강화^{Reinforcement}'라고 정의내렸다. 이 실험에서부터 행동주의 심리학인 강화 이론^{Reinforcement Theory}이 나온다. 고전적 조건화처럼 외부적 자극에 의해 직접 유발되지 않고, 대상이 '능동적'으로 환경에 영향을 주는 '행동'을 해 자극을 받고 그에 따라 학습이 이뤄진다.

이론의 시기적 순서로는 고전적 조건화 이후에 조작적 조건화가 탄생됐으나, 게임 디자인 프로세스별로 구분하기 위해서 여기서는 게임 플레이와 관련해 조작적 조건화를 먼저 살펴본다. 고전적 조건화는 레벨디자인과 관련해서 3장의 '61. 고전적 조건화와 자극 일반화'에서 자세히 살펴보도록 하겠다.

조작적 조건화를 이해하려면 먼저 스키너의 상자라는 실험이 어떻게 이뤄졌는지 살펴볼 필요가 있다. 스키너의 상자는 빈상자에 먹이통과 연결된 지렛대를 설치해 두고, 쥐가 지렛대를 누르는 행동을 하면 먹이가 나와 자극을 주도록 설계됐다. 쥐는 배고픈 상태에서 상자에 넣어지며, 돌아다니다 우연히 지렛대를 누르고 먹이를 먹게 된다. 하지만 아직까지 지렛대를 누르면 먹이가 나온다는 것을 모른다. 쥐는 다시 돌아다니면서 또 우연히 지렛대를 누르게 되고, 결국 지렛대를 누르면 먹이가 나온다는 사실을 학습하게 된다. 이후 지렛대를 누르는 행동의 빈도가 증가한다. 배고픈 쥐가 지렛대를 누르는 능동적인 행동을 함으로써 먹이를 먹을 수 있다는 긍정적인 자극을 받게 됐다. 그 결과 쥐의 행동의 빈도가 늘어나는 변화 또는 수정이 발생했다 (그림 3-49 참조).

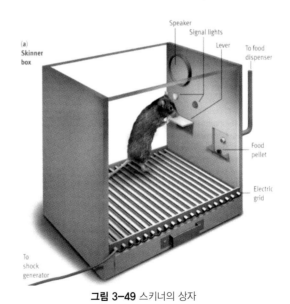

그림 3-49 스키너의 상자

(출처: https://levelskip.com/misc/Skinners-Box-and-Video-Games)

이처럼 스키너는 조작적 조건화에서 '강화^{Reinforcement}'에 의해 행동의 수정이 발생된다고 했는데, '강화'의 유형을 크게 4가지인 정적 강화, 부적 강화, 소거, 처벌로 분류했다. 세부 분류에도 강화라는 용어가 포함돼 있기에 구분을 위해서 전체적인 의미를 가진 용어만 따옴표로 표시했다. 이후 강화와 같이 용어를 쌍으로 맞추기 위해서 처벌을 정적 처벌과 부적 처벌로 세부 분류하기도 한다. 정적 강화와 부적 강화는 행동의 빈도를 증가시키지만, 소거와 처벌(정적 처벌과 부적 처벌)은 행동의 빈도를 감소시킨다. 그리고 정적은 자극을 주는 방식이지만, 부적은 자극을 제거하는 방식이다.

소거^{Extinction}는 행동을 감소시키기 위해 조건화된 긍정적인 강화 자체를 철회하는 것이다. 간단히 말하면 무시하는 것이 된다. 현실에서는 학습을 시키기 위한 가장 강력한 수단이 되기도 하지만, 게임에서는 피드백이 없다면 플레이어가 버그로 인식할 수 있다. 게임 플레이와 관련돼 살펴보기 위해서 여기서는 소거를 제외한 정적 강화, 부적 강화, 정적 처벌, 부적 처벌에 대해서 다음과 같이 정리했다.

정적 강화 & 부적 강화 & 정적 처벌 & 부적 처벌

❶ **정적 강화(Positive Reinforcement)**: 좋아하는 자극을 줌 → 특정 행동의 빈도가 '증가'

❷ **부적 강화(Negative Reinforcement)**: 싫어하는 자극을 제거함 → 특정 행동의 빈도가 '증가'

❸ **정적 처벌(Positive Punishment)**: 싫어하는 자극을 줌 → 특정 행동의 빈도가 '감소'

❹ **부적 처벌(Negative Punishment)**: 좋아하는 자극을 제거함 → 특정 행동의 빈도가 '감소'

---

❶ 정적 강화

A라는 특정 행동 이후 즉각적으로 '좋아하는 자극을 줌'으로써 B라는 특정 행동의 빈도가 '증가'하는 현상이다. 가장 일반적으로 사용되는 '강화'의 유형으로 스키너의 상자에서 먹이를 주는 것이 정적 강화에 해당된다. 어린이에게 심부름을 시키면서 아이가 좋아하는 과자를 주는 것이 대표적인 정적 강화다. 좋아하는 과자를 받기 위해 아이는 심부름을 더 열심히 자주하려고 한다.

게임 규칙에서도 정적 강화는 가장 많이 사용되고 있다. 몬스터를 해치우면 주는 경험치와 아이템이라는 자극은 플레이어로 하여금 더욱 자주 몬스터를 잡게 끔 유도할 수 있다. 〈디아블로Diablo〉 시리즈나 〈보더랜드Borderland〉 시리즈와 같이 랜덤 옵션을 가지고 다양한 아이템을 드롭시켜 파밍Farming 13을 게임의 재미 중 하나로 만든 것이 정적 강화를 잘 활용한 예다. MMORPG나 모바일 게임에서 자주 활용되는 출석 체크 이벤트도 정적 강화에 해당된다.

그림 3-50 출처: 디아블로2

---

13 주로 캐릭터를 성장시키는 요소가 있는 RPG 등의 게임 장르에서 돈이나 아이템을 반복적으로 수집해서 단기간에 강해지려는 행위를 뜻한다. 한국에서 제한적으로 사용되는 용어다.

그림 3-51 출처: 보더랜드2

❷ 부적 강화

A라는 특정 행동 이후 즉각적으로 '싫어하는 자극을 제거함'으로써 B라는 특정 행동의 빈도가 '증가'하는 현상이다. 어린 시절 학교에서 선생님이 "숙제를 몇 번 이상 잘 해오는 학생들은 화장실 청소 당번에서 제외해 줍니다."라고 했던 말을 기억할 것이다. 이와 같이 싫어하는 자극을 제거함으로써 숙제를 해오는 행동의 빈도를 증가시키는 것이 부적 강화다.

게임 규칙에서 부적 강화는 정적 강화에 비해 아직까지 많이 활용되고 있지 못하다. 〈다키스트 던전〉에서 부정적 기벽^{Quirk}을 요양원^{Sanitarium}에서 제거하는 것이 부적 강화의 대표적인 사례다. 〈다키스트 던전〉을 플레이하다 보면 긍정적인 기벽을 고정시키는 것보다 부정적인 기벽을 빠르게 제거하는 것이 중요하다. 부정적인 기벽을 제거함으로써 요양원에서 기벽을 제거하려는 행동의 빈도가 증가하게 된다. 또한 한국 MMORPG에서 자주 활용되는 강화 시스템에서 몇 강 이상의 아이템을 강화할 때 파괴될 확률이 있는데, 파괴될 확률을 없애주는 아이템 또한 부적 강화에 해당된다.

❸ 정적 처벌

A라는 특정 행동 이후 즉각적으로 '싫어하는 자극을 줌'으로써 B라는 특정 행동의 빈도가 '감소'하는 현상이다. 쥐덫을 설치하거나 멧돼지가 농작물을 망치는 것을 막기 위해 전기울타리를 치는 것이 대표적인 정적 처벌의 예다. 대상이 싫어하는 자극을 줘서 행동의 빈도를 감소시키는 것이 목적이다. 싸움을 하고 온 아이에게 벌을

줌으로써 아이에게 싫어하는 자극을 주고 싸움이라는 행동의 빈도를 감소시킨다.

게임 규칙에서 가장 많이 활용되며 가장 강력한 정적 처벌은 플레이어 캐릭터의 죽음이다. 플레이어 캐릭터가 죽음으로 인해 플레이어는 게임을 처음이나 이전 세이브된 곳부터 다시 진행해야 한다. 게다가 죽음이라는 것 자체가 인간에게 아주 부정적인 감정을 만들어 내기 때문에 대부분의 플레이어는 게임 내에서 되도록 죽지 않기 위해 다양한 노력을 한다.

게임 지형에 독 지대를 배치해 캐릭터의 HP에 지속적으로 데미지를 주거나, 캐릭터의 능력치를 낮추는 디버프를 부여하는 것도 싫어하는 자극을 줌으로써 해당 행동의 빈도를 감소시키기 위한 정적 처벌에 해당된다.

❹ 부적 처벌

A라는 특정 행동 이후 즉각적으로 '좋아하는 자극을 제거함'으로써 B라는 특정 행동의 빈도가 '감소'하는 현상이다. 정적 처벌과 다르게 평소에 좋아했던 것을 소거하는 처벌이다. 아이의 성적이 몇 점 이상으로 내려가면 핸드폰을 압수하겠다는 부모의 행동이 부적 처벌에 속한다.

플레이어 캐릭터가 죽었을 때 추가적으로 경험치나 아이템 보상을 주지 않는 것은 정적 처벌에 부적 처벌을 추가적으로 부여하는 게임 규칙이다. 〈다크 소울〉 시리즈에서 한 번 죽었을 때 죽은 위치로 되돌아가 소울을 회수할 수 있는데, 회수 전에 다시 한 번 죽게 되면 소울을 잃어버리게 되는 것이 부적 처벌을 활용한 게임 규칙이라고 할 수 있다. 때문에 플레이어는 소울을 회수하지 못한 상태에서 죽는 행동의 빈도를 감소시키기 위해 되도록 한번 죽은 상태에서는 그 무엇보다 소울을 회수하는 것을 중시하게 된다.

다시 게임 이야기로 돌아가서, 보상과 페널티를 바꿔 표현하면 조작적 조건화를 통해 제시된 강화 이론의 강화와 처벌이 된다. 플레이어에게 게임 규칙을 통해서 어떤 강화와 처벌을 줄 것인지에 따라서 플레이어의 행동에 변화가 일어난다. 그렇기 때문에 이에 해당되는 규칙은 어떤 강화와 처벌을 사용해야 할지 매우 민감한 문제가 된다. 게임 플레이를 디자인하면서 해당 게임 규칙이 플레이어의 입장에서 어떤 강화나 처벌이 될지 고민해서 적절하게 배치해보자.

예를 들어보자. 부적 강화의 경우 초기에 매우 강력한 동기를 불러일으킨다. 하지만 싫어하는 자극을 제거하는 데에는 한계가 존재한다. 반면 좋아하는 자극을 제공하는 것에는 한계가 없다. 그렇기 때문에 초반에 부적 강화를 사용해 강력하게 플레이어의 행동을 변화시키고 장기적으로는 정적 강화를 제공함으로써 지속적으로 플레이어에게 동기를 제공하는 게임 규칙을 디자인할 수 있다.

이러한 예는 〈다키스트 던전〉의 기벽 시스템에서 잘 적용돼 있다. 〈다키스트 던전〉에서 초반에 중요한 것은 앞서 말했듯이 부정적인 기벽을 빠르게 제거하는 것이다. 도벽이나 강박증과 같이 플레이어의 의도와 상관없이 오브젝트를 조사하는 기벽은 일순간 파티에 치명적 피해나 손해를 입힐 수 있기 때문이다. 하지만 어느 정도 시간이 지나면 플레이어는 대부분의 치명적인 부정적 기벽은 제거하게 된다. 이 때부터 중요한 것은 긍정적인 기벽 중에 빛의 전사나 강타자와 같이 보다 더 좋은 기벽을 고정시키는 것이며 이러기 위한 행동의 빈도가 늘어난다.

반대로 처벌의 경우 정적 처벌이 초기에 강력한 동기를 불러일으킨다. 문제는 싫어하는 자극을 주는 것에 한계가 없기 때문에 정적 처벌이 지속되면 플레이어는 극심한 스트레스에 시달리게 된다. 반면 좋아하는 자극을 뺏어서 생기는 불만에는 한계가 있다. 그렇기 때문에 초반에 정적 처벌을 사용해 강력하게 플레이어의 문제 행동의 빈도를 감소시키고 장기적으로는 부적 처벌을 활용함으로써 플레이어의 스트레스 수치를 안정적으로 조절할 수 있다.

이러한 예는 〈다크 소울〉 시리즈에서 찾아볼 수 있다. 〈다크 소울〉 시리즈에서 죽으면 마지막으로 접촉했던 화톳불부터 다시 시작해야 한다. 초반에 예상치 못한 곳에서 죽음을 맞이하는 것은 분노를 일으킬 정도의 스트레스를 발생시킨다. 그런데 죽음 때문에 다시 플레이한다는 것은 게임에 충분히 익숙해진 이후에도 변함없이 강력한 스트레스가 된다. 그렇기 때문에 〈다크 소울〉 시리즈에서는 이러한 부분을 장기적으로 최소화시키기 위해서 곳곳에 숏컷을 디자인했다. 스트레스의 한계가 없는 정적 처벌을 후반부로 갈수록 감소시킬 수 있는 장치를 마련한 것이다.

게임 중반으로 넘어가면 가지고 다니는 소울의 양이 크게 증가한다. 그만큼 소울을 잃었을 때 오는 정신적인 스트레스가 심해진다. 하지만 플레이어가 충분히 성장한 후반부에 소울을 잃는 부적 처벌은 비교적 아무렇지 않게 된다. 〈다크 소울〉 시리즈를 플레이하다 보면 처음에는 너무나도 강한 스트레스를 받게 돼 게임을 그만 두고 싶을 정도가 되지만, 플레이하면 할수록 스트레스의 수치가 초반에 비해 많이 완화됨을 느낄 것이다.

강화 스케줄

지금까지 '강화'에는 어떤 유형이 있는지 알아봤다면, 이제 '강화'를 어떻게 제공해야 하는지 살펴보자. 어떤 스케줄에 맞춰 '강화'를 제공할 것인가를 강화 스케줄이라고 한다.

강화 스케줄은 크게 계속적 강화Continuous Reinforcement와 간헐적 강화Intermittent Reinforcement 2가지로 구분된다. 연속적 강화는 행동을 할 때마다 매번 '강화'를 제공하는 것이다. 반면 간헐적 강화는 행동이 반복적으로 이뤄진다고 가정했을 때 횟수나 시간에 따라 드문드문 '강화'를 제공하는 것이다.

얼핏 생각하면 행동마다 '강화'를 제공하는 계속적 강화가 간헐적 강화보다 강력할 것 같지만 결과는 정반대. 인간은 한번 자극을 받은 후에 해당 자극이 주어지지 않으면 더욱 갈망하게 된다. 그렇기 때문에 간헐적 강화가 계속적 강화보다 행동의 빈도를 변화시키는 힘이 강하다. 계속적 강화는 현실상에서 거의 불가능에 가깝다. 어떻게 모든 행동에 빠지지 않고 피드백을 줄 수 있는가? 게다가 빠른 시간 내에 '강화'에 대한 내성이 발생하며, 지속적으로 제공하다가 도중에 끊기게 되면 오히려 소거가 발생할 수 있는 위험성을 가지고 있다.

게임은 디지털로 이뤄졌기 때문에 계속적 강화가 이뤄질 수 있다. 예를 들어 몬스터A를 해치우면 아이템B를 준다고 하자. 계속적 강화라면 몬스터A를 잡을 때마다 반드시 아이템B가 드롭된다. 몇 번 해치우다 보면 금세 지루해진다. 너무 뻔한 결과가 예측되기 때문이다. 반면 간헐적 강화라면 몬스터A를 잡아도 반드시 아이템B가 드롭되지 않는다. 횟수나 시간에 따라서 드롭되기 때문에 플레이어는 더욱 더 몰입해서 몬스터A를 잡기 위한 행동의 빈도를 늘리게 된다.

우리는 실제 생활하면서 계속적 강화보다 간헐적 강화를 훨씬 많이 활용하게 된다. 사용하기에도 현실적이고 효과도 좋기 때문에 고민할 필요가 거의 없다고도 볼 수 있을 정도다. 많이 활용되는 만큼 간헐적 강화는 그림 3-52와 같이 4가지로 세분화돼 상황에 맞게 사용된다.

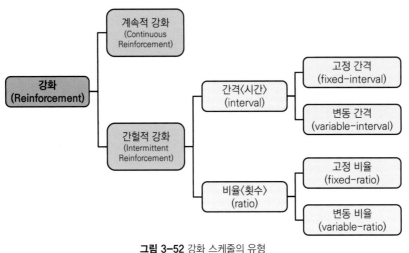

그림 3-52 강화 스케줄의 유형

1) 고정 간격 강화 스케줄 FI: fixed-interval reinforcement schedule

정해진 시간 간격마다 '강화'가 제공되는 스케줄이다. 반응이나 행동에 상관없이 정해진 시간 간격에 따라 규칙적으로 주어진다. 매달 정해진 날짜에 받는 월급이 대표적이라고 할 수 있다.

현실 시간을 기준으로 정해진 시간마다 제공돼야 하므로 게임 플레이와 관련된 게임 시스템에서는 거의 활용되지 않는다. 대부분의 게임은 게임 내의 별도의 시간이 유동적으로 흐르기 때문이다. 시간 개념이 탑재돼 있는 게임의 경우 정해진 시간 간격에 따라 보상을 제공하기도 한다. 따라서 게임에서 고정 간격 스케줄은 대부분 이벤트 시스템으로서 활용된다. 출근 시간에 경험치를 많이 제공하거나 날짜가 바뀌는 24:00에 아이템을 제공하는 등 부가적인 시스템에 많이 쓰인다.

2) 변동 간격 강화 스케줄 VI: variable-interval reinforcement schedule

시간 간격이 범위를 가지고 유동적으로 변동되지만 평균적으로 일정 시간 간격마다 '강화'가 제공되는 스케줄이다. 예를 들어 어떤 때는 7초, 어떤 때에는 12초에 제공되나 전체적인 평균을 내면 10초가 되는 경우다. 마트에서 이뤄지는 타임세일이 예가 된다. 마트가 끝나는 시간이라는 한계가 존재하나 언제 타임세일을 하는지는 어디까지나 점원의 마음대로다. 손님의 이목을 끌기 위해서 의도적으로 정해진 시간에 하지 않는다. 하지만 타임세일이 이뤄지는 평균 시간 간격은 일정 시간을 유지한다.

게임에서는 특히 공포 게임에서 자주 활용된다. 몬스터는 AI를 통해서 지정된 경로를 탐색한다. 하지만 시간 간격이 동일하다면 플레이어는 쉽게 패턴을 파악하게 된다. 그렇기 때문에 시간 간격을 조금씩 유동적으로 바꿔 몬스터의 행동 패턴을 예측하기 어렵게 만든다. 그러나 몬스터가 경로를 탐색하는 평균적인 시간은 존재하며 계획적으로 이뤄진다.

3) 고정 비율 강화 스케줄 FR: fixed-ratio reinforcement schedule

정해진 횟수마다 '강화'가 제공되는 스케줄이다. 시간 간격에 상관없이 정해진 반응이나 행동의 횟수에 따라 규칙적으로 주어진다. 배달음식을 시켜 먹을 때 주는 스티커나 커피숍에서 찍어주는 도장을 몇 개 모으면 보너스를 주는 것이 대표적인 예다.

몬스터 몇 마리를 잡아오면 퀘스트 보상을 주거나 조각 몇 가지를 모아오면 아이템을 제공한다는 식으로 많이 활용된다. 플레이어마다 동일한 횟수의 행동을 부여하는 것으로 보다 공평한 게임 시스템을 만들 수 있다. 따라서 게임 플레이와 관련된 게임 시스템에서 활용된다. 아무것도 하지 않았는데 시간만 지나면 무엇인가를 얻게 된다면 그 누가 열심히 행동하려 할까?

4) 변동 비율 강화 스케줄 VR: variable-ratio reinforcement schedule

횟수 간격이 범위를 가지고 유동적으로 변동되지만 평균적으로 일정 횟수 간격마다 '강화'가 제공되는 스케줄이다. 평균적으로 n번마다 '강화'가 이뤄지지만 정확하게 몇 번째에 이뤄질지는 모른다. 도박이 가장 대표적인 예다. 확률에 따라서 어느 정도 범위 내에서 반드시 돈을 딸 수 있지만 언제 딸 수 있을지는 모른다.

게임 시스템에서는 특정 확률을 가지고 여러 아이템을 뽑는 확률형 아이템이 대표적인 사례다. 횟수가 정확하지 않지만 평균 횟수가 어느 정도 존재하기 때문에 평균 횟수에 가까워질수록 행동의 빈도가 급격히 증가한다. 강화 이론의 관점에서 봤을 때 도박과 확률형 아이템은 동일하게 변동 비율 강화 스케줄에 해당된다. 구조적으로는 완벽히 같다고 볼 수 있다. 다만 도박은 현금화가 가능하다는 차이가 있을 뿐이다.

　고정&변동 간격 강화 스케줄은 플레이어의 의지와 상관없이 환경적 요인인 시간이 지남에 따라서 자동으로 '강화'가 제공된다. 반면 고정&변동 비율 강화 스케줄은 플레이어의 의지에 따라서 횟수를 반복하게 되고 그에 따라 '강화'가 제공된다. 어떤 쪽이 더욱 강력한 효과를 볼 수 있을까? 당연히 플레이어의 의지가 반영되는 고정&변동 비율 강화 스케줄이 더욱 강력하다. 또한 예측이 쉽게 가능한 고정보다 예측이 어려워 지속적으로 관심을 가져야 하는 변동이 강도가 강하다. 그러므로 강화 스케줄에서 강도를 비교하면 다음과 같이 정리할 수 있다. 변동 비율이 가장 짧은 시간 내에 가장 많은 누적 반응이 일어난다(그림 3-53 참조).

- 간헐적 강화 〉 계속적 강화
- **간헐적 강화의 강도**: 변동 비율(VR) 〉 고정 비율(FR) 〉 변동 간격(VI) 〉 고정 간격(FI)

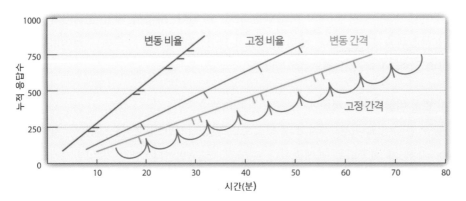

그림 3-53 간헐적 강화 스케줄의 누적 반응 수
(출처: https://opentextbc.ca/introductiontopsychology/chapter/7-2-changing-behavior-through-reinforcement-and-punishment-operant-conditioning/)

강화 스케줄의 강도를 설명하기 위해서 정리했으나 반드시 강도가 강한 것을 사용해야 한다는 의미로 받아들여서는 곤란하다. 현실에서도 상황에 맞춰 강화 스케줄을 사용해야 하듯이 게임 시스템에 적용할 때도 동일하다. 상황에 맞게 적절하게 혼합해서 활용하는 것이 가장 좋다.

게임 규칙을 디자인하면서 어떤 강화 스케줄을 사용하는 것이 가장 효과적인지 고민해서 선택해야 한다. 기존에 보편적으로 사용되고 있는 게임 시스템이 있다고 해서 반드시 정답은 아니다. 다른 강화 스케줄로 변경할 수 있는지, 변경했을 때 어떠한 새로운 변화가 발생하는지 고민해보고, 개발하고 있는 게임에 더 알맞은 것을 찾아서 적용하면 된다.

54 정보 조작

게임 절차와 규칙을 통해 게임 플레이를 규정하는 과정이 어느 정도 정리됐다면 이제 플레이어에게 게임에 대한 정보를 어떻게 제공할 것인가 결정하는 과정이 남았다. 절차는 플레이어에게 모두 공개되지만 게임 규칙은 반드시 공개될 필요는 없다고 했었다. 규칙에 따라서 플레이어에게 공개하지 않거나 간접적으로 제공하는 편이 플레이어의 재미를 위해서 더 좋을 수 있다. 규칙뿐만 아니라 게임 내 여러 상태를 보여줄 것인지 말 것인지에 따라서 플레이어는 전혀 다른 경험을 하게 된다. 2장의 '14. 게임의 특징'에서 언급했듯이 게임 플레이를 디자인하는 과정에서 정보 조작은 반드시 고려돼야 할 중요한 사항이다. 게임 플레이, 아니 게임 디자인에서 정보 조작이 얼마나 큰 의미를 가지는지 살펴보도록 하자.

게임 디자인에 있어 '정보 조작'이란 무엇일까? 『게임 디자인 원리』에서는 게임 내 정보 형태와 정보를 공유하는 방법에 대해서 다음과 같이 소개하고 있다.

게임 내 정보 형태는 위 같이 크게 2가지로 구분할 수 있다. 캐릭터, 스토리, 세계관 등을 통해 만들어진 게임의 설정과 게임 플레이를 구성하는 게임의 규칙은 게임의 구조를 이루게 된다. 게임이 어떤 골격을 가지고 있는지, 어떤 재료로 채워져 있는지 게임 속의 내용물을 말한다. 이러한 내용물 가운데 일부 현재 상태를 숫자나 이미지 등으로 표현한 것이 게임의 상태라고 한다. 게임의 상태 대부분은 UI로 표현되지만 효과음이나 이펙트 등 여러 방식으로 플레이어에게 전달될 수 있다.

게임의 구조와 게임의 상태는 각각 완전 정보와 불완전 정보라는 게임 내 정보 공유 방법을 통해 플레이어에게 제공된다. 모든 플레이어가 알 수 있도록 정보를 제공할 것인가, 누군가에게는 정보를 제공하지 않을 것인가에 따라 게임 플레이 자체가 변할 수 있다. 『게임 디자인 원리』에서는 게임 내 정보 공유 방법을 2가지로 구분하고 있으나 필자는 ❸과 ❹처럼 2가지 정보 공유 방법을 추가하고자 한다. 게임에서는 어떤 조건에 따라서 완전 정보가 불완전 정보로 바뀌는 경우도 있을 수 있고, 그 반대의 경우도 있을 수 있다. 이러한 분류 기준으로 누구에게, 어떤 시점에, 어떤 조건 아래에서, 어떤 정보를 줄 것인가를 결정하는 것이 정보 조작이라고 할 수 있다.

게임 플레이를 디자인하다 보면 어떤 정보를 누구에게 보여줘야 할지 말지 고민하게 된다. 하지만 안타깝게도 정보 조작에 대한 고려는 게임 디자인 과정에서 많이 이뤄지고 있지 못하다. 대부분 지금까지 해왔던 방식을 당연하게 여기고 고민없이 그대로 따르는 경우가 많다. 그러다 보니 장르마다 게임 플레이에 큰 차이없이 비슷비슷한 게임이 많아지게 된다. 하지만 기존의 고정관념에서 벗어나 정보 조작을 조금만 바꿔 본다면 지금까지 없었던 전혀 다른 새로운 게임 디자인이 나올 수 있다. 그만큼 게임 디자인에서 정보 조작은 중요하다고 생각한다.

간단한 정보 조작이 게임에 얼마나 지대한 영향을 끼칠 수 있는지 살펴보자. 대표적인 예로 전장의 안개라고 불리는 '포그 오브 워$^{fog\ of\ war}$'를 들 수 있다. 전장의 안개는 1977년작 〈엠파이어^{Empire}〉에서 최초로 도입되고 1995년작 〈워크래프트2$^{WarCraft\ II}$〉에서 반투명하게 표현되면서 대중화됐다(그림 3-54, 그림 3-55).

이전 실시간 전략 시뮬레이션 게임에서 '맵의 상태 정보'는 항상 완전 공유로 디자인하는 것을 당연시해왔다. 하지만 〈워크래프트2〉에서는 '아군 유닛의 시야가 닿는 곳'에만 맵 정보를 공유한다는 조건을 붙여 맵의 상태 정보에 대한 공유 방식을 완전 정보에서 불완전 정보로 바꿨다. 이것 하나로 게임 하나가 아닌 전략 시뮬레이션 게임 장르 전체의 흐름이 변했다.

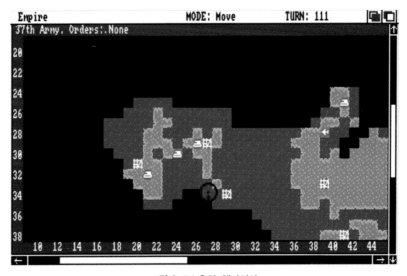

그림 3-54 출처: 엠파이어

그림 3-55 출처: 워크래프트2

　기존에 많은 사람들이 당연하게 여기고 있던 핵심적인 정보를 단지 하나 바꾸는 것으로서 전혀 다른 게임 플레이가 창조됐다. 해당 지역에 시야를 유지할 수 없는 플레이어에게는 맵 정보를 불완전 정보로 바꾸는 것으로서 플레이어의 행동과 전략을 변화시켰다. 한 번 전장의 안개를 밝혔다고 할지라도 현재 시점에 시야에 들어와 있지 않다면 긴장을 놓칠 수 없게 됐다. 따라서 맵 정보를 얻기 위해 수시로 정찰을 보내야 한다. 맵 정보는 유닛 몇 개를 버리는 한이 있더라도 반드시 얻어야 하는 전략 전술에 있어 가장 핵심적인 요소로 바뀌었다. 맵의 상태 정보가 단순히 완전 정보였을 때와는 비교할 수 없을 정도로 플레이어에게 많은 생각과 행동을 요구한다. 그만큼 게임 디자인에 깊이가 생겼다.

　〈몬스터 헌터〉 시리즈에서는 왜 몬스터의 HP를 보여주지 않을까? 몬스터가 언제 쓰러질지 쉽게 알 수 있다면 그만큼 사냥하는 재미가 감소된다. 만약 플레이어가 몬스터의 HP를 확인할 수 있다면 몬스터의 패턴에 집중하기보다 몬스터의 HP에 집중하게 된다. 명확한 목표가 보이기 때문이다. 쓰러질 것 같으면서도 쓰러지지 않는 몬스터와 장시간 쫓고 쫓기는 혈투가 가능한 것은 몬스터가 언제 쓰러질지 모르기 때문이다. 제한 시간에 쫓기며 몬스터가 쓰러질 때까지 최선을 다할 수 있는 사냥의 재미는 게임 디자이너에 의해 의도적으로 만들어진 것이다.

〈다크 소울〉 시리즈에서 의도적으로 미니맵을 표시하지 않는 것도 정보 조작을 활용한 게임 디자인의 예다. 다른 많은 게임에서는 플레이어가 불편하다고 생각하기에 당연히 미니맵을 보여줘야 한다며 최신의 추세를 그대로 따랐지만, 〈다크 소울〉 시리즈는 고전 게임과 같이 미니맵이라는 정보를 제공하지 않음으로써 플레이어에게 실제 모험을 하는 듯한 느낌을 강렬하게 주도록 디자인했다.

〈다크 소울3〉에서 HUD를 숨기는 기능을 추가한 것도 훌륭한 정보 조작의 예다. HUD를 가리는 것만으로도 게임 플레이에 많은 차이가 생긴다. 플레이어 캐릭터의 상태를 정확히 알 수 없기 때문에 조금만 피해를 입어도 바로바로 에스트병(다크 소울 내 회복 수단)을 마실 수밖에 없는 상황에 직면하게 된다. 또한 스태미너를 어느 정도 소비하고 있는지 알 수 없어 공격과 방어에 신중을 기하게 된다. 따라서 HUD를 표시했을 때와 비교해서 매우 조심스럽게 플레이하게 된다. 기존에 있는 게임 디자인에서 간단히 몇 개 정보를 조작하는 것만으로 플레이어에게 주는 경험을 크게 바꿀 수 있다.

게임의 상태만이 아니라 게임의 구조에서도 완전 정보인지 불완전 정보인지에 따라서 플레이어들이 느끼는 경험은 많이 달라진다. 〈파이어 엠블렘 Fire Emblem〉 시리즈나 〈랑그릿사 Langrisser〉 시리즈와 같은 SRPG에서 만약 유닛별 상성에 대한 자세한 내용은 알려주지 않고 상성이 있다는 정보만 제공한다면 플레이어의 행동이 어떻게 변할까? 상성을 알아내기 위해서 상대적으로 약한 캐릭터를 실험용으로 던지는 플레이가 주를 이루게 될 것이다. 정보를 확실히 알기 전까지 소극적인 플레이를 유지한다. 반대로 상성을 튜토리얼 단계에서 미리 알려 준다면 해당 상성에 맞게 가장 효과적이고 강력한 캐릭터를 위주로 배치하게 된다. 단지 유닛별 상성에 대한 정보를 어떻게 공유하는지에 따라 전혀 다른 플레이를 유도할 수 있다.

그림 3-56 출처: 랑그릿사1

 어떤 게임 플레이를 디자인하더라도 필자는 표 3-4와 같이 만들어 볼 것을 권한다. 생각하지 못했던 정보 조작으로 게임에 많은 변화를 줄 수 있다. 즉 정보 조작은 실제 게임 디자인에서 기존의 게임과 차별성을 만들 수 있는 훌륭한 무기가 돼 줄 것이다.

 먼저 디자인하려는 게임 플레이를 게임의 구조와 게임의 정보로 분류한다. 이후 객체와 속성으로 나눠 최대한 세분화해 항목을 분리한다. 각각의 항목에 대해서 완전 정보를 제공할 것인지, 불완전 정보를 제공할 것인지 아니면 완전 정보에서 불완전 정보로 바꿔 제공할 것인지, 불완전 정보에서 완전 정보로 바꿔 제공할 것인지 선택해야 한다. 하나하나의 항목에 대해서 충분한 시간을 들여 고민해볼 가치가 있다.

 실제는 지금까지 작성해온 수많은 게임 규칙과 게임 내 상태 등이 모두 포함되기에 상당한 분량이 되겠지만, 여기서는 표 3-4와 같이 간단한 표로 예를 들어본다.

표 3-4 게임 내 정보 조작 예시 표

정보 형태	항목(객체 – 속성)	완전 정보	불완전 정보	완전 → 불완전	불완전 → 완전	정보 형태 변화 조건
게임의 구조	직업별 상성	○				없음
	마법 상성				○	마법사 전직
	죽음에 대한 페널티			○		캐릭터 LV11
	...					
게임의 상태	플레이어 캐릭터 정보 – HP	○				없음
	플레이어 캐릭터 정보 – MP	○				없음
	플레이어 캐릭터 정보 – Stamina		○			없음
	맵 정보 – 자신의 위치	○				없음
	맵 정보 – 아군 위치	○				없음
	맵 정보 – 적 위치				○	스킬 습득
	맵 정보 – 아이템 위치				○	스킬 습득
	...					

이 예시에 따라 게임 플레이가 어떻게 변하는지 살펴보자.

첫째, 직업별 상성은 완전 정보로 공개하지만, 마법 상성은 마법사가 상위 직업으로 전직을 하는 시점에서 공개하는 구조로 디자인해봤다. 이렇게 디자인하면 초반에 마법 상성을 모르기 때문에 마법사 계열 유닛을 운용하기 까다롭게 된다.

둘째, 죽음에 대한 페널티는 LV1~10인 저레벨 구간에서는 공개되지만, LV11~20인 고레벨 구간에서는 플레이어에게 감춘다. 주력으로 키우는 고레벨 캐릭터가 한번이라도 죽게 된다면 어떤 페널티를 가지게 될지 모른다. 정보를 모르기 때문에 고레벨 캐릭터들의 죽음에 대한 두려움을 기존보다 강력하게 부여할 수 있다.

셋째, 플레이어에게 스태미너를 보여주지 않음으로써 이동과 행동을 적당히 끊어서 하게끔 유도하게 된다. 게임 플레이에서 호쾌한 액션보다 신중한 액션을 추구한다면 스태미너 정보를 제공하지 않는 것도 하나의 방법이 된다.

넷째, 아이템을 쉽게 습득하기 위해서는 특정 스킬을 배워야 하도록 디자인할 수 있다. 이런 정보 조작은 꽤 많은 게임에서 이미 활용되고 있다. 다만 너무 기본적인 기능까지 이러한 형태로 제공한다면 플레이어는 불편함을 느낄 것이다.

표 3-4는 하나의 예시에 불과하다. 실제 수십 페이지를 정리해야 할 수도 있다. 게임 내 정보 조작에 있어 정답은 없다. 기존의 게임을 그대로 답습하고 당연하게 생각하기보다 사소한 정보를 조금만 조작하는 것만으로도 게임 플레이에 지대한 영향을 미칠 수 있다는 점을 인식하는 것이 중요하다. 이를 통해 플레이어들에게 지금까지 없었던 새로운 경험과 재미를 제공할 수 있을지 모른다. 필자가 게임 플레이 디자인에서 정보 조작을 마지막에 소개한 이유는 그만큼 중요하다고 보기 때문이다.

참고문헌

- 앤드류 롤링스, 어니스트 아담스 저, 송기범 역, 『게임 기획 개론』, 제우미디어, 2009.
- 웬디 디스페인 저, 김정태, 오석희, 윤형섭, 한동숭, 한호성 역, 『게임 디자인 원리: 반드시 알아야 하는 게임 디자인 비법 100가지』, 에이콘, 2014.
- 제시셀 저, 한동숭, 윤형섭, 한호성, 김정태 역, 『The Art of Game Design 1 2nd Edition: A Book of Lens』, 홍릉과학출판사, 2016.
- 트레이시 풀러턴 저, 최민석 역, 『게임 디자인 워크숍』, 위키북스, 2012.
- Deci, E. L.&Ryan, R. M., 「Intrinsic motivation and self-determination in human behavior」, New York: Plenum Publishing Co,, 1985.
- Deci, E. L.&Ryan, R. M., 「The What and Why of Goal Pursuits: Human Needs and the Self-Determination of Behavior」, Psychological Inquiry, 2000.
- Deci, E. L.&Ryan, R. M., http://selfdeterminationtheory.org/theory/
- B. F. Skinner, 「Contingencies of Reinforcement」, Appleton-Century-Crofts: New York, 1969.
- 「8.2 Changing Behaviour through Reinforcement and Punishment: Operant Conditioning」, BCcompus

  https://opentextbc.ca/introductiontopsychology/chapter/7-2-changing-behavior-through-reinforcement-and-punishment-operant-conditioning/
- 「체스를 플레이 하는 법: 규칙과 기본」, chess.com

  https://www.chess.com/ko/learn-how-to-play-chess
- 「Facing the Forgetting Curve」, Iridize.

  https://www.iridize.com/blog/facing-the-forgetting-curve/
- 「Forgetting Curve」, MARKETING91.

  https://www.marketing91.com/forgetting-curve/
- 「What's in a name—the political psychology of stimulus」, Psychology Today.

  https://www.psychologytoday.com/us/blog/what-lies-beneath/200907/what-s-in-name-the-political-psychology-stimulus

4
레벨 디자인과 밸런스

'테마 → 절차, 규칙, 게임 플레이 → 레벨 디자인과 밸런스'로 이뤄진 축에서 마지막 단계인 레벨 디자인과 밸런스를 살펴볼 차례다. 일반적으로 게임의 절차, 규칙, 상태 등 게임 플레이에 대한 규정이 게임 디자인에서 충실히 이뤄진 다음, 실제 게임 개발에 들어가게 된다. 프로그래밍, 그래픽 디자인, 사운드 디자인 등을 통해 게임 디자인에서 설계한 내용을 차근차근 구현해간다.

레벨 디자인과 밸런스는 게임을 개발하는 과정에서 사전에 이뤄졌던 게임 디자인이 얼마나 충실하게 적용되고 있는지 확인하는 작업이다. 아무리 게임 디자인 문서를 철저하고 세부적으로 잘 작성했다고 할지라도 게임 디자이너가 머릿속에 그렸던 것 그대로 프로그래머와 그래픽 디자이너에게 전달되기란 불가능에 가깝다. 게다가 게임 디자이너가 상상하면서 문서로 작성했던 것들이 실제 게임으로 만들어졌을 때, 생각했던 그대로 만들어진다는 보장도 없다. 정리하면 구체적인 수치를 통해 게임 디자이너가 추구하는 것과 현실의 차이를 메꾸는 작업이 레벨 디자인이라고 볼 수 있다. 그리고 세부적인 수치를 조정하는 과정을 밸런스를 잡는다고 한다.

단도직입적으로 말해서 이 단계는 끝없이 반복되는 자신과의 싸움이다. 어디까지 세밀하게 수정할 것인가에 정답도 없고 끝도 없다. 단지 정해진 개발 기간 내에서 최선의 결과를 만들어야 한다.

필자는 이 과정을 마치 그림 그리는 과정으로 비유한다. 정밀 묘사가 됐건 유화나 아크릴화가 됐건 완벽히 만족할 만한 결과는 웬만해서는 나오지 않는다. 항상 어느 부분이 마음에 들지 않는다. 그렇다고 한 부분을 손대면 또 다른 부분이 이상해 보인다. 그러다 보면 몇 번이고 처음부터 끝까지 전체적인 수정을 하게 된다. 결국 어느 시점에 손을 뗄지는 그림을 그리는 사람 또는 게임 디자이너의 결심에 달려있다. 물론 게임 디자이너는 팀에 소속돼 작업을 하고 있기 때문에 외부적으로 정해진 일정이 있다는 차이가 있다.

음악이나 미술과 같은 예술적 분야는 뼈를 깎는 노력과 연습도 중요하지만 최종적인 단계에 이르러서는 그 사람의 자질에 따라 한계가 결정된다. 슬픈 현실이지만 애초부터 소질이 없는 사람에게는 넘을 수 없는 벽이라는 것이 존재한다. 보통 사람이 그 어떠한 노력을 한다고 해도 재능이 있는 사람이 만들어낸 결과를 따라잡기 어려운 경우가 상당히 많다.

레벨 디자인과 밸런스도 비슷한 과정이 아닐까 싶다. 아무리 많은 노력과 시간을 들여도 원하는 대로 되지 않는 사람이 있는 반면 정말 몇 번 수정한 것으로 놀랄 만큼의 결과를 내는 사람도 있다. 다만 게임의 레벨 디자인과 밸런스에 많은 경험을 쌓은 사람은 생각 외로 많지 않다. 따라서 젊은 게임 디자이너가 레벨 디자인과 밸런스를 맡는 것에 대해서 무서워할 필요는 없다. 재능이 있는지 없는지 시도해보지 않고서 절대 알 수 없다.

레벨 디자인과 밸런스 또한 게임 디자인에 있어 빠질 수 없이 중요한 과정임은 맞다. 하지만 일부 잘못 생각하는 경우가 있다. 바로 레벨 디자인과 밸런스 과정이 재미에 직접적인 영향을 준다고 생각해 절차, 규칙, 게임 플레이를 규정하는 과정을 소홀히 하는 것이다. 절차, 규칙, 게임 플레이를 규정하는 과정은 개발 전 계획 단계이고, 레벨 디자인은 계획 단계부터 시작돼 개발 단계에 걸쳐 진행되며, 밸런스를 잡는 과정은 개발이 어느 정도 마무리된 이후에 수행되는 수정 단계에 해당된다. 계획 단계가 제대로 이뤄지지 않았는데 수정 단계에 많은 공을 들인다고 해서 훌륭한 결과물이 나올 가능성은 희박하다. 정말 운이 좋아 소가 뒷걸음질을 치다가 쥐를 잡는 경우가 간혹 나올 뿐이다.

절차, 규칙, 게임 플레이 과정은 눈에 보이지 않을 뿐만 아니라 문서만으로 이뤄지기 때문에 지루하고 손에 잡히는 것도 없다. 그렇기 때문에 어렵기도 어려울뿐더러 이 과정 자체를 처음부터 끝까지 완료하는 것조차 너무나 괴로운 과정이다. 그렇기 때문에 일부 게임 디자이너 중에는 절차, 규칙, 게임 플레이를 깊이 고민하는 과정없이 일단 개발부터 진행하자고 요구하는 경우도 있다. 개발 일정도 부족하니 일단 자신이 생각하고 있는 게임과 비슷한 게임을 프로그래머와 그래픽 디자이너에게 보여주고 만들어 달라고 한다. 어느 정도 프로토타입이 완성되면 그 때야 이것저것 만져보면서 수정하는 편이 효과적이라고 하며 말이다. 이러한 방식이 정말로 효과적일까?

냉정하게 말해서 절차, 규칙, 게임 플레이 과정을 완수할 자질이 스스로에게 없다는 것을 알기 때문에, 어렵게 보이는 절차, 규칙, 게임 플레이 과정을 피해서 뛰어넘고자 하는 건 아닐까? 게임 디자이너가 아닐지라도 게임 개발에 어느 정도 경험이 쌓인 개발자라면 누구나 게임 개발에 있어 명확한 게임 디자인이 얼마나 중요한지 잘 알고 있다. 그리고 그 중에 절차, 규칙, 게임 플레이를 확립하는 과정이야말로 게임 개발에서 핵심이 된다는 점을 알고 있다.

게임 디자이너가 자신의 머릿속에 있는 절차, 규칙, 게임 플레이를 명확하게 문서로 작성해내지 못한다면 다른 팀원들에게 자신의 생각을 구체적으로 전달할 수단이 없어지게 된다. 결국 이 게임의 뭐처럼 만들어 달라, 저 게임의 뭐처럼 만들어 달라고 수차례 요청을 반복하다가 정체 모를 결과물이 나올 가능성도 있다. 게임 디자이너는 자신의 모든 생각을 게임 디자인 문서로 표현할 수 있어야 한다.

결론적으로 게임 디자인에서 절차, 규칙, 게임 플레이 과정이 레벨 디자인과 밸런스 과정보다 압도적으로 중요하다고 생각한다. 잘 만들어진 게임 대부분은 레벨 디자인과 밸런스가 잘 잡혀 있다. 중요한 건 그 바탕에는 철두철미할 정도로 절차, 규칙, 게임 플레이 과정이 탄탄하게 이뤄졌다는 점을 잊어서는 안 된다. 절차, 규칙, 게임 플레이 과정이 탄탄하게 확립되면 될수록 레벨 디자인과 밸런스 과정에 들어가는 시간과 비용은 자연스럽게 줄어든다.

'어떤 게임을 만들 것인지, 플레이어에게 어떤 경험을 제공할 것인지조차 확립되지 않은 상태에서 이것저것 건들다 보니 재미있는 게임 플레이가 나오겠지?'라는 생각은 너무나도 위험한 발상이다.

'어떤 레벨 디자인이 잘된 레벨 디자인일까?', '어떻게 밸런스를 잡아야 잘 잡힌 밸런스일까?' 게임 장르마다 대표적인 게임이 존재하고 해당 게임을 기준으로 장르별 보편적인 레벨 디자인이 형성된다. 하지만 시대가 지남에 따라 유행하는 장르가 바뀌며 장르를 대표하는 게임도 달라진다. 이러한 상황에서 잘된 레벨 디자인과 잘 잡힌 밸런스를 한마디로 표현하기란 어렵다.

게임의 역사를 살펴보면 매니아층을 위해 어렵게 레벨 디자인된 게임이 인기를 끄는 시기와 많은 사람들이 접근하기 쉽게 레벨 디자인된 게임이 인기를 끄는 시기가 반복되고 있음을 알 수 있다. RPG로 예를 들어 보면, RPG가 처음 등장한 시기에 〈위저드리〉 시리즈를 필두로 〈위저드리〉에 큰 영향을 받은 〈여신전생〉 시리즈의 난이도는 상당히 가혹했다. 서양 RPG는 애초부터 매니아와 성인층을 위한 게임이었기에 상당히 어려운 난이도가 오히려 매력 포인트가 됐었다.

이런 서양 RPG와 반대로 〈드래곤 퀘스트〉는 남녀노소 누구나 즐길 수 있는 레벨 디자인을 추구했다. 이후 한동안 JRPG가 시장의 중심이 되면서, 보다 쉽고 친절한 게임이 주류를 이뤘다. 하지만 〈폴아웃〉이나 〈발더스 게이트〉 시리즈를 대표적으로 해 TRPG를 기반으로 만들어진 서양 정통 RPG가 부활하면서 다시 어렵게 레벨 디자인된 게임이 주목을 받았다. 이후 어려운 게임과 쉬운 게임은 앞치락 뒤치락을 반복하며 인기를 누려왔다. 현재는 〈다크 소울〉 시리즈를 중심으로 여러 국가의 로그라이크가 주목받으면서 다시 어려운 게임이 인기를 끌고 있는 시기다.

같은 장르라고 할지라도, 심지어 같은 시리즈 내 작품들이라고 할지라도 게임 작품마다 추구하는 방향이 조금씩 바뀐다. 그렇다는 건 결국 레벨 디자인과 밸런스에 대한 기준은 각 게임 작품별로 달라지게 된다는 의미다.

앞서 말했듯이 레벨 디자인과 밸런스 과정은 예술적인 분야와 매우 유사하다. 그림 잘 그리는 법을 가르치기 힘들 듯 레벨 디자인과 밸런스를 잘 디자인하는 법을 가르치기 또한 힘들다. 정답이 없는 것을 가르치기란 여간 어려운 것이 아니다.

게임의 레벨 디자인과 밸런스에 대해서 제대로 확립된 게임학 이론은 아직까지 없다고 볼 수 있을 정도로 불모지에 가깝다. 여기서는 직접적으로 관련된 이론은 아니지만 레벨 디자인과 밸런스에 도움이 될 만한 다른 분야의 이론 및 개념을 소개하는 정도로 정리하고자 한다.

55 자기 효능감

잘된 레벨 디자인과 잘 잡힌 밸런스를 기능적인 면에서 한마디로 표현하기 어렵다고 했지만 관점을 조금 바꿔서 생각해보자. '어떤 레벨 디자인이 잘된 레벨 디자인일까?', '어떻게 밸런스를 잡아야 잘 잡힌 밸런스일까?'와 같이 평가 대상을 레벨 디자인과 밸런스에 두지 말고 그것을 경험하는 플레이어의 입장이 돼서 살펴보자. '플레이어는 어떤 레벨 디자인과 밸런스에 대해서 만족감을 느낄까?' 필자는 잘된 레벨 디자인과 밸런스를 자기 효능감의 개념을 통해서 설명하고자 한다.

자기 효능감^{Self-efficacy}은 캐나다 출신 심리학자인 알버트 반두라^{Albert Bandura}가 처음 제안한 개념이다. 자기 효능감이란 주어진 문제나 과제를 자신의 능력으로 성공적으로 수행할 수 있다는 스스로에 대한 믿음, 신념, 기대감으로 정의내릴 수 있다. 중요한 점은 실제 잘하고 있건 못하고 있건 상관없이 스스로 잘하고 있다고 믿는 것이 자기 효능감이다.

자기 효능감의 대표적인 특성은 '지속성'에 있다. 즉 자기 효능감이 높으면 과제를 수행하기 위한 노력이 더 길게 지속되지만, 자기 효능감이 낮으면 과제를 중간에 포기하거나 노력의 지속성이 감소한다. 그렇기 때문에 자기 효능감은 현재 진행중인 행동이외에도 앞으로 일어날 미래의 행동에도 영향을 미친다.

실제 능력이 부족하다고 할지라도 자기 효능감이 높은 사람은 자신의 능력 부족이 아닌 노력 부족에 집중하므로 더 노력하게 된다. 그만큼 더 향상된 능력을 가지게 돼 더 높은 자기 효능감을 가지는 선순환 구조를 통해 지속적으로 성장한다. 반면, 실제 능력이 어느 정도 높다고 할지라도 자기 효능감이 낮은 사람은 자신의 노력 부족이 아닌 능력 부족에 집중하므로 더 노력하기보다 현실을 부정하고 회피하려 한다. 그만큼 능력이 향상될 기회를 잃어버리게 돼 더 낮은 자기 효능감에 빠지는 악순환 구조를 통해 성장의 지속성이 줄어든다.

그렇다면 자기 효능감을 어떻게 향상시킬 수 있을까?

첫째, 작은 과제에 대해 성공하는 것을 반복적으로 경험하는 것으로 성공에 대한 경험과 자신감을 부여할 수 있다. 작은 것부터 시작해 점차 큰 것에 도전해 성공적인 결과를 얻을 때 자기 효능감이 상승된다.

둘째, 자신이 바라는 모습과 유사한 다른 사람의 성취 모델을 찾고 동일시하는 과정을 통해 성공에 가깝게 다가가는 연습을 한다. 성공으로 가는 가이드라인을 알게 됨에 따라서 자기 효능감의 효과가 상승한다.

셋째, 외부로부터 오는 긍정적인 피드백이 자기 효능감 상승에 영향을 미친다. 자신의 감정을 이해해주고 하고자 하는 일에 격려와 지지를 받을 때 보다 노력을 지속할 수 있게 된다.

넷째, 스스로 가지는 정서적 해석 방법에 따라 자기 효능감에 변화가 생긴다. 과제에 대해 스스로 긍정적으로 받아들이면 자기 효능감이 상승하나, 스트레스를 받거나 흥분하고 걱정하는 등 부정적으로 받아들이면 자기 효능감이 하락한다.

일반적으로 공부는 짧은 시간에 성과를 보기 힘들다. 아무리 작게 잡아야 최소 수년이 걸린다. 그리고 즉각적인 피드백도 없다. 반면 게임은 짧은 시간에도 노력 여부에 따라 충분히 성과를 얻기 수월하다. 게다가 행동에 대한 즉각적인 피드백도 제공된다. 이러한 환경적 요소를 가지고 있는 게임은 인간의 자기 효능감을 향상시키기 매우 적합한 미디어다. 하지만 모든 게임이 자기 효능감을 향상시키는 데 적합하게 만들어졌다고 볼 수는 없다. 그렇다면 플레이어는 어떤 게임의 레벨 디자인과 밸런스에 대해서 만족감을 느낄까?

결론적으로 필자는 자기 효능감을 높여주는 레벨 디자인과 밸런스가 플레이어를 만족시킬 수 있다고 생각한다. 레벨 디자인과 밸런스를 통해 직접적으로 플레이어의 능력을 향상시킬 수는 없다. 능력의 향상 여부는 플레이어가 결정하고 행동하는 것이다. 플레이어의 마음을 움직여 스스로 잘 할 수 있게 유도해야 한다.

그러므로 레벨 디자인과 밸런스는 플레이어가 잘 하게 만드는 것이 아니라, 잘 하는 것처럼 느끼게끔 디자인해줘야 한다고 본다. 즉 자기 효능감을 느낄 수 있도록 디자인해야 한다는 의미다. 플레이어 스스로 잘 하고 있다고 느끼게 만들어주면, 자기 효능감이 높아지면서 지속적으로 노력하게 되고 자연스럽게 실제 능력이 상승된다. 자기 효능감이야말로 게임의 레벨 디자인과 밸런스에 있어 처음부터 끝까지 절대 놓지 말아야 할 가장 핵심적인 개념이라 할 수 있다.

56 학습 곡선과 흥미 곡선

필자는 잘된 레벨 디자인이란 플레이어가 실제 잘하건 못하건 스스로 나름대로 잘하고 있는 것처럼 느끼게 만들어 주는 것이라고 했다. 자기 효능감이 향상된 플레이어는 스스로 노력해 능력이 상승된다. 게임 디자이너가 게임을 통해 직접적으로 플레이어의 능력을 향상시키려고 하는 건 과욕일지도 모른다.

그런데 플레이어에게 자기 효능감을 느끼게 디자인하는 데 있어 커다란 문제가 존재한다. 플레이어마다 능력에 차이가 있기 때문에 자기 효능감을 느끼는 구간이 다르다는 점이다. 레벨 디자인이 어려운 이유는 바로 여기에 있다. 그렇기 때문에 개인별 차이를 고려해 보편적으로 만들어진 이론인 학습 곡선과 흥미 곡선을 이해하고 레벨 디자인에 활용한다면 이러한 단점을 최소화할 수 있다. 주의할 점은 학습 곡선과 흥미 곡선의 개념을 레벨 디자인에 활용하는 것이지 그래프 모양 그대로 레벨 디자인을 한다고 이해해서는 안 된다.

학습 곡선

인간은 끊임없이 망각을 하기에 생존에 필요한 것을 학습한다. 3장의 '51. 망각 곡선'에서 배웠던 내용이다. 이처럼 망각과 학습은 떼려야 뗄 수 없는 관계다. 헤르만 에빙하우스는 망각 곡선과 함께 학습 곡선을 다음과 같이 제시했다.

학습 곡선 Learning Curve 이란 특정한 과제를 학습하는 데 요구되는 시간을 x축으로, 학습 성과를 y축으로 표현한 그래프다. 간단히 얼마나 시간을 들여, 얼마나 학습 성과를 얻었는가를 나타낸다. 난이도 곡선으로 오해해서는 안 된다. 학습 곡선에는 다양한 모양의 그래프가 존재하나 가장 보편적인 것이 그림 3-57의 S자 형태의 학습 곡선이다.

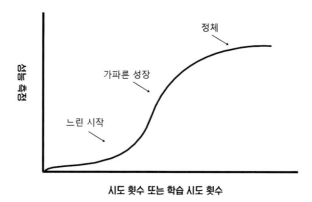

성능 측정

정체

가파른 성장

느린 시작

시도 횟수 또는 학습 시도 횟수

그림 3-57 전형적인 S자 형태의 학습 곡선
(출처: http://www.intropsych.com/ch07_cognition/learning_curve.html)

인간이 학습을 하는 과정을 살펴보면 크게 3단계로 나눌 수 있다. 1단계, 처음 배우게 되는 과제에 대해서는 천천히 학습하기 시작한다[Slow beginning]. 2단계, 어느 정도 익숙하게 되면 학습 속도가 급격하게 상승한다[Steep acceleration]. 3단계, 학습이 거의 완료되면 정체기를 겪으며 학습 속도가 떨어진다[Plateau]. 즉 기울기가 가파른 구간은 적은 시간에 높은 학습 성과를 올릴 수 있다는 의미다.

1단계의 기울기가 너무 완만하다면 학습하기 어려운 과제인만큼 좌절감과 포기를 유발시킬 위험이 있다. 반대로 1단계의 기울기가 너무 가파르다면 학습하기 쉬운 과제인만큼 이후 빨리 지루해질 위험이 있다. 2단계의 기울기가 너무 완만하다면 익숙해진 뒤에도 학습 성과가 좀처럼 나오지 않는 것이므로 학습 방식 등에 문제가 있다고 볼 수 있다. 또는 새롭게 배울 만한 것이 별로 없는 단조로운 과제라는 의미가 된다. 반대로 2단계의 기울기가 너무 가파르다면 학습 성과가 급격히 증가하는 과제에 해당된다. 2단계의 기울기가 가파른 만큼 1단계의 기울기가 완만하게 되므로 오랜 시간동안 학습 성과가 거의 없다가 일순간에 깨달음을 얻고 학습 성과가 급격히 높아지는 경우다. 학습 성과의 폭이 큰 만큼 습득했을 때 희열은 느낄 수 있겠지만 오랜 기간 많은 고통을 이겨내야만 한다.

자기 효능감을 줄 수 있는 학습 곡선을 이루기 위해서는 각 단계별 x축의 길이와 y축의 폭을 모두 고려해서 전체적인 기울기를 산정해야 한다. 일반적으로 y축의 폭에만 주목할 수 있지만 x축의 길이 또한 학습에 중요한 영향을 미친다는 점을 결코 잊어서는 안 된다.

학습 곡선은 특히 '새로운 기능이나 시스템을 게임 내에 도입할 때의 레벨 디자인'에서 활용할 수 있다. 학습 곡선이 활용돼야 하는 대표적인 게임 시스템이 튜토리얼이다. 튜토리얼은 플레이어가 게임 세계에 처음 들어와서 익숙하지 않은 것들을 새롭게 배우는 장이다.

예를 들어 테스트 플레이어들은 게임 시스템A를 평균적으로 1단계에서 3단계까지 10회에 걸쳐 학습했다고 가정해보자. 좀 더 세부적으로는 1단계 4회, 2단계 2회, 3단계 4회에 걸쳐 이뤄졌다. 이것은 4회까지는 천천히 학습하면서 시스템을 이해하는 과정이나 5회부터 시스템에 익숙해지면서 급격히 학습 속도가 증가한다. 그리고 7회부터는 게임 시스템에 이미 익숙해져 학습이 거의 일어나지 않는다. 만약 레벨 디자인을 하려고 하면 게임 시스템A에 대한 튜토리얼을 플레이어에게 몇 회까지 제공하는 것이 좋을까? 학습이 어느 정도 완료가 된 7~8회가 가장 바람직할 것이다. 학습이 거의 발생하지 않는 구간이 길어진다면 플레이어를 지루하게 만들 뿐이다.

튜토리얼은 게임 내에서 핵심적으로 사용될 다수의 시스템을 게임 시작 시 몰아서 가르치기 위한 목적으로 개발된다. 튜토리얼을 진행했음에도 제대로 학습이 되지 않았거나 쓸데없이 길어서 지루해진다면 튜토리얼은 목적을 달성하지 못한 실패한 시스템이 된다. 단순히 '모든 게임 시스템을 3회씩 학습시킨다'와 같은 디자인은 결코 좋은 디자인이라고 할 수 없다.

게임 디자이너가 학습 곡선을 이해하고 있다면 게임 시스템A의 학습이 거의 완료된 시점에 바로 게임 시스템B의 학습이 시작되도록 디자인할 것이다. 그리고 게임 시스템마다 학습 난이도가 다르기 때문에 실제 게임 시스템별 학습 정도를 테스트해 다음 단계로 넘어가는 시기를 시스템별 세부 조정하려고 시도할 것이다.

튜토리얼을 절대 우습게 봐서는 안 된다. 튜토리얼은 말그대로 게임 초반부에 배치된다. 즉 게임의 첫인상에 포함된다는 말이다. 튜토리얼을 플레이하면서 친절하지 못하다는 부정적인 인상을 가지게 되면 플레이어는 게임 전체에 대한 평가조차 부정적으로 변하거나 심지어 게임을 플레이하기를 포기하기도 한다. 플레이어가 제대로 학습할 수 있게 해줘야 플레이어는 게임 안에서 자기 효능감을 느낄 수 있기 때문이다.

이외에 플레이어에게 새로운 게임 시스템을 학습시키려고 할 때 어떤 점에 주의해야 할까? 『게임 디자인 원리』에서 소개한 내용을 토대로 조금 더 보기 좋게 바꿔 정리하면 다음과 같다.

> ## 학습 곡선을 고려한 레벨 디자인
> ❶ 플레이어에게 학습에 대한 제어권을 줘야 한다.
> ❷ 단순히 눈으로 읽거나 관찰하게 하지 말고 행동으로 학습하게 하라.
> ❸ 확실한 목표를 주어 달성하기 쉽게 유도하라.
> ❹ 학습은 한 번에 한 가지에 집중할 수 있게 하라. 이외 산만한 요소는 제거하라.
> ❺ 학습 시에는 불이익이 없어야 하며, 방해를 받지 않는 환경을 제공하라.
> ❻ 학습의 결과에 대한 즉각적이고 직접적인 피드백을 충분히 제공하라.
> ❼ 부가적인 과제와 목표를 추가해 응용 행동을 했을 때 긍정적인 피드백을 제공하라.
> ❽ 새로운 과제가 주어질 때 이전에 학습이 완료된 과제와 통합해 제공하라. 학습효과는 증가하고 플레이어는 보다 신선하게 느낀다.

흥미 곡선

흥미 곡선Interest Curve이란 사용자가 경험하게 되는 시간을 x축으로, 사용자가 흥미를 느끼는 자극 정도를 y축으로 표현한 그래프다. 사용자가 시간이 지남에 따라 콘텐츠에 느끼는 흥미 정도가 어떻게 변하는지를 나타낸다. 이론적으로 정립돼 정해진 패턴이 있는 건 아니고 사용자 중심의 경험을 측정하는 도구 개념이라고 볼 수 있다. 사용자가 어떤 점에서 흥미를 느끼는지 알아보기 위해 다양한 분야에서 활용되고 있다.

흥미 곡선은 레벨 디자인 중에 특히 '시간대별 전체적인 콘텐츠 배치'에 활용할 수 있다. 플레이어가 게임을 처음부터 끝까지 플레이하면서 어떤 지점에서 어느 정도의 흥미를 느끼게 할 것인가 전체적인 그림을 그리는 도구로 활용된다.

먼저 게임 디자이너는 평균적인 플레이어의 흥미 정도를 고려해서 게임 전반적인 콘텐츠를 배치하고 그에 따른 흥미 곡선을 예측해서 그린다. 게임 개발이 어느 정도 진행된 이후에 다수의 테스트 플레이어를 모니터링하고 심도 있는 인터뷰를 해 그들 각각이 느꼈던 바를 흥미 곡선으로 그려낸다. 다음으로 게임 디자인 단계에서 예측했던 것과 실제 플레이어들의 흥미 곡선을 비교해서 수정한다. 단순히 잘못된 예측만을 수정하는 것이 아니다. 게임 디자이너의 예상과는 다르게 전혀 다른 곳에서 플레이어들이 크게 흥미를 느끼는 지점을 발견할 수도 있다. 레벨 디자인 과정에서 흥미 곡선을 그리는 작업을 하지 않고 그냥 넘어갔다면 이러한 행운을 발견할 기회는 없어진다. 그러므로 가능한 범위에서 최대한 여러 번 테스트를 진행하면서 흥미 곡선을 세밀하게 수정해가는 작업을 진행하는 것이 좋다.

흥미 곡선의 형태에는 정답이 없다. 실제 게임마다 상당한 차이가 있다. 하지만 좋은 흥미 곡선의 형태와 나쁜 흥미 곡선의 형태는 보편적으로 많은 사람들에게 동일하게 인식돼 왔다. 좋은 흥미 곡선의 예와 나쁜 흥미 곡선의 예를 다음과 같이 비교해보자(그림 3-58, 그림 3-59 참조).

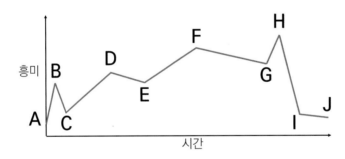

그림 3-58 좋은 흥미 곡선의 예

시작 지점인 A는 일반적으로 평온한 상태에서 시작된다. 플레이어가 게임 속으로 들어오기 위한 장치를 마련하고 게임 세계가 너무 부담스럽게 느껴지지 않도록 천천히 유도한다. 다만, A지점부터 서서히 플레이어의 흥미를 이끌어 내야 한다. 즉 그래프 상의 기울기가 상승해야 한다.

'hook'이라고 불리는 B지점은 게임에 있어 가장 중요한 첫인상을 담당하게 된다.

많은 플레이어는 B지점에서 느끼는 흥미 정도에 따라 게임을 계속 플레이할지, 더 이상 플레이하지 않을지 결정할 정도다. 많은 AAA급 게임에서는 B지점에 사활을 걸 정도로 많은 투자를 한다. 이 지점은 게임 판매에 직접적인 영향을 주기도 한다. 우리가 대작 게임을 시작하면 몇 분 지나지도 않았는데 온몸에 소름이 돋으면서 '와! 이 게임 다른 게임과는 다르다!'라고 느끼는 구간이다. A지점에서 멀지 않는 시점에 반드시 강렬한 인상을 남기는 것이 B지점의 역할이다. 만약 A지점과 B지점 간의 기울기가 완만하다면 플레이어는 초반부터 지루함을 느끼고 게임 전반에 대한 기대가 급속히 하락하게 된다.

'peak'로 불리는 D와 F지점은 플레이어가 기억에 남을 만큼 강한 인상을 주는 지점이다. 게임마다 peak의 수는 차이가 난다. 하지만 중요한 건 전체적으로 뒤로 갈수록 점점 흥미를 끄는 정도가 상승한다는 점이다. 다만 A지점에서 B지점에 도달하는 것과 같이 급격한 기울기를 보이지 않고 비교적 서서히 흥미를 끌어올린다는 점이 눈에 띈다. 앞보다 뒤의 peak에 대한 흥미 정도가 낮다면 플레이어는 상대적 지루함을 느끼게 되므로 난이도를 조정하거나 콘텐츠의 배치를 바꾸는 등의 수정을 거치는 것이 좋다.

E와 G지점은 흥미 정도를 잠시 낮추고 다음 peak에 흥미 정도를 한번에 높이기 위해 준비하는 구간이다. 인간은 끊임없이 흥미를 느끼거나 집중할 수 없는 동물이다. 그렇기 때문에 휴식하는 구간이 반드시 필요하다. 그래야 다시 한번 더 큰 흥미를 느낄 수 있기 때문이다. 다만 흥미 정도를 일순간에 너무 낮춰서는 안 된다. 플레이어가 흥미를 잃지 않고 편하게 플레이할 수 있는 정도를 고려해서 조정한다.

'climax'로 불리는 H지점은 게임의 최종적인 목적과 결부돼 플레이어에게 가장 큰 흥미를 주는 지점이다. D와 F지점과 달리 B지점처럼 급격한 흥미 상승을 유도한다. H지점이 D와 F지점보다 낮아진다면 지금까지 아무리 잘 디자인해왔다고 할지라도 대부분의 플레이어는 크게 실망하게 된다.

〈매스이펙트3 Mass Effect 3〉이 대표적인 예라고 볼 수 있다. B, D, F지점 등을 통해 플레이어의 흥미를 충분히 잘 끌어올리고도 H지점에서 기대에 미치지 못한 방식으로 클라이맥스를 마무리함으로써 게임, 아니 시리즈 전체에 대한 평가에 부정적인 영향을 줄 정도였다. 그만큼 B지점과 더불어 H지점은 게임 디자인에 있어 핵심적인 위치를 자치한다. 이후 엔딩인 I지점으로 연결되며 J지점에서 게임이 종료된다.

DLC를 제외한 〈다크 소울3〉을 흥미 곡선으로 그려본다고 가정해보자. A지점은 평온하게 튜토리얼을 진행한다. 〈다크 소울3〉의 시스템을 하나하나 배우면서 진행된다. 하지만 이 구간이 결코 길지 않게 디자인돼 있다. 튜토리얼 보스인 '군다'가 'hook'인 B지점에 해당된다. 이 게임이 결코 만만한 게임이 아니라는 것을 경고하며 흥미를 끌어올린다. 물론 〈다크 소울3〉의 경우 B지점의 상승폭이 다른 게임에 비해 상당히 높은 편이므로 좌절을 겪고 게임을 그만두는 플레이어도 있을 것이다. 여기서 말하고자 하는 건 B지점임에도 불구하고 별다른 인상을 남기지 못하는 게임보다 강렬한 인상을 남기는 게임이 압도적으로 플레이어의 흥미를 끈다는 점이다.

'심연의 감시자', '무희', '쌍왕자', '무명왕' 등이 'peak'인 D와 F지점에 해당된다. 이 보스들 앞에는 비교적 수월한 보스들을 배치시키고 있다. 그리고 흥미 정도를 길게 늘리기 위해서 필드맵의 크기도 충분히 디자인해 뒀다. '심연의 감시자'와 '무희'의 경우 어느 정도 긴 구간을 유지하고 있지만 '쌍왕자'와 '무명왕'은 그렇게 길지 않은 구간이다. 그만큼 뒤로 갈수록 'peak'은 상승하되 간격은 줄어들게 디자인돼 있다.

마지막 보스인 '왕들의 화신'이 'climax'인 H지점에 해당된다. '왕들의 화신'은 다양한 무기와 마법을 써가며 플레이어에게 가장 강력한 좌절감을 주도록 계획됐을 것이다. 하지만 실제 많은 플레이어들은 왕들의 화신보다 무명왕이 인상에 남을 것이다. 이는 'climax'인 H지점보다 'peak'에서 흥미 정도가 높다는 것을 반증한다. 〈다크 소울3〉의 레벨 디자인에서 매우 아쉬운 부분이다. '무명왕'까지 흥미 곡선을 매우 깔끔하게 디자인했음에도 불구하고 H지점에서 흥미를 폭발시키지 못했다. 'climax'에서 충분히 흥미를 이끌어 내지 못하면 게임 만족도 자체에 부정적인 영향을 줄 수 있다. 만약 '무명왕'보다 '왕들의 화신'이 더욱 강력하고 인상에 남을 정도로 흥미를 끌었다면 〈다크 소울3〉에 대한 평가는 더욱 긍정적으로 변했을 것이다.

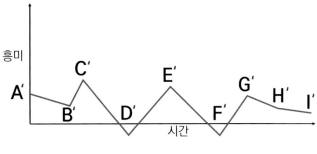

그림 3-59 나쁜 흥미 곡선의 예

플레이어의 흥미를 점차 상승시키는 게임과 달리 뒤로 갈수록 별다른 흥미를 못 주는 게임도 존재한다. A'지점에서 B'지점으로 가는 구간부터 의미 없는 튜토리얼을 강제로 반복시킴으로써 흥미가 감소한다. B'지점에서 플레이어에게 강렬한 인상을 남기기는커녕 오히려 적절한 순간을 놓치고 만다. 이미 이 순간부터 플레이어는 흥미를 잃기 시작한다. C', E', G'지점이 존재하지만 비슷비슷한 것이 반복됨에 따라 플레이어의 흥미는 오히려 점차 하락한다. 이러한 흥미 곡선을 가진 게임이 없을 것이라고 생각하는가? 아니다. 우리 주변에 생각보다 매우 많다. 특히 콘텐츠 소모 속도를 늦추기 위해서라며 콘텐츠를 강제로 늘린 온라인 게임이나 모바일 게임에서 자주 보인다. 아무리 플레이어가 캐릭터의 능력치가 상승해서 강해지는 것에 흥미를 보인다고 할지라도 흥미 곡선을 고려하지 않고 비슷비슷한 퀘스트를 억지로 우겨 넣으면 결국 플레이어에게 버림받게 된다.

〈다크 소울2〉는 시리즈 중에서 가장 나쁜 평가를 받고 있다. 물론 다른 액션 RPG와 비교하면 준수한 작품으로 평가받고 있다. 그러나 시리즈 내에서는 여러 단점이 부각된 작품이다. 부족한 타격감과 피격감, 이상한 모션, 힌트가 주어지지 않는 숨겨진 장소 등 수많은 문제점이 있지만 가장 중대한 문제점은 레벨 디자인에 있다고 본다.

필드에서는 전체적인 밸런스를 무시하고 단순히 적을 다수 배치하는 것으로 난이도를 높이려 했다. 하지만 보스들은 거의 대부분 단순한 패턴을 보여주기 때문에 한쪽 방향으로 돌면서 공격하는 비슷한 공략 방법으로 해결할 수 있다. 보스임에도 필드에 비해 너무나도 쉽게 느껴지며 각 보스별 특색이 느껴지지 않는다.

대부분의 보스에서 그림 3-58의 D와 F와 같은 흥미 곡선의 peak이 되는 것이 아니라 오히려 그림 3-59의 D'와 F'와 같이 플레이어의 흥미를 떨어트리게 디자인 돼 있다. 보스 몬스터의 개성 없는 패턴 디자인은 심지어 뒤로 갈수록 전체적인 흥미 곡선을 떨어트리는 심각한 결과를 초래했다. 〈다크 소울〉 시리즈가 가지고 있는 기본적인 절차, 규칙, 게임 플레이를 거의 계승했음에도 불구하고, 레벨 디자인과 밸런 스가 잘못 디자인됐을 때 어떤 결과가 나오는지 잘 보여주는 사례라 할 수 있다.

레벨링 곡선

지금까지 레벨 디자인에 도움이 되는 학습 곡선과 흥미 곡선을 살펴봤다. 이러한 개 념이외에도 레벨 디자인을 정교하게 하기 위해서 다양한 개념을 이해하고 실제 적용 시킬 수 있어야 한다. 아직까지 제대로 된 방법론이나 이론이 제시되지 않은 분야이 기 때문에 레벨 디자인과 관련된 자료를 스스로 찾아보는 과정이 필요하다.

레벨 디자인을 하는 과정에서 게임 디자이너는 수많은 표와 그래프를 그려야 한 다. 각 캐릭터의 레벨 또는 경험치 곡선부터 시작해 몬스터의 능력치 곡선, 게임 난 이도 그래프 그리고 전반적인 콘텐츠 배치 곡선에 이르기까지, 신경을 쓰면 쓸수록 디자인해야 하는 범위가 기하급수적으로 늘어날 것이다. 게다가 게임마다 요구되는 레벨 디자인이 조금씩 다르기 때문에 상당한 숙련도가 요구될 것이다. 이러한 어려 움이 있음에도 뛰어난 게임 디자이너일수록 세밀한 부분까지 명확하게 수치를 통해 서 표나 그래프로 표현해 낼 수 있다.

레벨 디자인에서 다양한 레벨링 곡선^{Leveling Curve}을 그리게 되는데 가장 대표적인 것이 다음과 같은 레벨에 따른 경험치 그래프라 할 수 있다. 그리고 이를 통해 각 레 벨업에 필요한 시간을 그래프로 그릴 수도 있다. 좀 더 세부적으로 가면 플레이어 캐 릭터의 능력치마다 능력치 그래프를 그릴 수 있다. 다수의 플레이어 캐릭터가 존재 한다면 각 캐릭터별 능력치에 서로 의미 있는 차이를 가지는 곡선을 보여주는 것이 좋다(그림 3-60, 그림 3-61 참조).

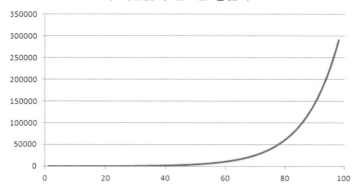

그림 3-60 레벨업에 필요한 경험치 그래프(디아블로2)

(출처: https://hothardware.com/reviews/seeking-sanctuary-the-definitive-diablo-iii-preview?page=4)

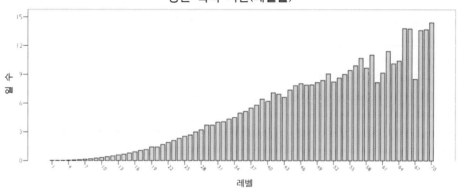

그림 3-61 레벨업에 필요한 평균 축적 시간 그래프(월드 오브 워크래프트)

(출처: https://www.nonfictiongaming.com/2012/02/what-is-it-about-online-games/)

앞서 소개했던 경험치 그래프, 능력치 그래프를 비롯해 몬스터 능력치 그래프 등 다양한 디자인이 완료되면 지금까지의 것들을 모두 고려해 게임 전체의 난이도 그래프 Difficulty Curve를 디자인해보는 것이 큰 도움이 된다. 상당히 많은 요소를 수치로 변환해서 종합적으로 고려해야 하기에 상당히 어려운 과정이지만 레벨 디자인에 있어 최종 단계라고 볼 정도로 중요한 만큼 세세한 부분까지 신경 써서 이뤄지는 것이 좋다.

GAMASTURA에서 존 브라운 Jon Brown은 「Difficulty Curves Start At Their

Peak」을 통해 바람직한 난이도 그래프를 소개했다(그림 3-62 참조). 중간중간에 보스와의 전투 등을 통해 난이도를 상승시키고 peak이 끝난 시점에는 잠시동안 휴식기를 뒤 플레이어의 심리 상태를 안정적으로 만든다.

이렇게 디자인된 난이도 그래프는 3장의 '58. 플로우 이론'과 깊은 관련을 가지게 된다(그림 3-63 참조). 어째서 레벨 디자인의 난이도 그래프가 이러한 모양을 가지게 되는지 플로우의 개념을 알게 되면 자연스레 이해할 수 있게 된다. 난이도 그래프는 이후 배우게 될 플로우 채널 안에서 이뤄지는 것이 바람직하다.

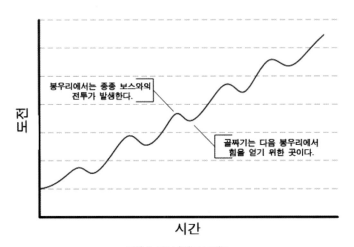

그림 3-62 난이도 그래프

(출처: https://www.gamasutra.com/blogs/JonBrown/20100922/88111/Difficulty_Curves_Start_At_Their_Peak.php?print=1)

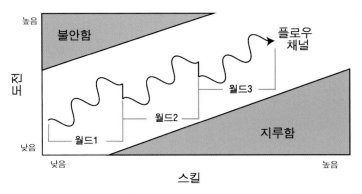

그림 3-63 플로우 채널 안에서의 난이도 그래프

(출처: https://medium.com/@SA_Liberty/the-wise-owl-and-the-angry-bird-78ce01fe1e9c)

57 베버의 법칙과 최소식별차

게임 디자인은 크게 개발 이전의 구상&문서화 단계와 개발이 시작되면서 이뤄지는 수정&QA 단계로 나뉜다. 대부분의 과정이 계획 단계에 속하는 구상&문서화 단계에 해당되나 게임 디자인이 여기서 끝났다고 생각해서는 안 된다. 게임 디자이너가 수정&QA 단계에 얼마나 많은 노력과 시간을 투자하는가에 따라서 게임 전반적인 완성도가 변할 수도 있기 때문이다. 수정&QA 단계에서는 모든 게임 디자인 과정을 통해 만들어진 결과물과 게임 디자인이 게임 개발에 제대로 적용됐는지를 검토하고 수정한다.

캐릭터 설정, 스토리, 절차, 규칙, 게임 플레이, UI 등에서 게임의 목적과 테마에 벗어난 점이 없는지, 잘못 디자인된 점이 없는지 살펴야 한다. 그런데 수정&QA 단계에 이르러서 게임의 뼈대가 되는 부분을 크게 변경해야 한다면 이후 개발 일정에 지장을 줄 정도로 치명적인 상황이 초래될 수 있다. 그러므로 캐릭터 설정, 스토리, 절차, 규칙, 게임 플레이, UI에 있어서 구상&문서화 단계는 철두철미하게 이뤄져야 한다.

반면 레벨 디자인과 밸런스는 게임의 뼈대라기보다는 꾸미기와 포장 과정에 가깝다. 레벨 디자인은 구상&문서화 단계와 수정&QA 단계에 모두 포함되나 후자에 큰 비중을 두고 있다. 밸런스는 레벨 디자인에서 이뤄진 수치를 세부적으로 맞추는 과정이므로 수정&QA 단계에 속한다. 밸런스를 잡으면서 적당하다고 생각되는 수치가 변하게 되면 다시 레벨 디자인을 수정하게 된다. 따라서 레벨 디자인과 밸런스는 정답이 없음에도 끊임없이 반복해 수치를 변경하고 테스트하는 고된 작업이 된다.

레벨 디자인과 밸런스는 끊임없이 수치를 변경하고 수정하는 과정이다. 이러한 과정을 보다 효과적으로 수행해 소요되는 시간을 줄일 수 있는 방법은 없을까? 레벨 디자인과 밸런스에는 정답이 없을 뿐 아니라 끝을 결정하는 것도 게임 디자이너라고 했다. 하지만 그 과정을 효과적으로 수행하는 데 도움이 되는 이론은 몇 가지 존재한다. 베버의 법칙, 최소식별차, Doubling and Halving이라는 개념을 살펴보자.

베버의 법칙과 최소식별차

독일의 생물학자 에른스트 하인리히 베버Ernst Heinrich Weber와 심리학자 구스타프 페히너Gustav Theodor Fechner에 의해 밝혀진 법칙으로 베버-페히너의 법칙 또는 베버의 법칙으로 불린다. 베버의 법칙은 인간이 자극의 변화를 탐지하기 위해서는 원래 주어진 자극의 일정 비율 이상의 강도가 주어져야 한다는 것이다. 즉 자극 변화를 탐지하기 위해서 필요로 되는 변화의 최소값은 원래 자극의 강도에 비례한다는 의미다. 이것을 최소식별차Just Noticeable Difference라고 한다. 최소식별차란 자극 강도의 탐지는 물리적 자극 간의 '절대량'이 아닌 기준 자극의 '변화량'에 따른다는 의미다.

어두운 밤에는 본래 빛의 자극이 약한 상태이므로 멀리 있는 작은 불빛의 변화에도 민감하게 반응한다. 하지만 환한 낮에는 본래 빛의 자극이 강한 상태이므로 자극의 변화를 감지하기 위해서는 태양빛의 일정 비율 강도에 해당하는 강력한 빛이 요구된다. 인간은 처음에 약한 자극이 주어지면 쉽게 감지할 수 있지만, 처음부터 강한 자극이 주어지면 이후에는 더 큰 자극에만 변화를 감지하게 된다.

좀 더 현실적이고 쉬운 예를 들어보자. 첫 번째 실험에서 A와 B에게 각각 500원을 제공한다. 그리고 이후 B에게만 추가로 500원을 제공한다. 이 경우 A는 "왜 B에게만 나보다 2배를 주었냐!"고 강한 불만을 토로한다. 두 번째 실험에서 A와 B에게 각각 10,000원을 제공한다. 그리고 이후 B에게만 첫 번째 실험과 동일하게 추가로 500원을 제공한다. 이 경우에도 A는 똑같이 불만을 토로할까? 대부분의 실험자는 "그까짓 500원 신경 안 쓴다."라고 답할 것이다(그림 3-64 참조).

인간은 처음에 주어진 자극에 비례해서 다음 자극의 변화를 감지한다. 그것도 500원이라는 절대량이 아닌 기준 자극의 변화량, 즉 비율을 가지고 말이다. 두 번째 실험에서 B에게 10,000원을 추가로 제공했다면 A는 첫 번째 실험과 동일하게 불만을 토로할 것이다. 두 번째 실험에서 B에서 추가로 얼마를 줄 때 A는 변화를 느끼고, 불만을 느낄까? 3,000원? 5,000원? 사람마다 차이가 있겠지만 처음 자극인 10,000원의 비율에 비례해서 불만의 강도가 늘어난다.

그림 3-64 베버의 법칙과 최소식별차의 예

레벨 디자인과 밸런스에서 베버의 법칙과 최소식별차의 개념은 큰 의미를 가진다. 게임 디자이너가 아무리 며칠 밤을 세워가며 여러 번 수치를 바꾸고 테스트를 한다고 할지라도 플레이어가 변화를 느끼지 못하면 해당 변경 시도는 의미 없는 것이 돼버리고 만다. 100번이 넘는 수치 변경과 테스트를 반복했다고 할지라도 실제 의미 있는 변화가 1번이었다면 밸런스 테스트는 1번만 이뤄진 것이다. 플레이어가 수치 변화를 인지하기 위해서는 본래의 자극 수치를 기준으로 일정 수준의 '비율'이 변화해야 한다는 점을 기억하자.

레벨 디자인과 밸런스에서 이뤄지는 수많은 수정 횟수에서 의미 없는 시도만 사전에 제거해도 수정&QA 단계에서 게임 디자이너에게 돌아가는 부담이 월등히 줄어들게 된다. 별거 아닌 것처럼 보이지만 실제 게임 개발 과정에서 의외로 활용되고 있지 않다. 이 노력과 시간을 더 중요한 곳에 투자한다면 게임의 전체적인 완성도가 변할 정도로 게임 디자인에 적용할 만한 가치 있는 이론이다.

Doubling and Halving

베버의 법칙Weber's law과 최소식별차JND의 개념을 가지고 실제 밸런스를 잡는 과정에 활용한다면 수행하는 횟수를 비약적으로 감소시킬 수 있다. 그런데 문제는 게임마다 상황마다 플레이어가 변화를 인지하는 데 요구되는 비율이 다르다는 점에 있다. 이러한 문제를 해결하기 위한 방안 중 하나로 『게임 디자인 원리』에서는 Doubling and Halving이라는 방법론을 소개하고 있다.

Doubling and Halving은 아주 단순한 방법이다. 밸런스 개선을 목적으로 이뤄지는 수치 작업을 초반에 200% 또는 50%로 제한해 극단적인 변화를 주는 방법이다. 일단 극단적인 수치 변화를 반복해 플레이어가 변화를 직접적으로 느끼게 해 최종적인 결과에 보다 적은 횟수에 도달하기 위한 팁이라고 할 수 있다. 간단히 말해서 적절한 밸런스의 세부 범위를 찾기까지 시간을 절약하는 목적을 가진 수단이다.

예를 들어 파라미터A와 파라미터B가 기본값 1.0으로 돼 있을 때, 게임 디자이너가 밸런스를 잡아야 한다고 가정하자. 이 때 게임 디자이너는 A와 B값 모두 두 배 증가시켜 2.0으로 설정하고 테스트를 한다. 둘다 중대한 변화가 이뤄지지 않았다면 다시 두 배 증가시킨다. A와 B값 모두 4.0이 된 상황에서 파라미터B에서는 과도한 변화가 인지됐다. 이후 A는 다시 두 배를 증가시켜 8.0이 되고, B는 2.0과 4.0 사이인 3.0으로 설정해서 테스트한다. 이러한 과정을 반복해 의미 있는 범위가 파라미터A는 14.0이고 파라미터B는 3.5라면 이 때부터 세부적인 조정이 이뤄지면 된다. 값을 늘릴 때는 두 배로 하고, 줄일 때는 절반으로 하는 간단한 방법이다.

누구나 다 알 것 같고 정말 당연해 보이는 방법이지만 실무에서도 의외로 사용되고 있지 않다. 수치 값을 어떻게 바꿔야 변화가 생기는지 모르는 초반에 파라미터 값 하나하나마다 비율 변화에 기준이 없이 일일이 수정하고 테스트를 반복한다면 중요한 시간을 쓸모없이 사용해버릴 뿐이다. 그룹으로 묶을 수 있는 파라미터들을 모아서 Doubling and Halving을 통해서 한꺼번에 수정을 하고, 되도록 적은 횟수로 의미 있는 범위를 빠르게 찾는 것이 반복을 최소화할 수 있는 기본적인 방법이다.

58 플로우 이론

게임 디자인의 모든 과정은 최종적으로 플레이어를 게임에 몰입시키기 위함이다. 특히 레벨 디자인과 밸런스 과정은 플레이어를 게임 플레이에 보다 더 몰입시키기 위해서 존재한다고 해도 과언이 아닐 것이다. 절차, 규칙, 게임 플레이 과정이 매력적으로 디자인돼 플레이어의 흥미를 끈다고 할지라도 레벨 디자인과 밸런스를 디자인하는 과정에 문제가 있었다면 플레이어는 게임에 몰입하기 힘들어진다. 플레이어가 게임 플레이에 몰입하기 위해서는 절차, 규칙, 게임 플레이 과정뿐만 아니라 레벨 디자인과 밸런스 과정 또한 심사숙고해 이뤄져야 한다.

잘된 레벨 디자인과 잘 잡힌 밸런스 아래에서 플레이어는 자신의 능력(스킬)에 맞게 적당한 과제를 수행하게 되고, 대부분 긍정적인 결과를 얻게 된다. 이 때 플레이어는 순간적으로 마치 자신이 플레이어 캐릭터가 된 것 같은 무아지경을 경험하게 된다. 게이머라면 누구나 한번쯤 이런 경험을 해 봤을 것이다. 몰입이란 어떤 행위에 깊게 몰입해 시간의 흐름이나 공간, 더 나아가서는 자신에 대한 생각까지도 잊어버리게 되는 심리적 상태를 의미한다.

이렇게 자신이 하고 있는 일에 빠져드는 개인의 심리상태를 칙센트 미하이 Csikszentmihalyi Mihaly는 플로우 상태라고 했다. 개인의 능력^{Skills}을 x축으로, 과제의 도전 ^{Challenges} 난이도를 y축으로 두고, 개인의 능력과 과제의 도전 난이도가 조화를 이룰 때 플로우 채널에 빠진다는 것이 그가 주장한 플로우 이론이다(그림 3-65 참조).

플로우 채널에 들어가기 위해서는 다음과 같은 3가지 전제 조건이 필요하다.

플로우 채널에 들어가기 위한 전제 조건
- ❶ 명확한 목표
- ❷ 분명하고 즉각적인 피드백
- ❸ 능력(Skills)과 도전 난이도의 조화

명확한 목표가 없다면 스스로 의욕이 없는 상태다. 이러한 상태에서는 그 누구라도 집중하거나 몰입할 수 없다. 분명하고 즉각적인 피드백이 없다면 스스로 잘하고 있는지 잘못하고 있는지 알 수 있는 수단이 없게 된다. 어떤 선택이나 행동에 대해서 피드백이 없으면 인간은 망설이거나 기다리게 된다. 그리고 일반적으로 다음에 이뤄질 선택과 행동을 나중으로 미루고 상황을 지켜본다. 역시 이러한 상황에서 플로우는 발생할 수 없다. 이 두 가지 전제 조건은 아주 기본적인 내용이므로, 플로우 이론을 이야기할 때 가장 많이 언급되는 것이 세 번째 전제 조건이다.

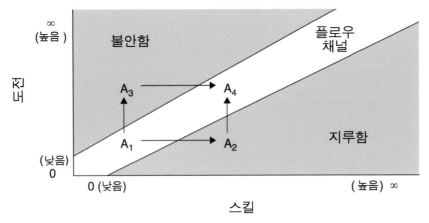

그림 3-65 플로우 채널의 개념

(출처: http://fireside.gamejolt.com/post/understanding-the-flow-channel-in-game-design-ghuttxg6)

플로우 이론의 상태

❶ 플로우(A1, A4): 개인의 능력과 과제의 도전 난이도가 조화를 이룸

❸ 지루함(A2): 과제 도전 난이도는 낮고 개인의 능력은 우수

❸ 불안함(A3): 과제 도전 난이도는 높고 개인의 능력은 부족

플로우 상태는 개인의 능력과 과제의 도전 난이도가 적절하게 균형을 이룰 때 경험하게 된다. A1과 A4는 플로우 상태다. A1에서 개인의 능력은 증가했는데 과제의 도전 난이도가 그대로인 A2 상태가 되면 플레이어는 지루함을 느끼게 된다. 이 때는 발전한 플레이어의 능력에 맞게 과제의 도전 난이도를 올려줘야 한다. 반대로 A1에서 과제의 도전 난이도는 증가했는데 개인의 능력은 그대로인 A3 상태가 되면 플레이어는 불안함을 느낀다. 이 때는 높아진 과제의 도전 난이도에 맞게 플레이어의 능

력이 향상될 수 있도록 다양한 방법으로 지원을 해줘야 한다. 지루함과 불안감을 느끼는 상태에서 플레이어는 플로우 상태에 빠지지 못한다.

플로우 채널은 오른쪽 위로 갈수록 더욱 넓어진다는 점도 중요한 특징이다. 개인의 능력과 과제의 도전 난이도가 조화를 이룬다고 할지라도 초반에는 게임 자체에 익숙한 상황이 아니다. 그리고 게임 내에서 할 수 있는 행동의 폭도 넓지 않다. 따라서 게임에 대한 지식과 경험이 풍부해지는 후반으로 갈수록 플레이어가 플로우 상태에 빠질 수 있는 범위는 넓어진다(그림 3-66 참조).

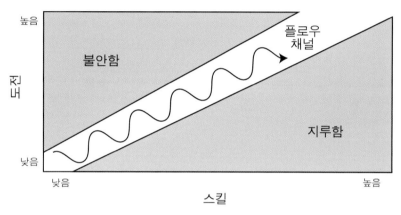

그림 3-66 플로우 채널의 플로우 상태

(출처: http://fireside.gamejolt.com/post/understanding-the-flow-channel-in-game-design-ghuttxg6)

그렇다면 플레이어를 플로우 상태에 지속적으로 유지시키려면 어떻게 디자인해야 할까? 아무리 뛰어난 게임 디자이너라고 할지라도 개인의 능력과 과제의 도전 난이도를 항상 조화롭게 유지시킬 수는 없다. 어느 정도 개인의 능력과 과제의 도전 난이도를 끊임없이 조정하며 플로우 상태에 오래 유지할 수 있도록 디자인한다. 그러므로 실제 플레이어의 상태는 직선이 아닌 그림 3-66처럼 구불구불한 곡선으로 이뤄지게 된다.

이런 모양의 그래프를 이전에 본 적 있지 않은가? 그렇다. 3장의 '56. 학습 곡선과 흥미 곡선'에서 언급했던 난이도 그래프의 모양이기도 하다. 전체적인 레벨 디자인과 밸런스를 어떻게 해야 하는가에 대한 해답은 플로우 이론에 근거하고 있다.

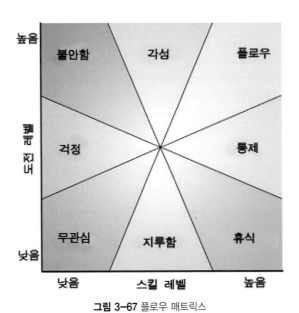

그림 3-67 플로우 매트릭스

(출처: https://study.com/academy/lesson/mihaly-csikszentmihalyi-flow-theory-works.html)

칙센트 미하이는 이후 플로우 이론을 보다 발전시켜 플로우 매트릭스를 제시했다. 기존에 제시했던 3가지 상태를 8가지로 세분화해 다음과 같이 감정으로 표현했다. 그리고 한 가지 새로운 개념이 생겼다. 기존 플로우 이론에서는 단지 개인의 능력과 과제의 도전 난이도가 조화를 이룬다면 항상 플로우 상태에 빠진다고 했다. 하지만 많은 연구와 실험을 통해 살펴본 결과 개인의 능력과 과제의 도전 난이도 모두 낮은 상태에서는 무관심이 발생해 플로우 상태에 빠지지 않는다는 점을 새롭게 밝혀냈다.

플로우 매트릭스

❶ 무관심(Apathy): Sad, Depressed　　　　❷ 지루함(Boredom): Depressed, Contented

❸ 휴식(Relaxation): Confident, Contented　❹ 통제(Control): Happy, Confident

❺ 걱정(Worry): Sad, Stressed　　　　　　❻ 불안함(Anxiety): Stressed, Alert

❼ 각성(Arousal): Alert, Focused　　　　　❽ 플로우(Flow): Focused, Happy

플레이어를 플로우 상태에 오래 유지하도록 만들기 위해 게임 디자이너는 실제 어떻게 해야 할까? 「The Art of Game Design: A Book of Lens」에서는 적절한 밸런스를 잡기 위한 기법을 다음과 같이 소개하고 있다. 이러한 기법은 실무를 경험하면서 그리고 개발자들과 교류하면서 쌓이게 된다.

적절한 밸런스를 잡기 위한 기법

❶ 성공할 때마다 난이도를 높여라.

❷ 쉬운 부분은 빨리 통과시켜라.

❸ 도전의 단계(layer of challenge)를 만들어라(예: 스테이지 클리어 점수마다 별표 1~3개).

❹ 플레이어가 난이도를 선택하게 하라.

❺ 다양한 플레이어에게 플레이 테스트를 하라.

❻ 패자에게 이점을 제공하라(예: 레이싱 게임에서 낮은 순위에게 이점을 제공해 추월 유도).

칙센트 미하이의 플로우 이론은 개인의 능력(스킬)과 과제의 도전 난이도에 대한 내용을 다루고 있기 때문에 게임 플레이에서의 몰입에 한정적으로 적용할 수 있다. 따라서 스토리를 비롯한 게임의 모든 몰입을 설명해주지 못한다는 점에 유의해야 한다. 하지만 플레이어가 순간적이지만 반복적으로 플로우 상태에 빠지게 된다면 장기적인 관점에서 자신이 잘할 수 있다는 자기 효능감까지 느낄 수 있기에 큰 의미를 가지고 있다. 플로우 상태와 자기 효능감을 경험한 플레이어는 게임에 대해 호의적으로 변하고, 더 많은 시간 게임을 즐기게 돼, 실제 능력(스킬)이 올라가게 된다. 능력(스킬)이 올라간 만큼 플로우 상태에 빠질 가능성은 점차 넓어지는 선순환 구조를 가지게 된다.

플로우 이론은 게임 디자인에 있어서도 매우 중요한 의미를 가지는 이론이다. 다만, 필자는 해석을 조금 다르게 하는 부분이 있다. 일반적으로 플로우 이론을 해석할 때 플레이어가 플로우 상태에 가능한한 오래 유지되도록 만들기 위한 의미로 받아들인다. 하지만 인간은 장기간 집중할 수 없듯이 장기간 몰입할 수 없다. 너무 오랜 기간 몰입하게 되면 오히려 피로감을 느끼게 된다. 그렇기 때문에 한번에 장시간 몰입시킨다는 의미보다 짧은 시간이지만 반복적이고 지속적으로 몰입 상태에 빠질 수 있게 디자인하는 것이야말로 플로우 이론이 보여주고자 하는 진정한 의미가 아닌가 생각된다.

초창기 플로우 이론에는 나오지 않은 개념이나 이후 새롭게 제시된 무관심Apathy은 레벨 디자인과 밸런스에 있어서도 매우 중요한 시사점을 남긴다. 게임 플레이로 플레이어를 플로우 상태에 빠지게 하기 위해서는 어느 정도의 시간이 필수적으로 필요하다는 의미가 된다. 그렇기 때문에 초반에는 참신한 아이디어나 게임 플레이가 아닌 스토리와 연출 등으로 몰입시키는 방안을 적극적으로 고려할 필요가 있다. 지금까지 대작이라고 평가받는 많은 게임들을 살펴보자. 초반부터 게임 플레이를 통해서 몰입을 주려고 했던 게임이 얼마나 있었을까? 이 게임들은 초반에 플레이어를 몰입시키기 위해서 어떠한 것을 활용했는가? 스토리에 대한 몰입은 3장의 '59. 죽음과 몰입'에서 이어서 살펴본다.

59 죽음과 몰입

플레이어는 게임 내에서 다양한 콘텐츠에 의해 몰입하게 된다. 3장을 시작하면서 게임은 크게 '테마 → 캐릭터(인물) → 세계관(배경) → 스토리(인물, 배경, 사건)'로 이뤄진 축과 '테마 → 절차, 규칙, 게임 플레이 → 레벨 디자인과 밸런스'로 이뤄진 축으로 구분할 수 있다고 했다. 간단히 이야기하면 플레이어는 스토리에 몰입할 수도 있고 게임 플레이에 몰입할 수도 있다. 물론 아름답게 디자인된 게임 내 그래픽과 사운드로 인해 몰입할 수도 있다. 그래픽과 사운드는 미적인 영역이므로 논외로 하고, 스토리와 게임 플레이에서 플레이어를 몰입하게 만들 강력한 무엇인가가 없을까? 만약에 이러한 것이 있다면 게임 디자이너에게 있어 아주 유익한 도구가 될 것이다.

진화 심리학 관점에서 봤을 때 인간이 가장 몰입하게 되는 상황은 무엇일까? 간단하다. 바로 '죽음'이다. 인간은 죽음을 가장 두려워한다. 죽음을 눈앞에 뒀을 때 인간은 생존하기 위해서 초인적인 힘을 발휘해 살아남으려 한다. 이 때 발생하는 몰입은 다른 몰입 상황과 비교할 수 없을 정도일 것이다. 인간뿐만 아니라 모든 동물은 죽음을 앞에 뒀을 때 가장 몰입하게 된다.

그림 3-68 출처: 툼레이더 리부트(죽음을 눈 앞에 둔 상황보다 더한 몰입을 찾기란 쉽지 않다)

그렇기 때문에 인간의 역사와 함께 발전해온 모든 미디어에서는 독자와 관객을 몰입시키기 위해서 죽음을 주제 또는 소재로써 자주 활용해왔다. 지금까지 인간이 영유해온 미디어 중에 죽음을 다루지 않은 것이 있었던가? 뻔해 보이는 주제나 소재라고 할 수도 있겠지만 인간의 생존에 대한 본능은 시대가 지난다고 해도 변하지 않는다. 그게 현실의 자신이 아닌 가상의 자신일지라도 말이다. 심지어 타인의 죽음을 지켜보는 것이라고 할지라도 마치 자신의 일처럼 몰입하게 된다.

게임에서도 죽음을 주제나 소재로 자주 활용하는 건 지극히 당연하고 자연스러운 현상이다. 그런데 일부 게임을 부정적으로 보는 사람들 중에는 게임에서 보여주는 죽음을 다른 미디어에서 보여주는 죽음과 분리해 유독 나쁘고 잘못된 것이라고 표현한다. "이제는 죽음이 없는 건전한 게임을 만들자!"며 말이다. 이 말대로라면 죽음을 주제나 소재로 다룬 대작이라고 평가받는 수많은 비극적인 연극, 소설, 영화 등도 건전하지 못한 것이 돼버린다. 죽음을 주제나 소재로 활용하는 것 자체를 건전하다 또는 건전하지 않다고 평가하는 것은 문제가 있다. 소설이나 영화나 게임이나 죽음을 어떻게 표현했는지 표현 방법이나 의도에 따라 각 작품별로 평가할 사항이다.

　게임 디자이너에게 있어서도 죽음에 이르는 상황을 제외하고 다른 강력한 몰입 상황을 발견하기란 여간해서 쉬운 것이 아니다. 스스로 정말 자신이 있다면 생존과 죽음을 뛰어넘을 수 있는 다른 몰입 요소를 플레이어에게 제공하려고 시도해보는 것도 좋을 것이다.

　실제 죽음과 무관하게 플레이어의 몰입을 이끌어낸 게임도 있다. 2012년 57개의 GOTY를 수상한 〈저니Journey〉는 아름답고 몽환적인 그래픽과 사운드를 통해서 플레이어를 사로잡았다. 이 게임에서 죽음은 그려지지 않는다. 단지 게임 속 아름다운 세상에서 모험을 하는 여행자의 여정을 따라가면서 감동을 느끼며 몰입할 뿐이다. 〈저니〉는 2013년 GDC에서도 6관왕을 차지했다. 최고의 오디오, 최고의 비주얼 아트로도 뽑혔으나 최고로 혁신적인 게임으로 평가받았다. 다른 게임과 다르게 어떤 점이 혁신적으로 다가왔을까? 필자는 죽음을 다루지 않았음에도 플레이어가 이렇게까지 몰입할 수 있게 디자인됐다는 점이 '최고로 혁신적인 게임'이라고 평가받는 이유라 생각한다.

그림 3-69 출처: 저니

　게임에서는 크게 2가지 영역에서 죽음을 활용하고 있다. 바로 스토리와 게임 플레이다.

　주인공 캐릭터뿐 아니라 히로인이나 동료 캐릭터의 죽음을 스토리에서 묘사함으로써 플레이어를 몰입시킨다. 플롯을 설명할 때 예를 들었던 〈더 워킹 데드1〉에서 주인공 리의 죽음은 수많은 플레이어를 〈더 워킹 데드1〉의 게임 속으로 빠져들게 했다. 삶과 죽음을 테마로 가진 〈파이널 판타지〉 시리즈 또한 스토리 핵심에 죽음을 두고 플레이어를 몰입시킨다. 주인공이 죽음에 이르는 비극적인 게임은 흔치 않다. 하지만 〈페르소나3〉과 같이 마지막 순간에 세상을 구하기 위해서 스스로를 희생하는 주인공도 있다. 오랜 시간 게임을 플레이하면서 주인공에 몰입돼 있던 플레이어는 주인공의 죽음 앞에 가슴이 미어질 것만 같은 강렬한 몰입을 경험하게 된다. 이처럼 스토리에서 죽음은 플레이어를 몰입시키기 위해서 가장 강력한 수단 중 하나임에 틀림없다.

대부분 게임에서 플레이어 캐릭터의 죽음은 곧 게임 오버를 의미한다. 게임 오버가 없는 게임은 많지 않다. 플레이어에게 지속적으로 도전적인 과제를 부여한다는 장점도 있으나, 과제에 실패했을 때 주어지는 부정적인 피드백에서 가장 강력한 경고가 죽음이기 때문이다. 게임 플레이에서 죽음이 포함돼 있지 않은 게임은 극소수에 해당된다. 캐릭터가 없는 단순 오브젝트를 활용한 게임이 아닌 이상 죽음을 사실적으로 표현할지, 아니면 상징적으로 표현할지의 차이일 뿐이다.

게임에서 플레이어 캐릭터가 죽으면 게임 오버가 되는 동시에 가장 보편적인 페널티로 지금까지 했던 것을 다시 하라는 시스템의 강제적인 명령이 내려진다. 이 자체만으로도 게임에서의 죽음은 플레이어에게 강한 충격을 준다. 그런데 상당수의 게임에서는 플레이어를 보다 더 몰입시키기 위해 게임에서의 죽음이라는 의미를 강화해 게임 오버와 동시에 다양한 페널티를 부여하기도 한다. 일시적으로 능력치를 감소시키거나, 아이템을 사용할 수 없게 하거나, 다시 플레이할 수 있는 횟수를 줄이는 등 게임 내 죽음을 더욱 치명적으로 만들기 위해 다양한 방법을 활용한다.

하지만 역시 가장 강력한 페널티는 게임 속 캐릭터의 영원한 죽음이다. RPG 장르에서 보면 1981년에 출시된 〈위저드리1〉에서 시작해 1990년에 출시된 SRPG의 시초인 〈파이어 엠블렘 암흑룡과 빛의 검 ファイアーエムブレム 暗黒竜と光の剣〉에 이르기까지 초창기부터 게임 내 캐릭터의 완전한 죽음이 존재했다. 이미 죽은 캐릭터를 부활시킬 수 있는 수단은 있었으나 아주 제한적으로 제공돼 캐릭터의 죽음은 다른 여타 게임과 전혀 다른 의미를 가지게 디자인됐다. RPG 이외에도 다양한 장르에서 완전한 죽

음을 통해 플레이어를 몰입시키고 있다. 이러한 기조는 어려운 재미를 추구하고 있는 최신 게임들에도 잘 나타난다. 얼마전까지 크게 인기를 끌었던 〈다키스트 던전〉이나 〈XCOM〉 시리즈 또한 이러한 시스템을 계승하고 있다.

그림 3-70 출처: 파이어 엠블렘 암흑룡과 빛의 검

게임의 전체적인 난이도를 어렵게 하고 플레이어를 몰입시키기 위해서 완전한 죽음만큼 강력한 수단은 없을 것이다. 〈디아블로〉 시리즈의 하드코어 모드는 죽음을 게임 플레이에 잘 활용한 예라고 할 수 있다. 〈디아블로2^{Diabli2}〉에서 하드코어 캐릭터를 선택할 때 나오는 "한 번 죽은 하드코어 캐릭터는 다시 사용할 수 없습니다. 그래도 선택하시겠습니까?"라는 경고문은 이 게임에서 죽음은 다른 게임과 다르게 영원하다는 것을 알린다. 이 선택을 하고 캐릭터를 생성한 플레이어에게 이제 죽음은 보다 현실적으로 다가올 수밖에 없기에 하나하나의 행동에 몰입해서 플레이하게 된다.

게임 내의 완전한 죽음은 아니지만 죽음과 몰입을 게임 플레이에 잘 활용한 다른 예로는 〈다크 소울〉 시리즈를 들 수 있다. 필자는 일본문화콘텐츠연구소인 RHK에서 발간하는 잡지인 「boon 18호」에서 '오늘도, 유다희 양을 만나러 갑니다'라는 글을 기고하면서 〈다크 소울〉에서 죽음이 가진 특별한 의미를 다음과 같이 설명했다.

(상략)

'유다희'는 〈다크 소울 시리즈〉(이하 〈다크 소울〉)에서 플레이어가 죽음을 맞이했을 때 보게 되는 게임 오버^{Game Over} 화면의 'You Died'를 한국식 발음으로 재치 있게 바꾼 말이다. 게임을 플레이하면서 수백~수천 번 보게 되는 'You Died'라는 생명이 없는 텍스트를 아름답고 친숙한 그 이름 '유다희'로 의인화한 한국 게이머의 기지에는 놀라지 않을 수 없다. 여성들도 비교적 게임을 많이 즐기고 있는 미국이나 일본에 비해 한국의 경우 게이머 대부분이 남성이기 때문에, 여성을 대하듯 '유다희' 또는 '유다희양'으로 부르고 있다.

(중략)

죽음이 하나의 콘텐츠로서 부활하다

〈다크 소울〉의 테마는 'You Died'에서 명확히 드러나듯 '죽음'이다. 어떻게 하면 게임 내에서 플레이어들을 죽일 수 있는지 〈다크 소울〉 개발진의 깊은 고민이 게임 곳곳에서 엿보인다. 'Dark Souls - Prepare to Die Edition'에서도 볼 수 있듯이 공식적인 게임 제목조차 플레이어에게 '죽을 준비 되어 있나?'라고 도발할 정도다.

죽음이라는 테마를 게임 시스템에 일관되게 적용해, 최신 게임이라면 반드시 있어야 하는 미니맵, 네비게이션 등의 편의성을 위한 시스템들까지 고의적으로 제거해 버렸다. 일반적인 게임에서 불편함은 지양해야 할 디자인이지만 테마에 부합되는 계획된 불편함은 오히려 재미의 열쇠가 될 수 있음을 보여준다. 시리즈가 진행되면서 죽음이라는 테마와 관련 없는 불편함은 점차 개선되고 있는 반면 죽음과 관련된 불편함은 유지하거나 도리어 가혹해지고 있다는 점도 이를 뒷받침해주고 있다.

게임이 점차 발전해오면서 일반적으로 '좀 더 쉽게! 좀 더 편하게!'의 형태로 발전돼왔다. 따라서 게임에서 죽음이라는 의미는 점차 희석되어져 왔다. 비디오 게임이 주류가 되기 이전 아케이드 게임은 세이브 개념이 없었기 때문에 죽음은 곧 게임을 못하게 되거나 동전을 다시 넣어야 하는 것을 의미했다. 그렇기 때문에 게임에서의 죽음이라 할지라도 상당한 공포와 긴장감을 유지하게 해주는 힘을 가지고 있었다. 그러나 비디오 게임의 시대가 열리고 세이브 기능의 발전과 더불어 점차 쉬워지는 게임 속에서 죽음은 그 무게감을 잃어갔다.

〈다크 소울〉은 캐릭터의 성장 수단이자 게임의 화폐 단위를 '소울'이라는 하나의 개념으로 묶어서 디자인했고 여기에 오토세이브를 통해 어떠한 작은 행동조차 뒤로 되돌릴 수 없는 상황을 만들었다. 여기에 죽음의 페널티로써 지금껏 힘들게 모아온 모든 소울을 그 자리에 두고 오도록 했다. 만약 한 번 더 죽을 경우 해당 소울이 모두 없어져버리는 형태로 죽음의 의미를 부활시켰다. 이로써 많은 게이머들은 과거 아케이드 게임에서 느꼈었던 죽음에 대한 공포와 긴장감에서 오는 재미를 다시 맛볼 수 있게 된 것이다.

이렇게 죽음의 의미를 부활시킨 〈다크 소울〉은 게이머들 사이에 'You Died'라는 하나의 소통 통로를 만들어주었고, 이 통로를 통해 많은 게이머들이 죽음이라는 부정적인 의미를, 같이 고통스러워하면서도 같이 즐기고 같이 공유하는 하나의 긍정적인 콘텐츠로 발전됐다. 이는 죽음이 하나의 유희로 승화됐다고 할 수 있다.

죽음을 공유하다

〈다크 소울〉에는 독특한 온라인 시스템이 있다. 물론 일반적인 멀티 게임처럼 온라인 모드에서 플레이어들끼리 협력하는 PvP^Player versus Environment나 상대 플레이어의 게임에 침입해 대결하는 PvP^Player versus Player도 즐길 수도 있다. 하지만 필자가 가장 흥미 있게 본 온라인 시스템은 '힌트 메시지'를 남기는 시스템이다. 타인에게 폐를 끼치는 것을 극도로 피하는 일본문화에서 직접적인 피해를 주는 PvP는 물론이고 부족한 실력으로 같은 편에게도 피해를 줄 수 있다는 생각으로 PvE조차 많은 연습을 하고 온라인 모드를 즐기는 것이 일반적이다. 힌트 메시지 시스템은 이러한 일본문화를 매우 잘 반영해 만들어진 간접적인 온라인 시스템인 것이다.

플레이어에게 죽음을 선사하기 위해 도사리고 있는 여러 장치와 함정은 특히 힌트 메시지 시스템으로 인해 더욱 부각됐다. 선한 마음을 가지고, 있는 그대로의 사실을 메시지로 전달할 수도 있으나 "내가 당했으니 다른 플레이어도 한번 당해봐라."라는 식으로 거짓 메시지를 남길 수도 있다. 플레이어들은 개발진이 디자인한 무서운 적들과 장치, 함정이외에도 다른 플레이어들이 남긴 예상하기 힘든 거짓 메시지와도 동시에 싸워야 하는 처지가 된 것이다. 이러한 시스템은 PvP와 같이 직접적으로 다른 플레이어에게 죽음을 선사하는 것이 아닌 간접적으로 죽음을 공유하는 행위를 창출해냈다.

(하략)

게임 디자인에서 플레이어를 어떻게 몰입시킬 수 있을까 고민을 한다면 가장 먼저 떠올려야 할 것은 죽음이라는 키워드가 아닐까 생각될 정도다. 다만 그 죽음이라는 것을 테마나 소재로 기존 게임과 다르게 어떻게 활용할 수 있는지가 게임 디자이너의 몫이기도 하다. 플레이어가 해당 게임에서 죽음을 어떻게 받아들일 것인가는 얼마나 몰입하게 될 것인지에 상당한 영향을 주게 된다. 그렇기 때문에 게임 플레이에 대한 게임 오버를 단순하게 볼 것이 아니다. 요 몇 년 사이에 더욱 많은 인기를 끌고 있는 생존게임이나 공포게임의 경우 죽음을 보다 강조한 게임 장르다. 평소에 이러한 게임 장르가 다른 게임 장르에 비해 몰입도가 높다고 생각됐던 적이 있었다면, 어느 시점에 가장 몰입됐는지 떠올려보자.

한 단계 더 깊게 생각해보자. 플레이어가 죽음에 몰입한다고 했는데, 정말 딱 죽는 순간에 가장 몰입할까? 그럼 플레이어는 죽음의 과정 중 언제 가장 몰입하게 될까? 스토리에서는 감정이입된 캐릭터가 죽어가는 모습을 지켜볼 때다. 특히 죽음 직전에서 화면에 빨려들어가듯이 몰입하게 된다. 죽은 이후에는 몰입이 아닌 다른 감정으로 전이돼 오히려 슬픔과 같은 심리적인 이완상태로 바뀐다. 긴장과 몰입은 캐릭터가 숨을 거두기 바로 직전에 최고조에 이른다.

게임 플레이에서는 죽음의 위기에 직면했을 때 몰입이 최고조에 도달한다. 실제 죽음과 무관하게 말이다. 그리고 실제 플레이어 캐릭터가 죽게 되면 몰입이 깨지고 분노 또는 억울함 등의 감정으로 바뀐다.

실제 어려운 게임을 플레이하고 있는 사람의 표정을 보거나 게임 방송을 통해서 스트리머의 표정을 관찰해보자. 실제 언제 가장 몰입하는가? 죽음의 위기를 느꼈을 때인가, 죽음에 직면했을 때인가, 실제 죽었을 때인가? 죽음의 위기를 느끼기 시작했을 때 몰입은 점차 상승해 죽음에 직면했을 때 최고조로 올라간다. 그리고 죽음의 위기에서 벗어나거나 죽었을 때 몰입은 급격히 하락한다.

필자가 죽음의 과정 중 언제 가장 몰입하게 될지 질문을 던진 건 이 질문이 레벨 디자인과 밸런스에 있어 너무나도 중요하기 때문이다. 일반적으로 현재의 게임 디자인에서 플레이어를 몰입시키기 위해서 플레이어 캐릭터의 죽음에 대한 빈도와 배치를 조절해 레벨 디자인을 하려고 한다. 하지만 이는 크게 잘못된 것이라는 것이 필자의 주장이다. 플레이어는 죽는 순간에 몰입을 하지 않는다. 실제 죽지 않는다고 할지라도 죽음에 직면했을 때 몰입한다. 죽음을 기준으로 레벨 디자인을 했다면 이미 플레이어가 실제 몰입하는 부분과 차이가 발생하므로 실패한 레벨 디자인이 될 가능성이 높다.

따라서 죽음이 게임 플레이에 있어서도 몰입에 가장 유효한 수단이 되는 것은 맞지만 게임 디자이너는 '플레이어 캐릭터의 죽음'이 아닌 '플레이어의 몰입'을 통해 레벨 디자인을 해야 한다. 플레이어의 몰입은 죽음에 직면한 상태에서 최고조에 이른다. 죽음에 직면하는 상황을 언제 발생시킬 것인지, 어떤 빈도로 발생시킬 것인지를 배치하고 디자인하는 것이 레벨 디자인의 핵심이 될 것이다.

결과적으로 3장의 '58. 플로우 이론'에서 소개했던 난이도 그래프는 죽음이 아닌 죽음에 직면한 상황을 상정해서 디자인돼야 한다는 점을 반드시 잊지 말았으면 한다. 플레이어 캐릭터가 죽는다면 그것은 해당 플레이어의 숙련도가 낮은 것이고, 죽지 않고 살아남는다면 해당 플레이어의 숙련도가 높은 것이다. 플레이어에게 '이 시점에서 무조건 죽어!'라고 강요하는 건 현명하지 못한 게임 디자인이다. 모든 플레이어가 죽고 사는 것을 게임 디자이너가 조절하려고 해서는 안 된다. 게임 디자이너는 신이 아니다. 플레이어는 자신의 의지를 가지고 게임을 플레이한다는 점을 결코 잊지 말자.

60 감각 순응

지금까지 레벨 디자인과 밸런스에 도움이 되는 여러 이론과 개념을 살펴봤다. 인간이 스스로 잘 하고 있다는 믿음인 자기 효능감부터 시작해 학습 곡선과 흥미 곡선을 고려한 레벨 디자인, 플레이어의 몰입에 대한 플로우 이론과 죽음과 몰입의 관계에 이르기까지 레벨 디자인과 밸런스의 전체적인 개념은 잡혔을 것으로 믿는다. 하지만 아직 레벨 디자인을 할 때 주의해야 할 개념이 남아 있다.

감각 순응Sensory Adaptation이란 일정한 강도의 자극을 지속적으로 제공하면 감각기에서 느끼는 민감함 정도는 시간의 흐름에 따라 점차 감소한다는 경향을 말한다. 점차 현재 자극의 강도에 순응해 더 이상 느끼게 되지 못한다. 하지만 더 큰 자극이 주어지면 다시 감각이 살아나게 된다.

감각 순응은 우리 주변에서도 자주 일어나는 현상이다. 인간의 오감에서 두루두루 일어나나 특히 후각, 촉각에서 강하게 드러난다. 빵집에 들어가면 처음에는 구수한 빵냄새가 강렬하게 느껴지지만 어느 정도 있다 보면 금세 냄새에 익숙해져서 냄새가 안 나는 것처럼 돼버린다. 하지만 실제 냄새는 그대로 나고 있는 상태다. 따뜻한 온천에 들어가는 것도, 차가운 물로 샤워를 하는 것도 동일하다. 처음에는 민감하게 반응하지만 일정한 강도가 지속적으로 제공되면 민감한 정도가 감소해 잘 느끼지 못하게 된다. 자신의 코와 안경을 못 보는 현상도 감각 순응의 예다. 조금 더 정확히 표현하자면 자신의 코와 안경을 눈으로 못 보는 것이 아니라 인지하려 하지 않는 것이다.

게임 디자인에서도 레벨 디자인, UI, 이펙트 등을 통해 우리는 감각 순응을 다양하게 경험하고 있다. 처음에는 어렵게 느껴졌던 높은 난이도도 변화없이 지속적으로 체험하게 되면 플레이어는 난이도가 내려가지 않았음에도 난이도가 내려간 것처럼 느낀다. 이러한 점을 필자는 레벨 디자인과 밸런스에서 반드시 고려해야 한다고 생각한다.

난이도 그래프를 그리면서 난이도가 변하지 않는 구간이 길어진다면, 게임 디자이너 입장에서는 난이도를 유지하기 위한 목적으로 그 구간의 레벨 디자인을 평탄하게 디자인했겠지만 실제 플레이어는 난이도에 익숙해져 점차 난이도가 하락하고 있는 것처럼 느낀다는 점을 알아야 한다. 감각 순응에 대한 개념을 이해하고 레벨 디자인을 할 때와 이해하지 못하고 할 때는 상당한 차이가 발생한다. 게임 디자이너가 디자인한 난이도 그래프와 플레이어가 체감하는 난이도 그래프에 계속해서 오차가 발생하기 때문이다. 아무리 작은 오차라 할지라도 누적되면 상당히 큰 괴리감이 생긴다.

감각 순응이 레벨 디자인에 어떠한 변화를 주는지 예를 들어보자. 동일한 시간에 결과적으로 동일한 강도(난이도)를 제공한 2가지 그래프가 있다(그림 3-71 참조). 왼쪽 그래프의 평탄한 부분은 플레이어가 감각 순응이 일어나기에 충분한 시간이라고 가정한다. 플레이어는 과연 게임 디자이너가 그린 그래프처럼 그대로 난이도를 느낄까?

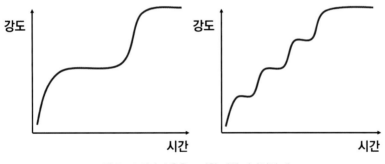

그림 3-71 감각 순응을 고려한 레벨 디자인의 예

왼쪽 그래프는 2번의 큰 난이도 변화를 줘 변화 사이에 충분히 감각 순응이 발생할 수 있는 시간을 제공했다. 반면 오른쪽 그래프는 4번의 큰 난이도 변화를 줘 감각 순응이 발생하지 않도록 했다. 실제 플레이어가 느끼는 난이도는 이 그래프의 형태와 동일할까?

왼쪽 그래프에서는 난이도 변화 사이에 감각 순응이 발생해 플레이어는 난이도가 하락된 것처럼 느끼게 된다. 즉 게임 디자이너가 예측한 난이도와 괴리가 생긴다. 오른쪽 그래프에서는 감각 순응이 발생하지 않기 때문에 플레이어는 게임 디자이너가 예측한 난이도를 거의 그대로 경험하게 된다.

감각 순응이 발생할 수 있는 시간을 제공하는지 여부에 따라서 레벨 디자인과 밸런스는 변해야 한다. 결과적으로 한 번에 난이도를 크게 올리는 것보다 난이도에 적응할 시간을 주지 않고 반복적으로 올리면 플레이어는 더욱 어렵게 느낀다. 이것이 감각 순응을 이해했을 때 고려할 수 있는 레벨 디자인이다. 다시 말해서 동일한 강도(난이도)를 제공했지만 플레이어는 오른쪽 그래프와 같은 레벨 디자인을 더 어렵게 느끼게 된다.

감각 순응을 이해하면 레벨 디자인에서 또 한 가지 새로운 힌트를 얻을 수 있다. 일반적으로 레벨 디자인은 세로축(강도)만을 조정해서 난이도 조절을 한다고 생각한다. 하지만 감각 순응의 개념을 이해하는 것으로 가로축(시간)으로도 난이도를 조정할 수 있다는 사실을 이해했으면 한다. 난이도를 낮추기 위해서는 강도(세로축)를 낮추는 방법도 있지만, 감각 순응이 일어날 만한 충분한 시간(가로축)을 제공하는 방법도 있다는 것을 말이다.

61 고전적 조건화와 자극 일반화

일정한 자극을 지속적으로 받으면 해당 자극의 강도에 순응한다는 감각 순응에 대한 개념은 레벨 디자인할 때 주의할 부분이라고 했다. 자극에 대한 인간의 반응을 예측해서 게임 디자인에 적용하기 어렵기 때문이다. 하지만 반대로 인간의 자극에 대한 반응을 활용할 수 있는 수단도 분명 존재한다. 3장의 '53. 조작적 조건화'에서 인간의 자극, 반응, 행동에 대한 이론으로 고전적 조건화와 조작적 조건화를 소개하고 조작적 조건화에 대해서 상세히 살펴봤었다. 이번에는 레벨 디자인 관점에서 고전적 조건화와 자극 일반화를 어떻게 활용할 것인지 알아본다.

고전적 조건화는 이반 파블로프의 '파블로프의 개^{Pavlov Dog}'라는 실험을 통해서 증명된 조건 반사를 확인한 이론이라고 했었다. 고전적 조건화를 통해서는 외부적 자극에 의해 직접적으로 유발되는 반응을 조절할 수 있다는 힌트를 얻을 수 있다. 고전적 조건화를 이해하려면 먼저 파블로프의 개 실험이 어떤 의미를 가지고 있는지 알아볼 필요가 있다(그림 3-72 참조).

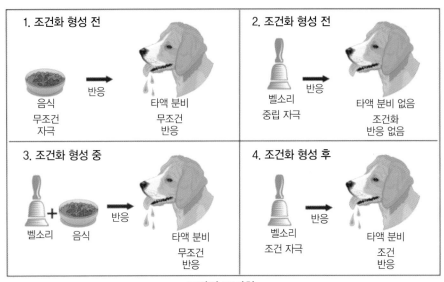

고전적 조건화

그림 3-72 파블로프의 개 실험

(출처: https://www.dogalize.com/2018/04/pavlov-dog-classical-conditioning/)

실험을 이해하기 위해서 먼저 무조건 반사와 조건 반사에 대한 용어부터 살펴본다.

무조건 반사Autonomic Reflex는 인간이 선천적으로 가지고 있는 생존을 위한 능력이다. 대뇌의 개입없이 척수, 연수, 중뇌에서 즉각적으로 반응하기 때문에 의식적으로 제어할 수 없다. 따라서 학습할 수 없다. 얼굴을 향해 물체가 빠르게 날아오면 자신도 모르게 피하게 되는 반응이나, 뜨거운 물건을 만졌을 때 손을 떼는 반응, 음식을 먹으면 소화를 위해서 침샘에서 침이 나오는 반응 등이 해당된다. 무조건 자극Unconditioned Stimulus: US에 의해서 무조건 반응Unconditioned Response: UR이 발생할 경우 무조건 반사라고 한다.

조건 반사Conditioned Reflex는 무조건 반사와 마찬가지로 의식적으로 제어할 수 없으나 반사가 발생하기 위한 특정 조건이 필요하다. 이러한 조건은 학습이나 과거의 경험을 통해 후천적으로 만들어지며 대뇌가 관여하게 된다. 뜨거운 물건에 화상을 크게 입었던 경험이 있는 사람은 물건에서 열기를 보기만 해도 반사적으로 몸을 피하게 된다. 해당 음식을 맛있게 먹었던 경험이 있다면 단지 TV나 사진으로 보는 것만으로도 침이 고인다. 조건 자극Conditioned Stimulus: CS에 의해서 조건 반응Conditioned Response: CR이 발생할 경우 조건 반사라고 한다.

마지막으로 아무런 반응이 발생하지 않는 자극을 중립 자극Neutral Stimulus: NS이라고 한다.

파블로프의 실험 1단계는 개에게 음식을 줘 침이 분비되게 한다. 조건화가 이뤄지기 이전 단계다.

1단계에서 음식은 무조건 자극(US)이며, 침분비는 무조건 반응(UR)이다.

2단계에서 개에게 종소리를 들려주나 아무런 반응을 하지 않는다. 2단계에서 종소리는 중립 자극(NS)이며, 반응 자체가 발생하지 않는다.

3단계에서는 개에게 음식을 줌과 동시에 종소리를 들려준다. 그리고 이를 반복하며 학습시킨다. 조건화가 이뤄지고 있는 단계다. 3단계에서 음식은 무조건 자극(US)이며, 종소리는 중립 자극(NS)이며, 침분비는 무조건 반응(UR)이다.

4단계에서 개에게 종소리만 들려주며 음식을 주지 않는다. 그러나 여전히 개는 음식이 나오는 것으로 인지해 침을 분비하게 된다. 4단계에 이르면 종소리는 중립 자극(NS)에서 조건 자극(CS)으로 변하며, 침분비는 무조건 반응(UR)에서 조건 반응(CR)으로 변한다(그림 3-73 참조).

다시 말해서 고전적 조건화는 반복적인 학습을 통해, 전혀 상관없다고 여겨지던 중립 자극(NS)을 무조건 반응(UR)과 연결시켜 조건화하는 과정이다. 조건화가 이뤄지면 조건 자극(CS)에 의해서 조건 반응(CR)이 발생하는 조건 반사가 된다.

학습에 의해 강제적으로 만들어진 조건 반사이기 때문에, 음식인 무조건 자극(US)과 종소리인 조건 자극(CS)의 연결이 끊어지면 더 이상 침분비인 조건 반응(CR)이 일어나지 않게 된다. 이를 소거Extinction라고 한다. 고전적 자극화가 형성돼 종소리를 치면 침분비를 했던 개에게, 한동안 종소리만 들려주고 더 이상 음식을 주지 않는다면 소거가 발생한다. 하지만 이미 고전적 조건화가 형성됐기 때문에 이후에 다시 조건이 갖춰지면 동일하게 조건 반사가 일어나게 된다.

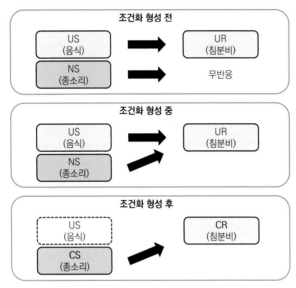

그림 3-73 파블로프의 개 실험 정리

 이렇게 이뤄지는 고전적 조건화는 이차적 조건화^{Second-order Conditioning}, 고차적 조건화^{Higher-order Conditioning}로 점차 고도화될 수 있다(그림 3-74 참조). 종소리인 중립 자극(NS)이 고전적 조건화에 의해 조건 자극(CS)이 된 이후, 다시 새로운 중립 자극(NS)과 결합하면 이 중립 자극(NS) 또한 조건 자극(CS)으로 변할 수 있다. 이것을 이차적 조건화라고 한다.

 종소리가 조건 자극이 된 후, 종소리 이전에 문을 여는 소리를 반복적으로 들려줌으로 인해 개는 종소리 이전에 발생하는 문 여는 소리에 조건 반응(CR)을 하게 된다. 이것이 점차 누적된 것을 고차적 조건화라고 한다.

 마지막으로 자극 일반화^{Stimulus Generalization}는 조건 자극(CS)이 충분히 형성된 후에는, 해당 자극이 아니라 할지라도 유사한 자극에도 조건 반응(CR)이 일어나는 현상을 의미한다. 한번 큰 개에게 물린 사람은 해당 개가 아니라 할지라도 개를 보면 물리는 것이 두려워 피하게 된다. 자극 일반화는 '자라 보고 놀란 가슴, 솥뚜껑 보고 놀란다'라는 속담으로 자주 설명되고 있다.

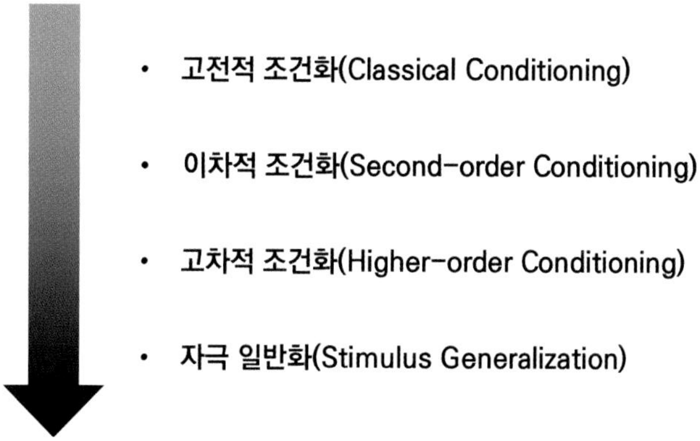

- **고전적 조건화(Classical Conditioning)**

- **이차적 조건화(Second-order Conditioning)**

- **고차적 조건화(Higher-order Conditioning)**

- **자극 일반화(Stimulus Generalization)**

그림 3-74 고전적 조건화의 고도화

잘만 활용할 수 있는 능력이 있다면 고전적 조건화와 자극 일반화는 게임 디자이너에게 강력한 무기가 돼 준다. 고전적 조건화와 자극 일반화를 잘 활용한 예는 공포 게임에서 쉽게 찾아볼 수 있다. 흔히 대작이라고 평가받는 공포 게임은 대부분 심리적인 공포를 활용한다.

공포^{恐怖}란 특정 사물이나 상황에 대해서 비이성적으로 느끼는 두렵고 무서운 감정이다. 즉 공포라는 것 자체가 인간의 심리적인 면에 기반한다. 플레이어에게 심리적인 변화를 주지 못하면 진정한 공포심이 생기지 않는다는 말이다.

반면 갑자기 툭 튀어나와 놀라게 만든다는 의미인 '갑툭튀'에 의존한 공포 게임은 세간에서 저평가 받는다. 그 이유는 간단하다. 공포의 정의에서 살펴봤듯이 '갑툭튀'는 공포가 아니라 일시적으로 놀라는 반응에 불과하다. 그렇기 때문에 단순한 '갑툭튀'는 지속적으로 무서운 감정을 만들어내지 못하며 감각 순응되기 쉽다. 동일한 자극이 반복되기 때문이다. '갑툭튀'를 심리적인 공포로 발전시키기 위해서는 고전적 조건화를 고도화할 필요가 있다.

예를 들어, 〈화이트데이^{WhiteDay}〉에서 등장하는 머리 귀신은 〈화이트데이〉를 대표하는 귀신이다. 오랜 시간 서있거나 앉아있을 때 특정 소리가 들리면서 갑자기 출현한다. 반복적으로 특정 소리를 들려줌으로써 머리 귀신의 등장을 학습시키는 고전적 조건화를 활용했다. 그렇기 때문에 단순하게 '갑툭튀'하는 다른 귀신보다 〈화이트데이〉 안에서는 가장 무서운 귀신으로 평가받는다. 한번 경험한 이후 동일한 소리가 들리면 심리적인 동요가 생긴다. 그러나 몇 번 똑같은 경험을 하게 되면 더 이상 무서움을 느끼지 못한다. 이후 자극에 별다른 변화를 주지도 않았으며, 고전적 자극화를 고도화하는 과정을 거치지 않았기에 더 큰 심리적인 공포를 주지 못했다.

반면 〈아웃라스트〉는 심리적인 공포를 잘 표현한 게임이다. 게임 내에 여러 시각적이고 청각적인 장치를 제공하지만 결코 단순한 패턴을 활용하지 않는다. 다른 누군가의 소리가 들리면 머지않아 공포스러운 상황이 연출되도록 학습시켰지만 결과는 다르게 디자인돼 있다. 이런 상황에서 플레이어는 주변에 소리가 들리면 일단 긴장하게 된다. 결과를 쉽게 예측할 수 없기 때문에 심리적인 공포가 발생한다. 그러므로 게임을 플레이하는 내내 작은 소리에도 민감하게 반응하게 되며 유사한 상황에도 공포를 느끼는 자극 일반화 현상까지 일어난다.

특히 휠체어 씬은 매우 정교하게 디자인돼 있다. 처음 멀리서 보게 됐을 때 지금까지의 경험으로 반드시 뭔가 장치가 있을 것 같은 느낌을 들게 만든다. 하지만 실제 근처에 가보면 아무런 반응도 없다. 하지만 플레이어는 마음 속으로 여기에는 반드시 무엇인가가 있다고 직감하도록 디자인돼 있다. 이러한 갭은 불안감을 증폭시킨다. 이후 방에 들어가서 스토리를 진행한 후 나오면서 휠체어의 인물을 다시 맞닥들이게 된다. 들어올 때 아무 것도 없었다는 경험과 뭔가 있다는 직감에 혼란이 생기면서 심리적인 공포를 만들어낸다. 일부러 들어갈 때가 아닌 나갈 때 휠체어를 정면으로 보도록 디자인한 것도 그렇지만, 공포를 극대화할 수 있는 시간을 벌기 위해 방과 휠체어와의 거리를 어느 정도 유지한 것도 인간의 심리를 잘 이해하고 의도적으로 디자인했다고 볼 수 있다.

그림 3-75 출처: 아웃라스트(휠체어 씬)

감각 순응, 고전적 조건화, 자극 일반화는 게임 디자이너가 어떻게 활용할지에 따라서 장점이 되기도 하고 단점이 되기도 한다. 의도적으로 감각 순응할 충분한 시간을 주거나 반복적인 학습을 통해 고전적 조건화를 만들어 둔 이후, 중요한 시기에 기존 규칙을 깨버리면 플레이어는 지금까지 학습한 모든 것에 대한 신뢰를 잃어버리게 된다. 플레이어가 무엇을 믿어야 하고 무엇을 의심해야 할지 모르게 만들고 싶다면, 지금까지 가장 당연하게 여겼던 스토리나 게임 규칙에 반전을 주는 것이 좋다. 이로써 플레이어를 혼란에 빠트리고 더욱 강력한 공포를 제공할 수 있다. 이는 공포 게임만이 아니라 모든 게임 장르에서 강력한 도구가 돼 준다.

게임 디자이너는 플레이어를 직접 움직이려고 해서는 안되며 플레이어의 심리를 간접적으로 움직여야 한다. 감각 순응, 고전적 조건화, 자극 일반화를 어떤 몬스터, 어떤 장치, 어떤 소리를 통해 구체적으로 어떻게 제공할 것이며, 어느 시점에 어떤 자극 방법으로 제공할지 명확히 게임 디자인 문서에 표현해보자.

참고문헌

- 웬디 디스페인 저, 김정태, 오석희, 윤형섭, 한동숭, 한호성 역, 『게임 디자인 원리: 반드시 알아야 하는 게임 디자인 비법 100가지』, 에이콘, 2014.

- 일본문화콘텐츠연구소, 「boon 18호: 남기덕, 오늘도, 유다희 양을 만나러 갑니다 [다크 소울 시리즈]」, 2017.

- 제시셀 저, 한동숭, 윤형섭, 한호성, 김정태 역, 『The Art of Game Design 1 2nd Edition: A Book of Lens』, 홍릉과학출판사, 2016.

- Bandura, A., 「Self-efficacy: Toward a unifying theory of behavioral change」, Psychological Review, 84(2): 191-215, 1977.

- 「Difficulty Curves Start At Their Peak」, GAMASUTRA, 2010.

  https://www.gamasutra.com/blogs/JonBrown/20100922/88111/Difficulty_Curves_Start_At_Their_Peak.php?print=1

- 「Mihaly Csikszentmihalyi: Flow Theory & Works」, Study.com

  https://study.com/academy/lesson/mihaly-csikszentmihalyi-flow-theory-works.html

- 「Motor Activity」, psywww.com

  http://www.intropsych.com/ch07_cognition/learning_curve.html

- 「Pavlov Dog and Classical Conditioning: Who was Pavlov Dog?」, Dogalize.

  https://www.dogalize.com/2018/04/pavlov-dog-classical-conditioning/

- 「Seeking Sanctuary: The Definitive Diablo III Preview」, HOTHARDWARE, 2012.

  https://hothardware.com/reviews/seeking-sanctuary-the-definitive-diablo-iii-preview?page=4

- 「The Wise Owl and the Angry Bird」

  https://medium.com/@SA_Liberty/the-wise-owl-and-the-angry-bird-78ce01fe1e9c

- 「Understanding the Flow Channel in Game Design」, Game Jolt.

  http://fireside.gamejolt.com/post/understanding-the-flow-channel-in-game-design-ghuttxg6

- 「What Is It About Online Games?」, NONFICTIONGAMING.

  https://www.nonfictiongaming.com/2012/02/what-is-it-about-online-games/

5
UI

상세 디자인의 개요 및 흐름은 크게 2가지로, 스토리와 메커닉스 라인으로 나뉜다. 조금 더 구체적으로 살펴보면, '테마 → 캐릭터(인물) → 세계관(배경) → 스토리(인물, 배경, 사건)'로 이뤄진 스토리 관련 라인, '테마 → 절차, 규칙, 게임 플레이 → 레벨 디자인과 밸런스'로 이뤄진 메커닉스 라인으로 게임 내 콘텐츠를 구성한다. 이 2가지 라인에 대한 기본 골격이 어느 정도 잡힐 때쯤 피드백 시스템에 속하는 사용자 인터페이스^{User Interface: 이하 UI}에 대한 게임 디자인도 슬슬 뚜렷한 방향성이 결정돼야 한다.

UI는 메커닉스와 스토리 등 게임의 다른 영역을 플레이어와 상호 작용할 수 있도록 연결시켜주는 역할을 한다. UI란 현실의 플레이어가 게임 내 가상 세계에 영향을 주고받을 수 있도록 그리고 의사소통이 가능하도록 물리적, 가상적으로 만들어진 매개체다. 아무리 게임 내 가상 세계를 잘 만들었다고 할지라도 UI가 불친절하거나 본래의 기능을 하지 못한다면 플레이어는 게임 속 콘텐츠를 원활히 경험하지 못하게 된다.

따라서 게임 디자인에서 UI를 결코 하찮게 여겨서는 안 된다. 하지만 안타깝게도 현실은 그렇지 못하다. 모든 개발사에서 그렇지는 않지만 UI는 전반적으로 게임 개발에 있어 천대받는 분야라고 할 수 있다. 게임 디자인, 프로그래밍, 그래픽 디자인 모두에서 말이다.

거의 대부분의 게임 디자이너는 게임 콘텐츠의 핵심을 이루는 스토리나 메커닉스를 담당하고 싶어한다. 따라서 비교적 담당하고 싶어하는 사람이 없는 UI 디자인은 팀에서 경험이 적은 게임 디자이너에게 배당되는 경우가 적지 않다. 프로그래머도 마찬가지다. 게임의 전체적인 구조를 만들고 게임의 핵심 시스템을 코딩하고 싶어하지 UI를 전문적으로 담당하려고 하는 사람은 드물다.

그래픽 디자이너 사이에서도 비슷한 상황이다. 게임의 전반적인 분위기를 결정하는 Art Director(AD)는 게임 그래픽 작업만이 아니라 실제 손으로 원화를 잘 그려야만 한다. 또한 게임 그래픽의 꽃이라 할 수 있는 캐릭터 작업도 주로 스케치를 할 수 있는 경력이 많은 그래픽 디자이너가 담당하게 된다. 그래픽 디자이너에게 있어 보다 중요한 역할을 하기 위해서는 직접 원화를 그릴 수 있는 능력이 요구되기 때문에 경험을 쌓기 위해서라도 대부분의 그래픽 디자이너는 장래에 원화나 캐릭터 작업을 하기를 희망한다. 그만큼 원화 작업이 거의 필요하지 않고 정해진 작업을 반복한다는 이미지를 가진 UI는 홀대 받고 있는 상황이다.

때문에 UI 작업은 단지 경력이 적었을 때 거쳐가는 과정으로 생각하기 쉽고, 전문적으로 담당하고자 하는 개발자도 적은 분야에 속한다. 경력 있는 UI 관련 개발자가 부족하니 자연스럽게 학계에서도 실무에 도움이 될 만한 게임UI에 대한 연구로 연결되고 있지 못하다. 그렇기 때문에 여기서는 게임UI 연구가 아닌 사물UI에 대한 연구나 감성공학, 인지과학, 심리학 등의 이론 중 게임UI 디자인에 활용할 만한 이론과 개념을 정리하고자 한다.

게임UI 디자인에 도움이 될 만한 이론과 개념을 살펴보기 이전에 한 가지 짚고 넘어갈 사항이 있다. 게임UI가 가져야 할 가장 중요한 특징은 무엇일까? 아직 체계적으로 연구되지 않은 분야이기 때문에 개발자나 연구자마다 전혀 다른 관점을 가지고 있을 것이다.

필자는 기능적인 문제를 제외하고 게임UI에서 가장 중시해야 하는 특징은 '투명성 Transparency'이라고 본다. 인터페이스의 정의에서 보듯 게임UI는 플레이어와 게임을 연결시켜주는 매개체 역할을 하기 위한 목적을 가지고 있다. 마치 안경같이 말이다. 그런데 안경을 쓰며 살아가는데 안경이 계속 신경쓰인다면 얼마나 불편할까? 잘 디자인된 안경은 시력을 보정한다는 기능을 충실하게 수행할 뿐 아니라 마치 안경을 쓰고 있는지 모를 정도로 가볍고 착용감이 좋다. 3장의 '60. 감각 순응'에서 인간은 자신이 쓰고 있는 안경을 인지하지 않으려 한다고 했었다. 안경이 계속 눈에 보여 신경쓰게 된다면 다른 일에 집중할 수 없기 때문에 일상 생활에 지장이 발생한다. 게임UI의 기본은, 쓰고 있는지 모를 정도로 편안하게 디자인된 안경과 같다.

게임UI는 본래의 기능을 수행하면서도, 플레이어에게 실제는 있지만 없는 것 같이 인지될 필요가 있다. 게임 내 가상 세계를 인지하는 데 방해되지 않도록 디자인돼야만 플레이어의 몰입을 이끌어 낼 수 있다.

게임UI 디자인에서 투명성을 극대화한 예로 〈데드 스페이스^{Dead Space}〉 시리즈를 들 수 있다. 〈데드 스페이스2^{Dead Space2}〉 게임 플레이 스크린샷을 얼핏 보면 마치 게임UI가 없는 듯 보인다. 일반적인 게임은 화면 모서리 부분에 다양한 정보와 상태를 나타내는 UI가 배치돼 있는데 반해 아무것도 없기 때문이다(그림 3-76 참조).

그림 3-76 출처: 데드 스페이스2(게임 플레이 UI 디자인)

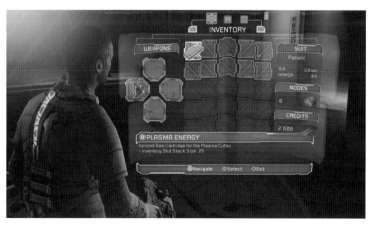

그림 3-77 출처: 데드 스페이스2(인벤토리 UI 디자인)

하지만 실제 게임 UI의 본래 기능인 정보 제공과 상호 작용은 명확하게 수행하고 있다. 플레이어 캐릭터의 HP는 캐릭터의 등에 있는 게이지로 표현되며 마치 캐릭터 의상의 일부처럼 느껴진다. 무기 탄수도 플레이어의 시야에 방해되지 않으면서 직관적으로 알 수 있는 최소한의 그래픽만으로 표현했다. 적을 느리게 만드는 보조 장비인 스테이시스 모듈^{Stasis Module}에 대한 정보도 HP와 동일하게 캐릭터 의상의 일부로 표현돼 있다.

미니맵은 화면에 고정으로 배치하지 않고 직관적인 네비게이션 시스템을 도입했다. 물론 맵을 상세히 보고 싶다면 별도의 UI로 확인할 수 있다. 플레이어에게 제공돼야 할 중요한 정보를 최소화했으며, 게임UI를 있는 듯 없는 듯 투명하게 디자인해 몰입을 극대화하는 데 크게 공헌했다.

한편 자주 확인하지는 않지만 상세정보가 필요한 경우 인벤토리와 같이 별도의 UI를 제공했다(그림 3-77 참조). 이러한 상황에서는 게임 플레이보다 자세한 정보를 정확하게 전달하는 것이 우선시된다. 추가적으로 게임 플레이와의 연결점을 끊음으로써 공포 게임에서 지속적으로 스트레스를 받는 플레이어에게 일시적인 안도감을 제공한다는 이점까지 적절하게 활용하고 있다. 더 극심한 공포를 주기 위해서는 중간중간 적절히 안도감을 느낄 수 있는 안락한 공간을 제공하는 편이 좋다. 게임 플레이가 진행되는 도중에 과도한 양의 정보 확인을 강요하면 플레이어는 주된 목적인 정보 확인을 제대로 수행하지 못하게 되므로, 정보 전달이 중요한 시점에는 플레이어가 정보 습득에 집중할 수 있는 환경을 제공해야 한다.

이전에도 여러 게임에서 시도했었으나 〈데드 스페이스〉 시리즈 출시 이후 많은 비디오 게임에서는 플레이어를 더욱 몰입시키기 위해 게임UI를 투명화시키기 위한 다양한 시도가 이뤄지고 있다. HP, MP, 스태미너 등 캐릭터 기본 정보가 최대값을 유지하고 있을 경우 굳이 플레이어에게 보여주지 않고, 감소가 됐을 때만 UI를 보여주는 것이 대표적인 사례다. 상황에 따라 보여줘야 할 정보만 적절하게 보여주고 플레이어가 해당 정보를 필요로 하지 않는 시점에는 투명하게 유지한다. 게임UI를 얼마나 세부적인 부분까지 고려해서 디자인하는가에 따라서 플레이어의 몰입에 지대한 변화를 이끌어 낼 수 있다.

이러한 추세와 달리 온라인 게임과 모바일 게임의 UI를 살펴보면 정반대의 상황이 이뤄지고 있다. 화면에 덕지덕지 고정된 UI가 가진 비중이 점차 늘어나고 있다. 다양한 콘텐츠를 제공한다면서 각종 UI로 화면을 가득 채우고 있다. 오히려 게임 플레이를 다루는 공간이 비좁아지고 있는 실정이다. 이러한 UI는 단순히 기능만을 고려한 것이지 플레이어에 대한 배려는 찾아보기 힘든 기계적인 UI라고 볼 수 있다. 이후에 소개할 도널드 노먼이 주장한 인간 중심 디자인과 거리가 있다.

한 술 더 떠서 각종 BM^{Business Model} 관련 UI가 눈에 가장 잘 띄는 중요한 위치에 자리잡고 있다. 수익 창출도 중요하나 적어도 플레이어의 몰입에 방해가 돼서는 안 된다는 점을 간과하고 있는 것은 아닐까 싶다.

62 행동유도성

인터페이스는 사용자가 기계 또는 전자 제품과 상호 작용할 수 있도록 연결해주는 매개체라고 했다. 다시 말해서 사용자가 효과적이고 편리하게 사용할 수 있도록 디자인돼야 한다. 인터페이스를 디자인하기 위해서 먼저 사용자인 인간을 이해해야 하는 이유다.

모든 분야 인터페이스 디자인의 기본은 사용자가 일일이 외워서 기억해야 하는 것이 아니라 직관적으로 인지해서 별다른 학습없이 수행할 수 있도록 만드는 것이다. 간단히 "아~ 이건 이렇게 하면 되겠네!"라고 생각해서 생각한 그대로 수행했을 때 원하는 결과를 얻을 수 있는 것이 좋은 인터페이스 디자인으로 평가받는다.

부드러운 재질의 볼록하게 만들어진 물건이 눈 앞에 있다. 어떻게 하고 싶은가? 눌러 보고 싶다. 이건 인간에게 일어나는 자연스러운 현상이다. 우리 주변에는 아무런 목적없이 뽁뽁이라고 불리는 에어캡을 터트리면서 희열을 느끼는 사람을 어렵지 않게 찾아볼 수 있다. 깨지기 쉬운 물건을 포장하기 위한 목적으로 만들어진 에어캡이지만 볼록한 형태는 인간에게 누르고 싶다는 행동을 유도하게끔 디자인돼 있다.

그렇기 때문에 보편적으로 버튼은 볼록한 형태로 디자인된다. 굳이 "이것을 누르세요~"라고 텍스트로 제공하거나 음성으로 알려주지 않아도 자연스럽게 누르게 된다.

게임UI에서 버튼을 디자인할 때도 대부분 볼록한 형태로 구성한다. 선배 개발자들이 그렇게 해왔으니까라며 아무 생각없이 따라해서는 곤란하다. 왜 버튼을 볼록하게 디자인하는지를 이해한 상태에서 작업이 이뤄져야 좋은 디자인이 나온다. 단순히 볼록하게 만드는 게 중요한 것이 아니다. 아무런 텍스트가 없어도 플레이어가 해당 상황에 맞춰 자연스럽게 버튼을 누르도록 형태, 애니메이션, 효과음 등을 모두 고려해서 디자인돼야 한다. 멋있고 예쁘게 꾸미는 건 그 이후의 일이다.

이러한 개념을 행동유도성 또는 어포던스^{Affordance}라고 부른다. 쉽게 이해할 수 있어야 굿디자인$^{Good Design}$이라는 말의 전제에는 행동유도성이라는 개념이 자리잡고 있다. 결국 좋은 인터페이스는 기초적으로 사용자가 쉽게 접근하고 사용할 수 있도록 행동유도성을 가져야 한다.

깁슨의 행동유도성

행동유도성에 대한 개념은 제임스 깁슨$^{James J. Gibson}$이 「The Ecological Approach to Visual Perception」을 통해서 제시했다. 깁슨이 주장하는 행동유도성은 환경이 주는 모든 '물리적' 정보를 기반으로 사용자에게서 나올 수 있는 모든 행동이 일어날 가능성을 뜻한다. 좋은 사물 디자인은 사용자가 자연스럽게 특정 행동을 하게끔 유도하는 힘을 가지고 있어야 한다고 했다.

행동유도성이 고려된 굿디자인의 예를 살펴보자(그림 3-78 참조). 왼쪽 사진에 있는 문은 수직 손잡이와 수평 손잡이로 이뤄져 있다. 세로로 된 짧은 수직 손잡이는 당기는^{Pull} 행동을 유도하며, 가로로 된 긴 수평 손잡이는 미는^{Push} 행동을 유도한다. 굳이 Pull, Push 등의 텍스트나 이미지를 붙여 놓지 않아도 들어갈 때는 문을 자연스럽게 밀고, 나올 때는 당긴다. 오른쪽 사진에 있는 문에는 수직 손잡이만 존재한다. 오른쪽 방향의 수직으로 돼 있는 손잡이는 당기는^{Pull} 행동을 유도하며, 밀어야^{Push} 하는 왼쪽에는 손잡이 자체가 없다. 손잡이가 없으니 자연스럽게 밀게 된다.

이 2가지 예시에서 문은 항상 한쪽 방향으로 열렸다가 닫힌다. 문을 사이에 두고 2명의 사람이 마주보고 있다고 가정해도 문이 열리는 방향이 일정하기 때문에 동시에 밀거나 동시에 당기면서 생기는 충돌이 발생하지 않는다. 행동유도성을 가진 좋은 사물 디자인이다.

그림 3-78 행동유도성이 고려된 문 손잡이 예시
(출처: http://www.shinyglass.ca/promotion/, https://finalmile.in/behaviourarchitecture/affordances-designing-for-action)

반면 다음 그림 중 왼쪽 사진은 Pull과 Push 무관하게 수직 손잡이를 사용하고 있다. 들어갈 때도 문을 당기고, 나올 때도 문을 당기게 유도하고 있다. 결국 문은 양쪽으로 열리고 닫힌다. 서로를 인지하지 못한 2명의 사람이 문을 사이에 두고 마주보고 있다고 가정하면 심각한 문제가 발생한다. 둘다 손잡이를 강한 힘으로 당기려고 하기에 충돌이 발생한다.

게다가 수직 손잡이 위에 Pull과 Push라는 텍스트를 제공하고 있다. Push와 수직 손잡이는 행동유도성 관점에서 반대되는 개념이기에 사용자에게 오히려 혼란을 제공하게 된다. 오른쪽 사진도 동일하게 사용자에게 혼란을 주는 잘못된 디자인이다. 수평 손잡이는 미는 행동을 유도하는 데 Pull이라는 텍스트는 오히려 판단에 방해가 될 뿐이다(그림 3-79 참조).

그림 3-79 행동유도성이 고려되지 않은 문 손잡이 예시
(출처: https://finalmile.in/behaviourarchitecture/affordances-designing-for-action, https://www.linkedin.com/pulse/norman-door-alaa-sharaf)

노먼의 지각된 행동유도성

제임스 깁슨이 물리적인 사물에 대한 행동유도성을 주장했다면, 도널드 노먼은 디지털 시대에 맞춰 깁슨의 행동유도성을 물리적에서 '가상적'인 것으로 확장했다. 행동유도성을 인간과 컴퓨터의 관계로 넓혀서 생각한 것이다. 따라서 노먼이 주장한 행동유도성에는 행동하는 사람의 경험과 지식을 기반으로 이뤄진다. 즉 시각적 인지가 필요해진다. 그렇기 때문에 노먼의 행동유도성은 깁슨의 행동유도성과 차이점을 가지고 있다. 깁슨의 행동유도성과 구별하기 위해 노먼의 행동유도성을 지각된 행동유도성 Perceived Affordance 으로 구분하기도 한다.

노먼은 사물이 가지고 있는 속성이나 특성으로 인해 행동유도성이 발생하며, 이것을 활용해서 사물을 어떻게 디자인해야 하는지 결정해야 한다고 했다. 인간은 튀어나와 있는 사물은 누르거나 잡으려 하고, 구멍이 뚫려 있는 사물은 안을 들여다보려고 하거나 넣으려 하며, 평평한 면이 있으면 그 면에 무엇인가를 올려놓으려 한다는 것이다. 그는 3.5인치 디스켓이 매우 좋은 디자인이라고 했다. 디스켓을 컴퓨터에 넣을 수 있는 여덟 가지 방법 중 단 한 가지 방법만 가능했기 때문이다.

노먼은 「디자인과 인간심리」에서 오류는 지극히 인간적인 것이며 디자이너는 발생할 수 있는 모든 오류를 미리 내다보고 시스템을 디자인해야 한다고 조언한다. 사람들의 행동은 늘 정확한 것이 아니라는 것을 깨닫는 것부터 시작해야 하며, 오류가 쉽게 발견되고 정정이 가능하도록 디자인하라고 했다.

인간이 저지르는 오류에는 크게 실수 slip 와 착오 mistake 가 있다. 실수는 어떤 목적을 달성하기 위해 잠재의식적인 행동이 자동적으로 이뤄지는 도중에 샛길로 새는 것이며, 착오는 의식적으로 과도하게 신중하려다가 발생하는 것이다. 그는 오류의 유형을 다시 다음과 같이 세분화했다.

오류의 유형

❶ 포착 오류: 자주하는 행동이 갑자기 지금 하려는 행동을 대신하는 오류

❷ 묘사 오류: 옳은 행동을 틀린 대상에 수행하는 오류

❸ 자료주도적 오류: 자료주도적인 행동들이 때때로 현재 진행 중인 행동에 끼어들어 의도하지 않은 행동을 일으키는 오류

❹ 연상 활성화 오류: 털어놓아서는 안되는 어떤 생각이 머리에 떠올랐음에도 자기도 모르는 사이에 말하게 돼 당황하는 오류

❺ 활성화 상실 오류: 하려고 했던 것을 그냥 잊어버리는 오류(행동의 일부분만을 잊고 나머지는 기억하는 것)

❻ 양식 오류: 다양한 다른 양식을 조작할 수 있는 도구에서, 하나의 양식에서 적절한 행동이 다른 양식에서는 다른 의미를 가지고 있을 때 발생하는 오류

그는 오류란 흔히 피할 수 있는 것 또는 미숙련이거나 일할 마음이 없는 사람들에 의해 발생되는 것이라고 생각돼 왔지만, 실제 모든 사람이 오류를 범한다는 사실에 주목했다. 그러면서 디자이너는 사람들이 오류를 범한다는 것을 고려하지 않는 오류를 저지른다고 강하게 질타했다. 오류의 원인을 이해하고 그런 원인을 최소화하도록 디자인할 필요가 있다는 것이다. 이러한 오류를 해결하기 위해서 나온 개념이 노먼의 지각된 행동유도성이다.

「디자인과 인간심리」에서 인지과학적 측면의 행동유도성의 개념을 제시했다면, 「생각 있는 디자인」과 「감성 디자인」에서는 인간과 컴퓨터 사이에서 일어나는 가상적 환경에서의 행동유도성에 대해 언급했다. 사람은 주의가 산만해지기 쉽지만 기계는 절대 주의가 산만해지지 않는다. 우리는 주의가 산만한 사람을 비난하지만 정말로 주의가 산만하지 않은 사람을 원하고 있을까? 주의가 산만하지 않게 된다면 더 이상 사람이 아니다. 기계를 기준에서 보면 인간은 쉽게 산만해지는 단점이 있다. 하지만 사람을 기준으로 보면 기계와 다르게 사람은 다양한 곳에 주의를 기울일 수 있다는 장점이 있다. 기계중심 관점에서 보면 단점인 행동이 인간중심 관점에서는 장점이 된다.

그는 기계, 과학, 기술, 그 결과인 형식적 도구를 가지고 디자인에 활용해야 하지

만 결코 인간 가치를 배제해서는 안된다고 강조했다. 순응해야 할 것은 인간이 아닌 과학, 기술, 산업이기에 앞으로 인간중심 디자인이 이뤄져야 한다고 주장했다.

이러한 해결책 중 하나로 제품을 디자인할 때 실용적인 요소보다 감성적인 요소를 더 중시해야 한다고 했다. 인간은 스스로 사용하는 물건에 대해 디자이너나 개발자가 만들어 준 디자인뿐만 아니라 자신만의 개인적인 요소들을 반영한다. 인간의 삶에서 물건은 단지 소유하는 것 이상의 의미를 가진다. 따라서 좋은 디자인을 하기 위해서는 인간의 감정^{emotion}이 아니라 감성^{affect}을 고려해야 한다고 했다. 인간 행동의 대부분은 무의식에서 기인되기 때문이다.

이러한 노먼의 지각된 행동유도성은 UI 디자인이나 UX 디자인에 지대한 영향을 주고 있다. UX 디자이너인 렉스 핫슨$^{Rex\ Hartson}$은 노먼의 행동유도성을 물리적^{Physical}, 인지적^{Cognitive}, 감각적^{Sensory}, 기능적^{Functional} 행동유도성이라는 4가지로 세분화하기도 했다.

현재 다양한 분야에서 UI 및 UX 디자인에 대한 연구가 활발히 진행되고 있으며, 실제 디자인에도 적용하려는 시도가 활발하게 이어지고 있다. 디자인 관련해 높게 평가받고 있는 애플을 비롯한 여러 제품에 있어서 행동유도성의 개념은 아주 기초적이고 중요한 요소로 자리잡고 있다.

글로벌 시장에서 누가 더 좋은 UI 디자인을 만들지 치열한 경쟁이 이뤄지고 있음에도 유독 게임만큼은 철옹성 안에 숨어있다. 안타깝게 게임에서는 행동유도성을 거의 활용하고 있지 못하다. 아직 기계적으로 게임UI의 기능을 구현해 놨을 뿐이다.

현재 대부분의 게임UI는 너무 많은 작동 방법, 순서, 절차를 외우도록 강요하고 있다. 학습하는 데 많은 시간을 할애해야만 겨우 익숙해질 수 있는 게임이 대부분이다. 이러한 게임UI를 좋은 디자인이라 할 수 있을까? 깁슨과 노먼이 제시한 행동유도성이 게임UI에 보편적으로 적용되기 위해서는 우선 많은 게임 개발자가 행동유도성에 대한 개념을 아는 것부터 시작돼야 할 것이다. 게임UI가 가야 할 길은 아직 멀고도 멀다.

63 기억, 청크, 상징

작업 기억과 장기 기억

인간은 자신이 알고 있는 것만 볼 수 있다. 모르는 것은 인지하지 못하기 때문에 시야에 들어와도 보지 못한 것으로 이해한다. 결국 인간은 자신의 기억에 크게 의존해 사물을 인식하게 된다. 따라서 인지과학에서 인간의 기억은 매우 기초적인 기준이 된다.

인간의 기억은 크게 단기 기억^{Short-term memory}과 장기 기억^{Long-term memory}으로 구분할 수 있다. 단기 기억은 다시 감각 기억^{Sensory memory}과 작업 기억^{Working memory}로 구분된다. 결과적으로 기억은 감각 기억, 작업 기억, 장기 기억 3가지 유형으로 구분할 수 있다.

감각 기억은 망막 정보가 다른 정보로 대체되기 전까지의 매우 짧은 시간 유지되는 기억으로 마치 눈으로 한 장면을 사진찍듯이 기억하는 이미지 관련 기억이다. 너무 짧은 시간동안 유지되는 기억이기 때문에 기억으로써 큰 의미는 없다. 대부분의 기억은 작업 기억과 장기 기억의 활발한 교류로 인해 유지된다. 작업 기억과 장기 기억의 차이에 주목해보자.

작업 기억은 저용량이지만 속도가 빠른 휘발성 메모리라고 생각하면 편하다. 지금 상황에서 중요하다고 여겨지는 것이나 주의를 끄는 대상을 일시적으로 기억해두는 곳으로 머릿속에 잘 떠오르는 활성화된 기억으로 볼 수 있다. 반면 장기 기억은 고용량이지만 속도가 느린 비휘발성 메모리라고 생각하면 이해가 쉬울 것이다. 평생에 거쳐 획득한 정보를 축적해 담아두는 곳이다.

작업 기억은 감각 기관을 통해 대상을 인식하는 지각^{知覺}의 영역이며, 장기 기억은 대상을 인정해서 이해하는 인지^{認知}의 영역이다. 작업 기억 중 의미 있는 정보는 구조화돼 장기 기억으로 이동하며, 현재 시점에 활용해야 할 정보는 장기 기억에서 활성화시켜 작업 기억으로 전환된다.

작업 기억은 별개로 나뉘어진 4가지 하부시스템으로 구성된다. 시각적 작업 기억, 언어적 작업 기억, 지각적 행위를 위한 작업 기억, 움직임 제어를 위한 작업 기억으로 말이다. 작업 기억이 세분화돼 있다는 말은 인간이 시각적, 언어적, 지각적, 움직임에 대해서 별도로 처리하고 이를 최종적으로 종합해서 기억한다는 것을 의미한다.

인간은 오감 중에서 시각에 매우 많은 영향을 받는 동물이다. FAA Reference에 따르면 인간의 학습 기억 The Learning Process 은 오감별로 시각 75%, 청각 13%, 촉각 6%, 후각 3%, 미각 3%에 이른다. 그럼에도 시각적 작업 기억의 용량은 놀라울 정도로 매우 낮다. 매직 넘버 The Magical Number Seven, Plus or Minus Two 로 불리는 7±2가 용량의 전부다. 인간이 시각적 작업 기억에 담아 둘 수 있는 수는 결국 5~9개의 덩어리에 불과하다는 말이다.

그렇기 때문에 인간은 주의를 기울인 대상이 아닌 이상 실제 있건 없건 기억하지 못하게 된다. 5~9개 이상의 UI를 펼쳐 놓을 필요가 군이 없다는 의미다. 5~9개를 넘어서면 인간은 별도로 학습하지 않는 이상 바로 지각하지 못한다.

〈디아블로2〉의 스킬 트리와 〈패스 오브 엑자일 Path of Exile〉의 스킬 트리를 비교해보자. 게임의 방향성이나 재미면에서 단순 비교하기는 어렵다. 하지만 여기서는 작업 기억의 관점에서만 비교해본다. 〈디아블로2〉의 스킬 트리는 쉽게 지각할 수 있다. 클래스 별로 크게 3개의 분야를 가지고 있다. 그리고 각 분야별 3개의 라인을 가지고 있다. 각 라인별로 스킬은 3~5개 정도로 구성돼 있다. 5~9개를 넘어서지 않으면서 단계별로 구조화돼 있다. 플레이어의 시각적 작업 기억 용량을 넘어서지 않게 단계별로 디자인돼 있기 때문에 좋은 디자인이라 할 수 있다.

반면 〈패스 오브 엑자일〉의 스킬 트리를 처음보는 순간 막막함을 느낄 것이다. 많은 시간을 들여 학습하지 않고는 어떤 스킬이 어디에 있는지 알 수 없기 때문이다. 보는 순간 바로 지각하기 힘들며, 매번 자료를 찾아서 보거나 많은 시간과 노력을 들여 장기 기억으로 전환시켜 인지하는 것 이외에 방법이 없다. 육성의 자유도를 떠나 인간 중심의 UI 디자인이라고 하기 어렵다. 플레이어를 생각하면서도 얼마든지 자유도 높은 게임 시스템을 제공할 수 있다는 점을 잊어서는 안 된다.

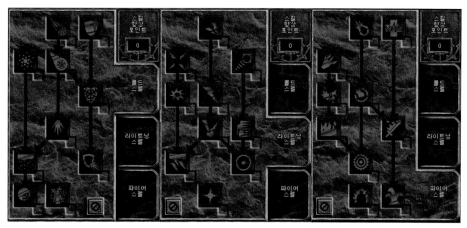
그림 3-80 출처: 디아블로2(스킬 트리)

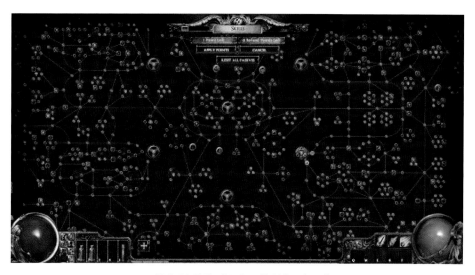
그림 3-81 출처: 패스 오브 엑자일(스킬 트리)

장기 기억은 인간이 살아오면서 경험하고 배운 축적된 정보를 가지고 있다. 새로운 정보가 들어오면 체계화시켜 기존 지식과 통합돼 장기 기억에 저장된다. 장기 기억의 대부분은 해마에 존재한다. 따라서 해마가 있는 위치에 큰 손상을 입게 되면 손상 전 장기 기억은 유지돼도 새로운 장기 기억은 만들어지지 않는다.

우리가 흔히 장기 기억을 상실했다는 것은 기억 자체가 흔적없이 사라진 것이 아

- **첫 번째**: ABCDEFGHIJKLMNOPQRGHIJKLMNOPOPQRSTUHIJKLMNOP
- **두 번째**: ABCDEFGHIJKLMNOPQRGHIJKLMNOPOPQRSTUHIJKLMNOP
- **세 번째**: ABCHIJKLMNFGHIJKLMQRGHIJKLMNOPOHIJKLMUHIJKLMOP
- **네 번째**: ABCHIJKLMNFGHIJKLMQRGHIJKLMNOPOHIJKLMUHIJKLMOP

위의 예에서는 알파벳의 '모양'과 검은색 그리고 빨간색의 '색상'이라는 2가지 특성이 존재한다. 첫 번째 예와 두 번째 예에서 K의 숫자를 세어보자. 무엇이 더 빠른가? 첫 번째 예에서 K를 찾기 위해서는 의식적으로 알파벳의 모양 하나하나를 살펴봐야 한다. 하지만 두 번째 예에서 K를 찾는데 아주 순간적인 시간만 있으면 충분하다. 이 경우 모양과 색상이라는 특성이 충돌할 때, 색상에 의해 전주의 처리가 일어난다. 그리고 모양보다 색상이라는 특성에 의해 청크 단위가 명확히 분리돼 지각된다. 이 경우 색상은 전주의 처리가 발생했지만, 모양은 전주의 처리가 발생하지 않았음을 알 수 있다.

전주의 처리가 가지는 특징은 아무리 그 수가 많아진다고 할지라도 지각하는 데 필요한 반응 시간이 크게 증가하지 않는다는 점이다. 다음 오른쪽 그래프의 Normal condition에 대한 반응 시간은 개수가 증가해도 크게 변화하지 않았다. 반면 전주의 처리가 아닌 경우, 수가 많아짐에 따라 필요로 하는 반응 시간은 급격하게 상승한다.

첫 번째 예에 비해 세 번째 예에서 K를 찾기 위해서는 상당한 시간이 필요하다. 하지만 두 번째 예와 비교해도 네 번째 예에서 K를 찾는 것은 어렵지 않다. 이것이 전주의 처리될 수 있는 특성들이 가진 힘이다(그림 3-82 참조).

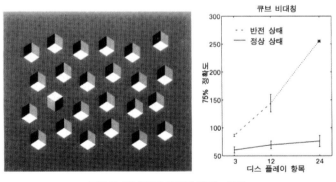

그림 3-82 전주의 처리가 가지는 특징
(출처: https://www.sciencedirect.com/science/article/pii/0042698995003363)

전주의 처리가 가능한 시각화 특성은 다음과 같은 것들이 있다. 방향, 길이, 너비, 폐쇄 여부, 모양, 크기, 굴곡 정도, 밀도, 숫자, 색조, 밝기, 투명함, 교차점, 종결 부위, 3차원 깊이, 깜빡임, 움직임의 방향, 움직임의 속도, 빛의 방향 등이 존재한다(그림 3-83 참조). 이러한 특성 중에서도 정도의 차이가 있다. 가장 강한 효과를 보여주는 것은 색, 크기, 방향, 움직임, 깜빡임이다. 즉 이러한 특성들을 활용하면 디자인에서 명확하게 분리된 덩어리로 지각하게 만들어 주의를 끌 수 있다. 반면 평행한 정도나 연결 여부는 전주의 처리가 일어나지 않는다.

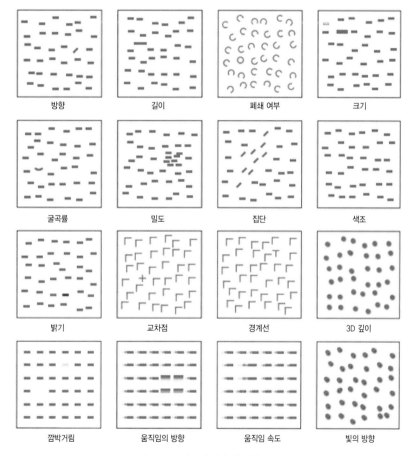

그림 3-83 전주의 처리 가능한 특성들
(출처: http://blog.soton.ac.uk/webbers/2012/05/06/user_interface-design-how-to-get-human-visual-attention-by-gemma-fitzsimmons/)

통합 차원과 분리 차원

전주의 처리를 설명하면서 소개한 시각화 특성에는 다양한 것이 있었다. 디자인을 하다 보면 하나의 시각화 특성만을 사용할 수 없는 경우가 대부분이다. 대부분 여러 특성을 섞어서 사용해야 한다. 그렇다면 특성끼리 충돌하게 됐을 때 어떤 쌍pairs에서 청크 단위가 묶여지고, 어떤 쌍에서 청크 단위가 분리될까? 이것에 대한 가이드라인이 있다면 게임UI 디자인에 있어 상당한 도움이 될 것이다.

이러한 시각화 연구를 통합 차원과 분리 차원Integral & Separable Dimensions 이론이라고 한다. 웬델 가너Garner, W. R.는 「The Processing of Information and Structure」에서 기호를 가지고 시각화할 때 어떻게 전달하는 것이 효과적인지 연구했다. 청크의 개념으로 보면 통합 차원은 청크 단위로 묶이기 쉬운 특성이며, 분리 차원은 청크 단위로 분리하기 쉬운 특성을 말한다.

또한 강한 분리 차원은 전주의 처리가 가능한 시각화 특성이 있다. 레오 허비치Hurvich, L. M.는 이러한 특성들을 쌍으로 연결지어 그림 3-84와 같이 정리했다. 7가지 쌍에서 위로 갈수록 통합 차원이며, 아래로 갈수록 분리 차원이라고 주장했다.

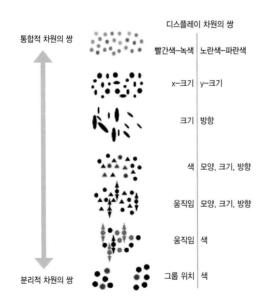

그림 3-84 통합 차원과 분리 차원
(출처: 『데이터 시각화, 인지과학을 만나다』 에이콘)

하지만 그의 주장은 아직 하나의 이론으로 자리잡기에 예외적인 경우가 많다고 평가받고 있다. 그의 주장을 조금 더 이해하기 쉽게 필자의 해석을 덧붙이면 다음과 같다. 우선 객체와 속성의 개념으로 시각화 특성을 살펴보자.

예를 들어 크기는 객체다. 그리고 x축의 크기, y축의 크기는 크기의 속성에 해당된다. 색이라는 시각화 특성이 객체라면 색은 색상, 명암, 채도 등의 속성을 가지고 있다. 그러한 기준으로 보면 7가지 쌍 중에 위의 2가지는 속성과 속성 간에 만들어진 쌍이다. 반면 밑의 5가지는 객체와 객체 간에 만들어진 쌍이다. 다시 말해서 시각화 특성 중 별개의 객체와 객체가 충돌하면 분리 차원에 해당되며, 같은 객체 내의 속성과 속성이 충돌하면 통합 차원에 해당된다고 해석하고자 한다. 따라서 위의 2가지 예는 청크 단위가 묶여서 비교적 다른 덩어리로 지각되기 어려운 반면, 아래의 5가지 예는 청크 단위가 분리돼 별도로 지각되기 쉽다고 볼 수 있다.

게임UI 디자인에서도 다양한 시각화 특성을 사용하게 된다. 예를 들어 메뉴 디자인을 한다고 가정해보자. 여러 기능을 수행하는 대략 20개의 버튼이 존재한다. 하지만 각각 따로따로 열거하면 플레이어는 즉시 지각할 수 없게 된다. 따라서 작업 기억에서 즉시 지각할 수 있도록 최대 9개 이내의 그룹으로 묶어야 할 필요가 있다. 게임 디자이너는 각 버튼의 기능을 살펴보고 비슷한 기능을 가진 버튼들을 그룹화해 각각의 그룹을 하나의 덩어리처럼 보이게 해야 한다.

이 때 필요한 것이 통합 차원의 시각화 특성이다. 동일한 그룹에 해당되는 버튼들은 같은 계통의 색상을 사용하는 등 하나의 덩어리로 인식되도록 묶는다. 반대로 다른 그룹끼리는 크기와 색상 또는 방향과 색상 등을 달리 디자인한다. 단순히 색상만 바꾸는 것보다 덩어리를 분리하는 데 효과적이기 때문이다. 전주의 처리에서 언급했던 색, 크기, 방향, 움직임, 깜빡임을 조합해서 사용한다면 더욱 강력한 효과를 볼 수 있다.

게임UI 디자인에서 플레이어를 고려한 인간 중심의 디자인을 해보고자 한다면 통합 차원과 분리 차원 이론은 강력한 도구가 돼줄 것이다.

65 게슈탈트 법칙

통합 차원과 분리 차원을 활용한 디자인이 좋다는 것은 알아봤는데 실제 어떻게 게임UI 디자인에 적용해야 할지 도통 감이 잡히지 않는 사람도 있을 것이다. 이러한 경우 심리학에서 나온 이론 중 하나로 실제 다양한 디자인 분야에서 널리 활용하고 있는 게슈탈트 법칙^{Gestalt Laws}이 힌트가 돼준다.

게슈탈트 법칙은 독일의 심리학자 그룹이 지속적으로 발전시켜온 패턴에 관련된 연구다. 독일어로 게슈탈트는 '패턴'을 의미한다. 조금 더 상세히 이야기하면 게슈탈트 법칙은 인간이 능동적으로 시각적 패턴을 찾아내는 방식을 설명하기 위한 이론이다.

실제 로고, 패션, 광고 디자인이나 예술 분야에서도 보편적으로 활용되고 있을 정도의 기초적인 이론임에도 불구하고 게임UI 디자인에서는 안타까울 정도로 활용되고 있지 못하다. 게임UI는 80~90년대 게임에 비해 수십 년이 지났음에도 디자인 관점에서 크게 발전하지 못했다. 게슈탈트 법칙을 시작으로 게임UI에 도움이 될 만한 다양한 분야의 이론에도 관심을 가졌으면 한다.

게슈탈트 법칙 중에 대표적인 7가지를 살펴본다. 각각의 법칙에서 패턴이 형성되는 그룹은 통합 차원의 개념으로 볼 수 있다. 이를 반대로 활용하면 분리 차원에서 어떻게 활용할 수 있는가 힌트를 얻을 수도 있다. 게임UI의 오브젝트를 단순히 객체 하나하나로 보지 말고, 전체적으로 인간이 외우지 않고 기억할 수 있는 5~9개 덩어리로 어떻게 묶을 수 있을지 가이드라인이 돼줄 것이다.

게슈탈트 법칙

❶ 근접성(Proximity) 법칙   ❷ 유사성(Similarity) 법칙

❸ 연속성(Continuity) 법칙   ❹ 연결성(Connectedness) 법칙

❺ 대칭성(Symmetry) 법칙   ❻ 폐쇄성(Closure) 법칙

❼ 전경과 배경(Figure-ground) 법칙

❶ 근접성 법칙

인간은 밀집도가 유사한, 즉 가까운 거리에 있는 물체를 하나의 그룹으로 지각하는 경향이 있다. 눈의 운동과 신경 처리에 걸리는 시간과 노력이 덜 필요하기 때문이다. 따라서 관련 있는 객체는 서로 가까이 배치함에 따라 청크 단위를 묶을 수 있다.

그림 3-85 예시 1)의 왼쪽 그림은 가로 세로 6×6의 원들로 이뤄져 있다. 가로 세로 떨어진 거리가 동일하기 때문에 전체를 하나의 그룹으로 지각하거나, 각각의 원을 덩어리로 보게 된다. 반면 중간 그림은 세워진 기둥이 가로로 놓여있는 3개의 그룹으로 지각하며, 오른쪽 그림은 눕혀진 기둥이 세로로 놓여있는 3개의 그룹으로 지각하게 된다. 거리에 차이가 발생하면 가까운 거리에 있는 물체를 묶어 그룹화하게 되는 것이 근접성 법칙이다(그림 3-85 참조).

그림 3-86 예시 2)의 왼쪽 그림은 가로 세로 4×4의 원들로 구성돼 있다. 이것을 게임UI에 활용할 버튼이라고 생각해보자. 중간 그림은 각 모서리로 4개씩 근접시켜 4개로 그룹화했다. 오른쪽 그림은 중간 그림에서 안쪽에 있는 원 하나씩을 모아 중간에 하나의 그룹을 추가로 만들었다(그림 3-86 참조).

동일하게 16개의 원으로 구성돼 있다고 할지라도 근접성 법칙을 어떻게 활용하는지에 따라 청크의 개수와 플레이어가 지각하는 전체적인 모양세가 변하게 된다. 게임UI의 오브젝트들을 화면에 각각 몇 개의 그룹으로 배치할 것인지, 거리를 얼마나 둘 것인지에 따라 UI 구조는 완전히 달라진 것처럼 보인다. 게임UI의 배치는 쉽게 생각할 문제가 아니라는 점을 잊지 말자. 게임 디자이너는 화면마다 플레이어에게 UI가 몇 개의 그룹으로, 어떻게 묶여서 보여질지 사전에 반드시 계획해서 디자인하려고 노력해야 한다.

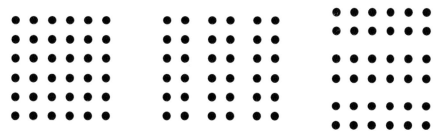

그림 3-85 근접성의 예시 1)

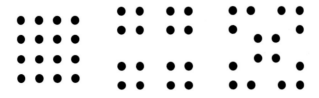

그림 3-86 근접성의 예시 2)

❷ 유사성 법칙

인간은 색, 크기, 모양, 밝기, 질감 등 유사한 요소를 하나의 그룹으로 지각하는 경향이 있다. 근접성 법칙으로 인해 가까운 거리에 있다고 할지라도 유사한 요소에 따라 더 먼저 지각하기도 한다.

그림 3-87 예시 1)의 왼쪽 그림은 색에, 오른쪽 그림은 모양에 먼저 집중하게 된다. 왼쪽은 검은색 원들과 빨간색 원들끼리 하나의 그룹으로 지각되며, 오른쪽은 원끼리 그리고 엑스 모양끼리 묶여서 지각된다. 그림 3-88 예시 2)는 가로 세로 6×6의 객체들로 이뤄져 있다. 왼쪽 그림에서는 일부 색을, 오른쪽 그림에서는 일부 모양을 달리해 청크 단위를 분리했다.

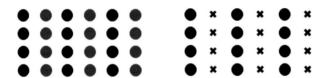

그림 3-87 유사성의 예시 1)

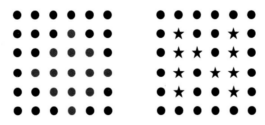

그림 3-88 유사성의 예시 2)

550

2가지 요소를 활용한 동일한 격자를 표현해도 전혀 다른 결과를 얻을 수 있다.

그림 3-89 예시 3)의 왼쪽 그림은 유채색과 무채색으로 격자를 표현했다. 둘다 동일하게 색이라는 객체의 속성들이다. 동일한 객체의 속성끼리 충돌했기에 통합 차원이 발생하기 쉽다. 따라서 왼쪽 그림은 가로줄과 세로줄을 묶어 동시에 하나의 체크 무늬 패턴으로 지각한다. 반면 오른쪽 그림은 색과 질감이라는 전혀 다른 객체가 충돌했기에 분리 차원이 발생하기 쉽다. 따라서 오른쪽 그림은 왼쪽 그림에 비해 가로줄 따로 세로줄 따로 지각하는 경향이 있다.

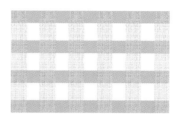

그림 3-89 유사성의 예시 3)

❸ 연속성 법칙

인간은 갑작스러운 방향 변화보다 완만하고 지속적인 방향 변화를 처리하는 데 신경 처리 비용이 적게 들어가기 때문에, 연속적인 시각 요소를 하나의 그룹으로 지각하는 경향이 있다.

그림 3-90 예시 1)의 왼쪽 그림은 나뭇가지와 같은 모양을 하고 있다. 왼쪽에서 오른쪽으로 시선이 따라갈 때 갑작스럽게 아래로 꺾이는 방향보다 부드럽게 연속되는 위로 꺾이는 방향이 하나의 청크 단위로 묶이기 쉽다. 하지만 오른쪽 그림과 같이 연속성 법칙이 유사성 법칙과 충돌될 경우 반드시 연속성 법칙을 따르는 것은 아니다. 오른쪽 그림은 비록 연속적인 방향은 아니지만 유사한 색끼리 하나의 청크 단위로 묶인다.

이러한 특성은 게임UI에서도 충분히 활용할 수 있다. 동일한 배치를 가진 상태에서도 어떤 시각적 요소를 변화시키는가에 의해 마치 구조에 변화가 있는 것처럼 느끼도록 디자인할 수 있다.

그림 3-91 예시 2)에서는 직선보다 곡선으로 연결돼 있을 경우 시각 처리 부담이

적다는 것을 알려준다. 객체와 객체에 대한 연결선을 그릴 때 시작점과 도착점 사이가 완만하고 지속적일수록 쉽게 지각할 수 있다.

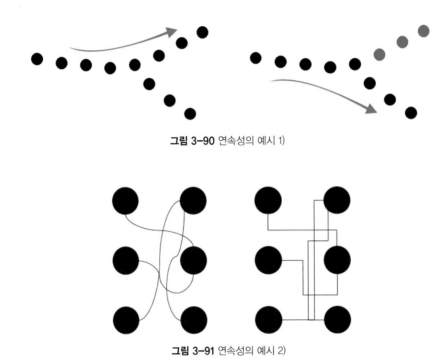

그림 3-90 연속성의 예시 1)

그림 3-91 연속성의 예시 2)

❹ 연결성 법칙

인간이 하나의 그룹으로 지각하기 위해서 근접성, 유사성, 연속성 법칙보다 강력한 수단이 있다. 바로 연결성 법칙이다. 객체 간의 관계를 나타내는 선을 이어줌으로써 하나의 청크 단위로 강하게 지각한다.

그림 3-92 예시의 위쪽의 가장 왼쪽 그림을 보자. 왼쪽의 2개의 원은 근접성 법칙에 따라 하나의 그룹으로 지각된다. 반면 오른쪽의 2개의 원은 별개의 그룹으로 지각돼 총 3개의 그룹으로 지각한다. 반면 아래쪽의 가장 왼쪽 그림은 오른쪽 2개의 원을 선으로 연결했다. 비록 거리는 멀리 떨어져 있으나 선을 연결한 것으로 인해 그 어떤 것보다 강하게 하나의 그룹으로 지각하게 된다.

다른 예는 각각 크기, 모양, 색에 비교해 연결성 법칙의 힘을 보여준다. 위쪽의 3

개 그림은 크기, 모양, 색의 구분없이 모두 가로 방향으로 하나의 그룹으로 지각한다. 같은 크기, 같은 모양, 같은 색을 하나의 청크 단위로 지각하는 것이다. 그런데 아래쪽의 3개 그림은 선을 연결한 것으로 인해 모두 세로 방향으로 하나의 그룹으로 지각하게 된다.

분리 차원으로 구성된 시각적 요소를 장기적 또는 일시적으로 통합 차원으로 표현하고자 할 때 연결성 법칙은 가장 강력한 수단 중 하나가 된다.

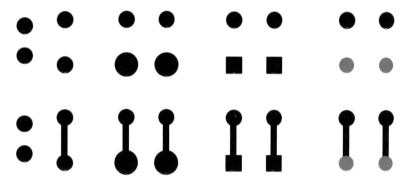

그림 3-92 연결성의 예시

❺ 대칭성 법칙

연결성 법칙과 더불어 하나의 그룹으로 지각하기 위해서 사용되는 또 다른 강력한 수단이 대칭성 법칙이다. 인간은 평행이나 비대칭보다 대칭으로 이뤄진 선, 면, 입체를 하나의 그룹으로 지각하는 경향이 있다.

그림 3-93의 예시 1)에서 a-b는 평행, c-d는 비대칭, e-f는 대칭으로 이뤄진 선이다. 어떠한 선이 가장 눈에 쉽게 들어오는가? 전체적인 형태를 지각하는 데 필요한 시간이 가장 적은 것이 대칭으로 이뤄진 것이다. 인류가 만들어온 많은 물체는 오른쪽 그림처럼 대칭을 이루고 있다. 대칭으로 만들어진 것에 대해 안정감을 느끼고 심지어 아름다움을 느끼는 것은 그만큼 인간의 눈에 지각하기 쉽기 때문이다.

그림 3-94의 예시 2)에는 정사각형과 마름모를 비교했다. 인간은 기울어진 것보다 가로축과 세로축에 대한 대칭을 더욱 쉽게 지각하는 경향이 있다. 안정적으로 보이기 위해서는 가로축과 세로축에 대해서 대칭적이고 기울어지지 않은 것이 좋다.

반면 불안정적으로 보이기 위해서는 축을 비틀거나 대칭을 깨면 된다.

이러한 대칭성은 그룹화된 객체들에 따라 기준이 다르게 형성될 수 있다. 그림 3-94 예시 2)의 오른쪽 그림의 왼쪽은 객체 하나하나로 보면 마름모 형태다. 하지만 마름모가 다음과 같이 경사로 그룹화되면 그 방향에 따라 정사각형으로 이뤄진 그룹으로 지각될 수 있다. 오른쪽 그림의 오른쪽은 객체 하나하나로 보면 정사각형 형태지만 같은 원리로 마름모로 이뤄진 그룹으로 지각될 수 있다.

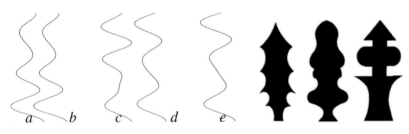

그림 3-93 대칭성의 예시 1)

(출처: http://simonesgraphicdesignwork.blogspot.com/2014/03/)

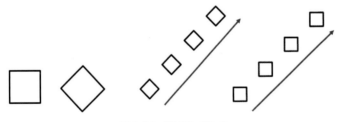

그림 3-94 대칭성의 예시 2)

❻ 폐쇄성 법칙

인간은 윤곽선으로 이뤄진 공간을 내부와 외부로 나눠서 구분하려는 지각적 성향이 있다. 따라서 완전히 폐쇄된 윤곽선이 아니라 할지라도 상황에 따라 폐쇄된 것처럼 지각하려고 한다. 그러는 편이 신경 메커니즘에서 해결법을 찾기 쉽기 때문이다. 폐쇄성 법칙은 인터페이스 화면을 분할하는 데 매우 중요한 역할을 한다.

그림 3-95 예시 1)의 왼쪽 위 그림은 마치 완전한 원 위에 사각형이 놓여 있는 것처럼 보인다. 하지만 실제 오른쪽 위 그림처럼 완전한 원이 아닌 폐쇄되지 않은 곡선

에 불과할 수도 있다. 내부와 외부로 명확하게 구분하는 것이 신경 처리에 편하기 때문에 상황에 따라 폐쇄되지 않은 것도 폐쇄된 것처럼 지각하는 것이 폐쇄성 법칙이다. 그림 3-95의 3가지 그림은 마치 삼각형, 사각형, 원처럼 지각되지만 실제 선들의 집합에 불과하다. 비어 있는 곳을 머릿속에서 채워서 폐쇄된 것으로 지각함으로써 내부와 외부로 청크 단위를 단순화하게 된다.

이러한 인간의 시각적 특성을 활용하면 그림 3-96의 예시 2)와 같이 다양한 디자인이 가능하다. 실제 눈에 보이는 것만이 전부가 아니다. 인간은 눈에 보이지 않는 것을 상상해내는 힘을 가지고 있다. 게임UI 디자인에서도 실체가 없는 것을 통해 앞으로 플레이어에게 독창적인 UI를 제공할 수 있을 것이다.

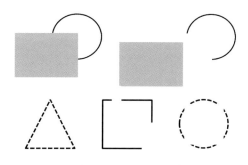

그림 3-95 폐쇄성의 예시 1)

그림 3-96 폐쇄성의 예시 2)

(출처: https://fr.depositphotos.com/117320490/stock-illustration-illusory-contours-and-visual-illusions.html)

❼ 전경과 배경 법칙

인간은 일반적으로 특정 패턴 내에서 작은 구성요소를 물체로 지각하는 경향이 있다. 주의를 기울이는 물체 또는 대상을 전경^{Figure}이라 하고, 전경 뒤에 있는 것을 배경^{Ground}이라고 한다. 게슈탈트 법칙에서 언급하는 전경과 배경은 어느 곳에 주의를 기울이는지에 따라 전혀 다른 것으로 지각될 수 있는 디자인을 말한다.

그림 3-97 예시 1)의 A에서 작은 구성요소는 검은색이다. 따라서 일반적으로 검은색을 전경으로, 흰색을 배경으로 지각한다. 반면 B에서 작은 구성요소는 흰색이다. 따라서 일반적으로 흰색을 전경으로, 검은색을 배경으로 지각한다. 그러나 어느 부분에 주의를 기울이는지에 따라서 보이는 형태가 바뀐다.

그림 3-98 예시 2)의 왼쪽 그림은 흰색에 주의를 기울이면 잔의 형태가 보이지만, 검은색에 주의를 기울이면 마주보고 있는 사람들이 보인다. 오른쪽 그림은 흰색에 주의를 기울이면 여성의 얼굴이 보이지만, 검은색에 주의를 기울이면 악기를 연주하고 있는 남성의 형태가 보인다.

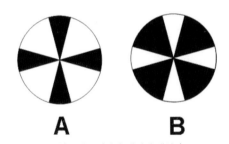

A   **B**

그림 3-97 전경과 배경의 예시 1)

(출처: http://changingminds.org/explanations/perception/gestalt/figure_ground.htm)

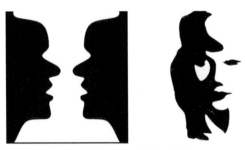

그림 3-98 전경과 배경의 예시 2)

(출처: http://changingminds.org/explanations/perception/gestalt/figure_ground.htm, https://monastry.wordpress.com/2014/05/21/gestalt-theory-and-art-ii-figure-ground-relation/)

66 사용성 법칙

사용자는 디자이너가 예상하고 기대하는 대로 인터페이스를 사용해주지 않는다. 물건을 구입했을 때 동봉돼 있는 설명서를 처음부터 끝까지 빠짐없이 읽는 사람은 많지 않다. 인터페이스에 대한 튜토리얼이 탑재돼 있다고 해도 많은 사람들은 텍스트를 읽기보다 전체적으로 한번 훑어보고 직접 조작해보면서 배우는 것을 선호한다. 이러한 상황에서 인터페이스의 목적이 명확하지 않거나 선택할 수 있는 경우의 수가 여러 개 있다면 사용자는 디자이너의 예상을 벗어나는 행동을 취할 가능성이 커진다. 따라서 모든 인터페이스는 단순하고 일관성 있게 디자인해 예외가 발생할 범위를 축소할 필요가 있다.

스티브 크룩^{Steve Krug}은 인터페이스 디자인에 대한 3가지 사용성 법칙을 제시했다. 인터페이스 디자인은 사용자가 무엇을 해야 할지, 어디로 가야 하는지 깊이 생각하게 만들어서는 안된다고 했다. 사용자는 인터페이스를 사용함에 있어 인내심을 보여주지 않는다. 인터페이스를 어떻게 사용해야 할지 고민하게 만들면, 사용자는 설명서를 찾아보고 사용법을 익히고자 노력하기보다 사용하지 않는 편을 선택한다. 따라서 좋은 인터페이스 디자인은 직관적이고 명확해야 한다. 「상식이 통하는 웹사이트가 성공한다」에서 크룩이 주장한 3가지 사용성 법칙은 다음과 같다.

1) 제1법칙: 사용자를 고민하게 만들지 마라

인간의 시각 처리는 계층 구조처럼 이뤄진다. 따라서 각 화면의 인터페이스는 명확한 계층 구조로 인식되도록 디자인돼야 한다. 3장의 '63. 기억, 청크, 상징'에서 언급했던 기억할 수 있는 덩어리 수를 적절하게 유지하기 위함이다. 또한 각 화면마다 내용이 명확하게 구분돼야 한다. 즉, 화면 전환의 전체적인 구조도 계층 구조로 이뤄져야 하며, 각 화면의 객체들 또한 계층 구조로 이뤄져야 사용자가 인지하기 쉬워진다.

사용자를 고민하지 않게 하려면 사용자의 행동에 대한 피드백을 명확하게 하며,

필요 없는 부분을 최소화해야 한다. 단순성과 일관성을 유지하는 것이 중요하다. 가능한한 사용자에게 익숙한 통상적인 형식을 활용하면 고민하는 데 들어가는 시간을 줄일 수 있다.

2) 제2법칙: 사용자가 고민없이 선택한다면 그 횟수는 중요하지 않다

사용자가 화면 전환과 화면 내 객체를 조작하는 데 있어 고민없이 선택할 수 있다면 그 횟수가 많은 것은 중요하지 않다. 계층 구조가 깊어지면 사용자에게 여러 번 조작을 요구하게 된다. 이러한 문제 때문에 계층 구조의 단계를 줄이고자 하나의 화면에 많은 것을 넣으려는 경우가 있다. 하지만 계층 구조를 줄이고자 해서 사용자에게 고민을 하게 만들어서는 안 된다. 계층 구조가 늘어난다고 할지라도 사용자에게 고민하지 않게 디자인하는 것이 우선돼야 한다.

3) 제3법칙: 필요 없는 단어는 삭제하고 또 삭제하라

대부분의 사람들은 인터페이스를 사용함에 있어 텍스트의 집합에 대한 거부감을 보인다. 텍스트는 읽어야 이해할 수 있기 때문에 강제적으로 고민하게 만든다. 제3법칙은 3장의 '63. 기억, 청크, 상징'에서 언급된 임의적 상징과 연결된다. 따라서 텍스트를 최소화하는 것이 중요하다. 과장된 표현을 없애고 지시사항을 단순화할수록 좋다.

크룩의 사용성 법칙은 웹디자인에서 기초적인 가이드라인으로 널리 활용돼왔다. 이러한 사용성 법칙은 게임UI 디자인에 있어서도 그대로 적용할 수 있다. 현재 게임 UI 디자인에서는 사용성 법칙을 잘 활용하고 있을까? 과연 사용성 법칙을 잘 지키고 있는 게임은 얼마나 될까? 아직까지 대다수의 게임은 플레이어가 UI를 익히기 위해 많은 시행착오를 하게 만든다. 게다가 수많은 텍스트를 읽도록 강요한다. 사용자를 고민하게 만들지 말라는 크룩의 핵심적인 주장을 따르지 못하고 있다.

잘 만들어져 있는 웹사이트 디자인은 게임UI를 어떻게 디자인할지에 대한 힌트를 주는 경우가 많다. 다른 게임의 UI를 참조하는 것도 좋지만 다른 분야의 인터페이스가 어떻게 디자인돼 있는지 폭넓게 찾아보는 것이 게임UI 디자인에 많은 도움이 된다.

67 AUI

지금까지 시각적인 사용자 인터페이스에 도움이 될 만한 이론과 개념을 알아봤다. 그러나 인간의 오감은 시각, 청각, 촉각, 미각, 후각으로 이뤄져 있다. 실제 사용자 인터페이스에 대한 연구가 활발한 분야에서는 시각만이 아닌 청각, 촉각, 미각, 후각을 UI에 활용하고자 많은 노력을 기울이고 있다. 하나의 감각만으로 사용자에게 줄 수 있는 정보에 한계가 있기 때문이다. 비록 간단한 것이라고 할지라도 다양한 감각을 골고루 주는 것이 하나의 감각을 극대화하는 것보다 효과적일 수 있다.

현재 게임 패드에서 사용하고 있는 촉각 정보인 진동은 아주 기초적인 것에 불과하다. 아직까지 단순한 모터에서 벗어나지 못하고 있다. 이렇게 단순한 촉각 정보임에도 게임 패드를 사용한 경험이 있는 게이머들은 쉽게 게임 패드를 포기하지 못한다. 그 이유 중 하나가 바로 촉각 정보인 진동일 것이다. 실제 플레이스테이션3 게임 패드에서 진동 기능이 일시적으로 빠졌을 때 수많은 게이머가 상당한 불만을 터트렸다. 진동 기능 하나가 그렇게 큰 차이를 일으킬까?

키보드와 마우스는 익숙하고 정밀한 조작이 가능하나 화면에서 보여지는 시각과 음향 장치에서 제공하는 청각이외의 추가적인 감각이 주어지지 않는다. 반면 게임 패드는 여러 단점도 있으나 시각과 청각 이외에 촉각을 제공한다. 새로운 감각 하나가 더 제공되는가, 제공되지 않는가에 따라 사용자가 느끼는 경험은 상상이외로 큰 차이가 난다. 동일한 게임이라고 할지라도 소리가 있는 것과 없는 것의 차이가 얼마나 큰지 알 것이다. 오감 정보 중 새롭게 하나를 추가한 것만으로도 플레이어에게 상당히 만족스러운 경험을 제공할 수 있게 된다.

사용자 인터페이스는 크게 오감을 기준으로 5가지로 나뉜다. 시각을 다루는 GUI$^{Graphical\ UI}$, 청각을 다루는 AUI$^{Auditory\ UI}$, 촉각을 다루는 Tactile UI, 미각을 다루는 Gustatory UI, 후각을 다루는 Olfactory UI로 구분된다. 사물 인터페이스에서는 이미 오감 모두를 적용하고 있는 실정이다.

반면 게임UI에서는 아직 GUI에서 크게 벗어나지 못하고 있다. 체감형 게임이나

VR 게임이 아닌 이상 일반적인 게임에서 촉각, 후각, 미각 정보를 주기는 쉽지 않다. 그렇다면 지금 우리가 즐기고 있는 게임은 청각에 대해서, 아니 AUI에 대해서 얼마나 고려하고 있는가? UI에 다양한 효과음을 추가하고 있으나 대부분 AUI라고 하기는 어렵다.

청각 사용자 인터페이스AUI는 보다 나은 사용자 경험을 제공하기 위해 만들어진 사운드를 의미한다. 즉 듣기 좋은 소리를 상황에 따라 의미 있는 곳에 배치해 제품 사용에 도움을 주기 위한 목적이 있다. 간단히 버튼마다 특징적인 소리를 제공함으로써 어떤 버튼을 눌렀는지 청각만으로 알 수 있게 하는 것이다. 단순히 듣기 좋은 효과음이 아니라 그 소리로 사용자의 조작에 도움을 줘야 AUI라고 할 수 있다.

GUI에 비해 AUI는 비교적 발전이 느리다. 그런데 AUI의 역사는 GUI보다 14년 앞서 있다. 1984년 애플은 매킨토시를 통해 최초의 GUI를 선보인 데 반해, 1970년 IBM6750 Type Writer에 전자음을 이용한 세계 최초의 AUI가 적용됐다. 14년이나 앞섰음에도 왜 발전이 더딜까? 앞서 인간은 오감 중 시각에 가장 큰 영향을 받는다고 했다. 따라서 1984년 GUI의 등장과 함께 AUI는 상대적으로 주목받지 못했다. 청각은 시각에 비해 객관적 평가 기준을 만들기 어렵기 때문에 연구하기도 힘들다. 게다가 AUI를 활용해 시스템에 적용한다고 할지라도 경제적 이점이 불확실하다.

그럼에도 불구하고 점차 AUI에 주목하고 있는 이유는 GUI에 대한 기술이 평준화되고 있기 때문이다. 또한 청각은 시각 다음으로 인간에 큰 영향을 미치고 있을 뿐 아니라 촉각, 미각, 후각에 비해서는 접근하기 쉬운 편이다.

사운드에 대한 속성을 음고, 음량, 음색, 지속 시간 등으로 분류하거나 사운드를 표현하기에 적절한 감성형용사를 찾는 연구 등이 진행되고 있다. 예를 들어 「세탁기의 사용음 및 신호음을 중심으로 한 청각 인터페이스(AUI) 디자인 연구」에서는 세탁기에 사용하는 기능음의 종류를 분류하고 기능에 따라 길이, 세기, 높이, 음색에 맞춘 AUI 가이드라인을 제공했다(표 3-5, 표 3-6 참조).

표 3-5 세탁기 기능음 종류

기능음 종류	개요
전원 on	세탁기의 전원을 켤 때 나타나는 사운드
세탁코스 선택	세탁기의 다양한 코스를 설정하기 위한 휠을 회전 시 나타나는 사운드
동작 시작	세탁 코스를 선정 후, 작동을 시작하기 위한 버튼의 사운드
1단계 종료	코스의 단계 중 첫 번째 단계의 종료를 알려주는 사운드
2단계 종료	코스의 단계 중 두 번째 단계의 종료를 알려주는 사운드
3단계 종료	코스의 단계 중 세 번째 단계의 종료를 알려주는 사운드
최종 세탁 종료	모든 세탁 코스의 종료 후, 세탁의 종료를 알려줌으로써 세탁물 수거를 알리기 위함
일시 정지	세탁 진행 도중, 작동을 멈추게 하기 위한 버튼음
경고	세탁 시, 문제가 생기면 알려주는 경고음
전원 off	세탁기의 전원을 끌 때 나타나는 사운드

표 3-6 세탁기 기능음 AUI 가이드라인

기능음의 종류	길이(sec)	최고점		음색
		최고점	높이(Hz)	
전원 on	2.30	−21dB	1056Hz	Marimba
세탁코스 선택	1.023	−52dB	776Hz	Marimba
동작시작	1.010	−55dB	776Hz	Marimba
1단계 종료	0.687	−39dB	1573Hz	Marimba
2단계 종료	0.761	−35dB	776Hz	Marimba
3단계 종료	0.874	−36dB	1,573Hz	Marimba
최종코스 종료	17,417	−35dB	1,315Hz	Marimba
일시 정지	0.579	−28dB	776Hz	Marimba
경고	5.875	−93dB	2,005Hz	Whistle
전원 off	1.380	−53dB	776Hz	Marimba

(출처: 세탁기의 사용음 및 신호음을 중심으로 한 청각 인터페이스(AUI) 디자인 연구)

게임UI에 사용되는 효과음을 아직 뒷전으로 여기는 개발사가 많다. 게임UI 자체가 상대적으로 홀대받고 있는 상황에서 GUI도 아닌 AUI에까지 관심을 가지는 것이 쉽지 않다는 현실을 모르는 것은 아니다. 하지만 게임UI가 한 단계 더 발전하기 위해서 AUI에 대한 고민이 필요한 것도 사실이다.

최근 사용자 인터페이스^{User Interface}를 넘어 사용자 경험^{User Experience: 이하 UX} 디자인이 주목받고 있다. UX 디자인은 사용자가 시스템, 제품, 서비스를 이용하면서 경험하고 느끼고 생각하는 것까지 고려해서 디자인하는 것을 의미한다. 사용자가 버튼을 누르면 어떤 기능을 제공해야 하는가를 넘어 해당 버튼을 눌렀을 때 어떤 느낌이 들게 만들 것인가까지 고려한다.

예를 들어 물방울 버튼을 디자인한다면 버튼을 클릭했을 때 시각적인 변화만이 아니라 청각과 촉각 등을 통해 마치 실제 물방울이 터지는 듯한 느낌을 제공하고 심지어 즐거움이나 쾌감 등의 긍정적인 감정까지 불러일으키는 것이 UX라고 할 수 있다. 기계처럼 기능적인 면에 머무르는 것이 아니라 사용자인 인간의 특성과 감정까지 고려한 사용자 인터페이스를 디자인하는 것이 최근 인터페이스 디자인의 추세다. 게임 연구에서도 그리고 게임 개발에서도 더 이상 늦춰져서는 안될 것이다.

참고문헌

- 도널드 노먼 저, 이창우 역,『디자인과 인간심리(The Psychology of everyday things)』, 학지사, 1996.

- 도널드 노먼 저, 인지공학심리연구회 역,『생각 있는 디자인(Things that make us smart)』, 학지사, 1998.

- 도널드 노먼 저, 이영수, 최동성, 박경욱 역,『감성 디자인(Emotional design : why we love (or hate) everyday things)』, 학지사, 2011.

- 스티브 크룩 저, 김지선 역,『상식이 통하는 웹사이트가 성공한다』, 안그라픽스, 2001.

- 정지윤, 박승호,『세탁기의 사용음 및 신호음을 중심으로 한 청각 인터페이스(AUI) 디자인 연구』, Design Convergence Study 37, Vol11, no.6, 2012.

- 콜린 웨어 저, 최재원 역,『데이터 시각화, 인지과학을 만나다』, 에이콘, 2015.

- Gibson, J. J.,「The Ecological Approach to Visual Perception」, Boston: Houghton Mifflin, 1979.

- Hartson, H. R.,「Cognitive, physical, sensory, and functional affordances in interaction design」, Behaviour & Information Technology, 22(5), 315-338, 2003.

- Hurvich, L. M.,「Color vision」, Sunderland, MA: Sinauer Associates, 1981.

- 「AFFORDANCES: DESIGNING FOR ACTION」, FinalMile, 2012.

  https://finalmile.in/behaviourarchitecture/affordances-designing-for-action

- 「Figure/Ground」, http://changingminds.org

  http://changingminds.org/explanations/perception/gestalt/figure_ground.htm

- 「The Norman door - Misleading affordance」, 2016.

  https://www.linkedin.com/pulse/norman-door-alaa-sharaf

- 「Preattentive Perception of Elementary Three-dimensional Shapes」, ScienceDirect, 1996.

  https://www.sciencedirect.com/science/article/pii/0042698995003363

- 「User Interface Design: How to get human visual attention by Gemma Fitzsimmons」

  http://blog.soton.ac.uk/webbers/2012/05/06/user-interface-design-how-to-get-human-visual-attention-by-gemma-fitzsimmons/

6
그래픽과 사운드

상세 디자인의 마지막 단계는 그래픽과 사운드에 대한 방향성을 잡는 과정이다. 그래픽과 사운드는 게임의 시각적, 청각적인 느낌을 통해 게임의 '첫인상'을 결정한다. 그러므로 그래픽과 사운드는 해당 게임의 테마에서 시작해 스토리, 게임 플레이로 이어지면서 전달하고자 하는 바를 감각적으로 표현해낼 수 있어야 한다. 타이틀 화면의 그래픽 느낌만 봐도, 인트로 음악만 들어도 해당 게임에 대한 첫인상이 플레이어에게 순간적으로 각인된다. 첫인상뿐 아니라 게임에 대한 전체적인 인상도 시작 버튼을 누르고 나서 아주 짧은 순간에 대부분이 형성된다. 단기적으로 보면 스토리나 게임 플레이보다 그래픽과 사운드가 게임에 대한 첫인상에 많은 영향을 끼치게 된다.

그래픽이 게임에 있어 중요한 것인가? 그다지 중요하지 않은 것인가?라는 논란은 게임 초창기부터 이뤄져왔다. 그리고 현재까지 많은 게이머들이 서로 상반된 의견을 가지고 있다. 어떤 게이머는 "그래픽은 중요하지 않다. 스토리나 게임 플레이가 훌륭하다면 충분하다"라고 하지만, 다른 게이머는 "그래픽이 뒤처진 게임은 시작하기가 꺼려진다. 주변에 널리고 널린 게 게임인데 굳이 그런 게임을 할 필요는 없다."라는 의견도 있다. 이러한 의견 차이는 그래픽을 기술적인 관점에서 봤기 때문에 발생한 것이다. 흔히 게이머 사이에서는 그래픽 퀄리티라고 칭한다.

대표적으로 일본 개발사인 니혼 팔콤^{日本 ファルコム株式会社}의 게임들을 예로 들 수 있다. 니혼 팔콤의 대표적인 시리즈 작품인 〈이스^{YS}〉와 〈영웅전설^{英雄伝説}〉 시리즈는 최신 작품에서 빈번하게 그래픽 퀄리티에 대한 이슈가 붉어졌다. 스토리나 게임 플레이 면에서는 상당한 수작 평가를 받는 경우가 많지만 현 시대에 맞지 않는 그래픽 퀄리티가 발목을 잡아 대중적인 인기를 끌지는 못했다. 그렇다고 해서 게임이 실패하

는 것도 아니다. 니혼 팔콤은 지속적인 흑자를 내고 있는 대표적인 회사로 자주 언급될 정도다.

그림 3-99 출처: 이스8

그림 3-100 출처: 영웅전설 섬의 궤적2

그래픽을 기술적인 관점, 즉 퀄리티에서 본다면 사람마다 의견을 달리하게 된다. 이는 게임의 구성요소 중 스토리, 게임 플레이, 그래픽 중에 무엇을 중요시할 것인가의, 즉 우선 순위에 대한 문제가 되기 때문에 의견 차이가 있는 건 너무나 당연하다.

그렇기 때문에 게임 디자이너는 그래픽을 퀄리티의 관점에서 보기보다 그래픽이 테마와 부합하는가, 게임 전체적인 분위기에 어울리는가를 우선적으로 봐야 한다고 생각한다.

게임 그래픽 작업은 전문적인 기술이 요구된다. 그렇기 때문에 그래픽 디자이너가 있는 것이다. 게임 디자이너는 게임 그래픽의 전체적인 방향성을 정하고, 테마에 부합하는지 끊임없이 체크하는 역할이지 그래픽 퀄리티를 좌지우지할 입장이라고 볼 수 없다. 프로젝트나 팀에 어떤 그래픽 디자이너가 있는지에 따라서 그래픽 퀄리티가 결정되기 때문이다. 게임 디자이너는 팀 내 그래픽 디자이너의 기술력을 이해하고, 해당 기술력 안에서 게임에 적합한 그래픽의 방향성을 찾고 최대한 분위기를 이끌어내는 역할을 해내야 한다.

그래픽은 게임 디자이너가 할 역할이 아니니 그래픽 디자이너에게 맡기면 된다고 생각한다면 게임 디자이너의 본분을 망각한 것이다. 이럴 경우 게임의 방향성과 분위기와 맞지 않는 이질적인 그래픽을 가진 게임이 얼마든지 나올 수 있다. 이 때 발생하는 대부분의 책임은 게임 디자이너에게 있다고 본다. 그래픽 디자이너와 충분한 의사소통을 하지 않고 방향성을 공유하지 않았기에 발생한 문제이기 때문이다.

그러므로 필자는 게임에 있어 그래픽은 퀄리티와 분위기 2가지로 나눠서 보는 것이 좋다고 생각한다. 그래픽이 좋지 않다는 말은 퀄리티가 좋지 않다는 말인가, 게임과 어울리지 않는 그래픽이라는 말인가? 기술적인 그래픽 퀄리티가 좋지 않은 게임 중에서도 얼마든지 분위기를 잘 살린 그래픽을 가진 게임도 있다. 반면 그래픽 퀄리티는 높지만, 게임의 분위기를 해치는 그래픽을 가진 게임도 있다. 이러한 경우 단순히 게임 그래픽이 좋거나 나쁘다고 평가할 수 있는가? 게임 그래픽을 보는 관점은 세분화돼 논의될 필요가 있다.

사운드는 그래픽과는 다른 이슈를 가지고 있다. 중요한가 여부가 아닌 필요한가에 대한 여부로 나뉜다. 스토리, 게임 플레이, 그래픽, UI 등은 게임에서 필수적인 요소로 분류하지만 사운드의 경우 있으면 좋다는 보조적인 것으로 여기는 개발사, 개발자도 적지 않다. 한국 게임 업계에서 사운드 팀을 보유하고 있는 개발사는 손에 꼽을 정도이며, 사운드 디자이너를 정식으로 채용하고 있는 곳도 극소수에 불과하다. 때문에 게임을 거의 만들고 나서야 최소한의 사운드를 끼워 맞추곤 한다. 그만큼 게임의 방향성이나 분위기에 맞지 않을 가능성이 높아진다. 충분히 지원해주지 않았으니 퀄리티가 상대적으로 낮은 것도 어쩔 수 없다.

반면 서양과 일본 개발사는 사운드를 그래픽 못지않게 중시해왔다. 게임 디자인의 초기 단계부터 게임에 어울리는 사운드는 어떤 것인가, 어떤 위치에 어떤 사운드를 배치할 것인가, 어떤 환경에서 녹음할 것인가 철저하게 계획한다. 전문적인 사운드 디자이너도 활발히 활동하고 있으며, 게임 사운드를 전문으로 다루는 스튜디오도 많다. 유명 오케스트라와 함께 게임 OST^Original Soundtrack를 발매하는 것도 드문 일이 아닐 정도로 게임 사운드에 막대한 투자를 한다.

니혼 팔콤의 경우 우스갯소리로 게임 회사가 아닌 음반 회사라고 불릴 정도로 게임 사운드에 심혈을 기울인다. 니혼 팔콤이외에도 서양과 일본의 무수한 비디오 게임 개발사는 그래픽에 필적할 정도로 게임 사운드 개발에 공을 들이고 있다.

게임 사운드는 단편적으로 보기에 게임에 있어 필수적인 요소는 아닐 것이다. 없다고 해서 게임이 실행되지 않는 것은 아니다. 하지만 이는 게임도 프로그램 중에 하나라는 기술적인 관점에서 봤을 경우다. 플레이어의 감각적인 관점에서 본다면 게임 그래픽은 시각적인 경험을, 게임 사운드는 청각적인 경험을 만들어낸다. 플레이어의 관점에서 본다면 그래픽과 사운드는 동등한 요소가 된다. 실제 아무리 잘 만들어진 명작 게임이라고 할지라도 사운드를 듣지 않고 플레이하면 재미가 크게 반감되는 경우가 많다. 사운드가 게임과 플레이어에게 주는 영향은 결코 작다고 할 수 없다.

그러므로 게임 디자이너는 기술적인 관점이 아닌 플레이어의 관점에서 게임 사운드를 디자인하도록 노력해야 한다. 즉 게임 그래픽과 사운드를 동등한 수준으로 바라보고 사운드 디자인에도 충분한 관심과 노력을 기울여야 한다.

그래픽과 사운드가 아무리 기술적으로 뛰어나다고 해도 플레이어의 감정을 감각적으로 건드리지 못한다면 실패한 디자인이다. 그렇기 때문에 게임 디자이너는 해당 게임과 어울리는 그래픽과 사운드를 선정하기 위해 많은 노력을 해야 한다. 무조건 고퀄리티의 3D 실사 그래픽이 좋은 것이 아니다. 해당 게임에서 어떤 테마를 표현하고자 하는지에 따라 2D 도트 그래픽이 플레이어의 마음을 움직일 수도 있는 것이고, 16bit BGM이 해당 게임을 잘 표현할 수도 있다. 그래픽과 사운드를 통해서 플레이어들에게 어떤 첫인상을 전달하고 싶은가? 이 질문에 대한 답을 그래픽과 사운드로 표현하면 된다.

그래픽 디자이너에게 유용한 그래픽 관련 이론, 사운드 디자이너에게 유용한 사운드 관련 이론은 많다. 하지만 이러한 그래픽, 사운드 관련 이론이 게임 디자인 과정에 직접적으로 활용되기는 어렵다. 게임 디자이너에게 있어 이러한 이론은 이해하기 힘든 다른 분야의 이론일 뿐이다. 게임 디자인과 그래픽 디자인은 전혀 다른 스킬을 요구하는 별도의 전문 분야이기 때문이다.

물론 게임 디자이너가 그래픽, 사운드 관련 이론을 알고 있다면 좋겠으나 분야가 다르기에 한계가 존재한다. 따라서 필자는 앞으로 게임 디자이너의 관점에서 그래픽과 사운드 관련 이론을 활용하기 쉽게 해석한 연구가 많이 진행됐으면 한다. 현재 그래픽은 전문적인 그래픽 연구를, 사운드는 전문적인 사운드 연구를 할 뿐이지, 융합적으로 게임 디자인에서 그래픽과 사운드를 어떻게 계획하고, 평가하고, 관리할 수 있는지에 대한 연구는 이뤄지고 있지 못하다.

현재 게임 디자인 과정에서 직접적으로 도움이 될 만한 그래픽, 사운드 관련 이론을 찾는 것은 쉽지 않았다. 게임 디자인에서 활용할 만한 몇 가지 간단한 이론과 개념을 정리했다.

68 그래픽: 언캐니 밸리

게임 디자이너는 캐릭터 설정을 문서화해 그래픽 디자이너에게 전달한다. 그래픽 디자이너는 설정에 맞게 캐릭터를 그린다. 캐릭터가 2D나 3D로 형태가 잡히면 게임 디자이너는 그래픽 디자이너와 의견을 교환하며 수정 작업을 진행하게 된다. 기술적인 문제도 발생할 수 있고, 게임 디자이너의 예상과 다른 캐릭터가 디자인될 수도 있다. 하지만 이러한 문제는 충분히 해결할 수 있거나 적어도 타협할 수 있는 문제다. 가장 큰 문제는 캐릭터가 플레이어에게 왠지 모르게 불쾌감을 주게 디자인됐을 경우다.

이러한 불쾌한 감정을 언캐니 밸리Uncanny Valley라고 한다. 언캐니 밸리는 한국어로 불쾌한 골짜기라고 번역돼 사용되고 있다. 언캐니 밸리는 일본의 로봇공학자 마사히로 모리Mori Masahiro가 제시한 로보틱스 이론으로, 인간이 로봇이나 인간이 아닌 것들에 대해 불쾌하게 느끼는 감정을 설명하고 있다(그림 3-101 참조).

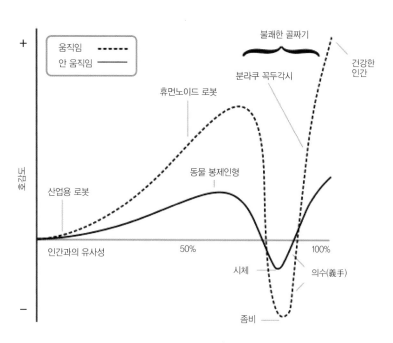

그림 3-101 언캐니 밸리(불쾌한 골짜기)

(출처: https://namu.wiki/w/%ED%8C%8C%EC%9D%BC:Mori_Uncanny_Valley_ko.png)

언캐니 밸리는 움직임, 안움직임(독립변인)에 따라 호감도, 인간과의 유사성(종속변인)에 어떤 변화가 일어나는지 상관관계를 연구한 것이다. 언캐니 밸리의 의미는 2가지로 정리할 수 있다.

1) 로봇이나 인간이 아닌 것은 인간과의 유사성이 커질수록 보편적으로 호감도가 커진다. 하지만 인간과 유사한 정도가 어느 정도 올라가면 호감도가 급속하게 떨어지는 구간이 발생한다. 호감도가 마이너스 상태로 떨어져 오히려 불쾌한 감정을 느

끼게 되므로 이를 불쾌한 골짜기라고 한다. 인간과 구분하기 어려울 정도로 가까워지면 다시 호감도가 급격하게 상승한다.

시체나 좀비와 같이 인간과 유사한 점이 많지만 이질적인 부분이 있으면 호감이 가기보다 오히려 섬뜩함이나 불쾌감을 느낀다는 것을 설명한다. 인간은 생존을 위해 자신들과 비슷한 것들 중에 빠르게 이질적인 것을 식별하고 배제하기 위해서 진화했다는 것이 언캐니 밸리에서 주장하는 바다. 처음부터 완전히 다른 것은 쉽게 식별할 수 있어 위험이 적지만, 내부에 있는 이질적 대상은 일순간에 집단을 심각한 위험에 빠트릴 수 있기 때문에 인간의 본능으로 자리잡았다는 것이다(그림 3-102 참조).

그림 3-102 언캐니 밸리의 예시

(출처: https://www.strangerdimensions.com/2013/11/25/10-creepy-examples-uncanny-valley/)

2) 로봇이나 인간이 아닌 것 중에 움직임이 있는 것과 없는 것을 비교하면 움직임이 있는 쪽이 호감도 변화폭이 크다. 움직임이 없는 동물 봉제 인형보다 움직임이 있는 휴머노이드 로봇이 인간과의 유사성이 동일할 때 보다 호감이 생긴다. 하지만 반대로 움직임이 없는 시체보다 움직임이 있는 좀비가 인간과의 유사성이 동일할 때 보다 강한 불쾌감이 든다.

언캐니 밸리는 게임 캐릭터 그래픽에도 중대한 시사점을 남긴다. 단순히 그래픽 기술을 시험해보기 위해서 인간과 유사하게 만들고자 한다면 언캐니 밸리에 빠질 위험이 있다. 3D 기술이 본격적으로 게임에 도입되기 시작한 1990년대에서 2000년대까지는 사용할 수 있는 그래픽 리소스에 한계가 있었기 때문에 단순히 그래픽 퀄리티가 높아질수록 호감도도 높아졌다. 그러나 3D 기술이 높아졌음에도 불구하고 7세대 콘솔 시대인 2000년대와 2010년대 일부 게임에서 인간과 비슷하지만 오히려 불쾌감이 드는 경우가 발생했다. 인간과 꽤 비슷해 보이지만 캐릭터의 표정이나 동작이 어색하거나 인체 비례가 잘못돼 있어 거부감이 든 경험을 한 게이머가 상당수 있을 것이다.

하지만 이러한 현상은 8세대 콘솔 시대로 넘어오면서 거의 극복했다고 볼 수 있다. 2018년 5월에 출시된 〈디트로이트: 비컴 휴먼〉이나 2018년 후반기~2019년 출시 예정인 다수의 게임은 명백하게 세밀한 표정 묘사까지 인간과 유사한 수준까지 도달했다(그림 3-103 참조).

이전에 주목받았다가 세간의 관심에서 멀어지기를 반복한 VR 기술이 2016년에 다시 게임과 함께 등장한 데에는 언캐니 밸리를 극복할 만큼 게임 그래픽 기술 수준이 높아졌기 때문이라고 본다. 가상현실 속에서 1인칭으로 근접 거리에 있는 캐릭터를 보게 되는 VR 게임에서 언캐니 밸리는 일반적인 게임보다 더욱 극명하게 나타날 수밖에 없다.

그림 3-103 출처: 디트로이트: 비컴 휴먼 트레일러(클로이)

게임 디자이너는 언캐니 밸리의 개념을 이해한 상태에서 게임 그래픽의 방향성과 전반적인 퀼리티를 결정해야 실수를 줄일 수 있다. 그냥 현재 팀에서 할 수 있는 최대의 퀼리티로 게임 그래픽을 만들면 되지 않을까 생각한다면 이후 돌이킬 수 없는 문제가 생길 수도 있다. 현재 팀의 그래픽 디자인 능력으로 언캐니 밸리를 뛰어넘지 못한다면 개발 초창기부터 냉정하게 판단해서 그래픽의 방향성을 바꿔야 한다. 언캐니 밸리를 뛰어넘을 그래픽 기술력이 없다면 언캐니 밸리에 들어가기 전 수준의 그래픽 퀼리티로 선회해야 한다. 플레이어에게 불쾌감을 주는 것만큼 최악의 그래픽은 없다.

게임 디자이너의 기지로 이러한 문제를 극복한 사례도 있다. 3장의 '32. 게임 캐릭터의 기초 개념'에서 언급했던 〈메탈 기어 솔리드〉는 언캐니 밸리를 극복하기 위해서 캐릭터의 눈을 일부러 그리지 않았다. 당시 그래픽 기술로 눈을 그려봐야 오히려 플레이어에게 불쾌감을 줄 뿐이라고 판단했기에 의도적으로 인간과 유사한 정도를 낮춘 것이다. 인간은 눈에 보이지 않는 것도 상상 속에서 그려낼 수 있다는 점을 잘 활용한 것이다. 이러한 판단을 하기 위해서 게임 디자이너는 그래픽에도 관심을 가져야 하며, 그래픽에 대한 기초적인 이론은 알고 있는 것이 좋다.

다만 모든 캐릭터를 반드시 언캐니 밸리에 들어가지 않도록 디자인해야 한다고 받아들여서는 안 된다. 언캐니 밸리를 역으로 이용할 수도 있다. 주인공 캐릭터의 경우 플레이어에게 호감을 줘야 하지만, 적 캐릭터나 일부 캐릭터의 경우 플레이어에게 시각적으로도 불쾌감을 불러일으키는 편이 유용한 경우도 존재한다. 주인공을 배신하는 역할이나 가짜 영웅과 같이 처음 설정에는 선한 것으로 설정돼 있기 때문에 설정만으로는 해당 캐릭터의 역할을 알아 차릴 수 없다. 하지만 플레이어에게 아무런 힌트 없이 갑자기 배신이 일어난다면 당황하게 된다. 사소한 것으로 알아차리지 못하게 힌트를 주는 것이 좋은데 이 때 언캐니 밸리를 반대로 이용하는 것도 좋을 것이다.

언캐니 밸리를 어떻게 활용하는가에 따라서 플레이어에게 호감을 제공할 수도 있고 불쾌감을 제공할 수도 있다는 점을 잊지 말자. 황금 비율을 맞춰 편안함을 제공할 수 있는 것과 황금 비율을 의도적으로 깨서 불편함을 제공하는 것과도 비슷한 이치다.

69 그래픽: 거울 신경 세포와 제임스-랑게 이론

연극이나 영화에는 배우가 존재한다. 배우의 말뿐만 아니라 표정까지 청중에게 직접적으로 전달된다. 배우의 표정이 감정으로 바뀌어 그대로 청중에게 전해지며, 이에 따라 청중도 배우의 감정을 공유받게 된다. 연극과 영화에서 배우가 중요한 것은 이러한 이유다. 어떤 배우인지에 따라 청중에게 전달하고자 하는 감정을 오롯이 전달할 수 있는 반면, 전혀 그렇지 못한 배우도 있다.

반면 게임에는 일반적으로 배우가 없고 캐릭터를 통해 플레이어에게 감정을 전달해야 한다. 그래픽이 발달하지 않았던 시기에 게임 디자이너는 주로 스토리를 통해서 플레이어에게 감정을 전달했다. 하지만 2D나 3D 그래픽 기술이 발달하면서 캐릭터의 세부적인 표정 묘사 또한 사실적으로 변하고 있다. 이제 게임에서도 캐릭터의 말과 표정을 통해서 플레이어에게 세심한 감정을 전달할 수 있게 된 것이다. 물론 아직까지 단순한 형태의 캐릭터를 활용하는 게임은 캐릭터보다 스토리를 통해 감정을 전달하게 된다. 이제 게임의 캐릭터가 배우의 역할을 훌륭히 소화해낼 수 있는 시대가 됐다.

영화 배우 또는 게임 캐릭터의 표정이나 행동에 따라 청중이나 플레이어는 웃거나 슬퍼한다. 자신의 감정이 아님에도 말이다. 게임 디자이너는 이러한 현상을 이해해야 플레이어에게 캐릭터를 통해 자신이 원하고자 하는 감정을 적절한 시기에 전달할 수 있다. 이러한 현상은 2가지 이론으로 설명할 수 있다.

첫 번째는 거울 신경 세포Mirror Neurons다. 이탈리아 과학자들이 원숭이의 뇌에서 발견한 신경 세포로 동물은 다른 개체의 행동을 관찰해 거울을 보듯이 따라한다는 것이다. 다른 개체를 모방하는 과정에서 거울 신경 세포가 활성화된다는 주장이다. 그림 3-104처럼 동물이나 조류뿐 아니라 인간에게도 비슷한 현상이 관찰됐다. 갓난아이를 둔 부모는 자신의 우스꽝스러운 표정을 아이가 따라하는 것을 보고 신기하게 생각한다. 거울 신경 세포를 믿고 있는 입장에서는 아이가 부모의 표정을 보고 따라하는 것은 부모를 따라함으로써 보다 더 교감을 나누기 위함이라는 주장을 한다. 이러한 현상은 부모나 자식 간만이 아니라 부부나 연인끼리 점차 닮아간다는 말에서도 엿보인다.

다만, 거울 신경 세포는 원숭이를 대상으로 한 실험에서 발견된 것이고, 인간에게도 유사한 현상이 관찰되기에 인간에게도 거울 신경 세포가 있을 것이라고 추측을 하는 것이지 실제 과학적 근거가 있는 이론은 아니라는 점은 알고 있자.

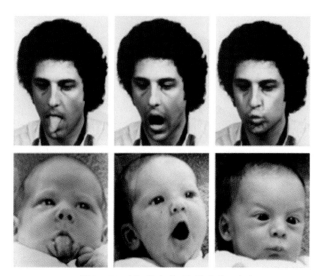

그림 3-104 거울 신경 세포를 설명하는 예시
(출처: https://blog.cognifit.com/mirror-neurons/ Meltzoff & Moore, Science, 1977)

두 번째는 제임스-랑게^{James-Lange Theory} 이론이다. 윌리엄 제임스^{William James}와 칼 랑게^{Carl Lange}는 인간의 감정에 대한 색다른 관점을 제시했다. 제임스-랑게 이론을 간단히 설명하면 인간은 기쁘기 때문에 웃는 것이 아니라 웃기 때문에 기쁘고, 슬프니까 우는 것이 아니라 우니까 슬프다는 것이다.

일반적으로 인간은 어떠한 상황이 발생했을 때 감정이 먼저 발생하고 그 감정에 의해서 행동이 일어난다고 생각한다. 예를 들어 공포 체험을 하러 가면 귀신 분장을 한 사람들이 보일 때 대부분의 사람들은 두려움이라는 감정이 생기고, 두려움이라는 감정에 따라서 손에 땀이 나고 가슴이 두근거리는 현상이 발생한다고 생각해왔다.

그러나 제임스-랑게 이론에 따르면 정반대라는 것이다. 위협적인 상황에 처하면 인간은 그 상황에 대응하기 위해서 일단 자율신경계에 따라 손에 땀이 나고 심박수가 증가하는 현상이 일어나며, 이러한 현상을 스스로 인지했을 때 비로소 공포심이라는 감정이 발생한다는 것이다. 위협적인 상황에 처했음에도 불구하고 손에 땀이 나거나 심박수가 증가하는 현상이 발생하지 않는다면 인간은 공포심을 느끼지 못한다는 것이다. 이러한 제임스-랑게 이론은 웃음 치료에서 적극적으로 활용하고 있다. '행복해서 웃는 것이 아니라, 웃으니까 행복해지는 겁니다'라는 말은 바로 제임스-랑게 이론에서 온 말이다.

게임 캐릭터의 표정을 어떻게 디자인할 것인가는 그래픽 디자이너만의 문제는 아니다. 그래픽 디자인 기술이 발전하면서 어떤 대사에 어떤 표정을 지어야 할지 게임 디자이너가 구체적으로 정해서 그래픽 디자이너에게 전달해줄 필요가 있다. 특히 게임에서도 모션 캡처Motion capture 기술을 보편적으로 활용하게 되면서 게임 캐릭터의 표정까지 게임 디자이너가 신경써야 하는 시대가 됐다. 마치 영화 감독이 배우의 표정 하나하나를 관찰하고 마음에 드는 표정이 나올 때까지 씬을 반복하는 것처럼 말이다. 모션 캡처 기술을 사용하지 않는다고 할지라도 캐릭터의 표정이 보이는 고폴리콘 캐릭터를 활용한 게임에서는 캐릭터의 표정을 결정하는 것도 게임 디자이너의 몫이 됐다.

게임 캐릭터가 말이나 표정으로 보여주는 감정은 플레이어의 감정이 아니다. 캐릭터의 감정이 플레이어에게 전달되는 것이다. 이러한 것은 거울 신경 세포와 제임스-랑게 이론으로 이해할 수 있다. 플레이어는 캐릭터의 표정을 따라하기도 하며, 캐릭터와 교감을 일으킬 수 있다. 캐릭터에 충분히 감정이입 됐다는 가정하에서 말이다. 그리고 캐릭터의 표정을 따라하는 것에 의해 실제 플레이어에게도 캐릭터의 감정과 유사한 감정이 발생된다고 볼 수 있다. 다시 말해서 제임스-랑게 이론에 따르면 플레이어에게 슬픔을 전달하기 위해서 반드시 먼저 플레이어를 슬프게 만들 필요는 없어졌다. 감정은 전염된다. 지금의 게임 그래픽 기술로는 게임 내 캐릭터의 슬픈 표정이나 우는 모습으로 인해 플레이어에게 슬픔을 전염시킬 수도 있다. 그만큼 게임 캐릭터는 배우와 맞먹을 만큼 중요해졌다. 이제는 게임 캐릭터 디자인을 그래픽 디자이너의 역할이라고 생각하지 말고, 플레이어가 공감할 수 있게 정교하게 설정된 캐릭터를 창조하기 위해서 게임 디자이너가 적극적으로 나서야 한다.

70 그래픽: 쫄지 않는 자세&쪼는 자세

앞서 게임 그래픽에서 캐릭터 표정에 대해서 알아봤다면 이제 캐릭터 모션에 대해서 알아볼 차례다. 게임 그래픽 기술이 발전함에 따라 캐릭터 표정만 아니라 캐릭터 모션도 매우 정교해졌다. 과거 게임 캐릭터의 모션은 매우 단조로웠다. 몇 가지 대표적인 특징을 잘 살린 것만으로 충분했다. 그러나 높은 그래픽 퀄리티가 요구되는 시점이 이르러서 캐릭터 모션이 어색한 게임은 많은 비판을 받아야만 했다.

많은 게이머들은 어째서 캐릭터의 모션 하나하나에 민감하게 반응할까? 3장의 '68. 그래픽: 언캐니 밸리'에서 언급했지만 인간과의 유사성이 높아진 게임 캐릭터의 경우, 미묘하게 이질적인 모션에도 상당한 불쾌감을 줄 수 있다. 특히 모션은 캐릭터의 움직임을 표현하고 있기 때문에 더욱 더 민감하게 반응하게 된다.

캐릭터 모션이 점차 플레이어에게 큰 영향을 줌에 따라 단순히 캐릭터의 자연스러운 동작을 보여주는 것 이외의 기능이 부각되고 있다. 캐릭터 모션을 통해 인간이 바디 랭귀지를 하는 것과 같이 플레이어와 의사소통이 가능해졌다. 기존에 이모티콘 등을 통해서 이뤄졌던 게임 내 의사소통을 이제는 캐릭터 모션으로 대체할 수 있게 됐다. 마치 인간과 인간끼리 바디 랭귀지로 대화하듯이 말이다.

바디 랭귀지는 전 세계 공통이라고 할 정도로 강력한 의사소통 수단이다. 마찬가지로 게임 내에서 캐릭터의 모션을 통해 플레이어에게 감정을 전달하는 방식은 전세계 게이머가 별 다른 설명없이 공감할 수 있는 강력한 수단이 됐다. 이제 이러한 강력한 수단이 게임 디자이너의 손에 쥐어 줬다. 이를 활용할 수 있을 것인가, 활용하지 못할 것인가는 게임 디자이너의 역량에 달려 있다고도 볼 수 있다.

캐릭터 모션을 게임 내 의사소통 수단으로 어떻게 활용하면 좋을까? 캐릭터 모션을 의사소통에 잘 활용한 예로 〈다크 소울〉 시리즈의 '제스처'를 들 수 있다. 여러 MMORPG에서도 이미 다양한 모션을 명령어 형태로 제공해 플레이어 간 의사소통을 돕는다. 그런데 점차 모션이 화려하고 복잡하게 변하고 있다. 아이돌의 춤까지 넣어가며 마치 모션 그래픽 기술을 자랑하기 위한 용도로 변질됐다. 멋있는 모션을 플레이어에게 제공하는 것은 좋다. 하지만 바디 랭귀지의 핵심은 큰 동작을 통해 단순한 감정을 명확하게 전달하는 것에 있다. 이러한 점에서 〈다크 소울〉 시리즈의 제스처에 높은 평가를 하고자 한다.

〈다크 소울〉 시리즈하면 여러 가지 단어가 떠오른다. You Died를 의인화한 유다희라는 용어로도 유명하지만 NPC인 솔라를 대표하는 제스처인 '태양 만세'가 전 세계적으로 인기를 끌었다. 양손을 하늘 높게 치켜 올리는 이 단순한 모션은 아주 심플함에도 불구하고 많은 게이머의 사기를 올리는 데 지대한 영향을 미쳤다. 많은 플레이어는 보스를 잡은 이후에 태양 만세 제스처를 사용하기도 하고, 멀티 플레이 시에는 보스전에 들어가기 전에 한 곳에 모여 태양 만세 제스처를 사용함으로써 팀워크를 나지고 사기를 올리는 데 사용한다.

왜 태양 만세라는 제스처는 많은 게이머에게 사랑을 받았을까? 사회심리학자인 에이미 커디^{Amy Cuddy}는 쫄지 않는 자세^{Power Pose}와 쪼는 자세^{Low Pose}라는 개념을 제시했다. 가슴을 펴고, 손을 번쩍 든 움직임은 쫄지 않는 자세로 자신감을 가지게 만들며, 고개를 떨구고 손을 모으거나 웅크리는 움직임은 쪼는 자세로 위축되는 감정을 가지게 만든다는 것이다. 인간은 어떤 자세를 취하고 있는지에 따라서 감정이 변하게 된다는 의미다.

이러한 개념에서 보면 태양 만세라는 제스처는 플레이어에게 자신감을 불러일으키는 대표적인 쫄지 않는 자세에 해당된다(그림 3-105 참조). 스스로 반복함으로써 자신감을 가질 수 있고 다른 플레이어와 감정을 공유하며 사기를 돋굴 수 있는 아주 효과적인 모션이라는 것이다. 이는 3장의 '69. 그래픽: 거울 신경 세포와 제임스-랑게 이론'에서 언급했던 제임스-랑게 이론과 맥락을 같이 한다. 자신감 넘치는 인간의 모션을 따라하는 쫄지 않는 자세를 함으로써 실제 자신감을 얻게 된다는 것이다. 반대로 웅크리는 제스처를 사용한다면 소극적이고 방어적으로 변하며 감정적으로 위축되게 된다(그림 3-106 참조).

그림 3-105 출처: 다크 소울3(태양 만세 제스처)

그림 3-106 출처: 다크 소울3(웅크리기 제스처)

캐릭터 모션은 게임 그래픽이 발전할수록 보다 까다로운 기준 아래에서 평가받을 것이다. 그리고 이제 긴 문장으로 구성된 텍스트 중 상당수가 캐릭터의 모션이나 표정으로 대체될 것이다. 이제 캐릭터의 모션을 어떻게 활용한 것인지 게임 디자이너가 고민하는 것이 당연한 시대가 됐다. 쫄지 않는 자세와 쪼는 자세는 캐릭터 모션을 통해 플레이어에서 감정을 전달하고 플레이어 간의 의사소통을 제공하기 위한 하나의 활용법에 불과하다. 이제 인간의 몸짓에 대한 다양한 자료를 살펴볼 필요가 있다.

캐릭터의 게임 내 움직임을 다루는 모션이라면 가능한 인간과 유사하게 해 언캐니 밸리에 빠지지 않도록 그래픽 디자이너와 소통하면서 체크하면 된다. 그런데 캐릭터 모션을 활용해서 플레이어와 또는 플레이어 간의 의사소통을 제공하려고 한다면 어떤 모션을 제공할지 게임 디자이너가 상세하게 문서화해줄 필요가 있다.

이처럼 캐릭터 모션을 활용해서 얼마든지 새로운 콘텐츠를 만들 수 있다. 다만 캐릭터 모션을 게임 내 콘텐츠로 활용하고자 한다면 게임 디자이너가 방향성을 잘 잡아줘야 한다. 어떤 모션을 통해 플레이어가 어떤 감정을 느끼게 될지 충분히 고민한다면 개발 비용이 크게 들어가지 않으면서 플레이어의 입장에서 매우 매력적인 콘텐츠를 제공할 수 있다.

71 사운드: 칵테일파티 효과

점차 많은 미디어에서 인간의 오감을 최대한 활용하는 방향으로 발전하고 있다. 예전 눈으로만 읽었던 책도 현재는 귀로 들을 수 있는 오디오북이 등장하면서 고정관념이 깨지고 있다. 게임이나 VR에서도 시각과 청각에서 점차 촉각, 후각, 미각에 대한 연구가 이뤄지고 있다. 앞으로 미디어는 보다 소비자를 몰입시키기 위해서 오감 모두를 충분히 활용하는 형태로 발전할 것이다. 이러한 상황에서 오감의 특징에 대한 이해가 필요하다.

인간의 오감 중 유일하게 스스로의 의지로 차단할 수 없는 것이 청각이다. 보고 싶지 않은 것은 눈을 감으면 되고, 냄새를 맡기 싫다면 일시적으로 숨을 참으면 된다. 만지고 싶지 않은 것이나 맛을 보고 싶지 않은 것은 얼마든지 거부할 수 있다. 그러나 들려오는 소리는 스스로의 의지로 막을 수 없다. 그렇기 때문에 듣고 싶지 않은 소리가 있다면 다른 소리를 이용해서 차단하게 된다. 청각이 가진 이러한 특징은 사운드를 활용하는 모든 분야에서 중요한 의미를 가진다. 시각, 촉각, 후각, 미각과 차별화해서 다뤄야 한다.

인간은 스스로의 의지로 청각 정보를 차단할 수 없다. 그렇기 때문에 일시적으로 듣고 싶은 소리를 선택적으로 집중해서 받아들일 수 있도록 진화했다. 이러한 현상은 콜린 체리^{Colin Cherry}가 제시한 칵테일파티 효과^{Cocktail Party Effect}에서도 알 수 있다. 칵테일파티 효과는 시끄러운 음악이 흐르고 수많은 참석자가 동시에 떠들고 있는 시끌벅적한 파티에서도 눈 앞에 호감가는 상대와 이야기를 하면 다른 소리가 거의 들리지 않을 정도로 집중해서 잘 듣게 되는 현상을 말한다. 칵테일파티 효과에서 중요한 것은 자신에게 의미 있는 정보를 일시적이지만 선택적으로 받아들인다는 것이다.

스스로의 의지로 소리를 차단하지 못하는 상황에서 주변에서 들려오는 모든 소리를 뇌에서 처리한다면 인간은 살아갈 수 없을 것이다. 게다가 위협적인 소리는 수많은 소리 가운데서 민감하게 알아차려야 생존할 수 있었다.

인간은 자신이 알고 있는 익숙한 소리에 빠르게 반응할 수 있다. 여러 소리가 섞여 있다고 해도 집중해서 해당 소리를 뇌에서 처리한다. 영어 듣기 평가에서 알고 있는 단어나 문장은 귀에 쏙 들어와도 모르는 표현은 여간해서 귀에 들어오지 않는다. 아무리 시끄러운 곳에서도 자신의 이름이 들리면 반사적으로 반응하게 된다. 안내방송에서 특정한 멘트를 반복하는 이유는 그 멘트를 듣게 되는 순간 다른 소리가 아닌 그 소리에 집중할 수 있게 유도하기 위함이다. 칵테일파티 효과를 활용하고 있는 것이다.

칵테일파티 효과는 게임 디자인에서도 활용할 수 있다. 게임 사운드를 어떻게 배치할 것인가, 게임 내 여러 소리 중에 플레이어에게 어떤 순간에 어떤 소리에 집중하게 만들 것인가에 대해서 힌트를 준다.

〈바이오쇼크〉는 곳곳에 녹음기를 배치해 스토리나 세계관에 대한 부가 설명을 한다. 녹음기를 듣는 순간에도 게임은 그대로 진행되고 있기 때문에 녹음기에서 목소리가 들리는 도중에도 얼마든지 전투가 일어날 수 있다. 몬스터끼리 대화하는 소리,

경보가 울리는 소리, 물이 흐르는 소리 그리고 녹음기의 소리가 동시에 들릴 수 있는 환경이다. 이럴 때 녹음기 소리가 잘 들릴까? 플레이어는 우선 살아남아야 하기 때문에 생존에 필요한 경보나 몬스터의 소리에 우선적으로 귀기울여 현재 상황을 파악하고 몬스터의 종류를 알아내려 한다. 이 상황에서 부가적인 스토리 설명은 크게 의미가 없어진다.

〈바이오쇼크〉는 여러 면에서 매우 잘 만들어진 게임이다. 하지만 칵테일파티 효과의 관점에서 보면 녹음기에 대한 디자인에 개선이 필요하다는 것을 알 수 있다. 플레이어가 녹음기에서 들려나오는 내용에 관심을 가졌으면 하는 생각으로 곳곳에 배치했지만, 전투가 일어나는 상황에서 녹음기 소리는 선택되지 않는 소리가 돼 전혀 들리지 않는 버려지는 소리가 돼버린다.

그림 3-107 출처: 바이오쇼크

〈Grand Theft Auto V〉나 〈L.A. 느와르〉와 같은 근현대를 배경으로 한 액션 어드벤처에서는 플레이어에게 차량을 직접 운전할 수 있도록 제공한다. 그리고 차량을 타고 이동하는 도중 캐릭터 간 대화를 통해 스토리를 풀어가는 경우도 많다. 그런데 급박하게 추격전을 하고 있는 상황에서 캐릭터 간의 대화가 귀에 들어올까? 플레이어는 현 상황에서 더 중요한 소리에 집중하기 때문에 캐릭터 간의 대화는 선택받지 못한다. 이러한 디자인은 아쉽게도 칵테일파티 효과를 고려하지 않은 것이다. 힘들게 고생해서 개발했음에도 효과를 크게 보지 못하는 좋지 않은 디자인이라 할 수 있다.

그림 3-108 출처: Grand Theft Auto V

칵테일파티 효과를 게임 사운드에 활용하려면 '의미 있는 정보를 선택적으로 받아들인다'에 주목할 필요가 있다. 피실험자에게 각각 다른 문장을 목소리A, 목소리B, 목소리C로 동시에 읽어준다고 가정하자. 다만, 시작 전 피실험자에게 특정 단어가 들리면 해당 목소리에 집중하라고 알려준다. 그리고 목소리B로 말하는 문장 중간에 특정 단어를 포함시킨다. 초반 부분에서는 실험에 참가하는 사람에 따라 집중하는 목소리가 다르다. 선호하는 목소리나 관심이 가는 내용에 선택적 집중을 한다. 그러나 특정 단어가 들리는 순간 대부분의 실험자는 목소리B에 집중하게 된다. 이러한 실험은 게임 디자인에서 사운드를 어떻게 활용할 수 있는지 강력한 힌트를 제공한다.

다양한 사운드가 겹치는 구간에서 플레이어가 집중했으면 하는 사운드가 있다면 이전 단계에서 지속적으로 노출시키거나 플레이어가 알 수 있도록 자주 언급해줘야 한다. 다만 너무 뻔하게 보여서는 안 된다. 게임 사운드도 세밀한 부분까지 고려하고자 마음만 먹는다면 다양한 이론을 통해서 얼마든지 깊이 있게 고민할 수 있다.

참고문헌

- 「Mirror neurons: The most powerful learning tool」, CogniFit, 2017.

  https://blog.cognifit.com/mirror-neurons/

- 「The Uncanny Valley」, 1970.

  https://web.archive.org/web/20070302104914/http://www.androidscience.com/
  theuncannyvalley/proceedings2005/uncannyvalley.html

4장
QA를 위한 이론

지금까지 상세 디자인에 도움이 될 만한 이론과 개념을 살펴봤다. 상세 디자인이 끝나면 게임 디자인 프로세스가 끝났다고 봐야 할까? 1장의 '04. 게임 디자인 프로세스'에서 설명했듯이 아직 QA 단계가 남아있다. 상세 디자인은 게임 개발이 본격적으로 이뤄지기 이전부터 시작돼 개발이 완료되는 순간까지 이어진다. 이후 QA 단계에서 수정할 사항이 발생하면 해당 내용을 문서에 적용시키고 실제 수정이 됐는지 확인하는 작업이 남아있다. 하지만 이 단계에 이르러 디자인 상에 큰 변화를 주기는 어렵다. 만약 이 단계에서 큰 변화가 필요하다고 판단된다면 냉정하게 출시 일정을 연기하는 것에 대해서 논의할 필요가 있다(그림 1-13 참조).

팀의 관리자들이 모여 내부적으로 게임 개발이 완료됐다고 합의되면 자연스럽세 게임 디자인 프로세스의 상세 디자인 단계도 종료된다. 이제 남은 것은 QA 단계다. 게임 디자이너, 프로그래머, 그래픽 디자이너 중 일부는 QA 단계를 중요하게 생각하지 않으며 심지어 껄끄럽게 여기기도 한다. 자잘한 수정부터 시작해 지금까지 만들어왔던 것의 기준을 흔드는 당황스러운 수정 요청이 끊임없이 들어오면 인간인 이상 이러한 상황을 반길 수만은 없을 것이다.

QA 단계에서는 버그&수정 리스트를 작성하고, 각각 등급을 매기고, 우선 순위를 결정하는 과정에서 수정을 할 것인지 말 것인지, 수정을 한다면 언제 어떻게 수정을 할지 각 팀이 모여 협의하게 된다.

몇몇 관리자는 개발이 끝남과 동시에 QA 단계를 고려하지 않고 새로운 업무를 할당하기도 한다. 언제 수정 사항이 나올지, 어떤 수정 사항이 나올지 알지 못하는 상태에서 언제까지 개발자들을 대기하게 놔둘 수는 없을 것이다. 그러나 이러한 개발 환경에서는, 다른 개발을 진행하면서 동시에 QA 단계에서 발생하는 수정 사항을 처리하다 보니 공들여 수정하고 제대로 테스트에 참여하기 어려운 것도 사실이다. 경험 있는 관리자라면 QA 단계에 대한 일정 배분 관리를 어떻게 해야 할지 잘 알고 있을 것이다. QA 단계에 속해 있는 개발자의 경우 업무와 일정을 나눠 다른 개발과 QA 업무를 둘 다 제대로 수행할 수 있도록 배분해주는 것이 좋다. 또한 급하게 해결해야 하는 일이나 여러 명과 빈번하게 의사소통하며 작업해야 하는 일은 배정해주지 않는 것이 좋다.

한편 게임의 완성도는 QA 단계를 얼마나 충실하게 보냈는가에 따라서 크게 좌우

된다. 여러 사람이 모여서 게임을 만드는 만큼 각자의 작업은 아무런 문제없이 진행됐다고 할지라도 각자의 작업이 모이면 어떤 일이 벌어질지 누구도 모른다. 게다가 인간은 실수를 빈번하게 하는 동물이다. 그렇기 때문에 게임 개발은 예외의 연속이다. 다양한 예외 상황이 발생했을 때 어떻게 현명하게 극복할 것인가를 배우는 것이 게임 개발 경험의 상당 부분을 차지한다고 해도 과언이 아니다.

게임의 최종적인 개발 완료 여부는 일반적으로 PD를 포함한 게임 디자이너 그룹이 결정하게 된다. 그렇기 때문에 버그&수정 리스트에 대한 최종 관리는 게임 디자이너가 맡게 되는 경우가 많다. 각 파트에서 해결할 수 있는 항목을 배정하고 수정이 됐는지 확인한다. 이러한 과정에서 게임 디자이너에게 가장 도움이 되는 건 왜 버그가 발생했는지, 왜 수정할 수밖에 없는지 원인을 냉정하게 찾아내는 것이다. 결과만 보고 수정한다면 일시적으로 수정된 것처럼 보이지만 남아 있는 원인이 다른 문제를 발생시킬 수 있다. 원인을 파악하기 위해서는 인간이 만들어 내는 오류에 대해서 알 필요가 있다. 4장에서 인간이 행하는 오류를 중심으로 알아본다.

게임 디자인 관점에서 QA 단계에서 도움이 될 만한 이론과 개념은 많지 않다. QA에 대한 학술적인 연구도 거의 이뤄지고 있지 않은 실정이며, 이러한 이론이나 개념을 실제 QA 단계에 적용하려고 하는 시도 또한 부족한 상황이다.

경험 있는 개발자라면 QA 단계가 지금 이뤄지고 있는 것보다 더욱 중요시돼야 한다는 점에 공감할 것이다. 조금씩 상황이 나아지고 있으나 앞으로는 실제 게임QA 경험자가 QA 관련된 연구에 활발히 참여할 수 있는 환경이 조정됐으면 한다.

 72 폭포수 모델과 V-모델

게임도 소프트웨어에 속한다. 소프트웨어 공학에서는 체계적으로 개발하고 관리하기 위해서 다양한 프로세스 모델을 연구했다. 대표적인 것에 폭포수 모델과 V-모델이 있다. 애자일 소프트웨어 개발Agile software development이라는 모델도 있으나 수평적인 서구 문화에서 탄생했기에 수직적인 동양 문화에 적용하기란 현실적이지 못하다는 평이 많기에 이 책에서는 논외로 한다.

보편적으로 많이 사용되는 프로세스 모델은 폭포수 모델이다. 폭포수 모델은 5단계가 순차적으로 이뤄지며 이러한 모양이 폭포수와 같다고 해 이름 붙여졌다(그림 4-1 참조). 가장 먼저 요구 사항을 분석하고, 요구 사항에 따라 시스템을 설계하며, 설계가 끝나면 구현한다. 구현이 마무리되면 시스템 테스팅을 한 뒤 최종적으로 유지 보수를 이어간다. 앞서 설명한 게임 개발 프로세스와 동일하지 않은가? 그렇다. 현재 대부분의 게임 개발에서는 여전히 폭포수 모델을 채택하고 있다. 그렇기 때문에 게임 개발이 거의 완료되는 시점에서 QA 단계를 진행한다.

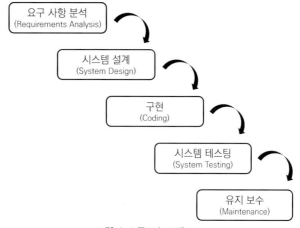

그림 4-1 폭포수 모델

다음으로 V-모델이라는 것이 있다. 폭포수 모델과 전체적인 단계는 비슷하지만 구현을 중심으로 해서 V자 형태를 그리고 있다(그림 4-2 참조). 즉, 요구 사항 분석부터 시작해 상황에 맞는 테스트를 동시에 진행하는 프로세스 모델이다. 시스템 설계에서는 시스템 테스팅을, 아키텍처 설계에서는 통합 테스팅을, 모듈 설계에서는 단위 테스팅을 동시에 진행한다. 소프트웨어 공학에서는 이러한 프로세스 모델로 인해 보다 안정적인 소프트웨어를 개발할 수 있다고 평가하고 있다.

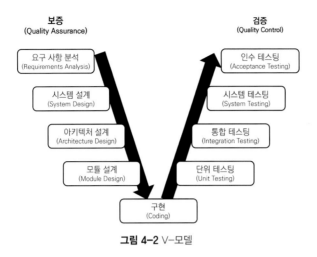

그림 4-2 V-모델

지금까지 설명한 내용을 토대로 얼핏 보면 폭포수 모델은 비효율적이며 오래된 방식이고, V-모델은 최신의 효과적인 모델로 보인다. 소프트웨어 공학의 관점으로 보면 이제는 게임도 V-모델을 채택해서 QA 단계가 이뤄져야 한다고 주장하는 사람도 있다.

이에 대해서 필자는 반대 의견을 가지고 있다. 폭포수 모델보다 V-모델을 채택할 경우 게임 개발에서 QA 그룹의 영향력은 커질 것이다. 영향력이 커진 만큼 높은 수준의 QA를 할 수 있다고 생각하는 것도 이해가 된다. 이러한 사실을 모르는 바는 아니지만 다음과 같은 이유로 게임을 일반적인 소프트웨어와 동일하게 접근할 수 없다고 생각한다.

소프트웨어 공학 관점으로 본다면 게임도 V-모델로 QA 단계가 이뤄지는 것이 바람직할지도 모른다. 하지만 게임은 기능 중심의 소프트웨어가 아니지 않는가? 게임은 일반 소프트웨어에는 없는 재미라는 개념이 있으며 예술적인 요소도 가지고 있다. 우리가 흔히 다루는 특수한 목적을 가지고 만들어진 프로그램이나 어플리케이션과 다르다.

기능적인 부분을 확인하는 것에 중점을 둔 소프트웨어 공학의 관점을 그대로 게임에 적용하는 데는 한계가 존재한다. 일부 기능 개발이 완료되면 해당 기능만 별도로 테스트할 수 있는 소프트웨어하고 게임은 다르게 봐야 한다. 게임은 실제 개발이 완료되는 시점에 가서야 최종적으로 어떤 게임성을 가지게 되는지, 어떤 재미를 가지고 있는지 정확히 알 수 있기 때문이다. 중간에 사소한 수정 하나에도 게임 전체적으로 커다란 변화가 생긴다. V-모델로 게임QA를 진행하려고 한다면 매 단계마다 처음부터 끝까지 모든 테스트를 빠짐없이 수행해야 하는 부담이 발생한다. 이러한 것이 과연 효과적이라고 할 수 있을까?

게다가 기능적인 면만 보는 소프트웨어 QA의 경우, 정해진 사양서 그대로 구현이 됐는지, 스트레스 테스트를 통과했는지 확인하면 충분하다. 그렇기 때문에 V-모델과 같이 개발과 QA가 동시에 이뤄지는 것이 가능하다.

그러나 게임QA의 경우, 게임의 기능만 보는 것이 아니라 기술적인 부분, 게임 디자인적인 부분, 미적인 부분까지 동시에 봐야 한다. QA 그룹이 게임 개발과 직접적으로 연관된 다양한 분야들에 대해 모두 깊이 있게 이해하기란 현실적으로 무리가 따른다. 때문에 테스트와 품질 평가를 진행하는 데 있어 한계가 존재한다.

이러한 이유 때문에 아직까지 거의 대부분의 게임 개발사에서는 QA 단계에서 V-모델이 아닌 폭포수 모델을 채택하고 있다고 생각된다. 실제 게임QA 공고를 보면 게임 개발 경력이 있거나 개발이 가능하면 매우 우대하고 있다. 수준 높은 게임QA가 이뤄지기 위해서는 게임 개발에 대한 경험과 지식이 필요하다.

게임QA 단계에서 V-모델을 활용하고자 한다면 기능적인 테스트에 집중해서 먼저 부분적으로 적용해보는 것이 현실적일 것이다. 실제 게임 개발이 이뤄지는 과정에 수많은 개발 테스트가 진행되는데 소수의 개발자만으로는 제대로 된 테스트가 진행되지 못하는 경우가 빈번하기 때문이다. 분명 소프트웨어 공학의 관점에서 질 높은 테스트와 품질 보증을 하기 위해서 개발과 동시에 QA가 이뤄지는 편이 좋다. 하지만 게임과 일반 소프트웨어의 차이에 대해서 한번 생각해볼 필요가 있다.

73 운동 제어 오류와 수행 오류

QA 단계에서 게임 디자이너는 게임 내 콘텐츠뿐만 아니라 플레이어가 게임을 플레이하는 모든 과정을 예상해서 테스트 케이스^{Test Case}와 체크 리스트^{Checklist} 초안을 작성하게 된다. 게임이 어떻게 디자인 됐는지 문서로 전달받는 QA팀이 테스트 케이스와 체크 리스트를 완벽하게 작성하는 데에는 한계가 따른다. 그렇기 때문에 개발 테스트가 끝나면 프로그램팀이 테스트 버전을 QA팀에게 전달함과 동시에 게임 디자이너는 QA팀에게 초안을 작성해서 주는 것이 좋다. 이후 QA팀과 의사소통을 하며 최종적으로 완성한다. 물론 개발사에 따라서 테스트 케이스와 체크 리스트 초안을 QA팀에서 먼저 작성하고 게임 디자이너와 논의해서 최종적으로 완성하는 경우도 있다.

테스트는 단순히 QA팀이 게임 플레이하는 과정에서 발견하는 버그를 찾고 수정하는 것이 아니다. 게임을 직접 플레이하는 과정에서는 게임의 일부만 확인하게 된다. QA 단계에서는 게임 내에서 이뤄질 가능성이 있는 모든 상황을 확인하고 보증하는 것이다. 일반적인 플레이로는 절대 경험하지 못할 부분까지 꼼꼼하게 체크돼야한다.

따라서 게임 디자이너가 테스트 케이스와 체크 리스트를 공을 들여 작성하는 만큼 테스트 결과에 큰 영향을 준다. 테스트는 수행한 절대적인 시간이 중요한 것이 아니다. 얼마나 체계적으로 필요로 하는 부분을 확실하게 테스트했는지 여부가 중요하다. 뛰어난 QA팀이라면 게임 디자이너가 놓친 부분을 빠르게 파악해서 테스트 케이스에 대한 수정 요청을 하며, 짧은 시간 내에도 상당히 수준 높은 테스트 결과를 이끌어 낸다.

테스트에서 게임 내 시스템과 콘텐츠가 게임 디자인 문서대로 그대로 구현돼 있는지 확인하는 과정이 우선순위가 가장 높다고 할 수 있다. 이를 기능 테스트라고 한다. 구현 여부와 완성도를 확인하는 작업이므로 테스트 케이스와 체크 리스트로 만드는 것이 비교적 어렵지 않다. 게임 디자이너 자신이 게임을 디자인했기에 어떤 게임 시스템과 콘텐츠를 어떻게 테스트해야 하는지 누구보다 잘 알 것이다. 그렇기 때문에 게임 디자이너가 문서의 초안을 잡아주는 것이 좋다고 본다. 게임 디자이너별로 얼마나 경험이 많은지, 얼마나 꼼꼼한지에 따라서 테스트 케이스 문서의 구체적인 정도가 달라진다.

주의할 점은 게임 시스템이나 콘텐츠 내용을 확인하는 것 이외에도 이러한 것들이 수행되는 과정에서 발생할 수 있는 오류나 실수에 대한 항목도 포함돼야 한다. 예를 들어, 특정 버튼을 반복해서 몇 번 이상 빠르게 눌렀을 때도 제대로 작동하는지 확인하는 등의 부하 테스트나 수십 명 이상이 동시에 서버에 입장하는 등의 스트레스 테스트 관련 항목도 절차별로 빠짐없이 꼼꼼하게 넣는 것이 좋다.

또한 플레이어는 정해진 절차에 따라 움직이지 않기 때문에 게임 디자이너가 의도한 절차 이외에 전혀 다른 절차대로 진행됐을 때 큰 문제없이 처리되는지, 예외적인 상황에서 안내 메시지나 오류 메시지가 올바르게 나오는지도 포함시킬 필요가 있다. 이러한 항목은 QA팀에서 작성해주는 것이 일반적이지만 게임 디자이너가 초안을 잡아주면 훨씬 수월하게 QA 단계가 진행된다.

QA 관련 문서가 전달되고 실제 QA 단계가 진행되면서 각 팀은 게임 디자인, 프로그래밍, 그래픽 디자인 상의 버그와 수정상황을 해결하게 된다. 하지만 진정 QA 단계가 어려운 점은 버그나 수정상황에 있는 것이 아니다. 테스트 도중에는 끊임없이 다양한 문제가 발생한다. 가장 무서운 것은 테스트를 수행하면서 일어나는 버그나 수정상황처럼 보이는 오류다.

개발 환경과 테스트 환경에서 차이가 발생할 경우 테스트 환경에서 버그처럼 보이지만 실제 버그가 아닌 경우도 적지 않다. 개발 환경에서는 무엇이 잘못됐는지 알 도리가 없다. 버그를 수정하기 위해 며칠 밤낮없이 개발팀이 총동원돼 버그를 찾으려 했으나, 알고 보니 결국 테스트 환경에서 파일 하나를 잘못 덮어썼다는 등의 해프닝이 게임 개발 과정에서는 흔치 않게 발생한다. 즉 테스트 환경을 세팅하는 과정에서 사람이나 기계에 의해 무엇인가 오류가 발생한 것이다.

그렇기 때문에 QA 단계에 이르러서도 경험 많은 게임 디자이너는 그 능력을 발휘하게 된다. 실제 문제가 발생했을 때 버그인지 오류인지, 버그라면 어떤 파트에서 발생한 버그인지, 오류라면 어떤 과정에서 발생한 오류인지 경험적으로 알게 된다. 겉으로는 게임 그래픽 측면에서 발생한 버그처럼 보이지만 알고 보면 프로그래밍 단계에서 발생한 버그도 존재한다. 물론 반대의 경우도 존재하며 곳곳에 다양한 함정이 숨어 있다.

버그나 수정사항을 배분할 때 사전에 오류를 걸러내고, 정확하게 버그를 해당 파트에 전달하는 것만으로도 어마어마한 일정 단축으로 이어진다. 게임을 출시하기 직전까지 실제 버그도 아닌 것에 휘둘린다면 게임의 완성도 자체에 문제가 생길 뿐 아니라 출시 일정을 미루게 돼 소비자에게 신뢰를 잃을 위험성도 있다.

QA 단계에서 가장 필요한 것은 경험이라고 생각한다. 다양하고 많은 경험을 해본 게임 디자이너만이 통찰력을 가지게 된다. 하지만 경험이 모든 것을 말해주지는 않는다. 게임 디자이너가 인간이 행하는 오류에 대해서 이해하고 있다면 좀 더 빠른 시기에 높은 수준의 경지에 도달할 수 있다. 게다가 이러한 통찰력은 QA 단계만이 아닌 게임을 디자인하는 과정에도 적용되므로 보다 플레이어를 고려한 디자인을 할 수 있게 된다. 『게임 디자인 원리』에서는 테스터나 플레이어가 저지르는 실수라는 항목을 통해 다음과 같은 오류를 설명하고 있다. 사례는 필자의 경험을 토대로 부연 설명하겠다.

운동 제어 오류

운동 제어 오류Motor Control Errors는 버튼을 잘못 누르거나 적절한 타이밍을 잡지 못하는 단순한 오류다. 신체적인 제어에서 실수했을 때 발생하는 가장 단순한 오류다. 단순한 운동 제어 오류도 여러 원인에 의해 발생한다. 나이, 신체적 차이, 플레이어의 조작 숙달 정도, 입력장치에 대한 적응 정도에 따라 오류의 발생 빈도가 변한다.

문제는 운동 제어 오류를 유발하기 쉬운 게임 디자인이 주변에 꽤 많다는 점에 있다. 게임UI에서 표현해야 하는 버튼은 많고, 공간은 적으니 근접하게 붙여서 배치하는 경우가 있다. 이 때 많은 플레이어는 원하지 않는 버튼을 누를 가능성이 생긴다. 화면이 작은 모바일 게임에서 특히 자주 발생한다. 게임 디자인 단계에서 이러한 것을 사전에 파악하는 것이 가장 좋지만 그렇지 못하다면 QA 단계에서 발견돼야 한다. 그러기 위해서는 이러한 내용이 테스트 케이스에 포함돼 있어야 한다. 특정 버틈마다 반복해서 누르는 항목을 두고 실제 오류가 발생할 때 어떤 원인에 의해서 오류가 발생하는지 파악해서 상황에 맞게 수정해야 한다. 가장 단순한 오류인 만큼 빈번하게 발생될 때 플레이어는 큰 불편함을 느끼게 된다.

수행 오류

수행 오류Performance Errors는 과제를 수행하는 과정에서 발생하는 오류다. 직권 실수 Errors of commission, 누락 실수Errors of omission, 잘못된 행동의 실수로 세부 분류된다.

1) 직권 실수

사용자가 임의적으로 의도된 절차가 아닌 필요하지 않은 단계를 추가해서 발생한 오류다. 사용자는 해당 단계가 필요하다고 생각해 수행했지만 실제 그럴 필요가 없는 경우다.

게임 메뉴에 스킬, 장비, 아이템 화면이 있다고 해보자. 플레이어는 게임 플레이 화면에서 스킬 화면, 장비 화면, 아이템 화면으로 이동하고 되돌아올 수 있다. 그런데 게임 디자이너는 스킬 화면에서 장비 화면으로, 장비 화면에서 아이템 화면으로 등 메뉴 화면 간에 직접 이동하는 수단을 제공했다. 그러나 플레이어는 메뉴 화면을 바로 전환하지 않고 반드시 게임 플레이 화면으로 돌아와서 다른 메뉴 화면으로 이동한다면 이것이 직권 실수가 발생한 경우다. 플레이어는 그러한 절차가 합당하다고 생각하고 있는 것이다.

이렇게 된 원인에는 여러 가지가 있겠지만 기능을 알기 쉽게 표시하지 못했거나, 충분히 설명하지 못한 경우다. 이러한 문제는 상당수의 게임에서 쉽게 발견된다. 어떤 플레이어는 게임의 마지막까지 와서야 단축 메뉴가 있다는 사실을 알게 되거나, 심지어 게임을 클리어할 때까지 모르다가 다른 플레이어의 게임 플레이를 보고 나서야 알게 되는 경우도 있다. 굳이 복잡한 절차를 거치지 않아도 됐을 것을 매번 힘들게 많은 시간을 들여서 수행하게 된 것이다.

2) 누락 실수

사용자가 의도된 절차를 완료하지 못해서 발생하는 오류다.

게임 디자이너는 해당 시스템과 콘텐츠를 구상했고 수없이 반복했으니 당연히 알고 있겠지만 플레이어는 다음 단계로 어떻게 진행해야 할지 모르는 경우가 많다. 이러한 경우 대부분 UI 디자인에 문제를 가지고 있다. 플레이어의 행동 이후에, 변화가 있는 점을 명확하고 즉각적으로 인지시켜주지 못한다면 다음 단계를 수행하지 못하거나 예외적인 행동을 보일 수 있다. 그렇기 때문에 게임의 절차는 논리적이고 보편적인 인식에 부합되도록 디자인돼야 한다. 그리고 변화를 즉각적으로 확실하게 인지할 수 있도록 만들어져야 한다.

플레이어가 무엇을 해야 할지 몰라 이것저것 눌러본다면 이미 누락 실수가 발생한 것이다. 이러한 시간이 길어지면 플레이어는 답답함을 느끼고 짜증이 밀려오게 된다. 이러한 오류는 게임을 그만두게 만드는 최악의 상황을 발생시키기도 하므로 게임 디자인 단계에서 고려되거나 적어도 QA 단계에서 반드시 수정돼야 한다.

3) 잘못된 행동의 실수

사용자가 잘못된 행동을 해서 발생한 오류다. 인간은 끊임없이 실수하는 동물이다. 다른 행동이 필요하다고 착각을 해 잘못된 행동을 하는 오류가 해당된다.

게임 디자인이 어려운 점 중 하나가 잘못된 행동의 실수에 대해서도 고려해야 한다는 점이다. 플레이어가 잘못된 행동을 했을 때를 가정해서 프로그래밍 상에서 예외 처리를 해놓거나 적어도 오류 메시지를 통해서 게임 내에서 잘못된 행동이라는 점을 반드시 알릴 필요가 있다.

플레이어가 어떤 오류를 저지르는가를 이해하면 게임 디자인 과정에서는 물론 QA 단계에서 큰 도움이 된다. 테스트가 이뤄지기 전에 테스트 케이스와 체크 리스트에 포함시킴으로써 테스트를 효과적으로 수행할 수 있게 된다. 또한 QA 단계가 진행되면서 나오는 버그나 수정사항에 대한 원인을 찾기 수월하게 된다. 모든 개발자도 그렇지만 특히 게임 디자이너는 QA 단계를 하찮게 여겨서는 안 된다. 자신이 구상하던 아이디어가 얼마나 완벽하게 구현돼 있는지 확인하는 작업이 QA 단계다. 게임 디자인 프로세스는 게임이 출시되기까지 끝나지 않는다는 점을 명심하자.

74 귀인이론과 귀인오류

QA 단계에서 가장 중요한 것 중에 하나가 원인을 빠르고 정확하게 찾아내는 것이라고 했다. 프로그래밍 소스나 그래픽 리소스 등 기술적인 부분에서 발생하는 버그의 원인을 찾아내는 것은 쉽지 않은 과정이다. 팀원 전체가 테스트에 동원돼 며칠을 허비했지만 찾고 나니 정말 사소한 실수에서 비롯된 경우도 부지기수다.

그러나 원인을 가장 찾기 어려운 것은 바로 사람이 발생시킨 오류다. 기술적인 문제는 꼭꼭 숨어있기는 해도 원인을 속이거나 실제 원인이 아닌 다른 원인이라고 착각하는 경우는 없다. 말그대로 과정을 하나하나 차근차근 살펴보다 보면 어느 순간에는 원인을 밝혀낼 수 있다.

그러나 사람은 왜, 어째서 그런 결과가 발생했는지 원인을 착각하는 경우가 존재한다. 그리고 그러한 착각을 심지어 진실이라고 강하게 믿기도 한다. 이럴 경우 진정한 원인을 찾기란 여간 어려운 것이 아니다. 게임 디자이너는 왜 버그가 발생됐는지, 왜 수정사항이 발생했는지 다양한 파트의 사람들에게 이야기를 전해 듣게 된다. 이때 상대방이 올바르게 원인을 이야기하고 있는지, 아니면 원인은 따로 있고 다른 상황에 의해 전혀 상관없는 것을 원인이라 생각하고 있는지 파악할 수 있다면 게임 디자이너로서 강력한 무기를 가지게 되는 셈이다.

'왜' 또는 '원인'이라는 단어에 대해서 좀 더 알기 위해서 귀인^{Attribution}이라는 개념을 이해할 필요가 있다. 미국 심리학자 버나드 와이너^{Bernard Weiner}가 주장한 귀인 이론 Attribution Theory은 인간이 자신 또는 타인의 행동 원인을 추측하고 설명하려는 행위를 대상으로 한 연구다. 인간은 어떤 행동의 원인을 설명하려고 할 때, 개인적 특성이나 환경적 요인에 따라 원인을 다르게 인지, 지각, 해석하게 된다.

「심리학개론 사람 마음 뇌 과학」에서 인간은 타인의 행동 원인을 파악하려고 할 때 개인적 원인(내적 요인)과 상황적 원인(외적 요인)이라는 두 가지 유형 중 하나를 선택한다고 했다. 개인적 원인은 문제의 발생이 자기 자신의 능력, 기질, 노력 등에 있다고 여기는 것이다. 상황적 원인은 문제의 발생이 자신이 아닌 환경적인 요인에 의해서 발생했다고 여기는 것이다.

그럼 어떤 경우 개인적 원인으로 여기고, 어떤 경우 상황적 원인으로 여길까? 예를 들면, 게이머A는 〈블러드본〉의 보스 중 하나를 어려워하며 클리어하지 못하고 있다. 그런데 주변 친구들이나 게임 방송을 보면 생각보다 어렵지 않게 클리어하고 있었다. 이 때 게이머A는 개인적인 적성, 스킬, 노력 부족으로 원인을 돌리게 된다.

반면, 게이머B는 DLC를 포함한 〈XCOM2〉의 최고 난이도가 매우 어려워서 더 이상 진행하고 있지 못다. 평소에 비슷한 장르의 게임을 많이 즐겼고 대부분 익숙해져서 쉽다고 생각했는데 〈XCOM2〉의 최고 난이도만큼은 실패하기를 반복한다. 그러면 게이머B는 환경적인 요인 즉, 자신이 아닌 게임 자체가 어렵기 때문이라고 원인을 돌리게 된다.

그림 4-3 출처: XCOM2

잠재적 원인에 의해 발생하는 '행동'이 개인적 요인에서 비롯되는가, 환경적 요인에서 비롯되는가에 따라 개인적 원인 또는 상황적 원인을 선택하게 된다.

다음으로 기본적 귀인 오류Fundamental Attribution Error에 대해서 알아보자. 대부분의 인간은 스스로 추론을 잘한다고 생각하지만, 실제 많은 부분에서 귀인 오류를 범하고 있다. 기본적 귀인 오류란 사람들은 '자신'의 행동에 대해서는 일반적으로 '상황적 원인'이 행동에 미치는 영향을 과대평가하지만, '타인'의 행동에 대해서는 일반적으로 '개인적' 원인이 행동에 미치는 영향을 과대평가하는 사고방식을 의미한다.

598

다시 말해서 자신이 저지른 실수에 대해서는 개인적인 요인이 아닌 환경적인 요인이라고 책임을 떠넘기려고 하고, 타인이 저지른 실수에 대해서는 환경적인 요인이 아닌 그 사람의 개인적인 요인에 주목해 비판하는 경향이 있다는 말이다. 내가 하면 로맨스, 남이 하면 불륜이라고 하는 말처럼 자기 자신에게는 관대하고 타인에게는 냉정하게 판단하는 것이 인간이 쉽게 저지르는 귀인 오류다.

귀인 오류는 QA 단계에서 특히 주의해야 할 사항일 것이다. 인간은 대부분 자신의 실수에 대해서 환경적인 원인을 핑계로 삼는 경향이 있기 때문이다. 물론 자기 자신을 포함해서 말이다. 그렇기 때문에 버그 리스트에 있는 내용이나 오류가 발생했을 때 전해 듣는 이야기의 일부는 개인적인 원인에 의해 발생했음에도 불구하고 환경적인 원인으로 전가시키고 있는 것은 아닌지 파악할 필요가 있다. 그렇다고 해서 누구의 잘못인가를 밝혀내는 것은 팀 분위기에 있어서 좋지 않다. 원인은 명확하게 찾아내는 것이 좋지만 개인의 실수를 부각시킬 필요는 없다. 예를 들어, 난이도 테스트를 진행하는 과정에서 테스터 한 명에게 특정 보스의 난이도가 높다는 의견이 들어왔다. 이 때 무조건 테스터의 말을 듣고 난이도를 낮춰야 할까? 해당 테스터가 며칠간 밤을 세면서 피곤한 상태였기 때문에 평소보다 반응이 둔해졌을 수도 있다. 아니면 급한 약속이 있어 빨리 퇴근하고 싶다는 개인적인 상황 때문에 마음이 급해져서 무리한 플레이를 반복하느라 난이도가 높게 느껴질 수도 있다.

이와 같이 테스터도 사람이기 때문에 자신의 개인적인 요인에서 오는 변화가 있음에도 불구하고 원인을 게임에서 발생하는 버그나 환경으로 돌리기도 한다. 이러한 것이 잘못된 것이 아니다는 점이 더욱 간파하기 어려운 점이다. 자기자신을 포함해서 인간이 가진 보편적인 사고 방식이기 때문이다. 따라서 게임 디자이너는 테스터와 많은 이야기를 하고 테스터가 플레이하는 모습을 직접 보는 것이 좋다. 평소에 테스터와 많이 이야기를 했다면 테스터의 현재 상황에 대해서 어느 정도 인지할 수 있다. 이러한 상황을 고려해서 테스트 결과를 받아들이는 것이 좋다. 가능한 여러 명의 테스터의 의견을 듣고, 한 명의 테스터에게도 일정기간 동안 여러 번 테스트 일정을 배분해주는 것이 보다 효과적인 테스트 결과를 이끌어 낼 수 있다.

게임 디자이너는 QA 단계에서도 많은 역할을 해내야 한다. 단순히 QA팀에서 보고하는 버그를 받아서 말그대로 수정하는 역할에 그쳐서는 안 된다. 테스트 케이스와 체크 리스트의 초안을 작성하는 것부터 시작해서 테스트 케이스와 체크 리스트에 빠진 부분이 있는지 끝까지 확인하는 것이 주어진 역할이다. 테스트가 본격적으로 시작된 이후에도 테스터들과 많은 이야기를 하고, 그들의 테스트 상황을 모니터링하며 테스트가 부드럽게 진행될 수 있도록 지원해주는 것이 좋다. 테스터에게 게임 시스템이나 콘텐츠에 대한 설명도 충분히 해줘야 한다.

현재 QA 단계에서 게임 디자이너의 역할이 이것이다라고 명확하게 결정돼 있는 것은 없다. 뛰어난 게임 디자이너라면 QA팀과도 충분히 교류하며 친분을 다지려 할 것이다. 이러한 것이 결국 질 높은 테스트로 연결되며, 결론적으로 질 높은 게임 디자인으로 이어지기 때문이다. 게임 디자이너는 자신이 구상한 게임이 제대로 만들어지기 위해서 QA 단계가 끝날 때까지 방심하지 말고 가능한 모든 일을 해야 할 것이다.

참고문헌

- 웬디 디스페인 저, 김정태, 오석희, 윤형섭, 한동숭, 한호성 역,『게임 디자인 원리: 반드시 알아야 하는 게임 디자인 비법 100가지』, 에이콘, 2014.

- 정원철, 지문선, 남희욱, 이지영 저,『GAME QA: 성공적인 게임의 숨은 조력자』, 한빛미디어, 2011.

- Daniel Cervone 저, 김정희, 김남희, 이경숙, 이나경, 장인희 역,『심리학개론 사람 마음 뇌 과학』, 시그마프레스, 2017.

| 마치며 |

    게임 디자인에 대해서 공부하면 공부할수록 그 깊이와 방대함에 놀라게 된다. 수십 년 게임을 즐겨왔고, 게임 개발에 참여했었고, 게임에 대한 연구를 하고 있지만 그 끝이 전혀 보이지 않는다. 플레이해야 할 게임은 끝없이 출시되고 있고, 학술적인 게임 관련 서적과 자료도 살펴봐야 할 것이 많다. 게임 디자인에 도움이 되는 심리학, 역사학, 인간 공학, 미학, 미술, 음악 등 다른 분야도 깊게는 아니더라도 기본적인 것은 알아야 한다. 그리고 소설, 영화, 애니메이션 등 다른 미디어에 대한 관심도 가져야 한다. 게임은 현재 시점에서 가장 진화한 복합 미디어이기 때문이다. 게임에는 모든 분야와 모든 미디어가 융합될 수 있다. 그렇기에 게임 디자인이 어려운 건 지극히 당연한 것이다.

    이러한 상황에서 필자에게 가장 필요한 건 게임 디자인에 대해서 같이 공부하고 깊이 있게 이야기할 수 있는 사람들의 존재다. 혼자서 아무리 발버둥 친다고 해도 어차피 할 수 있는 것에 한계가 있기 때문이다. 그런데 가장 큰 문제는 게임을 플레이하기 좋아하거나 관심을 가지는 사람은 많지만 게임에 대해서 진지하게 연구하거나 고민하는 사람은 찾아보기 힘들다는 데 있다.

    길이 없으면 만들면 된다고 했던가. 게임에 대해서 같이 고민하고 공부할 사람이 없다면, 게임에 흥미를 보이는 사람들을 모아서 지식을 공유하고 알려주면 되지 않을까? 이렇게 수년에서 수십 년 반복한다면 언젠가 같이 할 동료가 늘어날 것이다. 이러한 목표를 가지고 필자는 게임 디자인에 대해서 되도록 많은 사람들에게 알리고 공유하려고 다양한 활동을 하고 있다.

    이 책의 주된 독자는 게임 디자이너 또는 게임 디자이너 지망생이 될 것이다. 하지만 필자는 게임 디자이너를 포함해 게임에 관심을 가지고 게임에 대해서 보다 많이 알고 싶어하는 사람들에게도 도움이 됐으면 하는 마음으로 이 책의 원고를 작성했다.

　게임을 콘텐츠로 다루는 블로거, 유튜버, 스트리머 또한 게임을 발전시키고 있는 하나의 축이다. 다만 지금까지 이들에게는 게임에 대해서 깊이 알 수 있는 기회가 제공되지 못했다. 게임 시장이 진정한 의미에서 발전하기 위해서는 게임을 개발하는 측만이 아니라 게임을 즐기는 소비자인 게이머에게도 게임에 대한 자세한 정보와 지식이 전달돼야 한다고 생각한다. 게임을 즐기면서 게임이 어떤 과정을 통해서 어떻게 만들어지는지, 개발자들이 어떤 고민을 하는지 알게 된다면 한층 깊이 있는 게임 관련 콘텐츠가 만들어질 것이다. 게임 디자인은 게임 디자이너와 같은 개발자만의 것이 아니다. 동시에 게이머의 것이기도 하다.

　단순히 게임을 즐기는 것도 나쁘지 않다. 하지만 필자는 앞으로 보다 게임에 대해서 진지하게 고민하고 서로의 의견을 나눌 수 있는 사람이 많아졌으면 하는 바람이 있다. 이러한 사람들이 늘어나는 데 이 책이 조금이나마 도움이 됐으면 한다. 게임 발전을 위해서 같이 해보지 않겠는가? 게임에 대한 이야기라면 시간과 체력이 있는 한 언제나 환영한다.

시리얼 익스페리먼츠 레인

시스템 쇼크

신 하야리가미

심시티

심즈

씨프

아웃라스트

아웃라스트2

아이돌 마스터

아이온

앵그리 버드

어쌔신 크리드2

언더테일

언틸던

엘더스크롤5 스카이림

엠파이어

여신전생

역전재판

영웅전설

오버워치

울티마 언더월드

울티마 온라인

울티마7

워크래프트2

월드 오브 워크래프트

월드 오브 탱크

위저드리

위저드리1

위쳐1

위쳐2

위쳐3 와일드 헌트

응원단

이브 버스트 에러

이브 온라인

이스

인왕

저니

저스트 댄스

절체절명도시

젤다의 전설

젤다의 전설: 브레스 오브 더 와일드

진 삼국무쌍

진 여신전생

창세기전

철권

캐슬바니아

캔디크러쉬사가

클래시 오브 클랜

탐정 진구지 사부로

테라

테일즈 오브 판타지아

테트리스

툼레이더 리부트

파라파 더 래퍼

파이널 파이트

파이널 판타지

찾아보기

에이콘출판의 기틀을 마련하신 故 정완재 선생님 (1935-2004)

게임 디자인을 위한 기초 이론

깊이 있는 게임 디자인을 위한 고민의 시작

발 행 | 2019년 2월 19일

지은이 | 남 기 덕

펴낸이 | 권 성 준
편집장 | 황 영 주
편 집 | 김 진 아
　　　 임 지 원
디자인 | 윤 서 빈

에이콘출판주식회사
서울특별시 양천구 국회대로 287 (목동)
전화 02-2653-7600, 팩스 02-2653-0433
www.acornpub.co.kr / editor@acornpub.co.kr

한국어판 ⓒ 에이콘출판주식회사, 2019, Printed in Korea.
ISBN 979-11-6175-260-0
ISBN 978-89-6077-144-4 (세트)
http://www.acornpub.co.kr/book/gamedesign-theory

이 도서의 국립중앙도서관 출판시도서목록(CIP)은 서지정보유통지원시스템 홈페이지(http://seoji.nl.go.kr)와
국가자료공동목록시스템(http://www.nl.go.kr/kolisnet)에서 이용하실 수 있습니다.(CIP제어번호: CIP2019002260)

책값은 뒤표지에 있습니다.